民事訴訟法

# 민사소송법

〈제2판〉

전현철

박영사

# 제2판 머리말

이번에 개정판을 내게 되었습니다. 개정판은 다음과 같은 점에서 종전 초판과 차이가 있습니다.

첫째, 책의 분량이 줄었습니다. 종전 초판에서는 독자들의 판례를 찾는 수고를 덜어주기 위하여 각주에 관련 판례의 내용을 되도록 상세히 수록했으나, 오히려 읽기에 불편하다는 지적이 있어 판례번호만 남기고 내용을 많이 삭제했습니다. 그러나 중요한 판례는 본문에 그 내용을 넣거나 각주에 그대로 남겨두었습니다. 또 너무 지엽적이거나 중첩되는 내용은 과감하게 삭제했습니다. 그리하여 책의 크기가 크라운판으로 축소되었습니다. 그러나 변호사시험이나 공무원시험에 합격하기 위해 알아야 하는 내용은 빠짐없이 수록하였습니다. 수험서로서 부족함이 없으리라 생각합니다.

둘째, 사례 풀이를 추가했습니다. 민사소송법은 절차법이므로 그 이해의 폭을 넓히기 위해서는 사례를 많이 풀어볼 필요가 있습니다. 그리하여 해당 본문 내용의 끝부분에 관련 사례를 수록하여 사례 풀이를 통해 해당 본문의 내용을 쉽게 이해할 수 있도록 했습니다.

셋째, 독자들이 쉽게 이해할 수 있도록 서술했습니다. 종전 초판의 오·탈자나 잘못 기재된 부분 등을 모두 수정했고, 어려운 부분을 쉽게 풀어서 설명했습니다. 또 학설을 알기 쉽게 요약하여 정리하고 판례를 많이 소개하였습니다. 이 개정판은 그 어느 다른 교과서보다 이해하기 쉽게 서술되었다고 감히 자부합니다.

이 개정판이 나오기까지 수고를 아끼지 않으신 박영사 우석진 위원님, 정연환 과장님을 비롯한 도움을 주신 많은 분에게 진심 어린 감사의 말을 전합니다. 이 책으로 공부하시는 독자 여러분과 여러분 가정에 주님의 은총이 충만하길 기도합니다.

2026. 1.

저자 올림

# 차례

## 제1편 총론

## 제 2 편 소송의 주체

# 제 3 편 제1심 소송

# 제 4 편 병합소송

# 제 5 편 상소와 재심, 특별절차

# 제 1 편

# 총론

# 제 1 편 총론

## 제 1 절 민사소송의 의의

### Ⅰ. 민사소송의 목적과 기능

사람은 사회공동체 안에서 여러 사람과 다양한 법률관계를 맺으며 살아간다. 이러한 다양한 법률관계로부터 각종 권리의무가 발생하고, 그 가운데 권리가 침해되는 등 법적 분쟁이 발생하게 되면 당사자는 이를 해결하기 위한 구제수단을 강구하게 된다. 이러한 분쟁해결을 위한 구제수단으로서 개인의 자력구제는 원칙적으로 금지되고 있으며, 그 대신 국가에 의하여 제도화된 구제수단에 의하게 되는데, 그중 가장 대표적인 것이 소송이다. 우리 헌법 역시 재판청구권을 국민의 기본권의 하나로서 보장하고 있으며(동법 제27조 제1항), 모든 국민은 권리가 침해되는 등 법적 분쟁이 발생한 경우 법원에 소송을 제기하여 그 해결을 구할 수 있다.

이러한 소송에는 민사소송 이외에 형사소송, 행정소송 등이 있다. 이 가운데 민사소송은 사법상 법률관계에서 일어나는 분쟁을 해결하기 위한 소송이다. 사법상 법률관계란 대등한 주체인 사인(私人) 상호 간의 법률관계로서 사적 자치의 원칙이 적용되는 법률관계이다. 그리하여 민사소송은 사법상 법률관계에서의 분쟁을 해결함으로써 개인의 권리구제를 도모하는 소송이라고 할 수 있다. 그런데 민사소송의 대상인 사법상 법률관계에는 재산상 법률관계와 신분상 법률관계가 있다. 그러므로 신분상 법률관계를 대상으로 하는 가사소송도 민사소송의 하나라고 할 수 있다. 그러나 신분상 법률관계는 당사자가 자유로이 처분할 수 있는 법률관계가 아니고,

그로 인하여 가사소송에서는 법원의 직권 개입이 폭넓게 허용된다는 점에서 차이가 있다. 예를 들어, 가류 및 나류 가사소송사건[1]에서는 청구의 포기·인낙이나 자백 등이 허용되지 않으며(가사소송법 제12조 단서), 법원이 직권으로 사실조사 및 필요한 증거조사를 해야 한다(동법 제17조). 이러한 민사소송의 목적과 기능을 요약하면 다음과 같다.

첫째, 민사소송은 대등한 당사자 사이에 자유로이 처분할 수 있는 사법상 법률관계에서 발생하는 분쟁의 해결을 그 목적으로 한다. 민사소송의 대상은 당사자가 자유로이 처분할 수 있는 사법상 법률관계이고, 사적 자치의 원칙은 실체법의 영역뿐만 아니라 소송법의 영역에서도 타당하다. 따라서 당사자에게 소송의 대상에 대한 처분의 자유가 인정되고, 소송자료의 수집·제출의 책임도 당사자에게 맡겨져 있으며, 법원의 직권증거조사는 원칙적으로 금지된다. 다만, 당사자가 자유로이 처분할 수 없는 신분상 법률관계를 대상으로 하는 가사소송에서는 소송의 대상에 대한 당사자의 처분권이 제한되고(가사소송법 제12조), 법원이 직권으로 증거조사를 한다(동법 제17조).

둘째, 민사소송은 개인의 권리구제를 주된 기능으로 하는 소송이다. 소송의 기능에는 법적 분쟁의 해결을 통하여 개인의 권리를 구제하는 기능과 적법한 질서를 회복하는 기능이 있다. 민사소송에서도 적법성 보장기능이 나타나기는 하지만, 이는 개인의 권리구제기능에 수반된 부차적인 것에 불과하다. 그리하여 원칙적으로 판결의 결과에 대하여 법률상 이해관계를 가진 사람만이 당사자가 될 수 있고, 판결의 효력은 소송당사자에게만 미친다. 다만, 개인의 권리구제기능뿐만 아니라 진실한 신분상 법률관계의 회복이라는 적법성 보장기능도 그 자체 독자적인 기능으로서의 역할을 수행하고 있는 가사소송에서는 당사자적격이 비교적 넓게 인정되고 있으며, 인용판결의 효력이 당사자뿐만 아니라 제3자에게도 미친다(민법 제817조 이하, 제849조, 제864조 및 제865조, 가사소송법 제24조, 제28조 및 제31조 등).

---

1) 가류 가사소송사건으로는 혼인의 무효, 이혼의 무효, 인지의 무효, 친생자관계존부확인, 입양의 무효, 파양의 무효가 있고(가사소송법 제2조 제1항 제1호 가목), 나류 가사소송사건으로는 사실상 혼인관계존부확인, 혼인의 취소, 이혼의 취소, 재판상 이혼, 아버지의 결정, 친생부인, 인지의 취소, 인지청구, 입양의 취소, 재판상 파양 등이 있다(동호 나목).

## Ⅱ. 민사소송과 비송사건

법원의 관할에 속하는 민사사건 중에서 소송절차에 의하지 않는 것을 비송사건이라고 한다(비송사건절차법 제1조). 비송사건은 비송사건절차법에서 규율하고 있다. 비송사건절차법에서는 비송사건을 민사비송사건과 상사비송사건으로 구분하고 있다. 가사비송사건은 가사소송법에 의하여 규율된다. 가사비송사건의 절차에 관하여 가사소송법에 특별한 규정이 없으면 비송사건절차법이 준용된다(가사소송법 제34조).

비송사건의 본질에 관하여 여러 견해가 주장되고 있으나, 소송은 대립하는 당사자 사이의 권리의무에 관한 분쟁을 해결하기 위하여 법원이 중립적인 지위에서 권리의무의 존부를 판단하는 작용임에 비하여, 비송사건은 당사자 사이의 분쟁을 전제로 함이 없이 법원이 후견적 견지에서 사인 상호 간의 법률관계에 개입하는 작용이라고 할 수 있다. 판례는 법원의 합목적적인 재량이 요구되고 또 제반 사정을 감안하여 유효적절한 조치를 강구해야 하는 경우에는 절차의 간이·신속성이 요구되므로 비송사건으로 처리해야 한다고 한다.[1)]

그런데 최근 소송으로 처리해야 할 사건을 비송사건으로 처리하는 현상이 증가하고 있다. 이를 소송의 비송화 경향이라고 한다. 예를 들어, 부부 일방의 상대방에 대한 부양료 청구사건의 경우에는 대립당사자 구조와 분쟁성이라는 소송사건으로서의 성격을 갖고 있음에도 불구하고 가사소송법에서는 가사비송사건으로 규정하고 있다(동법 제2조 제1항 제2호 나목). 이처럼 비송사건으로 처리하게 되면 법원의 재량에 의한 신속하고 탄력적인 처리가 가능하다는 이점은 있으나, 재판의 비공개와 대립당사자 구조의 흠결이라는 비송사건의 특성으로 인하여 국민의 재판청구권이 침해될 우려가 있다.[2)] 그리하여 가사소송법에서는 대립당사자 구조의 소송적 성격이 강한 마류 가사비송사건[3)]의 경우 당사자의 절차적 권리를 보장하기 위하여 특별

---

1) 대법원 1984. 10. 5. 자 84마카42 결정.

2) 김홍엽, 「민사소송법(제5판)」, 박영사, 2014, 12면: 이시윤, 「신민사소송법(제12판)」, 박영사, 2018, 16면.

3) 마류 가사비송사건으로는 부부의 동거·부양·협조 또는 생활비용의 부담에 관한 처분, 공유재산 또는 상속재산의 분할을 위한 처분, 자녀의 양육에 관한 처분과 그 변경, 면접교섭권의 제한 또는 배

한 사정이 없으면 사건관계인을 반드시 심문하도록 규정하고 있다(동법 제48조).

소송사건과 비송사건의 구분은 해당 사건이 대립당사자 구조와 분쟁성을 띠고 있는지, 법원의 합목적적인 재량이 요구되는지, 간이·신속하게 절차를 운영할 필요가 있는지 여부에 의하여 판단한다. 그러나 궁극적으로는 법률의 규정에 따라 정해진다. 대립당사자 구조와 분쟁성을 띠는 사건이라고 하더라도 법률에서 비송사건으로 규정하고 있으면 비송사건이 된다. 판례도 부양의무를 이행하지 않는 부부 일방이나 친족의 일방에 대한 상대방의 부양료청구는 가사소송법에 가사비송사건으로 규정되어 있는 이상 비송사건에 해당하지만(제2조 제1항 제2호 나목), 부부 사이의 부양의무를 이행하지 않는 부부의 일방에 대하여 상대방의 친족이 구하는 부양료청구는 가사소송법에 가사비송사건으로 규정되어 있지 않음을 들어 민사소송사건이라고 한다.[1)]

## Ⅲ. 민사소송절차의 종류

민사소송절차에는 판결절차, 강제집행절차, 가압류·가처분절차, 독촉절차, 공시최고절차, 파산절차 등이 있다.

### 1. 판결절차

판결절차는 판결에 의하여 당사자 사이의 분쟁을 해결하는 절차를 말한다. 판결절차는 당사자가 소송을 제기함에 따라 개시되고, 법원은 당사자가 주장한 사실과 당사자가 제출한 증거에 의거하여 판결을 한다.

---

제, 친권자의 지정과 변경, 직계혈족 또는 기타 친족 간 부양에 관한 처분, 기여분의 결정 등이 있다(가사소송법 제2조 제1항 나목).

1) 혼인한 딸이 뇌출혈로 의식이 없음에도 그 배우자인 사위가 부양의무를 이행하지 않자 친정어머니가 대신 병원비의 지출 등 부양의무를 이행하고 사위에게 부양료의 상환을 청구하는 것은 가사소송법상 마류사건에 해당하지 않아 가사비송사건으로 가정법원의 전속관할에 속하는 것이라고 할 수 없고 민사소송사건에 해당한다(대법원 2012. 12. 27. 선고 2011다96932 판결).

## 2. 강제집행절차

판결에서 당사자 일방에게 이행의무를 명하였음에도 임의로 이행하지 않는 경우에는 국가권력에 의하여 그 이행을 강제할 필요가 있다. 이를 위한 절차가 강제집행절차이다. 즉, 강제집행절차는 판결의 내용을 실현하기 위한 소송절차이다. 판결절차가 권리관계의 관념적인 확정을 도모하는 절차라면, 강제집행절차는 권리의 현실적인 만족을 도모하는 절차라 할 수 있다. 강제집행을 담당하는 기관은 원칙적으로 판결기관 이외의 기관이다. 판결기관은 강제집행을 담당하지 않는 것이 원칙이고, 집행기관에는 집행할 권리의 존부에 관한 판단을 할 권한이 없다.

## 3. 가압류·가처분절차

가압류·가처분절차는 판결의 실효성을 확보하기 위하여 현상(現狀)의 변경을 금지하거나 잠정적인 조치를 취하는 절차이다. 가압류절차는 장래 판결을 집행할 수 없거나 판결의 집행을 매우 곤란하게 할 염려가 있는 경우에 금전채권이나 금전으로 환산할 수 있는 채권에 대하여 동산 또는 부동산에 대한 강제집행을 보전하기 위한 절차이다(민사집행법 제276조 및 제277조).

한편 가처분절차는 장래 당사자가 권리를 실행하지 못하거나 이를 실행하는 것이 매우 곤란할 염려가 있을 경우에 비금전채권을 보전하기 위하여 다툼의 대상에 대한 현상의 변경을 금지하는 절차이다(동법 제300조 제1항). 가처분은 계속하는 권리관계에 미칠 현저한 손해를 피하거나 급박한 위험을 방지하는 등 필요한 경우에 다툼이 있는 권리관계에 대하여 임시의 지위를 정하기 위해서도 할 수 있다(동조 제2항). 임시의 지위를 정하는 가처분의 재판에서는 변론기일을 열거나 상대방이 참석할 수 있는 심문기일을 열어야 한다(동법 제304조 본문).

### 4. 독촉절차, 파산절차, 공시최고절차

독촉절차는 금전이나 대체물(代替物) 등 일정한 수량의 지급을 목적으로 하는 채권에 대하여 통상적인 소송절차에 의함이 없이 채권자의 신청에 의하여 간이·신속하게 집행권원을 얻게 하는 절차이다. 한편 파산절차는 채무자가 경제적 파탄상태에 빠졌을 때 채무자의 총재산을 모든 채권자에게 채권비율대로 변제하는 절차이고, 공시최고절차는 법원이 당사자의 신청에 의하여 불특정한 이해관계인에 대하여 일정 기간 내에 권리를 신고할 것을 최고(催告)하고 신고가 없으면 그 권리를 잃게 될 것을 일정한 방법으로 공고하는 절차이다.

**참조 민사소송절차의 진행순서**

민사소송절차의 진행순서를 살펴보면, 소송의 제기에 앞서 미리 가압류나 가처분을 해 두는 것이 일반적이다. 후일 승소판결이 나더라도 강제집행이 곤란해지는 것을 막기 위함이다. 이후 소송의 제기를 통하여 판결절차로 들어가고, 상대방이 판결에서 명한 이행의무를 임의로 이행하지 않으면 판결의 내용을 강제집행하게 된다. 금전채권의 경우에는 채권자가 소송을 제기하는 대신에 독촉절차를 이용할 수도 있다. 즉, 채권자의 신청으로 법원에서 서면심리를 거쳐 채무자에 대하여 지급명령을 발령하고, 이에 대하여 채무자가 이의신청을 하지 않으면 지급명령에 확정판결과 동일한 효력이 부여되며, 채무자가 이의신청을 하면 지급명령을 신청한 때 소송이 제기된 것으로 간주되고 판결절차로 이행된다. 그리하여 민사소송절차는 시기적으로 가압류·가처분절차 또는 독촉절차가 먼저 행해지고, 그 이후 판결절차, 강제집행절차의 순서로 진행된다.

## Ⅳ. 신의성실의 원칙

### 1. 의의

사회적 공동생활에 있어서 공동생활을 하는 사람 상호 간에 이해관계가 서로 경합하므로 모든 권리행사에는 필연적으로 일정한 한계가 있어야 한다. 권리행사에 있어서 사회적 공동생활에 따른 적법성의 한계로서 제시된 원칙이 바로 신의성실의 원칙이다. 신의성실의 원칙이란 권리의 행사는 신의에 좇아 성실히 해야 한다는 원칙이다(민법 제2조). 당초 신의성실의 원칙은 사법(私法) 분야에서 요구되는 원칙이었으나, 오늘날에는 사법과 공법, 실체법과 절차법을 막론하고 모든 법 분야에서 요구되는 원칙이 되었다.

민사소송법은 제1조 제1항에서 "법원은 소송절차가 공정하고 신속하며 경제적으로 진행되도록 노력하여야 한다."라고 하여 우리 민사소송의 이념인 공정한 재판, 신속한 재판, 경제적인 재판을 규정하고, 동조 제2항에서 "당사자와 소송관계인은 신의에 따라 성실하게 소송을 수행하여야 한다."라고 하여 신의성실의 원칙을 규정하고 있다. 신의성실의 원칙은 소송당사자뿐만 아니라 소송상 대리인, 보조참가인, 증인, 감정인 등 소송관계인에게도 그 준수가 요구된다. 그리하여 소송당사자와 소송관계인은 신의성실의 원칙에 따라 소송을 할 의무가 있고, 그럼으로써 우리 민사소송의 이념인 공정하고 신속하며 경제적인 재판이 실현될 수 있도록 해야 한다.

## 2. 신의칙 적용의 모습

### (1) 소송상태의 부당형성 금지

당사자 일방이 부당하게 소송법규의 요건에 해당하는 상태를 고의로 만들어 내어 법규의 적용을 도모하거나 고의로 방해하여 법규의 적용을 회피하는 것은 허용되지 않는다. 예를 들어, 관할만을 발생시킬 목적으로 본래 제소할 생각이 없던 사람을 공동피고로 하여 제소하는 행위,[1] 이미 채무초과인 채무자와의 사이에 법정물권인 유치권을 의도적으로 만들어 내고 이를 경매절차에서 주장하는 행위,[2] 선박을 편의치적(便宜置籍)시켜 소유·운영할 목적으로 설립한 명목상의 회사(paper

1) 대법원 2011. 9. 29. 자 2011마62 결정.
2) 대법원 2011. 12. 22. 선고 2011다84298 판결.

company)가 그 선박의 소유권을 주장하며 그 선박에 대한 가압류집행의 불허를 구하는 행위[1] 등은 금지된다.

### (2) 선행행위와 모순되는 행위의 금지

당사자 일방이 과거에 일정한 방향의 태도를 취하여 상대방이 이를 신뢰하고 자기의 소송상의 지위를 구축하였는데, 그 신뢰를 저버리고 종전의 태도와 모순되는 소송행위를 하는 것은 금지된다. 예를 들어, 추완항소를 한 피고가 항소심에서 항소기각되자 상고이유에서 스스로 추완항소의 부적법을 주장하는 행위,[2] 근저당권자가 건물에 대한 담보가치를 조사할 당시 임대차 사실을 부인하였던 임차인이 그 후 건물에 대한 경매절차에서 이를 번복하여 임차권의 존재를 주장하며 배당요구를 하는 행위[3] 등은 허용되지 않는다.

### (3) 소송상 권리의 실효

당사자 일방이 소송상 권리를 행사할 수 있었음에도 상당한 기간이 경과하도록 행사하지 않았고, 그리하여 상대방이 더 이상 권리를 행사하지 않으리라는 정당한 기대를 갖게 된 경우에는 새삼스럽게 그 권리를 행사하는 것은 신의성실의 원칙에 반하는 것이므로 그 소송상 권리는 실효된 것으로 보아야 한다.[4]

**판례 소송상 권리의 실효**

① 사용자와 근로자 사이의 고용관계의 존부를 둘러싼 노동분쟁에 있어서 실효의 원칙이 적극적으로 적용된다(대법원 1992. 1. 21. 선고 91다30118 판결). 그리하여 해고를 당한 근로자가 퇴직금과 해고수당을 아무런 조건 없이 수령하였고, 그로부터 3년 또는 5년이 경과한 후에 상당한 이유 없이 해고무효의 확인을 구하는 것은 신의칙 내지 금반

1) 대법원 1989. 9. 12. 선고 89다카678 판결.
2) 대법원 1995. 1. 24. 선고 93다25875 판결.
3) 대법원 1997. 6. 27. 선고 97다12211 판결.
4) 대법원 1992. 1. 21. 선고 91다30118 판결.

언의 원칙에 반하여 부적법하다(대법원 1990. 11. 23. 선고 90다카25512 판결; 2005. 10. 28. 선고 2005다45827 판결).

② 실효의 원칙은 기간의 제한이 없는 소송행위에 적용될 여지가 많다. 예를 들어, 가압류·가처분결정에 대한 이의신청이나 통상항고 등 기간의 정함이 없는 각종 신청, 피고의 주소를 허위로 기재하는 방법으로 이루어진 편취판결에 있어서 항소 또는 추완항소 등에 대해 적용될 수 있다.

### (4) 소송상 권리의 남용 금지

소송상 권리를 그 본래의 목적 이외의 다른 목적으로 남용하는 것은 허용되지 않는다. 예를 들어, 소송의 지연을 목적으로 한 기피신청,[1] 학교법인의 이사로서의 직무수행의사는 없으면서 오로지 학교법인이나 현재 이사들로부터 다소의 금원을 지급받을 목적만으로 학교법인의 이사회결의 부존재확인을 구하는 소송을 제기하는 행위[2] 등은 금지된다.

## 3. 신의칙 위반의 효과

신의칙 위반 여부는 법원의 직권조사사항이다.[3] 소송의 제기 자체가 신의칙에 위반되는 경우에는 신의칙의 존재는 소송요건이므로 소송을 부적법 각하해야 한다. 개개의 소송행위가 신의칙에 위반되는 경우에는 무효로 되거나 부적법 각하된다. 신의칙 위반의 소송행위를 간과하고 판결을 한 경우에는 확정 전에는 상소로 취소할 수 있으나, 확정된 후에는 당연무효의 판결은 아니며[4] 재심의 대상이 되지도 않는다.[5] 판결이 집행된 뒤에는 손해배상책임의 문제가 생긴다.

---

1) 대법원 1981. 2. 26. 자 81마14 결정.
2) 대법원 1974. 9. 24. 선고 74다767 판결.
3) 김홍엽, 29면; 이시윤, 36면.
4) 이시윤, 36면.
5) 다만, 판결의 편취와 관련하여 재심사유(제451조 제1항 제11호)가 될 수 있다(김홍엽, 29면).

# 제 2 절 민사소송의 기초

## Ⅰ. 소송의 종류

소송은 법원에 대하여 일정한 내용의 판결을 요구하는 당사자의 신청이다. 소송의 종류에는 이행소송, 확인소송, 형성소송이 있다.

### 1. 이행소송

이행소송은 이행청구권의 확정과 피고에 대한 이행명령을 요구하는 소송이다. 예를 들어, 금전의 지급, 물건의 인도, 소유권이전등기절차의 이행 등을 요구하는 소송이 여기에 해당한다. 이행소송에서는 다툼이 있거나 불확실한 청구권을 확정받고, 피고에 대한 이행명령의 선고를 받아 강제집행의 방법으로 청구권을 실현시키는 것을 목적으로 한다.

### 2. 확인소송

확인소송은 법률관계의 존재 또는 부존재의 확정을 요구하는 소송이다. 사실관계의 존부는 원칙적으로 확인소송의 대상이 되지 못한다. 이행소송이나 형성소송에서는 이행판결에 기한 강제집행이나 형성판결에 따른 법률관계의 변동을 통하여 직접적이고 확실한 분쟁해결을 도모할 수 있다. 그러나 확인판결에는 집행력이나 형성력이 발생하지 않아 확인판결만으로는 분쟁해결이 특별히 담보되지 않는다. 그리하여 확인소송은 후술하는 바와 같이 확인의 이익이 있는 경우에 한하여 허용된다. 확인의 이익은 법률상 지위에 현존하는 불안이나 위험을 제거하는데 확인판결을 받는 것이 가장 유효하고 적절한 수단일 때 인정된다.

### 3. 형성소송

형성소송은 기존 법률관계를 변경 또는 소멸시키거나 새로운 법률관계를 발생시키는 내용의 판결을 해 달라는 소송이다. 형성소송 중에는 구체적으로 어떤 내용의 권리관계를 형성할 것인가를 법관의 재량에 일임하고 있는 형성소송이 있는데, 이를 형식적 형성소송이라고 한다. 형식적 형성소송은 비송사건의 성격을 띤 소송이라고 할 수 있다. 형식적 형성소송의 예로는 토지경계확정소송, 부(父)를 정하는 소송(민법 제845조), 공유물분할청구소송(동법 제269조), 법정지상권상 지료결정청구소송 등이 있다. 소송요건을 갖춘 이상 어떤 형식이든지 법률관계를 형성해야 하므로 원고의 청구를 기각할 수 없다. 형식적 형성소송에서는 후술하는 바와 같이 처분권주의가 제한되고, 불이익변경금지의 원칙이 적용되지 않는다.

## Ⅱ. 소송요건

### 1. 의의

소송요건이란 소송이 적법한 취급을 받기 위해 구비해야 하는 사항을 말한다. 소송요건에는 다음과 같은 것이 있다.

> ① 법원과 관련된 소송요건: ㉠ 재판권, ㉡ 관할권 등
> ② 당사자와 관련된 소송요건: ㉠ 당사자의 실재, ㉡ 당사자능력, ㉢ 당사자적격, ㉣ 소송능력, ㉤ 대리인에 의하는 경우 법정대리권 또는 소송대리권의 존재, ㉥ 소송비용의 담보 제공[1] 등

1) 원고가 대한민국에 주소·사무소와 영업소를 두지 않은 경우 또는 소장·준비서면 그 밖의 소송기록에 의하여 청구가 이유 없음이 명백한 경우 등에는 법원은 직권으로 또는 피고의 신청에 의하여 원고에게 소송비용에 대한 담보를 제공하도록 명해야 하고(제117조 제1항 및 제2항), 법원이 정한 담보제공기간 내에 원고가 담보를 제공하지 않은 때에는 법원은 변론 없이 판결로 소를 각하할 수 있

③ 소송물과 관련된 소송요건: ㉠ 소송물의 특정,[1] ㉡ 소의 이익, ㉢ 중복제소가 아닐 것 등

④ 기타: ㉠ 제소기간의 준수, ㉡ 부제소합의의 부존재, ㉢ 중재합의의 부존재[2]

## 2. 소송요건의 판단시기

소송요건의 존부를 판단하는 시기는 원칙적으로 사실심의 변론종결시이다. 따라서 소송 제기 당시에는 소송요건이 부존재하여도 사실심의 변론종결시까지 이를 갖추면 적법하다. 그러나 예외적으로 관할권의 존부는 제소 당시를 표준으로 한다(제33조). 그런데 판례는 소송요건의 존부는 사실심 변론종결시를 기준으로 판단해야 하지만, 상고심 계속 중에 소의 이익이 소멸하였다면 부적법 각하할 수 있다고 한다.[3] 또한 판례는 사실심 변론종결시까지 갖추지 못한 소송요건을 상고심에서 갖춘 경우 그 하자의 치유를 인정하기도 한다. 예를 들어, 필수적 공동소송인의 관계에 있는 공동상속인 중 일부를 누락한 소송수계신청을 간과하고 선고한 항소심 판결은 부적법하지만, 누락된 상속인이 상고심 계속 중에 상속받은 권리를 상실함으로써 소송을 수계할 자격을 잃은 경우에는 소송수계에 관한 하자가 치유된다고 한다.[4]

---

다(제124조 본문).

1) 민사소송에서 당사자가 소송물로 하는 권리 또는 법률관계는 특정되어야 하고, 소송물이 특정되지 않은 때에는 법원이 심리·판단할 대상과 재판의 효력범위가 특정되지 않게 되므로 소송물이 특정되었는지 여부는 소송요건으로서 법원의 직권조사사항에 속한다(대법원 2013. 3. 14. 선고 2011다28946 판결).

2) 중재합의의 대상인 분쟁에 관하여 소가 제기된 경우에 피고가 중재합의가 있다는 항변을 하였을 때에는 법원은 그 소를 각하하여야 한다(중재법 제9조 제1항).

3) 대법원 2003. 1. 10. 선고 2002다57904 판결.

4) 대법원 1995. 5. 23. 선고 94다23500 판결.

## 3. 직권조사사항

소송요건은 법원이 직권으로 조사해야 하는 직권조사사항이다. 따라서 소송요건에 관한 당사자의 주장은 법원의 직권발동을 촉구하는 의미밖에 없어 그 주장에 대해서 판단하지 않더라도 판단누락이 되지 않으며,[1] 이에 관해서는 재판상 자백이나 의제자백이 성립하지 않는다.[2] 소송요건에 대한 판단자료의 수집·제출의 방법과 관련하여 판례는 법원이 그 판단의 기초자료인 사실과 증거를 직권으로 탐지할 의무는 없지만, 이미 제출된 자료에 의하여 그 존부에 관하여 의심할 만한 사정이 엿보인다면 직권으로 추가적인 심리·조사를 하여 그 존재 여부를 확인해야 할 의무가 있다고 한다.[3]

소송요건이 모두 직권조사사항인 것은 아니며 항변사항도 있다. 소송비용의 담보제공과 중재합의의 존재는 항변사항이다. 항변사항은 피고가 주장하지 않는 한 법원은 이를 고려하지 않는다. 이를 방소항변(妨訴抗辯)이라고도 한다. 소송비용의 담보제공과 중재합의의 항변은 피고가 본안에 관하여 변론하기 전까지 제출해야 하고 그 이후에는 제출할 수 없다(제118조, 중재법 제9조 제2항). 부제소합의에 대하여 통설은 항변사항이라고 하나,[4] 판례는 직권조사사항으로 보고 있다.[5] 다만, 판례는 당사자가 부제소합의를 쟁점으로 삼아 소의 적법 여부를 다투지 않았음에도 법원이 직권으로 부제소합의에 위반되었다는 이유로 소를 부적법 각하하기 위해서는 그에 앞서 당사자에게 의견진술의 기회를 주어야 한다고 한다.[6] 한편 임의관할을 항변사항으로 보는 견해가 있으나,[7] 전속관할은 물론이고 임의관할 역시 직권조사사항으로 보아야 한다. 따라서 법원은 피고의 항변이 없어도 의심할 만한 사정이 있으면 관할의 유무를 직권으로 조사해야 한다(제32조). 다만, 임의관할위반의 경우에는 후술하는 바와 같이 변론관할이 생길 수 있으므로 원고가 관할권 없는

1) 대법원 1994. 11. 8. 선고 94다31549 판결.
2) 대법원 1999. 2. 24. 선고 97다38930 판결.
3) 대법원 2011. 7. 28. 선고 2010다97044 판결; 2009. 4. 23. 선고 2009다3234 판결.
4) 이시윤, 215면; 정동윤·유병현, 「민사소송법(제2판)」, 법문사, 2007, 351면.
5) 대법원 2013. 11. 28. 선고 2011다80449 판결.
6) 대법원 2013. 11. 28. 선고 2011다80449 판결.
7) 이시윤, 215면.

법원에 소송을 제기한 경우에도 바로 관할위반을 이유로 이송할 것은 아니며 피고의 관할위반의 항변을 기다려 판단해야 한다.

## 4. 본안판단의 요건

소송요건은 본안판결의 요건이므로 본안판결에 앞서 먼저 심리하고 판단해야 한다. 따라서 소송요건을 먼저 심판하지 않고 본안에 들어가 원고청구기각의 판결을 할 수 없다.[1] 이에 대하여 소송요건과 실체법상의 요건은 동일한 판결선고의 요건이므로 소송요건을 먼저 심리하여 판단할 필요가 없고, 원고의 청구가 이유 없음이 명백한 경우에는 소송요건의 구비 여부를 따질 필요 없이 바로 원고청구기각의 판결을 할 수 있다는 견해가 있다. 그러나 소송요건은 본안판결의 전제요건이라는 점에서 본안판결에 앞서 먼저 심판되어야 하고, 따라서 소송요건의 구비 여부를 심판하지 않은 채 본안판결을 할 수는 없다고 할 것이다. 판례도 항소심에서 원고청구가 이유 없다고 하여 기각판결을 한 사건에 대하여 소송요건이 흠결되어 부적법하다고 하면서 원심판결을 파기하고 소를 각하하는 판결을 하였다.[2]

## 5. 소송요건 흠결의 효과

소송요건은 본안판결의 요건인 동시에 본안심리의 요건이다. 따라서 소송요건이 흠결된 경우에는 본안판단에 나아갈 필요 없이 소송을 부적법 각하해야 한다. 다만, 소송요건의 흠결을 보정할 수 있는 경우에는 법원은 먼저 상당한 기간을 정하여 보정을 명해야 한다.

이처럼 소송요건이 흠결된 경우 소송을 부적법 각하해야 하지만, 관할권 위반의 경우에는 소송을 각하할 것이 아니라 관할권 있는 법원으로 이송해야 하고(제34조 제1항), 또한 소송계속 중에 당사자능력이나 소송능력 또는 법정대리권이 소멸

1) 이시윤, 217면.
2) 대법원 1990. 12. 11. 선고 88다카4727 판결; 1983. 2. 8. 선고 81누420 판결.

된 경우에도 소송을 각하할 것은 아니며 상속인이나 법정대리인 등이 소송을 수계할 때까지 소송절차가 중단될 뿐이다(제233조, 제235조).

## Ⅲ. 소송행위

### 1. 의의

소송행위는 소송절차를 구성하는 법원과 당사자 기타 소송관계인의 행위를 말한다. 소송행위는 그 요건과 효과가 소송법에 의하여 규율된다. 그리하여 소송행위에는 특별한 사정이 없는 한 사법상 법률행위에 관한 규정이 적용되지 않는다. 소송행위는 그 주체에 따라 법원의 소송행위와 당사자의 소송행위로 구분할 수 있다. 법원의 소송행위로는 재판, 증거조사, 조서의 작성, 송달 등이 있다. 법원의 소송행위는 당사자의 소송행위와는 다른 법적 규율을 받으므로 여기에서는 당사자의 소송행위에 대해서만 살펴보기로 한다.

당사자의 소송행위는 그 시기 및 장소에 따라 소송 전·소송 외의 소송행위와 변론에서의 소송행위로 구분할 수 있다.[1] 전자의 예로는 관할의 합의, 소송위임, 중재합의 등이 있고, 후자의 예로는 본안의 신청, 공격방어방법의 제출 등이 있다. 한편 소송행위의 목적과 기능에 따라 법원의 재판에 의하여 비로소 소송법상 효과가 발생하는 취효적(取效的) 소송행위와 법원의 재판을 통하지 않고 당사자의 행위만으로 직접 소송법상 효과를 발생시키는 여효적(與效的) 소송행위로 구분할 수 있다. 전자의 예로는 신청이나 주장, 증거신청 등이 있고, 후자의 예로는 소 또는 상소의 취하, 대리권소멸의 통지, 소송고지, 송달의 수령, 관할의 합의, 준비서면의 제출 등이 있다.

1) 이시윤, 394면.

## 2. 소송행위의 특성

소송절차에서는 절차의 원활과 안정이 중시되므로 소송절차를 구성하는 소송행위는 그 요건과 효과를 명확하고 획일적으로 규율할 필요가 있다. 사법상 법률행위와 비교되는 소송행위의 특성을 살펴보면 다음과 같다.

### (1) 소송행위의 주체

소송행위의 주체는 당사자능력과 소송능력, 변론능력이 있어야 하고, 대리인이 소송행위를 하는 경우에는 대리권이 있어야 한다. 민법에서와는 달리 제한능력자가 한 소송행위는 취소할 수 있는 행위가 아니라 무효이고, 반드시 법정대리인이 대리해서 소송행위를 해야 한다. 설사 법정대리인의 동의가 있더라도 제한능력자가 한 소송행위는 무효이다.

한편 소송절차의 명확성과 안정성을 기하기 위하여 소송대리권의 존재와 범위를 획일적으로 처리할 필요가 있다. 그리하여 후술하는 바와 같이 ① 소송대리권은 서면으로 증명해야 하고(제58조, 제89조), ② 대리권의 소멸을 상대방에게 통지하지 않으면 대리권이 소멸하였다는 주장을 하지 못하며(제63조 제1항 본문), ③ 대리권의 범위는 법률로 정해져 있다. 또한 ④ 거래의 안전을 위한 민법상 표현대리의 법리는 절차의 안정을 중시하는 소송행위에는 적용될 여지가 없다.

### (2) 소송행위의 방식

소송행위를 명확히 하기 위하여 관할합의(제29조 제2항)나 중재합의(중재법 제8조 제2항), 대리권의 증명(제58조, 제89조), 소 또는 상소의 제기(제248조, 제408조, 제425조)[1] 등 일정한 소송행위는 반드시 서면에 의하도록 하고 있다. 또한 소송행위는 변론주의와 구술심리주의의 원칙에 따라 변론절차에서 구술로 할 것이 요구된다. 그리하여 소장이나 답변서, 준비서면 등 서면을 법원에 제출하였더라도 변론절차에서 구술로 진술하지 않으면 소송자료가 되지 못한다(제134조 제1항).

---

1) 다만, 소액사건에 있어서는 구술에 의한 소송 제기가 허용된다(소액사건심판법 제4조 제1항).

### (3) 조건과 기한

소송행위에는 원칙적으로 조건이나 기한을 붙이지 못한다. 다만, 예비적 주장이나 예비적 신청 등 소송 내적인 조건은 소송절차의 안정을 해칠 염려가 없으므로 허용된다.[1]

### (4) 소송행위의 하자

#### 1) 하자의 치유

소송행위에 하자가 있는 경우 이를 즉시 배척하기보다는 가능한 한 하자를 치유하여 소송행위를 유효로 하는 것이 소송경제에 부합한다. 그리하여 소송능력, 법정대리권 또는 소송행위에 필요한 권한의 수여에 하자가 있는 경우 능력을 취득한 본인이나 법정대리인 등이 추인하면 소송행위를 한 때 소급하여 그 하자가 치유되고, 소송절차 가운데 임의규정에 위반한 하자는 이의권의 포기·상실로 그 하자가 치유된다. 또한 소송절차에 하자가 있는 소송행위라고 하더라도 판결이 확정되면 재심사유에 해당하지 않는 한 다툴 수 없으므로 결과적으로 그 하자가 치유된다.

#### 2) 의사의 하자

소송행위에 사기·강박, 착오 등 의사의 하자나 흠결이 있는 경우 민법의 규정을 유추적용하여 소송행위의 무효나 취소를 주장할 수 있는지 논란이 있다. 재판상 자백에 관해서는 진실에 반하고 착오로 인한 것임을 증명한 때에 취소할 수 있다는 명문의 규정이 있으나(제288조 단서), 그러한 명문의 규정이 없는 경우 의사의 하자나 흠결을 이유로 소송행위의 효력을 부인할 수 있는지 문제가 되는 것이다.

통설은 소송행위에는 소송절차의 명확성과 안정성을 기하기 위해 표시주의 내지 외관주의가 관철되어야 하므로 소송행위에 사기·강박이나 착오 등 의사의 하자나 흠결이 있더라도 민법의 규정을 준용하여 소송행위의 효력을 부인할 수 없다고 한다. 이에 대하여 소의 취하나 청구의 포기·인낙 등과 같은 소송종료행위는 후행행위를 전제로 하지 않아 소송절차의 복멸(覆滅)을 걱정할 필요가 없으므로 소

---

1) 이시윤, 399면.

송절차의 안정과 무관하여 의사의 하자에 관한 민법의 규정을 유추적용할 수 있다는 반대견해가 있다.

판례는 민법상 법률행위에 관한 규정은 원칙적으로 소송행위에는 적용되지 않으므로 항소의 취하 등 소송행위에 사기·강박이나 착오 등 의사표시의 하자가 있더라도 이를 이유로 그 무효나 취소를 주장할 수 없다고 한다.[1] 다만, 사기나 강박 등이 형사상 처벌받을 다른 사람의 행위로 인하여 이루어졌고, 그 다른 사람에 대하여 유죄판결이 확정된 경우에는 재심사유에 관한 제451조 제1항 제5호 및 동조 제2항[2]의 취지를 유추하여 그로 인한 소송행위의 효력을 부인할 수 있다고 한다. 그러나 이 경우에도 소송행위가 그에 부합되는 의사 없이 외형적으로만 존재할 때에 한하여 그 효력을 부인할 수 있고, 다른 사람의 범죄행위가 소송행위를 하는데 착오를 일으키게 한 정도에 불과할 뿐 소송행위에 부합되는 의사가 존재할 때에는 그 소송행위의 효력을 부인할 수 없다고 한다.[3]

소송행위는 명확하고 획일적으로 규율되어야 하므로 소송행위의 효과는 유효 아니면 무효이고, 취소할 수 있는 소송행위는 명문의 규정이 없는 한 원칙적으로 인정되지 않는다. 소송종료행위일지라도 상대방이 이를 신뢰하여 계쟁물에 관한 처분행위를 한 경우 그 소송종료행위의 효력이 부인된다면 그 처분에 의하여 일정한 법적 지위를 취득한 사람의 지위에 영향을 줌으로써 당사자에게 손해를 줄 염려가 있다. 따라서 원칙적으로 통설의 입장에 따르되 소송절차의 명확성과 안정성을 해치지 않는 범위 내에서 예외적으로 소송행위의 효력을 부인함으로써 구체적 타당성을 도모할 필요가 있다.

소송행위가 사기·강박 등 제451조 제1항 제5호의 형사상 처벌받을 다른 사람의 행위에 의하여 이루어졌을 때, 예를 들어 사기 또는 강박에 의하여 소취하서를 제출한 경우 등 형사책임이 수반되는 때에는 판결이 확정되지 않았더라도 동 조항을 유추하여 소송절차 내에서 그 무효를 주장할 수 있으며, 이때 재심에서 요구되

---

1) 대법원 1980. 8. 26. 선고 80다76 판결.

2) 형사상 처벌을 받을 다른 사람의 행위로 말미암아 자백을 하였거나 판결에 영향을 미칠 공격방어방법의 제출에 방해를 받은 때에는 재심사유에 해당하고(제451조 제1항 제5호), 그 다른 사람에 대한 유죄판결이 확정되면 재심의 소를 제기할 수 있다(동조 제2항).

3) 대법원 1984. 5. 29. 선고 82다카963 판결; 1963. 11. 21 선고 63다441 판결.

는 제451조 제2항의 유죄확정판결을 요구하지 않음으로써 사실상 민법 제110조를 적용한 것과 같은 결론에 이를 수 있을 것이다. 사기나 강박 등 범죄행위에 의한 소송행위로 이루어진 판결은 어차피 확정 후에도 재심에 의하여 취소된다는 점에서 그 판결이 확정되기 전에 소송 내에서 그 소송행위의 효력을 부인하는 것이 소송경제에 합치된다고 할 수 있다. 그러나 판례는 이러한 경우에 유죄판결의 확정, 소송행위에 부합되는 의사 없이 외형만이 존재하는 등의 요건을 모두 갖춘 경우에 한하여 무효라고 함으로써 구제의 폭을 지나치게 좁히고 있다.

# 제 3 절 대체적 분쟁해결절차

## Ⅰ. 대체적 분쟁해결절차의 의의

대체적 분쟁해결절차(ADR, Alternative Dispute Resolution)란 전통적인 분쟁해결절차인 소송절차에 의하지 않고 분쟁을 해결하는 비소송적 분쟁해결절차를 말한다. 대체적 분쟁해결절차의 장점으로는 신속하고 저렴한 비용에 의한 분쟁해결이 가능하고, 분쟁처리의 과정에서 당사자 본인의 의사가 존중되며, 비공개 절차로 진행되어 개인 또는 기업의 비밀이 보장될 수 있다는 것 등을 들 수 있다.

대체적 분쟁해결절차의 유형으로는 크게 당사자들이 주도적으로 분쟁을 해결하는 절차와 제3자 개입하여 분쟁을 해결하는 절차로 구분할 수 있다. 전자의 예로는 협상(negotiation)이 있고, 후자의 예로는 조정(mediation)과 중재(arbitration)가 있다. 협상(negotiation)이란 분쟁 당사자들 상호 간에 의사소통을 통하여 합의에 이르는 분쟁해결절차이다. 이에 비하여 조정(mediation)은 제3자, 즉 조정인이 협상에 개입하여 분쟁 당사자들로 하여금 상호 양보를 통하여 협상에 이르도록 하는 분쟁해결절차이고, 중재(arbitration)는 분쟁 당사자들 사이의 합의에 따라 제3자를 중재인으로 선정하여 중재인의 판정에 의하여 분쟁을 해결하는 절차이다. 조정과 중재는 제3자의 개입 정도에 따라 조정은 협상에, 중재는 판결에 각각 더 가까운 분쟁해결절차이다.

## Ⅱ. 현행법상 대체적 분쟁해결절차

현행법상 인정되고 있는 대체적 분쟁해결절차로 협상에 해당하는 화해를 비롯하여 조정, 중재가 있다.

### 1. 화해

화해에는 재판외 화해와 법원의 판사 앞에서 하는 재판상 화해가 있다. 재판 외 화해는 민법상 화해계약(민법 제731조 이하)을 뜻하는 것으로 당사자가 재판 외에서 상호 양보하여 당사자 사이의 분쟁을 종료하기로 약정하는 것을 말한다. 재판상 화해에는 제소전화해와 소송상 화해가 있다. 제소전화해는 당사자 일방이 지방법원에 화해신청을 하여 단독판사의 주재하에 행한다(제385조 이하). 제소전화해는 소송계속을 전제로 하지 않는다는 점에서 소송상 화해와 구별된다. 소송상 화해는 소송계속 중 당사자 쌍방이 양보하여 분쟁을 종료하기로 하고 그 결과를 법원에 진술하는 것으로 조서에 적은 때에 소송은 종료된다(제225조 이하). 재판상 화해가 성립되면 확정판결과 동일한 효력이 인정된다(제220조).

화해권고결정(제225조 내지 제232조)은 소송상 화해를 활성화시키기 위하여 2002년 민사소송법을 개정하여 도입하였다. 법원·수명법관 또는 수탁판사는 소송계속 중인 사건에 대하여 직권으로 화해권고결정을 할 수 있고, 당사자가 화해권고결정서의 정본을 송달받은 날부터 2주 이내에 이의를 신청하지 않으면 화해권고결정은 재판상 화해와 동일한 효력을 갖게 되지만, 당사자가 이의신청을 하면 소송은 화해권고결정 이전의 상태로 돌아간다.[1]

---

1) 민사소송법상 화해권고결정과 구별되는 것으로 소액사건심판법상 이행권고결정(제5조의3 내지 제5조의8)이 있다. 법원은 소액사건에 속하는 소송이 제기된 경우에 소장부본을 첨부하여 피고에게 청구취지대로 이행할 것을 권고할 수 있고, 피고가 등본을 송달받은 날부터 2주일 이내에 서면으로 이의신청을 하지 않으면 이행권고결정은 확정판결과 같은 효력을 가지나, 이의신청이 있으면 법원은 지체 없이 변론기일을 지정해야 한다. 화해권고결정은 그 법적 성질이 화해, 즉 당사자 쌍방의

## 2. 조정

조정은 조정담당판사 또는 조정위원회가 분쟁관계인 사이에 개입하여 화해로 이끄는 절차이다. 제3자의 중개가 필수적이라는 점에서 중개를 요하지 않는 화해와 차이가 있다. 조정은 당사자 사이에 합의된 사항을 조서에 기재함으로써 성립하고, 조정조서가 작성되면 재판상의 화해와 동일한 효력이 있다(민사조정법 제29조, 가사소송법 제59조 제2항 본문). 조정에는 민사조정법에 의한 민사조정과 가사소송법에 의한 가사조정이 있다.

조정담당판사는 당사자 사이에 합의가 성립되지 않거나 당사자 사이에 성립된 합의의 내용이 적당하지 않다고 인정하는 경우에는 상당한 이유가 없으면 직권으로 조정을 갈음하는 결정을 해야 한다(민사조정법 제30조, 가사소송법 제49조). 조정을 갈음하는 결정의 조서정본이 송달된 날부터 2주일 이내에 당사자의 이의신청이 없는 경우에는 조정을 갈음하는 결정은 재판상 화해와 동일한 효력이 있고(민사조정법 제34조 제4항 제1호), 당사자가 이의신청을 한 경우에는 조정신청을 한 때 소가 제기된 것으로 본다(동법 제36조 제1항 제3호).

## 3. 중재

### (1) 의의

중재는 당사자의 합의에 의하여 선출된 중재인의 중재판정에 의하여 당사자 사이의 분쟁을 해결하는 절차이다(중재법 제3조 제1호). 중재는 당사자 사이의 상호 양보나 제3자가 제시하는 조정안에 동의함으로써 분쟁을 해결하는 것이 아니라 제3자의 판단에 의하여 분쟁을 해결한다는 점에서 판결과 유사하지만, 당사자의 의사에 기초한 자주적 분쟁해결방법이라는 점에서 강제적 분쟁해결방법인 판결과 구별된다. 근거 법률로는 중재법이 있고, 현재 중재기관으로 대한상사중재원이 있다.

---

상호양보로 분쟁해결에 이르는 절차이지만, 이행권고결정은 원고의 청구취지대로 이행할지 여부를 피고에게 묻는 절차라는 점에서 차이가 있다.

### (2) 중재합의

중재에 의하려면 당사자 사이에 중재합의가 있어야 한다. 중재합의란 일정한 법률관계에 있어서 당사자 사이에 이미 발생하였거나 장래 발생할 수 있는 분쟁의 전부 또는 일부를 중재에 의하여 해결하도록 하는 당사자 사이의 합의를 말한다(중재법 제3조 제2호). 중재합의는 독립된 합의 또는 계약에 중재조항을 포함하는 형식으로 할 수 있으나 서면으로 해야 한다(동법 제8조 제1항 및 제2항). 중재합의가 있음에도 불구하고 상대방이 법원에 소송을 제기하였을 경우 본안전 항변을 통하여 중재합의가 있었음을 주장·입증하면 법원은 소송을 각하하는 판결을 해야 한다(동법 제9조).

중재합의는 분쟁을 법원의 판결이 아닌 중재인의 중재판정에 의하여 해결하기로 하는 당사자 사이의 합의이다. 오로지 중재에 의하여 분쟁을 해결하기로 하는 전속적 중재합의가 중재합의로서 유효한 것은 물론이지만, 나아가 법원의 판결 또는 중재에 의하여 분쟁을 해결하기로 하는 선택적 중재합의도 중재합의로서 유효한지 논란이 있다. 다양한 분쟁해결방법을 모색하려는 당사자의 사적 자치와 당사자의 편익이라는 관점에서 보면 선택적 중재합의의 유효성을 긍정할 수 있겠지만, 모든 국민은 헌법과 법률이 정한 법관에 의한 재판을 받을 권리를 갖는다(헌법 제27조 제1항)는 점에서 보면 부정하게 될 것이다. 판례는 선택적 중재합의는 일방 당사자가 상대방에 대하여 중재절차를 선택하여 그 절차에 따라 분쟁해결을 요구하고, 이에 대하여 상대방이 본안에 관한 답변서를 제출할 때까지 중재합의의 존부 또는 유효성에 관하여 별다른 이의 없이 중재절차에 임하였을 때 중재합의로서 효력이 있다고 하여 절충적인 입장을 취하고 있다.[1)]

### (3) 중재판정부의 구성

중재인의 수는 당사자 사이에 별도의 합의가 없으면 3인으로 한다(중재법 제11조). 중재인이 3인인 경우 각 당사자가 1인씩 중재인을 선정하고, 선정된 2인의 중재인들이 합의하여 나머지 1인의 중재인을 선정한다(동법 제12조 제3항 제2호). 중재

1) 대법원 2005. 5. 27. 선고 2005다12452 판결; 2004. 11. 11. 선고 2004다42166 판결.

인이 1인인 경우에는 당사자가 합의하여 중재인을 선정하고, 당사자 사이에 합의가 이루어지지 않으면 법원 또는 그 법원이 지정한 중재기관이 선정한다(동항 제1호). 당사자는 중재인으로 선정된 사람이 공정성이나 독립성에 관하여 의심할 만한 사유가 있거나 중재인의 자격을 갖추지 못한 사유가 있는 경우에는 기피신청을 할 수 있다(동법 제13조).

### (4) 중재판정

#### 1) 중재판정의 효력

중재판정은 법원의 확정판결과 동일한 효력을 가진다(동법 제35조). 즉, 중재판정이 내려지면 소송에서의 항소나 상고와 같은 불복절차가 허용되지 않으며, 중재판정은 사실상 대법원의 판결과 동일한 효력이 있다.

#### 2) 중재판정의 불복

중재판정에 대한 불복은 법원에 중재판정취소소송을 제기하는 방법으로만 할 수 있다(동법 제36조 제1항). 중재판정의 취소사유는 다음과 같은 사유로 한정된다(동법 제36조 제2항).

① 당사자가 중재합의 당시 제한능력자인 경우 또는 중재합의가 무효인 경우
② 중재판정의 취소를 구하는 당사자가 중재인의 선정 또는 중재절차에 관하여 적절한 통지를 받지 못하였거나 변론을 할 수 없었던 경우
③ 중재판정이 중재합의의 대상이 아닌 분쟁을 다루었거나 중재합의 범위를 벗어난 경우
④ 중재판정부의 구성이나 중재절차가 당사자 사이의 합의에 따르지 않거나 중재법에 따르지 않은 경우
⑤ 중재판정의 대상이 된 분쟁이 국내법에 따라 중재로 해결될 수 없는 경우
⑥ 중재판정의 승인이나 집행이 우리나라의 선량한 풍속 기타 사회질서에 위배되는 경우

중재판정취소소송은 중재판정의 취소를 구하는 당사자가 중재판정의 정본을 받은 날부터 3개월 이내에 제기해야 한다(동법 제36조 제3항). 해당 중재판정에 대하여 국내법원에서 내려진 승인 또는 집행결정이 확정된 후에는 중재판정취소소송을 제기할 수 없다(동조 제4항).

### 3) 중재판정의 집행

중재판정은 그 자체로서 집행력이 없으므로 강제집행을 허가하는 법원의 결정이 있어야 집행이 가능하다(동법 제37조 제2항). 종전에는 필요적 변론이 요구되는 판결절차에 의하도록 하였으나, 집행절차의 신속을 도모하기 위하여 결정절차에 의하도록 변경되었다. 당사자는 법원에 중재판정의 정본이나 사본을 제출하고 중재판정에 기초한 강제집행을 신청할 수 있다(동법 제37조 제3항). 당사자의 신청이 있으면, 법원은 변론을 열거나 당사자 쌍방을 심문하고(동조 제4항), 결정으로 강제집행을 허가한다(동조 제2항). 강제집행 허가결정에 대해서는 즉시항고를 할 수 있다(동조 제6항).

# 제 2 편

# 소송의 주체

# 제 1 장 법원

## 제 1 절 민사재판권

### Ⅰ. 재판의 의의와 종류

#### 1. 재판의 의의

재판은 재판기관이 행하는 공권적인 법적 판단을 말한다. 재판은 법규를 대전제로 하고 구체적 사실을 소전제로 하여 판단한 결과 얻어진 결론을 외부에 표시하는 것을 말한다. 재판은 그 판단이 공권적이라는 점에서 사인(私人)의 법적 판단과 구별된다. 여기서 공권적이란 국가권력에 의하여 판단내용이 강제로 실현될 수 있다는 의미이다.

#### 2. 재판의 종류

재판의 종류에는 판결, 결정, 명령이 있다.

(1) 재판의 대상

판결은 종국적 또는 중간적 판단을 필요로 하는 중요한 사항을 그 대상으로 하고, 소 또는 상소 제기에 대하여 이루어지는 재판이다. 판결에는 소송사건에 대하여 종국적 판단을 하고 해당 심급을 끝내는 종국판결과 소송 진행 중 쟁점을 미리 정리·판단하는 중간판결이 있다. 종국판결에는 소송요건이나 상소요건에 흠결이 있는 경우 소 또는 상소를 부적법 각하하는 소송판결과 원고의 청구가 실체법상 이유 있는지 살펴 기각 또는 인용하는 본안판결이 있다.

결정과 명령은 소송절차의 부수적이며 파생적인 사항 또는 신속을 요하는 사항을 그 대상으로 한다. 결정에는 가압류·가처분결정 등 각종 신청에 대한 결정, 화해권고결정 등이 있고, 명령에는 소장각하명령, 석명준비명령 등이 있다. 다만, 법원의 재판이어서 성질은 결정이나 명령으로 불리는 경우가 있다. 예를 들어, 문서제출명령, 압류명령, 추심명령, 전부명령 등이 여기에 해당한다.

### (2) 재판기관

판결과 결정의 재판기관은 법원이고, 명령의 재판기관은 재판장, 수명법관, 수탁판사 등 법관이다. 재판기관인 법원은 소송법상 의미의 법원을 뜻하며, 합의제와 단독제가 있다. 수명법관이란 합의부의 재판장으로부터 화해의 권고, 법원 외에서의 증거조사, 변론준비절차의 진행 등의 처리를 위임받은 합의부원을 말하고, 수탁판사란 수소법원이 동급의 다른 법원에 원거리에 사는 증인에 대한 현지 법원에의 신문촉탁 등 재판사항을 부탁한 경우 그 처리를 맡은 다른 법원의 단독판사를 말한다.

### (3) 재판의 방식

판결은 신중을 기하기 위하여 필요적 변론이 원칙이나, 결정과 명령은 임의적 변론에 의한다(제134조 제1항 단서). 즉, 판결을 하려면 반드시 변론을 열어야 하는 것이 원칙이지만, 결정과 명령에서는 변론을 열지의 여부가 법원의 재량에 맡겨져 있다. 또한 판결에서는 소액사건이 아닌 한 이유를 기재해야 하고 법관이 서명날인해야 하나, 결정이나 명령에서는 이유의 기재를 생략할 수 있고 법관의 서명도 기명으로 갈음할 수 있다(제208조 제1항, 제4항 및 제224조 제1항 단서, 소액사건심판법 제11조의2 제3항 본문).

판결은 판결서를 작성하여 선고하는 방법으로 해야 하지만, 결정과 명령은 결정서나 명령서를 작성하지 않고 조서의 기재로 갈음할 수 있으며(제154조 제5호), 상당한 방법으로 고지하면 충분하다(제221조). 또한 판결은 선고한 때에 성립하지만, 결정과 명령은 고지한 때가 아니라 그 원본이 법원사무관 등에게 교부된 때에 성립한다.[1)]

### (4) 재판의 효력

통설은 판결에는 기속력(또는 자기구속력)이 있으나 결정과 명령에는 기속력이 없다고 한다. 그리하여 판결의 경우 법원은 자신이 한 판결에 스스로 구속되어 임의로 취소·변경할 수 없지만, 결정과 명령에서는 취소·변경할 수 있다고 한다. 그러나 결정과 명령도 재판인 이상 판결과 마찬가지로 자신이 한 결정이나 명령에 스스로 구속된다고 이해함이 타당하다. 판례도 결정과 명령이 성립한 후에는 취소·변경을 허용하는 별도의 규정이 있는 등 특별한 사정이 없는 한 결정이나 명령을 한 법원은 자신이 한 결정 또는 명령에 구속되어 스스로 이를 취소·변경할 수 없다고 한다.[2)]

그러나 결정이나 명령을 한 법원이 스스로 취소·변경할 수 있다는 법률의 규정이 있는 경우에는 기속력이 인정되지 않는다. 그리하여 소송의 지휘에 관한 결정과 명령은 언제든지 취소할 수 있고(제222조), 소송대리인 허가결정과 변론의 제한·분리·병합을 명하는 명령도 그 결정이나 명령을 한 법원이 취소할 수 있다(제88조 제3항, 제141조). 또한 결정이나 명령에 대하여 항고를 제기한 경우 항고에 정당한 이유가 인정되면 기속력이 상실되어 원심법원이 스스로 취소·변경할 수 있다(제446조).

판결은 확정되어야 기판력이나 집행력, 형성력 등의 효력이 발생하지만, 결정과 명령은 고지하면 효력이 발생한다(제221조 제1항). 다만, 집행절차를 취소하는 결정(민사집행법 제17조 제2항), 매각허가 또는 불허가 결정(동법 제126조 제3항), 전부명

1) 대법원 2014. 10. 8. 자 2014마667 전원합의체 결정.
2) 대법원 2014. 10. 8. 자 2014마667 전원합의체 결정.

령(동법 제229조 제7항)은 확정되어야 효력이 발생한다. 한편 가압류·가처분결정에 대한 이의신청에서 가압류·가처분을 취소하는 결정을 하는 경우 채권자가 그 고지를 받은 날부터 2주를 넘지 않는 범위 안에서 상당하다고 인정하는 기간이 경과해야 그 결정의 효력이 생기는 것으로 선언할 수 있다(동법 제286조 제6항, 제301조).

### (5) 불복방법

판결에 대한 불복방법에는 항소와 상고가 있고, 결정과 명령에 대한 불복방법에는 항고, 재항고와 이의신청이 있다. 항소는 제1심판결에 대하여 항소심에 하는 불복신청이고, 상고는 항소심판결에 대하여 상고심에 하는 불복신청이다. 항고와 재항고는 결정·명령에 대하여 상급심법원에 하는 불복신청이고, 이의신청은 동일 심급에 하는 불복신청이다.

항고에는 통상항고와 즉시항고가 있다. 통상항고는 항고제기의 기간에 제한이 없는 항고로서 항고의 이익이 있는 한 어느 때나 제기할 수 있다. 그러나 즉시항고는 법률에 즉시항고할 수 있다는 명문의 규정이 있는 경우에 한하여 예외적으로 허용되며, 1주일의 불변기간 내에 제기할 것을 요구되고(제444조), 그 제기에 의하여 집행정지의 효력이 생기는 것이 원칙이다(제447조). 재항고는 최초의 항고에 대한 항고법원의 결정과 고등법원 또는 항소법원의 결정·명령에 대하여 법률심인 대법원에 항고하는 것을 말한다(제442조).

| 구분 | 판결 | 결정 | 명령 |
|---|---|---|---|
| 대상 | 종국적 또는 중간적 판단을 필요로 하는 중요사항 | 부수적이며 파생적 또는 신속을 요하는 사항 | 부수적이며 파생적 또는 신속을 요하는 사항 |
| 재판기관 | 법원 | 법원 | 재판장, 수명법관, 수탁판사 |
| 변론 | 필요적 변론 | 임의적 변론 | 임의적 변론 |
| 표시방법 | 선고 | 고지 | 고지 |
| 불복방법 | 항소, 상고 | 항고, 재항고, 이의신청 | 항고, 재항고, 이의신청 |

소송지휘에 관한 재판장의 명령 또는 재판장이나 합의부원의 조치에 대하여 당사자는 이의를 신청할 수 있고, 이의신청이 있으면 법원, 즉 합의부 또는 단독판사가 이에 대하여 결정으로 재판한다(제138조). 화해권고결정, 지급명령, 이행권고결정, 조정을 갈음하는 결정, 가압류·가처분결정에 대해서도 이의신청에 의하여 불복한다. 가압류·가처분결정의 이의신청에 대하여 결정으로 재판하고(민사집행법 제286조 제3항), 이 결정에 대해서는 즉시항고를 할 수 있다(동조 제7항).

# Ⅱ. 민사재판권

## 1. 의의

민사재판권이란 헌법상 법원에 속하는 사법권의 한 권능으로서 민사소송을 처리하기 위하여 행사하게 되는 국가권력을 말한다. 여기에는 법률관계에 관하여 이행·확인·형성의 판결을 하는 권한은 물론이고 강제집행을 하는 권한과 이에 부수하여 송달·공증의 사무를 시행하고, 증인·감정인 등을 소환·심문하며, 증거물의 소지자에게 그 제출과 검증의 수인(受忍)을 명하고, 이에 응하지 않는 사람에게 제재를 가할 수 있는 권한 등이 포함된다.

## 2. 민사재판권의 범위

### (1) 인적 범위

민사재판권은 우리나라 영토 내에 있는 모든 사람과 물건에 대하여 미친다. 그러나 국제법상 치외법권의 특권이 있는 사람에게는 그들 스스로 특권을 포기하지 않는 한 민사재판권이 미치지 않는다. 예를 들어, 「외교관계에 관한 비엔나 협약」에 따라 외교관에 대해서는 우리나라의 민사재판권이 미치지 않으며(동 협약 제31조 제1항),[1] 「한미행정협정(SOFA)」에 따라 주한미군의 공무집행 중 불법행위에 대해서도 우리나라의 민사재판권이 미치지 않는다(동 협정 제23조 제5항). 외교관의 재판관할권면제의 특권은 포기할 수 있다(위 협약 제32조 제1항). 포기는 명시적으로 해야 한다(동조 제2항). 그러나 재판관할권면제의 특권을 포기하였다고 강제집행면제의 특권을 포기한 것으로 되지는 않으며, 강제집행면제의 특권을 포기하기 위해서는 별도의 포기를 필요로 한다(동조 제4항).

외국국가에 대해서는 제한된 범위 내에서 우리나라의 민사재판권이 미친다(상대적 면제주의).[1] 우리나라의 영토 내에서 행해진 외국의 사법적(私法的) 행위에 대해서는 우리나라의 민사재판권이 미치는 것이 원칙이다. 다만, 그 사법적 행위가 주권적(主權的) 활동에 속하는 것이거나 이와 밀접한 관련이 있어서 이에 대한 재판권의 행사가 외국의 주권적 활동에 대한 부당한 간섭이 될 우려가 있는 등의 특별한 사정이 있는 경우에는 우리나라의 민사재판권이 미치지 않는다.[2]

### (2) 물적 범위

민사재판권의 물적 범위란 섭외적(涉外的) 민사사건에 대하여 우리나라의 민사재판권이 미치는지 살펴보는 것이다. 섭외적 민사사건이란 당사자의 주소, 목적물의 소재지, 행위지 등 사법관계의 구성요소 중 일부가 외국과 관련이 있는 민사사건을 말한다. 예를 들어, 우리나라 국민이 외국에서 입은 불법행위에 대한 손해배상을 청구하는 소송, 우리나라 국민이 외국에 소재한 목적물의 이행을 청구하는 소송 등에서 우리나라의 민사재판권이 미치는지 하는 문제이다. 이를 국제재판관할권이라고도 한다.

우리나라 국제사법에서는 당사자 또는 분쟁 사안이 우리나라와 실질적 관련이 있는 경우 국내 법원에 국제재판관할권을 인정하고 있다(국제사법 제2조 제1항 전단). 이 경우 실질적 관련성의 유무를 판단함에 있어서 국내법의 관할 규정을 참작

---

1) 외교관은 접수국의 재판관할권으로부터의 면제를 누린다. 그러나 외교관의 개인부동산에 관한 소송에는 접수국의 재판관할권이 미친다. 다만, 외교관이 파견국을 대신하여 공관의 목적으로 보유하는 경우에는 재판관할권의 면제를 누린다(「외교관계에 관한 비엔나 협약」 제31조 제1항).

1) 대법원 1998. 12. 17. 선고 97다39216 전원합의체 판결.

2) 대법원 2011. 12. 13. 선고 2009다16766 판결; 1998. 12. 17. 선고 97다39216 전원합의체 판결.

하되, 당사자 간의 공평, 재판의 적정, 신속하고 경제적인 재판이라는 국제재판관할 배분의 이념을 충분히 고려하도록 규정하고 있다(동조 제1항 후단 및 제2항). 판례는 실질적 관련성을 판단하는 개별요소로 증거조사의 용이성, 당사자 일방이 외국인인 경우 국내법원의 제소에 대한 예견가능성 등을 들고 있다. 그리하여 손해발생지가 국내이거나 손해액 산정에 필요한 자료가 국내에 많이 있어 재판자료의 수집이 편리한 경우, 손해가 국내 영업활동과 관련하여 발생하였거나 국내 소재 재산에 대한 강제집행이 가능하여 국내법원에 소송이 제기될 수 있음을 충분히 예견할 수 있었던 경우 등에는 우리나라와 실질적 관련성을 인정하고 있다.[1]

### (3) 장소적 범위

민사재판권은 영토주권의 원칙에 따라 자국 내에서만 미친다. 그리하여 우리나라 법원이 외국에서 소송서류를 송달하거나 증거조사 등을 실시할 수 없다. 다만, 사법공조(司法共助)협약이 체결된 경우에는 외국 주재 대사·공사·영사 또는 외국의 국가기관 등을 통하여 소송서류의 송달 또는 증거조사의 실시를 촉탁할 수 있다.

## 3. 재판권 흠결의 효과

민사재판권의 존재는 소송요건으로서 법원의 직권조사사항이다. 재판권의 존재는 공익성이 강한 소송요건이므로 그 기초자료는 법원이 직권으로 탐지할 의무가 있다. 따라서 법원이 재판권의 존부를 직권으로 조사하여 그 흠결이 드러나면 소를 부적법 각하해야 한다. 그러나 재판권면제의 특권을 포기할 수도 있으므로 바로 각하할 것은 아니며, 이를 조사하여 재판권의 흠결이 명백하면 소를 각하해야 할 것이다. 재판권의 흠결을 간과하여 내려진 판결은 상소로써 다툴 수 있으나, 재심사유는 아니므로 확정된 후에는 다툴 수 없다. 그러나 재판권이 미치지 않는 사람에 대해서는 판결의 효력이 발생하지 않는다는 점에서 그 판결은 무효라고 할 것이다.

---

1) 대법원 2013. 7. 12. 선고 2006다17539 판결; 2010. 7. 15. 선고 2010다18355 판결; 2005. 1. 27. 선고 2002다59788 판결.

**사례** **민사재판권**

A는 자기 소유의 주택을 주한 ○○○ 공화국의 B 대사에게 임대하였고, B는 그때부터 그 주택을 대사관저로 사용하고 있다. 그러던 중 B가 차임의 지급을 연체하자, A는 임대차계약을 해지한 후 B를 상대로 건물명도청구소송을 제기하였고, A의 청구를 인용하는 판결이 선고되어 확정되었다. A는 판결에 대한 집행문을 부여받고 집행관에게 강제집행을 의뢰하였으나, 집행관은 「외교관계에 관한 비엔나협약」에 따라 외국의 대사관저에 대하여 강제집행을 할 수 없다는 이유로 강제집행신청의 접수를 거부하였다. 이 경우 위 명도판결의 효력은 어떻게 되는지 그리고 만일 A가 국가를 상대로 손해배상을 청구하는 소송을 제기한다면 승소가능성은 있는지 설명하시오.

① 명도판결의 효력

B가 A로부터 위 주택을 임대한 것은 대사관저로 사용하기 위한 것이므로 「외교관계에 관한 비엔나 협약」 제31조 제1항에 따라 재판관할권면제의 특권을 갖는다. 따라서 위 명도판결은 재판권이 미치지 않는 사람에 대하여 선고된 것이어서 그 효력이 발생할 수 없어 무효라고 할 것이다. 그러나 위 협약 제32조 제1항에 따라 재판관할권면제의 특권은 포기할 수 있고, 만일 B가 재판관할권면제의 특권을 포기했다면 우리나라의 민사재판권이 미치므로 위 명도판결은 유효하다고 할 것이다. 하지만 위 협약 제32조 제4항에 의하면 재판관할권면제의 특권을 포기하였더라도 강제집행을 위해서는 별도로 강제집행면제의 특권을 포기해야 하므로 이러한 강제집행면제의 특권을 포기하지 않았다면 강제집행은 허용되지 않는다.

② A의 국가를 상대로 한 손해배상청구

판례는 국가를 상대로 하는 손해배상청구의 법적 성질을 사법상 청구권으로 이해하고, 이를 청구하기 위한 소송은 민사소송이라고 한다.[1] 위 협약 제32조에 의하면 재판관할권면제 및 강제집행면제의 특권은 포기할 수 있으므로 A가 B와 임대차계약을 체결할 당시 이러한 면제의 특권을 포기하는 약정을 했다면 A의 강제집행신청이 거부되지 않았을 것이기 때문에 강제집행신청이 거부된 것은 A의 귀책사유로 인한 것이라고 할 수 있다.[2] 따라서 위 협약의 적용에 의하여 어떠한 손해가 발생하더라도 그것이 국가의 공권력행사로 말미암은 것이라고 볼 수 없으므로 국가배상청구의 대상이 되지 않으며, 또한 국가가 보상입법을 하지 않았다거나 집행관이 협약의 관련 규정을 내세워 강제집행을 거부하였다고 하여 불법행위가 되는 것도 아니다.[3] 따라서 A가 국가를 상대로 손해배상을 청구하는 소송을 제기하더라도 그 청구가 인용될 가능성은 매우 낮은 것으로 보인다.

## 제 2 절 법원의 구성

### Ⅰ. 의의

법원은 넓은 의미로는 법관, 사법보좌관, 법원사무관, 집행관 그 밖의 법원직원 등을 포함한 일체로서의 사법조직을 뜻한다. 여기에는 재판기관은 물론 사법행정기관 등도 모두 포함된다. 그러나 좁은 의미로는 재판권을 행사하는 재판기관만을 의미한다. 넓은 의미의 법원이 조직법상의 개념이라면, 좁은 의미의 법원은 소송법상의 개념이라고 할 수 있다.

재판기관으로서의 법원은 법관만으로 구성되고, 여기에는 합의제와 단독제가 있다. 법관에는 대법원장, 대법관, 판사가 있다(법원조직법 제5조 제1항). 대법원장과 대법관을 제외한 모든 법관은 판사로서 동일한 지위를 갖는다. 지방법원에 부장판사를 둘 수 있으나(동법 제30조 제2항), 부장판사는 단순한 보직의 개념일 뿐이다. 재판기관이 수인의 법관으로 구성된 경우를 합의제, 법관 1인만으로 구성된 경우를 단독제라고 한다. 대법원과 고등법원의 재판기관은 합의제이고(동법 제7조 제1항 및 제3항), 지방법원의 재판기관은 단독제를 원칙으로 하면서 합의제를 병행하고 있다(동조 제4항 및 제5항).

---

1) 대법원 1999. 6. 11. 선고 97다56150 판결; 1998. 2. 27. 선고 97다46450 판결; 1972. 10. 10. 선고 69다701 판결.

2) 헌법재판소 1998. 5. 28. 선고 96헌마44 결정

3) 대법원 1997. 4. 25. 선고 96다16940 판결.

## Ⅱ. 법관의 제척·기피·회피

### 1. 법관의 제척

#### (1) 제척사유

법관은 담당하는 구체적 사건과 법률에서 정한 일정한 관계가 있는 경우에는 법률상 당연히 그 사건의 직무집행에서 배제된다. 이를 제척이라고 한다. 민사소송법은 제척사유를 제한적으로 열거하고 있다(제41조). 제척사유는 다음과 같다.

##### 1) 사건의 당사자 또는 당사자와 공동권리자·공동의무자

법관 또는 그 배우자나 배우자이었던 사람이 사건의 당사자가 되거나 사건의 당사자와 공동권리자·공동의무자 또는 상환의무자의 관계에 있는 경우 법관은 직무집행에서 제척된다(제41조 제1호). 배우자는 법률상의 배우자를 의미하고, 사건의 당사자에는 원고와 피고뿐만 아니라 보조참가인, 선정자 등이 포함된다. 당사자와 공동권리자·공동의무자의 관계에 있다고 함은 소송의 목적이 된 권리관계에 관하여 당사자와 공통되는 법률상 이해관계가 있는 경우를 말한다. 예를 들어, 법관이 종중 규약을 개정한 종중결의의 무효확인을 구하는 소송에서 당사자인 종중의 종중원인 경우에는 종중원은 종중 규약의 내용에 따라 종중 소유 재산 등 권리의무 관계에 직접적인 영향을 받을 수 있는 지위에 있으므로 법률상 이해관계를 갖는다고 볼 수 있어 당사자와 공동권리자·공동의무자의 관계에 있는 사람에 해당한다.[1] 그러나 회사가 체결한 계약의 취소를 구하는 소송에서 당사자인 회사의 주주 또는 채권자인 경우에는 단순히 사실상 또는 경제상 이해관계를 갖는 데 그치므로 당사자와 공동권리자·공동의무자의 관계에 있다고 볼 수 없다.[2]

---

1) 대법원 2010. 5. 13. 선고 2009다102254 판결.
2) 정동윤·유병현, 94면.

### 2) 친족관계

법관이 당사자와 친족의 관계에 있거나 그러한 관계에 있었을 경우 직무집행에서 제척된다(제41조 제2호). 친족의 개념은 민법의 규정에 따른다. 따라서 친족은 8촌 이내의 혈족, 4촌 이내의 인척, 배우자로 한정된다(민법 제777조).

### 3) 증언이나 감정을 한 경우

법관이 사건에 관하여 증언이나 감정을 하였을 경우 직무집행에서 제척된다(제41조 제3호). 사건은 현재 계속 중인 해당 사건을 말한다.

### 4) 사건 당사자의 대리인

법관이 사건 당사자의 대리인이었거나 대리인이 된 경우 직무집행에서 제척된다(제41조 제4호). 사건은 동일한 분쟁 사건을 말한다. 동일한 분쟁 사건이면 조정절차, 제소전화해절차, 독촉절차에 관여한 경우를 포함한다. 대리인에는 소송대리인은 물론이고 법정대리인도 포함한다.[1)]

### 5) 이전 심급의 재판 관여

법관이 불복사건의 이전 심급의 재판에 관여하였을 경우에는 직무집행에서 제척된다. 다만, 다른 법원의 촉탁에 따라 그 직무를 수행한 경우는 제외한다(제41조 제5호). 불복사건의 이전 심급의 재판이란 불복사건의 하급심재판만을 의미한다. 여기에는 불복의 직접 대상이 된 종국재판뿐만 아니라 이와 더불어 상급심의 판단을 받는 중간적 재판이 포함된다. 불복사건의 하급심재판에 한정되므로 환송 또는 이송되기 전의 원심판결에 관여한 판사가 파기 환송이나 이송 후의 재판에 관여한 경우(이 경우는 제척사유는 아니지만 제436조 제3항에 의하여 파기 환송이나 이송 후의 재판에 관여하지 못한다), 재심의 대상이 된 원재판에 관여한 법관이 재심에 관여한 경우,[2)] 재판상 화해에 관여한 법관이 그 화해내용에 따라 목적물의 인도를 구하는 재판에 관여한 경우,[3)] 본안사건에 관여한 법관이 집행문부여이의의 소나 강제집행

1) 이시윤, 84면.
2) 대법원 1988. 5. 10. 선고 87다카1979 판결.
3) 대법원 1969. 12. 9. 선고 69다1232 판결.

정지신청사건의 재판에 관여한 경우,[1] 기피신청사건의 재판에 관여한 법관이 본안사건의 재판에 관여한 경우,[2] 해당 사건의 사실관계와 관련이 있는 다른 형사사건의 재판에 관여한 경우[3] 등은 여기의 제척사유에 해당하지 않는다. 그리고 관여하였을 경우란 최종변론과 판결의 합의에 관여한 것을 말하고, 최종변론 전의 변론이나 증거조사, 기일지정과 같은 소송지휘상의 재판, 판결선고에만 관여한 경우 등은 여기에 포함되지 않는다.[4]

### (2) 제척의 효과

제척사유가 있는 법관은 법률상 당연히 그 사건의 직무집행에서 배제된다. 법관과 그 당사자가 제척사유가 있음을 알았든 몰랐든 불문한다. 제척사유가 있는 법관이 한 소송행위는 무효이다. 그러나 제척사유가 있는 법관이 관여한 판결은 당연무효는 아니며, 법률상 재판에 관여할 수 없는 법관이 관여한 경우에 해당하여 확정 전이면 상소(제424조 제1항 제2호), 확정된 후에는 재심(제451조 제1항 제2호)에 의하여 취소될 수 있다.

제척사유가 있는 법관이 재판에 관여하는 경우 법원은 직권으로 또는 당사자의 신청에 따라 제척의 재판을 한다(제42조). 제척의 효과는 재판의 유무에 관계없이 법률상 당연히 발생하므로 제척의 재판은 확인적 성격을 갖는다. 제척의 재판절차는 기피의 재판절차에 준한다(제44조 내지 제48조).

## 2. 기피

### (1) 기피사유

법관에게 제척 이외에 재판의 공정을 기대하기 어려운 사정이 있는 경우에 당

---

1) 대법원 1969. 11. 4. 자 69그17 결정.
2) 대법원 1991. 12. 27. 자 91마631 결정.
3) 대법원 1985. 5. 6. 자 85두1 결정.
4) 대법원 1997. 6. 13. 선고 96다56115 판결.

사자는 기피신청을 할 수 있다(제43조 제1항). 당사자의 신청에 의하여 재판의 공정을 기대하기 어려운 법관을 직무집행에서 배제하는 것을 기피라고 한다. 기피는 제척과는 달리 당사자의 기피신청이 이유 있다는 재판이 확정되어야 비로소 그 효과가 발생하므로 기피의 재판은 형성적 성격을 갖는다.

기피사유인 재판의 공정을 기대하기 어려운 사정이 있는 경우란 당사자가 불공평한 재판이 될지도 모른다고 추측할 만한 주관적인 사정이 있는 경우를 말하는 것이 아니고, 통상인의 판단으로서 법관과 사건과의 관계로 보아 불공정한 재판을 할 것이라는 의혹을 갖는 것이 합리적이라고 인정할 만한 객관적인 사정이 있는 경우를 말한다.[1] 판례는 재판장이 당사자에게 증인신청을 철회할 것을 종용한 경우,[2] 재판부가 증거채택을 일부 취소한 경우,[3] 소송이송신청에 대한 가부 판단없이 소송을 진행한 경우,[4] 재판장이 동일한 내용의 다른 사건에서 불리한 판결을 한 경우[5] 등은 기피사유에 해당하지 않는다고 한다.

### (2) 기피의 재판

기피신청은 합의부 법관에 대한 것은 그 합의부에, 수명법관·수탁판사 또는 단독판사에 대한 것은 그 법관에게 해야 한다(제44조 제1항). 기피신청은 서면 또는 구술로 할 수 있다(제161조). 당사자는 기피하는 이유와 소명방법을 신청일로부터 3일 이내에 서면으로 제출해야 한다(동조 제2항).[6] 그러나 당사자가 법관에게 기피사유가 있음을 알면서도 본안에 관하여 변론하거나 변론준비기일에 진술을 한 경우에는 기피신청을 하지 못한다(제43조 제2항).

기피신청에 대한 재판은 그 신청을 받은 법관의 소속 법원 합의부에서 결정으로 한다(제46조 제1항). 만일 해당 법관의 소속 법원이 합의부를 구성하지 못하는 경우에는 바로 위의 상급법원이 결정한다(동조 제3항). 그러나 신청일로부터 3일

---

1) 대법원 1992. 12. 30. 자 92마783 결정; 1987. 10. 21. 자 87두10 결정.
2) 대법원 1966. 4. 26. 자 66마167 결정.
3) 대법원 1993. 8. 19. 자 93주21 결정.
4) 대법원 1982. 11. 5. 자 82마637 결정.
5) 대법원 1984. 5. 15. 선고 83다카2009 판결.
6) 대법원 1988. 8. 10. 자 88두9 결정.

이내에 기피사유와 그 소명방법을 서면으로 제출하지 않은 경우 또는 기피신청이 소송의 지연을 목적으로 하는 것이 분명한 경우에는 신청을 받은 법원 또는 법관이 스스로 이를 각하하는 결정을 할 수 있다(제45조 제1항).[1] 이를 간이각하제도라고 한다. 기피신청을 인용하는 결정에 대해서는 불복할 수 없으나(제47조 제1항), 각하결정 또는 기피신청이 이유 없다는 결정에 대해서는 즉시항고를 할 수 있다(동조 제2항).

법원은 기피신청이 있는 경우에는 그 재판이 확정될 때까지 소송절차를 정지해야 한다(제48조 본문). 다만, 기피신청이 각하된 경우 또는 종국판결을 선고하거나 긴급을 요하는 행위를 하는 경우에는 그렇지 않다(동조 단서). 판례는 변론종결 후에 법관에 대한 기피신청이 있는 경우 소송절차를 정지하지 않고 종국판결을 선고하더라도 적법하다고 하고,[2] 소송절차를 정지함이 없이 변론을 종결하여 판결을 선고한 경우에는 종국판결에 대한 불복절차로 그 당부를 다투어야 하는 것이지 항고로써 불복할 수는 없다고 한다.[3]

### 3. 회피

법관은 제척사유 또는 기피사유가 있는 경우에 감독권이 있는 법원의 허가를 받아 스스로 직무집행을 회피할 수도 있다(제49조). 회피의 허가는 재판이 아니므로 허가를 받은 법관이 그 사건을 그대로 진행하여도 위법은 아니다.

---

1) 대법원 1991. 6. 14. 자 90두21 결정.
2) 대법원 1996. 1. 23. 선고 94누5526 판결.
3) 대법원 2000. 4. 15. 자 2000그20 결정.

# 제3절 관할

## Ⅰ. 관할의 의의와 종류

관할이란 재판권을 행사하는 여러 법원 사이에서 어느 법원이 어떤 사건을 담당하여 처리할 것인가 하는 재판권의 분담관계를 정해 놓은 것을 말한다. 관할은 여러 법원 사이에 재판권의 분담관계를 정한 것이라는 점에서 동일한 법원 내에서의 사무분담과 구별된다. 그러나 조직상 동일한 법원이라고 하더라도 단독판사와 합의부는 별개의 재판기관이므로 단독판사와 합의부 사이의 재판권의 분담관계는 단순한 사무분담이 아니라 관할에 해당한다. 관할권이 없는 경우에는 소각하판결을 할 것이 아니라 사건을 관할권 있는 법원으로 이송해야 한다.

관할은 그 결정 근거에 따라 법정관할, 지정관할 그리고 당사자의 거동에 의한 관할로 나눌 수 있다. 법정관할은 다시 직분관할, 사물관할, 토지관할로 나누어지고, 당사자의 거동에 의한 관할은 합의관할과 변론관할로 나누어진다. 또한 관할은 소송법상 효과의 차이에 따라 전속관할과 임의관할로 나눌 수 있다. 전속관할은 법정관할 가운데 오로지 특정 법원만이 배타적으로 관할권을 갖게 한 것을 말하고, 임의관할은 전속관할을 제외한 나머지 법정관할을 말한다. 임의관할에서는 당사자 사이의 합의나 피고의 변론에 의하여 다른 법원에 관할이 생길 수 있다.

## Ⅱ. 법정관할

법정관할이란 법률에 따라 정해진 관할을 말한다. 법정관할은 다시 직분관할, 사물관할, 토지관할로 구분된다.

## 1. 직분관할

직분관할은 법원의 직무권한을 분담함에 따라 정해진 관할이다. 즉, 재판권의 여러 작용을 어느 법원의 직무로 분담시킬 것인지를 정한 것을 말한다. 직분관할은 법원 사이에 적정한 직무의 분담을 통하여 효율적인 민사소송제도의 운영을 도모하고자 하는 것이므로 공익적 성격이 강하여 원칙적으로 전속관할이다.

### (1) 수소법원과 집행법원의 직분관할

판결절차는 수소(受訴)법원의 직분관할이다. 수소법원이란 특정 사건이 판결절차로서 장래 계속될 예정이거나 현재 계속되어 있거나 과거에 계속되어 있었던 법원을 말한다. 증거보전절차(제376조), 가압류·가처분절차(민사집행법 제278조, 제303조), 대체집행절차(동법 제260조)와 간접강제절차(동법 제261조) 등도 수소법원의 직분관할에 속한다.

한편 강제집행절차는 집행법원의 직분관할이다. 집행법원은 원칙적으로 집행절차를 실시할 곳이나 실시한 곳을 관할하는 지방법원이다(민사집행법 제3조 제1항). 집행법원의 업무는 단독판사가 수행하거나 단독판사의 감독을 받아 사법보좌관이 수행한다(법원조직법 제7조 제4항, 제54조 제2항 제2호 및 제3항).

### (2) 지방법원 단독판사와 합의부의 직분관할

간이한 사항이나 급속을 요하는 사항은 지방법원 단독판사의 직분관할이고, 신중한 판단을 요하는 사항은 합의부의 직분관할이다. 제소전화해절차(제385조), 독촉절차(제463조), 공시최고절차(제476조) 등은 지방법원 단독판사의 직분관할이고(법원조직법 제7조 제4항), 지방법원판사에 대한 제척·기피사건(제46조 제1항 및 법원조직법 제32조 제1항 제5호)과 정정보도청구소송(언론중재 및 피해구제 등에 관한 법률 제26조 제5항) 등은 합의부 직분관할이며, 증권관련집단소송과 소비자단체소송 등은 그 중요성을 더 고려하여 지방법원 본원 합의부의 직분관할로 하고 있다(증권관련 집단소송법 제4조, 소비자기본법 제71조 제1항). 한편 개인이 아닌 채무자에 대한 회생사건 또는 파산사건은 회생법원 합의부의 전속관할이지만(채무자 회생 및 파산에 관한 법률 제3조 제5항), 회생법원이 설치되지 않은 지역에서는 지방법원 본원 합의부의 전속관할이다(법원조직법 부칙).

시·군법원은 소액사건심판법을 적용받는 사건, 화해·조정·독촉사건, 협의상 이혼의 확인사건을 관할한다(법원조직법 제34조 제1항). 시·군법원에서 성립된 화해·조정 또는 확정된 지급명령에 관한 집행문부여의 소, 청구이의의 소 또는 집행문부여에 대한 이의의 소로서 그 집행권원에서 인정된 권리가 소액사건심판법의 적용대상인 사건, 소액사건심판법의 적용대상인 사건을 본안으로 하는 보전처분에 관해서도 시·군법원이 관할한다(민사집행법 제22조 제1호 및 제4호 참조). 그러나 시·군법원에서 한 보전처분의 집행에 대한 제3자이의의 소, 시·군법원에서 성립된 화해·조정에 기초한 대체집행 또는 간접강제에 대해서는 시·군법원이 있는 곳을 관할하는 지방법원 또는 지방법원지원이 관할한다(동법 제22조 제2호 및 제3호).

### (3) 심급관할

우리나라는 제1심, 항소심, 상고심의 3심제를 채택하고 있다. 이와 같은 3심제에서 어느 심급의 재판을 어느 법원이 담당할 것인가를 정해 놓은 것이 심급관할이다. 제1심은 지방법원과 그 지원의 단독판사와 합의부가 담당하고, 항소심은 지방법원 본원 합의부와 고등법원이 담당한다(법원조직법 제32조 제2항, 제28조 제1호 및 제2호). 다만, 춘천지방법원 강릉지원 합의부는 지원임에도 불구하고 예외적으로 항소심 사건을 담당한다(동법 제32조 제2항). 그리고 상고심은 대법원이 담당한다(동법 제14조 제1호 및 제2호).

고등법원은 지방법원 합의부의 제1심 재판과 소가 2억원을 초과하는 지방법원 단독판사의 제1심 재판에 대한 항소·항고사건을 심판하고(법원조직법 제28조), 지방법원 본원 합의부(춘천지방법원 강릉지원 합의부 포함)는 소가 2억원 이하인 지방법원 단독판사의 제1심 재판에 대한 항소·항고사건을 제2심으로 심판한다(동법 제32조 제2항). 후술하는 바와 같이 수표금·약속어음금 청구사건 등과 재정단독사건은 소가를 불문하고 지방법원 단독판사가 제1심으로 심판하는데(민사 및 가사소송의 사물관할에 관한 규칙 제2조), 이에 대한 항소·항고사건은 소가를 불문하고 지방법원 본원 합의부에서 심판한다(동규칙 제4조). 대법원은 지방법원 본원 합의부 및 고등법원의 제2심 재판에 대한 상고·재항고사건을 제3심으로 심판한다(동법 제14조).

## 2. 사물관할

### (1) 의의

사물관할은 제1심법원의 지방법원 단독판사와 합의부 사이의 재판권의 분담관계를 정해 놓은 것을 말한다. 지방법원 단독판사와 합의부는 조직상 동일한 법원 내에 있어도 소송법상 별개의 법원이므로 단독판사와 합의부 사이의 재판권의 분담관계는 사무분담의 문제가 아니라 관할의 문제가 된다. 지방법원 단독판사와 합의부 사이의 재판권의 분담관계는 전술한 직분관할에 의하여 구분되기도 한다. 그러나 사물관할은 소송물의 가액을 기준으로 한 구분이라는 점에서 직무의 내용에 따라 구분하는 직분관할과 차이가 있으며, 또한 사물관할은 임의관할이므로 합의관할이나 변론관할이 성립할 수 있지만, 직분관할은 전속관할이므로 합의관할이나 변론관할이 성립할 수 없다는 점에서도 차이가 있다.

### (2) 합의부의 관할

#### 1) 소가가 5억원을 초과하는 사건

제1심 민사사건 가운데 소가가 5억원을 초과하는 사건은 지방법원 합의부의 관할이다(법원조직법 제32조 제1항 제2호 및 민사 및 가사소송의 사물관할에 관한 규칙 제2조 본문). 소가는 제소 당시의 소송가액을 기준으로 한다. 청구가 확장된 경우에는 그 확장된 청구취지에 따른 소송가액을 기준으로 하고, 1개의 소송에 여러 개의 청구가 병합된 경우에는 그 합산한 소송가액을 기준으로 한다(제27조 제1항).

그런데 판례는 같은 법원에 계속 중인 여러 개의 소송을 하나의 절차에 병합하여 심판을 하는 경우에는 원고가 청구를 확장하거나 별개의 청구를 추가한 경우와는 달리 제소 당시를 기준으로 관할의 유무를 정해야 한다고 한다.[1] 따라서 판례에 의하면 변론병합의 경우에는 청구의 확장이나 청구병합과는 달리 제소 당시의 가액을 기준으로 해야 하고, 병합된 각각의 청구의 값을 합산한 금액을 기준으로 하여서는 안 된다.

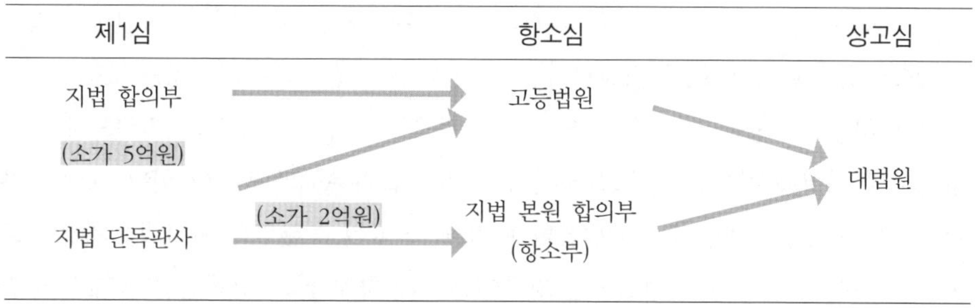


#### 2) 소가를 산출할 수 없는 사건과 비재산권을 목적으로 하는 소송

재산권에 관한 소송으로서 소가를 산출할 수 없는 사건과 비(非)재산권을 목적으로 하는 소송도 합의부 관할이다(위 사물관할에 관한 규칙 제2조 본문). 재산권에 관한 소송으로서 소가를 산출할 수 없는 사건으로는 상호사용금지소송, 주주대표소송, 신주발행유지청구소송, 지식재산권에 관한 소송, 낙찰자지위확인소송 등이 있고, 비재산권을 목적으로 하는 소송으로는 성명권·초상권 등 인격권의 침해중지를 구하는 소송, 해고무효확인소송, 상법 규정에 의한 회사관계소송, 소비자단체소송 등이 있다.

#### 3) 재정합의(裁定合議)사건

단독판사의 관할에 속하는 사건이라도 합의부에서 심판할 것으로 합의부가 결정한 사건은 합의부에서 심판한다(법원조직법 제32조 제1항 제1호).

### (3) 단독판사의 관할

제1심 민사사건 가운데 합의부 관할 사건을 제외한 나머지 사건은 모두 단독판사의 관할이다.

1) 대법원 1966. 9. 28. 자 66마322 결정.

### 1) 소가가 5억원 이하인 사건

소가가 5억원 이하인 사건은 단독판사의 관할이다(위 사물관할에 관한 규칙 제2조 본문). 단독판사의 관할에 속하는 사건의 소송계속 중에 합의부의 사물관할에 속하는 반소, 중간확인의 소, 독립당사자참가소송이 제기된 경우 또는 청구취지의 확장으로 인하여 그 청구의 가액이 5억원을 초과하는 경우에는 법원은 직권으로 또는 당사자의 신청에 따른 결정으로 사건의 전부를 합의부로 이송해야 한다(제269조 제2항 본문). 다만, 상대방이 관할위반의 항변을 하지 않고 본안에 관하여 변론함으로써 후술하는 변론관할이 성립하는 경우에는 이송하지 않고 단독판사가 계속 심판한다(동조 제2항 단서).

그러나 반대로 합의부 관할에 속하는 사건의 소송계속 중에 단독판사의 사물관할에 속하는 반소나 중간확인의 소 등이 제기되거나 청구취지의 감축으로 소가가 5억원 이하로 떨어지더라도 단독판사로 이송할 필요는 없다. 지방법원 합의부는 단독판사의 관할에 속하는 사건이라도 스스로 심판할 수 있을 뿐만 아니라(법원조직법 제32조 제1항 제1호), 이 경우 사건을 단독판사로 이송하는 것은 소송경제에 반하고 합의부에서 계속 심판하더라도 당사자에게 불리하지 않기 때문이다.[1]

### 2) 수표금·약속어음금 청구사건 등

소가가 5억원을 초과하는 경우에도 ① 수표금·약속어음금 청구사건,[2] ② 은행이나 보험회사 등 금융기관이 원고인 대여금·구상금·보증금 청구사건, ③「자동차손해배상보장법」에서 정한 자동차의 운행 및 근로자의 업무상 재해로 인한 손해배상 청구사건과 이에 관한 채무부존재확인사건은 단독판사의 관할이다(위 사물관할에 관한 규칙 제2조 단서 제1호 내지 제3호). 이들 사건은 사안의 내용이 비교적 단순하고 정형적이라는 점에서 소가와 무관하게 단독판사의 관할로 하고 있다.

---

1) 김홍엽, 64면; 이시윤, 101면.

2) 수표금·약속어음금 청구사건이란 수표·어음상 권리자가 수표금·약속어음금을 청구하는 사건을 말하는 것이고, 약속어음의 발행인 등 어음상 채무자가 그 소지인을 상대로 어음금채무의 부존재확인을 청구하는 사건은 여기에 해당하지 않는다.

#### 3) 재정단독(裁定單獨)사건

합의부 관할에 속하는 사건이라도 단독판사가 심판할 것으로 합의부가 결정한 사건은 단독판사의 관할이다(위 사물관할에 관한 규칙 제2조 단서 제4호).

### (4) 소가

#### 1) 의의

소가(訴價)는 원고가 소송으로 주장하는 이익을 말한다(제26조 제1항). 소가는 원고가 청구취지로써 구하는 범위 내에서 원고가 전부 승소할 경우 직접 받게 될 경제적 이익을 객관적으로 평가한 금액으로 정한다(민사소송 등 인지규칙 제6조).[1] 소가는 소송을 제기한 때를 기준으로 하여 산정한다(위 인지규칙 제7조). 여기서 소송을 제기한 때란 소장을 법원에 제출한 때를 말한다. 따라서 소송이 제기된 후에 소송목적물이 훼손되거나 가격이 변동되더라도 관할에는 영향이 없다.

#### 2) 청구를 병합하는 경우

##### (가) 합산의 원칙

처음부터 여러 개의 청구를 병합하여 1개의 소송으로 제기하거나 소송계속 중에 청구의 추가적 변경으로 인하여 여러 개의 청구가 병합되는 경우에는 그 여러 개의 청구의 경제적 이익을 모두 합산하여 소가를 산정하는 것이 원칙이다(제27조 제1항 및 위 인지규칙 제19조).

##### (나) 중복청구의 흡수

1개의 소로써 주장하는 여러 개의 청구의 경제적 이익이 동일하거나 중복되는 때에는 중복되는 범위 내에서 흡수되고, 그중 가장 다액(多額)인 청구의 가액을 소가로 한다(위 인지규칙 제20조). 예를 들어, 주채무자와 보증채무자 또는 여러 사람의 연대채무자를 공동피고로 하는 대여금청구, 동일한 목적물에 대한 소유권확인청구와 인도청구, 해고무효확인청구와 해고가 무효임을 전제로 한 임금지급청구,

---

1) 대법원 1976. 9. 28. 선고 75다2064 판결.

매매대금의 지급청구와 매매계약이 무효인 경우의 목적물반환청구, 어음금지급청구와 원인관계상 금원지급청구, 공작물의 하자로 인한 점유자에 대한 손해배상청구와 소유자에 대한 손해배상청구 등이 여기에 해당한다.

판례는 소유권보존등기가 이루어지고 이에 터잡아 근저당권설정등기가 경료된 후 그 소유등기명의가 전전 이전된 동일 부동산에 대하여 소유권보존등기명의자, 근저당권자 및 전득자 등을 공동피고로 하여 제기된 소유권보존등기, 근저당권설정등기, 소유권이전등기의 각 말소를 구하는 소송의 경우 1개의 소로써 주장하는 여러 개의 청구의 경제적 이익이 동일하거나 중복되는 때에 해당하므로 중복되는 범위 내에서 흡수되고 그중 가장 다액인 청구의 가액을 소가로 할 것이라고 한다.[1] 그러나 1개의 부동산 위에 권리자를 달리하여 경료된 여러 개의 저당권에 대하여 등기원인의 무효를 이유로 각각의 저당권의 말소를 구하는 청구를 병합한 경우에는 말소의 원인이 동일하더라도 경제적 이익이 다르므로 합산의 원칙을 적용하여 각각의 피담보채권액을 합산하여 소가를 산정하되 목적부동산의 가액을 한도로 해야 할 것이다.

#### (다) 수단인 청구의 흡수

1개의 청구가 다른 청구의 수단에 지나지 않을 때에는 그 가액은 소가에 산입하지 않는다. 다만, 수단인 청구의 가액이 주된 청구의 가액보다 다액인 경우에는 그 다액을 소가로 한다(위 인지규칙 제21조). 예를 들어, 토지인도청구와 그 지상 건물의 철거청구, 수익자에 대한 사행행위취소청구와 채무자에 대한 금전지급청구 등이 여기에 해당한다.

#### (라) 부대청구의 불산입

과실, 손해배상, 위약금 또는 비용의 청구가 주된 청구의 부대목적이 되는 경우에는 그 부대청구의 가액은 소가에 산입하지 않는다(제27조 제2항). 비록 부대청구의 가액이 다액이라고 하더라도 소가는 주된 청구의 가액에 의하고 부대청구의 가액은 산입하지 않는다. 예를 들어, 원금청구와 지연이자청구, 부동산의 인도청구와

---

1) 대법원 1998. 7. 27. 자 98마938 결정.

그 부동산에 관한 임대료 상당의 부당이득반환청구 등의 경우 소가는 원금청구 또는 부동산인도청구의 가액에 의하고 지연이자청구 또는 부당이득반환청구의 가액은 소가에 산입하지 않는다.

### 3) 청구의 교환적 변경

청구를 교환적으로 변경한 경우에는 변경 후의 청구에 대한 소가는 변경 전후의 청구가 원시적으로 병합된 경우에 준하여 흡수 또는 불산입의 법리를 적용하여 산정한다. 청구의 교환적 변경에서는 변경 전후의 청구가 비록 그 경제적 이익이 독립한 별개의 것이라고 하더라도 변경 전의 종전 청구가 취하되는 교환적 변경의 특성상 합산의 원칙에 의할 수 없다. 따라서 청구의 교환적 변경의 경우 소가는 흡수의 법리에 의해야 하고, 만일 주된 청구와 부대청구의 관계에 있다면 부대청구 불산입의 법리에 의한다. 예를 들어, 건물에 대한 소유권확인을 구하는 소송계속 중에 그 건물이 화재로 전소되어 손해배상청구로 교환적 변경을 한 경우 그 소가는 흡수주의가 적용되어 소유권확인청구의 가액과 손해배상청구의 가액 중 다액인 청구의 가액에 의하고, 부동산의 인도청구를 하다가 임대료 상당의 부당이득반환청구로 교환적 변경을 한 경우에는 부대청구 불산입의 법리에 따라 그 소가는 비록 부당이득반환청구의 가액이 다액이더라도 부동산인도청구의 가액에 의한다.

### 4) 변론의 병합

변론이 병합된 경우에는 청구의 병합과는 달리 당초 제소 당시에 결정된 소가에 아무런 영향이 없다. 소가는 소송별로 산정한다. 비록 1개의 소송으로 병합하여 제기할 수 있는 청구를 여러 개의 소송으로 나누어 제기하는 경우에도 각각 별도로 소가를 산정한다(위 인지규칙 제24조). 따라서 별도로 제기된 여러 개의 소송이 나중에 그 변론이 병합되더라도 당초 제소 당시에 소송별로 결정된 소가에는 변동이 없다. 병합된 각각의 소송별로 개별적으로 소가가 정해지고, 사물관할도 그에 따른다. 예를 들어, 소가 2억원인 소송과 소가 4억원인 소송의 변론이 병합된 경우에 그 소가가 6억원 또는 4억원이 되는 것이 아니라 소가는 각각의 소송별로 2억원과 4억원 그대로이고 사물관할도 그대로 단독판사의 관할이 된다.

#### 5) 소가를 산출할 수 없거나 비재산권을 목적으로 하는 경우

재산권상의 소송으로서 소가를 산출할 수 없는 것과 비재산권을 목적으로 하는 소송의 소가는 5천만원으로 한다. 다만, ① 주주의 대표소송, 위법행위유지청구소송, 신주발행유지청구소송, ② 회사 이외의 단체에 관한 소송으로서 상법상 회사관계소송에 준하는 소송, ③ 「소비자기본법」 및 「개인정보보호법」에 따른 금지·중지청구소송, ④ 특허법원의 전속관할에 속하는 소송, ⑤ 무체재산권에 관한 소송 중 금전의 지급이나 물건의 인도를 목적으로 하지 않는 소송의 소가는 1억원으로 한다(위 인지규칙 제18조의2).

## 3. 토지관할

토지관할이란 소재지를 달리하는 같은 종류의 법원 사이에 재판권의 분담관계를 정해 놓은 것을 말한다. 각 법원은 그 직무집행의 지역적 한계로서 관할구역이 법률로 정해져 있다. 이에 관한 법률로 「각급 법원의 설치와 관할구역에 관한 법률」이 있다. 그리하여 사건의 당사자 또는 소송물이 어느 법원의 관할구역 내의 지점과 일정하게 관련되어 있는 경우 그 법원에 토지관할권이 인정된다. 이처럼 토지관할의 발생원인이 되는 관할구역 내의 지점을 재판적이라고 한다. 재판적에는 보통재판적, 특별재판적, 관련재판적이 있다.

### (1) 보통재판적

보통재판적은 모든 소송사건에 대하여 공통적으로 적용되는 재판적을 말한다. 보통재판적은 피고의 주소지이다. 그리하여 모든 소송사건은 피고의 주소지를 관할하는 법원에 토지관할권이 인정된다. 피고는 자신의 의사와 무관하게 원고의 소송 제기에 의하여 소송에 휘말리게 된 사람이므로 피고의 주소지에 보통재판적을 인정함으로써 피고의 소송 편의를 도모하는 것이 공평하기 때문이다.

피고의 주소가 없거나 불명인 경우 보통재판적은 피고의 거소지가 되고, 거소도 일정하지 않거나 불명인 경우에는 피고의 최후 주소지가 보통재판적이 된다(제

3조). 최후의 주소도 없거나 불명인 경우에는 대법원 소재지[1]가 보통재판적이 된다(제4조). 법인의 경우에는 주된 사무소 또는 영업소 소재지, 즉 본점 소재지가 보통재판적이고, 사무소 또는 영업소가 없는 경우에는 주된 업무담당자의 주소지, 즉 대표자의 주소지가 보통재판적이 된다(제5조 제1항). 외국법인의 경우에는 국내에 있는 사무소·영업소 또는 업무담당자의 주소지에 의한다(동조 제2항). 국가의 경우 보통재판적은 소송에서 국가를 대표하는 관청 소재지 또는 대법원 소재지이다(제6조). 국가가 당사자인 소송에서 법무부장관이 국가를 대표하므로 국가를 대표하는 관청 소재지는 법무부 소재지[2]를 말한다(국가를 당사자로 하는 소송에 관한 법률 제2조).

### (2) 특별재판적

특별재판적은 특정한 사건에 대해서만 적용되는 재판적을 말한다. 보통재판적과 특별재판적은 우열관계에 있는 것이 아니며, 양자는 재판적으로서 동등한 효력을 갖고 있다. 다만, 보통재판적은 모든 소송사건에 대하여 적용되지만, 특별재판적은 특정한 사건에 대하여 적용됨으로써 적용범위에 차이가 있을 뿐이다. 그 결과 양자는 중첩적으로 적용될 수 있다. 그리하여 보통재판적과 특별재판적이 경합하는 경우에 원고는 임의로 어느 하나의 재판적을 선택하여 소송을 제기할 수 있다.

#### 1) 의무이행지

재산권상의 소송은 의무이행지에 특별재판적이 인정된다(제8조). 의무이행지에는 계약상 의무이행지뿐만 아니라 불법행위 또는 부당이득에 따른 의무이행지도 포함된다. 금전채권의 경우 당사자 사이에 별도의 약정이 없는 한 지참채무의 원칙상 채권자의 주소지가 의무이행지가 된다. 예를 들어, 대여금의 지급을 구하는 소송에서 피고의 주소지는 보통재판적으로서 관할권이 인정되고, 채권자인 원고의 주소지는 의무이행지로서 특별재판적이 인정된다. 그러나 금전채권에 대한 압류 및 추심명령이 있는 경우에는 추심채무의 성질을 갖는다고 할 것이므로 압류 및 추심명령에 따른 추심금 소송에서 금전채권의 의무이행지는 제3채무자의 주소지

1) 대법원 소재지인 서울 서초구를 관할하는 지방법원은 서울중앙지방법원이다.
2) 법무부 소재지인 경기도 과천시를 관할하는 지방법원은 수원지방법원(안양지원)이다.

로 보아야 한다. 압류 및 추심명령에 따라 제3채무자의 채무자에 대한 채무의 지급이 금지되므로 채무자의 주소지는 의무이행지가 아니고,[1] 압류 및 추심명령으로 인하여 추심채권자에게 제3채무자에 대한 채권의 추심권능만 부여되는 것이지 채권 그 자체가 이전되는 것은 아니므로[2] 추심채권자의 주소지에 의무이행지로서의 관할이 인정되는 것도 아니다.

판례는 어음상 채무의 의무이행지는 어음채권자의 주소지가 아니라 어음의 지급지이고,[3] 등기의무의 이행지는 등기청구권자의 주소지가 아니라 제21조[4]에 규정된 등기할 공무소의 소재지라고 한다. 또한 사해행위의 취소와 그 원상회복을 구하는 소송에서의 의무이행지는 취소의 대상인 법률행위의 의무이행지가 아니라 취소로 인하여 형성되는 법률관계의 의무이행지라고 한다. 따라서 사행행위의 취소 및 그 원상회복으로 소유권이전등기의 말소를 구하는 경우에는 그 말소등기를 할 등기관서 소재지를 관할하는 법원에 관할이 인정되고 채권자인 원고의 주소지에 관할이 인정되는 것은 아니라고 한다.[5] 그러나 사해행위취소소송에서 원상회복에 갈음하는 가액배상을 구하는 경우에는 채권자의 주소지 법원이 의무이행지 법원으로서 관할이 인정된다.

#### 2) 어음·수표의 지급지

어음·수표에 관한 소송은 어음·수표의 지급지에 특별재판적이 인정된다(제9조). 어음·수표의 행위가 이루어지는 장소에는 발행지, 인수지, 배서지, 지급지 등이 있다. 이처럼 어음·수표의 행위지가 각각 다른 경우에도 어음·수표에 관한 소송은 지급지에서 제기할 수 있다.

#### 3) 재산소재지

우리나라에 주소가 없거나 주소를 알 수 없는 사람에 대하여 재산권에 관한 소송을 제기하는 경우 청구의 목적 또는 담보의 목적이나 압류할 수 있는 피고의 재

---

1) 대법원 2011. 12. 13. 선고 2009다16766 판결.
2) 대법원 1997. 3. 14. 선고 96다54300 판결; 2001. 3. 9. 선고 2000다73490 판결.
3) 대법원 1980. 7. 22. 자 80마208 결정.
4) 등기·등록에 관한 소를 제기하는 경우에는 등기 또는 등록할 공공기관이 있는 곳의 법원에 제기할 수 있다(제21조).
5) 대법원 2002. 5. 10. 자 2002마1156 결정.

산소재지 법원에 제기할 수 있다(제11조). 재산권에 관한 소송의 피고가 외국인이라 할지라도 압류할 수 있는 재산이 국내에 있을 때에는 그를 상대로 승소판결을 얻으면 이를 집행하여 재판의 실효를 얻을 수 있기 때문이다.[1] 이 조항은 국내에 주소가 없거나 주소를 알 수 없는 사람을 피고로 재산권에 관한 소송을 제기할 경우에만 적용된다.

#### 4) 사무소·영업소의 소재지

사무소 또는 영업소가 있는 사람에 대하여 그 사무소 또는 영업소의 업무와 관련이 있는 소송을 제기하는 경우에는 그 사무소 또는 영업소의 소재지 법원에 제기할 수 있다(제12조).[2] 여기의 업무에는 사적인 영업뿐만 아니라 공익사업이나 행정사무도 포함하고,[3] 업무와 관련된 것이면 불법행위로 인한 손해배상청구나 부당이득반환청구도 포함한다. 또한 여기의 사무소 또는 영업소에는 주된 사무소 등 본점뿐만 아니라 지점까지 포함한다.[4] 다만, 본점만이 취급할 수 있는 사무에 관해서는 지점에 재판적이 인정되지 않는다.[5] 이 조항은 사무소 또는 영업소가 있는 사람을 피고로 소송을 제기하는 경우에만 적용되고, 사무소 또는 영업소가 있는 사람이 원고가 되어 소송을 제기하는 경우에는 적용되지 않는다.[6]

#### 5) 불법행위지

불법행위에 관한 소송은 불법행위지에 특별재판적이 인정된다(제18조). 민법상 불법행위에 한정되지 않으며 「국가배상법」이나 「자동차손해배상보장법」 등 특별법에 의한 불법행위에 대해서도 여기의 재판적이 인정된다. 불법행위지에는 가행행위지와 손해발생지가 모두 포함된다. 예를 들어, 대전에서 교통사고를 당해서 서

1) 대법원 1988. 10. 25. 선고 87다카1728 판결.
2) 대법원 1992. 7. 28. 선고 91다41897 판결.
3) 대법원 1994. 1. 25. 선고 93누18655 판결.
4) 김홍엽, 73면 및 74면; 이시윤, 107면.
5) 등록국채의 명의변경등록에 관한 사무는 한국은행 본점만이 취급할 수 있고 그 지점 및 대리점은 명의변경등록 청구서의 접수를 받아 본점에 송부하는 중계사무만을 취급할 수 있으므로 등록국채의 명의변경등록절차의 이행을 청구하는 사건은 한국은행 지점의 사무에 관한 소송이 아니다(대법원 1967. 9. 20. 자 67마560 결정).
6) 대법원 1980. 6. 12. 자 80마158 결정.

울에서 사망한 경우 또는 대전에서 명예훼손을 하는 내용의 유인물을 제작해서 서울에서 배포한 경우 등에는 행위지인 대전은 물론이고 손해발생지인 서울에도 재판적이 각각 인정된다.[1]

**사례 불법행위에 관한 소송의 관할**

A 소유의 대전 소재 부동산을 B와 C가 권원없이 주차장으로 사용하고 있다. 춘천에 주소를 둔 A는 인천에 주소를 둔 B와 대구에 주소를 둔 C를 공동피고로 하여 5억원의 손해배상을 청구하고자 하는 경우 관할법원에 관하여 설명하시오.

① A와 B 사이의 소송

먼저 보통재판적인 피고 B의 주소지에 있는 인천지방법원에 관할권이 인정된다. 손해배상을 구하는 재산권상의 소송이므로 의무이행지에도 특별재판적이 인정되는데, 금전채권의 경우 지참채무의 원칙상 채권자의 주소지가 의무이행지이므로 채권자인 원고 A의 주소지에 있는 춘천지방법원에도 관할권이 인정된다.

한편 불법행위의 경우에는 불법행위지에도 특별재판적이 인정되므로 B와 C가 불법행위를 저지른 장소에 있는 대전지방법원에도 관할권이 인정된다. 결국 A와 B 사이의 소송에서는 보통재판적 소재지 인천지방법원, 특별재판적으로 의무이행지 춘천지방법원과 불법행위지 대전지방법원에 각각 관할권이 인정된다. 보통재판적과 특별재판적은 재판적으로서 동등한 법적 효력을 가지므로 위 각각의 관할권 사이에 우열은 없다.

② A와 C 사이의 소송

보통재판적인 피고 C의 주소지에 있는 대구지방법원, 특별재판적으로 의무이행지 춘천지방법원과 불법행위지 대전지방법원에 각각 관할권이 인정된다.

③ 관련재판적

만일 A가 피고 B의 주소지인 인천지방법원에 B와 C를 공동피고로 하여 소송을 제기하는 경우 공동불법행위자인 B와 C는 부진정연대채무자로서 의무를 공통으로 하는 관계에 있으므로 후술하는 관련재판적이 인정되어 B의 보통재판적 소재지 인천지방법원은 C에 대해서도 관할권이 인정된다. 반대로 A가 C의 주소지인 대구지방법원에 B와 C를 공동피고로 하여 소송을 제기하는 경우에도 마찬가지로 B에 대해서 관련재판적으로 대구지방법원에 관할권이 인정된다.

1) 이시윤, 107면 및 108면.

④ 사물관할

청구금액 5억원까지 단독판사의 관할이므로 A가 제기한 소송의 사물관할은 단독판사의 관할이다. 그러나 소송계속 중에 A가 청구취지를 확장하여 청구금액이 5억원을 초과하는 경우에는 사건을 합의부로 이송해야 할 것이다. 그러나 피고들이 이의없이 확장된 청구취지에 관하여 변론을 함으로써 후술하는 변론관할이 성립하는 경우에는 이송할 필요가 없다.

### 6) 부동산 소재지

부동산에 관한 소송은 부동산 소재지에 특별재판적이 인정된다(제20조). 여기의 부동산에는 토지와 건물뿐만 아니라 공장재단이나 광업재단 등 법률의 규정에 의하여 부동산으로 취급되는 것(공장 및 광업재단 저당법 제12조 및 제54조) 또는 광업권·어업권 등과 같이 부동산이나 토지에 관한 규정이 준용되는 것도 포함한다(광업법 제10조, 수산업법 제16조 제2항). 그러나 선박, 자동차, 중기, 항공기 등 이동성이 있는 것은 부동산에 관한 규정이 준용되더라도 여기서 제외된다. 부동산에 관한 소송이란 소유권이전등기청구소송 또는 등기말소청구소송, 저당권등기말소청구소송, 부동산에 관한 소유권이나 점유권에 기한 인도청구소송, 부동산에 관한 소유권 확인소송 등 부동산 자체에 관한 소송에 한정되고, 부동산의 매매대금이나 임대료의 지급을 구하는 소송은 제외된다.[1]

**사례 부동산에 관한 소송의 관할**

대전에 사는 A는 자기 소유의 광주광역시 소재 건물을 B에게 임대하는 계약을 체결하였다. 그런데 B는 약정한 임대료의 지급을 연체하고 있다. 이에 A는 B를 상대로 위 임대차계약을 해지하고 위 임대목적물인 건물의 명도와 연체된 임대료의 지급을 구하는 소송을 제기하고자 하는 경우 관할법원에 관하여 설명하시오.

먼저 보통재판적인 피고 B의 주소지에 있는 광주지방법원에 관할권이 인정된다. A의 위 소송에는 임대목적물인 건물의 명도를 구하는 청구와 임대료의 지급을 구하는 청구가 병합되어 있다. 임대목적물인 건물의 명도를 구하는 청구는 부동산에 관한 소송으로서

1) 김홍엽, 74면; 이시윤, 108면.

부동산 소재지에도 특별재판적이 인정되고, 부동산 소재지 관할법원은 보통재판적 관할법원과 동일한 광주지방법원이다.

한편 임대료의 지급을 구하는 청구는 재산권상의 소송으로서 의무이행지에도 특별재판적이 인정되고, 금전채권의 경우 지참채무의 원칙상 채권자의 주소지가 의무이행지이므로 채권자인 원고 A의 주소지에 있는 대전지방법원에 관할권이 인정된다. 만일 A가 대전지방법원에 임대료의 지급과 건물의 명도를 구하는 소송을 제기한 경우 함께 제기한 건물의 명도를 구하는 청구에 대해서도 대전지방법원은 후술하는 관련재판적으로 관할권이 인정된다. 결국 A는 위 소송을 광주지방법원 또는 대전지방법원에 제기할 수 있다.

### 7) 관할고등법원 소재지

#### (가) 특허권 등을 제외한 지식재산권에 관한 소송 또는 국제거래에 관한 소송

특허권, 실용신안권, 디자인권, 상표권, 품종보호권(이하 '특허권 등'이라 한다)을 제외한 지식재산권에 관한 소송 또는 국제거래에 관한 소송은 보통재판적 또는 특별재판적이 인정되는 관할법원 소재지를 관할하는 고등법원이 있는 곳의 지방법원에 제기할 수 있다. 다만, 서울고등법원이 있는 곳의 지방법원은 서울중앙지방법원으로 한정한다(제24조 제1항). 여기서 국제거래소송은 국가 사이의 인적·물적 거래에 관한 소송으로 당사자 일방이 외국인인 소송을 말한다. 고등법원 소재지 지방법원에 토지관할을 인정한 이유는 이곳에는 지식재산권이나 국제거래에 관한 사건을 전문적으로 처리하는 전문재판부가 설치되어 있어 신속하고 적정한 분쟁해결을 도모할 수 있기 때문이다.

**사례 저작권에 관한 소송의 관할**

전주에 주소를 둔 원고가 창원에 주소를 둔 피고를 상대로 저작권 침해로 인한 손해배상청구소송을 제기하는 경우 관할법원에 관하여 설명하시오.

보통재판적인 피고의 주소지에 있는 창원지방법원에 관할권이 인정되고, 금전채권의 지급을 구하는 소송이므로 의무이행지 특별재판적인 원고의 주소지에 있는 전주지방법원에도 관할권이 인정된다. 또한 특허권 등을 제외한 지식재산권에 관한 소송으로서 창원지방법원을 관할하는 부산고등법원이 있는 곳에 소재한 부산지방법원과 전주지방법원을 관할하는 광주고등법원이 있는 곳에 소재한 광주지방법원에도 각각 관할권이 인정된다. 결국 창원지방법원, 전주지방법원, 부산지방법원, 광주지방법원에 각각 관할권이 인정된다.

#### (나) 특허권 등의 지식재산권에 관한 소송

특허권 등의 지식재산권에 관한 소송[1]을 제기하는 경우에는 보통재판적 또는 특별재판적이 인정되는 관할법원 소재지를 관할하는 고등법원이 있는 곳의 지방법원의 전속관할로 한다. 다만, 서울고등법원이 있는 곳의 지방법원은 서울중앙지방법원으로 한정한다(제24조 제2항). 그리하여 특허권 등의 지식재산권에 관한 소송은 고등법원 소재지인 서울중앙지방법원과 대전·대구·부산·광주·수원지방법원의 6개 지방법원 중 어느 하나에 제기되어야 한다. 그런데 당사자는 특허권 등의 지식재산권에 관한 소송을 대전·대구·부산·광주·수원지방법원에 제기해야 함에도 불구하고 서울중앙지방법원에 제기할 수 있다(동조 제3항). 이는 서울중앙지방법원에 특허권 등의 지식재산권에 관한 사건을 처리하는 전문재판부가 특히 많이 설치되어 있다는 점을 고려한 것이다. 특허권 등의 지식재산권에 관한 소송의 항소심은 특허법원의 전속관할이다(법원조직법 제28조의4 3호).

**사례** **특허권에 관한 소송의 관할**

전주에 주소를 둔 원고가 창원에 주소를 둔 피고를 상대로 특허권 침해로 인한 손해배상청구소송을 제기하는 경우 관할법원에 관하여 설명하시오.

특허권 등에 관한 소송으로서 보통재판적인 피고의 주소지에 있는 창원지방법원을 관할하는 부산고등법원이 있는 곳에 소재한 부산지방법원과 의무이행지 특별재판적인 원고의 주소지에 있는 전주지방법원을 관할하는 광주고등법원이 있는 곳에 소재한 광주지방법원에 전속관할이 인정된다. 그러나 원고는 서울중앙지방법원에 특허권 침해로 인한 손해배상청구소송을 제기할 수도 있다. 결국 부산지방법원, 광주지방법원, 서울중앙지방법원에 각각 관할권이 인정된다.

---

1) 특허권 등의 지식재산권에 관한 소송으로는 특허권 등의 침해를 이유로 한 금지·폐기·신용회복 등의 청구소송 또는 손해배상청구소송, 특허권 등의 실시계약에 기초한 실시료 지급청구소송, 특허권 등의 이전·말소등록청구소송, 전용·통상실시권 등의 설정 유무나 귀속 등에 관한 소송, 직무발명·

### (3) 관련재판적

1개의 소송으로 여러 개의 청구를 하는 경우 그중 하나의 청구에 관하여 토지관할권이 인정되면 법정관할권이 없는 나머지 청구도 그곳에 재판적이 생기는데, 이를 관련재판적이라고 한다(제25조 제1항). 병합된 청구가 나중에 취하, 각하되거나 변론의 분리가 있어 병합관계가 소멸되어도 관련재판적에 의하여 인정된 다른 청구의 관할에는 영향을 미치지 않는다.

**사례 청구병합의 관련재판적**

대전에 주소를 둔 원고가 대구에 주소를 둔 피고를 상대로 광주 소재 부동산에 관한 인도청구와 채무불이행에 기한 손해배상청구를 병합하여 광주지방법원에 제소한 경우 관련재판적을 설명하시오.

부동산인도청구에 대해서는 부동산 소재지 특별재판적에 의하여 광주지방법원에 관할권이 인정되지만, 손해배상청구에 대해서는 관할권이 인정되지 않는다. 그러나 부동산인도청구와 손해배상청구가 병합하여 제기된 이상 부동산인도청구에 대하여 관할권이 인정되면 그와 병합된 손해배상청구에 대해서도 관련재판적으로 광주지방법원에 관할권이 인정된다.

관련재판적은 여러 개의 객관적 청구가 병합된 경우뿐만 아니라 공동소송의 경우에도 준용된다. 다만, 공동소송 가운데 공동소송인 사이에 소송의 목적인 권리의무가 공통되거나 권리의무의 발생원인이 공통되는 경우에는 관련재판적이 인정되지만(동조 제2항), 권리의무가 동종이고 그 발생원인이 동종인 경우에는 관련재판적이 인정되지 않는다.

**사례 공동소송의 관련재판적**

대전에 주소를 둔 원고가 대구에 주소를 둔 주채무자와 광주에 주소를 둔 보증채무자를 상대로 대여금의 지급을 구하는 소송을 대구지방법원에 제기한 경우 관련재판적을 설

---

고안·디자인에 대한 보상금청구소송 등이 있다.

명하시오.

주채무자에 대한 청구에서는 보통재판적 소재지 대구지방법원에 관할권이 인정되지만, 보증채무자에 대한 청구에서는 관할권이 인정되지 않는다. 그러나 주채무자와 보증채무자를 공동피고로 한 소송은 공동소송인 간에 권리의무가 공통인 관계에 있으므로 주채무자에 대한 청구에서 대구지방법원에 관할권이 인정되면 그와 공동피고인 보증채무자에 대한 청구에서도 관련재판적으로 대구지방법원에 관할권이 인정된다.

## Ⅲ. 지정관할

지정관할이란 관할이 불분명하거나 관할법원이 재판권을 법률상 또는 사실상 행사할 수 없는 경우에 상급법원의 결정으로 정해지는 관할이다(제28조). 예를 들어, 사고발생지가 어느 법원의 관할구역 내인지 불분명한 경우, 관할법원의 법관 전원이 제척·기피·회피당하거나 질병·천재지변 등의 사고로 직무를 수행할 수 없는 경우 등이 여기에 해당한다.[1]

## Ⅳ. 당사자의 거동에 의한 관할

### 1. 합의관할

#### (1) 의의

합의관할이란 당사자의 합의로 생기는 관할을 말한다(제29조). 합의관할은 관할의 변경이라는 소송법상 효과를 발생시키는 소송계약이다. 따라서 관할의 합의에는 소송능력이 필요하다. 관할의 합의는 독립된 합의에 의하거나 계약서의 한 조항에 의할 수도 있다. 약관으로 관할합의를 한 경우에는 「약관의 규제에 관한 법

1) 이시윤, 112면.

률」이 적용된다. 판례는 사업자에게 유리하고 원거리에 사는 고객에게 제소 및 응소에 불편을 초래할 우려가 있는 관할합의 약관조항은 고객에 대하여 부당하게 불리한 재판관할의 합의조항(동법 제14조 제1호)에 해당하여 무효라고 한다.[1)]

### (2) 요건

#### 1) 제1심 법원의 임의관할

당사자는 제1심 법원의 임의관할에 한하여 합의할 수 있다(제29조 제1항). 토지관할은 물론이고 사물관할에 관하여 합의를 할 수 있으나, 전속관할에 관해서는 합의할 수 없다. 항소심과 상고심 법원은 전속관할인 심급관할로 정해져 있으므로 당사자 사이의 합의로 정할 수 없다.

#### 2) 일정한 법률관계에 기인한 소송

관할의 합의는 일정한 법률관계로 말미암은 소송에 관하여 해야 한다(제29조 제2항). 예를 들어, 특정한 매매계약 또는 특정한 임대차계약으로 인한 소송 등 합의의 대상인 법률관계가 특정되어야 한다. 합의의 대상인 소송이 어떠한 법률관계로 인한 것인지 예측할 수 없다면 피고의 관할의 이익을 침해할 우려가 있기 때문이다. 장래에 발생하는 모든 법률관계로 인한 소송 등 막연하여 예측할 수 없는 경우에는 그러한 관할합의는 무효이다.

#### 3) 관할법원의 특정

합의의 취지로부터 관할법원을 특정할 수 있어야 한다. 반드시 1개의 법원을 지정할 필요는 없으며, 법정관할법원의 일부를 배제하는 방식에 의하여도 무방하다. 그러나 전국의 모든 법원을 관할법원으로 하거나 원고에게 관할법원의 지정을 위임하는 것은 피고의 관할의 이익을 침해하는 것이어서 허용되지 않는다.[2)]

---

1) 대전에 주소를 둔 계약자와 서울에 주된 영업소를 둔 건설회사 사이에 체결된 아파트공급계약서상의 서울중앙지방법원을 관할법원으로 하는 관할합의조항은 민사소송법상의 관할법원 규정보다 고객에게 불리한 관할법원을 규정한 것이어서 약관의 규제에 관한 법률 소정의 고객에 대하여 부당하게 불리한 재판관할의 합의조항에 해당하여 무효이다(대법원 1998. 6. 29. 자 98마863 결정).

2) 대법원 1977. 11. 9. 자 77마284 결정.

4) 서면에 의한 합의

합의는 서면으로 해야 한다(제29조 제2항). 당사자의 의사를 명확히 하여 분쟁의 소지를 없애기 위함이다. 신청과 승낙이 동일 서면에 의할 필요가 없으며, 별개의 서면으로 시기를 달리하여도 무방하다. 예를 들어, 어음발행인이 어음의 표면에 장래의 소지인에 대하여 관할 합의의 청약을 하고, 뒤에 소지인이 이를 승낙하면 관할의 합의가 성립한다.[1)]

5) 합의의 시기

합의의 시기에는 제한이 없다. 소송 제기 전에 하는 것이 일반적이지만, 소송 제기 이후에도 할 수 있다. 그러나 관할은 소송 제기 당시를 기준(제33조)으로 정해지기 때문에 소송 제기 이후에는 관할합의를 하더라도 종전의 관할이 변경되는 것은 아니며 손해 또는 지연을 피하기 위한 소송이송을 신청하는 전제로서 의미를 가질 뿐이다.[2)]

(3) 합의의 유형

1) 부가적 합의와 전속적 합의

관할합의에는 법정관할 외에 1개 또는 여러 개의 법원을 추가하는 부가적 합의와 특정의 법원에만 관할권을 인정하고 나머지 법원의 관할권을 배제하는 전속적 합의가 있다. 이 중 어느 것인지 불분명한 경우에는 원칙적으로 부가적 합의로 보되, 경합하는 법정관할법원 중 어느 하나를 특정하는 합의는 전속적 합의로 보는 것이 타당하다.[3)] 법정관할법원으로서 관할권이 있음에도 불구하고 굳이 관할법원으로 합의를 하였다는 것은 그 법원에만 관할권을 인정하고자 하는 것이 당사자의 의사라고 할 수 있기 때문이다.

---

1) 강현중, 「신민사소송법강의」, 박영사, 2015, 106면; 정동윤·유병현, 133면.
2) 김홍엽, 79면; 이시윤, 115면.
3) 대법원 1963. 5. 15. 선고 63다111 판결; 2008. 3. 13. 선고 2006다68209 판결.

**사례 관할합의의 유형**

대전에 주소를 둔 원고가 대구에 주소를 둔 피고를 상대로 대여금의 지급을 구하는 소송을 제기하면서 광주지방법원을 관할법원으로 하는 합의를 한 경우 또는 대구지방법원을 관할법원으로 하는 합의를 한 경우 그것이 부가적 합의인지 전속적 합의인지 불분명하다면 각각 어느 유형의 합의에 속하는지 설명하시오.

위 소송의 법정관할법원은 보통재판적인 피고 주소지에 있는 대구지방법원과 의무이행지인 원고 주소지에 있는 대전지방법원이다. 법정관할법원이 아닌 광주지방법원을 관할법원으로 하는 합의는 법정관할법원 이외에 광주지방법원에도 관할권을 추가로 인정하고자 하는 것이 당사자의 의사라고 할 것이어서 부가적 합의로 봄이 타당하다. 그러나 법정관할법원인 대구지방법원을 관할법원으로 하는 합의는 경합하는 여러 개의 법정관할법원 중 대구지방법원에만 관할권을 인정하고자 하는 것이 당사자의 의사라고 할 것이므로 전속적 합의로 봄이 타당하다.

### 2) 국제재판관할의 합의

외국법원을 관할법원으로 하는 합의를 할 수도 있다. 이러한 국제재판관할의 합의는 부가적 합의인 경우에는 문제가 없으나, 전속적 합의인 경우에는 우리나라의 재판권을 배제하는 것이 되어 문제가 있다. 판례는 전속적 국제재판관할합의가 유효하기 위해서는 ① 해당 사건이 국내법원의 전속관할에 속하지 않고, ② 지정된 외국법원이 그 외국법상 해당 사건에 대하여 관할권을 가져야 하며, ③ 해당 사건이 그 외국법원에 대하여 합리적인 관련성을 가질 것이 요구된다고 하면서, ④ 전속적인 관할합의가 현저하게 불합리하고 불공정한 경우에는 그 관할합의는 공서양속에 반하는 법률행위에 해당하므로 무효라고 한다.[1] 그리하여 판례는 원고와 피고 모두 국내 법인이고, 사건의 심리에 필요한 주요 증거방법이 모두 국내에 있으며, 외국법이 국내법보다 피고에게 더 유리하다고 볼만한 자료가 없는 경우 등에는 외국법원에 대한 합리적 관련성을 인정할 수 없으므로 그러한 전속적 국제재판관할의 합의는 효력이 없다고 한다.[2]

---

1) 대법원 2011. 4. 28. 선고 2009다19093 판결; 2010. 8. 26. 선고 2010다28185 판결.
2) 대법원 1997. 9. 9. 선고 96다20093 판결.

### (4) 합의의 효력

관할합의가 있으면 합의한 내용에 따라 관할이 변경된다. 합의된 법원에 관할권이 생기고, 전속적 합의의 경우에는 배제된 법정관할법원의 관할권이 소멸한다. 합의관할도 임의관할이므로 다시 관할합의를 할 수 있고, 후술하는 변론관할도 성립한다.

관할합의는 소송계약이므로 당사자와 그 포괄승계인(예를 들어, 상속인 또는 합병회사)에게만 미치고 제3자에게는 미치지 않는다. 따라서 채권자와 주채무자 또는 채권자와 연대채무자 1인 사이의 관할에 관한 합의는 보증채무자 또는 다른 연대채무자에게 미치지 않는다.[1] 그런데 소송물인 권리관계의 특정승계인(예를 들어, 매수인 또는 수증자)에게 합의의 효력이 미치는지 논란이 있다. 판례는 소송물인 권리관계가 당사자 사이에 그 내용을 자유로이 정할 수 있는 채권인 경우에는 그 채권의 승계인에게도 관할합의의 효력이 미치지만,[2] 그 권리관계의 내용이 법률상 정형화되어 있고 당사자가 자유로이 정할 수 없는 물권의 경우에는 관할합의의 효력이 그 승계인에게는 미치지 않는다고 한다.[3]

**사례 관할합의의 효력**

대전에 사는 A는 대구에 사는 B에게 금전을 대여하는 계약을 체결하였고, 전주에 사는 C가 위 차용금채무를 보증하였다. 그러나 위 변제기에 B와 C는 위 채무를 변제하지 않았다. 이에 A는 B와 C를 공동피고로 하여 위 대여금의 지급을 구하는 소송을 제기하고자 한다. 그런데 A와 B 사이에는 위 금전소비대차 관련 소송의 관할법원을 서울중앙지방법원으로 한다는 합의가 있었다. A는 관할합의를 한 바 없는 C까지 끌어들여 B와 C를 공동피고로 서울중앙지방법원에 위 대여금의 지급을 구하는 소를 제기할 수 있는지 그리

---

1) 대법원 1988. 10. 25. 선고 87다카1728 판결.

2) 대법원 2006. 3. 2. 자 2005마902 결정.

3) 관할합의의 효력은 부동산에 관한 물권의 특정승계인에게는 미치지 않는다고 할 것인바, 부동산 양수인이 근저당권 부담부의 소유권을 취득한 특정승계인에 불과하다면(근저당권 부담부의 부동산의 취득자가 그 근저당권의 채무자 또는 근저당권설정자의 지위를 당연히 승계한다고 볼 수는 없다), 근저당권설정자와 근저당권자 사이에 이루어진 관할합의의 효력은 부동산 양수인에게 미치지 않는다(대법원 1994. 5. 26. 자 94마536 결정).

고 만일 위와 같은 관할합의가 있었음에도 A가 자신의 주소지에 있는 대전지방법원에 위 대여금의 지급을 구하는 소송을 제기하였다면 그러한 소송 제기는 적법한지 설명하시오.

① 관할합의의 효력이 미치는 범위

채권자 A와 주채무자 B 사이의 관할합의의 효력은 제3자인 보증인 C에게는 미치지 않는다. 따라서 A는 B와의 관할합의를 이유로 C를 상대로 서울중앙지방법원에 소를 제기할 수는 없다. 그러나 B와 C는 의무를 공통으로 하는 관계에 있으므로 B와 C를 공동피고로 하여 소송을 제기하는 경우 관련재판적이 인정되어 서울중앙지방법원이 적법한 관할법원이 될 수 있다. 즉, A와 B 사이에 합의관할로 서울중앙지방법원에 관할권이 인정된다면, 공동피고인 C에 대해서도 서울중앙지방법원은 관련재판적으로 관할권이 인정된다. 따라서 A는 B와 C를 공동피고로 서울중앙지방법원에 대여금의 지급을 구하는 소를 적법하게 제기할 수 있다.

② 관할합의의 유형

부가적 관할합의의 경우에는 다른 법정관할법원의 관할권이 소멸하지 않으나, 전속적 관할합의의 경우에는 당사자가 합의한 관할법원에만 배타적으로 관할권이 인정되므로 다른 법정관할법원의 관할권이 소멸한다. 관할합의가 부가적인지 전속적인지는 당사자의 의사에 달려 있지만, 당사자의 의사가 불분명한 경우에는 경합하는 여러 개의 법정관할법원 중 어느 하나를 관할법원으로 하는 합의는 전속적이고, 그렇지 않으면 부가적으로 보아야 한다. 서울중앙지방법원은 법정관할법원이 아니므로 A와 B 사이에 관할합의는 법정관할법원에 추가하여 서울중앙지방법원에 관할권을 인정한 것으로서 부가적 합의로 보아야 한다. 대전지방법원은 의무이행지 관할법원으로 법정관할법원 중 하나이므로 대전지방법원에 제기한 소는 적법하다.

**사례 관할합의 등**

서울 송파구에 주소를 둔 A는 농업협동조합중앙회 강원도지부장 B와 감자를 매수하는 내용의 매매계약을 체결하였다. 매매계약서에는 "본 계약에 의한 소송은 매도인의 주소지를 관할하는 법원을 관할법원으로 한다."라고 기재되어 있고, 위 매매계약서상 매도인의 표시는 "춘천시 효자동 소재 농업협동조합중앙회 강원도지부 지부장 B"로 되어 있다. 위 매매계약에 따라 위 지부장 B가 감자를 인도하였음에도 A가 약정한 매매대금을 지급하지 않자, 농업협동조합중앙회는 A를 상대로 춘천지방법원에 매매대금의 지급을 구하는 소를 제기하였다. 첫 변론기일에 피고는 위 소송의 관할법원은 춘천지방법원이 아니라 농업협동조합중앙회의 주된 사무소 소재지인 서울 중구를 관할하는 서울중앙지방법원이라고 주장하며 다투었다. 그러자 원고는 춘천지방법원은 위 매매계약서상 합의관할조항에 따른 적법한 관할법원일 뿐만 아니라 사무소 또는 영업소의 소재지 법원에 관할권을 인정한 민사소송법 제12조에 의하여도 춘천지방법원에 관할권이 인정된다고 주장하였다. 이 소송에서 적법한 관할법원은 어디인지 그리고 만일 농업협동조합중앙회가 아니라 B가 직접 원고가 되어 위 소송을 제기하였다면 이에 대하여 법원은 어떻게 판단해야 하는지 설명하시오.

① 적법한 관할법원

위 매매계약에서 매도인은 농협협동조합중앙회이고, 강원도지부장 B는 매매계약의 당사자가 아니라 농협협동조합중앙회의 대리인으로서 위 매매계약을 체결한 것에 불과하다. 따라서 위 매매계약서상 관할합의조항에 따른 관할법원은 농협협동조합중앙회의 주된 사무소 소재지인 서울 중구를 관할하는 서울중앙지방법원이다.[1)]

위 관할합의가 전속적인지 부가적인지는 위 매매계약서상의 내용만으로는 불분명하므로 경합하는 여러 개의 법정관할법원 중 하나를 관할법원으로 하는 합의는 전속적이지만, 그렇지 않으면 부가적 합의로 보아야 한다. 위 소송의 법정관할법원을 살펴보면, 먼저 보통재판적으로 피고 A의 주소지인 서울 송파구를 관할하는 서울동부지방법원에 관할권이 인정되고, 매매대금의 지급을 구하는 재산권상의 소송으로서 의무이행지에도 특별재판적이 인정되므로 채권자인 원고 B의 주소지인 서울중앙지방법원에 관할권이 인정된다. 그렇다면 위 관할합의는 경합하는 여러 개의 법정관할법원 중 하나인 서울중앙지방법원에 관할권을 인정하는 합의이므로 전속적 관할합의로 보아야 할 것이다. 따라서 서울중앙지방법원에만 배타적으로 관할권이 인정되고, 다른 법정관할법원에는 관할권이 인정되지 않는다.

한편 민사소송법 제12조에 의하여 사무소 또는 영업소 소재지 법원에 관할권이 인정되는 경우는 사무소 또는 영업소가 있는 사람을 피고로 소송을 제기하는 경우에 한하고 원고가 되어 소를 제기하는 경우에는 동조의 적용이 없다.[2)] 따라서 춘천지방법원에는 관할권이 없고 서울중앙지방법원에만 관할권이 인정된다. 춘천지방법원에 제기한 소는 관할위반으로 부적법하므로 적법한 관할법원인 서울중앙지방법원으로 이송되어야 한다.

② B가 직접 원고가 되어 소송을 제기한 경우

만일 B 개인의 이름으로 소송을 제기하였다면, 이는 매매계약의 당사자가 아닌 대리인에 불과한 사람이 당사자가 되어 소를 제기한 경우에 해당한다. 위 매매계약상 매매대금의 지급을 청구할 권리는 농업협동중앙회에게 귀속되는 것이고, 그 대리인에 불과한 B는 매매대금의 지급을 청구할 권리가 없다. 따라서 B는 청구기각의 판결을 면하기 어렵다. 그렇다면 이 경우 법원은 소송을 이송하는 결정을 해야 하는지 아니면 청구기각의 판결을 해야 하는지 문제가 된다. 소송요건은 본안판결을 위한 전제요건이므로 먼저 소송요건을 심리해야 하고, 소송요건을 심리하지 않은 채 바로 본안에 들어가 원고청구기각의 판결을 할 수 없다.[3] 따라서 이 경우 법원은 적법한 관할법원인 서울중앙지방법원으로 사건을 이송하는 결정을 해야 한다.

## 2. 변론관할

### (1) 의의

원고가 관할권 없는 법원에 소송을 제기하였으나, 피고가 이의 없이 본안에 관하여 변론을 함으로써 발생하는 관할을 변론관할이라고 한다(제30조). 관할권 없는 법원에 소송이 제기되었더라도 피고가 이를 다투지 않고 변론을 한 이상 관할의 합의가 있었던 것과 마찬가지로 취급하여 이후 관할위반을 다투지 못하게 함으로써 당사자 사이의 공평과 소송경제를 도모하고자 하는데 그 취지가 있다.

### (2) 요건

#### 1) 관할권 없는 제1심 법원에 소송을 제기하였을 것

원고가 관할권 없는 제1심 법원에 소송을 제기하였어야 한다. 여기의 관할은 임의관할, 즉 토지관할과 사물관할을 의미한다. 전속관할은 법률이 특정 법원에 배타적으로 관할권을 인정한 것이므로 변론관할이 성립할 수 없다.

---

1) 대법원 1980. 6. 12. 자 80마158 결정.
2) 위 결정.
3) 대법원 1990.12.11. 선고 88다카4727 판결; 1983.2.8. 선고 81누420 판결.

### 2) 피고가 이의 없이 본안에 관하여 변론을 할 것

피고가 관할위반의 항변을 하지 않은 채 본안에 관하여 변론하거나 변론준비기일에 진술하였어야 한다(제30조). 변론관할은 본안에 관하여 변론을 한 경우에 인정된다. 따라서 실체사항이 아닌 절차사항에 해당하는 기피신청이나 소각하판결의 신청, 담보제공명령의 신청 등을 하더라도 변론관할이 생기지 않는다. 일단 관할문제를 유보하고 그 법원에 관할권이 있음을 전제로 본안에 관하여 변론을 한 경우에도 변론관할이 생기지 않는다.[1)]

본안에 관한 변론이나 진술은 변론기일이나 변론준비기일에 현실로 출석하여 구술로 해야 한다. 따라서 변론기일에 불출석하거나 변론하지 않은 경우에는 변론관할이 생기지 않으며, 본안에 관한 준비서면만 제출한 채 불출석하여 준비서면에 적혀 있는 사항이 진술간주되는 경우(제148조 제1항)에도 변론관할이 생기지 않는다.[2)]

## (3) 효과

관할위반의 항변을 하지 않고 본안에 관하여 변론을 하면, 그때부터 변론관할이 생긴다. 따라서 그 이후에는 적법한 관할법원이므로 관할위반의 항변이 허용되지 않는다. 변론관할은 해당 사건에 한하여 발생하므로 소의 취하 또는 각하 후에 다시 소를 제기하는 경우까지 변론관할의 효력이 미치는 것은 아니다.

**사례 변론관할**

대전에 사는 A는 대구에 사는 B에게 금전을 대여하는 계약을 체결하였고, 전주에 사는 C가 위 차용금채무를 보증하였다. 그러나 변제기에 B와 C는 위 채무를 변제하지 않았다. 이에 A는 B와 C를 공동피고로 하여 위 대여금의 지급을 구하는 소송을 서울중앙지방법원에 제기하였다. 서울중앙지방법원이 적법한 관할법원인지 그리고 만일 소송의 첫 변

1) 강현중, 109면.
2) 대법원 1980. 9. 26. 자 80마403 결정.

론기일에 B는 불출석하였는데 C가 출석하여 A의 청구를 다투었다면, 이후 열린 변론기일에 B가 출석하여 관할위반의 항변을 할 수 있는지 설명하시오.

① 관할법원

A와 B 사이의 소송에서는 먼저 보통재판적인 피고 B의 주소지에 있는 대구지방법원에 관할권이 인정되고, 대여금의 지급을 구하는 재산권상의 소송으로서 의무이행지에도 특별재판적이 인정되므로 채권자인 원고 A의 주소지에 있는 대전지방법원에도 관할권이 인정된다. 한편 A와 C 사이의 소송에서도 마찬가지로 보통재판적 소재지 전주지방법원, 의무이행지 소재지 대전지방법원에 각각 관할권이 인정된다. 만일 A가 피고 B의 주소지인 대구지방법원에 소를 제기하였다면 대구지방법원은 공동피고 C에 대해서도 관련재판적으로 관할권이 인정되고, 반대로 A가 C의 주소지인 전주지방법원에 소를 제기하였다면 공동피고 B에 대해서도 관련재판적으로 전주지방법원에 관할권이 인정된다. 결국 A는 위 소송을 대구지방법원, 대전지방법원, 전주지방법원에 각각 제기할 수 있다. 따라서 서울중앙지방법원은 적법한 관할법원이 아니다.

② 변론관할

서울중앙지방법원은 관할권이 없으므로 서울중앙지방법원에 제기한 소송은 관할위반으로 부적법하다. 그러나 토지관할은 임의관할이고 변론관할이 성립할 수 있으므로 법원은 바로 소송을 이송할 것이 아니라 피고의 관할위반의 항변을 기다려 이송해야 할 것이다. 그런데 위 소송의 변론기일에 C가 출석하여 A의 청구를 다투었다면, 변론관할이 성립되므로 피고 C에 대하여 서울중앙지방법원은 적법한 관할법원이 된다. 피고 C에 대하여 서울중앙지방법원에 관할권이 인정된다면, 공동피고 B에 대해서도 서울중앙지방법원은 관련재판적으로 관할권이 인정된다. 따라서 B는 관할위반의 항변을 할 수 없다.

## Ⅴ. 전속관할과 임의관할

전속관할과 임의관할은 소송법상 효과의 차이에 따른 분류이다. 전속관할은 법정관할 가운데 특정한 사건에 대하여 특정 법원만이 배타적으로 관할권을 갖게 한 것을 말한다. 재판의 적정과 신속 등 공익(公益)적 요구에 따라 인정된 관할이다.

전속관할은 특정 법원에만 배타적으로 관할권을 갖게 한 것이므로 관련재판적, 합의관할, 변론관할이 성립할 여지가 없고, 후술하는 심판편의에 의한 이송이 허용되지 않는다. 다만, 특허권 등에 관한 소송에서는 전속관할임에도 심판편의에 의한 이송이 예외적으로 허용된다(제36조 제3항). 한편 임의관할은 전속관할을 제외한 나머지 법정관할로서 당사자의 편의와 공평이라는 사익(私益)적 견지에서 인정된 관할이다. 따라서 임의관할의 경우에는 당사자 사이의 합의나 피고의 변론에 의하여 다른 법원에 관할이 생길 수 있고, 관련재판적이 인정되며, 심판편의에 의한 이송이 허용된다.

법정관할 가운데 직분관할은 공익적 성격이 강하여 명문의 규정이 없어도 전속관할이다. 다만, 심급관할 중 비약상고(飛躍上告)만은 임의관할이다. 비약상고란 제1심 판결에 대하여 항소심을 거치지 않고 곧바로 대법원에 상고하는 것을 말한다. 제1심 판결에 대하여 당사자 쌍방이 법원의 사실인정에는 다툼이 없고 해당 사건의 법적 판단에 대해서만 이견이 있을 경우에 분쟁의 신속한 해결과 비용의 절감을 도모하기 위하여 당사자 간의 서면합의에 의하여 이루어진다(제390조 제1항 단서 및 제2항). 그러나 토지관할과 사물관할은 원칙적으로 임의관할이다. 다만, 법률에 별도의 규정이 있는 경우에는 전속관할이 된다. 예를 들어, 재심의 소에서 재심대상인 판결을 한 법원(제453조), 독촉절차에서 채무자의 보통재판적 소재지 지방법원(제463조), 회사관계소송에서 회사 본점 소재지 지방법원(상법 제184조 내지 제186조, 제376조 제2항, 제380조), 가사사건에서 가정법원(가사소송법 제4조), 파산·회생사건에서 채무자 주소지 회생법원(채무자 회생 및 파산에 관한 법률 제3조) 등이 전속관할에 해당한다.

관할에 관한 사항은 법원의 직권조사사항이다(제32조). 임의관할위반을 항변사항으로 보는 견해가 있으나 직권조사사항으로 이해함이 타당하다. 다만, 임의관할의 경우 변론관할이 성립할 수 있으므로 피고의 관할위반의 항변을 기다려 판단해야 할 것이다. 전속관할위반을 간과한 판결이라도 당연무효는 아니다. 따라서 그 효력을 부인하기 위해서는 상소에 의하여 다투어야 한다. 상소심에서 전속관할위반임이 밝혀진 경우에는 원심을 취소 또는 파기하고 관할법원으로 이송해야 한다(제419조 및 제436조 제1항). 그러나 판결이 확정된 후에는 재심사유가 되지 않으므로 재심으로 다툴 수 없으며, 결국 그 하자가 치유된다. 당사자는 항소심에서 제1심 법원의 임의관할위반을 주장하지 못한다(제411조). 그리하여 임의관할위반의 경우에는 제1심에서 당사자가 이의를 제기하였음에도 법원이 소송절차를 계속 진행하여 판결을 선고하였다면 그 하자가 치유된다. 제1심 판결이 선고된 이후에는 임의관할위반을 이유로 상소할 수 없고, 상소심에서 임의관할위반을 주장할 수도 없다.

## Ⅵ. 소송의 이송

### 1. 의의

소송의 이송이란 어느 법원에 계속된 소송을 그 법원의 결정에 의하여 다른 법원으로 옮기는 것을 말한다. 이송은 소송사건을 다른 법원으로 옮김으로써 법원이 변경된다는 점에서 같은 법원 내에서 단독판사 상호 간 또는 합의부 상호 간에 사건을 보내는 이부(移部)와 구별된다. 또한 이송은 재판에 의한다는 점에서 사실행위로서 소송기록을 다른 법원에 보내는 소송기록의 송부와도 구별된다.

관할위반이 있는 경우에 소가 부적법하다고 각하하는 것보다는 관할권 있는 법원으로 이송하는 것이 다시 소를 제기함으로 인한 시간·노력·비용을 절감할 수 있고, 당초 소 제기로 인한 시효중단이나 기간준수의 효과를 그대로 유지할 수 있다는 이점이 있다(제40조 제1항). 또한 관할위반이 아닌 경우에도 보다 편리한 법원에서 심판을 받도록 하는 것이 당사자 사이의 형평과 소송경제를 도모할 수 있는 이점이 있다. 그러나 독촉절차에서는 관할위반이 있으면 관할법원으로 이송하는 것이 아니라 지급명령신청을 각하해야 한다(제465조 제1항).

### 2. 이송의 원인

소송이송의 원인에는 관할위반에 의한 이송, 심판의 편의에 의한 이송, 반소제기에 의한 이송이 있다.

### (1) 관할위반에 의한 이송

관할위반에 의한 이송은 사건을 관할권 없는 법원에서 있는 법원으로 이송하는 것을 말한다. 법원은 소송의 전부 또는 일부에 대하여 관할권이 없다고 인정하는 경우에는 결정으로 이를 관할법원에 이송한다(제34조 제1항). 관할의 존부는 소를 제기한 때를 기준으로 판단한다(제33조). 여기서 소송을 제기한 때란 소장을 법원에 제출한 때를 말한다. 따라서 소송 제기 후에 피고의 주소가 변경되거나 소가가 변동되더라도 관할위반으로 되지 않는다.[1] 관할위반에는 전속관할위반은 물론이고, 임의관할위반도 포함된다. 다만, 임의관할위반의 경우에는 변론관할이 생길 수 있으므로 당사자의 관할위반의 항변을 기다려 이송한다.

#### 1) 직권이송

관할위반에 의한 이송은 법원이 직권으로 해야 한다(제34조 제1항). 관할위반에 의한 이송의 경우에는 다른 원인에 의한 이송에서와는 달리 당사자의 이송신청권이 인정되지 않는다. 민사소송법에서 심판편의 등 다른 원인에 의한 이송의 경우에는 "직권 또는 당사자의 신청에 따른 결정으로 이송할 수 있다."라고 규정하고 있으나(제34조 제2항, 제35조, 제36조, 제269조 제2항), 관할위반에 의한 이송의 경우에는 "법원은 결정으로 이송한다."라고만 규정하고 있기 때문이다(제34조 제1항). 이처럼 관할위반에 의한 이송은 법원의 직권에 의해야 하고, 당사자의 이송신청은 법원의 직권발동을 촉구하는 의미를 갖는 데 불과하다. 따라서 법원은 당사자의 이송신청에 대하여 재판을 할 필요가 없고, 설사 법원이 이송신청을 기각하는 재판을 하더라도 항고 등으로 불복할 수 없다.[2] 그러나 관할위반에 따른 이송결정에 대해서는 즉시항고를 할 수 있다(제39조).

#### 2) 심급관할위반의 소제기

제1심 소송을 제기할 법원을 그르쳐 상급심법원에 소를 제기한 경우에는 관할

---

1) 대법원 1970. 1. 8. 자 69마1097 결정; 1979. 11.1 3. 선고 79다1404 판결; 1992. 5. 12. 선고 92다2066 판결.

2) 대법원 1993. 12. 6. 자 93마524 전원합의체 결정.

권 있는 하급심법원으로 이송해야 한다는 것이 통설이다.[1] 판례는 재심의 소를 항소법원에 제기해야 함에도 제1심법원에 잘못 제기한 경우 제1심법원은 항소법원으로 소송을 이송해야 한다고 한다.[2]

### 3) 심급관할위반의 상소

상소법원을 그르친 경우, 예를 들어 원심법원에 제출해야 할 상소장을 상소법원에 제출한 경우 또는 상소장은 원심법원에 제출했는데, 상소법원을 잘못 표시하여 원심법원이 소송기록을 잘못된 상소법원에 송부한 경우에 관할권 없는 법원에는 상소를 제기하더라도 이심의 효력이 생기지 않으므로 소송의 이송을 인정하기 어렵다는 반대 견해가 있으나, 이송을 부정할 경우 상소기간을 도과할 위험이 있으므로 관할위반으로 인한 이송을 규정한 제34조를 유추적용하여 이송을 긍정함이 타당하다.[3]

그러나 판례는 상소법원을 그르친 경우 소송기록 송부의 방법에 의해야 하고,[4] 따라서 상소기간 준수 여부는 상소장이 송부되어 적법한 관할법원에 접수된 때를 기준으로 판단해야 한다고 한다.[5] 다만, 통상항고해야 할 것을 대법원에 특별항고한 경우나 즉시항고해야 할 것을 대법원에 재항고한 경우에는 관할권 있는 법원으로 이송할 것이라고 한다.[6]

**사례 관할위반에 의한 이송**

대전지방법원에서 패소판결을 받은 A는 판결정본을 2024. 6. 1. 송달받은 후 같은 달 15. 대전고등법원에 항소장을 제출하였다. 이에 대전고등법원은 같은 달 16. 항소장을 대

1) 강현중, 108면; 이시윤, 124면; 정동윤·유병현, 144면.
2) 대법원 1995. 6. 19. 자 94마2513 결정; 1984. 2. 28. 선고 83다카1981 전원합의체 판결.
3) 강현중, 108면; 이시윤, 124면; 정동윤·유병현, 144면 및 145면.
4) 특별항고만이 허용되는 재판의 불복에 대해서는 당사자가 특히 특별항고라는 표시와 항고법원을 대법원으로 표시하지 않았더라도 그 항고장을 접수한 법원으로서는 이를 특별항고로 보아 소송기록을 대법원에 송부해야 한다(대법원 2016. 6. 21. 자 2016마5082 결정; 2014. 1. 3. 자 2013마2042 결정; 2011. 2. 21. 자 2010마1689 결정 등).
5) 대법원 2010. 12. 9. 선고 2007다42907 판결.
6) 대법원 1997. 3. 3. 자 97으1 결정; 1995. 1. 20. 자 94마1961 전원합의체 결정.

전지방법원에 송부하여 그 날짜로 대전지방법원에 접수되었다. A의 항소 제기는 적법한지 설명하시오.

항소는 판결정본이 송달된 날부터 2주 이내에 원심법원에 항소장을 제출함으로써 한다(제396조 및 제397조). A는 항소장을 대전지방법원에 제출해야 함에도 대전고등법원에 잘못 제출하였다. 상소법원을 그르친 경우 판례는 소송기록송부의 방법에 의할 것이라고 한다. 따라서 판례에 의하면 대전고등법원에 처음 항소장을 제출한 2024. 6. 15.이 아니라 항소장이 송부되어 대전지방법원에 접수된 같은 달 16. 항소를 제기한 것이 된다. 따라서 A의 항소는 항소기간이 도과하여 부적법하다.

그런데 통설은 소송기록송부에 의하면 상소기간을 도과할 위험이 있으므로 관할위반으로 인한 이송을 규정한 제34조를 유추적용하여 이송을 긍정함이 타당하다고 한다. 따라서 대전고등법원에서 소송기록송부를 할 것이 아니라 이송결정을 하여야 하고, 이송에 의하면 처음부터 이송받은 법원에 소송이 계속된 것으로 의제(제40조 제1항)되므로 대전고등법원에 처음 항소장이 제출된 2024. 6. 15. 항소를 제기한 것이 된다. 따라서 A의 항소는 항소기간을 준수한 것이 된다.

#### 4) 민사소송사건으로 혼동한 경우

행정법원 또는 가정법원에 제기해야 할 소송을 민사법원에 잘못 제기한 경우에 제소기간의 도과 등 소송요건이 흠결되었음이 명백한 경우가 아닌 한 이를 부적법 각하할 것이 아니라 관할법원으로 이송함이 타당하다.[1] 비송사건절차법에 의해야

1) 행정소송법 제7조에서는 민사소송법 제34조 제1항의 규정은 원고의 고의 또는 중대한 과실 없이 행정소송이 심급을 달리하는 법원에 잘못 제기된 경우에도 적용된다고 규정하고 있고, 관할위반의 소를 부적법하다고 각하하는 것보다 관할법원으로 이송하는 것이 당사자의 권리구제나 소송경제의 측면에서 바람직하므로 원고가 고의 또는 중대한 과실 없이 행정소송으로 제기하여야 할 사건을 민사소송으로 잘못 제기한 경우 수소법원은 그 행정소송에 대한 관할도 동시에 갖고 있다면 행정소송으로 심판하여야 하고 그렇지 않다면 행정소송으로서의 전심절차 및 제소기간이 도과하는 등 행정소송으로서의 소송요건을 결하고 있음이 명백하여 부적법하게 되는 경우가 아닌 이상 이를 부적법 각하할 것이 아니라 관할법원으로 이송하여야 한다(대법원 2017. 11. 9. 선고 2015다215526 판결 등); 가정법원의 전속관할에 속하는 사건을 민사법원에 제기하였다면 이는 전속관할위반이지만 가사소송법 제12조에서 가사소송절차에 관하여 이 법에 특별한 규정이 있는 경우를 제외하고 민사소송법에 따른다고 규정되어 있으므로 민사법원은 위 소를 각하할 것이 아니라 민사소송법 제34조 제1항에 의하여 가정법원으로 이송하여야 한다(대법원 1980. 11. 25. 자 80마445 결정).

할 것을 민사소송으로 제기한 경우에 판례는 부적법 각하할 것이라고 하나,[1] 민사소송사건과 비송사건의 구별이 명확하지 않다는 점에서 이송을 긍정하는 것이 통설이다. 그러나 행정기관에 제기해야 할 것을 법원에 잘못 제기한 경우, 예를 들어 특허심판원에 심판청구해야 할 것을 법원에 소송으로 제기한 경우에는 법원 사이의 이송을 전제로 한 민사소송법의 이송규정이 유추적용될 수 없으므로 부적법 각하해야 할 것이다.[2]

### (2) 심판의 편의에 의한 이송

심판의 편의에 의한 이송은 법원이 사건에 대한 관할권이 있음에도 심판의 편의를 위하여 사건을 다른 법원으로 이송하는 것을 말한다.[3] 여기에는 ① 현저한 손해 또는 지연을 피하기 위한 이송, ② 지방법원 단독판사로부터 같은 지방법원 합의부로의 이송, ③ 지식재산권 등에 관한 소송의 이송이 있다. 전속관할인 경우에는 법률에 특별한 규정이 없는 한 심판의 편의에 의한 이송이 허용되지 않는다.

#### 1) 현저한 손해 또는 지연을 피하기 위한 이송

법원은 관할권이 있더라도 현저한 손해 또는 지연을 피하기 위하여 필요한 경우 직권으로 또는 당사자의 신청에 따른 결정으로 소송의 전부 또는 일부를 다른 관할법원에 이송할 수 있다(제35조). 여러 개의 법정관할법원 가운데 하나의 관할법원을 선택하여 소송을 제기하였으나, 다른 관할법원에서 재판을 받는 것이 현저한 손해 또는 지연을 피하기 위하여 필요한 경우에 인정되는 이송이다. 여기서 현저한 손해란 당사자에게 소송수행상의 부담이 생겨 비용이나 노력이 과다하게 소요되는 경우를 말하고, 지연이란 법원이 증거조사 등 사건의 심리에 시간이나 노력이 과다하게 소요되어 소송촉진이 저해되는 경우를 말한다. 현저한 손해 또는 지연을 피하기 위한 이송은 직권 또는 당사자의 신청에 의하고, 그 이송 여부의 결정은 수소법원의 재량에 속한다.[4] 이송신청을 하는 때에는 신청의 이유를 밝혀야

---

1) 대법원 1956. 1. 12. 선고 4288민상126 판결.
2) 대법원 1994. 10. 21. 선고 94재후57 판결.
3) 대법원 1974. 7. 23. 자 74마71 결정.

하고, 그 신청은 서면으로 해야 하나 기일에 출석해서 하는 경우에는 말로 할 수 있다(민사소송규칙 제10조). 이송결정과 이송신청을 기각하는 결정에 대해서는 즉시 항고를 할 수 있다(제39조).

### 2) 지방법원 단독판사로부터 같은 지방법원 합의부로 이송

지방법원 단독판사는 관할권이 있더라도 상당하다고 인정하는 경우에는 직권으로 또는 당사자의 신청에 따른 결정으로 소송의 전부 또는 일부를 같은 지방법원 합의부에 이송할 수 있다(제34조 제2항). 상당한지 여부는 사안의 복잡성 등 여러 가지 사정을 고려하여 단독판사가 재량으로 판단한다. 그러나 직분관할은 전속관할이므로 지방법원 단독판사의 직분관할에 위반하여 지방법원 합의부로 이송할 수 없다. 또한 같은 지방법원의 합의부로 이송해야 하고 다른 지방법원의 합의부로 이송할 수 없다. 판례는 소액사건에 대해서도 제34조 제2항에 의하여 지방법원 합의부로 이송할 수 있다고 한다.[1]

### 3) 지식재산권 등에 관한 소송의 이송

법원은 특허권 등을 제외한 지식재산권과 국제거래에 관한 소송이 제기된 경우 직권으로 또는 당사자의 신청에 따른 결정으로 그 소송의 전부 또는 일부를 관할 고등법원 소재지의 지방법원에 이송할 수 있다(제36조 제1항). 예를 들어, 전주에 주소를 둔 원고가 창원에 주소를 둔 피고를 상대로 저작권 침해로 인한 손해배상 청구소송을 보통재판적이 인정되는 창원지방법원 또는 의무이행지의 특별재판적이 인정되는 전주지방법원에 제기한 경우 관할 고등법원 소재지 지방법원인 부산지방법원 또는 광주지방법원으로 소송을 이송할 수 있다.

한편 특허권 등에 관한 소송은 보통재판적 또는 특별재판적이 인정되는 관할법원 소재지를 관할하는 고등법원이 있는 곳의 지방법원 또는 서울중앙지방법원의 전속관할이지만(제24조 제2항 및 제3항), 현저한 손해 또는 지연을 피하기 위하여 필요한 때에는 직권으로 또는 당사자의 신청에 따른 결정으로 소송의 전부 또는 일부를 보통재판적 또는 특별재판적이 인정되는 지방법원으로 이송할 수 있다(제36

---

**4)** 대법원 1964. 3. 28. 자 63마32 결정.

**1)** 대법원 1974. 7. 23. 자 74마71 결정.

조 제3항). 예를 들어, 전주에 주소를 둔 원고가 창원에 주소를 둔 피고를 상대로 특허권 침해로 인한 손해배상청구소송을 전속관할법원인 부산지방법원이나 광주지방법원 또는 서울중앙지방법원에 제기한 경우 보통재판적이 인정되는 창원지방법원 또는 의무이행지의 특별재판적이 인정되는 전주지방법원으로 소송을 이송할 수 있다. 이는 전속관할에 해당함에도 심판의 편의에 의한 이송이 허용되는 예외적인 경우이다.

### (3) 반소제기에 의한 이송

본소가 단독사건인 경우에 피고가 지방법원 합의부의 사물관할에 속하는 반소청구를 한 때에는 법원은 직권으로 또는 당사자의 신청에 의하여 본소와 반소를 일괄하여 합의부로 이송해야 한다(제269조 제2항 본문). 그러나 반소피고(본소원고)가 이의 없이 반소의 본안에 관하여 변론을 함으로써 변론관할이 생긴 때에는 이송할 필요가 없다(동항 단서).

## 3. 이송의 효과

### (1) 구속력

이송결정이 확정되면 이송을 받은 법원은 이에 구속된다(제38조 제1항). 따라서 이송을 받은 법원은 사건을 다른 법원으로 이송하지 못한다(동조 제2항). 비록 잘못된 이송이더라도 이송받은 법원은 사건을 이송한 법원으로 반송하거나 다른 법원으로 전송할 수 없다. 그러나 이송결정 후에 발생한 새로운 사유에 의하여 다른 법원으로 이송할 수 있다. 예를 들어, 이송결정 후에 원고의 청구변경이나 피고의 반소제기로 인하여 사물관할이 변경되거나 현저한 손해나 지연을 피하기 위한 새로운 필요가 생긴 경우에는 다른 법원으로 이송할 수 있다.

전속관할을 위반하여 이송한 경우에도 이송결정의 구속력이 인정된다. 이송의 반복에 의한 소송지연을 피해야 할 공익적 요청은 전속관할을 위반하여 이송한 경우에도 마찬가지로 요구되기 때문이다. 따라서 심급관할을 위반한 이송결정에 대해서도 구속력이 인정된다. 다만, 심급관할을 위반한 이송결정의 구속력은 이송받은 상급심법원에는 미치지 않는다. 그렇지 않으면 당사자의 심급의 이익이 박탈되어 부당할 뿐만 아니라 이송을 받은 법원이 대법원인 경우에는 사실에 관한 주장 및 입증을 할 수 없어서 사실확정이 불가능하기 때문이다.[1]

### (2) 소송계속의 이전

이송결정이 확정되었을 때 소송은 처음부터 이송받은 법원에 계속된 것으로 본다(제40조 제1항). 따라서 처음 소 제기에 의한 시효중단이나 기간준수의 효력은 그대로 유지된다. 또한 이송 전에 행한 소송행위는 이송 후에도 그 효력을 유지한다. 다만, 후술하는 변론의 갱신절차(제204조 제2항)를 밟아야 한다.

### (3) 소송기록의 송부와 긴급처분

이송결정이 확정된 때에는 이송결정을 한 법원의 법원사무관 등은 그 결정의 정본을 소송기록에 붙여 이송을 받을 법원에 보내야 한다(제40조 제2항). 이송결정이 확정된 뒤라도 소송기록을 송부할 때까지 사이에 급박한 사정이 있는 경우에는 이송결정을 한 법원은 직권으로 또는 당사자의 신청에 의하여 가압류, 가처분, 증거보전 등 필요한 처분을 할 수 있다(제37조).

---

1) 대법원 1995. 5. 15. 자 94마1059,1060 결정.

# 제 2 장 당사자

## 제 1 절 당사자 일반

### Ⅰ. 당사자의 의의

민사소송에서 당사자란 자기의 이름으로 법원에 재판을 요구하거나 재판을 요구받은 사람을 말한다. 즉, 자기의 이름으로 판결이나 결정을 요구하는 사람과 그와 대립하는 상대방을 말한다.[1] 당사자는 소송의 주체이기는 하지만, 반드시 자신이 현실적으로 소송행위를 해야 하는 것은 아니고 법정대리인이나 소송대리인을 통하여 소송을 수행할 수도 있다.

소송상 당사자는 실체법상 권리의무와 무관하게 소송을 제기하였거나 당하였다는 사실에 의하여 인정되는 소송법상 개념이다. 예를 들어, 제3자의 소송담당에서와 같이 제3자가 다른 사람의 실체법상 권리의무에 대하여 소송수행권을 갖고 당사자로서 소송을 수행할 수도 있다. 이처럼 소송상 당사자 개념은 실체법과는 무관한 형식적 개념이다. 당사자에게 실체법상 권리의무가 있는지 여부는 재판을 통하여 비로소 밝혀질 사항이므로 실체법상 권리의무가 있는 사람에 한하여 당사자자격을 부여한다면 헌법이 보장하는 국민의 재판청구권을 침해할 우려가 있다.

---

1) 당사자를 판결절차에서는 원고와 피고라 부르고, 독촉절차, 강제집행절차, 가압류·가처분절차에서는 채권자와 채무자 또는 신청인과 피신청인이라고 부르며, 제소전화해절차, 증거보전절차, 소송비용액확정절차에서는 신청인과 상대방이라고 부른다.

## Ⅱ. 당사자의 확정

### 1. 의의

당사자의 확정이란 특정한 소송에서 누가 당사자인지를 정하는 것을 말한다.[1] 당사자의 확정은 당사자의 특정과 구별되어야 한다. 당사자의 특정은 당사자를 다른 당사자와 구별할 수 있도록 식별하는 것을 말하지만,[2] 당사자의 확정은 그와 같이 특정된 사람을 소송에서 당사자로 취급하는 것이 마땅한가 하는 법원의 판단 작업이다.[3]

일반적으로 당사자의 확정은 별문제가 되지 않는다. 자기의 이름으로 소송을 제기한 사람이 원고이고, 소송을 제기당한 사람이 피고가 된다. 다만, 예외적으로 성명모용소송이나 사망한 사람을 상대방으로 한 소송 등에서 당사자 확정이 문제 된다. 다른 사람의 성명을 모용하여 소송을 하였거나 이미 사망한 사람을 상대방으로 소송을 제기한 경우에는 누가 당사자인지 명확히 할 필요가 있기 때문이다.

### 2. 당사자확정의 기준

#### (1) 학설

당사자확정의 기준에 관한 학설을 크게 구분하면 소송의 목적인 권리관계의 주체인 사람을 당사자로 보는 실체법설과 소송현상을 기준으로 당사자를 확정하는 소송법설이 있다. 그러나 실체법설은 당사자의 형식적 개념에 반하므로 받아들이기 어렵다. 소송법설은 다시 ① 상대방 당사자 또는 법원이 당사자로 삼으려는 사

1) 대법원 1987. 4. 14. 선고 84다카1969 판결.
2) 당사자는 소장의 필요적 기재사항으로서 누가 원고이고 피고인지 그 동일성을 특정할 수 있을 정도로 기재해야 한다. 당사자의 불특정은 보정명령의 대상이 되고, 보정하지 않으면 명령으로 소장을 각하한다(제249조 제1항, 제254조).
3) 강현중, 116면.

람이 당사자라는 의사설, ② 소송상 당사자로 취급되거나 당사자로 행위한 사람이 당사자라는 행위설, ③ 소장에 나타난 당사자의 표시를 기준으로 당사자를 정해야 한다는 표시설로 나누어진다.

### (2) 판례

판례는 원칙적으로 표시설의 입장이다. 다만, 소장 당사자란의 표시만을 기준으로 할 것이 아니라 청구의 취지 및 원인 그 밖의 표시 사항 등 소장 전체를 기준으로 판단해야 한다고 한다. 이를 실질적 표시설 또는 수정된 표시설이라고도 한다. 그리하여 원칙적으로는 소장의 당사자표시를 기준으로 당사자를 확정해야 하지만, 예외적으로 청구의 취지 및 원인 등 그 밖의 소장 전체의 기재 내용에 비추어 소장의 당사자표시가 잘못되었음이 분명한 경우에는 소장 전체의 기재 내용에 따라 당사자를 확정할 것이라고 한다.[1)]

그러나 판례는 이미 사망한 사람인데 원고가 이를 모르고 피고로 표시하여 제소한 경우에는 원고가 그러한 사망 사실을 알았다면 사망자의 상속인을 상대로 소송을 제기하였을 것이므로 원고의 진정한 의사에 따라 피고는 사망자의 상속인이라고 하여 의사설의 입장을 취하고 있다. 이 경우 판례는 사망자의 상속인으로 당사자표시정정을 허용하고 있다.[2)] 사망자가 피고인 경우에 그 상속인으로 당사자표시정정을 하는 것이 일반적이지만, 원고도 표시정정의 대상이 될 수 있다. 판례도 사망한 사람의 상속인이 착오로 피상속인의 이름으로 소송을 제기한 경우에 실제 소를 제기한 원고는 상속인이고, 다만 그 표시를 그르친 것에 불과하므로 이를 바로잡기 위한 원고표시정정이 허용된다고 한다.[3)]

---

1) 대법원 1965. 12. 21. 선고 65누104 판결.
2) 대법원 1969. 12. 9. 선고 69다1230 판결; 2006. 7. 4. 자 2005마425 결정.
3) 대법원 2016. 12. 27. 선고 2016두50440 판결.

### (3) 당사자표시정정

#### 1) 당사자경정과 구별

당사자표시정정이란 당사자의 동일성이 인정되는 범위에서 그 표시만을 고치는 것을 말하고, 당사자경정은 어떤 당사자를 동일성이 없는 다른 당사자로 고치는 것을 말한다. 이처럼 당사자변경과 당사자표시정정은 당사자 사이의 동일성이 유지되는지 여부에 따라 구별된다. 당사자표시정정은 일반적으로 허용되지만, 당사자경정은 법률이 인정한 경우에만 예외적으로 허용된다(제68조, 제260조).[1)]

**참조 피고 경정과 피고표시정정**

민사소송법이 허용한 당사자변경의 하나인 피고의 경정(제260조 제1항)과 피고표시정정을 비교하면 다음과 같은 차이가 있다.

① 피고의 경정은 제1심 변론종결시까지 가능하지만, 피고표시정정은 항소심에서도 가능하다.

② 피고경정의 신청에 대해서는 결정으로 그 허가 여부를 판단해야 하지만, 피고표시정정은 이를 허용하는 경우 별도의 명시적인 결정을 할 필요 없이 이후의 소송절차에서 정정 신청된 대로 피고의 표시를 해 주면 충분하고 불허하는 경우에만 즉시 불허의 결정을 해야 한다.

③ 피고의 경정은 종전 피고에 대한 소취하와 새로운 피고에 대한 소송 제기의 성질을 갖고 있으므로 경정신청서를 제출한 때에 시효중단과 기간준수의 효력이 발생하지만, 피고표시정정은 당초 소를 제기한 때에 시효중단과 기간준수의 효력이 발생한다.[2)] 피고표시정정을 피고경정의 방법으로 하였더라도 피고표시정정으로서의 법적 성질과 효력을 잃는 것은 아니므로 시효중단과 기간준수의 효력은 당초 소를 제기한 때에 발생한다.

---

1) 대법원 1999. 4. 27. 선고 99다3150 판결.
2) 대법원 2011. 3. 10. 선고 2010다99040 판결.

### 2) 당사자표시정정의 허용범위

당사자표시정정은 당사자의 동일성이 인정되는 범위 내에서 허용된다. 판례는 회사나 시민단체 또는 종중 등 단체의 대표자로서 소송을 제기한 사람이 그 단체의 명의로 당사자표시정정을 하는 것은 자연인인 대표자 개인과 그 단체 사이에는 동일성이 인정될 수 없다는 점에서 부적법하다고 하고,[1] 또한 종중의 경우 종중의 공동선조를 변경하거나 종중원의 자격을 특정 지역의 거주자로 제한하여 종중 유사의 단체로 변경하는 것은 당사자의 변경에 해당하여 허용되지 않지만,[2] 종중의 명칭을 변경하더라도 변경 전의 종중과 공동선조가 동일하고 실질적으로 동일한 단체를 가리키는 경우에는 당사자표시정정에 불과하므로 허용된다고 한다.[3]

그러나 판례는 당사자표시정정의 허용범위를 비교적 넓게 인정하고 있다. 그리하여 당사자능력 없는 사람을 당사자로 잘못 표시한 경우, 예를 들어 점포주인 대신 점포 자체, 본사 대신 지점, 학교법인 대신 학교, 대한민국 대신 관계 행정청을 당사자로 표시한 경우에는 당사자능력이 있는 사람, 즉 점포주인, 본사, 학교법인, 대한민국으로 표시정정하는 것을 허용하고 있다.[4] 나아가 판례는 당사자표시에 있어서 착오가 있음이 소장의 전체 취지에 의하여 인정되는 경우에는 당사자표시정정을 위한 석명이 필요하고, 당사자표시정정을 위한 조치를 하지 않고 소송을 각하하는 것은 심리미진의 위법한 판결이라고 한다.[5]

### 3) 항소심에서의 당사자표시정정

당사자표시정정은 당사자를 변경하는 것이 아니어서 당사자의 심급의 이익을

---

1) 대법원 2008. 6. 12. 선고 2008다11276 판결; 2003. 3. 11. 선고 2002두8459 판결; 1996. 3. 22. 선고 94다61243 판결.

2) 대법원 1995. 11. 7. 선고 94다5649 판결; 2002. 8. 23. 선고 2001다58870 판결.

3) 대법원 1999. 4. 13. 선고 98다50722 판결.

4) 대법원 1999. 11. 26. 선고 98다19950 판결; 영남실업고등기술학교는 재단법인이나 비법인재단에 이르지 못하고 피고가 개인적으로 설립·경영하는 학교시설에 불과하므로 원고가 (당사자능력이 없는) 영남실업고등기술학교를 피고로 표시하였다가 (당사자능력이 있는 설립·경영자인) 개인 명의로 피고의 표시를 변경하는 것은 당사자변경이 아니라 당사자표시정정에 해당하여 허용된다(대법원 1978. 8. 22. 선고 78다1205 판결).

5) 대법원 2001. 11. 13. 선고 99두2017 판결.

해할 우려가 없으므로 항소심에서도 가능하고, 상대방의 동의를 요하지도 않는다.[1] 다만, 사망자를 피고로 한 소송의 제1심에서 상속인으로 당사자표시정정을 하면서 일부 상속인을 누락시켰고, 그 누락된 상속인이 피고로 되지 않은 채 제1심 판결이 선고된 경우에는 누락된 상속인에 대한 소송이 아직 제1심에 계속 중이라고 할 것이므로 항소심에서 그 누락된 상속인을 피고로 표시정정하여 추가할 수 없으며,[2] 누락된 상속인에 대해서는 제1심에서 당사자표시정정을 하여 추가해야 한다.[3]

## 3. 성명모용소송

### (1) 학설

성명모용소송이란 A가 무단히 B명의로 소송을 제기하여 수행하거나(원고 모용), B에 대한 소송에서 A가 무단히 B명의를 참칭하여 소송을 수행하는 경우를 말한다(피고 모용). 성명모용소송에서 누가 당사자인지는 당사자확정의 기준에 관한 학설에 따라 차이가 있다. 의사설에 의하면 원고 모용의 경우에는 법원의 의사를 기준으로 모용자 A가 원고가 되고 그에게 판결의 효력이 미치지만, 피고 모용의 경우에는 원고의 의사에 따라 피모용자 B가 당사자로 되므로 판결의 효력이 피모용자 B에게 미치게 된다. 행위설에 의하면 성명모용소송에서 소송행위를 한 사람은 모용자 A이므로 판결의 효력이 모용자 A에게 미치고, 피모용자 B에게는 미치지 않는다. 표시설에 의하면 소장에 당사자로 표시된 피모용자인 B가 당사자가 되고 그에게 판결의 효력이 미친다.

통설인 표시설에 의하면 피모용자가 당사자이고, 그에게 판결의 효력이 미치게 된다. 성명모용소송에서 피모용자는 소송의 제기 사실 자체를 알지 못하여 소송상

---

1) 대법원 1996. 10. 11. 선고 96다3852 판결; 1978. 8. 22. 선고 78다1205 판결.
2) 대법원 1974. 7. 16. 선고 73다1190 판결.
3) 당사자표시정정을 하여 추가한 당사자를 상대로 제1심에서 추가판결을 하고, 이에 항소하면 항소심에서 변론을 병합하게 될 것이다.

방어권의 행사나 상소기간 내 상소 제기를 기대하기 어렵다. 그럼에도 피모용자에게 판결의 효력이 그대로 미치도록 하는 것은 공평의 원칙상 부당하다고 하지 않을 수 없다. 성명모용된 당사자가 원고라면 모용자가 무권대리인으로서 소송을 제기한 것이 되므로 소송을 부적법 각하해야 한다. 피고가 성명모용되었다면 모용자를 소송절차에서 배제하고 피모용자에게 출석요구를 하여 소송절차를 진행해야 할 것이다. 법원이 성명모용사실을 간과하고 피모용자를 당사자로 판결을 한 경우에는 피모용자가 그 판결의 효력을 배제하려면 소송대리권의 흠결을 이유로 판결확정 전에는 상소(제424조 제1항 제4호), 확정 후에는 재심(제451조 제1항 제3호)을 제기하여 그 취소를 구해야 한다.

### (2) 판례

판례는 제3자가 피고를 참칭하여 소송을 수행한 경우에 피고의 지위는 원고의 소에 의하여 특정되는 것이므로 제3자가 피고를 참칭하더라도 피고가 모용자로 변경되는 것은 아니며 원고가 소에 의하여 특정한 피모용자가 피고라고 한다. 그리하여 법원은 모용자의 소송관여를 배척해야 할 것이나, 이를 간과하여 판결을 하였을 때에는 그 판결의 효력은 피모용자인 피고에게 미친다고 하면서, 이는 적법하게 대리되지 않은 다른 사람에 의하여 소송이 진행된 경우로서 소송관여의 기회를 얻지 못하였다고 할 것이므로 피고는 소송대리권의 흠결을 이유로 상소 또는 재심을 제기하여 취소를 구할 수 있다고 한다.[1)]

그런데 판례는 6.25사변 당시 월북한 부재자로부터 부동산을 매수하였다고 허위의 매매계약서를 작성한 원고가 매매계약에 기한 소유권이전등기청구소송을 제기하면서 자기와 사전에 공모한 사람의 주소를 피고의 주소로 허위기재한 다음 그 공모자로 하여금 소송서류를 받게 하여 결국 의제자백의 형식으로 승소한 사안에서 피고(피모용자)가 판결정본을 송달받지 못하여 항소기간이 진행되지 않아 판결이 확정되지 않았으므로 피고는 지금이라도 항소를 제기할 수 있고, 또한 판결이 확정되지 않아 기판력이 인정되지 않으므로 위 판결에 기하여 원고명의로 소유권

1) 대법원 1964. 11. 17. 선고 64다328 판결.

이전등기가 경료되었다면 위 판결을 그대로 둔 채 별소로 소유권이전등기의 말소를 구할 수도 있다고 하였다.[1] 그리하여 판례에 의하면 성명모용소송에서 피모용자는 재심 또는 준재심의 소를 제기하여 그 판결의 취소를 구해야 하지만, 피모용자에게 판결정본의 송달이 이루어지지 않은 경우에는 판결이 확정되지 않았으므로 상소를 제기하여 취소를 구할 수 있고 별소를 제기하여 그 원상회복을 구할 수도 있다.

## 4. 사망자를 당사자로 한 소송

당사자의 사망이 소송에 미치는 영향을 소송의 진행 단계별로 구분하여 살펴보면 다음과 같다. 여기서 당사자확정과 관련된 것은 소송계속 전에 사망한 사람을 당사자로 하여 소송을 제기한 경우이다. 당사자의 사망에는 자연인인 당사자가 사망한 경우는 물론이고 법인이 합병으로 소멸한 경우를 포함한다.

### (1) 소송계속 전에 사망한 경우

소장에 당사자로 표시된 사람이 소송 제기 전이나 소송 제기 이후 소장부본이 피고에게 송달되기 전에 이미 사망한 경우이다. 이 경우 표시설 또는 실질적 표시설에 의하면 사망한 사람이 당사자이고, 이미 사망한 사람을 당사자로 한 소송은 대립당사자구조를 요하는 민사소송의 기본원칙에 반하는 것으로서 실질

1) 대법원 1978. 5. 9. 선고 75다634 전원합의체 판결; 1981. 8. 25. 선고 80다2831 판결. 그러나 이와는 달리 피고의 주소를 허위로 기재하여 공시송달의 방법으로 소송이 진행되고 판결정본도 공시송달된 경우에는 송달 자체는 유효하므로 상소기간이 도과하면 판결이 확정되고 피고는 재심 또는 추완항소를 제기하여 그 취소를 구해야 한다(대법원 1980. 7. 8. 선고 79다1528 판결). 이 경우 제451조 제1항 제11호 소정의 '당사자가 상대방의 주소 또는 거소를 알고 있었음에도 불구하고 허위의 주소나 거소로 하여 소를 제기한 때'가 재심사유가 된다. 이 재심사유는 공시송달의 방법에 의하여 상대방에게 판결정본이 송달된 경우에 적용되고, 공시송달의 방법에 의하여 송달된 것이 아닌 경우에는 적용되지 않는다(대법원 1978. 5. 9. 선고 75다634 전원합의체 판결). 위의 공시송달에 의한 판결편취의 경우는 피고의 주소를 허위로 기재하였을 뿐이고 모용행위는 없었다는 점에서 성명모용소송에 해당하지는 않는다.

적 소송관계가 이루어질 수 없어 부적법하다. 따라서 소송계속 전에 사망한 사람을 당사자로 한 소송은 부적법 각하해야 하고, 상속인에 의한 소송수계도 허용되지 않는다.[1] 법원이 당사자의 사망 사실을 간과하고 본안판결을 한 경우 그 판결은 당연무효이다.[2] 따라서 기판력 등 판결의 효력이 발생하지 않으며, 상소하여 다툴 이유가 없고,[3] 재심의 대상이 되지도 않는다.[4] 다만, 판례는 사망한 당사자에게 소송대리인이 선임되어 있는 경우, 예를 들어 당사자가 소송대리인에게 소송위임을 한 후 소송 제기 전에 사망한 경우에는 당사자가 사망하더라도 소송대리인의 소송대리권은 소멸하지 않으므로 그 소송의 제기는 적법하고, 사망한 사람의 상속인은 소송수계를 할 수 있다고 한다.[5]

그러나 판례는 이미 사망한 사람임에도 원고가 이를 모르고 또는 착오로 사망한 사람을 당사자로 표시하여 소송을 제기한 경우에는 표시설에 의하지 않고 의사설의 입장에서 사망한 사람의 상속인을 당사자로 보고 있으며, 그리하여 상속인을 당사자로 하는 당사자표시정정을 허용하고 있다.[6] 이처럼 사망한 사람의 상속인으로 당사자표시정정이 이루어지면 적법한 소송이 된다. 그러나 상속인으로 당사자표시정정을 하지 않은 채 소송절차를 진행하는 경우에는 당사자의 실재나 당사자능력은 소송요건이므로 법원은 이를 직권으로 조사하여 부적법 각하해야 한다. 물론 법원은 그에 앞서 석명권의 행사를 통하여 당사자표시정정의 기회를 주어야 할 것이다. 만일 법원이 당사자의 사망을 간과하고 판결을 선고하였다면 그 판결은 당연무효이다.

### (2) 소송계속 후 변론종결 전의 사망

일단 적법하게 소송계속이 이루어진 후 당사자 일방이 사망한 경우에는 소송절

---

1) 대법원 2015. 1. 29. 선고 2014다34041 판결; 1971. 2. 9. 선고 69다1741 판결.
2) 대법원 1980. 5. 27. 선고 80다735 판결.
3) 대법원 2000. 10. 27. 선고 2000다33775 판결.
4) 대법원 1994. 12. 9. 선고 94다16564 판결.
5) 대법원 2016. 4. 29. 선고 2014다210449 판결.
6) 대법원 1969. 12. 9. 선고 69다1230 판결; 대법원 2016. 12. 27. 선고 2016두50440 판결; 1994. 12. 2. 선고 93누12206 판결.

차의 중단과 수계의 문제가 될 뿐이고 당사자확정의 문제는 아니다. 소송계속 전에 당사자가 사망한 경우에는 소송상 당사자의 지위가 상속인에게 승계될 여지가 없지만, 소송계속 중에 당사자가 사망한 경우에는 소송상 당사자 지위가 상속인에게 승계된다는 점에서 근본적인 차이가 있다. 상속은 포괄적 승계원인이므로 소송계속 중 사망한 당사자의 소송상 지위가 그대로 상속인에게 승계된다. 따라서 소송계속 중 당사자가 사망하면 소송절차는 중단되고, 상속인이나 상속재산관리인 등이 소송절차를 수계하게 된다(제233조 제1항).[1] 그러나 소송물인 권리의무가 상속의 대상이 되지 않는 때에는 소송절차는 종료된다.

소송계속 중 당사자의 사망으로 인한 소송절차의 중단을 간과하고 판결을 한 경우 그 판결은 소송에 관여할 수 있는 적법한 수계인의 권한을 배제한 결과가 되는 절차상 위법은 있으나 당연무효라고 할 수는 없으며, 그 판결은 대리인에 의하여 적법하게 대리되지 않았던 경우와 마찬가지로 보아 사망한 사람의 상속인은 대리권 흠결을 이유로 상소 또는 재심에 의하여 그 취소를 구할 수 있을 뿐이다. 이처럼 당사자의 사망으로 인한 소송절차의 중단을 간과한 판결은 유효하므로 판결이 선고된 후 그 상속인들이 수계신청을 하여 판결을 송달받아 상소할 수 있고 또는 사실상 송달받아 상소장을 제출하고 상소심에서 수계절차를 밟을 수도 있다.[2] 사망한 사람을 당사자로 표시한 판결에 기하여 강제집행을 하기 위해서는 승계집행문(민사집행법 제31조)을 부여받아야 한다.[3]

그러나 사망한 사람에게 소송대리인이 있는 경우에는 당사자의 사망에도 불구하고 소송절차가 중단되지 않으며 소송수계의 문제가 생기지 않는다(제238조, 제233조 제1항). 당사자 본인이 사망하더라도 소송대리권은 소멸하지 않으며(제95조 제1호), 사망한 당사자가 선임한 소송대리인의 소송상 지위는 그대로 상속인에게 포괄적으로 승계되므로 소송대리인은 새로이 수권을 받을 필요 없이 법률상 당연히 상속인의 소송대리인이 되고, 따라서 대리권 흠결의 문제가 생기지 않는다. 상속인으로 당사자표시정정을 하는 것이 일반적이지만 비록 상속인으로 당사자의 표

1) 대법원 2002. 10. 25. 선고 2000다21802 판결.
2) 대법원 2003. 11. 14. 선고 2003다34038 판결; 1995. 5. 23. 선고 94다28444 전원합의체 판결.
3) 대법원 1998. 5. 30. 자 98그7 결정.

시를 정정하지 않은 채 사망한 사람을 당사자로 하여 판결을 하더라도 이는 적법한 판결이므로 대리권의 흠결을 이유로 상소 또는 재심에 의하여 취소할 수는 없으며 그 판결의 효력은 상속인에게 미친다.[1] 이 경우 사망한 사람을 당사자로 표시한 판결에 기하여 강제집행을 하려면 당사자의 표시를 상속인으로 정정하는 판결의 경정(제211조)을 하면 된다.[2]

**사례** **당사자의 사망**

A는 B를 상대로 대여금 5천만원의 지급을 구하는 소송을 제기하였다. 그런데 B는 사망하였고, B에게는 상속인으로 아내 C와 미성년인 자녀 D가 있다. 위 소송의 제기 이전에 이미 B가 사망하였음에도 A가 이러한 사실을 모르고 소송을 제기한 경우 그 소송의 제기는 적법한지, 만일 부적법하다면 당사자들은 어떠한 조치를 취해야 하는지, B의 사망사실을 간과한 채 판결이 선고되었다면 그 판결의 효력은 어떻게 되는지 설명하시오. 또한 만일 A가 위 소송을 제기한 이후에 B가 사망하였다면 당사자들은 어떠한 조치를 취해야 하는지, 이러한 사실을 간과한 채 판결이 선고되었다면 그 판결의 효력은 어떻게 되는지도 설명하시오.

① 소송계속 전에 B가 사망한 경우

소장에 피고로 표시된 사람이 소송계속 전에 이미 사망한 경우 판례는 의사설의 입장에서 원고가 사망사실을 알았다면 사망자의 상속인을 상대로 소송을 제기하였을 것이므로 원고의 진정한 의사에 따라 이 경우 피고는 사망자의 상속인이라고 하고, 사망자의 상속인으로 당사자표시정정을 허용하고 있다. 그리하여 상속인인 C와 D로 피고표시정정을 하면 적법한 소송이 된다. 이때 피고표시정정과 함께 C와 D 각자의 상속지분에 따라 청구취지도 변경해야 한다. 그리하여 종전의 '피고는 원고에게 5천만원을 지급하라'는 청구취지를 '원고에게, 피고 C는 3천만원, 피고 D는 2천만원을 각 지급하라'는 내용으로 변경해야 할 것이다.

한편 피고 D는 미성년자이므로 법정대리인이 소송행위를 대리해야 한다. 위 대여금청구소송은 상속채무에 관한 소송이다. 이 소송에 공동피고로 함께 응소하는 행위가 C와 D 사이에 이해가 상반되는 행위라면, 가정법원에 피고 D를 위한 특별대리인의 선임을

1) 대법원 2011. 4. 28. 선고 2010다103048 판결.
2) 대법원 2002. 9. 24. 선고 2000다49374 판결.

신청해야 할 것이다(민법 제921조). 그러나 상속채무의 이행을 구하는 소송에서 상속채무의 부존재를 주장하며 응소하는 행위를 이해상반행위로 보기는 어렵다. 따라서 피고 C는 친권자로서 피고 D를 대리할 수 있다. 통상공동소송은 공동소송인별로 각자 별개의 소송이 병합된 것에 불과하므로 각 공동소송인은 자신의 소송관계에 있어서만 당사자이고, 따라서 공동소송인은 다른 공동소송인의 법정대리인이 될 수 있다. 만일 법원이 피고 B의 사망사실을 알지 못한 채 본안판결을 하였다면, 그 판결은 확정되어도 기판력이나 그 밖의 효력이 생기지 않는 당연무효의 판결이다. 따라서 상소하여 다툴 이익이 없으며, 재심의 대상이 되지도 않는다.

② 소송계속 후에 B가 사망한 경우

일단 적법하게 소송계속이 이루어진 후 당사자 일방이 사망한 경우에는 소송절차는 중단되고, 상속인이나 상속재산관리인 등이 소송절차를 수계하게 된다(제233조 제1항). 따라서 위의 사례에서 소송절차는 중단되고 상속인 C와 D가 소송절차를 수계하게 된다. 만일 법원이 피고 B의 사망으로 인한 소송절차의 중단을 간과하고 판결하더라도 그 판결이 당연무효인 것은 아니며, 상속인 C와 D는 대리권흠결에 준하여 상소 또는 재심에 의하여 그 취소를 구할 수 있을 뿐이다.

만일 B에게 소송대리인이 있는 경우에는 소송절차의 중단 및 수계의 문제가 생기지 않는다(제238조). 이 경우 소송대리인은 새로이 수권을 받을 필요 없이 법률상 당연히 상속인 C와 D의 소송대리인이 되고, 비록 C와 D로 당사자의 표시를 정정하지 않은 채 A를 당사자로 하여 판결을 한 경우에도 적법한 판결이므로 대리권의 흠결을 이유로 상소 또는 재심에 의하여 취소할 수는 없으며 그 판결의 효력은 C와 D에게 미친다.

### (3) 변론종결 후의 사망

판결의 효력은 당사자 사이에만 미치는 것이 원칙이지만, 변론종결후의 승계인, 즉 변론종결 후에 소송물인 권리관계에 관한 지위를 당사자로부터 승계한 제3자에게도 미친다(제218조 제1항). 여기의 승계에는 특정승계는 물론이고 상속 등 포괄승계도 포함된다. 따라서 변론종결 후에 당사자가 사망한 경우에 사망한 사람의 상속인은 변론종결후의 승계인으로서 판결의 효력을 받게 된다.[1)]

---

1) 대법원 1989. 9. 26. 선고 87므13 판결.

## 5. 법인격부인의 경우

법인격부인이란 특정한 법률관계에 한정하여 회사의 법인격을 부인하고 그 배후에 있는 실질적인 주체에게 책임을 물음으로써 구체적 타당성을 도모하고자 하는 법리를 말한다. 예를 들어, A회사가 실제로는 그 대표자 B의 개인기업에 불과한 경우 또는 채무면탈을 목적으로 A회사와 별개로 실질적으로 동일한 B회사를 설립한 경우에 법인격을 부인하여 A회사와 B를 동일한 것으로 취급함으로써 A회사의 채무에 대하여 B에게 그 책임을 묻도록 하는 것이다. 판례도 기존회사가 채무를 면탈할 목적으로 실질적으로 동일한 신설회사를 설립하였다면, 이는 채무면탈이라는 위법한 목적을 달성하기 위하여 회사제도를 남용한 것이므로 기존회사의 채권자에 대하여 두 회사가 별개의 법인격을 갖고 있음을 주장하는 것은 신의성실의 원칙상 허용될 수 없고, 따라서 기존회사의 채권자는 두 회사 어느 쪽에 대해서도 채무의 이행을 청구할 수 있다고 한다.[1)]

법인격이 부인되는 경우 해당 회사와 그 배후의 실질적인 주체 중 어느 하나 또는 그들 모두를 피고로 할 수 있다. 해당 회사와 그 배후의 주체를 모두 피고로 하는 경우에 그 공동소송의 형태는 통상공동소송이 된다. 문제는 소송계속 중에 회사의 법인격을 부인하여 피고를 해당 회사에서 그 배후의 주체로 변경할 수 있는지 여부이다. 이에 대하여 당사자 사이의 동일성을 인정할 수 없으므로 소송계속 중 배후의 주체로 변경하는 것은 임의적 당사자변경이 되어 허용될 수 없고, 다만 민사소송법에 규정된 피고의 경정(제260조 제1항)에 해당하는 경우에 한하여 당사자변경이 가능하다는 견해,[2)] 참가·인수승계 등 소송승계의 방법에 의해야 한다는 견해,[3)] 당사자 사이에 동일성을 인정할 수 있으므로 당사자표시정정이 가능하다는 견해[4)] 등이 주장되고 있다.

생각건대, 법인격이 부인되는 회사와 그 배후의 실질적인 주체는 형식적으로는 별개의 권리주체이지만, 법인격부인의 취지가 문제가 된 특정 법률관계에 한정하

---

1) 대법원 2004. 11. 12. 선고 2002다66892 판결; 2001. 1. 19. 선고 97다21604 판결.
2) 김홍엽, 121면.
3) 정동윤·유병현, 170면.
4) 이시윤, 142면.

여 예외적으로 법인격을 부인하여 일체성을 갖는 것으로 취급함으로써 구체적 타당성을 도모하고자 하는 것이므로 해당 회사와 그 배후의 주체를 실질적으로 동일한 당사자로 보아 당사자표시정정이 가능한 것으로 이해함이 옳다고 본다. 그러나 당사자표시정정에 의할 수 있다고 하더라도 실제로 당사자표시정정이 이루어지지 않으면 해당 회사에 대한 판결의 효력이 그 배후의 주체에게 미치지 못한다. 판례 역시 법인격이 부인되는 경우에도 절차의 명확성과 안정성을 중시하는 소송절차에 있어서 법인격이 부인되는 회사에 대한 판결의 기판력 및 집행력이 그 배후의 주체에게 당연히 확장되는 것은 아니라고 한다.[1]

## Ⅲ. 당사자능력

### 1. 의의

당사자능력은 소송당사자가 될 수 있는 일반적인 능력, 즉 자기의 이름으로 재판을 청구하거나 받을 수 있는 일반적인 능력을 말한다. 당사자능력은 소송사건의 성질이나 내용과 관계없이 일반적으로 판정되는 능력이라는 점에서 현재 계속 중인 특정 소송에서 누가 당사자인지를 정하는 당사자의 확정이나 특정한 소송물과의 관계에서 이에 관한 본안판결을 구할 수 있는 자격인 당사자적격과 구별된다.

실체법상 법률행위를 하려면 권리능력과 행위능력이 필요한 것처럼 소송상 당사자로서 소송행위를 하기 위해서는 당사자능력과 소송능력이 요구된다. 따라서 당사자능력은 민법상 권리능력에 대응한 개념이라고 할 수 있다. 그러나 당사자능력은 소송법상 개념이므로 민법상 권리능력과 그 인정 범위가 일치하지 않는다. 민사소송은 실체법상 권리의무에 관한 분쟁을 해결하는 절차이므로 민법상 권리능력자는 당연히 당사자능력을 갖지만, 나아가 민사소송법은 민법상 권리능력이 인정되지 않는 법인 아닌 사단 또는 재단에 대하여도 당사자능력을 인정하고 있다(제

1) 대법원 1995. 5. 12. 선고 93다44531 판결.

52조). 그리하여 당사자능력이 민법상 권리능력보다 더 넓게 인정되고 있다.

## 2. 당사자능력이 있는 사람

### (1) 자연인

자연인은 모두 권리능력이 있고 당사자능력이 있다. 사람은 생존하는 동안 권리의무의 주체가 되고(민법 제3조), 따라서 당사자능력도 갖는다. 사람으로 생존하는 동안이란 모체로부터 전부 노출된 때부터 심장박동이 영구히 정지한 때까지를 말한다.[1] 실종선고를 받은 사람은 실종기간이 만료한 때에 사망한 것으로 간주되고 당사자능력을 상실한다(민법 제28조).[2] 비록 실종기간이 만료된 사람이라고 하더라도 실종선고의 효력이 확정되기 전에는 당사자능력을 상실하지 않는다.[3] 소송계속 중에 당사자가 사망하면 당사자능력이 소멸하므로 당연승계에 의하여 상속인 등이 소송을 승계하게 된다(제233조 이하).

태아는 권리능력이 없으나, 민법은 예외적으로 불법행위로 인한 손해배상청구, 상속, 유증, 사인증여 등 일정한 경우에는 출생한 것으로 간주하고 있다(동법 제762조, 제1000조 제3항, 제1064조). 태아의 권리능력에 관한 학설로는 ① 태아인 상태에서도 출생한 것으로 간주되는 범위 내에서 제한적인 권리능력이 인정되고 태아가 사산(死産)된 때에는 그 권리능력이 소급적으로 소멸한다는 해제조건설(제한적인격설)과 ② 태아로 있는 동안에는 권리능력이 인정될 수 없고 살아서 출생한 때에 출생의 시기가 문제가 된 사건의 시기까지 소급한다는 정지조건설(인격소급설)이 주

---

1) 법률상 사람의 시기(始期)에 관하여 진통설, 일부노출설, 전부노출설, 독립호흡설이 주장되고 있고, 사람의 종기(終期)에 관하여는 호흡정지설, 맥박종지설, 뇌사설이 주장되고 있다. 민법에서는 사람의 시기는 전부노출설, 종기는 맥박종지설이 통설이다.

2) 실종기간이 경과한 때에 법원은 검사 또는 이해관계인의 신청을 받아 6개월 이상의 기간을 정하여 공시최고한 후에 신고가 없으면 실종선고를 하게 된다(민법 제27조 및 가사소송규칙 제53조 및 제54조). 실종선고가 있으면 실종선고를 받은 사람은 실종기간이 만료한 때 사망한 것으로 간주된다(민법 제28조). 실종선고의 심판에 대해서는 이해관계인이 즉시항고를 할 수 있다(가사소송규칙 제57조).

3) 대법원 1992. 7. 14. 선고 92다2455 판결.

장되고 있다. 생각건대, 현행법상 태아를 위한 법정대리인 제도가 마련되어 있지 않아 태아로 있는 동안에는 권리를 행사할 수 없다는 점에서 정지조건설이 옳다고 본다. 판례도 정지조건설의 입장에서 태아인 동안에는 권리능력이 인정되지 않는다고 한다.[1] 그리하여 태아인 동안에는 당사자능력도 인정되지 않는다.

### (2) 법인

법인격이 부여된 사단이나 재단은 권리능력이 있으므로 소송상 당사자능력이 있다. 법인은 설립등기를 갖춘 때부터 청산종결등기가 경료될 때까지 권리능력을 갖고 당사자능력이 인정된다. 법인이 해산하더라도 즉시 당사자능력이 소멸하는 것은 아니며 청산절차에 들어가 청산하는 동안은 청산의 목적범위 내에서 권리능력이 존속하고 당사자능력이 인정된다(민법 제81조, 상법 제245조).[2] 청산절차가 종결되면 법인은 권리능력을 상실하고 당사자능력이 인정되지 않는다. 따라서 청산절차가 종결된 법인을 상대로 한 소송은 부적법하다. 그러나 청산종결등기가 경료되었더라도 현실적으로 아직 청산사무가 종결되지 않았다면 그 범위 내에서 당사자능력을 잃지 않는다.[3]

법인은 당사자능력이 있으나 법인의 내부 기관은 당사자능력이 없다. 그리하여 법인의 지방조직이나 내부부서에 불과한 지점,[4] 분회, 부속기관,[5] 학교장 등은 당사자능력이 없다. 그러나 법인의 하부조직이더라도 독립된 단체로서의 실체를 갖추고 독자적인 활동을 하고 있다면, 법인과는 별개로 후술하는 법인 아닌 단체로서 당사자능력이 인정될 수 있다. 예를 들어, 시민단체의 지방조직[6] 또는 노동조합

1) 대법원 1982. 2. 9. 선고 81다534 판결; 1976. 9. 14. 선고 76다1365 판결.
2) 대법원 2007. 11. 16. 선고 2006다41297 판결.
3) 대법원 1968. 6. 18. 선고 67다2528 판결; 1980. 4. 8. 선고 79다2036 판결.
4) 대법원 1982. 10. 12. 선고 80누495 판결.
5) 대법원 1991. 11. 22. 선고 91다16136 판결.
6) 원고 대전충남○○○○○○시민연합은 활동의 내용면에서는 중앙조직인 사단법인 ○○○○○○시민연합과 연관이 있으나, 독자적인 정관 또는 규약을 가지고 이에 근거한 총회의 의사결정기관 및 업무집행기관을 두고 있고, 각 독립된 회원으로 구성되어 있으며, 예·결산처리 및 활동도 중앙조직과는 별개로 이루어지는 사실에 비추어 위 원고는 비법인사단으로서의 실체를 가진 단체로서 소송상 당사자능력이 인정된다(대법원 2009. 1. 30. 선고 2006다60908 판결).

의 지부[1]라고 하더라도 독자적인 정관 또는 규약을 가지고 독자적인 활동을 하고 있는 경우에는 법인 아닌 사단으로서 당사자능력이 인정될 수 있다. 국가, 지방자치단체, 영조물법인, 공공조합 등도 공법인으로서 당사자능력이 있으나, 국가의 기관에 불과한 행정청은 항고소송에서 피고능력(행정소송법 제13조 및 제38조)은 있지만 민사소송에서 당사자능력은 없다.

### (3) 법인 아닌 사단 또는 재단

법인이 아닌 사단 또는 재단은 대표자 또는 관리인이 있는 경우에는 그 사단 또는 재단의 이름으로 당사자가 될 수 있다(제52조). 법인이 아니더라도 사단 또는 재단으로서의 실체를 갖추고 그 대표자 또는 관리인을 통하여 사회적 활동을 하고 있는 경우에는 그로 인하여 발생하는 분쟁을 그 단체가 스스로 당사자가 되어 소송을 통하여 해결하도록 하려는데 그 입법취지가 있다.

#### 1) 법인 아닌 사단

법인 아닌 사단이란 일정한 목적을 위하여 조직된 여러 사람의 결합체로서 대외적으로 사단을 대표할 기관에 관한 정함이 있는 단체로서 법인격을 취득하지 못한 단체를 말한다. 여기에는 설립중의 회사, 기독교교회 가운데 개신교교회, 불교사찰, 종중, 자연부락, 수리계·보중·제중, 공동주택의 입주자대표회의, 아파트부녀회, 상가번영회 등이 있다.

##### (가) 설립중의 회사

설립중의 회사는 회사의 설립등기 이전에 어느 정도 실체가 형성된 미완성의 회사를 지칭하는 것으로 당사자능력이 인정된다. 설립중의 회사는 주식회사의 설립과정에서 발기인이 회사의 설립을 위하여 필요한 행위로 인하여 취득하게 된 권리의무가 회사의 설립과 동시에 그 설립된 회사에 귀속되는 관계를 설명하기 위한

---

1) 피고 전국해원노동조합 목포지부는 전국해원노동조합의 하부조직의 하나이지만 독자적인 규약(지부준칙)을 가지고 독립된 활동을 하고 있는 독자적인 사회적 조직체라고 인정할 수 있으므로 피고는 법인격 없는 사단으로 소송상 당사자능력을 가진다(대법원 1977. 1. 25. 선고 76다2194 판결).

개념으로서 정관이 작성되고 각 발기인 또는 사원이 적어도 1주 이상의 주식을 인수하거나 출자금액의 일부를 납입하였을 때에 성립한다.[1)]

(나) 개신교교회

기독교교회 가운데 천주교교회와 개신교교회는 차이가 있다. 개별 천주교교회는 단체로서의 독립성이 결여되어 있어 당사자능력이 인정되지 않는다.[2)] 그러나 개신교교회의 경우에는 개개의 교회가 독립성이 인정되어 법인 아닌 사단으로서 당사자능력이 인정된다.[3)] 또한 개신교교회의 재산소유관계는 총유관계이므로 교회의 재산에 관하여 교회 구성원 전원이 후술하는 필수적 공동소송인이 되어 소송을 할 수도 있다.[4)] 그리하여 개신교교회의 경우에는 법인 아닌 사단으로서 교회 자체의 이름으로 당사자가 되어 소송을 할 수도 있고, 교회 구성원 전원이 당사자가 되어 소송을 할 수도 있다.

(다) 불교종단 및 사찰

불교종단은 그 자체 법인 아닌 사단으로서 당사자능력을 갖고 있으며, 종단에 소속된 개개의 사찰도 독립된 단체로서의 실체를 갖고 있는 경우에는 독자적인 당사자능력이 인정된다.[5)] 다만, 「전통사찰의 보존 및 지원에 관한 법률」에 의하여 전통사찰로 지정된 경우에는 법인 아닌 재단으로서 당사자능력을 갖는다.[6)] 한편 종단 소속의 불교신도회의 경우에도 임원 등을 선출하여 조직을 갖추고 독자적으로 활동하고 있다면, 종단 또는 사찰과는 별개의 법인 아닌 사단으로서 당사자능

---

1) 대법원 1994. 1. 28. 선고 93다50215 판결.

2) 예를 들어, 대전 동구 용전동 소재 천주교 용전동성당과 관련된 법적 분쟁에서 천주교 용전동성당은 당사자가 될 수 없고, 천주교 대전교구 성전유지재단법인이 당사자가 된다. 재산소유관계도 개신교교회와는 달리 총유관계가 인정되지 않으며 각 교구 산하 성전유지재단법인의 소유이다.

3) 대법원 1991. 11. 26. 선고 91다30675 판결.

4) 대법원 1995. 9. 5. 선고 95다21303 판결; 교회가 법인 아닌 사단으로서 존재하는 이상 일부 교인들이 교회를 탈퇴하여 그 교회 교인으로서의 지위를 상실하게 되면, 종전 교회의 총유재산의 관리·처분에 관한 의결에 참가할 수 있는 지위나 그 재산에 대한 사용·수익권을 상실하고, 종전 교회는 잔존 교인들을 구성원으로 하여 실체의 동일성을 유지하면서 존속하며, 종전 교회의 재산은 그 교회에 소속된 잔존 교인들의 총유로 귀속된다(대법원 2006. 4. 20. 선고 2004다37775 전원합의체 판결).

5) 대법원 1992. 1. 23. 자 91마581 결정; 1988. 3. 22. 선고 85다카1489 판결.

6) 대법원 1991. 6. 14. 선고 91다9336 판결.

력이 인정된다.[1] 그러나 사찰이 종단에 등록되고 주지임명까지 받았다고 하더라도 사찰건물 등 재산 일체를 종단에 귀속시키지 않고 개인이 사찰명의로 등기하거나 미등기한 채 실질적으로 소유하면서 운영하는 개인사찰은 단순한 불교목적시설일 뿐이어서 당사자능력이 인정되지 않는다.[2] 이 경우 사찰건물 등 재산에 관한 소송에서 그 실질적 소유자인 개인이 당사자가 된다.

(라) 종중

종중이란 공동선조의 분묘수호 및 봉제사와 후손 상호 간의 친목 도모를 목적으로 형성되는 자연발생적인 종족단체로서 특별한 조직행위가 없더라도 그 선조의 사망과 동시에 그 후손에 의하여 성립된다. 그러나 종중에 당사자능력이 인정되려면 일정한 정도로 조직을 갖추고 지속적인 활동을 하는 단체성이 있어야 하고 또한 그 대표자가 있어야 한다.[3] 그러나 서면으로 된 종중규약이 있어야 하거나 종중의 대표자가 계속하여 선임되어 있어야 하는 것은 아니며,[4] 대외적인 행위를 할 때 대표자가 선임되어 있으면 된다.[5]

공동선조의 후손 중 성년인 사람은 당연히 그 종중원이 되는 것이므로 공동선조의 후손 중 특정 지역 거주자나 특정 범위 내의 사람들만으로 구성된 종중이란 있을 수 없다. 따라서 만일 공동선조의 후손 중 특정 지역 거주자나 지파 소속 종중원만으로 조직체를 구성하여 활동하는 경우에는 종중에 해당하지 않는다. 다만, 종중에 유사한 법인 아닌 사단으로서 당사자능력이 인정될 수 있다.[6]

(마) 자연부락

자연부락도 그 부락 주민을 구성원으로 하여 고유한 목적을 가지고 의사결정기관과 집행기관인 대표자를 두어 독자적인 활동을 하는 경우에는 법인 아닌 사단으로서 당사자능력이 인정된다.[7] 또한 자연부락의 재산소유관계는 총유관계이므로

---

1) 대법원 1996. 7. 12. 선고 96다6103 판결; 1991. 10. 22. 선고 91다26072 판결.
2) 대법원 1991. 2. 22. 선고 90누5641 판결.
3) 대법원 2013. 1. 10. 선고 2011다64607 판결.
4) 대법원 1992. 12. 11. 선고 92다18146 판결.
5) 대법원 1997. 11. 14. 선고 96다25715 판결; 1987. 6. 23. 선고 86다카2654 판결.
6) 대법원 1996. 10. 11. 선고 95다34330 판결.

자연부락의 재산에 관해서는 그 부락 주민 전원이 필수적 공동소송인이 되어 소송을 할 수도 있다.[1] 따라서 자연부락의 경우에는 앞서 살펴본 개신교교회와 마찬가지로 자연부락 그 자체의 이름으로 당사자가 될 수 있고, 부락 주민 전원이 당사자가 되어 소송을 할 수도 있다.

(바) 수리계(水利契), 보중(洑中), 제중(堤中)

수리계, 보중, 제중은 농사를 위하여 물을 효율적으로 관리하기 위한 농촌공동조직을 일컫는 말이다. 개개의 농가가 개별적으로 보(洑)나 저수지를 축조하거나 운영할 능력이 없기 때문에 한 마을 또는 몇 개 마을의 농민들이 공동으로 보나 저수지를 축조하여 관리·이용하는 것이 일반적이다. 수리계, 보중, 제중도 단체로서의 조직을 갖추고 독자적인 활동을 수행하고 있는 경우에는 법인 아닌 사단으로서 당사자능력이 인정된다.[2]

(사) 공동주택의 입주자대표회의, 아파트부녀회, 상가번영회

공동주택의 입주자대표회의는 동별 세대수에 비례하여 선출되는 동별 대표자를 구성원으로 하는 법인 아닌 사단으로서 당사자능력을 갖는다. 판례는 각 동(棟)에서 선출된 동별 대표자들로 입주자대표회의가 적법하게 구성된 이후에 동별 대표자 또는 입주자대표회의의 회장 등이 변경되더라도 법인 아닌 사단으로서 입주자대표회의의 동일성이 상실되는 것은 아니며 단순히 그 구성원이 변경된 것에 불과하다고 한다.[3]

아파트부녀회는 아파트에 거주하는 부녀를 회원으로 하여 설립된 단체로서 별도의 회칙과 임원을 두고 월례회나 임시회를 개최하여 주요업무에 관한 의사결정을 해 왔다면, 법인 아닌 사단으로서 독립된 당사자능력을 갖는다.[4] 또한 상가번영회도 정관을 채택하고 정관에 따른 임원을 선출하여 그 목적에 따른 활동을 수행해 왔다면 법인 아닌 사단으로서 당사자능력을 갖는다.[5]

---

7) 대법원 2008. 1. 31. 선고 2005다60871 판결; 1991. 5. 28. 선고 91다7750 판결.
1) 대법원 1994. 5. 24. 선고 92다50232 판결.
2) 대법원 1997. 12. 9. 선고 97다18547 판결; 1992. 7. 14. 선고 92다534 판결.
3) 대법원 2007. 6. 15. 선고 2007다6307 판결; 2008. 9. 25. 선고 2006다86597 판결.
4) 대법원 2006. 12. 21. 선고 2006다52723 판결.

### 2) 법인 아닌 재단

법인 아닌 재단은 일정한 목적을 위하여 출연된 재산의 집단으로서 법인격을 취득하지 못하였지만, 출연자로부터 독립하여 존재하며 관리인이나 관리기구에 의하여 운영되는 것을 말한다. 예를 들어, 육영회, 장학회 등이 여기에 해당한다. 물론 육영회, 장학회 등이 재단법인으로 설립된 경우에는 당연히 그 재단법인이 당사자능력을 갖는다. 그런데 학교는 국·공립학교, 사립학교 등을 불문하고 법인이 아니며 법인 아닌 사단이나 재단에도 속하지 않고 단순한 교육시설의 명칭에 불과하므로 당사자능력이 인정되지 않는다.[1] 따라서 학교와 관련된 소송에서는 학교가 아니라 그 설립·경영자가 당사자가 된다. 즉, 국립학교는 국가, 공립학교는 해당 지방자치단체, 사립학교는 해당 학교법인, 각종 학교는 그 학교경영자[2]가 각각 소송의 당사자가 된다.

판례는 유치원을 법인 아닌 재단으로 보아 독립된 당사자능력을 인정하고 있다.[3] 다만, 유치원이 설립·경영자와 독립하여 법인 아닌 재단으로서의 단체성을 갖추고 있는지 살펴보지 않은 채 소장의 표시만으로 유치원을 당사자로 확정하고 본안에 관하여 심리·판단하는 것은 위법하다고 한다.[4] 그러나 유치원도 유아교육을 위하여 「유아교육법」에 따라 설립·운영되는 학교이다(유아교육법 제2조 제2호, 교육기본법 제9조, 사립학교법 제2조). 따라서 유치원의 경우에도 다른 학교와 마찬가지로 유치원이 아니라 그 설립·경영자에게 당사자능력을 인정함이 타당하다. 국립유치원은 국가, 공립유치원은 해당 지방자치단체, 사립유치원은 학교법인 또는 학교경영자인 사인이 당사자능력을 갖는다고 보아야 할 것이다.

### 3) 소송상 지위

법인 아닌 사단 또는 재단이 당사자가 되는 경우 그 소송상 지위는 법인이 당

---

5) 대법원 1992. 10. 9. 선고 92다23087 판결.

1) 대법원 2017. 3. 15. 선고 2014다208255 판결; 2001. 6. 29. 선고 2001다21991 판결.

2) 초·중·고등학교, 특수학교, 대학은 학교법인이 아닌 자는 사립학교를 설립·경영할 수 없다(사립학교법 제3조). 그러나 유치원과 각종 학교는 학교법인 이외에 사인이 사립학교를 설립·경영할 수 있다.

3) 대법원 1968. 4. 30. 선고 65다1651 제2부 판결.

4) 대법원 2019. 11. 15. 선고 2019다247712 판결.

사자가 되는 경우와 동일하다. 따라서 법인 아닌 사단 또는 재단 그 자체가 당사자가 되고, 그 대표자 또는 관리인은 법정대리인에 준하여 취급된다(제64조). 판결의 효력도 법인 아닌 사단 또는 재단에만 미치고, 사단의 구성원이나 재산의 출연자에게는 미치지 않는다.[1] 강제집행도 법인 아닌 사단 또는 재단의 재산에 대해서만 행해진다. 판례는 법인 아닌 사단에 대하여 사단법인에 관한 민법의 규정 가운데 법인격을 전제로 하는 것을 제외한 나머지 규정이 유추적용된다고 하면서, 사단법인은 사원이 없게 되더라도 해산사유가 될 뿐이고(민법 제77조 제2항) 청산사무가 종결되어야 비로소 권리능력이 소멸하므로 법인 아닌 사단에서도 구성원이 없게 되더라도 청산사무가 남아 있는 한 당사자능력을 갖는다고 한다.[2]

### (4) 민법상의 조합

조합은 2인 이상의 특정인이 상호 출자하여 공동사업을 경영할 목적으로 결합한 단체이다. 조합과 사단을 비교하면, 사단에서는 단체가 그 구성원의 개성을 초월한 독립된 존재이지만, 조합에서는 단체의 구성원인 개인은 여전히 독립된 존재이고 공동의 목적을 달성하는 데에 필요한 범위에서 제약을 받을 뿐이므로 단체로서의 단일성보다는 구성원의 개성이 강하게 나타난다. 조합과 사단의 구별은 그 명칭에 구애됨이 없이 그 실질에 의해야 한다.[3] 그리하여 어떤 단체가 고유의 목적을 가지고 의결기관인 총회와 집행기관인 대표자를 두는 등 조직을 갖추어 구성원의 가입·탈퇴 등으로 인한 변경과 상관없이 단체 그 자체로 존속하며, 대표방법·총회의 운영·재산의 관리 기타 단체로서의 주요사항이 확정되어 있다면, 단체로서의 단일성이 강하다고 할 것이므로 조합이 아닌 사단으로 보아야 할 것이다.[4]

조합에 대해서도 법인 아닌 사단에 당사자능력을 부여한 제52조를 준용하여 당사자능력을 인정할 수 있는지 논란이 있다. 판례는 민법상 조합의 실체를 갖는 것

---

1) 대법원 1978. 11. 1. 선고 78다1206 판결.

2) 대법원 1992. 10. 9. 선고 92다23087 판결.

3) 농업협동조합이나 수산업협동조합은 명칭이 조합일 뿐 실질은 법인이다. 변호사법은 법무조합에 대하여 민법상 조합규정을 준용하면서도 당사자능력을 인정하고 있다(제58조의26).

4) 대법원 1999. 4. 23. 선고 99다4504 판결.

에 대하여 당사자능력을 부인하고 있다.[1] 학설로는 ① 사단과 조합의 구별이 쉽지 않으며 조합의 당사자능력을 부인하면 누가 조합원인가를 조사하여 그 전원을 피고로 해야 하는 불편이 따른다는 이유로 긍정하는 견해와 ② 조합은 공동의 사업 목적을 위한 조합원 사이의 계약적 구속관계에 불과하며 조합원의 개성과 독립된 고유의 목적을 가진 단체라고 인정할 수 있는 실질이 없다는 점을 들어 부정하는 견해가 있다.

조합과 법인 아닌 사단은 그 재산소유관계가 전자는 합유관계이나 후자는 총유관계로 전혀 별개의 조직체이고, 조합원의 채무는 조합원이 분담하도록 되어 있는데(민법 제712조),[2] 조합에 대한 판결로 그 구성원인 조합원에 대한 분담책임을 묻기 어렵다는 점에서 법인 아닌 사단에 적용되는 제52조를 조합에까지 적용하는 것은 무리라는 점에서 조합의 당사자능력을 부인함이 타당하다.[3] 조합의 당사자능력을 부인하면 조합원 전원이 후술하는 필수적 공동소송인이 되어 소송을 수행해야 한다. 조합원 전원이 공동으로 소송을 하는 경우 소송절차가 번잡해지는 문제점이 있으나, ① 선정당사자제도를 이용하거나 ② 업무집행조합원에게 임의적 소송신탁을 하여 그의 이름으로 소송을 수행하게 하는 방법 또는 ③ 업무집행조합원을 법률상 소송대리인으로 보고 그로 하여금 소송을 대리하게 하는 방법에 의한다면, 어느 정도 소송절차를 간소화할 수 있을 것이다.

**사례 민법상 조합의 당사자능력**

주식회사 A가 부도를 내자 회사의 채권자 137명은 정관이나 규약을 작성하지는 않은 채 갑, 을, 병을 대표자로 선임하여 B 채권자단을 구성하고 위 대표자들에게 채권의 보전·회수를 위한 일체의 권한을 위임하였다. 위 대표자들은 A 회사와 채무변제에 갈음하여 A 회사의 재산을 B 채권자단이 양수하는 대신 B 채권자단의 회사에 대한 일체의 채권을 포기하기로 약정하였다. 그 후 위 채권자단의 운영과 관련하여 위 대표자들 사이에 의견

---

1) 대법원 1991. 6. 25. 선고 88다카6358 판결; 1996. 6. 28. 선고 96다16582 판결.

2) 조합채권자는 그 채권발생 당시에 조합원의 손실부담의 비율을 알지 못한 때에는 각 조합원에게 균분하여 그 권리를 행사할 수 있다(민법 제712조).

3) 이시윤, 151면.

충돌이 발생하였고, 갑이 일간신문에 B 채권단의 총회 소집공고를 게재하였다. 총회에는 갑과 정, 무 3인의 채권자가 참석하고 채권자 66명이 갑에게 의결권을 위임하였는데, 총회에서 전원의 찬성으로 채권자단의 정관이 채택되었으며, 갑을 회장, 정을 부회장, 무를 감사로 각각 선임하였다. 정관에는 B 채권자단은 채권을 보전·회수하는데 그 존립 목적을 두고, 구성원은 A 회사에 대하여 채권을 갖는 137인으로 하며, 회장 등 임원은 총회에서 선출하고 그 임기는 존립 목적을 달성할 때까지로 하되, 회장 또는 회원 3분의 1 이상의 소집요구가 있으면 총회를 소집하여야 하며 출석인원 과반수의 찬성으로 의결한다는 내용 등이 규정되어 있다.

거래처 C가 A 회사에 지급하지 않은 물품대금이 있는 경우에 B 채권자단이 C를 상대로 양수금(물품대금)의 지급을 구하는 소송을 제기할 수 있는지, 위 대표자 중 갑만이 C를 상대로 소송을 제기할 수 있는지, 만일 갑·을·병이 모두 원고가 되어 소송을 제기한 경우 갑만이 단독으로 소송을 취하할 수 있는지 설명하시오.

① 소송행위를 목적으로 하는 채권양도의 유효성

판례는 소송행위를 하는 것을 주목적으로 하는 채권양도는 신탁법 제6조가 유추적용되어 무효라고 한다(대법원 1997. 5. 16. 선고 95다54464 판결). 그러나 다수의 채권자가 단체를 구성하여 채무자로부터 채권을 양도받아 소송을 제기한 경우에는 다수의 당사자가 권리를 행사하는 불편함을 없애고 채권의 효율적인 회수를 위하여 채권양도를 한 것이고 소송행위를 주목적으로 채권양도가 이루어진 것으로 볼 수 없어 유효하다고 한다(대법원 2004. 3. 25. 선고 2003다20909,20916 판결; 2002. 12. 6. 선고 2000다4210 판결). 따라서 A 회사의 채권자들이 단체를 구성하여 A 회사로부터 채권을 양수받아 그 지급을 구하는 소송을 제기할 수 있다.

② 민법상 조합의 당사자능력

B 채권자단은 채권자 137인의 채권을 보전·회수할 목적으로 구성한 단체로서 대표자 3인을 선임하여 채권의 보전·회수를 위한 일체의 권한을 위임하였을 뿐이고 사단으로서의 실체를 인정할 만한 조직을 갖추거나 활동을 한 사실이 없으므로 이를 비법인사단으로 볼 수 없다. 비록 갑이 A 회사의 채권자 137인 전원을 구성원으로 하여 정관을 작성하고 임원을 선임하는 등 조직행위를 하였으나, 채권자 전원에게 개별적인 통지를 하지 않은 채 일간신문에 채권자단 소집공고를 1회 게재하는 방식만으로 총회를 소집하였고, 갑과 정, 무 3인만 참석하고 66인이 의결권을 위임한 가운데 개최된 총회에서 정관 채택과 임원 선임이 이루어진 점에서 이러한 채권자단의 조직행위는 채권자 137인 전원의 의

사 합치에 의한 것이라고 볼 수 없으므로 채권자 137인 전원으로 구성된 비법인사단으로서의 실체를 갖추었다고 할 수 없다(대법원 1999. 4. 23. 선고 99다4504 판결).

B 채권자단은 A 회사의 채권자들이 채권을 보전·회수한다는 공동사업을 경영할 목적으로 결합한 단체로서 그 법적 성격은 민법상 조합이라고 할 것이다. 만일 민법상 조합의 당사자능력을 인정한다면, B 채권자단이 C를 상대로 양수금(물품대금)의 지급을 구하는 소송을 제기할 수 있을 것이지만, 판례는 조합의 당사자능력을 부인하고 있다. 조합과 법인 아닌 사단은 그 재산소유관계가 전자는 합유관계이나 후자는 총유관계로 전혀 별개의 조직체라는 점에서 법인 아닌 사단에 대하여 당사자능력을 인정하는 제52조를 조합에까지 적용하는 것은 무리라고 할 것이므로 조합의 당사자능력을 부인함이 옳다. 따라서 B 채권자단이 원고가 되어 C를 상대로 소송을 제기할 수 없다.

③ 업무집행조합원의 임의적 소송담당

조합의 당사자능력을 부인하면 조합원 전원이 필수적 공동소송인이 되어 소송을 수행해야 한다. 조합원 전원이 공동으로 소송을 하는 경우 소송절차가 번잡해지는 문제점이 있으나, 업무집행조합원에게 임의적 소송신탁을 하여 그의 이름으로 소송을 하거나 선정당사자제도를 이용한다면 소송절차를 간소화할 수 있을 것이다.

갑, 을, 병은 B 채권자단의 대표자로서 채권의 보전·회수를 위한 일체의 권한을 행사할 수 있는 사람이므로 민법상 조합인 B 채권자단의 업무집행조합원이라고 할 수 있다. 판례는 업무집행조합원은 조합재산에 관하여 조합원으로부터 임의적 소송신탁을 받아 자기의 이름으로 소송을 수행할 수 있다고 한다(대법원 1984. 2. 14. 선고 83다카1815 판결). 따라서 갑, 을, 병은 조합원들로부터 임의적 소송신탁을 받아 원고가 되어 C를 상대로 소송을 제기할 수 있다. 그런데 업무집행조합원이 여러 사람인 경우에는 소송수행권을 합유하는 관계에 있으므로 필수적 공동소송인이 되어 업무집행조합원 전원이 당사자가 되어야 한다. 따라서 갑, 을, 병 전원이 원고가 되어 소송을 하여야 하고, 갑만이 제기한 소송은 당사자적격이 없어 부적법하다.

한편 조합채권의 이행을 구하는 소송은 조합원 전원이 당사자가 되어야 하는 필수적 공동소송이고, 필수적 공동소송인이 되는 관계는 공동의 이해관계가 있는 여러 사람이 공동소송인이 되어 소송을 해야 하는 경우이므로 조합원 중에서 선정당사자를 선정할 수 있다. 여러 사람의 선정당사자가 선정된 경우에는 그 여러 사람의 선정당사자는 선정자들의 소송수행권을 합유하는 관계에 있으므로 그들 사이의 소송관계는 필수적 공동소송이 된다. 만일 대표자인 갑, 을, 병을 선정당사자로 선정한 경우에는 필수적 공동소송인이 되어 갑, 을, 병이 모두 당사자가 되어야 하고, 그렇지 않으면 당사자적격이 없어 부적법하다. 그러나 조합원들이 갑만을 선정당사자로 선정할 수 있으며, 그렇다면 갑만이 원고가 되어 소송을 제기할 수 있고, 그 소송의 판결은 조합원 전원에게 미치게 된다.

④ 필수적 공동소송의 심판

갑, 을, 병이 업무집행조합원 또는 선정당사자로서 함께 원고가 되어 C를 피고로 물품대금의 지급을 구하는 소를 제기한 경우 그 소송관계는 필수적 공동소송이 된다. 필수적 공동소송에서는 후술하는 바와 같이 합일확정의 필요상 각 공동소송인에 대한 관계에서 소송자료의 통일과 소송진행의 통일이 요구된다. 공동소송인 가운데 한 사람의 소송행위 중 이익이 되는 것은 전원에 대하여 효력이 생기고, 불리한 소송행위는 공동소송인 전원이 함께해야 효력이 생긴다(제67조 제1항). 그런데 소의 취하는 불리한 소송행위이므로 전원이 함께하지 않으면 그 효력이 생기지 않는다. 따라서 갑만이 소송을 취하하더라도 그 효력이 발생하지 않으며 갑, 을, 병이 함께해야 소송 취하의 효력이 발생한다.

## 3. 당사자능력의 흠결

당사자능력의 존재는 소송요건의 하나이므로 법원의 직권조사사항이다.[1] 당사자능력은 직권조사사항이므로 이에 관한 당사자의 주장은 직권발동을 촉구하는 의미밖에 없어 그 주장에 대하여 판단하지 않더라도 판단누락의 상고이유로 삼을 수 없으며, 이에 관해서는 자백이나 의제자백이 성립하지 않는다.[2] 조사한 결과 당사자능력의 흠결이 발견되면 소를 부적법 각하해야 한다. 법인 아닌 사단 또는 재단의 경우에는 독립된 단체로서의 실질을 갖추고 있는지 살펴서 당사자능력의 유무를 판단해야 하며, 소장의 표시만으로 당사자능력을 인정하고 본안에 대하여 심판하는 것은 위법하다.[3] 그런데 소송계속 중에 당사자가 사망하거나 회사가 합병에 의하여 당사자능력이 소멸한 경우에는 소를 부적법 각하할 것은 아니며 소송절차가 중단되고 그 상속인 또는 합병에 의하여 설립되거나 합병 후 존속하는 회사가

1) 대법원 2002. 5. 10. 선고 2002다4863 판결.
2) 대법원 1971. 2. 23. 선고 70다44 판결.
3) 대법원 2019. 11. 15. 선고 2019다247712 판결.

소송을 수계해야 한다. 그러나 사망한 당사자에게 상속인이 없거나 소송물의 성질상 승계가 허용되지 않는 경우에는 소송은 당연히 종료된다.

당사자능력의 흠결을 간과한 판결의 효력이 문제 된다. 당사자가 실재하지 않는 경우(예를 들어, 허무인이거나 단체가 존재하지 않는 경우),[1] 당사자능력이 없는 사람을 당사자로 한 경우(예를 들어, 점포주인 대신 점포, 학교법인 대신 학교, 대한민국 대신 관계 행정청을 당사자로 한 경우) 또는 소송계속 전에 이미 사망한 사람을 당사자로 한 경우[2]에는 이를 간과한 판결은 당연무효이고, 이러한 무효인 판결에 대해서는 상소의 이익도 인정되지 않는다.[3] 그러나 그 밖의 경우에는 당사자능력의 흠결을 간과한 판결이라도 유효하고 상소에 의하여 취소할 수 있을 뿐이다. 그런데 이 경우에도 판결이 확정된 후에는 재심사유에 해당하지 않으므로 재심이 허용되지 않으며, 판결이 확정된 후에는 당사자능력의 흠결을 다툴 수 없게 된다.

## Ⅳ. 당사자적격

### 1. 의의

당사자적격이란 소송물인 특정의 권리 또는 법률관계에 관하여 당사자로서 소송을 수행하고 본안판결을 받을 수 있는 자격을 말한다. 이러한 자격 내지 권능을 소송수행권이라고 하고, 그 자격 내지 권능을 가진 사람을 정당한 당사자라고 한다. 당사자적격은 특정한 권리 또는 법률관계와 관련하여 구체적으로 정해지는 자격이라는 점에서 구체적인 사건과는 관계없이 일반적으로 정해지는 당사자능력이나 소송능력과 구별된다.

재판청구권이 헌법상 기본권의 하나로 보장되고 있는 이상 국민이면 누구든지 당사자가 될 수 있지만, 분쟁을 효과적으로 확실하게 해결하기 위해서는 소송물인

1) 대법원 2008. 7. 11. 자 2008마520 결정.
2) 대법원 1982. 4. 13. 선고 81다1350 판결.
3) 대법원 2000. 10. 27. 선고 2000다33775 판결.

특정의 권리 또는 법률관계에 관하여 분쟁을 해결할 수 있는 적합한 자격을 가진 사람으로 하여금 소송을 수행하도록 할 필요가 있다. 당사자적격은 넓은 의미의 소의 이익의 하나로서 당사자의 측면에서 무의미한 소송을 배제하기 위한 개념이다.

## 2. 당사자적격을 갖는 사람

### (1) 일반적인 경우

소송물인 권리 또는 법률관계에 대하여 법률상 이해관계를 가진 사람이 당사자적격을 갖는다. 판례는 재산권상 청구에서는 소송물인 권리 또는 법률관계에 관하여 관리처분권을 갖는 권리주체에게 당사자적격이 있는 것이 원칙이라고 한다.[1] 소송의 유형별로 당사자적격을 갖는 사람을 살펴보면 다음과 같다.

#### 1) 이행소송

이행소송에서는 소송물인 이행청구권이 자기에게 있다고 주장하는 사람이 원고적격을 갖고, 그로부터 이행의무자라고 주장된 사람이 피고적격을 갖는다. 이행소송에서 당사자적격은 주장 자체로 판가름이 나고, 그 사람이 실제로 실체법상 권리자이거나 의무자일 것이 요구되지 않는다.[2] 실체법상 권리자 또는 의무자인지 여부는 본안에서 판단할 문제이고, 그 심리결과 권리자나 의무자가 아니라고 판단되면 청구기각의 판결을 할 것이지 당사자적격이 없다는 이유로 소송을 각하해서는 안 된다. 다만, 판례는 원고의 주장 자체로 당사자적격이 없음이 분명한 경우에는 당사자적격의 판단이 청구의 당부 판단에 흡수되지 않는다고 한다. 예를 들어, 부동산등기명의자 아닌 사람을 상대로 한 등기말소의 청구,[3] 압류 및 추심명령이

---

1) 대법원 1984. 2. 14. 선고 83다카1815 판결.

2) 대법원 1977. 8. 23. 선고 75다1676 판결.

3) 부동산등기의 말소를 구하는 소송은 등기의무자, 즉 등기명의인을 피고로 해야 한다(대법원 1994. 2. 25. 선고 93다39225 판결). 따라서 점유취득시효완성을 원인으로 하는 소유권이전등기청구소송은 시효완성 당시의 소유권등기명의자를 피고로 해야 한다(대법원 1999. 2. 23. 선고 98다59132 판결; 1997. 4. 25. 선고 96다53420 판결 등).

있는 채권에 대하여 채무자가 제3채무자를 상대로 제기한 이행소송[1] 등은 당사자적격의 흠결을 이유로 부적법 각하할 것이라고 한다. 이러한 판례의 입장에 대하여 당사자적격과 본안적격을 혼동한 것이라는 비판이 있지만, 원고의 주장 자체만으로 당사자적격이 없음이 분명한 경우에는 본안심리에 들어갈 필요 없이 소송을 각하하는 것이 소송경제적이라는 점에서 타당하다고 본다.[2]

### 2) 확인소송

확인소송에서는 소송물인 권리 또는 법률관계의 존부에 관하여 확인의 이익을 가진 사람이 원고적격을 갖고, 그와 대립하는 이익을 가진 사람이 피고적격을 갖는다. 확인의 이익은 후술하는 바와 같이 권리 또는 법률상의 지위에 현존하는 불안·위험이 있고, 그러한 불안·위험을 제거하는데 확인판결을 받는 것이 가장 유효적절한 수단일 때 인정된다. 이처럼 확인소송에서는 확인의 이익이 있으면 소송물인 권리 또는 법률관계의 귀속주체가 아닌 누구라도 당사자적격이 인정되므로 확인소송에서 당사자적격의 문제는 확인의 이익과 결부되어 판단된다.[3]

단체 내부의 분쟁에 있어서 단체 내부의 구성원이든 외부의 제3자이든 불문하고 확인의 이익이 있으면 원고가 될 수 있으나,[4] 피고는 그 단체 자체에 한정되고 단체 구성원 개인을 피고로 하는 것은 확인의 이익이 없어 부적법하다.[5] 단체 내부 분쟁의 근본적인 해결을 위해서는 판결의 효력이 단체 자체에 미쳐야 하기 때문이다. 판례는 이사회의 결의에 하자가 있는 경우 상법에 아무런 규정이 없으나 그 결의에 무효사유가 있다면 이해관계인은 언제든지 그 무효를 주장할 수 있다고 하면서,[6] 이사회결의는 회사의 의사결정이고 회사가 그 결의의 효력에 관한 분쟁

---

1) 채권이 압류나 가압류되더라도 채무자는 제3채무자로부터 현실로 급부를 추심하는 행위만이 금지될 뿐이고 집행권원을 얻는 것까지 금지하는 것은 아니므로 채무자는 제3채무자를 상대로 그 이행을 구할 당사자적격이 있다(대법원 2000. 4. 11. 선고 99다23888 판결; 1999. 2. 9. 선고 98다42615 판결). 그러나 채권에 대한 추심명령이 있는 경우에는 제3채무자에 대한 이행소송은 추심채권자만이 제기할 수 있고 채무자는 당사자적격이 없다(대법원 2013. 12. 18. 선고 2013다202120 전원합의체 판결).

2) 김홍엽, 140면.

3) 대법원 1982. 9. 14. 선고 80다2425 전원합의체 판결; 1994. 12. 22. 선고 94다14803 판결.

4) 대법원 2011. 9. 8. 선고 2009다67115 판결; 1982. 4. 27. 선고 81다358 판결.

5) 대법원 1998. 11. 27. 선고 97다4104 판결.

6) 대법원 1988. 4. 25. 선고 87누399 판결.

의 실질적인 주체라 할 것이므로 회사를 피고로 해야 하며 이사는 이사회의 구성원에 불과하므로 설령 이사를 선임하는 이사회결의의 무효를 주장하는 경우라고 하더라도 그 이사회결의로 선임된 이사 개인을 상대로 무효확인을 구할 이익은 없다고 한다.[1] 그러나 이사에 대한 직무집행정지가처분에서 피신청인이 될 수 있는 사람은 그 성질상 해당 이사이고, 회사에게는 피신청인적격이 없다고 한다.[2]

### 3) 형성소송

형성소송은 실체법에서 소송의 방법으로 형성권을 행사하도록 규정한 경우에 한하여 허용된다.[3] 따라서 형성소송에서 누가 당사자적격을 갖는지는 해당 실체법에서 규정하고 있다. 예를 들어, 혼인의 취소(민법 제817조 및 제818조), 친생부인(동법 제847조), 인지청구(동법 제863조), 입양의 취소(동법 제886조), 합병의 무효(상법 제236조), 주주총회결의취소(동법 제376조),[4] 이사의 해임(동법 제385조 제2항)[5] 등에서는 해당 법률에서 당사자적격을 갖는 사람을 규정하고 있다. 따라서 형성소송에서는 법정된 사람이 소송을 제기하면 당사자적격이 인정된다.

그런데 주주총회결의취소소송(상법 제376조)이나 이사해임소송(상법 제385조 제2항), 채권자취소소송(민법 제406조) 등의 경우에는 해당 법률에서 누가 피고적격을 갖는지 규정하고 있지 않아 해석에 맡겨져 있다. 이 경우 형성판결의 대세효에 비추어 해당 소송물에 관하여 가장 강한 이해관계를 가지고 있고 충실한 소송수행을 기대할 수 있는 사람에게 피고적격을 인정해야 할 것이다.[6] 그리하여 주주총회결의취소소송에서는 회사만을 피고로 해야 하고,[7] 설령 이사를 선임하는 내용의 주주총회결의의 취소를 구하는 경우에도 회사만이 피고가 되고 해당 이사는 피고적

1) 대법원 1982. 9. 14. 선고 80다2425 전원합의체 판결.
2) 대법원 1982. 2. 9. 선고 80다2424 판결.
3) 대법원 1997. 10. 27. 자 97마2269 결정; 2001. 1. 16. 선고 2000다45020 판결.
4) 주주총회결의취소의 소는 주주, 이사 또는 감사가 제기할 수 있다(상법 제376조).
5) 이사가 그 직무에 관하여 부정행위 또는 법령이나 정관에 위반한 중대한 사실이 있음에도 불구하고 주주총회에서 그 해임을 부결한 때에는 발행주식의 총수의 100분의 3 이상에 해당하는 주식을 가진 주주는 총회의 결의가 있은 날부터 1월 내에 그 이사의 해임을 법원에 청구할 수 있다(상법 제385조 제2항).
6) 정동윤 · 유병현, 192면.
7) 대법원 1982. 9. 14. 선고 80다2425 전원합의체 판결.

격이 없다. 그런데 이사해임소송은 회사와 해당 이사 사이에 위임계약의 해소를 구하는 형성소송이므로 위임계약의 당사자인 회사와 이사를 공동피고로 해야 한다. 그리하여 이사해임소송은 회사와 이사를 모두 피고로 해야 하는 고유필수적 공동소송이 된다. 그러나 이사해임소송을 본안으로 하여 임시의 지위를 정하기 위한 이사직무집행정지가처분에서는 해당 이사만이 피신청인적격을 갖는다. 한편 채권자취소소송에서는 그 취소의 효력이 채권자와 수익자 또는 전득자 사이에서만 상대적으로 생기므로 수익자 또는 전득자만이 피고가 될 수 있고 채무자는 피고적격이 없다.[1)]

### (2) 제3자의 소송담당

소송물인 권리 또는 법률관계의 주체가 아닌 제3자에게 당사자적격이 인정되는 경우를 제3자의 소송담당이라고 한다. 제3자의 소송담당은 소송수행권이 어떻게 제3자에게 주어졌는지 여부에 따라 법정소송담당, 임의적 소송담당, 재정소송담당으로 나누어진다. 법정소송담당은 법률의 규정에 의하여 소송수행권이 제3자에게 주어진 경우이고, 임의적 소송담당은 권리관계의 주체인 사람의 의사에 기하여 소송수행권이 주어진 경우이며, 재정소송담당은 법원의 재판에 의하여 소송수행권이 주어진 경우이다.

제3자의 소송담당은 제3자가 원고가 되어 다른 사람의 권리를 소송상 행사하는 경우이므로 여기에서는 당사자적격의 문제가 본안의 판단에 흡수되지 않는다. 따라서 제3자에게 당사자적격이 없는 경우에는 소를 부적법 각하해야 한다.[2)] 예를 들어, 후술하는 바와 같이 파산재단에 관한 소송에서는 파산관재인이 당사자가 되어야 하는데(채무자 회생 및 파산에 관한 법률 제359조), 그럼에도 파산채무자가 파산재단에 속하는 채권의 이행을 구하는 소송을 제기하였다면 법원은 당사자적격의 흠결을 이유로 소송을 부적법 각하해야 한다.

---

1) 대법원 2002. 5. 10. 자 2002마1156 결정; 2009. 1. 15. 선고 2008다72394 판결.
2) 김홍엽, 143면.

### 1) 법정소송담당

#### (가) 병행형과 갈음형

법정소송담당은 법률의 규정에 의하여 제3자가 소송수행권을 갖는 경우이다. 법정소송담당에는 ① 제3자가 권리관계의 주체인 사람과 함께 소송수행권을 갖는 병행형과 ② 제3자가 권리관계의 주체인 사람에 갈음하여 소송수행권을 갖는 갈음형이 있다. 갈음형에서는 권리관계의 주체인 사람은 소송수행권을 상실한다. 병행형의 예로는 주주의 대표소송에서의 주주(상법 제403조),[1] 채권질의 질권자(민법 제353조),[2] 공유자 전원을 위한 보존행위를 하는 공유자(민법 제265조) 등이 있고, 갈음형의 예로는 파산관재인(채무자 회생 및 파산에 관한 법률 제359조),[3] 회생절차의 관리인(채무자 회생 및 파산에 관한 법률 제78조),[4] 추심명령을 받은 압류채권자(민사집행법 제227조, 제229조 제2항),[5] 주한미군에 대한 손해배상소송에서 미군측을 위해 소송당사자로 되는 국가(한미행정협정 제23조 제5항 및 동협정의 시행에 관한 민사특별법 제2조) 등이 있다.

#### (나) 채권자대위소송의 채권자

채권자대위소송을 하는 채권자(민법 제404조)가 병행형 소송담당자인지 아니면 갈음형 소송담당자인지 논란이 있다. 통설은 채권자대위소송에서 채무자도 소송수행권을 갖는 것으로 이해하고 있다. 즉, 채권자대위소송을 하는 채권자를 병행형 소송담당자로 보고 있다. 그러나 채권자가 채권자대위권을 행사하는 경우 그 사실을 채무자에게 통지하거나 채무자가 그 사실을 알고 있었던 때에는 그 권리를 처분하더라도 채권자에게 대항할 수 없다는 점(민법 제405조 제2항)에서 채무자가 채

---

1) 발행주식의 총수의 100분의 1 이상에 해당하는 주식을 가진 주주는 회사에 대하여 이사의 책임을 추궁할 소의 제기를 청구할 수 있고(상법 제403조 제1항), 회사가 청구를 받은 날로부터 30일 내에 소를 제기하지 않는 때에는 위 주주는 즉시 회사를 위하여 소를 제기할 수 있다(동조 제3항).

2) 질권자는 질권의 목적이 된 채권을 직접 청구할 수 있고(민법 제353조 제1항), 채권의 목적물이 금전인 때에는 자기 채권의 한도에서 직접 청구할 수 있다(동조 제2항).

3) 대법원 1990. 11. 13. 선고 88다카26987 판결.

4) 대법원 1985. 5. 28. 선고 84다카2285 판결.

5) 대법원 2013. 12. 18. 선고 2013다202120 전원합의체 판결.

권자대위소송이 제기된 사실을 안 다음에는 관리처분권을 상실하여 당사자적격을 잃는 것으로 이해함이 타당하다. 따라서 채권자대위소송에서 채무자는 대위소송이 제기된 사실을 알기 전에는 당사자적격을 가지므로 채권자는 병행형 소송담당자가 되지만, 채무자가 그 사실을 안 다음에는 당사자적격을 상실하므로 채권자는 갈음형 소송담당자가 되는 것으로 이해해야 할 것이다.[1)]

판례도 채권자가 대위권 행사사실을 채무자에게 통지하거나 채무자가 안 다음에는 대위의 목적인 권리에 대한 채무자의 처분행위가 금지된다고 하고,[2)] 이 경우 채권자는 흡사 파산재단에 관한 소송에서의 파산관재인 또는 추심명령을 받고 채무자의 채권에 대한 추심소송을 하는 채권자의 경우(갈음형)와 같다고 한다.[3)] 한편 판례는 채권자대위소송에서 채권자가 채무자에 대한 피보전채권을 갖고 있지 않거나 채무자가 그 권리를 재판상 청구하고 있을 경우에는 채권자대위의 요건이 흠결되어 당사자적격이 없으므로 그 대위소송을 부적법 각하해야 할 것이라고 한다.[4)]

#### (다) 유언집행자와 상속재산관리인

유언집행자와 상속재산관리인을 소송상 법정대리인으로 보아야 할지 아니면 소송담당자로 보아야 할지 논란이 있다. 유언집행자는 유언자의 지정 또는 법원에 의하여 선임되고(민법 제1093조 및 제1096조), 유증의 목적인 재산의 관리 기타 유언의 집행에 필요한 행위를 할 권리의무를 갖는다(동법 제1101조). 상속재산관리인은 상속인의 존부가 분명하지 않은 경우에 법원이 선임한 상속재산의 관리인이다(동법 제1053조). 민법은 유언집행자에 대해서 상속인의 대리인으로 본다고 규정하고 있고(동법 제1103조 제1항), 상속재산관리인에 대해서는 부재자의 재산관리인에 관한 규정을 준용하고 있다(동법 제1053조 제2항). 그리하여 민법상으로는 유언집행자와 상속재산관리인의 법적 지위를 법정대리인으로 보고 있다.

그러나 민법상 유언집행자와 상속재산관리인을 법정대리인으로 보는 것은 유언집행자와 상속재산관리인이 한 행위의 효과가 상속인에게 귀속된다는 의미를 갖는

---

1) 김홍엽, 145면.
2) 대법원 2012. 5. 17. 선고 2011다87235 전원합의체 판결.
3) 대법원 1975. 5. 13. 선고 74다1664 전원합의체 판결.
4) 대법원 1994. 11. 8. 선고 94다31549 판결; 1993. 3. 26. 선고 92다32876 판결.

데 불과하고 실제로 상속인의 대리인이라는 의미는 아니다.[1] 유언집행자와 상속재산관리인은 상속인과 이해가 상반되는 사항에 관해서도 중립적 입장에서 직무를 수행해야 하기 때문이다. 따라서 유언집행자와 상속재산관리인은 소송상으로는 상속인의 법정대리인이 아니라 상속인에 갈음하여 당사자적격을 갖는 갈음형 소송담당자로 보는 것이 타당하다. 판례도 유언집행자와 상속재산관리인을 법정소송담당자로 이해하고 있으며, 유언집행자나 상속재산관리인이 있는 경우 유언의 집행이나 상속재산에 관한 소송에서 유언집행자나 상속재산관리인만이 당사자가 되고 상속인은 당사자적격이 없다고 하여 갈음형 소송담당자로 보고 있다.[2]

#### (라) 권리관계의 주체인 사람의 소송참가

제3자의 소송담당에서 제3자가 수행하여 받은 판결의 효력은 권리관계의 주체인 사람에게도 미친다(제218조 제3항). 다만, 판례는 채권자대위소송에서는 채무자가 채권자대위소송이 제기된 사실을 알았을 경우에 그 판결의 효력이 채무자에게 미친다고 한다.[3] 이처럼 판결의 효력이 권리관계의 주체인 사람에게도 미친다고 한다면 권리관계의 주체인 사람도 소송에 참가하여 자신의 이익을 방어할 수 있어야 할 것이다. 이를 위하여 법률에서 제3자로 하여금 권리관계의 주체인 사람에게 소송고지를 하도록 의무를 지운 경우도 있다(민법 제405조 제1항, 상법 제404조 제2항,[4] 민사집행법 제238조[5]).

판결의 효력을 받는 권리관계의 주체인 사람이 소송에 참가하는 경우 그 참가의 유형으로는 공동소송인으로 참가하는 공동소송참가와 당사자가 아닌 보조자로서 참가하는 공동소송적 보조참가가 있다. 제3자가 권리관계의 주체인 사람에 갈음하여 소송수행권을 갖는 갈음형의 경우에는 권리관계의 주체인 사람은 당사자적격이

---

1) 따라서 유언집행자와 상속재산관리인은 상속인의 대리인임을 밝혀서 행위를 할 필요가 없으며 자기의 이름으로 행위를 하고, 그러면 그 행위의 효과가 직접 상속인에게 귀속된다(곽윤직, 「상속법」, 박영사, 2004, 272면; 송덕수, 「신민법강의」, 박영사, 2008, 1599면 및 1600면).

2) 대법원 2001. 3. 27. 선고 2000다26920 판결; 2010. 10. 28. 선고 2009다20840 판결; 2007. 6. 28. 선고 2005다55879 판결.

3) 대법원 2014. 1. 23. 선고 2011다108095 판결.

4) 주주는 대표소송을 제기한 후 지체 없이 회사에 그 소송을 고지해야 한다(상법 제404조 제2항).

5) 채권자가 추심명령에 따라 제3채무자를 상대로 소송을 제기할 때에는 채무자에게 그 소송을 고지해야 한다. 다만, 채무자가 외국에 있거나 있는 곳이 분명하지 않은 때에는 고지할 필요가 없다(민사집행법 제238조).

없으므로 공동소송참가를 할 수 없고 공동소송적 보조참가만이 가능하다. 그러나 제3자와 권리관계의 주체인 사람이 함께 소송수행권을 갖는 병행형의 경우에는 권리관계의 주체인 사람도 당사자적격이 있으므로 공동소송참가를 할 수 있다. 판례도 주주의 대표소송에 회사가 참가하는 것은 공동소송참가에 해당한다고 한다.[1]

(마) 직무상 당사자

법정소송담당의 또 다른 유형으로 직무상 당사자가 있다. 일정한 직무를 담당하고 있는 사람에게 법률이 소송수행권을 인정한 경우이다. 직무상 당사자의 예로는 가류 또는 나류 가사소송에서 당사자로 되어야 할 사람이 사망한 경우의 검사(가사소송법 제24조, 제28조, 제31조), 해난사고구조료청구에서의 선장(상법 제894조) 등이 있다.

### 2) 임의적 소송담당

임의적 소송담당이란 권리관계의 주체인 사람의 승인 아래 행해지는 소송담당을 말한다. 임의적 소송담당은 제87조의 변호사대리의 원칙이나 신탁법 제6조[2]의 소송신탁의 금지를 잠탈할 우려가 있어 법률이 허용하고 있는 경우에만 예외적으로 가능하다.[3] 법률이 임의적 소송담당을 허용하고 있는 예로는 ① 제53조의 선정당사자,[4] ② 어음법 제18조의 추심위임배서의 피배서인,[5] ③ 금융회사 등의 부실채권의 회수를 위임받은 한국자산관리공사(「한국자산관리공사 설립 등에 관한 법률」 제26조 제1항) 등이 있다. 그러나 변호사대리의 원칙이나 소송신탁의 금지를 잠탈할 염려가 없고 이를 인정할 합리적 필요성이 있는 경우에는 예외적으로 임의적

1) 대법원 2002. 3. 15. 선고 2000다9086 판결.
2) 수탁자로 하여금 소송행위를 하게 하는 것을 주된 목적으로 하는 신탁은 무효이다(신탁법 제6조).
3) 대법원 1996. 3. 26. 선고 95다20041 판결.
4) 선정당사자란 동일한 사고에 의한 다수 피해자의 손해배상청구소송 등과 같이 공동의 이해관계가 있는 여러 사람이 공동소송인이 되어 소송을 해야 할 경우에 이들 가운데 모두를 위하여 소송의 당사자로 선정된 자를 말한다. 선정당사자를 선정한 자를 선정자라 하고(제53조 제1항), 선정당사자가 받은 판결의 효력은 선정자에게도 미친다(제218조 제3항).
5) 숨은 추심위임배서, 즉 추심위임의 목적으로 하는 통상의 양도배서도 유효하다(대법원 1990. 4. 13. 선고 89다카1084 판결). 그러나 숨은 추심위임배서가 소송행위를 하게 하는 것을 그 주된 목적으로 하는 경우에는 신탁법 제6조를 위반하는 권리이전행위이므로 무효이다(대법원 2007. 12. 13. 선고 2007다53464 판결).

소송담당을 허용하여도 무방할 것이다. 그리하여 판례는 조합의 업무집행조합원은 조합재산에 관하여 조합원으로부터 임의적 소송신탁을 받아 자기의 이름으로 소송을 수행할 수 있다고 한다.[1]

### 3) 재정소송담당

법원의 재판에 의하여 소송수행권이 주어진 경우이다. 증권관련 집단소송 또는 소비자단체소송이나 개인정보 단체소송에서는 소송을 효율적으로 진행하기 위하여 일정한 자격이 있는 사람 또는 단체로 하여금 법원의 허가를 얻어 소송당사자가 되어 피해자 전원을 위한 소송수행을 하도록 하고 있다. 증권의 매매 등 거래과정에서 여러 사람에게 피해가 발생한 경우에 그중의 1인 또는 여러 사람이 법원의 허가를 얻어 대표당사자로 선임되어 소송수행권을 갖고 증권관련 손해배상청구소송을 제기할 수 있다(증권관련 집단소송법 제10조 제4항). 또한 사업자가 소비자의 권익을 침해하는 행위를 하는 경우 또는 개인정보처리자가 집단분쟁조정을 거부하거나 집단분쟁조정의 결과를 수락하지 않는 경우에 소비자단체 등 법정된 단체는 법원의 허가를 얻어 소송수행권을 갖고 소비자권익침해행위 또는 개인정보에 관한 권리침해행위의 금지나 중지를 청구하는 소송을 제기할 수 있다(소비자기본법 제74조 제1항 및 제70조, 개인정보보호법 제55조 제1항 제51조).

## 3. 당사자적격의 흠결

당사자적격은 소송요건이므로 법원의 직권조사사항이다.[2] 조사한 결과 당사자적격에 흠결이 있으면 소를 부적법 각하해야 한다. 당사자적격에 흠결이 있음에도 이를 간과하고 판결한 때에는 상소하여 다툴 수 있다. 그러나 판결이 확정된 후에는 재심사유에 해당하지 않으므로 재심이 허용되지 않는다. 이 경우 판결의 효력이 문제되는데, 당사자적격은 본안판결을 받기에 적합한 자격이라는 점에서 당사자적격이 흠결된 사람에게는 판결의 효력이 미치지 않으므로 그 판결은 무효라고 할 것

---

1) 대법원 1984. 2. 14. 선고 83다카1815 판결.

2) 대법원 1971. 3. 23. 선고 70다2639 판결.

이다. 다만, 판례는 공동의 이해관계가 없는 사람이 선정당사자로 선정됨으로써 당사자적격의 흠결이 생긴 경우에는 이를 간과한 판결이더라도 유효하다고 한다.[1]

소송계속 중에 당사자적격을 상실한 경우, 예를 들어 소송담당자 또는 선정당사자가 그 자격을 잃거나 사망한 경우에는 소송절차가 중단되고 당사자적격이 있는 사람이 소송을 수계해야 한다(제237조). 여러 사람의 선정당사자가 선정된 경우에 그중 일부가 당사자적격을 상실한 경우에는 나머지 선정당사자가 그 당사자적격을 이어받게 된다. 소송의 목적이 특정승계된 경우에는 새로이 당사자적격을 갖게 된 사람이 소송참가(제81조)를 하거나 소송인수(제82조)를 해야 한다.

## Ⅴ. 소송능력

### 1. 의의

소송능력은 소송당사자로서 유효하게 소송행위를 하거나 자신에 대한 소송행위를 받을 수 있는 능력을 말한다. 소송능력은 민법상 행위능력에 대응한 개념으로서 소송에서 자신의 이익을 제대로 주장·옹호할 수 없는 제한능력자를 보호하기 위한 것이다. 소송절차 내에서의 소송행위는 물론 소송개시 전이나 소송 외에서의 소송행위, 예를 들어 소송대리권의 수여, 관할합의, 증거계약 등과 같은 소송행위에도 소송능력이 필요하다.

### 2. 소송능력자

민사소송법에서는 소송능력에 관하여 민사소송법에 특별한 규정이 없으면 민법 기타의 법률에 의하도록 규정하고 있다(제51조). 따라서 민법상 행위능력을 갖는 사람은 소송능력자이다. 그러나 소송능력자라고 하더라도 행위 당시 의사능력이

1) 대법원 2007. 7. 12. 선고 2005다10470 판결.

없는 경우에는 그 소송행위는 절대무효이다. 여기에는 추인이 허용되지 않는다. 의사능력이 있는지 여부는 개별적으로 판단해야 한다. 법인을 소송능력자로 볼 것인지는 법인의 본질에 관한 학설, 즉 실재설 또는 의제설에 따라 달라지나, 민사소송법에서는 법인이 제한능력자임을 전제로 그 대표자 또는 관리인을 법정대리인에 준하여 취급하고 있다(제64조).

## 3. 제한능력자의 소송능력

민법상 제한능력자인 미성년자와 피성년후견인은 소송능력도 제한된다. 제한능력자는 원칙적으로 법정대리인이 대리해서만 소송행위를 할 수 있고(제55조),[1] 법정대리인의 동의를 얻더라도 스스로 소송행위를 할 수 없다. 제한능력자가 스스로 한 소송행위는 민법에서처럼 취소할 수 있는 것이 아니라 취소를 기다릴 것 없이 무효이다. 다만, 이 무효인 소송행위도 법정대리인이 추인하면 소급하여 유효한 행위가 될 수 있다(제60조).

민법에 의하면 법정대리인이 처분을 허락한 재산은 미성년자가 임의로 처분할 수 있으나(동법 제6조), 소송법상으로는 미성년자의 소송능력이 인정되지 않는다. 법정대리인이 어느 범위까지 처분을 허락했는지 불분명하여 소송절차의 명확성과 안정성을 해칠 우려가 있기 때문이다. 그러나 미성년자가 혼인을 한 경우(동법 제826조의2), 법정대리인의 동의를 얻어 영업에 관한 법률행위를 하는 경우(동법 제8조), 근로계약을 체결하거나 임금을 청구하는 경우(근로기준법 제67조 및 제68조)[2]에는 미성년자라고 하더라도 스스로 독립하여 법률행위를 할 수 있고 그 범위 내에서 소송능력이 인정된다(제55조 제1항 제1호).[3]

피성년후견인은 성년후견인이 대리해서만 소송행위를 할 수 있으나, 가정법원

---

1) 성년후견의 심판을 받지 않은 의사무능력자는 제한능력자를 위한 특별대리인(제62조)을 통하여 소송대리가 가능하다.

2) 친권자나 후견인은 미성년자의 근로계약을 대리할 수 없으나(근로기준법 제67조 제1항), 친권자나 후견인 또는 고용노동부장관은 근로계약이 미성년자에게 불리하다고 인정하는 경우에는 이를 해지할 수 있다(동조 제2항). 미성년자는 독자적으로 임금을 청구할 수 있다(동법 제68조).

3) 대법원 1981. 8. 25. 선고 80다3149 판결.

은 취소할 수 없는 피성년후견인의 법률행위의 범위를 정할 수 있고(동법 제10조 제2항), 그 범위 내에서는 소송능력을 가지므로 스스로 소송행위를 할 수 있다(제55조 제1항 제2호). 그러나 피한정후견인은 행위능력자이므로 소송능력자이다. 다만, 가정법원은 피한정후견인이 한정후견인의 동의를 받아야 하는 행위의 범위를 정할 수 있고(동법 제13조 제1항), 그 범위 내에서는 행위능력이 제한되므로 이 경우에는 소송능력도 제한되고 한정후견인이 대리해서만 소송행위를 할 수 있다(제55조 제2항).[1]

## 4. 소송능력의 흠결

소송능력의 존재는 소송요건의 하나이고 직권조사사항이다. 그러나 소송능력의 흠결이 있더라도 바로 소를 부적법 각하하는 것은 소송경제에 반하고 당사자에게도 불이익하므로 그러한 경우 먼저 기간을 정하여 보정을 명해야 하며, 그럼에도 흠결을 보정하지 않은 경우에는 부적법 각하해야 할 것이다. 만일 보정하는 것이 지연됨으로써 손해가 생길 염려가 있는 경우에는 법원은 보정하기 전에 당사자 또는 법정대리인으로 하여금 일시적으로 소송행위를 하게 할 수 있다(제59조).

소송능력의 흠결을 간과하고 본안판결을 한 경우 그 판결은 당연무효는 아니며 법정대리권의 흠결을 이유로 상소(제424조 제1항 제4호) 또는 재심(제451조 제1항 제3호)에 의하여 취소할 수 있다. 그러나 법정대리인 또는 소송능력을 회복한 본인이 추인한 경우에는 상소 또는 재심의 소는 허용되지 않는다. 제한능력자의 보호가 제도의 취지라는 점에서 제한능력자가 승소한 경우에 상대방이 소송능력의 흠결을 이유로 상소 또는 재심을 제기할 이익은 없다.[2]

---

1) 피특정후견인은 행위능력자이므로 피특정후견인의 소송능력은 제한되지 않는다. 특정후견은 피특정후견인의 의사에 반하여 할 수 없고(민법 제14조의2 제2항), 특정후견인은 취소권이나 동의권이 없으며 기간 또는 범위를 정하여 그 범위 내에서 대리권을 갖는데 그친다(동조 제3항).

2) 강현중, 157면; 이시윤, 169면; 정동윤·유병현, 186면.

**참조 법정대리인 등의 추인**

① 추인은 법원 또는 상대방에 대하여 명시적 또는 묵시적으로 할 수 있고, 추인의 시기는 소송능력이 흠결된 소송행위가 확정적으로 배척되기 전까지, 예를 들어 소각하의 판결이 확정되기 전까지 할 수 있으며 상고심이나 재심에서도 할 수 있다(대법원 2010. 6. 10. 선고 2010다5373 판결).

② 추인은 원칙적으로 소송행위 전체에 대하여 일괄적으로 해야 하며 일부 추인은 허용되지 않는다. 다만, 소송의 혼란을 야기할 염려가 없는 경우에는 일부 추인이 허용된다. 예를 들어, 소의 취하를 제외하고 나머지 행위를 추인하거나 단순병합된 여러 개의 청구 중 일부의 청구에 대하여 추인하는 것 등은 가능하다.

## Ⅵ. 변론능력

### 1. 의의

변론능력이란 법정에 출석하여 법원에 대한 관계에서 유효하게 소송행위를 할 수 있는 능력을 말한다. 법원에 대한 소송행위를 하는데 필요한 능력이므로 당사자 사이의 소송행위를 함에는 필요하지 않다. 변론능력은 소송절차의 원활하고 신속한 진행을 도모하기 위한 공익적 견지에서 인정된 것이다. 변호사강제주의를 채택하고 있는 국가에서는 변호사만이 변론능력을 가지므로 당사자는 소송능력이 있더라도 법원에 대한 관계에서 유효하게 소송행위를 할 수 없으며 그리하여 변호사에게 소송사건을 위임해야 한다. 그러나 우리나라에서는 증권관련집단소송이나 소비자단체소송 등을 제외하고는 변호사강제주의를 채택하고 있지 않으므로 소송능력이 있는 사람은 원칙적으로 변론능력을 가진다. 그러나 다음과 같이 개개의 소송에서 변론능력이 제한되는 경우가 있다.

## 2. 변론능력이 제한되는 경우

### (1) 진술금지의 재판

법원은 소송관계를 분명하게 하기 위하여 필요한 진술을 할 수 없는 당사자 또는 대리인의 진술을 금지할 수 있다(제144조 제1항). 진술금지의 재판을 받은 사람은 변론능력이 없다. 진술금지재판의 효력은 진술금지를 명한 기일에만 한정되지 않고 해당 심급의 변론 전부에 미친다. 진술금지의 재판을 받은 사람에 대하여 법원은 변호사 선임을 명할 수 있고(동조 제2항), 그럼에도 변호사를 선임하지 않는 채 기일에 진술금지의 재판을 받은 사람이 그대로 출석하는 때에는 기일불출석으로 인한 불이익을 입게 될 뿐만 아니라 소 또는 상소가 각하될 수 있다(동조 제4항).

### (2) 발언금지명령

재판장은 변론기일 또는 변론준비기일에 그의 명령에 따르지 않는 사람의 발언을 금지할 수 있다(제135조 제2항, 제286조). 발언금지명령을 받은 사람은 해당 기일에 한하여 변론능력을 갖지 못한다.[1]

### (3) 변호사대리의 원칙

변호사 아닌 사람은 원칙적으로 다른 사람의 소송에 소송대리인이 될 수 없다(제87조). 따라서 변호사 자격이 없는 사람은 소송대리인으로서의 변론능력이 없다고 할 수 있다.[2]

## 3. 진술보조인

질병·장애·연령 등의 사유로 인한 정신적·신체적 제약으로 소송관계를 분명

---

1) 김홍엽, 166면; 이시윤, 170면.
2) 강현중, 159면; 정동윤·유병현, 187면 및 188면.

하게 하기 위하여 필요한 진술을 하기 어려운 당사자는 법원의 허가를 받아 진술을 도와주는 진술보조인과 함께 출석하여 진술할 수 있다(제143조의2 제1항). 진술보조인 제도는 필요한 진술이 어려운 당사자의 변론능력을 보충해 주는 제도이다. 진술보조인은 당사자와 친족관계 또는 고용관계 등이 있는 사람으로서 당사자와의 생활관계 또는 담당하는 사무의 내용 등에 비추어 상당하다고 인정되는 사람이어야 한다(민사소송규칙 제30조의2 제1항). 진술보조인은 변론기일에 당사자와 함께 출석하여 당사자, 법원, 상대방 기타 소송관계인의 진술을 이해할 수 있도록 중개하거나 설명할 수 있고, 이때 당사자는 진술보조인의 행위를 즉시 취소하거나 경정할 수 있다(동규칙 제30조의2 제3항). 허가신청은 심급마다 서면으로 해야 하고(동규칙 제30조의2 제2항), 법원은 언제든지 허가를 취소할 수 있다(제143조의2 제2항). 허가를 취소한 경우 당사자에게 그 취지를 통지해야 한다(동규칙 동조 제6항).

### 4. 변론능력 흠결의 효과

변론능력이 없는 사람의 소송행위는 무효이다. 따라서 진술이나 발언을 금지당한 사람이 진술 등 소송행위를 계속하더라도 소송법상 아무런 효력이 발생하지 않는다. 법원은 변론능력이 없는 사람의 소송관여를 배척해야 한다. 그러나 법원이 변론능력 없는 사람의 소송관여를 묵인한 경우 그 소송행위는 유효하다. 법원이 변론능력의 흠결을 간과하고 한 판결도 위법한 것은 아니며, 변론능력의 흠결을 이유로 상소나 재심에 의하여 취소를 구할 수 없다. 변론능력은 법원의 신속하고 원활한 재판의 진행을 도모하기 위한 제도이므로 법원이 변론능력의 흠결을 문제삼지 않았다면 그 하자는 치유된 것으로 보아야 하기 때문이다.[1)]

1) 강현중, 159면.

# 제 2 절 소송상 대리인

## Ⅰ. 소송상 대리인의 의의

### 1. 소송상 대리인의 개념

소송상 대리인이란 당사자의 이름으로 소송행위를 하거나 소송행위를 받는 제3자를 말한다. 대리인은 자기의 의사에 기하여 소송행위를 하지만, 대리인이 한 행위의 효과는 당사자 본인에게만 미친다. 대리인은 당사자의 이름으로 소송행위를 하는 사람이므로 자기의 이름으로 소송행위를 하는 소송담당자나 선정당사자는 당사자이지 대리인이 아니다.

소송상 대리인에는 당사자 본인의 의사에 의하지 않고 선임된 법정대리인과 당사자 본인의 의사에 의하여 선임된 임의대리인이 있고, 또한 대리권의 범위에 따라 소송행위 전반에 걸쳐 포괄적인 대리권을 갖는 포괄대리인과 개개의 특정한 소송행위만을 대리하는 개별대리인이 있다. 소송상 대리인은 포괄대리인인 것이 원칙이고, 특히 포괄적 대리권을 가진 임의대리인을 소송대리인이라고 한다.[1] 개별대리인의 예로는 송달영수의 대리권을 갖는 군사용의 청사 또는 선박의 장(제181조),[2] 교도소·구치소 또는 국가경찰관서의 장(제182조),[3] 송달영수인(제184조)[4] 등이 있다.

---

1) 정동윤·유병현, 201면.

2) 군사용의 청사 또는 선박에 속하여 있는 사람에게 할 송달은 그 청사 또는 선박의 장에게 한다(제181조).

3) 교도소·구치소 또는 국가경찰관서의 유치장에 체포·구속 또는 유치(留置)된 사람에게 할 송달은 교도소·구치소 또는 국가경찰관서의 장에게 한다(제182조).

4) 당사자·법정대리인 또는 소송대리인은 주소·거소·영업소 또는 사무소 외의 장소(대한민국 안의 장소로 한정한다)를 송달받을 장소로 정하여 법원에 신고할 수 있다. 이 경우에는 송달영수인을 정하여 신고할 수 있다(제184조).

## 2. 소송상 대리의 특성

소송상 대리에서는 소송절차의 원활과 안정을 위하여 대리권의 존재와 범위를 명확히 하고 획일적으로 처리할 필요가 있다. 그에 따라 소송상 대리에서는 민법상 대리와는 구별되는 다음과 같은 특성이 인정되고 있다.

### (1) 대리권의 서면증명

소송상 대리권은 서면으로 증명해야 한다(제58조, 제89조). 증명하는 서면으로 법정대리인은 가족관계증명서 또는 후견인선임결정서 등을 제출하고, 임의대리인은 위임장이나 법인등기부등본(지배인인 경우)을 제출한다.

### (2) 대리권소멸의 통지

대리권의 소멸사실을 상대방에게 통지하지 않으면 소멸의 효력을 주장하지 못한다(제63조 제1항 본문, 제97조). 상대방이 알든 모르든, 모르는데 과실이 있든 없든 불문한다.[1] 다만, 법원에 소송상 대리권의 소멸사실이 알려진 뒤에는 그 소송상 대리인은 소의 취하, 화해, 청구의 포기·인낙 또는 소송탈퇴 등 소송종료행위를 하지 못한다(제63조 제1항 단서, 제97조).

### (3) 대리권 범위의 법정

대리권의 범위가 법률로 정해져 있다. 법정대리인의 대리권의 범위는 제51조, 제56조, 제62조 제3항, 제62조의2 제2항, 제64조에서, 임의대리인의 대리권의 범위는 제90조 내지 제92조에서 각각 규정하고 있다. 법정된 대리권의 범위를 법률에 별도의 규정이 없는 한 당사자가 임의로 제한할 수 없으며, 이를 제한하여도 효력이 없다.

---

1) 대법원 1998. 2. 19. 선고 95다52710 전원합의체 판결; 2007. 5. 10. 선고 2007다7256 판결.

### (4) 민법상 표현대리 법리의 배제

소송상 대리에는 민법상 표현대리의 법리가 적용되지 않는다. 거래의 안전을 보호하기 위한 민법상 표현대리의 법리는 절차의 명확성과 안정성을 중시하는 소송행위에는 적용될 여지가 없기 때문이다. 판례도 공정증서가 집행권원으로서 집행력을 가질 수 있도록 하는 집행인낙의 표시는 공증인에 대한 소송행위로서 이러한 소송행위에는 민법상 표현대리의 규정이 적용 또는 준용될 수 없다고 한다.[1] 그리하여 소송상 대리에는 유권대리와 무권대리가 있을 뿐이고, 실제는 무권대리이지만 대리권이 있는 듯한 외관에 따라 유권대리처럼 취급되는 표현대리는 인정되지 않는다. 그 결과 소송상 대리에서는 대리권이 수여되었는지 여부가 문제될 뿐이고, 대리권이 수여되었다고 믿을 만한 정당한 이유가 있는지 여부는 문제가 되지 않는다.

## Ⅱ. 법정대리인

### 1. 법정대리인의 종류

법정대리인이란 본인의 의사에 의하지 않고 법률의 규정이나 법원에 의하여 선임된 대리인을 말한다. 실체법상 법정대리인은 소송상으로도 법정대리인이 된다. 그 밖에 민사소송법에서는 제한능력자를 위한 소송상 특별대리인을 두고 있으며(제62조, 제62조의2), 법인 등 단체의 대표자를 법정대리인에 준하여 취급하고 있다(제64조). 그리하여 소송상 법정대리인의 종류에는 실체법상 법정대리인, 소송상 특별대리인, 법인 등 단체의 대표자가 있다.

#### (1) 실체법상 법정대리인

실체법상 법정대리인은 소송상으로도 법정대리인이 된다(제51조). 실체법상 법

1) 대법원 1994. 2. 22. 선고 93다42047 판결.

정대리인에는 친권자(민법 제909조, 제911조), 후견인(민법 제928조, 제929조, 제938조), 법원이 선임한 부재자재산관리인(제22조),[1] 민법상 특별대리인(제64조, 제921조)[2] 등이 있다. 그러나 유언집행자[3]와 상속재산관리인[4]은 민법상으로는 법정대리인이지만, 소송상으로는 당사자적격을 갖는 소송담당자이다.

### (2) 소송상 특별대리인

민사소송법은 제한능력자를 위한 소송상 특별대리인을 두고 있다(제62조, 제62조의2). 소송상 특별대리인은 개개의 소송절차에서 법원이 선임한 대리인으로서 법정대리인이다.

#### 1) 선임요건

##### (가) 제한능력자가 당사자일 것

제한능력자가 원고 또는 피고가 되는 경우이어야 한다(제62조 제1항, 제62조의2 제1항). 제한능력자인 미성년자와 피성년후견인, 피한정후견인이 당사자가 되는 경우뿐만 아니라 성년후견개시의 심판을 받지 않은 의사무능력자가 당사자가 되는 경우에도 특별대리인을 선임할 수 있다(제62조의2 제1항). 또한 민사소송법은 법인 등 단체를 제한능력자에 준하는 것으로 취급하여 그 대표자나 관리인에 대하여 법정대리인에 관한 규정을 준용하고 있다(제64조). 따라서 법인 등 단체가 당사자가 되는 경우에도 특별대리인을 선임할 수 있다.

##### (나) 법정대리인의 부재 또는 대리권 행사의 곤란

제한능력자에게 법정대리인이 없거나 법정대리인이 있더라도 소송에 관한 대리권이 없는 경우, 법정대리인이 사실상 또는 법률상 장애로 대리권을 행사할 수 없

---

1) 대법원 1968. 12. 24. 선고 68다2021 판결.

2) 법인과 이사의 이익이 상반되는 사항에 대해서는 이사는 대표권이 없고, 특별대리인을 선임하여 법인을 대표하도록 해야 한다(민법 제64조). 또한 친권자가 그 자녀와 이해가 상반되는 행위를 하거나 그 친권에 따르는 여러 명의 자녀 사이에 이해가 상반되는 행위를 함에는 특별대리인을 선임하여 그로 하여금 대리권을 행사하도록 해야 한다(동법 제921조).

3) 대법원 2010. 10. 28. 선고 2009다20840 판결; 1999. 11. 26. 선고 97다57733 판결.

4) 대법원 2007. 6. 28. 선고 2005다55879 판결; 1976. 12. 28. 선고 76다797 판결.

는 경우 또는 법정대리인이 불성실하거나 미숙한 대리권의 행사로 소송절차의 진행이 현저하게 방해받는 경우이어야 한다(제62조 제1항 제1호 내지 제3호, 제62조의2 제1항). 법정대리인의 대리권 행사에 법률상 장애가 있는 경우로는 당사자 본인과 이해가 상반되는 경우 등이 있고(민법 제921조), 사실상의 장애가 있는 경우로는 법정대리인이 질병에 걸렸거나 장기간 해외여행 중인 경우 등이 있다.

법인 또는 법인 아닌 단체의 대표자에 대해서도 법정대리인에 관한 규정이 준용되므로 법인 등 단체에 대표자가 없거나 대표권을 행사할 수 없는 경우에도 특별대리인을 선임할 수 있다(제64조 및 제62조).[1] 대표권을 행사할 수 없는 경우로는 법인 등 단체와 대표자의 이익이 상반되는 경우 등이 있다(민법 제64조).[2] 법인 등 단체의 대표자가 사망한 경우에는 비록 소송대리인이 선임되어 있더라도 특별대리인을 선임할 수 있다. 특별대리인은 법인의 대표자가 대표권을 행사할 수 없는 흠결을 보충하기 위한 제도이기 때문이다.

그런데 주식회사의 경우 대표이사가 임기만료 또는 사임으로 인하여 공석 중이어도 후임 대표이사가 선임될 때까지 종전 대표이사가 대표이사로서의 권리의무를 가지므로 특별대리인을 선임할 수 없다(상법 제386조 제1항 및 제389조 제3항).[3] 판례도 새로 선임된 주식회사의 대표이사가 적법한 대표자로서의 자격이 없는 경우에도 종전 대표이사가 대표이사로서의 권리의무를 가지므로 특별대리인을 선임할 수 없다고 한다.[4] 또한 자본금 총액이 10억원 미만인 주식회사로서 대표이사 이외에 이사가 있는 경우 대표이사가 사망하더라도 그 이사가 회사를 대표하므로 특별대리인을 선임할 수 없고(상법 제383조 제1항 및 제6항),[5] 주식회사와 이사 사이의 소송에서는 감사가 회사를 대표하므로 주식회사와 대표이사 사이의 소송에서는 특별대리인을 선임할 수 없다(상법 제394조 제1항).[6]

---

1) 대법원 2015. 4. 9. 선고 2013다89372 판결.

2) 대법원 1992. 3. 10. 선고 91다25208 판결.

3) 법률 또는 정관에 정한 이사의 원수를 결한 경우에는 임기의 만료 또는 사임으로 인하여 퇴임한 이사는 새로 선임된 이사가 취임할 때까지 이사의 권리의무가 있고(상법 제386조 제1항), 이는 대표이사의 경우에도 마찬가지이다(동법 제389조 제3항).

4) 대법원 1974. 12. 10. 선고 74다428 판결.

5) 자본금 총액이 10억원 미만인 회사는 이사를 1명 또는 2명으로 할 수 있고(상법 제383조 제1항), 각 이사(정관에 따라 대표이사를 정한 경우에는 그 대표이사를 말한다)가 회사를 대표한다(동조 제6항).

### 2) 선임절차

제한능력자의 친족, 이해관계인, 대리권 없는 후견인, 지방자치단체의 장 또는 검사가 그 선임을 신청할 수 있다(제62조 제1항). 여기의 이해관계인에는 제한능력자를 상대로 소송행위를 하려는 사람을 포함하고, 특정후견인 또는 임의후견인도 특별대리인의 선임을 신청할 수 있다(제62조의2 제1항 단서). 그러나 제한능력자 본인은 신청권이 없다.

신청인은 위의 선임요건에 해당하는 사유로 인하여 소송절차가 지연됨으로써 손해를 볼 염려가 있다는 점을 소명하여 수소법원에 특별대리인의 선임을 신청해야 한다(제62조 제1항). 여기서 수소법원이란 이미 계속된 본안사건을 직접 심리하고 있는 특정 재판부를 의미하는 것이 아니라 그 재판부가 소속된 법원을 말한다.[1]

법원은 소송계속 후 필요한 경우 직권으로 특별대리인을 선임 또는 개임(改任)하거나 해임할 수 있다(제62조 제2항). 특별대리인의 선임 또는 개임이나 해임은 법원의 결정으로 하며, 그 결정은 특별대리인에게 송달해야 한다(동조 제4항). 특별대리인의 선임결정에 대해서는 불복할 수 없으나, 선임신청을 각하 또는 기각하는 결정에 대해서는 불복할 수 있다.

## (3) 법인 등 단체의 대표자

법인의 대표자 또는 법인 아닌 단체의 대표자나 관리인은 법정대리인에 준하여 취급된다(제64조). 대표자는 민법상 법인은 이사이고(민법 제59조), 주식회사는 대표이사(상법 제389조)나 청산인(상법 제542조, 255조)[2] 또는 대표이사직무대행자(상법 제408조)[3]이다. 다만, 법인과 이사의 이익이 상반되는 사항에 관해서는 이사에

---

6) 그런데 합명회사 또는 합자회사와 그 사원 간의 소송에서는 그 회사를 대표할 사원이 없을 때에는 다른 사원의 과반수의 결의로 선정해야 하고(동법 제211조, 제269조), 유한회사와 이사 간의 소송에서는 사원총회에서 그 소송에 관하여 회사를 대표할 자를 선정해야 한다(동법 제563조). 따라서 합명회사, 합자회사 또는 유한회사에서는 그 회사와 사원 또는 이사 간의 소송에서 회사를 대표할 사람을 사원의 과반수 또는 사원총회의 결의로 선정하지 않는 경우에 특별대리인을 선임할 수 있다.

1) 대법원 1969. 3. 25. 자 68그21 결정.

2) 대법원 1994. 5. 27. 선고 94다7607 판결.

3) 대법원 1995. 12. 12. 선고 95다31348 판결.

게 대표권이 없으며 특별대리인을 선임하여 그로 하여금 법인을 대표하도록 해야 하고(민법 제64조), 주식회사와 이사 사이의 소송에서는 감사가 회사를 대표한다(상법 제394조 제1항).[1] 판례는 회사의 이사선임결의의 무효 또는 부존재확인을 구하는 소송에서 회사를 대표할 사람은 현재 대표이사로 등기되어 그 직무를 행하는 사람이고, 비록 그 대표이사가 무효 또는 부존재확인의 대상이 된 결의에 의하여 선임된 이사라고 하여도 그 소송에서 회사를 대표할 사람임에는 변함이 없다고 한다.[2]

법인 등 단체의 대표자에게 적법한 대표권이 있는지 여부는 소송요건에 관한 것으로서 법원의 직권조사사항이다. 따라서 대표권의 존재에 관한 당사자의 주장은 법원의 직권발동을 촉구하는 의미밖에 없어 그 주장에 대해서 판단하지 않더라도 판단누락이 되지 않으며,[3] 이에 관해서는 자백이 성립하지 않는다.[4] 법원은 그 판단의 기초자료인 사실과 증거를 직권으로 탐지할 의무까지는 없다고 하더라도 이미 제출된 자료에 의하여 대표권의 적법성에 의심이 갈 만한 사정이 있다면 그에 관하여 심리·조사할 의무가 있다.[5]

국가를 당사자로 하는 소송에서는 법무부장관이 대표자가 되고(국가를 당사자로 하는 소송에 관한 법률 제2조), 법무부장관은 소송수행자를 지정하여 대리하게 할 수 있다(동법 제3조). 지방자치단체의 경우에는 시장, 도지사, 군수, 구청장 등 단체장이 대표자가 된다. 그러나 특별시·광역시·도 등 광역지방자치단체의 교육·학예에 관한 소송에서는 교육감이 대표자가 된다(지방교육자치에 관한 법률 제18조 제2항). 특별시·광역시·도의 교육·학예에 관한 사무를 분장하기 위하여 1개 또는 2개 이상의 시·군 및 자치구를 관할구역으로 하는 하급교육행정기관으로서 교육지원청을 둔 경우에는 교육장이 교육감으로부터 위임받은 사무에 관하여 대표자가 된다(동법 제34조 및 제35조).

---

1) 대법원 1990. 5. 11. 선고 89다카15199 판결.
2) 대법원 1983. 3. 22. 선고 82다카1810 전원합의체 판결.
3) 대법원 1994. 11. 8. 선고 94다31549 판결.
4) 대법원 2002. 5. 14. 선고 2000다42908 판결.
5) 대법원 1997. 10. 10. 선고 96다40578 판결; 2009. 1. 30. 선고 2006다60908 판결.

## 2. 법정대리권의 범위

### (1) 실체법상 법정대리인의 경우

실체법상 법정대리인의 대리권의 범위에 관하여 민사소송법에 특별한 규정이 없으면 민법의 규정에 의한다(제51조). 민사소송법은 제56조에서 후견인의 대리권에 관하여 규정하고 있을 뿐이고, 나머지 실체법상 법정대리인의 대리권의 범위에 관해서는 규정하고 있지 않다. 따라서 후견인의 대리권의 범위에 관해서는 제56조의 규정이 우선하여 적용되고, 동조에서 규정하지 않은 후견인의 대리권의 범위와 후견인을 제외한 나머지 실체법상 법정대리인의 대리권의 범위는 민법의 규정에 의하게 된다.

#### 1) 친권자

친권자는 자녀와 이해가 상반되는 행위를 하는 경우(민법 제921조)를 제외하고 민사소송법이나 민법상으로 친권을 행사하는데 특별한 제한이 없다. 따라서 친권자는 아무런 제약 없이 자녀를 대리하여 일체의 소송행위를 할 수 있다.

#### 2) 후견인

후견인이 피후견인을 대리하여 소송행위를 할 때에는 후견감독인의 동의를 받아야 하고(민법 제950조 제1항 제5호), 후견감독인의 동의가 필요함에도 동의하지 않는 경우에는 동의에 갈음하는 가정법원의 허가를 받아야 한다(동조 제2항). 그런데 후견인이 소의 취하, 화해, 청구의 포기·인낙 또는 소송탈퇴의 행위를 할 때에는 후견감독인으로부터 특별한 권한을 받아야 하고, 후견감독인이 없는 경우에는 가정법원으로부터 특별한 권한을 받아야 한다(제56조 제2항). 여기서 특별한 권한이란 일반적인 동의만으로는 부족하고 특히 그 종류를 명시한 특별한 동의를 의미한다. 그러나 상대방의 소 또는 상소 제기에 대하여 수동적으로 응소행위를 함에는 후견감독인의 동의나 그에 갈음하는 가정법원의 허가를 받을 필요가 없다(동조 제1항).

#### 3) 부재자의 재산관리인

부재자의 재산관리인이 보존행위 또는 성질을 변하지 않는 범위에서 이용하거나 개량하는 관리행위는 스스로 할 수 있으나, 이를 넘어선 처분행위를 함에는 법원의 허가를 받아야 한다(민법 제25조, 제118조). 따라서 부재자의 재산관리인은 소극적인 응소행위는 스스로 할 수 있으나, 소의 취하, 화해, 청구의 포기·인낙, 소송탈퇴 등의 중요한 소송행위를 함에는 법원의 허가를 필요로 한다.[1)]

#### 4) 민법상 특별대리인

법인과 이사의 이익이 상반되거나 친권자와 자녀 사이에 이해가 상반되는 경우에 선임되는 민법상 특별대리인(민법 제64조 및 제921조)은 이해가 상반되는 사항과 관련된 해당 소송에 대해서는 일체의 소송행위를 할 수 있다.

### (2) 소송상 특별대리인의 경우

소송상 특별대리인은 해당 소송에 한하여 대리권 있는 후견인과 동일한 권한을 갖는다(제62조 제3항). 그리하여 소·상소의 취하, 화해, 청구의 포기·인낙 또는 소송탈퇴 등 소송종료행위를 함에는 후견인과 같이 후견감독인 또는 가정법원으로부터 특별한 권한을 받아야 한다(제56조 제2항). 그런데 성년후견개시의 심판을 받지 않은 의사무능력자의 특별대리인이 이러한 소송종료행위를 한 경우 본인의 이익을 명백히 침해한다고 인정할 때에는 수소법원이 그 행위가 있은 날로부터 14일 이내에 이를 허가하지 않을 수 있다(제62조의2 제2항 전단). 성년후견개시의 심판을 받지 않은 의사무능력자의 경우에는 후견감독인이나 가정법원에 의한 견제를 받을 수 없으므로 수소법원으로 하여금 불허결정을 할 수 있도록 한 것이다. 이 불허결정에 대해서는 불복할 수 없다(동항 후단).[2)] 그러나 소송상 특별대리인이 그 선임결정에 따라서 소송을 제기하고 이를 수행함에는 특별한 권한을 받을 필요가 없다.[3)] 소송상 특별대리인이 소송을 제기하고 수행하는 것은 그 선임 목적에 따른 당연한 것이고, 제한능력자인 당사자의 이익을 해칠 우려가 없기 때문이다.

---

1) 대법원 1968. 4. 30. 선고 67다2117 판결.

2) 불복절차를 인정하게 되면 이에 대한 법원의 판단이 내려질 때까지 소송절차를 종료시키는 소송행위의 효력이 장기간 미확정인 상태로 남겨질 가능성이 있어 절차 및 거래의 안정을 해칠 수 있으며, 종국판결에 대한 불복절차에서 다툴 수 있으므로 별도의 불복절차를 두고 있지 않다.

3) 대법원 1983. 2. 8. 선고 82므34 판결.

소송상 특별대리인은 해당 소송행위를 할 권한뿐만 아니라 해당 소송에서 공격방어방법으로서 필요한 때에는 사법상의 실체적 권리도 행사할 수 있다. 다만, 제한능력자의 부동산처분행위에 대한 추인과 같은 부동산에 관한 권리의 득실변경을 초래하는 행위는 후견감독인의 동의가 없는 한 할 수 없다(민법 제950조 제1항 제4호).[1] 또한 소송상 특별대리인은 본인을 위하여 소송대리인을 선임하고 그 수임료지급약정을 체결할 권한은 있지만, 수임료지급에 갈음하여 그 판결에서 확정된 본인의 채권을 양도하는 등 처분할 권한은 없다.[2] 그런데 법인 등 단체에서 대표자가 없거나 대표권을 행사할 수 없어 선임된 소송상 특별대리인의 경우에는 그 성질상 후견인에 관한 규정이 준용될 여지가 없다. 이 경우의 특별대리인은 법인 등 단체의 대표자와 동일한 권한을 갖고 일체의 소송행위를 할 수 있다.[3]

법정대리인이 있음에도 소송상 특별대리인이 선임된 경우 특별대리인의 대리권의 범위에서 종전 법정대리인의 권한은 정지된다(제62조 제3항 후단). 예를 들어, 법인 등 단체의 대표자 자격이나 대표권에 흠결이 있어 소송상 특별대리인이 선임된 경우 소송계속 중에 종전 대표자의 자격이나 대표권에 있던 흠결이 보완되어 대표권을 회복하더라도 소송상 특별대리인이 해임되기 전까지는 그 권한이 정지되므로 유효한 소송행위를 할 수 없다.

### (3) 법인 등 단체의 대표자의 경우

법인 등 단체의 대표자에 대해서는 법정대리인에 관한 규정이 준용된다(제64조). 민사소송법은 법인 등 단체를 제한능력자로 보고 그 대표자를 법정대리인으로 취급하고 있다. 법인 등 단체의 대표자 권한에 관하여 특별한 규정이 없으면 실체법의 규정에 의한다(제51조). 실체법상 법인 등 단체의 대표자는 법인의 목적인 사업의 수행에 필요한 일체의 행위를 할 수 있는 것이 원칙이다. 민법상 법인의 이사는 법인의 사무에 관하여 법인을 대표하고(민법 제59조), 상법상 회사를 대표하는 사람은 회사의 영업에 관하여 재판상 또는 재판 외의 모든 행위를 할 권한이 있다(상법 제

1) 대법원 1993. 7. 27. 선고 93다8986 판결.
2) 대법원 2012. 8. 30. 선고 2012다38216 판결.
3) 대법원 2010. 6. 10. 선고 2010다5373 판결.

209조, 제269조, 제389조 제3항, 제567조). 따라서 법인 등 단체의 대표자는 법인의 사무에 관한 소송에서 일체의 소송행위를 할 수 있다.[1] 다만, 총유재산의 관리 및 처분은 사원총회의 결의에 의해야 하므로(민법 제276조 제1항) 법인 아닌 사단이 총유재산에 관한 소송을 제기하기 위해서는 대표자가 사원총회의 결의를 거쳐 소송을 제기해야 하고, 사원총회의 결의 없이 법인 아닌 사단의 이름으로 소송을 제기한 경우에는 소송행위에 관한 특별수권을 흠결한 것으로 부적법한 소송이 된다.[2]

그러나 법원의 가처분결정에 의하여 선임된 이사 또는 대표이사의 직무대행자는 법인 또는 회사의 통상사무에 속하는 행위만을 할 수 있고, 이를 벗어난 행위를 하려면 법원의 허가를 받아야 한다(민법 제60조의2 제1항, 상법 제408조 제1항). 법인 또는 회사의 통상사무란 법인 또는 회사가 그 목적인 사업 또는 영업을 계속함에 있어 통상적인 업무범위 내의 사무, 즉 법인의 사업 수행 또는 회사의 경영에 중요한 영향을 미치지 않는 보통의 업무를 말한다.[3] 변호사에게 소송대리를 위임하고 보수지급약정을 체결하거나 반소제기를 위임하는 행위는 법인 또는 회사의 통상사무에 속하지만, 상대방 변호사의 보수지급약정[4]을 하거나 항소를 취하[5]하거나 청구를 인낙[6]하는 것은 통상사무에 속하지 않는다.

## Ⅲ. 임의대리인

임의대리인은 본인의 의사에 의하여 대리권이 수여된 대리인을 말한다. 임의대리인 가운데 포괄적 대리권을 갖는 대리인을 소송대리인이라고 한다. 소송대리인에는 법률의 규정에 의하여 본인을 위해 재판상 행위를 할 수 있는 법률상 소송대리인과 특정한 사건의 소송수행을 위임받은 소송위임에 의한 소송대리인이 있다.

---

1) 대법원 2010. 6. 10. 선고 2010다5373 판결.
2) 대법원 2007. 7. 26. 선고 2006다64573 판결.
3) 대법원 1991. 12. 24. 선고 91다4355 판결.
4) 대법원 1989. 9. 12. 선고 87다카2691 판결.
5) 대법원 1982. 4. 27. 선고 81다358 판결.
6) 대법원 1975. 5. 27. 선고 75다120 판결.

## 1. 법률상 소송대리인

### (1) 의의

법률상 소송대리인이란 법률의 규정에 의하여 본인을 위해 재판상 행위를 할 수 있는 대리인을 말한다. 법률상 일정한 업무를 처리하는 지위에 있는 사람에게 포괄적으로 대리권이 수여되어 있고, 본인의 의사에 의하여 그러한 지위에 서게 되면 그 업무와 관련된 소송에서 법률상 당연히 소송대리권을 갖게 된다. 법률상 대리인의 지위를 본인이 그 의사로 부여하거나 상실하게 할 수 있고, 그에 따라 소송대리권이 수여되거나 소멸된다는 점에서 법률상 대리인은 성질상 임의대리인에 속한다. 법률상 소송대리인으로는 지배인(상법 제11조),[1] 선장(상법 제749조),[2] 선박관리인(상법 제765조),[3] 국가소송수행자(국가를 당사자로 하는 소송에 관한 법률 제7조)[4] 등이 있다. 민법상 조합의 업무집행조합원을 법률상 소송대리인으로 볼 수 있는지 논란이 있다. 업무집행조합원이 재판상 행위를 대리할 수 있다는 명문의 규정이 없음을 들어 부정하는 견해가 있으나,[5] 민법 제709조가 업무집행조합원에게 업무집행의 대리권이 있는 것으로 추정하고 있으며, 여기의 대리권에는 소송대리권도 포함되는 것으로 볼 수 있으므로 긍정함이 타당하다.

---

1) 지배인은 영업주에 갈음하여 그 영업에 관한 재판상 또는 재판 외의 모든 행위를 할 수 있는 권한을 갖고 있는 사람이다(상법 제11조 제1항). 그런데 종종 영업에 관한 포괄적 대리권을 갖고 있지 않는 단순 업무만을 수행하는 회사의 직원을 소송의 편의만을 위하여 지배인으로 등기해 두는 경우가 있다. 비록 지배인으로 등기가 되어 있더라도 고용관계, 업무내용 등을 평가하여 지배인으로서의 실체가 인정되지 않는 경우에는 그러한 사람의 소송관여를 배척해야 할 것이다(김홍엽, 184면).

2) 선적항 외에서 선장은 항해에 필요한 재판상 또는 재판 외의 모든 행위를 할 권한이 있다(상법 제749조 제1항).

3) 선박관리인은 선박의 이용에 관한 재판상 또는 재판 외의 모든 행위를 할 권한이 있다(상법 제765조 제1항).

4) 국가소송수행자로 지정된 사람은 그 소송에 관하여 대리인 선임을 제외한 모든 재판상의 행위를 할 수 있다(국가를 당사자로 하는 소송에 관한 법률 제7조).

5) 김홍엽, 183면.

### (2) 대리권의 범위

법률상 소송대리인의 소송대리권은 자신의 법률상 지위에서 처리하는 업무에 관한 일체의 사건에 미친다. 이 점에서 위임받은 특정한 사건에 한하여 소송대리권이 인정되는 소송위임에 의한 소송대리인과 차이가 있다. 법률상 소송대리인의 권한 범위는 각 법률에서 정하고 있는데, 일체의 재판상 행위를 할 수 있음이 원칙이다. 다만, 국가소송수행자의 경우 대리인 선임의 권한은 인정되지 않는다(국가를 당사자로 하는 소송에 관한 법률 제7조). 법률상 소송대리인의 권한은 법률의 규정이 없는 한 제한할 수 없으며, 이를 제한하여도 효력이 없다.[1]

## 2. 소송위임에 의한 소송대리인

### (1) 변호사대리의 원칙

소송위임에 의한 소송대리인이란 본인으로부터 특정한 소송사건의 처리를 위임받은 대리인을 말한다. 소송위임에 의한 소송대리인은 변호사에 한하여 가능하다(제87조).[2] 이를 변호사대리의 원칙이라고 한다. 그러나 예외적으로 변호사가 아닌 사람도 다음과 같은 경우에는 소송대리인이 될 수 있다.

#### 1) 단독사건

단독판사가 심판하는 사건 가운데 ① 수표금·약속어음금 청구사건, ② 금융기관이 원고인 대여금·구상금·보증금 청구사건, ③ 자동차손해배상보장법 및 근로자의 업무상 재해로 인한 손해배상 청구사건과 이에 관한 채무부존재확인사건, ④ 단독판사가 심판할 것으로 합의부가 결정한 사건, ⑤ 소가가 1억원 이하인 사건의 경우에는 당사자와 배우자나 4촌 이내의 친족관계에 있는 사람 또는 당사자와 고용 등 계약관계를 맺고 사건에 관한 통상사무를 처리·보조해 온 사람은 법원의 허

---

1) 대법원 1995. 4. 28. 선고 95다3077 판결.

2) 경매신청행위는 소송행위이긴 하나 제87조에 규정된 재판상 행위에 해당하지 않으므로 변호사가 아니라도 대리할 자격이 있다(대법원 1985. 10. 12. 자 85마613 결정).

가를 얻어 소송대리인이 될 수 있다(제88조, 민사소송규칙 제15조).

소송대리허가신청은 서면으로 해야 하고(위 규칙 제15조 제3항), 법원은 언제든지 소송대리허가를 취소할 수 있다(제88조 제3항). 소가 1억원 이하인 사건이어서 변호사 아닌 사람의 소송대리를 허가하였으나 그 후 청구취지의 확장으로 소가가 1억원을 초과한 경우에는 비록 변론관할이 발생하여 단독판사가 사건을 계속 담당하더라도 변호사 아닌 사람의 소송대리는 더 이상 허용될 수 없다. 이 경우 법원은 소송대리허가를 취소하고 당사자 본인에게 그 취지를 통지해야 한다(위 규칙 제15조 제4항). 단독사건이라도 상소심에서는 합의사건이 되므로 상소심에서는 변호사 아닌 사람의 소송대리가 허용되지 않는다.

#### 2) 소액사건 등

소액사건의 제1심에서는 당사자의 배우자, 직계혈족, 형제자매는 법원의 허가 없이 소송대리인이 될 수 있다(소액사건심판법 제8조).

#### 3) 기타

비송사건에서는 소송능력이 있으면 누구나 법원의 허가 없이 소송행위를 대리할 수 있고(비송사건절차법 제6조 제1항), 가사소송사건에서는 변호사 아닌 사람도 미리 법원의 허가를 얻으면 대리인이 될 수 있다(가사소송법 제7조 제2항). 형사소송절차에 부대하여 청구하는 배상명령신청사건에서는 피해자의 배우자, 직계혈족, 형제자매는 법원의 허가를 얻어 배상명령신청에 관한 소송행위를 대리할 수 있다(소송촉진 등에 관한 특례법 제27조 제1항).

한편 변리사는 특허, 실용신안, 디자인 또는 상표에 관한 사항의 소송대리인이 될 수 있다(변리사법 제8조). 그런데 여기서 특허 등에 관한 사항이란 특허 등의 출원·등록, 특허 등에 관한 특허심판원의 각종 심판 및 특허심판원의 심결에 대한 취소소송을 의미한다. 따라서 변리사에게 허용되는 소송대리의 범위는 특허심판원의 심결에 대한 취소소송으로 한정되고, 특허 등의 침해를 청구원인으로 하는 침해금지청구 또는 손해배상청구 등과 같은 민사소송사건에서는 변리사의 소송대리가 허용되지 않는다.[1]

### (2) 소송대리권의 수여

소송대리권의 수여는 소송대리권의 발생이라는 소송법상의 효과를 목적으로 하는 소송행위이며, 대리인으로 되는 사람의 승낙을 요하지 않는 단독행위이다. 대리권 수여의 기초관계로서 당사자와 대리인 사이에 위임계약이 체결되지만, 소송대리권의 수여와 위임계약은 별개의 것이다. 당사자와 변호사 사이의 권리의무, 즉 변호사가 처리의무를 부담하는 사무의 범위는 대리권 수여행위가 아닌 당사자와 변호사 사이의 사법상 위임계약에 의하여 발생한다.[1] 그리하여 본안 소송을 수임한 변호사가 그 소송을 수행함에 있어 강제집행이나 보전처분에 관한 소송행위를 할 수 있는 소송대리권을 가진다고 하여 당사자에 대한 관계에서 당연히 그 권한에 상응한 위임계약상의 의무를 부담한다고 할 수는 없다.

민사소송법상 소송행위에는 특별한 규정이 없는 한 민법상 법률행위에 관한 규정이 적용되지 않으므로 사기·강박 또는 착오 등 의사표시의 하자를 이유로 그 무효나 취소를 주장할 수 없는데, 소송대리권의 수여도 소송대리권의 발생을 목적으로 하는 소송행위이므로 달리 볼 것은 아니다. 따라서 강박에 의하여 소송대리권을 수여하였더라도 이를 이유로 수권행위를 취소할 수는 없다. 또한 당사자는 수권행위를 일방적으로 취소할 수 있지만, 취소하여도 소급효가 인정되지 않는다.[2]

### (3) 대리권의 범위

#### 1) 특별수권사항 이외의 일체의 소송행위

소송위임에 의한 소송대리인은 위임받은 특정 사건에 대하여 특별수권사항을 제외하고 소송수행에 필요한 일체의 소송행위를 할 권한이 있다(제90조, 제91조).[3] 소송대리인은 위임받은 사건에 대하여 소제기, 청구의 변경 등을 할 수 있고, 상대방이 제기한 반소나 제3자가 제기한 참가소송(독립당사자참가, 공동소송참가, 참가승계)에 응소할 수 있으며, 해당 소송에 대한 강제집행, 가압류·가처분 등을 할 수

---

1) 대법원 2012. 10. 25. 선고 2010다108104 판결.
1) 대법원 1997. 12. 12. 선고 95다20775 판결.
2) 대법원 1997. 10. 10. 선고 96다35484 판결.
3) 대법원 2000. 1. 31. 자 99마6205 결정.

있다. 나아가 그에 부수하거나 파생하는 소송절차, 즉 판결경정절차, 소송비용액확정절차, 집행정지절차, 위헌제청절차에서도 대리권을 가진다(제90조 제1항). 또한 소송위임에 의한 소송대리인은 당사자 본인이 갖는 사법상 권리도 행사할 수 있다. 민사소송법에서는 변제의 영수에 대해서만 규정하고 있으나(제90조 제1항), 이는 예시적인 것에 불과하고 공격방어방법의 전제로서 본인이 가진 상계권, 취소권, 해지·해제권 등 형성권을 행사할 수 있다. 그러나 재판 외에서의 행위, 예를 들어 재판외에서 하는 화해계약 등은 별도의 수권이 없는 한 할 수 없다.[1)]

### 2) 특별수권사항에 속하는 소송행위

본인으로부터 개별적인 수권이 있어야 하는 특별수권사항으로는 ① 소의 취하, ② 화해, ③ 청구의 포기·인낙, ④ 소송탈퇴, ⑤ 반소의 제기, ⑥ 상소의 제기 또는 취하, ⑦ 대리인의 선임이 있다(제90조 제2항). ⑧ 불상소합의와 상소권의 포기도 상소의 취하에 준하여 특별수권이 요구된다고 할 것이다. 그러나 소취하에 동의[2)]하거나 반소에 응소하는 것은 통상 대리권의 범위에 속한다.

그런데 통설 및 판례는 상소의 제기 또는 취하와 마찬가지로 ⑨ 상소에 응소하는 것도 특별수권사항이라고 한다.[3)] 그리하여 소송위임에 의한 소송대리권은 특별한 사정이 없는 한 해당 심급에 한정된다고 한다.[4)] 이를 심급대리의 원칙이라고 한다. 그리하여 변호사가 수임한 소송사무는 해당 심급의 판결을 송달받은 때에 종료하고, 그때까지 소송대리권이 존속한다고 한다.[5)]

판례는 상고심에서 원판결이 파기환송된 경우에 환송 전 항소심의 소송대리권이 부활한다고 하면서 환송 전 항소심의 소송대리인에게 한 송달은 적법하다고 한다.[6)] 그러나 다시 상고되었을 경우에 환송 전 상고심의 소송대리권이 새로운 상고심에서 부활하는 것은 아니고,[7)] 나아가 재심의 소가 제기된 경우에도 재심 전의

---

1) 김홍엽, 192면; 이시윤, 188면.
2) 대법원 1984. 3. 13. 선고 82므40 판결.
3) 강현중, 185면; 정동윤·유병현, 214면.
4) 대법원 1994. 3. 8. 선고 93다52105 판결.
5) 대법원 2000. 1. 31. 자 99마6205 결정.
6) 대법원 1984. 6. 14. 선고 84다카744 판결.
7) 대법원 1996. 4. 4. 자 96마148 결정.

소송대리인이 당연히 재심소송의 소송대리인이 되는 것은 아니라고 한다.[1]

#### 3) 소송대리권의 제한

소송대리인의 대리권은 당사자가 임의로 제한하지 못한다(제91조 본문). 다만, 변호사가 아닌 소송대리인의 대리권은 제한할 수 있다(동조 단서). 변호사가 아닌 소송대리인은 변호사에 비하여 법률지식과 소송기술이 부족하므로 본인에게 주도적인 지위를 인정할 필요가 있기 때문이다. 그러나 이러한 제한에는 일정한 한계가 있다. 변제의 영수를 할 수 없다는 등의 제한은 할 수 있으나, 본인에게 불이익한 소송행위는 할 수 없다는 등의 불분명한 제한은 할 수 없으며, 반소나 참가소송이 제기되면 이에 응소할 대리권이 없다는 등의 소송수행에 지장을 줄 수 있는 제한은 할 수 없다.

## Ⅳ. 소송상 대리인의 지위

### 1. 법정대리인의 지위

법정대리인은 당사자가 아니다. 따라서 법정대리인은 법관의 제척이나 재판적을 정하는 표준이 되지 않으며, 판결의 효력을 받지 않는다. 그러나 법정대리인은 당사자인 제한능력자의 소송능력을 보충하는 사람이므로 당사자에 준하는 지위를 갖는다. 이 점에서 임의대리인과 구별된다. 그리하여 법정대리인의 표시는 소장과 판결서의 필요적 기재사항이 되고(제208조 제1항 제1호, 제249조 제1항), 소송서류의 송달은 법정대리인에게 해야 한다(제179조). 기일의 출석도 본인을 대신해서 법정대리인이 출석하고(제140조 제1항 제1호, 제145조 제2항), 법정대리인의 사실상 진술에 대해서는 당사자의 경정권이 인정되지 않는다(제94조). 또한 법정대리인은 보조참가인이나 증인이 될 수 없으며, 법정대리인을 신문할 때에는 당사자신문절차에 의한다(제372조). 법정대리인이 사망하면 소송절차가 중단되고, 소송능력을 회복한 당사자 또는 새로 법정대리인이 된 사람이 소송절차를 수계해야 한다(제236조).

---

1) 대법원 1991. 3. 27. 자 90마970 결정.

## 2. 소송대리인(임의대리인)의 지위

### (1) 제3자의 지위

소송대리인은 당사자가 아닌 제3자의 지위에 있다. 따라서 소송행위나 판결의 효력은 당사자 본인에게만 미치고 소송대리인에게 미치지 않는다. 소송대리인은 제3자로서 증인이나 감정인이 될 수 있다.

### (2) 소송수행자의 지위

소송대리인에 의하여 소송이 수행되는 경우 어떠한 사실의 지(知)·부지(不知) 또는 고의·과실은 대리인을 표준으로 결정한다(민법 제116조 제1항). 그러나 당사자는 자기가 안 사정 또는 과실로 인하여 알지 못한 사정에 관하여 대리인의 부지를 주장하여 자기의 이익으로 원용할 수 없다(동조 제2항).

### (3) 당사자와의 관계

소송대리인이 선임되더라도 당사자 본인은 여전히 소송수행권을 갖는다. 따라서 소송대리인이 있더라도 기일통지서나 판결정본 등 소송서류를 당사자에게 송달하여도 적법하고, 소송대리인과 함께 기일에 출석하여 변론을 할 수 있다. 또한 소송대리인의 사실상 진술을 당사자가 이를 곧 취소하거나 경정하면 그 효력을 상실한다(제94조). 이를 당사자의 경정권이라고 한다. 경정권은 재판상 자백 등 사실상의 진술을 대상으로 하므로 소송대리인이 한 신청, 소의 취하 또는 청구의 포기·인낙이나 화해 등 소송물을 처분하는 행위, 법률상 진술이나 경험법칙에 관한 진술 등은 그 대상이 되지 않는다. 경정권은 당사자 또는 법정대리인이 행사한다. 경정권의 행사는 소송대리인의 진술이 있은 후 지체 없이 이루어져야 한다. 따라서 당사자가 소송대리인과 함께 기일에 출석하여 소송대리인의 진술을 그 기일에서 경정할 기회가 있었음에도 그렇게 하지 않은 경우에는 다음 기일에 경정권을 행사할 수 없다.[1]

## 3. 소송상 대리인이 여러 사람인 경우

### (1) 개별대리의 원칙

동일한 당사자에 대하여 여러 사람의 소송대리인이 있는 경우에 대리인 각자가 당사자를 대리한다(제93조 제1항). 당사자가 약정으로 여러 사람의 소송대리인으로 하여금 공동으로 대리하도록 정하더라도 그러한 약정은 소송법상 효력이 없다(제93조 제2항). 다만, 법률상 공동대리가 인정되는 경우에는 그렇지 않다.

여러 소송대리인의 행위가 서로 모순되는 경우에 그 행위가 동시에 이루어졌다면 어느 것도 효력을 발생하지 않지만, 시기를 달리하여 이루어졌다면 앞의 행위가 철회될 수 있는지 여부에 따라 전후 모순된 소송행위의 효력이 달라진다. 만일 앞의 행위가 주장이나 증거신청 등 철회할 수 있는 소송행위인 경우에는 뒤의 행위가 효력을 발생하고, 앞의 행위가 자백, 소의 취하, 청구의 포기·인낙, 화해 등 철회할 수 없는 성질의 것인 경우에는 뒤의 행위는 효력이 없다.[1)]

여러 소송대리인이 있는 경우 소송서류는 여러 소송대리인에게 각각 송달되어야 한다. 여러 사람이 공동으로 대리권을 행사하는 경우 그중 1인에게 송달을 하도록 한 제180조는 여러 소송대리인이 개별대리를 하는 경우에는 적용되지 않는다. 이처럼 여러 소송대리인이 각각 소송서류를 송달받아야 하지만, 여러 소송대리인은 모두 당사자 본인을 위하여 소송서류를 송달받을 지위에 있으므로 당사자에 대한 소송서류 송달의 효력은 소송대리인 중 1인에게 최초로 송달된 때에 발생한다. 예를 들어, 판결정본이 여러 소송대리인에게 각각 송달된 경우 항소기간은 소송대리인 중 1인에게 최초로 판결정본이 송달된 때부터 기산한다.[2)]

### (2) 공동대리인

여러 사람이 공동으로 대리권을 행사하는 경우를 공동대리인이라고 하는데, 법

---

1) 대법원 1962. 10. 18. 선고 62다548 판결.
1) 김홍엽, 199면; 이시윤, 192면.
2) 대법원 2011. 9. 29. 자 2011마1335 결정.

률상 인정되는 경우에 한하여 허용된다. 법률상 공동대리가 인정되는 경우로는 친권을 공동으로 행사하는 부모(민법 제909조 제2항), 공동성년후견인(민법 제949조의2 제1항), 공동지배인(상법 제12조), 합명회사 또는 합자회사의 공동대표(상법 제208조, 제269조), 주식회사 또는 유한회사의 공동대표이사(상법 제389조 제2항, 제562조 제3항) 등이 있다. 공동대리는 법률의 규정이 있는 경우에만 허용되므로 공동대리가 인정되는 경우는 법정대리가 대부분이고, 임의대리의 경우에는 공동지배인을 제외하고 여러 소송대리인이 있더라도 각자 당사자를 대리한다.

공동대리인은 공동으로 소송행위를 해야 한다. 공동대리인 전원에 의하여 또는 전원에 대하여 소의 제기가 있어야 하고, 소장이나 준비서면 등 제출서면도 공동명의로 작성되어야 한다. 다만, 상대방의 소송행위를 받아들이는 수령행위는 단독으로 할 수 있으며(상법 제208조 제2항, 제389조 제3항, 제562조 제4항), 송달도 공동대리인 중 1인에게 하면 된다(제180조). 공동대리인이 어느 정도 공동으로 해야 하는지 논란이 있으나 소 또는 상소의 제기, 소 또는 상소의 취하, 화해, 청구의 포기·인낙, 소송탈퇴 등의 행위를 함에는 제56조 제2항에서 대리인으로 하여금 특별한 권한을 받도록 한 취지에 비추어 전원이 명시적으로 공동으로 해야 하지만, 그 밖의 소송행위는 공동대리인 가운데 1인이 단독으로 하여도 다른 대리인이 묵인한 경우에는 공동으로 한 것으로 볼 수 있을 것이다.[1]

# Ⅴ. 소송상 대리권의 소멸

## 1. 법정대리권의 소멸

### (1) 소멸사유

민법은 본인이 사망한 경우, 대리인이 사망 또는 성년후견의 심판을 받거나 파산한 경우에 대리권이 소멸하는 것으로 규정하고 있다(동법 제127조). 소송상 법정대

1) 이시윤, 179면; 정동윤·유병현, 204면.

리권도 당사자 본인이 사망한 경우, 대리인이 사망 또는 성년후견의 심판을 받거나 파산한 경우에 소멸한다. 또한 본인의 소송능력 취득, 법정대리인의 자격상실,[1] 소송상 특별대리인의 해임(제62조 제3항) 등에 의해서도 법정대리권이 소멸한다.

### (2) 소멸사실의 통지

법정대리권이 소멸하더라도 본인 또는 대리인이 그 사실을 상대방에게 통지하지 않으면 대리권소멸의 효력을 주장하지 못한다(제63조 제1항 본문). 여기서 소멸을 통지하는 본인은 소송능력을 회복한 본인을 말하고, 대리인이란 종전 대리인 또는 새로운 대리인을 말한다. 소멸통지를 하지 않는 한 상대방이 소멸사실을 알든 모르든, 모르는데 과실이 있든 없든 대리권소멸의 효력을 주장하지 못한다.[2] 따라서 대리권이 소멸하더라도 통지가 있기까지 소송절차가 중단되지 않으며, 그때까지 종전 대리인이 한 소송행위는 유효하다. 그러나 법정대리인이 사망하거나 성년후견의 심판을 받은 때에는 소멸통지를 할 수 없는 상황이므로 이 경우에는 소멸통지를 하지 않더라도 대리권소멸의 효력을 주장할 수 있다고 할 것이다.[3]

이처럼 대리권의 소멸사실을 상대방에게 통지하지 않으면 대리권소멸의 효력을 주장하지 못하지만, 법원에 대리권의 소멸사실이 알려진 뒤에는 그 대리인은 소의 취하, 화해, 청구의 포기·인낙 또는 소송탈퇴 등의 소송행위를 하지 못한다(제97조 및 제63조 제1항 단서). 이는 종전 대리인이 당사자를 해할 의도로 소송을 종료시키는 행위를 하는 것을 방지하기 위함이다.

### (3) 소송절차의 중단

법정대리권이 소멸한 경우 소송절차가 중단된다. 이 경우 소송능력을 회복한 당사자 또는 새로 법정대리인이 된 사람이 소송절차를 수계해야 한다(제235조). 법인 등 단체의 대표자에 대해서도 법정대리인에 관한 규정이 준용되므로 소송계속

---

1) 예를 들어, 친권의 상실 또는 일시정지(민법 제924조), 대리권의 상실(동법 제925조) 또는 사퇴(동법 제927조), 후견인의 사임(동법 제939조) 또는 변경(동법 제940조) 등으로 인하여 법정대리인의 자격을 상실하는 경우이다.

2) 대법원 1998. 2. 19. 선고 95다52710 전원합의체 판결; 2007. 5. 10. 선고 2007다7256 판결.

3) 김홍엽, 177면; 이시윤, 180면.

중 법인 등 단체의 대표권이 소멸한 때에는 소송절차가 중단된다(제64조, 제235조). 그러나 소송대리인이 있는 경우에는 소송절차가 곧바로 중단되지는 않으며(제238조), 심급대리의 원칙상 그 심급의 판결정본이 소송대리인에게 송달됨으로써 소송절차가 중단된다.[1]

## 2. 소송대리권(임의대리권)의 소멸

### (1) 소송위임에 의한 소송대리권의 소멸

#### 1) 불소멸의 특칙

소송위임에 의한 소송대리인의 대리권은 민법에서와는 달리 당사자 본인의 사망으로 소멸하지 않는다(제95조 제1호). 민법에서는 본인이 사망한 경우 대리권이 소멸하지만, 소송대리권의 경우에는 소송절차의 명확성과 안정성을 위하여 당사자 본인의 사망에도 불구하고 소멸하지 않도록 하고 있다. 또한 당사자 본인의 소송능력 상실, 당사자인 법인의 합병에 의한 소멸, 당사자인 수탁자의 신탁임무의 종료, 소송담당자 또는 선정당사자의 자격상실, 법정대리인의 사망이나 소송능력 상실 또는 법정대리권의 소멸·변경의 경우에도 그 소송대리인의 대리권은 소멸하지 않는다(제95조 및 제96조).

#### 2) 소멸사유

소송대리인 자신이 사망하거나 성년후견의 심판을 받거나 파산한 경우에는 소송대리권이 소멸한다(민법 제127조 제2호). 또한 심급대리의 원칙상 해당 심급의 판결정본이 송달된 때에도 소송대리권이 소멸한다. 그리고 소송위임계약의 해지(민법 제689조) 또는 본인의 파산으로 인하여 위임이 종료된 경우(동법 제690조)에도 소송대리권은 소멸한다. 변호사의 자격상실 또는 정직처분이 대리권의 소멸원인이 되는지 논란이 있다. 변호사자격을 변론능력으로 이해하는 입장에서 이러한 경우 변론능력이 소멸할 뿐이고 대리권이 소멸하는 것은 아니라는 견해가 있다.[2]

---

1) 대법원 2016. 9. 8. 선고 2015다39357 판결.

그러나 변호사가 자격상실 또는 정직처분을 받게 되면 변호사로서의 직무를 수행할 수 없고 그로 인하여 소송대리권의 행사가 어렵다는 점에서 변론능력뿐만 아니라 소송대리권도 소멸하는 것으로 이해함이 타당하다.[1]

소송대리인이 사망하거나 성년후견의 심판을 받거나 파산한 경우에는 별도로 소멸통지를 하지 않더라도 대리권소멸의 효력을 주장할 수 있다. 해당 심급의 판결정본이 송달되어 대리권이 소멸한 경우와 변호사의 자격상실이나 정직처분의 경우에도 마찬가지이다. 그러나 소송위임계약의 해지 또는 본인의 파산 등으로 대리권이 소멸한 경우에는 그 사실을 상대방에게 통지하지 않으면 대리권소멸의 효력을 주장하지 못한다(제97조 및 제63조 제1항 본문). 다만, 법원에 소송상 대리권의 소멸사실이 알려진 뒤에는 그 소송대리인은 소의 취하, 화해, 청구의 포기·인낙 또는 소송탈퇴 등의 소송행위를 하지 못한다(제97조 및 제63조 제1항 단서).

### (2) 법률상 소송대리권의 소멸

법률상 소송대리권은 그 실체법상 지위가 상실되면 소멸한다. 당사자 본인의 사망 등에 의한 소송대리권 불소멸의 특칙(제95조, 제96조)은 법률상 소송대리인에게는 적용되지 않는다. 이 특칙은 변호사가 소송대리인임을 전제로 한 규정으로서 본인과의 인적 신뢰관계에 기초하여 그 지위가 인정되는 법률상 소송대리인에게 적용하기에는 적합하지 않다.[2]

---

**2)** 이시윤, 193면.

**1)** 김홍엽, 201면.

**2)** 강현중, 189면; 정동윤·유병현, 219면.

## Ⅵ. 소송상 대리권의 흠결

### 1. 무권대리

#### (1) 의의

무권대리란 대리권 없이 행해진 대리행위를 말한다. 대리행위의 다른 요건은 모두 갖추었으나 대리행위자에게 대리권이 없는 경우이다. 대리권 없이 대리행위를 한 사람을 무권대리인이라고 한다. 당사자 본인으로부터 대리권을 수여받지 못한 경우뿐만 아니라 법정대리인이 무자격인 경우, 특별수권 없이 대리행위를 한 경우, 대리권을 서면으로 증명하지 못한 경우, 소송서류가 송달받을 권한이 없는 사람에게 잘못 송달된 경우 등에도 그 대리행위를 한 사람은 무권대리인이 된다. 법인이나 법인 아닌 단체의 대표자도 법정대리인에 준하므로 그 대표자에게 대표권이 없다면 무권대리인이 된다(제64조).

#### (2) 무권대리행위의 추인

소송상 대리권은 소송행위의 유효요건이다. 따라서 무권대리인이 한 소송행위는 무효이다. 다만, 추후 적법한 소송상 대리인이나 본인이 추인하면 그 소송행위는 행위시에 소급하여 효력이 발생한다(제60조). 추인의 소급효는 절대적이다. 추인의 소급효로 제3자의 권리를 해하지 못한다는 민법 제133조[1] 단서의 규정은 배타적 권리를 취득한 제3자에 대한 것이므로 소송행위의 추인에는 적용될 여지가 없다.[2] 일단 추인거절의 의사표시가 있으면 그 무권대리행위는 확정적으로 무효가 되므로 그 후에 다시 이를 추인할 수는 없다.[3] 추인은 명시적으로 할 수 있고, 묵시적으로도 할 수 있다.[4] 추인의 시기에는 제한이 없으며, 하급심에서 한 무권대리행

1) 추인은 다른 의사표시가 없는 때에는 계약시에 소급하여 그 효력이 생긴다. 그러나 제3자의 권리를 해하지 못한다(민법 제133조).

2) 대법원 1991. 11. 8. 선고 91다25383 판결.

3) 대법원 2008. 8. 21. 선고 2007다79480 판결.

4) 대법원 1988. 10. 25. 선고 87다카1382 판결.

위를 상고심에서 추인할 수도 있다.[1] 추인은 소송행위 전체에 대해서 해야 하며 일부 추인은 허용되지 않는다.[2] 다만, 소취하를 제외하고 나머지 소송행위를 추인하는 것과 같이 소송의 혼란을 초래할 우려가 없는 경우에는 일부 추인이 허용된다.[3]

### (3) 무권대리의 심판

#### 1) 직권조사사항

소송대리권의 유무는 법원의 직권조사사항이다. 따라서 법원은 당사자의 주장을 기다리지 않고 직권으로 대리권의 유무를 조사해야 하고 대리권의 유무에 관한 당사자의 주장은 법원의 직권발동을 촉구하는 의미밖에 없어 이에 관하여 판단하지 않더라도 판단누락이 되지 않으며,[4] 당사자 사이에 대리권의 유무에 관한 자백이 있어도 법원을 구속하지 못한다.[5] 판례는 소송요건인 대리권의 유무가 불분명한 경우 본안판결을 받는 것이 원고에게 유리하므로 그에 대한 증명책임은 원고에게 있다고 한다.[6] 법원이 대리권의 유무를 판단하는 기초자료인 사실과 증거를 직권으로 탐지할 의무는 없으며, 다만 이미 제출된 자료들에 의하여 의심이 갈 만한 사정이 엿보인다면 이에 대하여 적극적으로 심리·조사할 의무가 있다.[7]

#### 2) 무권대리에 대한 법원의 조치

소송의 제기과정에서 소송대리권은 소송요건이므로 대리권 없는 사람, 즉 무권대리인이 제기한 소송은 보정되지 않는 한 법원은 부적법 각하해야 한다. 소송이 적법하게 제기되었으나 그 후 무권대리인이 기일에 참여한 경우에는 법원은 소송관여를 배척해야 한다. 대리권이 흠결된 경우 법원은 그 흠결을 보정할 수 없음이 명백한 경우가 아닌 한 기간을 정하여 보정을 명해야 하고, 보정은 상소심에서도

---

1) 대법원 2016. 7. 7. 선고 2013다76871 판결; 2010. 12. 9. 선고 2010다77583 판결.
2) 대법원 2008. 8. 21. 선고 2007다79480 판결.
3) 대법원 1973. 7. 24. 선고 69다60 판결.
4) 대법원 1994. 11. 8. 선고 94다31549 판결.
5) 대법원 1999. 2. 24. 선고 97다38930 판결.
6) 대법원 1997. 7. 25. 선고 96다39301 판결.
7) 대법원 1997. 10. 10. 선고 96다40578 판결; 2009. 12. 10. 선고 2009다22846 판결; 2009. 1. 30. 선고 2006다60908 판결.

가능하다.[1] 만일 보정하는 것이 지연됨으로써 손해가 생길 염려가 있는 경우에는 보정하기 전이라도 당사자 또는 법정대리인으로 하여금 일시적인 소송행위를 하게 할 수 있다(제59조).

### (4) 무권대리행위를 간과한 판결

대리권이 흠결되었음에도 이를 간과하여 판결을 한 경우에는 상소 또는 재심에 의하여 취소를 구할 수 있다(제424조 제1항 제4호, 제451조 제1항 제3호).[2] 다만, 대리권의 흠결을 재심사유로 한 취지는 당사자를 보호하는 데 있으므로 그 상대방이 이를 재심사유로 하기 위해서는 그러한 사유를 주장함으로써 이익을 받을 수 있는 경우, 즉 대리권 흠결 이외의 사유로도 종전 판결이 상대방에게 이익으로 변경될 수 있는 경우에 한한다.[3] 그러나 대리권의 흠결을 간과한 판결이라도 후에 적법하게 추인되었다면 더 이상 상소 또는 재심으로 다툴 수 없다.

## 2. 쌍방대리의 금지

### (1) 통상적인 쌍방대리

당사자 일방이 상대방을 대리하거나 동일인이 당사자 쌍방의 대리인을 겸하는 것은 허용되지 않는다. 법정대리에서 쌍방대리에 해당하는 경우는 실체법상 법정대리권의 제한으로 규정되어 있다(민법 제64조 및 제921조, 상법 제199조 및 제394조 등). 이에 위반하면 무권대리행위가 된다. 임의대리인의 경우에는 쌍방대리를 금지하는 민법 제124조[4]가 적용되고, 소송대리인이 변호사인 경우에는 변호사법 제31조 제1항이 적용된다.

---

1) 대법원 2003. 3. 28. 선고 2003다2376 판결.
2) 대법원 2006. 6. 9. 선고 2006두4035 판결.
3) 대법원 2000. 12. 22. 선고 2000재다513 판결.
4) 대리인은 본인의 허락이 없으면 본인을 위하여 자기와 법률행위를 하거나 동일한 법률행위에 관하여 당사자 쌍방을 대리하지 못한다. 그러나 채무의 이행은 할 수 있다(민법 제124조).

### (2) 변호사법 위반의 쌍방대리

변호사법 제31조 제1항에서는 쌍방대리에 해당하는 사건에 대하여 변호사의 수임을 제한하고 있는데, 그 내용은 다음과 같다.

#### 1) 수임을 승낙한 사건의 상대방이 위임하는 사건(제1호)

수임을 승낙한 사건에는 수임을 승낙하여 현재 수임하고 있는 사건은 물론이고 수임을 종료한 사건도 포함된다. 상대방이 위임한 사건은 수임을 승낙한 사건과 동일한 사건이어야 한다. 여기서 동일한 사건인지 여부는 소송물의 동일 여부나 민사사건 또는 형사사건과 같이 그 절차가 동일한 것인지 여부 등을 불문하고, 그 기초가 된 분쟁의 실체가 동일한지 여부에 의하여 판단한다.[1)]

#### 2) 수임하고 있는 사건의 상대방이 위임하는 다른 사건(제2호)

수임하고 있는 사건은 현재 수임하고 있는 사건을 말하고 수임이 종료된 사건은 제외된다. 상대방이 위임하는 다른 사건이란 현재 수임하고 있는 사건과 동일성이 없는 사건을 말한다. 따라서 현재 수임하고 있는 사건의 경우에는 상대방으로부터 동일한 사건은 물론이고 다른 사건도 수임하지 못한다. 다만, 수임하고 있는 사건의 위임인이 동의한 경우에는 상대방의 다른 사건을 수임할 수 있다.

#### 3) 공무원·조정위원 또는 중재인으로서 직무상 취급하거나 취급하게 된 사건(제3호)

법관으로서 변론에 관여하여 판결한 사건에 대하여 변호사로서 소송대리를 하는 경우,[2)] 합동법률사무소에서 공증한 사건에 대하여 그 소속 변호사가 소송대리를 하는 경우[3)] 등이 여기에 해당한다.

---

1) 대법원 2003. 11. 28. 선고 2003다41791 판결. 법무법인의 구성원 변호사가 형사사건의 변호인으로 선임된 업무담당변호사로 지정되어 그 직무를 수행하였음에도 이후 같은 쟁점의 민사사건에서 형사사건의 피해자인 상대방 당사자를 위한 소송대리인으로 직무를 수행하는 것이 금지됨은 물론이고, 위 법무법인이 해산된 이후에도 변호사 개인의 지위에서 그와 같은 민사사건을 수임하는 것 역시 마찬가지로 금지되는 것이며, 비록 먼저 진행된 형사사건에서 피고인을 위한 직접적인 변론에 관여하지 않았다고 하여 달리 볼 것은 아니다(대법원 2003. 5. 30. 선고 2003다15556 판결).

2) 대법원 1971. 5. 24. 선고 71다556 판결.

3) 대법원 1975. 5. 13. 선고 72다1183 전원합의체 판결.

### (3) 위반행위의 효과

쌍방대리행위는 무권대리행위의 하나이다. 따라서 쌍방대리행위는 무효이다. 다만, 당사자가 미리 승낙하거나 추인하면 유효하게 된다.[1] 문제는 변호사법 제31조 제1항을 위반한 대리행위의 효력이다. 이에 대하여 ① 통상적인 쌍방대리행위와 마찬가지로 당사자가 승낙하거나 추인하면 유효하다는 견해(추인설), ② 상대방 당사자가 그 위반을 알았거나 알 수 있었음에도 이의를 제기하지 않으면 이의권의 상실로 하자가 치유되어 유효하다는 견해(이의설) 등이 주장되고 있다. 판례는 이의설에 의하고 있다. 즉, 당사자가 이를 알았거나 알 수 있었음에도 사실심 변론종결시까지 아무런 이의를 제기하지 않았다면 그 소송행위는 소송법상 완전한 효력이 생긴다고 한다.[2] 변호사법 제31조 제1항은 뒤에 변호사를 선임한 사람보다 먼저 선임한 사람을 보호하고자 하는 입법취지를 갖고 있다는 점에서 상대방이 이의를 제기하지 않으면 유효하다는 이의설이 타당하다고 본다.[3]

---

1) 그러나 제소전화해에서는 대리인을 선임하는 권리를 상대방에게 위임할 수 없다(제385조 제2항).

2) 대법원 2003. 5. 30. 선고 2003다15556 판결; 1995. 7. 28. 선고 94다44903 판결; 1990. 11. 23. 선고 90다4037 판결; 1975. 5. 13. 선고 72다1183 전원합의체 판결.

3) 김홍엽, 209면; 이시윤, 198면.

제 3 편

# 제1심 소송

# 제1장 소송의 제기

## 제1절 소의 이익

### Ⅰ. 의의

모든 국민은 권리가 침해되는 등 법적 분쟁이 발생한 경우 법원에 소송을 제기함으로써 그 해결을 도모할 수 있다. 그러나 이러한 소송제도의 이용이 무제한적으로 허용되는 것은 아니며, 소송제도를 이용함에 있어서 논리적인 그리고 현실적인 제한이 있다. 논리적인 제한사유로는 분쟁이 소송을 통하여 해결될 수 있어야 한다는 것이고, 현실적인 제한사유로는 법원의 시설이나 인원 등의 한계로 말미암아 사회공동생활에서 발생하는 분쟁의 전부를 법원에서 심판하는 것이 불가능하므로 꼭 필요한 사건에 한정하여 집중적으로 심판할 필요가 있다는 것이다. 이러한 사유로 인하여 소송제도를 이용함에는 일정한 제한이 있게 되는데 그러한 제한의 기준으로 제시된 것이 소의 이익이다. 즉, 소의 이익은 소송제도의 이용을 합리적으로 조정하기 위한 도구 개념이라고 할 수 있다.

그리하여 소의 이익이란 당사자의 입장에서는 권리보호를 위하여 소송제도를 이용할 정당한 이익 또는 필요라 할 것이고, 소송제도를 운영하는 국가의 입장에서는 무익한 소송제도의 이용을 통제하는 원리라고 할 수 있다. 즉, 사회공동생활에서 발생하는 모든 분쟁에 대하여 소송의 제기가 허용되는 것은 아니며, 그 가운데 소의 이익을 갖춘 분쟁에 대해서만 소의 제기가 허용되고 권리보호를 위한 심판을 받게 된다. 따라서 소의 이익은 소(訴) 제기의 적법요건이자 본안판결의 전제조건이라 할 수 있고, 그 결과 소의 이익이 흠결된 소는 본안판결에 나아갈 필요 없이 부적법 각하된다.

소의 이익을 지나치게 넓게 인정하면 남소(濫訴)를 초래하여 국가의 적정한 재판권의 행사를 저해할 수 있고, 이를 과도하게 좁히면 국민의 재판청구권을 침해할 우려가 있다. 그리하여 소의 이익을 판단함에는 재판청구권이라는 당사자의 이익과 적정한 재판권의 행사라는 국가의 이익을 비교형량할 필요가 있다. 일반적으로 논의되고 있는 소의 이익의 내용을 살펴보면, 다음과 같은 세 가지가 있다.

첫째, 당사자가 제대로 소송수행을 하고 본안판결을 받기에 적합한 당사자이어야 한다. 이를 당사자적격이라고 한다.

둘째, 청구의 내용이 본안판결을 받기에 적합한 일반적 자격이 있어야 한다. 이를 청구적격 또는 권리보호의 자격이라고 한다.

셋째, 원고가 청구에 대하여 판결을 구할 현실적인 필요성이 있어야 한다. 이를 권리보호의 필요 또는 이익이라고 한다.

이 가운데 첫 번째는 당사자의 측면에서 본 주관적인 소의 이익이고, 두 번째와 세 번째는 청구의 측면에서 본 객관적인 소의 이익이라고 할 수 있다. 주관적 소의 이익인 당사자적격에 관해서는 이미 살펴보았으므로 이하에서는 객관적 소의 이익인 청구적격과 권리보호의 필요에 대하여 살펴보기로 한다.

## Ⅱ. 청구적격

### 1. 일반적 청구적격

청구적격에는 모든 소송유형에 공통적으로 요구되는 일반적 청구적격과 각 소송유형별로 특유하게 요구되는 특수한 청구적격이 있다. 일반적 청구적격은 다음과 같다.

#### (1) 소송으로 청구할 수 있을 것

소송으로 청구할 수 있는 것이어야 한다. 자연채무[1]에 대한 청구, 약혼의 강제

---

1) 자연채무란 소송으로 그 이행을 청구할 수 없는 채무를 말한다. 자연채무의 예로는 파산절차나 회

이행을 구하는 청구는 허용되지 않는다(민법 제803조). 또한 소로써 행사할 수 있는 형성권, 즉 형성소권을 제외한 나머지 형성권, 예를 들어 계약의 해제·해지권, 취소권 등을 행사하기 위한 형성소송은 허용되지 않는다.

### (2) 법률상 쟁송에 해당할 것

청구가 법률상 쟁송에 해당해야 한다. 여기서 법률상 쟁송이란 구체적인 권리의무에 관한 분쟁으로서 법령을 적용하여 해결할 수 있는 것을 말한다.

#### 1) 구체적인 권리의무에 관한 청구일 것

원고의 청구는 구체적인 권리의무에 관한 것이어야 한다. 따라서 단순한 사실의 존부에 관한 다툼은 소송의 대상이 되지 않으며, 추상적인 법령의 효력을 다투는 소송 역시 허용되지 않는다. 대동보 등 족보에 등재금지나 변경을 구하는 것,[1] 통일교가 기독교 종교단체인지 확인을 구하거나[2] 어느 사찰이 특정 종파에 속한다는 확인을 구하는 것[3] 등은 단순한 사실관계의 다툼에 불과하고 권리관계의 주장이 아니므로 소의 이익이 없다.

**판례** **법적 쟁송**

① 임야대장, 토지대장, 건축물대장 등은 조세 부과징수의 편의를 도모하기 위하여 작성된 장부에 불과하고 부동산에 관한 권리변동을 공시하는 장부가 아니어서 위 대장 등에 진실한 소유자가 아닌 사람의 명의로 등재되어 있더라도 그것만으로 소유권의 행사가 방해된다고 볼 수 없으므로 위 대장상의 명의말소나 명의변경을 구하는 소송은 소의 이익이 없다(대법원 1979. 2. 27. 선고 78다913 판결). 지적도의 경계오류정정을 구하는 것도 지적도에 따라 토지소유권의 경계가 달라지는 것이 아니고 지적도 경계표시의

---

생절차에서 면책 또는 일부 면제된 채무, 부제소합의가 붙은 채무 등이 있다. 그런데 부제소합의가 있는 경우에는 청구적격이 흠결된 것으로 이해하기보다는 권리보호의 필요가 없는 것으로 이해함이 일반적이다.

1) 대법원 1992. 10. 27. 선고 92다756 판결.

2) 대법원 1980. 1. 29. 선고 79다1124 판결.

3) 대법원 1984. 7. 10. 선고 83다325 판결.

정정을 구하고자 하는 토지소유자는 소유권확인의 소에 의하여 그 목적을 달성할 수 있으므로 소의 이익이 없다(대법원 1965. 12. 28. 선고 65다2172 판결).

② 무허가건물대장도 무허가건물의 정비에 관한 행정상 사무처리의 편의를 위하여 작성된 장부에 불과하고 그 대장에의 기재에 의하여 무허가건물에 관한 권리의 변동이 초래되는 것은 아니므로 무허가건물대장상의 명의변경을 구하는 것도 소의 이익이 없다(대법원 1992. 2. 14. 선고 91다29347 판결). 그러나 무허가건물대장에 등재된 건물에 대하여 철거할 때 철거보상금이 지급되거나 시영아파트가 특별분양될 예정이라면 무허가건물대장상 그 소유명의자로 등재된 사람은 건물철거에 따른 보상청구권이나 시영아파트 분양권을 받을 수 있는 법적 지위를 갖게 되므로 그 명의변경을 구할 소의 이익이 있다(대법원 1998. 6. 26. 선고 97다48937 판결; 1992. 4. 28. 선고 92다3847 판결).

③ 건축공사가 완료되고 소유권보존등기까지 마쳐진 건물의 경우에는 이미 허가된 내용에 따른 건축이 더 이상 있을 수 없어 건축주명의변경이 필요 없을 뿐 아니라 건축허가서는 허가된 건물에 관한 실체적 권리의 득실변경의 공시방법이 아니며 추정력도 없어 건축주명의를 변경하더라도 그 건물의 실체적 권리관계에 아무런 영향을 미치는 것이 아니므로 건축주명의변경을 구할 소의 이익이 없다. 그러나 건축 중인 건물이 양도된 경우에는 건축공사를 계속하거나 건축공사를 완료한 후 부동산등기법 등에 따른 소유권보존등기를 하기 위해서는 건축허가서상의 건축주명의를 양수인으로 변경할 필요가 있으므로 건축 중인 건물을 양수한 사람은 양도인을 상대로 건축주명의변경을 구하는 소를 제기할 이익이 있다(대법원 2007. 12. 27. 선고 2006다60229 판결).

④ 부동산에 관한 권리관계를 공시하는 장부인 부동산등기부의 기재라고 하더라도 등기의 접수일자는 사실의 기재에 불과하고 권리관계에 관한 기재는 아니므로 그 접수일자의 변경을 구하는 것은 소의 이익이 없다(대법원 2003. 10. 24. 선고 2003다13260 판결).

### 2) 법령을 적용하여 해결할 수 있는 청구일 것

원고의 청구는 법령의 적용에 의하여 해결할 수 있는 것이어야 한다. 통치행위 또는 종교단체나 정당 등 특수한 부분사회의 내부분쟁 등은 법원이 법령을 해석·적용하여 해결하기 곤란한 성질의 분쟁이다. 통치행위는 그 고도의 정치적 성격으로 인하여 소송의 대상으로 삼기에 적절하지 않으며,[1)] 종교단체나 정당 등 특수한 부분사회의 내부분쟁은 단체의 자율적인 판단에 맡기는 것이 바람직하기 때문이다. 판례도 주지·목사·장로 등에 대한 승적 제적이나 정직·면직결의는 종교단체의 내부 문제에 불과하다고 하여 그 무효확인청구는 법률상 쟁송사항이 아니라고 한다. 그러나 종교단체 내부의 징계결의라고 하더라도 그것이 구체적인 권리의무에 관한 청구의 전제 문제가 되는 경우에는 종교상 교리의 해석에 미치지 않는 범위 내에서 소송의 대상이 될 수 있다.[1)]

## 2. 특수한 청구적격

각 소송유형별로 특유하게 요구되는 청구적격을 살펴보면 다음과 같다.

### (1) 이행소송

이행소송은 이행청구권을 그 대상으로 한다. 이행청구권의 내용으로는 금전의 지급을 구하거나 물건의 인도를 구하는 것이 통상적이지만, 이에 한하지 않으며 일정한 작위 또는 부작위를 요구하거나 의사표시의 이행을 구하는 것 등도 그 내용이 될 수 있다. 기한부 청구권이나 정지조건부 청구권 등 장래 발생할 청구권이라도 그 기초가 되는 법률상·사실상 관계가 성립되어 있는 경우에는 이행소송의 대상이 될 수 있다.[2)]

판례는 학교법인의 기본재산에 대한 매매계약의 경우 감독청의 허가 없이 매매계약이 체결되어 아직은 효력이 없다고 하더라도 위 매매계약에 기한 소유권이전등기청구권의 기초가 되는 법률관계는 이미 존재한다고 볼 수 있으므로 허가를 조건으로 소유권이전등기를 구할 수 있다고 한다.[3)] 그러나 토지거래허가구역 내의

---

1) 대법원 2004. 3. 26. 선고 2003도7878 판결.

1) 원고는 피고 종단에 등록된 OO사찰의 주지이던 사람으로 징계해임되자 그 절차의 하자를 이유로 징계해임처분의 무효확인을 구하고 있는데, 위 OO사찰의 대표자가 누구인지 및 후임 주지에 의한 사찰재산의 처분이 유효한지에 대한 쟁송이 존재하고 그 청구의 당부를 판단하는 전제로서 원고에 대한 징계해임처분의 유·무효를 판단할 필요가 있으며, 그 판단은 단순한 절차의 하자에 대한 것일 뿐 종교상의 교리의 해석에까지 미치는 것은 아니므로 피고의 원고에 대한 징계해임처분의 무효확인을 구하는 소는 법률상 쟁송에 해당한다(대법원 2005. 6. 24. 선고 2005다10388 판결).

2) 대법원 1997. 11. 11. 선고 95누4902 판결.

토지에 대한 매매계약의 경우에는 비록 그 매매계약이 허가를 전제로 한 계약이라고 하여도 허가를 받을 때까지는 아무런 법적 효력이 없어 그 어떠한 이행청구도 할 수 없으므로 허가가 있을 것을 조건으로 하여 소유권이전등기를 구하는 것은 부적법하다고 한다.[1]

### (2) 확인소송

확인소송은 현존하는 법적 분쟁의 해결을 목적으로 하는 소송이다.[2] 따라서 확인소송은 현재의 권리 또는 법률관계를 그 대상으로 한다. 확인소송에서의 청구적격은 당사자적격에서와 마찬가지로 확인의 이익과 결부되어 판단된다. 확인의 이익은 원고의 권리 또는 법률상 지위에 현존하는 불안·위험이 있는 경우에 인정되는데, 이는 확인소송의 청구적격인 현재의 권리 또는 법률관계와 구분되는 별개의 것이 아니기 때문이다.

#### 1) 권리 또는 법률관계

확인소송은 권리 또는 법률관계만을 그 대상으로 하고 단순한 사실의 존부는 확인소송의 대상이 되지 못한다. 따라서 원고 소유의 대지가 피고 소유인 건물의 부지가 아니라는 확인,[3] 부동산등기부상 지적표시부분이 무효라는 확인,[4] 사찰등록이 말소되었다는 확인[5] 등을 구하는 것은 허용되지 않는다. 다만, 민사소송법은 예외적으로 사실관계의 확인을 구하는 소송으로서 증서진부확인의 소를 인정하고 있다(제250조).

---

3) 대법원 1998. 7. 24. 선고 96다27988 판결.

1) 대법원 1991. 12. 24. 선고 90다12243 전원합의체 판결.

2) 김홍엽, 262면; 이시윤, 234면.

3) 대법원 1991. 12. 24. 선고 91누1974 판결.

4) 대법원 1993. 10. 22. 선고 93다29976 판결.

5) 대법원 1992. 12. 8. 선고 92다23872 판결.

**참조 증서진부확인의 소**

증서진부확인의 소는 법률관계를 증명하는 서면이 작성명의자에 의하여 작성되었는지 아니면 위조·변조되었는지 여부를 확정하기 위한 소송이다. 증서진부확인의 소의 대상인 법률관계를 증명하는 서면은 그 기재 내용으로부터 직접 현재의 법률관계의 존부가 증명될 수 있는 서면에 한하고, 단지 과거의 사실관계를 증명하는 서면은 여기에 해당하지 않는다(대법원 2007. 6. 14. 선고 2005다29290 판결 등). 따라서 매매계약서, 차용증서, 어음·수표 등 유가증권, 정관, 유언서 등 직접 법률관계를 증명하는 서면은 증서진부확인의 소의 대상이 되지만, 세금계산서, 영수증, 대차대조표나 회계결산보고서 등은 사업자가 재화나 용역을 공급한 사실, 일정한 금원을 수령한 사실, 일정한 시기의 영업재산의 상태나 손익관계를 증명하기 위한 서면에 불과하여 증서진부확인의 소의 대상이 될 수 없다(대법원 2001. 12. 14. 선고 2001다53714 판결; 2007. 6. 14. 선고 2005다29290 판결; 1967. 3. 21. 선고 66다2154 판결). 한편 증서진부확인의 소가 적법하기 위해서는 그 증서의 진부확인을 구할 이익이 있어야 한다. 따라서 직접 현재의 법률관계를 증명하는 서면이라고 할지라도 그 서면에 의하여 증명되어야 법률관계와 관련된 소송이 이미 제기되어 있는 경우에는 그 소송에서 분쟁을 해결하면 되므로 그와 별도로 그 서면에 대한 진정 여부의 확인을 구할 이익이 있다고 볼 수 없다(대법원 2007. 6. 14. 선고 2005다29290 판결).

### 2) 현재의 권리 또는 법률관계

확인소송의 대상인 권리 또는 법률관계는 현재의 것이어야 하고, 과거 또는 장래의 것은 그 대상이 되지 못한다. 예를 들어, 저당권의 실행으로 이미 종료된 담보권실행을 위한 경매절차의 무효확인을 구하거나 임용기간이나 정년이 도과한 이후에 해고의 무효확인을 구하는 경우 등과 같이 과거의 법률관계에 대한 확인을 구하는 것은 허용되지 않으며, 또한 상속개시 전에 상속권의 확인을 구하거나 유언자 생전에 유언무효확인을 구하는 등 장래의 권리관계에 대한 확인을 구하는 것도 허용되지 않는다. 판례도 근저당권의 피담보채무에 관한 부존재확인의 소는 근저당권이 말소되었다면 과거의 권리 또는 법률관계의 존부에 관한 것으로서 확인의 이익이 없다고 하고,[1] 해고무효확인의 소는 근로계약상의 지위 회복을 목적으

---

1) 대법원 2013. 8. 23. 선고 2012다17585 판결.

로 하는 것이므로 사실심 변론종결 당시 이미 정년을 지났다면 근로자의 지위를 회복하는 것이 불가능하여 확인의 이익이 없다고 한다.[1]

그러나 비록 과거의 법률관계라고 할지라도 현재의 법률상 지위에 대한 위험이나 불안을 제거하기 위하여 그 확인이 필요한 경우 또는 과거의 법률관계의 확인을 구하는 것이 관련 분쟁을 일거에 해결하는 유효적절한 수단이 될 수 있는 경우에는 예외적으로 확인소송의 대상이 될 수 있다. 그리하여 판례는 해임처분이 있은 후 임용기간이 만료되어 그 신분회복이 불가능하게 되더라도 법령에 의하여 징계해임처분으로 일정 기간 공직에 임용될 수 없는 경우에는 공직에 임용될 수 있는 법률상 지위에 대한 위험이나 불안을 제거하기 위하여 해임처분의 무효확인을 구할 이익이 있고,[2] 혼인이나 입양 등 신분관계 또는 회사의 설립이나 주주총회결의취소 등 회사관계에서와 같이 그것을 전제로 수많은 법률관계가 발생하는 경우에 그에 관하여 개별적으로 확인을 구하기보다는 과거의 법률관계 그 자체의 확인을 구하는 것이 관련 분쟁을 일거에 해결하는 유효적절한 수단이 될 수 있다면 확인의 이익이 인정된다고 한다.[3] 한편 장래의 법률관계라고 할지라도 조건부권리나

---

1) 대법원 2004. 7. 22. 선고 2002다57362 판결.

2) 원고는 3년간의 임용기간을 정하여 피고법인이 설립·운영하는 대학의 조교수로 임용되었고, 임용기간이 만료됨으로써 대학 교원으로서의 신분관계는 당연히 종료되었다고 할 것이므로 피고의 원고에 대한 해임처분이 무효라고 하더라도 원고는 대학 교원의 신분을 회복할 수 없는 것으로서 위 해임처분의 무효확인의 소는 확인의 이익을 갖추지 못하여 부적법하다. 그런데 국가공무원법은 공무원 임용의 결격사유로서 징계에 의하여 파면의 처분을 받은 때로부터 5년을 경과하지 않거나 징계에 의하여 해임의 처분을 받은 때로부터 3년을 경과하지 않은 경우를 들고 있고, 교육공무원법은 교원임용의 결격사유로서 국가공무원법에 의하여 공직에 취임할 수 없는 경우를 들고 있으며, 또 사립학교법은 사립학교의 교원의 자격에 관하여 국·공립학교의 교원의 자격에 관한 교육공무원법의 규정에 의하도록 규정하고 있는데, 위 각 규정에 비추어보면 원고는 위 해임처분으로 말미암아 해임처분이 있은 날로부터 3년간 공직 또는 교원으로 임용될 수 없으므로 원고로서는 공직이나 교원으로 임용될 수 있는 법률상 지위에 대한 위험이나 불안을 제거하기 위하여 해임처분의 무효확인을 구할 이익이 있다(대법원 1991. 6. 25. 선고 91다1134 판결).

3) 사실혼 배우자는 산업재해보상보험법, 공무원연금법, 군인연금법 등에서 각종의 급여 등을 받을 권리자로 규정되어 있는 등 법률상의 배우자가 아님에도 불구하고 특별한 법적 취급을 받고 있다. 따라서 사실혼관계에 있던 당사자 일방이 사망한 경우 사실혼관계를 둘러싼 현재적 또는 잠재적 법적 분쟁을 일거에 해결하는 유효적절한 수단이 될 수 있는 한 그 사실혼관계존부확인청구에는 확인의 이익이 인정된다. 이러한 경우 민법 제864조와 제865조의 규정을 유추적용하여 생존 당사자는 그 사망을 안 날로부터 2년 내에 검사를 상대로 과거의 사실혼관계에 대한 존부확인청구를 할 수 있다고 보아야 한다(대법원 1995. 3. 28. 선고 94므1447 판결).

기한부권리는 확인소송의 대상이 될 수 있다. 판례도 조건 또는 기한이 걸려있는 등 불확정한 법률관계라고 하더라도 보호할 법적 이익이 있다면 확인소송이 허용될 수 있다고 한다.[1)]

#### 3) 다른 사람 사이의 권리 또는 법률관계

확인소송은 반드시 당사자 사이의 법률관계만을 그 대상으로 하는 것은 아니며, 당사자의 일방과 제3자 사이 또는 제3자 상호 간의 법률관계라 하여도 그 법률관계에 따라 원고의 법적 지위에 현존하는 위험·불안이 야기되고, 이를 제거하기 위하여 확인판결을 받는 것이 가장 유효적절한 수단이 될 경우에는 확인소송의 대상이 될 수 있다.[2)] 판례도 근저당권자가 피담보채권에 대하여 다투고 있는 물상보증인을 상대로 제기한 피담보채권의 존부에 관한 확인소송은 적법하고,[3)] 채권자가 채무자의 권리를 방해하는 제3자를 상대로 채무자를 대위하여 제기한 채무자의 권리 확인과 그 방해의 제거를 구하는 소송도 적법하다고 한다.[4)]

### (3) 형성소송

형성소송은 형성소권(形成訴權)을 그 대상으로 한다. 형성소권이란 실체법에서 소송을 통해서만 법률관계를 변동시킬 수 있도록 규정한 형성권을 말하는데, 이러한 형성소권만이 형성소송의 대상이 될 수 있다.[5)] 예를 들어, 주주총회결의취소(상법 제376조), 혼인취소(민법 제816조) 등이 그것이다. 계약의 해제·해지권이나 취소권 등 일반적인 형성권은 형성소송의 대상이 될 수 없다. 일반적인 형성권은 형성권자가 그러한 권리를 일방적으로 행사한 후 결과로서 남아 있는 법률관계의 이행

---

1) 입찰절차의 취소가 효력이 없는 경우 원고들은 제2순위 적격심사대상자로서 추후 진행되는 적격심사에서 제1순위 적격심사대상자가 부적격판정을 받거나 계약을 체결하지 않으면 적격심사를 받아 낙찰자 지위를 취득할 수 있으므로 제2순위 적격심사대상자로서의 지위에 대한 확인과 입찰절차의 취소 및 새로운 입찰공고가 무효임의 확인을 구하는 소송은 단순한 사실관계나 과거의 법률관계의 존부 확인에 불과하다고 할 수 없다(대법원 2000. 5. 12. 선고 2000다2429 판결).

2) 대법원 2004. 8. 20. 선고 2002다20353 판결.

3) 대법원 2004. 3. 25. 선고 2002다20742 판결.

4) 대법원 1976. 4. 27. 선고 73다1306 판결.

5) 정동윤·유병현, 377면.

이나 확인을 구하는 소송을 제기할 수 있는데 그친다.

## Ⅲ. 권리보호의 필요

### 1. 일반적 권리보호의 필요

권리보호의 필요에도 모든 소송유형에 공통적으로 요구되는 일반적 권리보호의 필요와 각 소송유형별로 특유하게 요구되는 특수한 권리보호의 필요가 있다. 일반적 권리보호의 필요에는 다음과 같은 것이 있다.

#### (1) 제소(提訴)금지사유가 없을 것

제소금지사유가 없어야 한다. 그리하여 후술하는 중복제소(重複提訴)금지(제259조)[1]나 재소(再訴)금지(제267조 제2항)[2]에 해당하지 않아야 하고, 당사자 사이에 부제소(不提訴)합의나 중재합의 등이 없어야 한다. 이러한 제소금지사유가 존재하는 경우에는 권리보호의 필요가 인정되지 않는다.

#### (2) 특별한 구제절차가 마련되어 있지 않을 것

소송 이외의 특별한 구제절차가 마련되어 있지 않아야 한다. 법률이 소송 이외의 신속하고 경제적인 특별한 구제절차를 마련하고 있는 경우에는 그러한 특별절차를 이용함이 합리적이라고 할 것이므로 그러한 특별절차를 이용하지 않고 통상의 소송을 제기하게 되면 그러한 소송은 소의 이익이 없다. 예를 들어, 소송비용확정절차에 의하지 않고 소송비용의 상환을 구하는 소송을 제기한 경우,[3] 민사집행법에 따른 구제절차에 의하지 않고 경매불허의 소를 제기한 경우,[4] 가

---

1) 법원에 이미 계속이 되어 있는 사건에 대하여 당사자는 다시 소를 제기하지 못한다(제259조).
2) 본안에 대한 종국판결이 있은 뒤에 소를 취하한 사람은 같은 소를 제기하지 못한다(제267조 제2항).
3) 대법원 2011. 3. 24. 선고 2010다96997 판결.
4) 대법원 2002. 9. 24. 선고 2002다43684 판결; 1987. 3. 10. 선고 86다152 판결.

압류·가처분결정의 취소절차에 의하지 않고 가압류·가처분등기의 말소를 구하는 소를 제기한 경우,[1] 비송사건절차법에 의하지 않고 임시이사선임의 취소를 구하는 통상의 소송을 제기한 경우,[2] 등기관의 직권사항임에도 부기등기나 예고등기의 말소 또는 경정등기의 이행을 구하는 소송을 제기한 경우,[3] 공탁금출급절차를 밟지 않고 직접 국가를 상대로 공탁금의 지급을 구하는 소송을 제기한 경우[4] 등에는 소의 이익이 인정되지 않는다.

### (3) 원고가 동일한 청구에 대하여 승소확정판결을 받은 경우가 아닐 것

원고가 동일한 청구에 대하여 승소확정판결을 받은 경우가 아니어야 한다. 판례는 원고가 이미 승소확정판결을 받았음에도 동일한 청구에 대하여 다시 소송을 제기하는 것은 권리보호의 이익이 없어 부적법하다고 한다. 승소확정판결과 동일한 효력이 있는 화해, 조정, 청구의 인낙 등이 성립한 경우에도 마찬가지이다. 다만, 시효중단의 필요가 있는 경우,[5] 판결내용이 불특정하여 집행이 곤란한 경우,[6] 판결원본이 멸실되어 집행문을 부여받을 수 없는 경우[7] 등에는 예외적으로 다시 소송을 제기할 수 있다고 한다. 이 가운데 판결원본이 멸실된 경우는 이제 더 이상 신소(新訴)제기를 정당화할 근거가 될 수 없다는 견해가 있다.[8] 현행 민사집행규칙과 재판예규에서는 판결원본이 없는 경우에도 판결정본에 기하여 집행문을 부여받

---

1) 대법원 1976. 3. 9. 선고 75다1923 판결.

2) 대법원 1976. 10. 26. 선고 76다1771 판결.

3) 대법원 1974. 5. 28. 선고 74다150 판결.

4) 대법원 2013. 7. 25. 선고 2012다204815 판결.

5) 대법원 1987. 11. 10. 선고 87다카1761 판결.

6) 시설물의 철거 및 그 부지의 인도를 구하는 소송에서 현황과 달리 작성된 감정서에 기재된 위치 및 면적에 따라 원고의 청구대로 인용판결을 하였지만, 그 판결에 기한 강제집행이 불가능하게 되었으므로 새로운 측량에 기하여 시설물의 면적과 위치를 새로이 특정하여 제기한 소송에는 종전 소송의 기판력이 미치지 않는다(대법원 1998. 5. 15. 선고 97다57658 판결); 재판상 화해조서에 기재된 내용이 특정되지 않아 강제집행을 할 수 없는 경우에는 동일한 청구를 다시 제기할 소의 이익이 있다(대법원 1995. 5. 12. 선고 94다25216 판결).

7) 대법원 1981. 3. 24. 선고 80다1888 판결.

8) 김홍엽, 248면.

을 수 있도록 규정하고 있음을 논거로 들고 있다.[1)]

판례가 이처럼 승소확정판결을 받았음에도 동일한 청구에 대하여 다시 소송을 제기하는 경우 권리보호이익의 흠결로 이해하는 것은 기판력의 본질에 관한 모순금지설의 입장에서 비롯된다. 판례는 기판력의 본질에 관한 모순금지설의 입장에서 승소확정판결을 받은 원고가 동일한 내용의 소송을 다시 제기하는 경우 권리보호의 이익이 없어 부적법 각하해야 하지만, 패소판결을 받은 원고가 동일한 내용의 소송을 다시 제기하는 경우에는 앞선 확정판결 내용과 모순되는 판단을 해서는 안 되는 구속력 때문에 청구기각의 판결을 해야 한다고 한다.[2)] 그러나 이미 확정판결을 받았음에도 동일한 내용의 청구에 대하여 다시 판단하는 것은 무용한 일이며 소의 이익이 인정될 수 없다는 점에서 확정판결의 내용이 승소이든 패소이든 불문하고 확정판결의 존재를 소극적 소송요건으로 보아 부적법 각하해야 하는 것으로 이해함이 타당하다고 본다.

#### (4) 신의칙 위반의 제소가 아닐 것

신의칙 위반의 제소가 아니어야 한다. 예를 들어, 학교법인의 이사로서의 직무수행의사는 없으면서 오로지 학교법인으로부터 다소의 금원을 지급받을 목적으로 학교법인의 이사회결의부존재확인을 구하는 소송 등의 경우에는 소의 이익이 인정되지 않는다.[3)]

### 2. 특수한 권리보호의 필요

각 소송유형별로 특유하게 요구되는 권리보호의 필요를 살펴보면 다음과 같다.

---

1) 민사집행규칙 제21조 제1항과 대법원 재판예규「판결정본에 기하여 집행문을 부여하는 요령」에서는 집행문을 부여할 법원에 판결원본이 없는 경우에 판결정본에 기하여 집행문을 부여하고, 집행문을 부여한 취지 등을 당해 판결정본에 기재하게 하고 있다.

2) 대법원 1991. 3. 27. 선고 91다650,667(반소) 판결.

3) 대법원 1974. 9. 24. 선고 74다767 판결.

### (1) 이행소송

#### 1) 현재 이행의 소

변론종결시까지 이행기가 도래하는 이행청구권을 주장하는 현재 이행의 소는 권리보호의 필요가 인정되는 것이 원칙이다. 다만, 급부가 이미 실현되었거나 그 실익이 없는 경우에는 권리보호의 필요가 부인된다. 예를 들어, 근저당권설정등기의 말소청구소송 계속 중에 근저당권의 실행으로 인하여 근저당권설정등기가 말소된 경우,[1] 건물에 대한 이전등기청구소송 계속 중에 건물이 전부 멸실된 경우[2] 등에는 권리보호의 필요가 부인된다.

강제집행이 불가능하거나 현저히 곤란한 경우에도 소의 이익이 인정된다. 판결절차는 분쟁의 관념적 해결절차로서 사실적인 해결방법인 강제집행절차와 별도로 독자적인 존재의의를 갖고 있으며, 집행권원의 보유는 피고에 대한 심리적 압박이 될 수 있기 때문이다. 채권이 가압류나 가처분 또는 압류가 된 경우에도 무조건의 이행판결을 구할 수 있다. 가압류 등이 된 경우에도 집행권원을 취득하거나 시효를 중단시킬 필요가 있고 가압류 등이 취소되어 소멸될 수 있기 때문이다. 따라서 채권이 가압류 등이 된 경우에도 채무자는 제3채무자를 상대로 이행소송을 제기할 수 있다.[3] 그러나 나아가 채권에 대한 추심명령이 있는 경우에는 추심채권자만이 이행소송을 제기할 수 있고 채무자(추심명령의 대상인 채권의 채권자)는 이행소송을 제기할 당사자적격을 상실한다.[4]

#### 2) 장래 이행의 소

이행기가 변론종결시 이후에 도래하는 이행청구권을 주장하는 장래 이행의 소는 권리보호의 필요가 없는 것이 원칙이다. 다만, 미리 청구할 필요가 있는 경우에는 예외적으로 권리보호의 필요가 인정된다(제251조). 장래 이행의 소에 있어서 미리 청구할 필요가 인정되는 예로는 다음과 같은 것이 있다.

---

1) 대법원 2003. 1. 10. 선고 2002다57904 판결.
2) 대법원 1976. 9. 14. 선고 75다399 판결.
3) 대법원 2002. 4. 26. 선고 2001다59033 판결.
4) 대법원 2000. 4. 11. 선고 99다23888 판결.

### 1) 정기(定期)행위

이행이 제때에 이루어지지 않으면 채무 본지에 따른 이행이 되지 않거나 회복할 수 없는 손해가 발생할 경우에는 미리 청구할 필요가 있다. 예를 들어, 초대장의 주문, 결혼예복의 주문 등 정기행위(민법 제545조)가 여기에 해당한다.

### 2) 계속적·반복적 이행청구

계속적·반복적 이행청구에서 현재 이행기 도래분에 대하여 불이행한 경우 또는 장래의 계속적인 불법행위에 기한 손해배상청구·부당이득반환청구의 경우에 장래의 이행기 도래분 또는 장래의 손해배상이나 부당이득에 대하여 미리 청구할 필요가 있다.[1] 다만, 장래의 특정 시점까지 채무불이행 또는 불법행위나 부당이득의 상태가 계속해서 존재한다는 것이 변론종결시에 확정적으로 예견할 수 있어야 한다. 판례도 장래 이행을 명하는 판결을 하기 위해서는 채무의 이행기가 장래에 도래하는 것뿐만 아니라 그 의무불이행상태가 그때까지 존속한다는 것이 변론종결 당시에 확정적으로 예견할 수 있어야 하고, 이러한 존속기간이 불확실하여 변론종결시에 명백히 예견할 수 없는 경우에는 장래 이행을 명하는 판결을 할 수 없다고 한다.

**사례 계속적·반복적 이행청구에서 미리 청구할 필요**

A 지방자치단체는 B 소유의 토지를 무단으로 점유하여 도로로 사용하고 있다. 이에 B는 A를 상대로 차임 상당의 부당이득반환을 청구하는 소송을 제기하고자 한다. 법원이 장래 부당이득금의 지급을 명하는 판결을 하기 위해서는 장래의 특정 시점까지 부당이득의 상태가 계속해서 존재한다는 것이 변론종결시에 확정적으로 예견할 수 있어야 하는데, 장래의 특정한 시점이 언제인지 설명하시오.

① 'A가 위 토지를 매수할 때까지'로 기간을 정한 차임 상당 부당이득반환청구는 장차 A가 위 토지를 매수하거나 수용하게 될지 또는 그 시점이 언제 도래할지 불확실할 뿐만 아니라 A가 매수하거나 수용하지 않고 도로폐쇄조치를 하여 점유사용을 그칠 수도

---

1) 대법원 1994. 9. 30. 선고 94다32085 판결.

있고 B가 위 토지를 계속하여 소유하지 못할 수도 있어서 위 장래의 기간 한정은 의무불이행상태가 그때까지 계속하여 존속한다는 보장이 성립되지 않는 불확실한 시점이라 할 것이므로 이에 대하여 장래 이행을 명하는 판결을 할 수 없다(대법원 1991. 10. 8. 선고 91다17139 판결).

② 'A가 B에게 위 토지를 인도하는 날까지' 차임 상당의 부당이득을 구하는 것도 그 날 이전에 A가 위 토지의 사용·수익을 종료할 수도 있으므로 의무불이행상태가 인도하는 날까지 존속한다는 것 역시 변론종결시 확정적으로 예견할 수 없다고 할 것이어서 그때까지 이행할 것을 명하는 판결을 할 수 없다(대법원 2002. 6. 14. 선고 2000다37517 판결).

③ 'B가 소유권을 상실할 때까지' 차임 상당의 부당이득반환을 구하는 것도 B가 소유권을 상실하기 이전에 A가 토지에 관한 점유를 종료할 수도 있으므로 의무불이행상태가 B가 소유권을 상실하는 날까지 존속한다는 것이 변론종결시에 확정적으로 예견할 수 있는 경우에 해당한다고 할 수 없다(대법원 2023. 7. 27. 선고 2020다277023 판결).

④ 그러나 도로의 폐쇄에 의한 'A의 점유종료일까지'의 이행기 도래분에 대하여 반환을 구한다면, 의무불이행상태가 그때까지 존속됨이 명백히 예견되는 경우라 할 것이어서 장래 이행기가 도래할 부분에 관하여 미리 청구할 필요가 인정된다(대법원 2019. 2. 14. 선고 2015다244432 판결).

### 3) 이행기에 임의 이행을 기대할 수 없는 경우

의무자가 미리 의무의 존재를 다투고 있어 이행기에 이르러 즉시 이행을 기대할 수 없는 경우에도 미리 청구할 필요가 있다.[1] 예를 들어, 채무의 이행기가 도래하지 않았거나 조건이 아직 성취되지 않았으나 채무자가 미리부터 채무의 존재를 다투기 때문에 이행기가 도래하거나 조건이 성취되었을 때에 임의의 이행을 기대할 수 없는 경우 등이 여기에 해당한다. 그러나 이행기에 이르거나 조건이 성취되었을 때에 채무자의 무자력으로 말미암아 집행이 곤란해지거나 이행불능에 빠질 사정이 있는 것만으로는 미리 청구할 필요가 인정되지 않는다.[2]

1) 대법원 2004. 1. 15. 선고 2002다3891 판결; 1993. 11. 9. 선고 92다43128 판결.
2) 대법원 2000. 8. 22. 선고 2000다25576 판결.

#### 4) 현재 이행의 소와 병합하여 제기하는 장래 이행의 소

현재 이행의 소와 병합하여 장래 이행의 소를 제기할 수 있다. 예를 들어, 원금과 함께 다 갚을 때까지의 지연이자를 구하는 경우, 건물명도와 함께 명도할 때까지 임대료 상당의 부당이득을 구하는 경우 등이 여기에 해당된다.

### (2) 확인소송

#### 1) 확인의 이익

확인소송에서는 확인의 이익이 있는 경우에만 권리보호의 필요가 인정된다. 이행소송이나 형성소송의 경우에는 그 대상이 이행청구권 또는 형성소권으로 제한되어 있고, 이행판결에 기한 강제집행이나 형성판결에 따른 법률관계의 변동을 통하여 직접적이고 확실한 분쟁해결을 도모할 수 있다. 그리하여 이행소송이나 형성소송에서는 권리보호의 필요가 있는 것이 원칙이고 부인되는 것은 예외적이다. 그러나 확인소송의 경우에는 모든 법률관계를 그 대상으로 하고, 확인판결에는 집행력이나 형성력 등의 효력이 인정되지 않아 확인판결만으로는 분쟁해결이 특별히 담보되지 않는다. 그리하여 확인소송이 소송제도로서 유용성을 갖기 위해서는 확인판결을 받는 것만으로도 직접적이고 확실한 분쟁해결이 가능한 경우에 한하여 이를 허용할 필요가 있는데, 그것이 확인의 이익이다. 확인의 이익은 권리 또는 법률상의 지위에 현존하는 불안·위험이 있고, 그러한 불안이나 위험을 제거하기 위하여 확인판결을 받는 것이 가장 유효적절한 수단일 때에 인정된다. 확인의 이익의 내용을 구체적으로 살펴보면 다음과 같다.

#### 2) 확인의 이익의 내용

##### (가) 법률상 이익

확인의 이익은 법률상 이익이어야 하며, 사실상 이익이나 경제적 이익만으로는 부족하다. 따라서 판결에 의하여 불안을 제거함으로써 원고의 법률상 지위에 영향을 줄 수 있는 경우라야 하고, 경제적 이익이나 사실상의 이익을 얻는 것만으로는 확인의 이익이 있다고 할 수 없다. 판례는 주주는 주식의 소유자로서 회사의 재산관계에 대하여 경제적 이해관계만을 가질 뿐이므로 상법상 유지청구권(제424조)[1]을 행사하거나 대표소송(제403조)을 제기하여 다툴 수는 있어도 회사가 제3자와 체결한 계약의 무효확인을 구할 이익은 없다고 한다.[2] 또한 사립학교교원에 대한 직위해제나 면직 또는 임용계약의 취소 등의 경우에는 징계에 의한 파면이나 해임의 경우와는 달리 공직이나 교원으로 임용되는데 법령상 아무런 제약사유가 없으므로 정년 또는 임용기간이 도과한 후에는 그 무효확인을 구할 이익이 없고, 비록 그러한 전력이 공직이나 교원으로 임용되는데 불리한 사유로 작용한다고 하더라도 그것은 단순한 사실상의 이익이 침해되는데 불과하다고 한다.[3] 그러나 경매절차에서 유치권의 행사로 인한 저가낙찰로 근저당권자의 배당액이 줄어들 위험은 근저당권자의 법률상 지위를 불안정하게 하는 것이므로 근저당권자는 유치권의 부존재확인을 구할 이익이 있다고 한다.[4]

(나) 현존(現存)하는 불안·위험

원고의 권리 또는 법률상의 지위에 현존하는 불안·위험이 있어야 한다. 원고의 권리 또는 법적 지위가 피고로부터 부인당하거나 이와 양립되지 않는 주장을 당하게 되는 경우에 법적 불안이 있다고 할 것이지만, 당사자 사이에 명시적인 다툼이 없어도 소멸시효가 완성단계에 이른 경우 또는 원고의 주장과 반대되는 등기부 등 공부(公簿)상의 기재가 있는 경우에도 법적 불안이 있는 것으로 볼 수 있다.[5]

판례는 국가를 상대로 한 토지소유권확인소송에서 그 토지가 미등기이고 토지대장이나 임야대장상에 등록명의자가 없거나 등록명의자가 누구인지 알 수 없는 경우, 국가가 등기 또는 등록명의자의 소유를 부인하면서 계속 국가의 소유라고 주장하는 등 특별한 사정이 있는 경우에 한하여 확인의 이익이 인정된다고 한다.[6]

---

1) 회사가 법령 또는 정관에 위반하거나 현저하게 불공정한 방법에 의하여 주식을 발행함으로써 주주가 불이익을 받을 염려가 있는 경우에는 그 주주는 회사에 대하여 그 발행을 유지할 것을 청구할 수 있다(상법 제424조).
2) 대법원 2001. 2. 28. 자 2000마7839 결정; 1979. 2. 13. 선고 78다1117 판결.
3) 2000. 5. 18. 선고 95재다199 전원합의체 판결; 2002. 11. 26. 선고 2002두1496 판결.
4) 대법원 2004. 9. 23. 선고 2004다32848 판결.
5) 대법원 2007. 2. 9. 선고 2006다68650,68667 판결.
6) 대법원 2001. 7. 10. 선고 99다34390 판결; 1993. 4. 27. 선고 93다5727,5734 판결; 1994. 12. 2. 선고 93다58738 판결; 1995. 7. 25. 선고 95다14817 판결.

그러나 국가가 미등기 토지에 대한 시효취득을 주장하는 경우는 취득시효완성을 원인으로 한 소유권이전등기청구권이 있다는 주장에 불과하고 해당 토지에 대한 토지대장이나 임야대장상 등록명의자의 소유를 부인하면서 국가의 소유라고 주장하는 것은 아니므로 국가를 상대로 소유권확인을 구할 이익이 없다고 한다.[1]

그런데 판례는 건물의 경우 건축물대장의 비치·관리업무는 지방자치단체의 고유사무이고 국가사무가 아니므로 국가를 상대로 건물의 소유권확인을 구하는 것은 확인의 이익이 없어 부적법하다고 한다.[2] 또한 미등기건물에 대한 소유권확인판결을 받아 소유권보존등기를 신청할 수 있는 경우는 건축물대장이 생성되었으나 다른 사람이 소유자로 등록되어 있거나 소유자 표시가 누락되어 소유자를 확정할 수 없는 경우이고, 아예 건축물대장이 생성되지 않은 건물에 대해서는 소유권확인판결을 받더라도 이를 근거로 소유권보존등기를 신청할 수 없으므로 소유권확인을 구할 이익이 없다고 한다.[3]

한편 판례는 공탁 관련 소송에서 여러 사람의 피공탁자 중 1인이 다른 피공탁자를 상대로 공탁물출급청구권이 자신에게 있다는 확인을 구할 이익은 있으나,[4] 피공탁자는 공탁공무원을 상대로 공탁물의 출급청구권을 행사하여 이를 수령하면 되는 것이므로 피공탁자가 아닌 제3자를 상대로 공탁물출급청구권의 확인을 구할 이익은 없다고 한다.[5] 또한 피공탁자가 아닌 제3자가 피공탁자를 상대로 공탁물출급청구권의 확인판결을 받더라도 공탁서상 피공탁자가 아니어서 직접 공탁물출급청구를 할 수 없으므로 제3자는 피공탁자를 상대로 공탁물출급청구권의 확인을 구할 이익은 없으며,[6] 공탁자를 상대로 확인을 구해야 한다고 한다.[7]

---

1) 대법원 2003. 12. 12. 선고 2002다33601 판결; 2008. 5. 15. 선고 2008다13432 판결.
2) 대법원 1999. 5. 28. 선고 99다2188 판결; 1995. 5. 12. 선고 94다20464 판결.
3) 대법원 2011. 11. 10. 선고 2009다93428 판결.
4) 대법원 2011. 11. 10. 선고 2011다55405 판결.
5) 대법원 2001. 6. 26. 선고 2001다19776 판결; 2008. 10. 23. 선고 2007다35596 판결.
6) 대법원 2007. 5. 31. 선고 2007다3391 판결; 2006. 8. 25. 선고 2005다67476 판결.
7) 공탁공무원은 형식적 심사권을 가질 뿐이고, 피공탁자 또는 정당한 공탁금수령권자라고 하더라도 직접 국가를 상대로 하여 민사소송으로서 그 공탁금의 지급을 구하는 것은 원칙적으로 허용되지 않는 점 등에 비추어 정당한 공탁금수령권자이면서도 공탁공무원으로부터 공탁금의 출급을 거부당한 사람은 그 법률상 지위의 불안·위험을 제거하기 위하여 공탁자를 상대방으로 하여 그 공탁금출급권의 확인을 구하는 소송을 제기할 이익이 있다(대법원 2007. 2. 9. 선고 2006다68650,68667 판결).

### 3) 가장 유효·적절한 수단일 것(보충성)

자기의 권리 또는 법적 지위에 현존하는 불안·위험을 제거하는데 확인판결을 받는 것 이외에 다른 유효·적절한 수단이 없어야 한다. 현존하는 불안·위험을 제거하는데 확인소송 이외에 다른 직접적인 구제수단이 있는 경우에는 확인의 이익이 인정되지 않는다. 이를 확인소송의 보충성(補充性)이라고 한다.

판례는 이행소송을 제기할 수 있음에도 불구하고 확인소송을 제기하는 것은 분쟁의 종국적인 해결방법이 아니어서 확인의 이익이 없다고 한다.[1] 그리하여 채권의 이행이나 손해배상의 청구를 할 수 있음에도 채권이나 침해되는 권리의 존재확인을 구하는 것은 확인의 이익이 없으며,[2] 근저당권설정자가 피담보채무의 부존재확인과 함께 근저당권설정등기의 말소를 구하는 경우 피담보채무의 부존재를 이유로 근저당권설정등기의 말소를 구하는 것이 직접적인 구제수단이 될 것이므로 이와 별도로 피담보채무의 부존재확인을 구하는 것은 확인의 이익이 없다고 한다.[3]

그러나 판례는 매매계약해제의 효과로서 이미 이행한 것의 반환을 구하는 이행의 소를 제기할 수 있는 경우에도 그 기본이 되는 매매계약의 존부에 대하여 다툼이 있는 때에는 매매계약이 해제됨으로써 현재의 법률관계가 존재하지 않는다는 확인을 구할 이익이 있으며,[4] 채권의 경우 채무자에게 급부의 이행을 청구해야 하고 그 확인을 구할 것은 아니지만, 하나의 채권에 대하여 2인 이상이 서로 채권자라고 주장하는 경우에는 그 채권이 자기에게 귀속된다는 확인을 구할 이익이 있다고 한다.[5] 또한 판례는 이행소송을 제기하여 이미 승소확정판결을 받은 사람이 소멸시효의 중단을 위한 소송을 다시 제기하는 경우 반드시 이행소송에 의해야 하는 것은 아니며 전소 판결로 확정된 채권의 시효를 중단시키기 위한 재판상 청구가 있다는 점에 대해서만 확인을 구하는 형태의 확인소송을 제기할 수도 있다고 한다. 전소와 동일한 이행소송을 다시 제기하는 경우에는 채권의 존부에 관한 불필요한

1) 대법원 2008. 7. 10. 선고 2005다41153 판결; 2005. 7. 14. 선고 2004다36215 판결.
2) 대법원 2001. 12. 24. 선고 2001다30469 판결; 1995. 12. 22. 선고 95다5622 판결.
3) 대법원 2000. 4. 11. 선고 2000다5640 판결.
4) 대법원 1982. 10. 26. 선고 81다108 판결.
5) 대법원 1988. 9. 27. 선고 87다카2269 판결.

심리가 이루어지고, 채무자는 이중집행을 당할 우려가 있으며, 후소의 적법성이 소멸시효기간의 경과가 임박했는지 여부라는 불명확한 기준에 의해 좌우되어 채권자가 불안정한 지위에 놓이게 된다는 점을 그 근거로 들고 있다.[1]

한편 판례는 자기의 권리 또는 법률상의 지위가 타인으로부터 부인당하는 경우 그 타인을 상대로 자기의 권리 또는 법률관계의 확인을 구해야 하고, 그 상대방이 자기의 주장과는 양립할 수 없는 권리 또는 법률관계를 주장한다고 하여 상대방 주장의 권리 또는 법률관계가 부존재한다는 확인을 구하는 것은 확인의 이익이 없다고 한다.[2] 그리하여 소유권의 귀속에 관하여 다툼이 있는 경우 적극적으로 자기에게 소유권이 있다는 확인을 구해야 하는 것이고, 소극적으로 상대방에게 소유권이 없다는 부존재확인을 구하는 것은 허용되지 않는다고 한다. 다만, 원고에게 내세울 소유권이 없고 피고의 소유권이 부인되면 그로써 원고의 법적 지위의 불안이 제거되어 분쟁이 해결될 수 있는 경우에는 소극적으로 피고에게 소유권이 없다는 부존재확인을 구할 이익이 있다고 한다.[3]

### (3) 형성소송

형성소송은 법률에 규정을 두고 있는 경우에만 허용되므로 법률의 규정에 따라 소송을 제기하면 원칙적으로 권리보호의 필요가 인정된다. 그러나 법률의 규정에 따라 형성소송을 제기하였더라도 이미 다른 사유로 형성의 효과가 발생하였거나 사정변경에 의하여 형성의 필요가 없게 된 경우에는 권리보호의 필요가 부인된다. 예를 들어, 회사설립무효소송 계속 중에 회사가 해산한 경우, 이혼소송 계속 중에 협의이혼이 성립하거나 부부 일방이 사망한 경우, 이사를 선임한 주주총회결의에 대한 취소소송 계속 중에 해당 이사가 퇴임한 경우, 사해행위취소소송 계속 중에 소송의 대상이 된 재산이 채무자에게 복귀한 경우[4] 등에는 권리보호의 필요가 부인된다.

---

1) 대법원 2018. 10. 18. 선고 2015다232316 전원합의체 판결.
2) 대법원 1995. 10. 12. 선고 95다26131 판결; 2012. 6. 28. 선고 2010다54535 판결.
3) 대법원 1984. 3. 27. 선고 83다카2337 판결.
4) 대법원 2015. 5. 21. 선고 2012다952 전원합의체판결.

# 제 2 절 소송물

소송의 객체 내지 심판의 대상을 소송물이라고 한다. 소송물에 관한 원고의 주장이 소송상 청구이며, 그 당부(當否)가 판결에 의하여 확정됨으로써 분쟁이 해결된다. 소송물은 청구의 변경 여부, 중복소송 여부, 처분권주의 위반 여부, 기판력의 범위 등을 판단하는 기준이 되고, 소송물을 어떻게 정의하는지에 따라 그 결론이 달라진다. 소송물에 관하여 다음과 같은 학설의 대립이 있다.

## Ⅰ. 소송물이론

### 1. 구소송물이론

구소송물이론에서는 실체법상의 권리 또는 법률관계의 주장을 소송물로 보고, 실체법상 권리마다 소송물이 별개라고 한다. 그리하여 소송물은 청구취지뿐만 아니라 청구원인까지 함께 고려하여 결정된다고 한다. 예를 들어, 불법행위에 기한 손해배상청구와 채무불이행에 기한 손해배상청구는 동일한 사실관계에 기초하였다고 하여도 별개의 소송물이고, 또한 민법 제840조 제1호 부정행위에 의한 이혼청구와 동조 제6호 혼인을 계속하기 어려운 중대한 사유를 이유로 한 이혼청구도 별개의 소송물이라고 한다. 그러나 확인소송의 경우에는 청구취지만으로 소송물이 특정되고, 청구원인에 의한 보충은 필요 없다고 한다. 예를 들어, 소유권확인소송에서 소유권의 취득원인이 되는 매매, 취득시효의 완성 등은 청구를 이유 있게 하는 공격방어방법에 불과하다고 한다.

## 2. 신소송물이론

신소송물이론에서는 실체법상 권리는 소송물이 이유 있는지 여부를 가리는데 전제가 되는 법률적 관점 내지 공격방어방법에 불과하고, 소송물은 소송법적 요소, 즉 신청만으로 또는 신청과 사실관계에 의하여 구성된다고 한다. 소송물은 신청만으로 구성된다는 입장을 일분지설(一分肢說)이라고 하고, 신청과 사실관계라는 두 가지 요소로 구성된다는 입장을 이분지설(二分肢說)이라고 한다.

이분지설에서 말하는 사실관계는 실체법상 권리의 발생원인이 되는 사실관계가 아니라 이보다 넓은 개념으로 사회적·역사적인 일련의 사실관계라고 한다. 이에 대해서는 사실관계라는 애매한 개념을 소송물의 구성요소로 함으로써 그 한계를 획정하기 어렵다는 비판이 있다. 일분지설은 소송물의 범위를 가장 넓게 보는 입장으로서 소송물은 신청, 즉 청구취지만으로 구성된다고 한다. 다만, 금전의 지급이나 대체물의 인도를 청구하는 소송에서는 청구취지가 너무 단순하여 청구원인을 구성하는 사실관계의 보충에 의하여 소송물이 특정된다고 한다.

## 3. 판례

### (1) 구소송물이론의 입장

판례는 구소송물이론의 입장이다. 그리하여 실체법상 권리마다 소송물이 별개라고 한다. 채무불이행에 의한 손해배상청구와 불법행위에 의한 손해배상청구,[1] 부당이득반환청구와 불법행위로 인한 손해배상청구,[2] 어음·수표채권에 기한 청구와 원인채권에 기한 청구,[3] 소유권에 기한 반환청구와 점유권에 기한 반환청구는 각각 별개의 소송물이고,[4] 이혼소송에서는 각 이혼사유마다,[5] 재심의 소에서는 각

1) 대법원 1980. 11. 11. 선고 80다1812 판결.
2) 대법원 2013. 9. 13. 선고 2013다45457 판결.
3) 대법원 1976. 11. 23. 선고 76다1391 판결.
4) 대법원 1996. 6. 14. 선고 94다53006 판결.
5) 대법원 1963. 1. 31. 선고 62다812 판결.

재심사유마다 별개의 소송물이 된다고 한다.[1)]

### (2) 등기청구소송

판례는 소유권이전등기청구의 경우 매매계약, 대물변제, 시효취득 등 등기원인별로 소송물이 별개라고 한다.[2)] 따라서 매매계약에 기한 소유권이전등기청구소송 판결의 기판력은 취득시효완성을 이유로 한 소유권이전등기청구소송에 미치지 않는다고 한다.[3)] 그러나 등기원인의 무효를 이유로 한 소유권이전등기말소청구에서는 그 등기원인의 무효를 이루는 개개의 사유, 예를 들어 등기원인인 매매계약 등이 부존재하거나 통정허위표시나 불공정한 법률행위로 무효라는 사정 또는 사기·강박에 의하여 취소된 사정 등은 단순한 공격방어방법에 불과하다고 한다.[4)] 다만, 등기원인의 무효가 아닌 다른 이유로 소유권이전등기의 말소를 청구하는 경우에는 등기원인의 무효를 이유로 한 소유권이전등기말소청구와 별개의 소송물이라고 한다. 예를 들어, 담보목적으로 경료된 소유권이전등기에 대한 피담보채무의 변제를 이유로 하는 소유권이전등기말소청구 또는 신탁계약해지를 이유로 하는 소유권이전등기말소청구는 등기원인의 무효를 이유로 하는 소유권이전등기말소청구와 별개의 소송물이라고 한다.[5)]

한편 판례는 이미 자기 앞으로 소유권을 표상하는 등기가 되어 있었거나 법률에 의하여 소유권을 취득한 사람은 현재의 등기명의인을 상대로 그 등기의 말소를 구하는 것에 갈음하여 진정한 등기명의의 회복을 원인으로 하는 소유권이전등기를 구하는 소송을 제기할 수 있다고 한다.[6)] 여기서 진정한 등기명의의 회복을 원인으로 하는 소유권이전등기청구소송의 소송물은 소유권에 기한 이전등기청구권이고, 소유권취득의 원인이 되는 개개의 사실은 공격방어방법에 불과하다고 한다.[7)] 또한

---

1) 대법원 1992. 10. 9. 선고 92므266 판결.
2) 대법원 1991. 1. 15. 선고 88다카19002 판결; 1992. 3. 27. 선고 91다40696 판결.
3) 대법원 1981. 1. 13. 선고 80다204,205 판결.
4) 대법원 1999. 9. 17. 선고 97다54024 판결; 1981. 12. 22. 선고 80다1548 판결.
5) 대법원 1983. 3. 8. 선고 82다카1203 판결.
6) 대법원 2002. 9. 24. 선고 2001다20103 판결.
7) 대법원 1999. 7. 27. 선고 99다9806 판결.

진정한 등기명의의 회복을 원인으로 하는 소유권이전등기청구는 소유권이전등기말소청구에 갈음하여 허용되는 것이고, 양 청구권은 모두 소유권에 기한 방해배제청구권으로서 그 법적 근거와 성질이 동일하므로 비록 이전등기와 말소등기의 형식을 취하고 있다고 하더라도 양자의 소송물은 실질상 동일한 것으로 보아야 한다고 한다. 따라서 소유권이전등기말소청구소송 판결의 기판력은 진정한 등기명의의 회복을 위한 소유권이전등기청구소송에도 미친다고 한다.[1)]

### (3) 신체상해 또는 사망으로 인한 손해배상청구소송

판례는 신체상해 또는 사망을 이유로 한 손해배상청구소송에서 소송물은 치료비 등 적극적 재산상 손해와 일실이익의 상실에 따른 소극적 재산상 손해 및 정신적 손해(위자료)의 세 가지로 구분된다는 손해 3분설을 취하고 있다.[2)] 그리하여 이미 소송으로 소극적 재산상 손해인 일실노임의 지급을 청구하였다면, 이것과 별도로 동일한 소송물인 일실퇴직금의 지급을 구하는 소송을 제기할 수 없다고 한다.[3)] 그러나 후유증으로 인한 확대손해의 경우 앞선 소송의 변론종결시에 그 확대손해의 발생을 예견할 수 없었고 그 부분의 청구를 포기하였다고 볼 만한 사정이 없다면, 그 확대손해는 앞선 소송의 소송물과는 별개의 소송물로서 앞선 판결의 기판력이 미치지 않는다고 한다.[4)]

### (4) 일부청구소송

일정한 금원의 지급이나 대체물의 인도 등 수량적으로 가분인 급부를 목적으로 하는 채권에 관하여 채권자가 임의로 분할하여 그 일부만을 소송으로 청구하는 것을 일부청구라고 한다. 판례는 가분적 채권의 일부를 청구함에 있어서 일부청구임을 명시한 경우에는 그 부분만 소송물이 되고 판결의 효력도 그 부분에만 미치나, 일부청구임을 명시하지 않은 경우에는 잔부까지 포함하여 청구 전부가 소송물이

---

1) 대법원 2001. 9. 20. 선고 99다37894 전원합의체 판결.
2) 대법원 2006. 10. 13. 선고 2006다32446 판결.
3) 대법원 1976. 10. 12. 선고 76다1313 판결.
4) 대법원 2007. 4. 13. 선고 2006다78640 판결.

되고 판결의 효력도 잔부까지 포함한 청구 전부에 미친다고 한다(명시적 일부청구설).[1] 다만, 명시적 일부청구를 하였더라도 그 취지로 보아 채권 전부에 대하여 판결을 구하는 것으로 해석되는 경우, 예를 들어 신체상해로 인한 손해배상청구소송에서 신체감정결과에 따라 청구금액을 확장하겠다는 뜻을 소장에 표시한 경우 등에는 그 손해배상채권 전부가 소송물이 되고, 소송 제기에 따른 시효중단의 효력도 그 채권 전부에 미친다고 한다.[2]

일부청구임을 명시하는 방법으로 반드시 전체 청구금액을 특정하여 그중 일부만을 청구하고 잔액에 대한 청구를 유보하는 취지임을 밝혀야 할 필요는 없으며, 일부청구의 범위를 잔부청구와 구별하여 그 심리의 범위를 특정할 수 있는 정도로 표시하는 것으로 충분하다고 한다.[3] 예를 들어, 신체상해로 인한 손해배상청구소송에서 배상금액을 특정하여 청구하면서 향후 치료비는 이후 소송에서 신체감정결과에 따라 청구한다고 밝힌 경우 위자료 청구부분은 명시적 일부청구가 아니므로 판결의 효력이 위자료 채권 전부에 미치지만, 적극적 손해에 대한 청구부분은 명시적 일부청구에 해당하므로 향후 치료비에 대해서는 판결의 효력이 미치지 않는다고 한다.[4]

### (5) 확인소송

판례는 확인소송에서는 청구취지만으로 소송물이 특정된다고 한다. 소유권확인소송에서 매매계약이나 취득시효의 완성 등 소유권취득원인은 공격방어방법에 불과하다고 한다. 그리하여 소유권확인판결의 기판력은 그 사건의 변론종결전에 그 확인의 원인이 되는 다른 사실에도 미친다고 한다.[5]

---

1) 대법원 2008. 12. 24. 선고 2008다51649 판결; 2000. 2. 11. 선고 99다10424 판결; 2016. 7. 27. 선고 2013다96165 판결.
2) 대법원 1992. 4. 10. 선고 91다43695 판결.
3) 대법원 1989. 6. 27. 선고 87다카2478 판결.
4) 대법원 2016. 7. 27. 선고 2013다96165 판결.
5) 대법원 1987. 3. 10. 선고 84다카2132 판결.

### (6) 회사관계소송

판례는 회사설립무효소송은 형성소송으로서 그 소송물은 회사설립의 무효청구이고 개개의 무효사유는 공격방어방법에 불과하다고 한다. 그리하여 회사설립의 무효사유를 모집설립임을 전제로 창립총회를 개최하지 않았음을 주장하다가 발기설립을 해야 함에도 탈법적으로 모집설립절차를 취하였음을 주장하는 것은 청구의 변경이 아니라 공격방어방법의 변경에 불과하다고 한다.[1]

한편 판례는 주주총회결의에 대한 취소소송과 무효확인소송 및 부존재확인소송은 각각 소송물을 달리하는 별개의 소송이라고 한다. 그리하여 주주총회결의 자체가 법률상 존재하지 않음에도 그 결의의 취소를 구하는 것은 부적법하고,[2] 주주총회에서 여러 개의 안건이 상정되어 각각 결의가 행해진 경우에는 각 안건별로 소송물이 별개라고 한다.[3] 다만, 주주총회결의에 대한 무효확인소송이나 부존재확인소송이 취소소송의 제기기간 내에 제기된 경우에는 비록 제소기간이 경과한 후에 취소소송으로 청구변경을 하더라도 제소기간을 준수한 것으로 보아야 하고,[4] 부존재확소송과 무효확인소송은 법률상 유효한 결의의 효과가 현재 존재하지 않음을 확인받고자 하는 점에서 동일하므로 법률상 부존재인 총회결의에 대하여 무효확인을 구하더라도 이는 부존재확인의 의미로 무효확인을 구하는 취지라고 이해함이 타당하다고 한다.[5]

## Ⅱ. 소송물이론에 대한 평가

구소송물이론과 신소송물이론에 의하는 경우 어떠한 차이가 있는지 사례를 들어 살펴보면 다음과 같다. 예를 들어, 기차 여객이 기차탈선사고로 인하여 입

1) 대법원 1992. 2. 14. 선고 91다31494 판결.
2) 대법원 1978. 9. 26. 선고 78다1219 판결.
3) 대법원 2010. 3. 11. 선고 2007다51505 판결.
4) 대법원 2007. 9. 6. 선고 2007다40000 판결; 2003. 7. 11. 선고 2001다45584 판결.
5) 대법원 1983. 3. 22. 선고 82다카1810 전원합의체 판결.

은 손해의 배상을 청구하는 소송을 제기하는 경우에 불법행위를 이유로 손해배상을 청구할 수도 있고, 여객운송계약상의 채무불이행을 이유로 손해배상을 청구할 수도 있다. 이 경우 구소송물이론에서는 불법행위를 이유로 한 손해배상청구와 채무불이행을 이유로 한 손해배상청구는 실체법상 별개의 권리이므로 소송물도 별개라고 한다. 따라서 구소송물이론에서는 불법행위에 기한 손해배상청구를 하다가 채무불이행에 기한 손해배상청구로 변경하는 것은 청구의 변경에 해당하고, 불법행위에 기한 손해배상청구소송 계속 중에 별소로 채무불이행에 기한 손해배상청구소송을 제기하는 경우 양자는 소송물을 달리하므로 중복제소에 해당하지 않으며, 불법행위에 기한 손해배상청구에 대하여 법원이 채무불이행을 이유로 손해배상청구를 인용하는 것은 처분권주의 위반이고, 불법행위에 기한 손해배상청구소송 판결의 기판력은 채무불이행에 기한 손해배상청구소송에는 미치지 않는다고 한다.

이에 대하여 신소송물이론에서는 사회적·역사적인 사실인 기차사고로 인한 손해배상청구를 소송물로 보고,[1] 불법행위나 채무불이행은 청구를 이유 있게 하는 단순한 법률적 관점 내지 공격방어방법에 불과한 것으로 본다. 따라서 신소송물이론에서는 불법행위에 기한 손해배상청구를 하다가 채무불이행에 기한 손해배상청구로 변경하는 것은 청구의 변경이 아니라 단순한 공격방어방법의 변경에 불과하고, 불법행위에 기한 손해배상청구소송 계속 중에 별소로 채무불이행에 기한 손해배상청구소송을 제기하는 경우 양자는 동일한 소송이므로 중복제소에 해당하며, 불법행위에 기한 손해배상청구에 대하여 법원이 채무불이행을 이유로 인용하더라도 처분권주의 위반이 아니고, 불법행위에 기한 손해배상청구소송 판결의 기판력은 채무불이행에 기한 손해배상청구소송에도 미친다고 한다.

생각건대, 소송은 실체법상 권리가 침해된 경우 그 구제를 청구하는 절차이고, 소송물은 그러한 소송의 객체 또는 대상이다. 따라서 소송물을 실체법상 권리와 별개로 정의하는 것은 온당치 않다. 이러한 점에서 소송물을 실체법상 권리의 주장으로 보고, 실체법상 권리마다 소송물이 별개라고 보는 구소송물이론이

1) 일분지설에 의하더라도 금전지급청구소송에서는 청구취지가 너무 단순하여 청구원인의 사실관계의 보충에 의하여 소송물이 특정된다고 하므로 이분지설과 차이가 없다.

타당하다고 본다. 또한 소송절차의 명확성과 안정성을 위하여 소송물은 그 개념 및 인정범위가 명확히 정의되고 획정되어야 한다. 그런데 신소송물이론은 소송물의 개념이나 그 인정범위가 불분명할 뿐만 아니라 심지어 신소송물이론을 주장하는 학자마다 그 입장이 서로 상이한 상황이다. 소송물의 개념 및 인정범위를 명확히 한다는 점에서도 구소송물이론이 타당하다고 본다.

## 제 3 절 소제기의 절차와 효과

### Ⅰ. 소제기의 절차

원고가 소를 제기하기 위해서는 법원에 소장을 제출해야 한다. 원고가 소장을 제출하면 재판장이 소장의 적식 여부를 심사한다. 흠결이 있으면 기간을 정하여 보정을 명하고, 기간 내에 보정하지 않으면 소장을 각하한다. 그러나 소장이 적식이라고 인정되면 피고에게 소장부본을 송달한다. 피고가 소장부본을 송달받고 30일 이내에 답변서를 제출하지 않으면, 법원은 변론없이 원고승소판결을 할 수 있다. 피고가 답변서를 제출하면 변론절차에 들어가게 된다.

#### 1. 소장의 제출

소를 제기함에는 소장이라는 서면을 제1심법원에 제출해야 한다. 다만, 소액사건에서는 구술에 의하여 소를 제기할 수도 있다(소액사건심판법 제4조).

##### (1) 필요적 기재사항

소장의 필요적 기재사항으로는 당사자, 법정대리인, 청구취지, 청구원인이 있다(제249조 제1항). 임의대리인, 사건의 표시, 법원의 표시 등은 임의적 기재사항이다.

소장의 필요적 기재사항이 흠결되면 보정을 명하고, 보정하지 않으면 명령으로 소장을 각하한다(제249조 제1항, 제254조). 당사자는 누가 원고이고 피고인지 그 동일성을 특정할 수 있을 정도로 기재해야 한다. 자연인의 경우에는 성명과 주소를, 법인의 경우에는 상호 또는 명칭과 주된 사무소의 소재지를 적는다. 당사자가 제한능력자인 경우에는 그 법정대리인을 적고, 법인 등 단체의 경우에는 그 대표자를 표시한다.

**참조 당사자의 표시**

① 법정대리인이 있는 경우

원고 ○○○
원고의 주소
미성년자이므로 법정대리인 친권자 부 ○○○, 모 ○○○ 위와 같은 주소

원고 ○○○
원고의 주소
피성년후견인이므로 법정대리인 후견인 ○○○ 후견인의 주소

② 법인의 경우

원고 한남주식회사
원고의 주소
대표이사 ○○○

피고 학교법인 대전기독학원
피고의 주소
대표자 이사장 ○○○

피고 대한민국
대표자 법무부장관 ○○○

피고 대전광역시
대표자 시장 ○○○

청구의 취지는 명확히 알아볼 수 있도록 구체적으로 특정해야 한다. 이행소송에서는 피고의 의무이행 또는 강제집행이 가능하도록 이행의 내용을 명확하게 표시해야 한다. 금전청구의 경우 금액을 특정하여 명시해야 하나, 금전의 성질까지 기재할 필요는 없다.[1] 특정물청구의 경우에는 그 목적물을 구체적으로 특정하여 표시해야 한다.[2] 예를 들어, 건물의 인도를 구하는 경우에는 지번, 구조, 층수, 용

도, 면적 등을 표시해야 하고,[1] 토지의 경우에는 지번, 지목, 지적을 표시해야 한다.[2] 확인의 소에서는 확인의 대상인 특정한 권리 또는 법률관계와 그에 대한 존재 또는 부존재 여부의 확인을 구한다는 취지를 적어야 하고,[3] 형성의 소에서는 형성의 대상인 권리관계와 그에 대하여 어떠한 내용의 변동을 구하는지를 명확히 기재해야 한다.[4] 그리고 청구원인에는 소송물인 권리관계의 발생원인에 해당하는 사실, 즉 법률요건사실을 기재한다.

### (2) 인지의 첩부

#### 1) 의의

소장에는 「민사소송 등 인지법」 소정의 인지를 붙여야 한다(동법 제2조 내지 제4조). 전자문서로 소장을 제출하는 경우에는 법정된 인지액의 10분의 9에 해당하는 인지를 붙이면 된다(동법 제16조). 항소장에는 제1심 인지액의 1.5배에 해당하는 인지를 붙이고, 상고장(대법원에 제출하는 소장을 포함한다)에는 제1심 인지액의 2배

---

1) 예를 들어, 「피고는 원고에게 50,000,000원 및 이에 대한 2022. 10. 1.부터 이 사건 소장부본 송달일까지 연 5푼, 그 다음날부터 완제일까지 연 1할 2푼의 각 비율에 의한 금원을 지급하라.」 등으로 기재한다.

2) 예를 들어, 이전등기나 말소등기를 구하는 경우에 부동산표시를 기재한 별지 목록을 사용하여 「피고는 원고에게 별지 목록 기재 부동산에 관하여 2024. 5. 1. 매매를 원인으로 한 소유권이전등기절차를 이행하라.」, 「피고는 원고에게 별지 목록 기재 부동산에 관하여 청주지방법원 음성등기소 2024. 5. 1. 접수 제16785호로 마친 소유권이전등기의 말소등기절차를 이행하라.」, 「피고는 원고에게 별지 목록 기재 부동산에 관하여 청주지방법원 음성등기소 2023. 5. 1. 접수 제12981호로 마친 근저당권설정등기에 대하여 2024. 10. 1. 해지를 원인으로 한 말소등기절차를 이행하라.」 등으로 기재한다.

1) 예를 들어, 「피고는 원고에게 대전 대덕구 오정동 133 지상 철근콘크리트조 슬래브지붕 3층 영업소 1층 150㎡, 2층 120㎡, 3층 100㎡, 옥탑방 10㎡를 명도하라.」라고 기재한다.

2) 예를 들어, 「피고는 원고에게 대전 대덕구 오정동 133 대 500㎡를 인도하라.」라고 기재하고, 토지의 일부 인도를 구하는 경우에는 별지도면을 사용하여 「피고는 원고에게 대전 대덕구 오정동 133 대 500㎡ 중 별지도면 표시 1, 3, 7, 8, 10, 13, 18, 1의 각 점을 순차로 연결한 선내 부분 186㎡를 인도하라.」라고 기재한다.

3) 예를 들어, 「별지 목록 기재 부동산이 원고의 소유임을 확인한다.」, 「원고와 피고 사이의 2014. 9. 1. 금전소비대차계약에 기한 원고의 채무는 존재하지 아니함(또는 부존재함)을 확인한다.」라고 기재한다.

4) 예를 들어, 「원고와 피고는 이혼한다.」, 「피고의 주주총회가 2024. 10. 1.에 한 별지 기재의 결의를 취소한다.」라고 기재한다.

에 해당하는 인지를 붙여야 한다(동법 제3조).

소장에 붙인 인지액이 부족한 경우 접수 담당 법원공무원은 보정을 권고할 수 있으나 소장의 접수를 거부할 수는 없다. 다만, 소장에 붙인 인지액이 일정액[1]에 미달하는 경우로서 동일인을 대상으로 한 반복적인 소장 제출 등의 사유가 있는 경우에는 소장의 접수를 보류할 수 있다(제248조 제2항 및 민사소송 등 인지규칙 제4조의2). 접수가 보류된 소장을 제출한 사람이 일정액 이상의 인지를 납부하는 때에는 지체 없이 소장을 접수해야 한다(위 인지규칙 제4조의3 제5항 제1호). 소장이 접수되면 소장이 제출된 때에 소가 제기된 것으로 본다(제248조 제3항).

### 2) 인지액의 산정

인지액은 소가에 따라 산정된다. 소가의 산정 시기는 소를 제기한 때를 기준으로 하므로 소송 제기 후 소송목적물의 값의 등락이나 가치의 손상 등 사정변경이 있어도 인지를 추가로 붙이거나 반환하지 않는다. 소송 제기 이후 청구의 확장이나 추가적 변경을 한 경우에는 변경된 청구에 대한 인지액에서 변경 전 청구에 대한 인지액을 공제한 나머지 인지액을 납부해야 한다. 그러나 변론병합의 경우에는 소가가 변경되지 않으므로 인지액에 아무런 변동이 없다.

국가가 당사자로서 소를 제기하거나 상소를 제기하는 경우 인지를 붙이지 않으나(인지첩부·첨부 및 공탁 제공에 관한 특례법 제2조), 국가가 보조참가인의 자격에서 상소를 제기하는 경우에는 인지를 붙여야 한다.[2] 소송구조신청이 있는 경우에는 소송구조신청에 대한 기각결정이 확정될 때까지는 인지를 붙일 의무가 없으므로 소장에 인지가 붙어있지 않음을 이유로 소장을 각하할 수는 없다.[3]

### 3) 인지보정명령

재판장은 소장에 붙이거나 납부한 인지액이 상당하지 않다고 인정한 때에는 지체 없이 기간을 정하여 보정을 명해야 한다. 이 경우 재판장은 법원사무관 등으로

---

1) 최소인지금액이라고 하는데, 소장에 붙이거나 납부한 인지액이 소가가 3천만원 이하인 경우에는 1천원, 3천만원 초과 5억원 이하인 경우에는 1만원, 5억원을 초과하는 경우에는 5만원이다(민사소송 등 인지법 제13조 제2항).

2) 대법원 2008. 7. 11. 자 2008마600 결정.

3) 대법원 2008. 6. 2. 자 2007무77 결정; 2002. 9. 27. 자 2002마3411 결정.

하여금 위 보정명령을 하게 할 수 있다(위 인지규칙 제4조). 당사자가 인지보정명령을 받고 보정기간 내에 보정하지 않은 경우 소장 또는 상소장 부본 송달 전이면 소송계속이 발생하지 않아 재판장이 명령으로 소장 또는 상소장을 각하해야 하고, 송달 이후에는 소송계속이 발생하여 법원이 변론 없이 판결로써 소 또는 상소를 각하해야 한다.[1] 인지보정명령에 대해서는 독립하여 상소할 수 없고, 보정명령에 따르지 않아 소장 또는 상소장이 각하되면 그 각하명령에 대하여 즉시항고로 다투어야 한다.[2] 후술하는 바와 같이 소장의 적법 여부는 각하명령을 한 때를 기준으로 하므로 즉시항고를 하고 인지를 보정하였더라도 소장각하명령을 경정할 수 없다.[3]

#### 4) 인지액의 환급

① 소장이나 상소장, 반소장, 청구변경신청서, 당사자참가신청서 등에 대한 각하명령이 확정된 경우, ② 제1심 또는 항소심의 변론종결 전(前)에 소나 항소, 반소, 청구변경신청, 당사자참가신청 등이 취하된 경우, ③ 상고이유서제출기간 경과 전(前)에 상고가 취하된 경우, ④ 제1심 또는 항소심에서 청구의 포기·인낙이나 재판상화해 또는 조정이 성립된 경우, ⑤ 상고심에서 심리불속행기각판결을 받은 경우, ⑥ 상고이유서를 제출하지 않아 상고기각판결을 받은 경우에는 납부한 인지액의 환급을 청구할 수 있다(민사소송 등 인지법 제14조 제1항). 인지액의 환급청구는 환급사유가 발생한 날부터 3년 이내에 해야 한다(동조 제2항). 환급금액은 소장에 붙인 인지액의 2분의 1에 해당하는 금액이다(동조 제1항).

사실심 변론종결 전에 원고가 소 등을 취하한 경우뿐만 아니라 소 등이 취하로 간주된 경우도 환급사유가 된다(동법 제14조 제1항 제2호). 따라서 당사자 쌍방의 불출석으로 소취하 간주된 경우에도 환급사유가 되고, 항소의 취하로 부대항소도 함께 취하된 경우에 부대항소장에 붙인 인지액도 환급사유가 된다. 그러나 변론종결 이후에 소 등이 취하된 경우, 상고이유서제출기간이 경과한 후에 상고가 취하된 경우는 환급사유가 아니며, 소 등에 대한 각하판결이 확정된 경우도 환급사유가 아니다. 소를 취하한 경우에도 인지액의 변동이 없는 경우, 예를 들어, 주된 청구를

1) 대법원 2002. 11. 26. 선고 2002다48719 판결.
2) 대법원 1995. 6. 30. 자 94다39086 결정.
3) 대법원 1968. 7. 29. 자 68사49 전원합의체 결정.

유지하고 부대청구만을 취하한 경우에는 환급사유가 되지 않는다. 판례는 여러 개의 청구 중 어느 청구를 취하한 경우에는 환급의 대상이 되나, 단순히 하나의 청구 중 일부를 감축한데 그친 경우에는 환급사유가 되지 않는다고 한다.[1)]

## 2. 소장심사

### (1) 소장심사의 대상

합의부에서는 재판장이, 단독사건에서는 단독판사가 소장의 적식 여부, 즉 당사자가 제대로 특정되어 있는지,[2)] 청구취지나 청구원인이 제대로 기재되어 있는지, 소정의 인지를 붙였는지 등을 심사한다. 소장심사는 소송요건의 존부, 청구의 당부에 대한 심사에 선행하여 행해진다(소장심사의 선순위성). 따라서 소송요건의 존부와 청구의 당부는 소장심사의 대상이 아니다. 판례는 소장에 대표자가 표시되어 있는 이상 설령 그가 회사를 대표할 수 없는 사람이라고 하더라도 회사를 대표할 사람으로 대표자의 표시를 정정하라는 보정명령을 하고 이에 불응하였다고 소장을 각하하는 것은 허용되지 않는다고 한다.[3)] 소장에 표시된 법인의 대표자에게 적법한 대표권이 있는지는 소송요건이기 때문이다.

### (2) 보정명령

필요적 기재사항이 흠결되었거나 법정의 인지가 붙어 있지 않은 경우 재판장은 보정을 명하거나 법원사무관 등으로 하여금 보정명령을 하게 할 수 있다(제254조 제1항 후단).[4)] 또한 소장부본을 송달할 수 없는 경우에도 보정명령을 할 수 있다(제

---

1) 대법원 2012. 4. 13. 자 2012마249 결정.

2) 법원사무관 등이 소장의 필수적 기재사항에 관하여 1차적인 심사를 할 때 당사자의 인적사항(성명, 주소, 주민등록번호 등)과 연락가능한 전화번호 등을 반드시 기재하도록 한다. 특히 손해배상청구사건 등에서 피고의 인적사항을 알 수 없는 때에는 소장접수증명서를 발급받게 하여 가까운 주민센터에서 주민등록표초본을 발급받아 보완하도록 한다.

3) 대법원 2013. 9. 9. 자 2013마1273 결정.

4) 소장을 접수할 때 소장의 흠을 발견하여 보정을 권고하였음에도 그 흠을 보정하지 않는다고 소장의

255조 제2항). 나아가 민사소송법에서는 소장심사를 하면서 필요한 경우 원고에게 청구의 원인사실에 대한 증거방법을 구체적으로 적어 내도록 명하거나 소장에 인용한 서증의 등본이나 사본을 붙이지 않은 경우 이를 제출하도록 명할 수 있게 하고 있다(제254조 제4항).

보정기간을 정하지 않은 보정명령은 위법하다.[1] 보정기간은 재정기간으로서 불변기간이 아니므로 원고는 보정기간 내에 보정이 어려우면 그 연장신청을 할 수 있으나 이에 대한 허부는 재판장의 재량에 속한다.[2] 보정명령에 응하여 보정을 하면 소송 제기 당시에 소급하여 적법한 소장을 제출한 것으로 된다. 다만, 청구의 내용이 특정되지 않아 이를 보정한 경우에는 보정을 한 때에 적법한 소장이 제출된 것으로 보아야 한다. 보정기간 내에 보정을 해야 하지만, 보정기간이 경과하였더라도 소장각하명령이 송달되기 전까지 보정을 하면 소장은 적법한 것이 된다.[3] 소장에 형식적 흠결이 있더라도 보정을 명하고 이에 불응한 경우가 아니라면 소장을 각하할 수 없으며,[4] 제1심과 항소심에서 소장의 흠결이 있음에도 이를 간과하여 보정명령을 하지 않았다면 상고심에서 이를 보정하여 그 흠결을 치유할 수 있다.[5]

원고가 보정기간 내에 소장의 흠결을 보정하지 않으면 명령으로 소장을 각하해야 한다(제254조 제2항, 제255조 제2항). 그러나 소장부본이 피고에게 송달된 이후에 소장의 흠결이 발견되고 원고가 보정명령에 불응한 경우에는 판결로써 소를 각하해야 한다.[6] 다만, 청구의 원인사실에 대한 증거방법을 구체적으로 적어 내라는 명령이나 소장에 인용한 서증의 등본이나 사본을 제출하라는 명령에 응하지 않았다고 하여 소장을 각하할 수 없다(제254조 제4항).[7] 이는 소장의 형식적 흠결이 아닌 실질적 사항에 대한 보정명령이라는 점에서 이에 불응하였다고 하여 소장을 각하

---

접수 자체를 거부할 수는 없으며, 흠결의 내용을 간명하게 기재한 부전지를 붙이고 접수를 해야 한다(소송서류 기타 사건관계서류의 접수사무에 관한 처리지침 제6조).

1) 대법원 1980. 6. 12. 자 80마160 결정.
2) 대법원 1969. 12. 19. 자 69마500 결정.
3) 대법원 1996. 1. 12. 자 95두61 결정; 1969. 9. 30. 자 69마684 결정.
4) 대법원 1963. 10. 22. 선고 63아34 판결.
5) 대법원 1969. 12. 26. 선고 67다1744,1745,1746 판결.
6) 대법원 1981. 11. 26. 자 81마275 결정.
7) 제254조 제4항에서는 보정에 불응한 경우에 소장을 각하해야 한다는 동조 제2항을 준용하고 있지 않다.

할 수는 없다.[1)]

소장보정명령에 대해서는 독립하여 이의신청이나 항고를 할 수 없으며, 보정명령에 따르지 않아 소장이 각하되면 그 각하명령에 대하여 즉시항고를 할 수 있을 뿐이다.[2)] 소장의 적법 여부는 각하명령을 한 때를 기준으로 한다. 따라서 소장각하명령에 대하여 즉시항고를 제기하여 항고심 계속 중에 흠결을 보정한 경우라도 그 흠결이 치유되는 것은 아니다.[3)]

### 3. 소장부본의 송달

재판장은 소장을 심사하여 적식이라고 판단되면 그 즉시 소장부본을 피고에게 송달해야 한다. 피고에게 소장부본이 송달된 때에 소송계속의 효과가 발생한다. 소장에 최고나 계약의 해제·해지 등 실체법상 의사표시가 기재되어 있는 경우에는 그 소장부본이 피고에게 송달됨으로써 그 의사표시를 한 것으로 되고,[4)] 어음금청구소송의 소장부본이 피고에게 송달되면 그 어음을 지급제시한 효력이 발생한다.[5)]

소장에 기재된 피고의 주소가 잘못되어 송달불능이 된 경우 재판장은 원고에게 상당 기간을 정하여 주소보정[6)]을 명해야 하며, 이에 불응하면 소장을 각하한다(제255조 제2항). 보정기간 내에 보정하지 못하면 재판장은 명령으로 소장을 각하해야 하고, 보정을 하지 못한 것이 설령 주소를 알 길이 없었던 데 따른 것이라 하여도 소장각하명령이 위법한 것은 아니다.[7)] 또한 소명자료를 첨부하여 공시송달신청을 한 경우[8)] 이에 대한 허부의 재판 없이 주소보정의 흠결을 이유로 소장각하명령을

---

1) 김홍엽, 309면 및 310면.
2) 대법원 1969. 12. 19. 자 69마500 결정.
3) 대법원 1968. 7. 29. 자 68사49 전원합의체 결정.
4) 대법원 1982. 5. 11. 선고 80다916 판결.
5) 대법원 1970. 7. 24. 선고 70다965 판결.
6) 주소보정명령서를 제시하면 주민등록표 초본을 교부받을 수 있다(주민등록법 제29조 제2항 제6호).
7) 대법원 1968. 9. 24. 선고 68마1029 판결.
8) 공시송달을 신청하는 경우 상대방의 주소지를 파악할 수 없다는 자료를 제출해야 한다. 주민등록이 말소되지 않은 경우에는 증거자료로 '불거주사실확인서'를 제출한다. 불거주사실확인서란 등록된 주소지에 거주하지 않고 있음을 증명하는 서면으로서 주민등록등부에 등록된 주민등록지에 거주하지

하는 것은 위법하다.[1] 그러나 아무런 소명 없이 단순히 소재불명이라는 이유로 공시송달신청을 한 경우에는 소장각하명령을 막을 수 없다.[2]

제한능력자에 대한 소장부본의 송달은 그 법정대리인에게 해야 한다(제179조). 송달장소는 법정대리인의 주소, 거소, 영업소 또는 사무소이다. 다만, 제한능력자 본인의 영업소나 사무소에서도 할 수 있다(제183조 제1항). 민사소송법은 법인이 제한능력자임을 전제로 법인의 대표자를 법정대리인에 준하여 취급하고 있으므로 법인 등 단체에 대한 소장부본의 송달은 그 대표자에게 해야 한다(제64조). 그리하여 송달장소는 대표자의 주소, 거소, 영업소 또는 사무소가 되고, 법인 등 단체의 영업소나 사무소에서도 송달을 할 수 있다. 따라서 법인의 주소지로 송달하였으나 송달불능이 된 경우 그 대표자의 주소지로 송달을 실시해야 하고, 소송서류에 나타난 대표자의 주소지로 송달해 보지 않고 주소보정을 명한 것은 잘못이므로 그 보정에 응하지 않았다는 이유로 한 소장각하명령은 위법하다.[3]

소장부본의 송달에 필요한 송달료를 예납하지 않아 그 예납을 명하는 보정명령을 하였으나 이에 불응한 경우에도 소장부본의 송달불능으로 보아 소장각하명령을 할 수 있다. 일단 소송계속이 이루어진 후 개개의 절차진행에 필요한 비용이 예납되지 않은 경우와 다르게 소송계속을 위한 최초의 소송절차인 소장부본의 송달에 필요한 송달료가 예납되지 않은 경우에는 소장부본의 송달이 불가능하여 더 이상 소송절차를 진행할 수 없기 때문이다.

## 4. 피고의 답변서제출의무와 무변론판결

### (1) 답변서제출의무

피고는 소장부본을 송달받은 날부터 30일 이내에 답변서를 제출할 의무가 있다

---

않고 있다는 사실을 통장, 반장이나 이웃주민을 통하여 작성한다.

1) 대법원 2003. 12. 12. 자 2003마1694 결정.

2) 대법원 1958. 12. 18. 자 4291민재항155 결정.

3) 대법원 1997. 5. 19. 자 97마600 결정.

(제256조 제1항 본문). 다만, 피고가 공시송달의 방법에 의하여 소장부본을 송달받은 경우에는 이러한 답변서 제출의무가 없다(동항 단서). 법원은 소장부본을 송달할 때 피고에게 답변서제출의무가 있음을 알려야 한다(동조 제2항).

### (2) 무변론판결

피고가 소장부본을 송달받은 날부터 30일 이내에 답변서를 제출하지 않을 경우에는 원고의 청구원인사실에 대하여 자백한 것으로 보고 변론 없이 원고승소판결을 할 수 있다(제257조 제1항 본문). 피고가 청구원인사실에 대하여 모두 자백하는 취지의 답변서를 제출한 경우에도 무변론판결을 할 수 있다(동조 제2항). 다만, 직권조사사항이 있거나 판결선고기일까지 피고가 원고의 청구를 다투는 취지의 답변서를 제출한 경우에는 무변론판결을 할 수 없다(동조 제1항 단서). 만일 피고가 선고기일에 출석하여 말로 다투는 경우에는 피고에게 답변서를 제출하도록 촉구한 후 선고기일을 연기하거나 선고기일의 지정을 취소해야 할 것이다. 법원은 소장부본을 송달하면서 예고적으로 무변론판결의 선고기일을 통지할 수 있다(동조 제3항). 피고가 여러 사람인 통상공동소송에 있어서 다투지 않은 피고에 대해서만 무변론판결을 할 수 있다.

피고가 답변서를 제출하지 않았더라도 원고의 주장을 다투는 다른 서면을 제출한 경우에는 이를 답변서로 볼 수 있으므로 무변론판결을 해서는 안 된다. 예를 들어, 상속의 포기나 한정승인은 원고청구의 기각을 구하는 피고의 항변이므로 비록 피고가 답변서를 제출하지 않고 상속 관련 심판문만을 제출한 경우에도 이를 답변서로 볼 수 있어 무변론판결을 선고해서는 안 된다. 피고가 공시송달의 방법에 따라 소장부본을 송달받은 경우에는 답변서제출의무가 없기 때문에 공시송달된 사건에 대해서도 무변론판결을 할 수 없다.

소액사건은 무변론판결을 하기에 적합하지 않다. 소액사건에서 이행권고결정에 대하여 이의신청을 한 경우에는 피고가 주장사실을 다툰 것이 되므로 무변론판결을 할 수 없고, 이행권고결정을 거치지 않는 경우에도 바로 변론기일을 지정하는 소액사건의 특성상 무변론판결을 할 여지가 거의 없기 때문이다. 지급명령에 대하여 채무자가 이의신청을 하면 소송절차로 이행되는데, 이러한 소송절차에서 채무자인 피고가 답변서를 제출하지 않았더라도 앞선 이의신청으로 채권자인 원고의 주장을 다툰 것으로 볼 수 있으므로 무변론판결을 하는 것은 적합하지 않다. 가사소송에서도 변론주의가 제한된다는 점에서 무변론판결이 적합하지 않고, 형식적 형성소송이나 자백간주의 법리가 적용되지 않는 사건에 대해서도 무변론판결이 적합하지 않다.

## Ⅱ. 소제기의 효과

### 1. 의의

소가 제기되면 실체법상으로는 시효중단과 법률상 기간준수 등의 효과가 발생하고, 소송법상으로는 소송계속의 효과가 발생한다.

#### (1) 실체법상 시효중단과 기간준수의 효과

##### 1) 효과가 발생하는 경우

실체법상 시효중단의 효과는 채권에 대한 이행소송뿐 아니라 확인소송을 제기한 경우에도 인정되며,[1] 형성소송을 제기한 경우에도 중단의 효과가 인정된다.[2] 권리자가 원고가 되어 소를 제기한 경우뿐만 아니라 피고로서 응소하여 적극적으로 권리를 주장하고 그것이 받아들여진 경우에도 시효중단의 효과가 발생한다.[3] 다만, 피고의 권리주장이 배척된 경우에는 시효중단의 효과가 발생하지 않는다. 변론주의 원칙상 피고가 응소행위를 했다고 바로 시효중단의 효과가 발생하는 것은

1) 대법원 2018. 10. 18. 선고 2015다232316 전원합의체 판결.

2) 소유권이전등기를 명한 확정판결의 피고가 재심의 소를 제기하여 토지에 대한 소유권이 여전히 자신에게 있다고 주장하는 것은 상대방의 시효취득과 양립할 수 없는 자신의 권리를 명확히 표명하는 것이므로 이는 취득시효의 중단사유가 되는 재판상의 청구에 준하는 것이고, 위 확정판결에 의해 소유권이전등기를 경료 받은 사람의 당해 토지에 대한 취득시효는 재심의 소송 제기일로부터 재심판결 확정일까지 중단된다(대법원 1998. 6. 12. 선고 96다26961 판결).

3) 대법원 2010. 8. 26. 선고 2008다42416 판결; 2007. 1. 11. 선고 2006다33364 판결.

아니며 시효중단의 주장을 해야 그 효과가 발생하지만, 그 주장은 사실심 변론종결 전까지 언제든지 할 수 있고, 그렇게 하면 응소시에 소급하여 시효중단의 효과가 발생한다.[1)]

시효중단사유인 재판상 청구에 해당하려면 권리자가 직접 의무자를 상대로 소송을 제기하거나 응소해야 한다. 그리하여 저당권설정등기청구권의 행사는 그 피담보채권의 실현을 목적으로 하는 것이므로 저당권설정등기청구소송의 제기는 그 피담보채권에 대한 소멸시효 중단사유가 되지만,[2)] 물상보증인은 물적 유한책임을 지고 있을 뿐 피담보채권의 채무자가 아니므로 물상보증인이 제기한 저당권설정등기의 말소를 구하는 소송에서 저당권자가 적극적으로 응소하면서 피담보채권의 존재를 주장하였다고 하더라도 이로써 직접 채무자에 대하여 재판상 청구를 한 것으로 볼 수 없어 피담보채권의 소멸시효가 중단되는 효과가 발생하지 않는다.[3)]

소멸시효의 중단사유인 재판상 청구에는 그 권리 자체의 이행을 구하거나 확인을 구하는 경우뿐만 아니라 그 권리가 발생한 기본적 법률관계에 관한 확인을 구하는 경우를 포함한다. 따라서 해고무효확인소송의 제기는 그 고용관계에서 파생하는 임금채권의 시효중단사유가 되고, 과세처분의 취소 또는 무효확인을 구하는 소송의 제기는 그 과세처분으로 오납한 조세에 대한 부당이득반환청구권의 시효중단사유가 된다.[4)]

판례는 원인채권의 지급을 확보하기 위하여 어음이 수수된 경우에 원인채권에 기하여 청구를 한 것만으로는 어음채권의 소멸시효를 중단시키지 못하지만, 이 경우의 어음은 경제적으로 동일한 급부를 위하여 원인채권의 지급수단으로 수수된 것으로서 어음채권의 행사는 원인채권을 실현하기 위한 것이므로 채권자가 어음채권에 기하여 청구를 하는 경우에는 원인채권의 소멸시효를 중단시키는 효과가 있다고 한다.[5)] 또한 채권자대위권에 기하여 청구를 하다가 피대위채권을 양수하여 양수금청구로 청구를 변경한 경우에도 양 청구는 동일한 소송물에 관한 권리의무

---

1) 대법원 2010. 8. 26. 선고 2008다42416 판결.
2) 대법원 2004. 2. 13. 선고 2002다7213 판결.
3) 대법원 2004. 1. 16. 선고 2003다30890 판결.
4) 대법원 1992. 3. 31. 선고 91다32053 전원합의체 판결.
5) 대법원 1999. 6. 11. 선고 99다16378 판결.

의 특정승계가 있을 뿐이며 시효중단의 효과는 특정승계인에게도 미치므로 당초 채권자대위소송으로 인한 시효중단의 효과가 소멸되지 않는다고 한다.[1]

#### 2) 효과가 미치는 범위

소송물로 주장한 권리관계에 대해서만 시효중단 및 법률상 기간준수의 효과가 인정된다. 예를 들어, 이혼소송에서 이혼사유마다 소송물이 별개로 된다는 구소송물이론에 의하면, 기간준수의 효과는 소를 제기한 해당 이혼사유에 한해서만 미치고, 채권자가 동일한 목적을 달성하기 위한 복수의 채권을 갖고 있는 경우에 그 중 어느 하나의 청구를 하는 것만으로는 다른 채권에 대한 소멸시효중단의 효력이 발생하지 않는다.[2]

판례는 소송상 일부청구를 함에 있어서 일부청구임을 명시한 경우에는 그 부분만 소송물이 되고 그 한도 내에서만 시효중단의 효과가 생기지만, 명시하지 않은 경우에는 잔부를 포함한 전부가 소송물이 되고 시효중단의 효과도 전부에 미친다고 한다. 다만, 일부청구임을 명시하였더라도 그 취지로 보아 채권 전부에 관하여 판결을 구하는 것으로 해석되는 경우에는 그 채권의 동일성의 범위 내에서 그 채권 전부가 소송물이 되고 그 전부에 관하여 시효중단의 효과가 발생한다고 한다.[3]

### (2) 소송법상 소송계속의 효과

소송계속이란 특정한 청구에 대하여 법원에 판결절차가 현실적으로 존재하는 상태를 말한다. 소송계속은 특정한 청구에 대해서만 성립하는 것이므로 공격방어방법으로서 주장된 권리관계, 예를 들어 상계항변 등에 대해서는 소송계속이 발생하지 않는다. 또한 소송계속은 판결절차에 대해서 인정되는 것이므로 보전절차, 증거보전절차, 강제집행절차, 중재절차에 대해서는 소송계속이 인정되지 않는다. 그러나 채무자의 이의신청이나 소제기신청에 의하여 판결절차로 이행되는 독촉절차, 제소전화해절차, 조정절차에 대해서는 소송계속을 인정할 수 있다.[4]

---

1) 대법원 2010. 6. 24. 선고 2010다17284 판결.
2) 대법원 2001. 3. 23. 선고 2001다6145 판결.
3) 대법원 1992. 4. 10. 선고 91다43695 판결.

소송계속이 발생하면 그 소송에 소송참가(제71조, 제78조, 제79조, 제83조), 소송고지(제84조)를 할 수 있고, 관련재판적(제79조, 제264조, 제269조)이 인정되며, 중복제소가 금지된다(제259조). 이 중에서 가장 중요한 것은 중복제소금지이므로 이에 대해서는 여기에서 살펴보고, 나머지는 각각 관련된 곳에서 언급하기로 한다.

### (3) 효과의 발생과 소멸

#### 1) 효과의 발생시기

소송법률관계는 법원·원고·피고 간의 3면의 법률관계이므로 소송계속의 효과는 소장부본이 피고에게 송달된 때에 발생한다. 그러나 실체법상 효과인 시효중단이나 법률상 기간준수의 효과는 소송이 제기된 때, 즉 원고가 소장을 법원에 제출한 때에 발생한다(제265조). 민사소송법에서는 소장부본의 송달 지연으로 인한 원고의 불이익을 막기 위하여 시효중단과 기간준수의 효과가 발생하는 시기를 소송을 제기한 때로 규정하고 있다.

#### 2) 효과의 소멸

소송의 제기에 의한 시효중단의 효력은 소의 취하, 소의 각하 또는 청구의 기각에 의하여 소급하여 소멸한다(민법 제170조 제1항). 그러나 소송의 이송에 의하여 소멸하지 않으며(제40조 제1항), 권리승계인의 참가승계가 있는 경우에는 소송이 법원에 처음 계속된 때에 소급하여 시효중단과 기간준수의 효과가 발생한다(제81조). 시효중단의 효과는 재판이 확정될 때까지 계속되고, 재판이 확정되면 그때부터 새로이 시효기간이 진행된다(민법 제178조 제2항).

소송계속의 효과는 판결의 확정, 소각하결정의 확정, 소취하 내지 소취하간주, 이행권고결정 및 화해권고결정의 확정, 화해조서나 청구의 포기·인낙조서 또는 조정조서의 작성 등에 의하여 소멸한다. 소송계속이 종료되었는지 아니면 여전히 계속

---

4) 독촉절차에서는 채무자가 지급명령에 대하여 이의신청을 하면 지급명령을 신청한 때 소가 제기된 것으로 간주되고(제472조 제2항), 조정이 성립되지 않거나 조정을 갈음하는 결정에 대하여 이의신청이 있는 경우에는 조정신청을 한 때 소가 제기된 것으로 간주된다(민사조정법 제36조 제1항). 그런데 제소전화해가 성립되지 않은 경우에는 별도로 당사자가 소제기신청을 해야 화해신청을 한 때 소가 제기된 것으로 간주된다(제388조 제2항).

중에 있는지를 다투는 방법으로 기일지정신청이 있다(민사소송규칙 제67조). 심리결과 소송계속이 종료되었음이 판명되면 판결로써 소송종료선언을 한다(동조 제3항).

## 2. 중복제소의 금지

### (1) 의의

중복제소의 금지란 법원에 이미 소송계속이 되어 있는 사건과 동일한 사건에 대하여 당사자가 다시 소송을 제기하지 못하는 것을 말한다(제259조). 동일한 사건에 대하여 거듭 소제기를 허용하는 것은 심판이 중복되어 소송경제에 반할 뿐만 아니라 판결이 모순·저촉될 우려가 있으므로 이를 금지하고 있다.

### (2) 요건

#### 1) 사건이 동일할 것

후소(後訴)가 중복제소에 해당하려면 전소(前訴)와 사건이 동일해야 한다. 사건이 동일하다는 것은 당사자와 청구가 동일한 것을 의미한다.

#### (가) 당사자의 동일

전소와 후소의 당사자가 동일해야 한다. 당사자가 동일하면 원고와 피고가 전소와 후소에서 뒤바뀌어도 무방하다. 그러나 양소의 당사자가 다르더라도 후소의 당사자가 전소 판결의 효력을 받는 경우에는 당사자가 동일한 것으로 볼 수 있다. 예를 들어, 아직 소송계속 중인데 변론종결후의 승계인이 같은 당사자에 대하여 별도로 소를 제기한 경우, 선정당사자가 소송계속 중인데 선정자가 별도로 소를 제기한 경우, 채권자대위소송의 계속 중에 채무자가 동일한 내용의 후소를 제기한 경우 등이 여기에 해당한다.

판례는 채권자대위소송 계속 중에 채무자가 동일한 내용의 후소를 제기한 경우[1]는 물론이고 채권자대위소송 계속 중에 같은 채무자의 다른 채권자가 채권자대위소송을 제기한 경우[2]에도 양 소송은 실질상으로 동일한 소송이므로 시간적으로 나중에 제기된 소송은 중복제소금지의 원칙에 저촉되어 부적법하다고 한다. 그런데 채무자의 소송계속 중에 채권자대위소송이 제기된 경우에는 입장이 갈리고 있다. 이 경우 양 소송은 실질상으로 동일한 소송이므로 나중에 제기된 소송은 중복제소금지에 해당한다는 판례도 있고,[1] 채권자대위권은 채무자가 권리를 행사하지 않는 경우에 한하여 행사할 수 있는 것이어서 이미 채무자가 그 권리를 재판상 행사하고 있다면 채권자는 채권자대위권을 행사할 수 없으므로 당사자적격이 없다는 판례도 있다.[2]

그러나 판례는 채권자취소소송의 경우에는 채권자취소권은 채권자 각자의 고유한 권리이므로 여러 사람의 채권자가 시기를 달리하여 채권자취소소송을 제기하더라도 이는 중복제소에 해당하지 않는다고 한다.[3] 다만, 채권자취소소송에서 피보전채권의 추가나 교환은 공격방어방법의 변경에 불과하므로 동일한 채권자가 피보전채권을 달리하여 동일한 사행행위의 취소 및 원상회복을 구하는 채권자취소소송을 중복하여 제기한 경우에는 사건이 동일하므로 중복제소에 해당한다고 한다.[4] 또한 채무자가 제3채무자를 상대로 제기한 이행소송 계속 중에 압류 및 추심명령을 받은 압류채권자가 제3채무자를 상대로 추심소송을 제기한 경우에 만일 추심소송을 중복제소에 해당한다고 각하하고 이후 당사자적격이 없는 채무자의 소송이 각하되기를 기다려 다시 추심소송을 제기하도록 한다면, 이는 소송경제에 반하고 압류 및 추심명령을 받은 압류채권자에게 보장된 추심소송을 제기할 권리의 행사를 거부하는 것이 되어 부당하므로 압류채권자의 추심소송은 중복제소에 해당하지 않는다고 한다.[5]

(나) 청구(소송물)의 동일

전소와 후소의 청구가 동일해야 한다. 청구란 소송물을 의미한다. 따라서 청구가

---

1) 대법원 1995. 4. 14. 선고 94다29256 판결.
2) 대법원 1994. 2. 8. 선고 93다53092 판결; 1990. 4. 27. 선고 88다카25274,25281(참가) 판결.
1) 대법원 1981. 7. 7. 선고 80다2751 판결.
2) 대법원 1993. 3. 26. 선고 92다32876 판결; 2009. 3. 12. 선고 2008다65839 판결 등.
3) 대법원 2008. 4. 24. 선고 2007다84352 판결; 2005. 11. 25. 선고 2005다51457 판결 등.
4) 대법원 2012. 7. 5. 선고 2010다80503 판결.
5) 대법원 2013. 12. 18. 선고 2013다202120 전원합의체 판결.

동일한지는 소송물이론에 따라 그 결론이 달라진다. 청구취지가 같아도 청구원인을 이루는 실체법상의 권리가 다른 경우, 예를 들어 기차사고의 피해자가 같은 금액의 손해배상청구를 하면서 전소에서는 불법행위를, 후소에서는 채무불이행을 각각 청구원인으로 하는 경우에 구소송물이론에서는 전소와 후소의 소송물이 다르므로 중복제소에 해당하지 않는다고 하지만, 신소송물이론에서는 공격방어방법 내지 법률적 관점만 달리할 뿐 소송물이 동일하므로 중복제소에 해당하는 것으로 본다.

소송계속은 특정한 소송물에 대하여 성립되는 것이므로 공격방어방법을 이루는 선결적 법률관계 또는 동시이행항변이나 유치권항변으로 제출한 반대채권을 별도의 소로 청구하여도 중복제소에 해당하지 않는다. 문제는 현재 계속 중인 소송에서 상계항변으로 주장한 채권을 가지고 별도의 소를 제기하거나 반대로 별도의 소로 청구하고 있는 채권인데 이를 갖고 상대방이 제기한 소송에서 상계항변을 하는 경우이다. 이에 대하여 상계항변에 기판력이 생김에 비추어 판결의 모순·저촉의 우려가 있으므로 중복제소금지를 유추하여 이를 허용할 수 없다는 견해가 있으나, 판례 및 다수설은 상계항변 자체는 소송물이 아니라 공격방어방법에 지나지 않으므로 중복제소에 해당하지 않는다고 한다.[1]

한편 동일한 권리에 대한 확인청구와 이행청구가 경합된 경우, 예를 들어 채무자가 제기한 채무부존재확인소송 계속 중에 채권자가 동일한 채무에 대한 이행을 구하는 소송을 제기한 경우, 건물에 대한 소유권확인을 구하는 소송 계속 중에 동일한 건물에 대하여 소유권에 기한 명도를 구하는 소송이 제기된 경우에 후소가 중복제소에 해당하는지 논란이 있으나, 판례는 구소송물이론의 입장에서 소송물이 동일하지 않으므로 중복제소에 해당하지 않는다고 한다.[2] 또한 먼저 일부청구를 하고 후소로 나머지 청구를 하는 경우에 판례는 전소에서 일부청구임을 명시하지 않은 경우에는 후소는 중복제소에 해당하지만,[3] 명시적 일부청구의 소송 계속 중에 유보된 나머지 청구를 하는 후소의 제기는 중복제소가 아니라고 한다.[4]

---

1) 대법원 2001. 4. 27. 선고 2000다4050 판결.
2) 대법원 2001. 7. 24. 선고 2001다22246 판결.
3) 대법원 1976. 10. 12. 선고 76다1313 판결.
4) 대법원 1985. 4. 9. 선고 84다552 판결.

#### 2) 전소의 소송계속 중에 후소를 제기할 것

전소의 소송계속 중에 후소가 제기되어야 한다. 전소와 후소가 같은 법원에 제기되든 다른 법원에 제기되든 불문하고, 후소가 다른 소송에서 청구의 변경, 반소, 소송참가의 방법으로 제기되어도 상관이 없다. 그러나 같은 소송에 그 판결의 효력을 받는 사람이 소송참가한 경우에는 피참가인과 참가인은 후술하는 필수적 공동소송인이 되어 합일확정이 요구되므로 판결의 모순·저촉을 회피할 수 있고 심판의 중복이 생기지 않는다는 점에서 이 경우에는 동일한 사건이라도 중복제소에 해당하지 않는 것으로 이해함이 타당하다.[1] 판례도 주주의 대표소송에 회사가 참가하는 것은 공동소송참가에 해당하고 이 경우 중복제소가 아니라고 하고,[2] 채권자대위소송 계속 중에 다른 채권자가 동일한 채무자를 대위하여 채권자대위권을 행사하면서 공동소송참가를 할 수 있다고 한다.[3] 또한 후소가 전소의 소송에서 반소로 제기된 경우에도 판결의 모순·저촉과 심판의 중복이 생기지 않으므로 중복제소에 해당하지 않는다고 할 것이다.[4]

전소와 후소의 판별기준은 소송계속이 발생한 때, 즉 소장부본이 피고에게 송달된 때의 선후에 의해야 하고, 소장을 법원에 제출한 때 또는 가압류·가처분 등 보전절차가 경료된 때를 기준으로 할 것은 아니다. 그리하여 먼저 소장이 제출되거나 보전절차가 경료되었다고 하더라도 소장부본의 송달시기가 늦으면 후소에 해당한다.[5] 소장부본이 송달된 후 피고의 표시를 그 상속인으로 정정한 경우에 소송계속의 발생시기는 당초의 소장부본이 송달된 때로 보아야 하고 소장정정서부본이 송달된 때로 볼 것은 아니다.[6] 그러나 소의 추가적 변경이 있는 경우 추가된 소의 소송계속의 효과는 그 변경서면을 상대방에게 송달하거나 변론기일에 교부한 때에 생긴다고 할 것이다.[7] 한편 중복제소금지는 소송계속으로 인하여 당연히 발생하는

---

1) 김홍엽, 335면.
2) 대법원 2002. 3. 15. 선고 2000다9086 판결.
3) 대법원 2015. 7. 23. 선고 2013다30301,30325 판결.
4) 정동윤·유병현, 270면.
5) 대법원 1994. 11. 25. 선고 94다12517,12524 판결; 1992. 5. 22. 선고 91다41187 판결.
6) 대법원 1994. 11. 25. 선고 94다12517,12524 판결.
7) 대법원 1992. 5. 22. 선고 91다41187 판결.

것이므로 전소가 소송요건을 구비하지 못하여 부적법한 소송이더라도 상관이 없다.[1] 그러나 후소의 변론종결시까지 전소가 취하되거나 각하되면 중복제소는 문제되지 않는다.

### (3) 효과

중복제소는 소극적 소송요건이다. 중복제소인지 여부는 법원의 직권조사사항이므로 이에 해당하면 피고의 항변을 기다릴 필요 없이 판결로써 후소를 부적법 각하해야 한다. 중복제소임을 간과하고 본안판결을 하였을 때에는 상소를 제기하여 다툴 수 있다. 그러나 판결이 확정된 뒤에는 중복제소라는 이유만으로 당연히 재심을 제기할 수 있는 것은 아니며, 그 판결의 내용이 서로 모순·저촉되는 경우에 한하여 어느 것이 먼저 제소되었는지에 상관없이 뒤의 확정판결이 재심사유가 된다(제451조 제1항 제10호).

1) 대법원 1998. 2. 27. 선고 97다45532 판결.

# 제 2 장 변론

## 제 1 절 변론의 기본원칙

### Ⅰ. 변론의 의의

피고가 답변서를 제출하면, 바로 변론기일을 지정하여 변론절차에 들어간다(제258조 제1항). 변론이란 기일에 수소법원의 법정에서 당사자 쌍방이 구술로 재판의 자료를 제출하는 절차를 말한다. 즉, 기일에 법정에서 당사자가 구술로 사실을 주장하고 증거를 제출하는 절차이다. 판결절차에서는 반드시 변론을 열어야 한다. 이를 필요적 변론이라고 한다. 필요적 변론에서는 당사자가 기일에 구술로 한 진술만이 판결의 기초가 되고, 당사자가 기일에 불출석하는 경우 기일의 해태가 되어 후술하는 바와 같이 자백간주나 소취하간주 등의 소송법상 효과가 발생한다(제148조, 제150조, 제268조).

그러나 판결절차라도 예외적으로 변론 없이 서면심리만으로 판결을 할 수 있는 경우가 있다. ① 소송비용에 대한 담보제공의 결정을 받고도 제공하지 않는 경우(제124조 본문), ② 소권(항소권 포함)을 남용하여 청구가 이유 없음이 명백한 소를 반복적으로 제기한 경우(제194조 제4항),[1] ③ 소송요건이나 상소요건을 흠결한 소로서 그 흠결을 보정할 수 없는 경우(제219조, 제413조)에는 변론 없이 소 각하판결을 할 수 있다. 또한 ④ 피고가 소장부본을 송달받고 30일 이내에 답변서를 제출하지 않는 경우에는 변론 없이 원고승소판결을 할 수 있으며(제257조 제1항), ⑤ 상고법원은 상고장, 상고이유서, 답변서 그 밖의 소송기록에 의하여 변론 없이 판결을

---

1) 이 경우 법원은 변론 없이 판결로 소를 각하하고, 재판장은 직권으로 피고에 대하여 공시송달을 명할 수 있다(제194조 제4항). 또 원고에 대하여 법원은 결정으로 500만원 이하의 과태료에 처할 수 있다(제219조의2).

할 수 있다(제430조 제1항).[1]

결정으로 완결될 사건은 변론을 열지 않고 할 수 있다(제134조 제1항 단서). 결정절차에서 변론을 열지 여부는 법원의 재량이다. 이를 임의적 변론이라고 한다. 변론을 열지 않는 경우에는 서면심리만으로 재판을 할 수 있고, 필요하다면 법원은 당사자와 이해관계인 그 밖의 참고인을 심문(審問)할 수 있다(동조 제2항).[2] 심문은 당사자와 이해관계인 그 밖의 참고인에게 적당한 방법으로 서면이나 구술로 진술할 기회를 주는 것을 말한다. 심문은 법복을 입은 법관이 법정에서 해야 하는 것은 아니며, 별도의 심문실에서 할 수 있고 법원 밖에서도 할 수 있다. 임의적 변론에서는 변론이 열려도 반드시 기일에 참석하여 구술로 진술해야 하는 것은 아니며 서면으로 제출하여도 무방하고, 변론기일에 불출석하더라도 기일 해태의 문제는 생기지 않는다.[3]

## Ⅱ. 처분권주의

### 1. 의의

처분권주의라 함은 절차의 개시, 심판의 대상 그리고 절차의 종결에 대하여 당사자에게 주도권을 주어 그의 처분에 맡기는 입장을 말한다. 사적 자치의 소송법적인 측면이라고 할 수 있다. 처분권주의는 당사자의 소송물에 대한 처분의 자유를 뜻한다는 점에서 소송상 필요한 재판자료에 대한 수집·제출의 책임을 당사자에게 맡기는 변론주의와 구별된다.

소송의 주도권이 누구에게 있는지에 따라 당사자에게 있는 것을 당사자주의라고 하고, 법원에 있는 것을 직권주위라고 한다. 당사자주의와 직권주의는 심판대상

1) 다만, 소송관계를 분명하게 하기 위하여 필요한 경우에는 특정한 사항에 관하여 변론을 열어 참고인의 진술을 들을 수 있다(제430조 제2항).

2) 그러나 임시의 지위를 정하기 위한 가처분의 재판에서는 변론기일 또는 채무자가 참석할 수 있는 심문기일을 열어야 한다. 다만, 그 기일을 열어 심리하면 가처분의 목적을 달성할 수 없는 때에는 그렇지 않다(민사집행법 제304조).

3) 이시윤, 303면 및 304면.

의 선정, 재판자료의 수집·제출, 소송절차의 진행이라는 측면에서 다음과 같이 나타난다. 어떤 사항을 법원의 심판대상으로 할 것인지 당사자에게 맡기는 것을 처분권주의, 법원에게 맡기는 것을 직권조사주의라고 하고, 재판자료의 수집·제출에 관한 책임과 권능이 당사자에게 주어지면 변론주의, 법원에게 있으면 직권탐지주의가 된다. 또한 소송절차진행의 주도권이 당사자에게 있으면 당사자진행주의, 법원에게 있으면 직권진행주의가 된다. 우리나라 민사소송법은 원칙적으로 심판대상의 선정에서는 처분권주의, 재판자료의 수집·제출에서는 변론주의, 소송절차의 진행에서는 직권진행주의에 의하고 있다.

| | 당사자주의 | 직권주의 |
|---|---|---|
| 심판대상의 선정 | 처분권주의 | 직권조사주의 |
| 재판자료의 수집·제출 | 변론주의 | 직권탐지주의 |
| 소송절차의 진행 | 당사자진행주의 | 직권진행주의 |

## 2. 절차의 개시

소송절차는 당사자의 소의 제기에 의하여 비로소 개시되며 법원의 직권에 의하여 개시되지 않는다. 가압류·가처분절차나 강제집행절차도 당사자의 신청이 있어야 개시된다. 그러나 예외적으로 소송비용재판(제104조), 가집행선고(제213조 제1항), 판결의 경정(제211조 제1항), 추가판결(제212조 제1항), 배상명령(소송촉진 등에 관한 특례법 제25조), 소송구조(제128조 제1항) 등은 당사자의 신청 없이 법원이 직권으로 재판할 수 있다.

## 3. 심판의 대상과 범위

법원은 당사자가 신청한 사항에 대하여 신청한 범위 내에서만 판단해야 한다(제203조). 따라서 당사자가 신청한 것보다 적게 판단하는 것은 허용되나, 신청한 사항과 별개의 사항에 대하여 판단하거나 신청한 범위를 넘어서 판단하는 것은 허용되지 않는다. 그러나 형식적 형성소송에서는 이러한 처분권주의의 예외가 인정된다. 예를 들어, 토지경계의 확정을 구하는 소송에서 법원은 당사자 쌍방이 주장하는 경계선에 구속되지 않고 스스로 진실하다고 인정하는 토지의 경계를 확정해야 하며, 소송 도중에 당사자 쌍방이 경계에 관하여 합의를 하였다고 하여도 법원은 그에 구속되지 않고 진실한 경계를 확정해야 한다.[1] 또한 공유물분할을 구하는 소송에서도 법원은 원고가 청구하는 분할방법에 구속됨이 없이 재량으로 분할방법을 정할 수 있고, 분할을 원하지 않는 나머지 공유자는 공유로 남겨 두는 방법에 의할 수도 있다.[2] 그러나 공유물분할을 청구한 공유자의 지분한도 내에서는 공유관계를 해소해야 하고, 분할청구를 한 사람의 지분의 일부에 대해서만 분할을 명하는 등의 방법으로 공유관계를 유지하도록 하는 것은 허용되지 않는다.[3]

### (1) 소의 종류·순서

원고가 구하는 소의 종류에 법원은 구속된다. 따라서 원고가 이행청구를 하였는데, 법원이 확인판결을 하는 것은 허용되지 않는다. 또한 당사자가 정한 권리구제의 순서에도 법원은 구속된다. 따라서 여러 개의 청구가 예비적으로 병합된 경우, 예를 들어 주위적으로 매매계약에 기하여 목적물의 인도를 구하면서 예비적으로 계약이 무효가 되어 주위적 청구가 이유 없어 기각될 때를 대비하여 이미 지급한 매매대금의 반환을 구하는 경우에는 법원은 먼저 주된 청구인 매매계약에 기한 목적물의 인도청구에 대하여 심판해야 하고, 그것이 이유 없을 때 비로소 예비적 청구인 매매대금의 반환청구에 대하여 심판할 수 있다.

### (2) 소송물의 범위

법원은 원고가 심판을 구하는 소송물과 별개의 소송물에 대하여 판단을 해서는

---

1) 대법원 1996. 4. 23. 선고 95다54761 판결.
2) 대법원 1993. 12. 7. 선고 93다27819 판결; 1997. 9. 9. 선고 97다18219 판결; 2004. 10. 14. 선고 2004다30583 판결.
3) 대법원 2011. 3. 10. 선고 2010다92506 판결; 2010. 2. 25. 선고 2009다79811 판결.

안 된다. 구소송물이론은 실체법상의 권리 또는 법률관계의 주장을 소송물로 보고 실체법상 권리마다 소송물이 별개라는 입장이기 때문에 청구취지가 동일하다고 하여도 원고의 주장과 다른 실체법상의 권리에 기하여 판결하는 것은 허용되지 않는다. 그러나 신소송물이론에 의하면 실체법상 권리는 소송물이 이유 있는지 여부를 가리는데 전제가 되는 법률적 관점 내지 공격방어방법에 불과하므로 원고의 주장과 다른 실체법상의 권리에 기하여 판단하여도 원고의 주장과 같은 취지의 판결이면 동일한 소송물에 대한 판단이므로 처분권주의 위반이 아니다.

판례는 채무불이행으로 인한 손해배상예정액의 청구와 채무불이행으로 인한 손해배상액의 청구는 그 청구원인을 달리하는 별개의 청구이므로 손해배상예정액의 청구 가운데 채무불이행으로 인한 손해배상액의 청구가 포함되어 있다고 볼 수 없다고 하고,[1] 집행불능에 대비한 대상청구[2]와 이행불능으로 인한 전보배상청구는 별개의 청구이므로 원고가 목적물의 인도청구를 하면서 집행불능에 대비한 대상청구만을 병합한 경우에 원고의 인도청구가 이행불능으로 이유 없다면 원고의 인도청구를 기각하면서 대상청구도 함께 기각하는 판결을 해야 하는 것이지 전보배상을 명하는 판결을 해서는 안 된다고 한다.[3]

#### 1) 양적 상한

원고는 자기가 구하는 권리구제의 양적인 상한을 명시해야 하고, 법원은 그 상한을 넘어서 판결할 수 없다.

##### (가) 인신사고로 인한 손해배상청구

판례는 신체상해 또는 사망으로 인한 손해배상청구소송의 소송물은 적극적 재산상 손해, 소극적 재산상 손해 및 위자료의 3개로 나누어진다고 하고,[4] 법원은 각 손해항목의 청구액에 구속되어 각 항목의 청구액을 초과하여 인용하는 것은 허용되지 않으며, 어느 한 항목의 청구액을 초과하였다면 비록 청구 총액을 벗어나지

---

1) 대법원 2000. 2. 11. 선고 99다49644 판결.
2) 대법원 2002. 2. 8. 선고 99다23901 판결; 2003. 11. 14. 선고 2003다35482 판결.
3) 대법원 1962. 12. 16. 선고 67다1525 판결; 1969. 10. 28. 선고 68다158 판결.
4) 대법원 1976. 10. 12. 선고 76다1313 판결.

않았다고 하더라도 처분권주의 위반이라고 한다. 그러나 다수설은 청구 총액을 기준으로 이를 초과하지 않는 한 각 손해항목의 청구액을 초과하여도 처분권주의 위반이 아니라고 한다.

**사례 인신사고로 인한 손해배상청구**

A는 B가 운전하던 차에 치여 상해를 입었다. 이에 A는 B를 상대로 불법행위에 기한 손해배상을 청구하는 소송을 제기하였다. 위 소송에서 A는 일실이익 상실에 따른 소극적 재산상 손해 5천만원, 치료비 등 적극적 재산상 손해 3천만원, 정신적 손해 2천만원을 합한 합계 1억의 지급을 청구한 데 대하여 법원이 사건을 심리한 결과 인정되는 소극적 재산상 손해 7천만원, 적극적 재산상 손해 1천만원, 정신적 손해 2천만원을 합한 합계 1억원의 손해배상판결을 할 수 있는지 설명하시오.

위 소송에서 A가 청구한 각 손해항목별 금액은 소극적 재산상 손해 5천만원, 적극적 재산상 손해 3천만원, 정신적 손해 2천만원이고, 판례에 의하면 법원은 각 손해항목별로 A가 청구한 금액을 넘어 판결할 수 없으므로 법원이 인용할 수 있는 금액은 소극적 재산상 손해 5천만원, 적극적 재산상 손해 1천만원, 정신적 손해 2천만원이고, 이 금액을 합하면 합계 8천만원이다. 따라서 법원은 합계 8천만원의 손해배상판결을 해야 한다. 그러나 다수설에 의하면 위의 사례에서 법원은 A가 청구한 합계 금액만 초과하지 않으면 처분권주의 위반이 아니므로 법원은 소극적 재산상 손해 7천만원, 적극적 재산상 손해 1천만원, 정신적 손해 2천만원을 합한 합계 1억원의 손해배상판결을 할 수 있다.

### (나) 원금청구와 이자청구

금전채무불이행의 경우에 발생하는 원금청구와 지연이자청구는 별개의 소송물이므로 처분권주의 위반에 해당하는지 여부는 원금청구와 지연이자청구를 각각 따로 비교하여 판단해야 하고, 원금청구와 지연이자청구를 합산한 전체 금액을 기준으로 판단하여서는 안 된다.[1] 판례는 이자청구의 소송물은 원금, 이율 및 기간 등 3개의 인자(因子)에 의하여 정해진다고 보고, 비록 원고의 이자청구액을 초과하지 않았지만 3개의 기준 중 어느 것에서나 원고 주장의 기준보다 넘어서면 처분권주의

1) 대법원 2013. 10. 31. 선고 2013다59050 판결; 2009. 6. 11. 선고 2009다12399 판결.

의 위반이라고 한다.[1]

### (다) 일부청구에서의 과실상계

원고가 일부청구를 한 데 대하여 법원이 그 전부 또는 일부를 인용하면서 과실상계를 하는 경우에 그 과실상계의 방법이 문제된다. 이에 관한 학설로는 ① 손해전액을 산정하여 그로부터 과실상계한 뒤에 남은 잔액이 청구액을 초과한 때에는 청구액의 한도에서 인용하고 잔액이 청구액에 미달하면 잔액대로 인용할 것이라는 외측설(外測說), ② 일부청구액에서 과실상계를 해야 한다는 내측설(內測說), ③ 인정된 손해 전액과 일부청구액과의 비율에 따라 감액되는 부분을 안분해야 한다는 안분설(按分說) 등이 주장되고 있다. 판례는 외측설에 의하고 있다.[2] 원고가 자신의 과실을 스스로 인정하고 과실상계한 후 남은 금액을 청구하는 경우가 일반적이라는 점에서 외측설에 의하는 것이 타당하다. 다만, 명시적 일부청구로서 잔부를 유보하여 둔 경우까지 외측설에 의할 수는 없으며, 이 경우에는 안분설에 의해야 할 것이다.

**사례 일부청구에서의 과실상계**

A는 B가 운전하던 차에 치여 상해를 입었다. 이에 A는 B를 상대로 불법행위에 기한 손해배상금으로 4천만원의 지급을 청구하는 소송을 제기하였다. 법원은 A의 손해가 전부 6천만원이고, A에게도 과실이 있다고 판단하여 20퍼센트의 과실상계가 필요하다고 판단하고 있다. 법원은 얼마의 금액을 인용해야 하는지 그리고 만일 A가 4천만원을 제외한 나머지 손해배상금은 추후 청구하겠다고 명시한 경우에는 법원은 얼마의 금액을 인용해야 하는지 설명하시오.

일부청구에 대한 과실상계의 방법으로는 외측설, 내측설, 안분설이 주장되고 있고, 판례는 외측설에 의하고 있다. 외측설에 의하면 손해전액에서 과실상계하고 남은 금액이 {6천만원－(6천만원×20/100)＝} 4천 8백만원인데, 이 금액은 원고 청구액 4천만원을 초과하므로 법원은 원고의 청구금액인 4천만원을 인용해야 하고, 내측설에 의하면 일부

1) 대법원 1960. 9. 29. 선고 4293민상18 판결; 1974. 5. 28. 선고 74다418 판결.
2) 대법원 2008. 12. 24. 선고 2008다51649 판결.

청구금액을 기준으로 과실상계하여 {4천만원－(4천만원×20/100)＝} 3천 2백만원을 인용해야 하며, 안분설에 의하면 법원은 손해전액과 일부청구한 금액의 비율에 따라 과실상계한 잔액을 산정하여 {6천만원: 4천 8백만원＝4천 만원: x이므로 x＝(4천만원×4천 8백만원)÷6천만원＝} 3천 2백만원을 인용해야 한다. 원고가 자신의 과실을 스스로 인정하고 과실상계한 후 남은 금액을 청구하는 경우가 일반적이라는 점에서 외측설에 의하는 것이 타당하다. 외측설에 의하면 법원은 4천만원을 인용해야 한다. 다만, 명시적 일부청구로서 잔부를 유보하여 둔 경우까지 외측설에 의할 수는 없으며, 이 경우에는 안분설에 의해야 할 것이다. 안분설에 의하면 법원은 3천 2백만원을 인용해야 한다.

### 2) 일부인용

원고의 청구 중 일부를 인용하는 것, 예를 들어 1억원의 손해배상청구 중 6천만원을 인용하거나 소유권이전등기청구에 대하여 지분이전등기를 인용하는 것 등은 처분권주의에 반하지 않는다.[1]

#### (가) 동시이행판결

원고가 단순이행청구를 하였는데 피고가 동시이행의 항변 또는 유치권항변을 하였고 그 항변이 이유 있을 경우에 원고청구기각이 아니라 원고의 채무이행을 받음과 동시에(또는 상환으로) 피고의 채무이행을 명하는 동시이행판결 또는 상환이행판결[2]을 해야 한다.[3] 단순이행청구에는 상환이행청구가 포함되어 있는 것으로 볼 수 있으므로 단순이행청구에 대하여 상환이행판결을 하는 것은 질적인 의미의 일부 인용판결에 해당하여 처분권주의에 반하지 않는다.

그러나 토지임대인이 그 임차인을 상대로 건물철거와 그 토지의 인도를 청구하는 소송에서 피고가 적법하게 건물매수청구권(민법 제643조 및 제283조)[4]을 행사하

1) 대법원 1990. 12. 7. 선고 90다카26355 판결.
2) 동시이행판결 또는 상환이행판결 주문의 대표적인 기재례로는 「피고는 원고로부터 100,000,000원을 지급받음과 동시에 원고에게 별지목록 건물을 명도하라.」 등이 있다.
3) 대법원 1979. 10. 10. 선고 79다1508 판결; 1969. 11. 25. 선고 69다1592 판결.
4) 건물 기타 공작물의 소유 또는 식목, 채염, 목축을 목적으로 한 토지임대차의 기간이 만료한 경우에 건물, 수목 기타 지상시설이 현존한 때에는 임차인은 계약의 갱신을 요구할 수 있고, 임대인이

였을 경우에는 피고는 원고로부터 건물매수대금을 지급받음과 동시에 건물을 인도하라는 동시이행판결을 할 수 없다. 원고의 건물철거 및 토지인도청구에 건물매수대금의 지급과 동시에 건물명도를 구하는 청구가 포함된 것으로 볼 수 없기 때문이다. 토지임대인이 그 임차인에 대하여 건물철거 및 그 토지인도를 청구한 데 대하여 임차인이 적법한 건물매수청구권을 행사하게 되면 건물매수청구권은 형성권이어서 임대인과 임차인 사이에 그 건물에 관한 매매가 성립하게 되므로 임대인의 청구는 이를 그대로 받아들일 수 없게 된다. 따라서 법원으로서는 임대인이 종전의 청구를 계속 유지할 것인지 아니면 건물매수대금의 지급과 상환으로 건물의 명도를 청구할 의사가 있는지를 석명할 의무가 있고, 임대인이 그 석명에 응하여 청구를 변경한 경우에는 건물매수대금의 지급과 상환으로 건물을 명도하라는 판결을 함으로써 분쟁의 1회적 해결을 도모해야 할 것이다.[1]

(나) 선이행판결

현재의 이행청구에 대하여 조건불성취나 이행기미도래를 이유로 하여 장래의 이행판결을 하는 것은 원고의 의사에 반하지 않는 한 일부 인용으로서 허용된다. 저당권설정등기 또는 양도담보의 목적으로 한 소유권이전등기는 채무자가 피담보채무를 먼저 변제한 후가 아니면 그 말소를 구할 수 없는 것이 원칙이므로 채무변제와 상환으로 말소등기를 구하는 것은 허용되지 않는다. 그러나 채무자가 피담보채무 전액을 변제했다고 주장하면서 저당권설정등기의 말소를 청구했으나 채무가 남아 있는 것으로 밝혀진 경우에는 채무자의 청구에 남은 채무를 변제한 후 저당권설정등기의 말소를 미리 청구하는 취지까지 포함된 것으로 해석할 수 있고, 이는 장래이행의 소로서 미리 청구할 필요가 있다. 이 경우 법원은 남은 채무의 액수를 심리·확정한 후에 그 변제를 조건으로 저당권설정등기의 말소를 명하는 선이행판결[2]을 해야 한다.[3] 그러나 원고가 피담보채무가 처음부터 발생하지 않았음을

---

계약의 갱신을 원하지 않을 때에는 임차인은 상당한 가액으로 건물, 수목 기타 지상시설의 매수를 청구할 수 있다(민법 제643조 및 제283조).

1) 대법원 1995. 7. 11. 선고 94다34265 전원합의체판결.

2) 선이행판결 주문의 대표적인 기재례로는 「피고는 원고로부터 50,000,000원을 지급받은 후 원고에게 별지목록 부동산에 관하여 서울중앙지방법원 2010. 10. 1. 접수 제12345호로 마친 근저당권설정등기의 말소등기절차를 이행하라.」 등이 있다.

전제로 저당권설정등기의 말소를 구하는 경우에는 원고의 청구에 피담보채무의 변제를 조건으로 장래의 이행을 청구하는 취지가 포함된 것으로 볼 수 없으므로 선이행판결을 할 수 없다.[1]

(다) 정기금판결

원고가 손해배상액을 일시금으로 지급해 줄 것을 청구하였더라도 법원은 손해배상액의 전부 또는 일부를 일정한 기간 정기적으로 일정한 금액을 지급하도록 명하는 판결을 할 수 있다. 예를 들어, 식물인간 등과 같이 그 후유장애의 계속 기간이나 잔존 여명이 단축된 정도 등을 확정하기 곤란한 경우에는 손해배상청구권자가 일시금에 의한 지급을 청구하였더라도 법원이 재량에 따라 정기금에 의한 지급을 명하는 판결을 할 수 있다.[2]

(라) 채권자취소소송

채권자취소소송의 소송물은 사해행위의 취소청구와 원상회복청구이다. 원상회복의 방법은 원칙적으로 원물반환에 의할 것이지만, 원물반환이 불가능하거나 현저히 곤란한 경우에는 예외적으로 가액배상이 허용된다. 원상회복으로서의 가액배상은 원물반환의 일부이므로 원물반환을 구하는 청구에는 가액배상을 구하는 취지가 포함되어 있다. 따라서 원물반환청구에 대하여 법원은 청구취지의 변경이 없더라도 가액배상을 명할 수 있다.[3]

(마) 기타

유권대리에 관한 주장에는 무권대리에 속하는 표현대리의 주장이 포함된 것으로 볼 수 없으므로 표현대리에 관한 주장이 없는 한 법원이 나아가 표현대리의 성립 여부를 심리·판단해야 하는 것은 아니다.[4] 또한 채무의 부존재확인을 구하는

3) 대법원 2008. 4. 10. 선고 2007다83694 판결; 1995. 7. 28. 선고 95다19829 판결; 1996. 11. 12. 선고 96다33938 판결; 1981. 9. 22. 선고 80다2270 판결.

1) 대법원 1991. 4. 23. 선고 91다6009 판결.

2) 대법원 1995. 6. 9. 선고 94다30515 판결; 1992. 11. 27. 선고 92다26673 판결; 2000. 7. 28. 선고 2000다11317 판결.

3) 대법원 2001. 6. 12. 선고 99다20612 판결.

4) 대법원 1983. 12. 13. 선고 83다카1489 전원합의체 판결.

소송에서 일정액의 채무의 존재가 인정되는 경우에는 그 청구의 전부를 기각할 것이 아니라 존재하는 채무 부분에 대하여 일부패소의 판결을 해야 한다.[1)] 판례는 상속채권자가 상속인을 상대로 상속채무의 이행을 구하는 소송에서 상속인의 한정승인항변이 이유 있고 상속재산이 상속채무의 변제에 부족한 경우에도 상속채무 전부에 대한 이행판결을 선고해야 한다고 한다. 다만, 집행력을 제한하기 위하여 상속재산의 한도에서만 집행할 수 있다는 취지를 명시해야 한다고 한다.[2)]

## 4. 절차의 종결

### (1) 당사자에 의한 종결

당사자는 개시된 절차를 종국판결에 의하지 않고 종결시킬 수 있다. 예를 들어, 당사자는 소의 취하, 청구의 포기·인낙, 화해, 상소의 취하, 불상소의 합의, 상소권의 포기 등으로 소송절차를 종결시킬 수 있다. 그리하여 종국판결을 제외하고 절차의 종결 여부도 당사자의 의사에 일임되어 있다. 그러나 예외적으로 다음과 같은 경우에는 처분권주의가 제한된다.

### (2) 처분권주의의 제한

#### 1) 가사소송

소송물에 대한 처분의 자유가 인정되지 않는 가류 및 나류 가사소송에서는 처

---

1) 대법원 1994. 1. 25. 선고 93다9422 판결. 예를 들어, 채무자가 제기한 채무부존재확인소송에서 법원이 심리한 결과 10,000,000원의 채무가 존재하는 것으로 인정되는 경우에는 「1. 원고의 피고에 대한 별지목록 기재 채무 중 10,000,000원을 초과하는 부분은 존재하지 아니함을 확인한다. 2. 원고의 나머지 청구를 기각한다.」라고 판결주문을 기재한다.

2) 대법원 2003. 11. 14. 선고 2003다30968 판결. 예를 들어, 상속분에 상응하는 상속채무액이 피고 A는 15,000,000원, 피고 B는 10,000,000원이고 피고인들의 한정승인항변이 이유 있는 경우에 그 판결주문은 「원고에게, 피고 A는 15,000,000원, 피고 B는 10,000,000원 및 위 각 금원에 대하여 2024. 5. 1.부터 이 사건 소장부본 송달일까지는 연 5푼, 그 다음날부터 완제일까지는 연 1할 2푼의 각 비율에 의한 금원을 망 소외 ○○○로부터 상속받은 재산의 한도에서 각 지급하라.」와 같이 기재한다.

분권주의가 제한된다. 그리하여 소극적으로 소송계속의 효력을 소멸시키는 소의 취하는 가능하지만, 법률상 청구의 인낙이 금지되어 있으며(가사소송법 제12조 단서), 청구의 포기 또는 소송상 화해도 허용되지 않는다. 다만, 재판상 이혼 등과 같이 당사자의 임의처분이 허용되는 경우에는 소송상 화해가 인정된다고 할 것이다.

#### 2) 회사관계소송

회사설립무효소송, 주주총회결의취소소송 등 회사관계소송에서도 처분권주의가 일부 제한된다. 회사관계소송은 청구인용판결의 효력이 제3자에게 미치므로 청구의 인낙이나 소송상 화해가 허용되지 않는다. 주주대표소송에서는 법원의 허가를 얻어야 소의 취하, 청구의 포기·인낙, 화해를 할 수 있다(상법 제403조 제6항).

#### 3) 집단소송

증권관련집단소송에서도 소의 취하, 청구의 포기, 화해를 하려면 법원의 허가를 얻어야 하고(증권관련 집단소송법 제35조 제1항), 상소의 취하나 포기를 하는 경우에도 마찬가지이다(동법 제38조 제1항). 소비자단체소송과 개인정보단체소송에서는 청구기각판결의 효력이 제3자에게 미치므로(소비자기본법 제75조, 개인정보보호법 제56조) 이와 동일한 효력이 있는 청구의 포기가 허용되지 않는다.[1]

### 5. 처분권주의 위반의 효과

처분권주의에 위반된 판결이라도 당연무효는 아니며 상소를 제기하여 취소할 수 있다. 그러나 판결이 확정된 후에는 처분권주의 위반은 재심사유에 해당하지 않으므로 재심으로 다툴 수 없다. 처분권주의를 위반하였다고 하더라도 청구취지의 확장 또는 부대항소를 통하여 심판대상이 확대된 경우에는 그 하자가 치유될 수 있다.

---

1) 김홍엽, 377면; 이시윤, 325면 및 326면.

# Ⅲ. 변론주의

## 1. 의의

변론주의란 재판의 기초가 되는 자료, 즉 사실과 증거의 수집·제출의 책임을 당사자에게 맡기고, 당사자가 수집·제출한 자료만을 판결의 기초로 삼아야 한다는 원칙을 말한다. 변론주의가 인정되는 근거로는 사적 자치의 반영, 진실발견의 수단, 절차보장에 의한 공평한 재판 등이 있다. 즉, 민사소송의 대상인 사법상 법률관계에는 사적 자치의 원칙이 적용되므로 소송에 필요한 자료의 수집도 당사자에게 맡기는 것이 충실한 자료수집을 도모할 수 있고, 그럼으로써 실체진실에 보다 용이하게 접근할 수 있으며, 또한 당사자가 수집·제출한 자료만을 판결의 기초로 함으로써 불의타(不意打)를 방지하고 당사자의 절차보장을 도모할 수 있다.

## 2. 내용

### (1) 사실의 주장책임

#### 1) 의의

당사자가 변론에서 주장한 사실만 판결의 기초가 되고, 당사자가 주장하지 않은 사실은 판결의 기초로 삼을 수 없다. 이를 주장책임이라고 한다. 재판의 자료에는 사실과 증거가 있다. 사실에 대해서는 주장책임이, 증거에 대해서는 증명책임이 각각 적용된다. 당사자가 주장한 사실에 대하여 다툼이 있는 경우에 이를 증거에 의하여 증명하지 않으면 그러한 사실이 존재하지 않는 것으로 취급되는데, 이를 증명책임이라고 한다. 주장책임은 증명책임에 선행하는 관계에 있다. 당사자의 일방이 어떤 사실을 주장하고, 이에 대하여 상대방이 다투는 경우에 증명책임이 문제되기 때문이다. 주장책임의 분배는 증명책임의 분배와 그 기준이 동일하다. 따라서 당사자는 자기에게 유리한 법규의 요건사실에 관하여 주장책임을 부담하고 또한 증명책임을 부담한다(법률요건분류설). 그러나 반드시 주장책임을 지는 당사자가 주장을 해야 하는 것은 아니며 어느 당사자가 주장하든 그 사실이 주장되기만 하면 판결의 기초로 삼을 수 있다.[1] 이를 주장공통의 원칙이라고 한다. 그리하여 당사자가 주장한 사실은 그 주장한 사람에게 유리하게 판단될 수도 있지만 불리하게 판단될 수도 있다.

### 2) 소송자료와 증거자료의 준별

사실의 주장책임은 주장에 관한 소송자료와 증명에 관한 증거자료가 엄격히 구별됨을 의미한다. 따라서 증거자료로 소송자료를 대체할 수 없다. 즉, 법원이 증거에 의하여 주요사실을 알았다고 하여도 당사자가 변론에서 주장하지 않으면 이를 판결의 기초로 삼을 수 없다. 예를 들어, 피고가 변제의 항변을 제출하지 않았는데 증인이 변제하였다는 증언을 하고 법원이 이를 믿는다고 하더라도 석명권을 통한 주장의 권유는 별론으로 하고 증언만으로 변제에 의하여 채권이 소멸하였다고 판단할 수 없다. 그러나 당사자가 직접적으로 변제사실을 주장하지 않았더라도 후술하는 바와 같이 변제사실이 기재된 서증을 제출하거나 변제사실을 증명하기 위한 증인을 신청하면서 그 입증취지를 진술하였다면, 변제사실에 대한 간접적인 주장이 있었던 것으로 볼 수 있다.

### 3) 묵시적·간접적 주장

당사자의 주장은 반드시 명시적이어야 하는 것은 아니며, 당사자의 진술 취지에 비추어 그러한 주장이 포함되어 있는 것으로 볼 수 있으면 충분하다.[2] 판례는 당사자가 동시이행의 항변권 또는 불안의 항변권(민법 제536조)을 행사한다고 명시적으로 주장하지 않았지만, 상대방이 종전의 대가를 지급하지 않아 의무이행을 거부하는 것은 채무불이행이 되지 않으므로 손해배상책임이 없다는 취지로 주장하였다면 자신의 이행거부행위가 동시이행의 항변권 또는 불안의 항변권의 행사로 위법하지 않다는 주장이 포함된 것으로 볼 수 있고,[3] 채권양도사실을 내세워 당사자적격이 없다는 주장 속에는 원고가 채권을 양도하였기 때문에 채권자임을

---

1) 대법원 2008. 4. 24. 선고 2008다5073 판결; 2002. 2. 26. 선고 2000다48265 판결.
2) 대법원 1996. 2. 9. 선고 95다27998 판결.
3) 대법원 1995. 2. 28. 선고 93다53887 판결.

전제로 한 청구는 이유가 없다는 주장이 포함된 것으로 볼 수 있다고 한다.[1] 그러나 유권대리에 관한 주장 속에 무권대리에 속하는 표현대리의 주장이 포함되어 있다고 볼 수는 없고,[2] 의사표시가 의사결정의 자유를 완전히 박탈당할 정도의 극심한 강박에 의한 것이어서 무효라는 주장 속에 강박에 의한 의사표시이므로 취소한다는 주장이 당연히 포함되어 있다고 볼 수 없다고 한다.[3] 또한 취득시효와 소멸시효는 성립요건을 달리하므로 취득시효의 주장 속에 시효소멸의 주장이 포함되었다고 볼 수 없으며,[4] 소유권에 기한 반환을 구하는 주장 속에 점유권에 기한 반환청구의 주장이 포함되어 있다고 볼 수는 없다고 한다.[5]

한편 판례는 당사자가 직접적으로 주장하지 않았더라도 당사자가 법원에 주요사실이 기재된 서증을 제출하거나 증인신청을 하면서 그 입증취지를 진술한 경우 또는 당사자의 변론을 전체적으로 관찰하여 간접적으로 주장한 것으로 볼 수 있는 경우에는 주요사실의 주장이 있었던 것으로 보고 있다.[6] 그리하여 당사자가 대리인을 통하여 금전을 차용하였다고 진술한 흔적이 없더라도 당사자들 사이에 금전거래를 중개하였음을 증명하기 위하여 그 중개한 사람을 증인신청하였다면 대리인을 통하여 금전을 차용하였다는 간접적인 진술이 있었다고 볼 수 있고,[7] 변제하였다는 주장을 명시적으로 하지 않았더라도 금원을 변제공탁한 공탁서를 증거로 제출하였다면 그러한 주장이 있는 것으로 볼 수 있다고 한다.[8] 또한 어음금청구소송에서 피고가 원고의 청구사실을 부인하면서 그 증거로 제권판결정본만을 제출하였더라도 어음상 권리를 실효시키는 제권판결의 효력을 주장한 것으로 볼 수 있다고 한다.[9]

---

1) 대법원 1992. 10. 27. 선고 92다18597 판결.
2) 대법원 1983. 12. 13. 선고 83다카1489 전원합의체 판결.
3) 대법원 1996. 12. 23. 선고 95다40038 판결.
4) 대법원 1982. 2. 9. 선고 81다534 판결.
5) 대법원 1996. 6. 14. 선고 94다53006 판결.
6) 대법원 2002. 11. 8. 선고 2002다38361 판결; 2002. 6. 28. 선고 2000다62254 판결.
7) 대법원 1994. 10. 11. 선고 94다24626 판결.
8) 대법원 2002. 5. 31. 선고 2001다42080 판결.
9) 대법원 1980. 12. 9. 선고 80다2432 판결.

### (2) 자백의 구속력

당사자 사이에 다툼이 없는 사실은 그대로 판결의 기초로 삼아야 한다. 자백한 사실에 관해서는 법원의 사실인정권이 배제되므로 증거에 의한 사실인정을 필요로 하지 않을 뿐만 아니라 비록 법관이 반대 심증을 얻었다고 하더라도 자백에 반하는 사실인정을 해서는 안 된다. 그러나 현저한 사실 또는 경험칙에 반하는 자백은 이러한 구속력이 없다.[1)]

자백이 성립하면 위와 같이 법원에 대해서는 사실인정권이 배제되는 구속력이 발생하지만, 당사자에 대해서는 임의로 취소할 수 없는 구속력이 발생한다. 다만, 상대방의 동의가 있는 경우, 자백이 진실에 반하고 착오로 인한 것임을 증명한 경우(제288조 단서)에는 취소할 수 있다. 그 밖에 소송대리인의 자백을 당사자가 경정한 경우(제94조)에는 자백이 무효가 되고, 자백이 제3자의 형사상 처벌받을 행위에 의하여 이루어진 경우(제451조 제1항 제5호)에도 유죄판결이 확정되면 그 자백은 무효가 된다.

### (3) 증거의 제출책임(직권증거조사의 금지)

다툼이 있는 사실은 증거에 의하여 인정해야 하는데, 당사자가 신청한 증거에 대해서만 증거조사를 해야 하고, 원칙적으로 법원이 직권으로 증거조사를 해서는 안 된다. 직권증거조사는 당사자가 신청한 증거에 의하여 심증을 얻을 수 없거나 그 밖에 필요하다고 인정하는 경우에 한하여 보충적으로 허용된다(제292조). 다만, 소액사건과 증권관련 집단소송에서는 원칙적으로 직권증거조사가 허용된다(소액사건심판법 제10조, 증권관련 집단소송법 제30조).

## 3. 주요사실과 간접사실의 구별

변론주의는 주요사실에 대해서만 적용되고 간접사실이나 보조사실에는 그 적용

1) 대법원 1959. 7. 30. 선고 4291민상551 판결.

이 없다. 따라서 간접사실이나 보조사실은 변론에서 당사자의 주장이 없어도 증거로써 이를 인정할 수 있고, 자백이 되어도 구속력이 없다. 주요사실은 권리의 발생·변경·소멸 등 법률효과를 발생시키는 법률요건에 해당하는 사실을 말한다. 간접사실은 주요사실의 존부를 확인하는데 도움이 되는데 그치는 사실을 말하며, 보조사실은 증거능력이나 증명력에 관한 사실을 말한다. 보조사실은 간접사실에 준하여 취급된다.

판례는 실체법상 구성요건에 해당하는 사실, 즉 주요사실에 대해서만 변론주의가 적용되고,[1] 그러한 법률요건에 해당하는 사실의 경위, 내력 등은 간접사실에 불과하여 변론주의가 적용되지 않는다고 한다. 그리하여 연대보증계약의 성립 경위에 관한 사실,[2] 교통사고의 추돌 경위에 관한 사실,[3] 중도금을 직접 지급했는지 또는 수령 권한이 있는 수임자를 통하여 지급했는지 여부에 관한 사실,[4] 이혼사유인 배우자에 대한 심히 부당한 대우를 구성하는 개개의 사실[5] 등은 간접사실에 불과하므로 당사자의 주장을 필요로 하지 않는다고 한다. 또한 손해배상에서 일실이익 산정의 기초인 수입, 가동 연한, 공제할 생활비는 주요사실이지만, 일실이익의 현가(現價)산정방식인 호프만식 또는 라이프니쯔식 계산법은 간접사실에 불과하므로 법원은 당사자가 주장한 현가산정방식에 아닌 다른 방식으로 일실이익의 현가를 산정할 수 있다고 한다.[6]

또한 판례는 소멸시효의 기산일은 주요사실에 해당하여 변론주의가 적용되므로 당사자가 주장하는 기산일을 기준으로 소멸시효기간을 판단해야 하고 증거자료에 의하여 당사자가 주장하지도 않은 날을 기산일로 인정하는 것으로 허용될 수 없다고 한다.[7] 그러나 시효취득에서 점유개시의 시기, 즉 취득시효의 기산일은 간접사실에 불과하므로 법원은 당사자의 주장에 구속되지 않고 증거자료에 의하여 그 시기를 인정할 수 있다고 한다.[8] 또 시효취득에서 자주점유인지 여부를 가리는 기준이 되는

---

1) 대법원 2002. 6. 28. 선고 2000다62254 판결; 1993. 4. 13. 선고 92다23315, 92다23322 판결.
2) 대법원 1971. 4. 20. 선고 71다278 판결.
3) 대법원 1979. 7. 24. 선고 79다879 판결.
4) 대법원 1993. 9. 14. 선고 93다28379 판결.
5) 대법원 1990. 8. 28. 선고 90므422 판결.
6) 대법원 1983. 6. 28. 선고 83다191 판결.
7) 대법원 2009. 12. 24. 선고 2009다60244 판결; 1995. 8. 25. 선고 94다35886 판결.

점유의 권원 역시 간접사실에 불과하므로 법원은 당사자의 주장에 구속되지 않는다고 한다.[1] 그러나 대리인에 의하여 계약이 체결된 사실 등 대리행위는 주요사실에 속하므로 변론에서 당사자가 주장하지 않는 이상 이를 인정할 수 없다고 한다.[2]

**사례 주요사실과 간접사실**

A는 B를 상대로 대여금의 지급을 구하는 소를 제기하였다. A는 변론기일에 'B가 주택구입자금으로 자신으로부터 돈을 빌렸다'라고 주장하였고, 이에 대하여 B는 당시 주택구입자금이 필요하지 않았다고 주장하였다. 법원이 증거조사를 한 결과 B는 당시 주택구입자금이 아니라 소외 C에 대한 채무변제를 위하여 돈이 필요해 빌렸다는 사실이 인정되었다. 이 경우 법원이 증거조사 결과 인정된 소외 C에 대한 채무변제를 위하여 돈을 빌렸다는 사실에 기초하여 판결할 수 있는지 설명하시오.

변론주의는 주요사실에 대해서만 적용되고, 간접사실에는 적용되지 않는다. 따라서 간접사실은 변론에서 당사자의 주장이 없어도 증거로써 이를 인정할 수 있고, 자백이 되어도 구속력이 없다. 돈을 빌렸다는 사실은 주요사실이므로 당사자의 주장이 있어야 하지만, 주택구입 또는 채무변제를 위하여 돈이 필요했다는 사실은 돈을 빌렸다는 주요사실의 존재를 추인하게 하는 간접사실에 불과하므로 법원은 당사자의 주장이 없어도 증거로써 그 사실을 인정할 수 있다. 따라서 법원은 B가 돈을 빌렸다는 주장이 있을 뿐 소외 C에 대한 채무변제를 위하여 돈을 빌렸다는 주장이 없더라도 증거조사 결과 인정된 B가 소외 C에 대한 채무변제를 위하여 돈을 빌렸다는 사실을 기초로 판결을 할 수 있다.

그런데 과실, 인과관계, 권리남용, 신의성실 등 불확정개념을 법률요건으로 하는 일반조항의 경우에 무엇이 주요사실인지 논란이 있다. 통설 및 판례는 일반조항의 경우에도 요건사실을 주요사실로 본다. 이에 대하여 일반조항의 요건사실을 주요사실로 볼 것이 아니라 요건사실을 구성하는 개개의 구체적 사실이 재판에서 중요한 역할을 함에 비추어 이러한 구체적 사실을 주요사실로 보자는 견해가 있다.[3] 이 견해에서는 과실 자체는 주요사실이 아니라 그와 같은 사실에 대한 법률

---

8) 대법원 2007. 2. 8. 선고 2006다28065 판결.

1) 대법원 1994. 4. 15. 선고 93다60120 판결.

2) 대법원 1990. 6. 26. 선고 89다카15359 판결.

적 평가에 불과하고, 과실에 해당하는 개개의 구체적인 사실이 주요사실이 된다고 한다. 예를 들어, 과실에 해당하는 사실로 졸음운전만 주장했는데 법원이 당사자가 주장하지도 않은 전방주시태만이나 음주운전으로 과실을 인정할 수 없다고 한다. 그러나 주요사실이란 법률효과를 발생시키는 실체법상 구성요건에 해당하는 사실을 말한다. 졸음운전이나 전방주시태만 등은 법률효과의 발생에 직접 관련된 요건사실이 아니다. 일반조항에 있어서만 주요사실의 개념을 달리 정의할 이유가 없으며, 오히려 주요사실과 간접사실을 구별함에 있어 혼란만 가중할 뿐이다. 당사자 진술과 법원의 구체적 사실인정 사이의 모순점은 적절한 소송지휘권을 행사하여 극복할 수 있을 것이다. 통설의 입장이 타당하다고 본다.

## 4. 직권탐지주의

### (1) 의의

재판자료의 수집·제출에 관한 책임과 권능을 당사자가 아닌 법원에 맡기는 입장을 직권탐지주의라고 한다. 직권탐지주의에 의하는 경우 법원은 당사자가 주장하지 않은 사실도 직권으로 수집하여 판결의 기초로 삼을 수 있고, 당사자의 자백은 법원을 구속하지 않으며, 당사자가 신청한 증거 이외에 법원은 직권으로 다른 증거를 조사할 수 있다.

### (2) 적용범위

직권탐지주의가 적용되는 사항은 공익적 성격이 강하고 그 효력이 제3자에게도 미치는 성질의 사항이다. 이러한 사항의 경우 재판자료의 수집·제출의 책임을 당사자에게만 맡기게 되면 제3자나 공익을 해할 우려가 있어 법원이 적극적으로 재판자료의 수집·제출에 나설 필요가 있기 때문이다.[1] 직권탐지주의가 적용되는 사항으로는 ① 재판권 또는 재심사유의 존재,[2] 당사자의 실재, 전속관할 등 공익

3) 김홍엽, 386면 및 387면; 이시윤, 331면.

1) 정동윤·유병현, 336면.

적 성격이 강한 소송요건, ② 경험법칙이나 관습법 또는 외국법의 존재 등이 있다.

현행법상 가류 및 나류 가사소송에서는 직권탐지주의가 적용되고 있다. 가류 및 나류 가사소송은 당사자의 사적 자치가 제한되는 신분관계를 그 대상으로 하고 있으며 개인의 권리구제와 함께 객관적 법질서의 회복도 그 주된 목적으로 하고 있기 때문이다. 그리하여 가류 및 나류 가사소송에서는 자백의 구속력이 배제되고 청구의 인낙이 허용되지 않으며(가사소송법 제12조 단서), 가정법원은 직권으로 사실조사 및 필요한 증거조사를 해야 하고 언제든지 당사자 또는 법정대리인을 신문할 수 있다(가사소송법 제17조). 그러나 판례는 가사소송법 제17조는 사실의 진상을 밝히기 위하여 법원으로 하여금 적극적으로 필요한 조치를 취할 수 있게 함과 아울러 당사자의 잘못된 소송행위에 의하여 사실관계가 좌우되는 것을 방지하려는 것일 뿐이고 변론주의 원칙을 배제하려는 것은 아니므로 당사자가 주장하지 않은 독립된 공격방어방법의 제출을 촉구하는 등의 석명은 가사소송에서도 허용될 수 없다고 한다.[1]

### (3) 직권탐지주의에서의 당사자의 지위

#### 1) 처분권주의의 제한

직권탐지주의가 적용되는 절차에서는 당사자는 청구의 포기·인낙이나 화해 등을 할 수 없다. 직권탐지주의가 적용되는 사항은 공익적 성격이 강하거나 제3자에게 그 효력이 미치는 성질의 것이므로 당사자의 의사에 의하여 어떠한 법률관계를 형성하는 것은 공익이나 제3자의 이익을 해칠 우려가 있어 허용될 수 없다. 그러나 소송을 제기하기 이전의 상태로 소극적으로 되돌리는 소의 취하는 가능하다.

#### 2) 공격방어방법의 제출시기 무제한

실기한 공격방어방법의 각하 등 공격방어방법의 제출시기에 관한 제한은 당사자에게 재판자료의 제출책임이 있는 것을 전제로 한 규정이므로 직권탐지주의에는 그 적용이 없다.

---

2) 대법원 1992. 7. 24. 선고 91다45691 판결.

1) 대법원 1987. 12. 22. 선고 86므90 판결.

### 3) 당사자의 절차권 보장

직권탐지주의에서도 당사자는 소송주체로서의 지위를 가지며 당사자로서의 절차보장이 요구된다. 따라서 법원이 직권으로 탐지한 사실이나 증거를 바로 판결의 자료로 삼을 수는 없으며, 미리 당사자에게 알려 그에 관한 의견진술의 기회를 부여한 후에 비로소 판결의 자료로 삼을 수 있다(제136조 제4항, 소액사건심판법 제10조 제1항 후단, 특허법 제157조 제6항 및 제159조 제1항 후단).[1]

## 5. 직권조사주의

### (1) 직권조사사항

당사자의 주장이나 이의와 관계없이 법원이 직권으로 고려해서 판단해야 하는 원칙을 직권조사주의라고 한다. 심판대상의 선정에 관하여 법원에 주도권을 인정하는 것으로서 처분권주의에 대응한 것이다. 직권조사주의가 적용되는 사항을 직권조사사항이라고 한다. 직권조사사항은 항변사항과 대비된다. 직권조사사항에 대하여 법원은 당사자의 주장을 기다리지 않고 직권으로 조사해서 판단해야 한다.

직권조사사항으로는 소송요건 또는 상소요건, 상고심의 심리불속행사유 등이 대표적이다.[2] 판례는 청구취지의 특정 여부,[3] 불항소 합의의 유무,[4] 제척기간의 경과 여부,[5] 당사자의 확정,[6] 소송계속의 여부,[7] 전소 확정판결의 존부,[8] 과실상계와 손익상계,[9] 위자료의 액수,[10] 배상책임경감사유,[11] 신의성실의 원칙 또는 권리

---

1) 정동윤·유병현, 338면.
2) 이시윤, 331면 및 332면.
3) 대법원 1981. 9. 8. 선고 80다2904 판결.
4) 대법원 1980. 1. 29. 선고 79다2066 판결.
5) 대법원 2013. 4. 11. 선고 2012다64116 판결.
6) 대법원 2011. 3. 10. 선고 2010다99040 판결.
7) 대법원 1982. 1. 26. 선고 81다849 판결.
8) 대법원 2011. 5. 13. 선고 2009다94384 판결.
9) 대법원 2011. 7. 14. 선고 2011다21143 판결; 2002. 5. 10. 선고 2000다37296 판결.
10) 대법원 2014. 3. 13. 선고 2012다45603 판결.

남용,[1] 채권자대위소송에서 피보전채권의 존부[2] 등을 직권조사사항으로 보고 있다. 한편 소멸시효의 완성 여부는 항변사항이지만,[3] 소멸시효의 기간이 얼마인지는 법원의 직권조사사항이라고 한다. 어떤 시효기간이 적용되는지에 관한 주장은 권리의 소멸이라는 법률효과를 발생시키는 요건을 구성하는 사실에 관한 주장이 아니라 단순히 법률의 해석이나 적용에 관한 법률상 주장에 불과하므로 변론주의가 적용되지 않는다고 한다.[4] 그리하여 당사자가 민법상 10년의 소멸시효기간을 주장한 경우에도 법원은 직권으로 상법에 따른 5년의 소멸시효기간을 적용할 수 있다고 한다.[5] 나아가 판례는 부제소합의도 직권조사사항으로 보고 있다.[6]

### (2) 직권조사사항에 대한 판단자료의 수집·제출

직권조사사항에 대한 판단의 기초가 되는 자료의 수집·제출의 방법에 관하여 논란이 있다. 판결의 기초가 되는 재판자료의 수집·제출의 방법으로는 변론주의와 직권탐지주의가 있는데, 직권조사사항에 대한 판단자료의 수집·제출방법으로 변론주의나 직권탐지주의와는 구별되는 직권조사라는 독자적인 방법을 인정하는 견해가 있다.[7] 직권조사는 직권조사사항과 구별되는 개념으로서 직권조사사항에 대한 판단자료의 수집·제출의 방법을 말하고,[8] 여기에는 변론주의와 직권탐지주의의 성격이 모두 포함되어 있다고 한다.

판례도 같은 입장이다. 그리하여 직권조사사항에 관한 당사자의 진술은 법원의 직권발동을 촉구하는 의미밖에 없어 법원이 이에 관하여 판단하지 않아도 판단누락이 되지 않으며,[9] 제출시기의 제한이 없어 실기한 공격방어방법으로 각하되거나 실권되는 일이 없고, 소송절차에 관한 이의권의 포기·상실의 대상이 되지 않으며,

---

11) 대법원 2013. 3. 28. 선고 2009다78214 판결.
1) 대법원 1998. 8. 21. 선고 97다37821 판결.
2) 대법원 2012. 3. 29. 선고 2011다106136 판결.
3) 대법원 1991. 7. 26. 선고 91다5631 판결.
4) 대법원 2008. 3. 27. 선고 2006다70929,70936 판결.
5) 대법원 2017. 3. 22. 선고 2016다258124 판결.
6) 대법원 1980. 1. 29. 선고 79다2066 판결.
7) 이시윤, 337면 및 338면.
8) 강현중, 311면.
9) 대법원 1994. 11. 8. 선고 94다31549 판결.

재판상 자백이나 자백간주의 대상이 될 수 없다고 한다.[1] 이러한 점에서 직권탐지주의와 유사하지만, 판단자료의 수집·제출의 책임은 원칙적으로 당사자에게 있고, 법원이 직권탐지의무를 지지 않는다는 점에서는 변론주의와 유사하다고 한다. 다만, 법원에 이미 제출된 재판자료에 의하여 직권조사사항의 존부에 관하여 의심할 만한 사정이 발견된다면 직권으로 심리·조사할 의무가 있다고 한다.[2]

생각건대, 직권조사사항에 대한 판단자료의 수집·제출의 방법으로 그 실체가 불분명한 직권조사라는 애매한 방법을 주장하기보다는 직권조사사항의 공익성의 강도에 따라 변론주의 또는 직권탐지주의에 의하는 것이 타당하다고 본다. 예를 들어, 직권조사사항인 소송요건 가운데 재판권, 당사자의 실재, 전속관할 등 공익적 성격이 강한 것은 직권탐지주의에 의하고, 소의 이익, 임의관할 등 공익성이 약한 것은 변론주의에 의해야 할 것이다.

## Ⅳ. 직권진행주의

### 1. 의의

소송절차의 진행에 대한 주도권을 법원에 맡기는 입장을 직권진행주의라고 한다. 소송절차진행의 주도권을 당사자에게 맡기게 되면 소송지연 등의 폐해가 있어 법원에게 그 주도권을 인정하는 것이 일반적인 입법례이다.

### 2. 소송지휘권

#### (1) 의의

소송지휘권이란 소송절차를 원활하고 신속하게 진행하고, 그럼으로써 분쟁을 신속하고 정확하게 해결하기 위하여 법원에 인정된 소송의 주재 권능을 말한다.

1) 대법원 1999. 2. 24. 선고 97다38930 판결.
2) 대법원 2011. 7. 28. 선고 2010다97044 판결; 2009. 4. 23. 선고 2009다3234 판결.

적절한 소송지휘는 법원의 권한인 동시에 책무이기도 하다. 소송지휘는 법원의 직권에 속하는 것이므로 당사자의 신청은 법원의 직권발동을 촉구하는 의미를 갖는데 불과하고, 이를 받아들이지 않는 경우에도 별도로 배척하는 재판을 할 필요가 없다. 그러나 예외적으로 법률에서 당사자에게 신청권을 인정하고 있는 경우, 예를 들어 심판의 편의에 의한 소송이송(제34조 제2항, 제35조, 제36조), 시기에 늦은 공격방어방법의 각하(제149조), 소송절차의 수계(제241조) 등의 경우에는 당사자의 신청에 대한 재판을 해야 한다.

### (2) 소송절차에 관한 이의권

#### 1) 의의

당사자는 상대방 당사자 또는 법원의 소송행위가 소송절차에 관한 규정을 위반하였을 경우 바로 이의를 제기하여 그 소송행위의 효력을 무효로 할 수 있다(제151조 본문). 이를 소송절차에 관한 이의권이라고 한다. 그런데 민사소송법은 이의권을 적극적으로 규정하기보다는 소극적인 불행사의 측면에서 규정하고 있다. 즉, 바로 이의를 제기하지 않으면 이의권을 상실하는 것으로 규정하고 있다(제151조 본문). 그리하여 소송절차에 관한 규정 위반이 있는 경우에 이의권을 포기 또는 상실하면 그 하자가 치유되어 소송행위가 유효하게 된다.

#### 2) 적용범위

이의권은 상대방 당사자 또는 법원의 소송절차에 관한 규정의 위반이 있는 때에 인정된다. 소송절차에 관한 규정이 아닌 소송행위의 내용이나 소송상 주장의 당부에 관한 규정의 위반은 이의권의 대상이 아니다. 또한 이의권은 소송절차에 관한 규정 가운데 임의규정 위반의 경우에만 인정되고, 훈시규정이나 강행규정의 위반은 이의권의 대상이 되지 못한다(제151조 단서). 임의규정이 당사자의 이익이나 편의를 위한 규정이라면 강행규정은 공익과 관련된 규정이므로 강행규정에 위반한 소송행위는 당사자의 이의 여부와 상관없이 무효가 된다. 소송절차에 관한 강행규정으로는 직권조사사항이 있다. 예를 들어, 소송요건이나 상소요건 또는 재심요건, 불변기간의 준수 등이 여기에 해당한다. 따라서 상소기간의 기산점이 되는 판결정본의 송달에 관한 하자는 이의권의 포기·상실로 치유될 수 없다.[1] 한편 소송절차에 관한 규정이라도 효력규정이 아닌 훈시규정의 경우에는 그 위반이 있더라도 소송행위의 효력에는 아무런 영향이 없으므로 이의권의 대상이 되지 않는다.[2] 판례가 이의권의 대상이 된다고 본 것으로는 판결정본을 제외한 소송서류 송달의 하자,[3] 청구변경이나 소송참가의 방식 위반,[4] 당사자나 보조참가인에 대한 기일통지의 누락,[5] 소송절차 중단 중의 소송행위,[6] 청구변경의 요건인 청구의 기초에 변경[7]이 있거나 반소요건인 상호관련성이 흠결된 경우[8] 등이 있다.

### 3) 이의권의 포기·상실

이의권은 명시적 또는 묵시적으로 포기할 수 있다. 그러나 이의권은 소송절차 위반이 있는 때에 비로소 발생하므로 사전 포기는 있을 수 없다. 또한 이의할 수 있는 때에 즉시 이의를 해야 한다. 바로 이의를 하지 않으면 이의권을 상실한다. 그리하여 당사자가 변론기일통지서를 송달받지 못하였지만, 변론기일에 임의출석하여 변론을 하면서 기일통지서를 송달받지 못한 점에 관하여 이의를 하지 않았다면 이의권을 상실하여 기일통지를 하지 않은 절차 진행상의 하자는 치유되고,[9] 원고가 청구의 변경을 진술한 변론기일에 피고가 청구변경의 방식이나 청구기초의 동일성 위반 여부에 관하여 아무런 이의를 제기함이 없이 본안에 들어가 변론을 한 때에는 그 이후 피고는 이의권을 상실하여 더 이상 청구변경의 적법 여부를 다툴 수 없게 된다.[10]

---

1) 대법원 1972. 5. 9. 선고 72다379 판결.
2) 대법원 2008. 2. 1. 선고 2007다9009 판결.
3) 대법원 1957. 3. 23. 선고 4290민상81 판결; 대법원 2011. 11. 24. 선고 2011다74550 판결.
4) 대법원 1993. 3. 23. 선고 92다51204 판결.
5) 대법원 1984. 4. 24. 선고 82므14 판결; 2007. 2. 22. 선고 2006다75641 판결.
6) 대법원 1955. 7. 7. 선고 4288민상53 판결.
7) 대법원 2011. 2. 24. 선고 2009다33655 판결.
8) 대법원 1968. 11. 26. 선고 68다1886 판결.
9) 대법원 1984. 4. 24. 선고 82므14 판결.
10) 대법원 2011. 2. 24. 선고 2009다33655 판결; 대법원 1993. 3. 23. 선고 92다51204 판결; 1988. 12. 27. 선고 87다카2851 판결.

## 3. 석명권

### (1) 의의

석명권이란 소송관계를 분명하게 하기 위하여 당사자에게 질문하고 증명을 촉구할 뿐 아니라, 당사자가 간과한 법률상 사항을 지적하여 의견진술의 기회를 주는 법원의 권능을 말한다(제136조). 석명권은 법원의 소송지휘권의 하나로 인정된다. 석명권은 법원이 소송지휘에 의하여 당사자의 소송자료수집에 협력함으로써 변론주의의 결함을 시정하고 실질적인 당사자평등을 실현하는 제도이다. 법원은 당사자가 무지 또는 부주의로 주장을 제대로 못하거나 입증을 못하는 경우 더욱이 법률전문가가 아닌 당사자 본인이 소송을 수행하는 경우에는 주장책임이나 증명책임의 원칙에만 구속되어 재판을 할 것이 아니라 당사자에게 질문하거나 관련 증거의 제출을 촉구하는 등 석명권을 적절히 행사함으로써 실체적 진실을 밝히고 구체적 정의가 실현되도록 해야 할 것이다.[1)]

### (2) 석명권의 범위

#### 1) 원칙

석명권의 범위가 문제된다. 원칙적으로 소극적 석명은 허용되지만, 적극적 석명은 허용되지 않는다. 즉, 당사자의 주장에 모순된 점, 불완전한 점, 불분명한 점을 지적하여 이를 정정·보충하는 기회를 주고 또 계쟁사실에 대한 증거의 제출을 촉구하는 것은 허용되지만, 당사자가 주장하지도 않은 법률요건사실이나 공격방어방법을 시사하여 그 제출을 권유하는 것은 변론주의에 위반되며 석명권의 범위를 넘어선 것으로 허용되지 않는다.[2)]

판례는 청구취지와 청구원인이 서로 맞지 않음이 분명한 경우, 청구취지와 서증으로 제출된 증거내용이 모순되는 경우, 청구변경을 하면서 계산 착오로 청구금액을 잘못 기재하였음이 명백한 경우에는 석명권을 행사하여 청구의 범위를 명확

---

1) 대법원 1989. 7. 25. 선고 89다카4045 판결.

2) 대법원 2001. 10. 9. 선고 2001다15576 판결; 2000. 3. 23. 선고 98두2768 판결.

히 해야 하고,[1] 쌍무계약에서 계약해제를 주장하는 때에는 이행의 제공 여부와 상대방에게 기간을 정하여 채무이행을 최고했는지 여부를 석명할 필요가 있다고 한다.[2] 그러나 당사자가 변제사실을 주장하거나 다툰 사실이 없는 경우에 법원이 변제 여부에 대하여 석명해야 하는 것은 아니며,[3] 채무가 이행불능이더라도 채권자가 전보배상청구를 하지 않는 이상 법원이 전보배상에 대한 주장·증명을 촉구할 의무가 없고,[4] 또한 이해관계를 달리하는 공동피고 상호 간에 그 주장이 일치하지 않는다고 질문하고 진상을 규명해야 할 의무가 있는 것은 아니라고 한다.[5]

### 2) 적극적 석명의무

적극적 석명은 허용되지 않는 것이 원칙이지만, 예외적으로 적극적 석명을 해야 할 의무가 인정되는 경우가 있다. 적극적인 석명의무가 인정되는 대표적인 경우를 예시하면 다음과 같다.

#### (가) 당사자표시에 있어서 착오가 있음이 분명한 경우

당사자표시에 있어서 착오가 있음이 소장의 전체 취지에 의하여 인정되는 경우, 예를 들어 소장에 표시된 당사자에게 당사자능력이 없음이 분명한 경우에는 법원은 당사자표시정정을 위한 석명을 해야 하고, 이러한 조치를 취함이 없이 소송을 각하하는 것은 심리미진의 위법한 판결이 된다.[6]

#### (나) 토지임차인이 지상물매수청구권을 행사한 경우

토지임대인의 임차인 상대의 지상물 철거 및 토지인도청구소송에서 임차인이 지상물매수청구권을 적법하게 행사한 경우에 법원은 임대인이 그래도 종전의 청구를 계속 유지할 것인지 아니면 대금 지급과 상환으로 지상물의 명도를 구하는 청구로 변경할 의사가 있는지 여부에 대하여 석명할 의무가 있다.[7]

---

1) 대법원 2001. 11. 13. 선고 99두2017 판결; 1990. 1. 25. 선고 88다카31637 판결; 1997. 7. 8. 선고 97다16084 판결.
2) 대법원 1963. 7. 25. 선고 63다289 판결.
3) 대법원 2001. 10. 9. 선고 2001다15576 판결.
4) 대법원 1996. 7. 26. 선고 96다14616 판결.
5) 대법원 1982. 11. 23. 선고 81다39 판결.
6) 대법원 2001. 11. 13. 선고 99두2017 판결; 1982. 10. 12. 선고 80누495 판결.

(다) 손해액을 입증하지 못하는 경우

손해가 발생한 사실은 인정되나 구체적인 손해의 액수를 증명하는 것이 사안의 성질상 매우 어려운 경우 법원은 변론 전체의 취지와 증거조사의 결과에 의하여 인정되는 모든 사정을 종합하여 상당하다고 인정되는 금액을 손해배상 액수로 정할 수 있다(제202조의2). 손해가 발생한 사실이 인정됨에도 손해액을 증명하지 못했다는 이유로 피해자인 원고에게 패소판결을 선고하는 것은 사회정의와 형평의 관념에 반하기 때문이다. 판례도 불법행위책임 또는 채무불이행책임이 인정됨에도 그 손해액에 관한 당사자의 주장·입증이 미흡한 경우에는 적극적으로 석명권을 행사하여 입증을 촉구할 의무가 있고,[1] 나아가 법원은 간접사실에 의하여 배상액을 인정할 수 있으며,[2] 직권으로 손해액을 심리·판단해야 한다고 한다.[3] 부당이득반환책임이나 유익비상환청구권이 인정됨에도 그 손실액이나 상환액에 관한 당사자의 주장·입증이 미흡한 경우[4] 또는 매매계약의 해제로 인한 원상회복의무가 이행불능이 되어 그 가액 상당의 반환채권이 인정되나 그 가액에 관한 당사자의 주장·입증이 미흡한 경우[5]에도 마찬가지이다.

(라) 법률사항 지적의무

법원은 당사자가 간과하였음이 분명하다고 인정되는 법률상 사항에 관하여 당사자에게 의견진술의 기회를 주어야 할 의무가 있다(제136조 제4항). 이를 법률사항 지적의무 또는 법적 관점 지적의무라고 한다. 당사자가 부주의 또는 오해로 인하여 명백히 간과한 법률상의 사항이 있거나 당사자의 주장이 법률상의 관점에서 보아 모순 또는 불명료한 점이 있는 경우에 법원은 적극적으로 석명권을 행사하여 당사자에게 의견진술의 기회를 주어야 하고, 그러한 기회를 주지 않은 채 예상외의 재판으로 당사자 일방에게 불의의 타격을 가하는 것은 석명의무 또는 지적의무

---

7) 대법원 1995. 7. 11. 선고 94다34265 판결.

1) 대법원 1982. 4. 13. 선고 81다1045 판결; 1992. 4. 28. 선고 91다29972 판결.

2) 대법원 2005. 11. 24. 선고 2004다48508 판결.

3) 대법원 1986. 8. 19. 선고 84다카503 판결.

4) 대법원 2012. 6. 14. 선고 2012다20819 판결; 1993. 12. 28. 선고 93다30471 판결.

5) 대법원 1998. 5. 12. 선고 96다47913 판결.

를 다하지 않은 것으로서 위법한 것이 된다.[1]

판례는 채권자취소소송에서 제소기간의 도과 여부가 당사자 사이에 쟁점이 된 바가 없음에도 당사자에게 의견진술의 기회를 부여하거나 석명권을 행사함이 없이 제척기간의 도과를 이유로 소를 각하한 경우,[2] 당사자들이 부제소합의를 쟁점으로 삼아 소송의 적법 여부를 다투지 않았음에도 법원이 당사자에게 의견진술의 기회를 부여하지 않은 채 직권으로 부제소합의에 반한다는 이유로 소를 부적법 각하한 경우,[3] 손해배상청구의 법률적 근거가 계약책임인지 불법행위책임인지 불명확함에도 석명권을 행사하지 않고 불법행위책임을 묻는 것으로 단정한 뒤 증명이 부족하다는 이유로 청구를 기각한 경우,[4] 청구변경의 형태가 교환적인지 추가적인지 불분명함에도 교환적 변경으로 단정하여 새로운 청구에 대해서만 판단한 경우[5] 등은 법률사항 지적의무를 다하지 않은 것으로 위법하다고 한다.

### (3) 석명권의 행사

석명권은 소송지휘권의 일종이므로 합의재판의 경우에는 재판장이, 단독재판의 경우에는 단독판사가 행사한다(제136조 제1항). 석명권은 법원의 권한이므로 당사자는 상대방에게 직접 석명을 구할 수 없으며, 필요한 경우에는 재판장에게 상대방에 대하여 설명을 요구해 줄 것을 요청할 수 있다(동조 제3항, 구문권). 재판장은 필요한 경우 미리 당사자에게 석명할 사항을 지적하고 변론기일 이전에 이를 준비할 것을 명령할 수 있다(제137조, 석명준비명령). 당사자는 석명권의 행사나 석명준비명령에 대하여 이의신청을 할 수 있으며, 법원은 이의신청에 대하여 결정으로 재판한다(제138조). 나아가 법원은 소송관계를 분명하게 하기 위하여 당사자 본인 또는 법정대리인에 대한 출석명령, 당사자가 소지한 문서 또는 물건의 제출명령, 검증 또는 감정명령, 필요한 조사의 촉탁 등 처분을 할 수 있다(제140조, 석명처분).

---

1) 대법원 2009. 11. 12. 선고 2009다42765 판결.
2) 대법원 2006. 1. 26. 선고 2005다37185 판결.
3) 대법원 2013. 11. 28. 선고 2011다80449 판결.
4) 대법원 2009. 11. 12. 선고 2009다42765 판결.
5) 대법원 1995. 5. 12. 선고 94다6802 판결.

석명처분은 사건의 내용을 이해하기 위한 것으로 증거자료의 수집을 목적으로 하는 증거조사와 다르다. 석명처분에 의하여 얻은 자료는 당사자가 이를 원용하지 않는 한 증거로서 효력이 없으며 변론의 전체 취지로서 참작되는 데 그친다.[1)]

#### (4) 석명권 위반과 상고이유

석명권을 게을리 행사하거나 그릇 행사한 경우에 상고이유로 삼을 수 있는지 논란이 있다. 석명권은 법원의 권한이고 그 행사 여부는 법원의 재량에 속하므로 석명권의 불행사는 상소의 대상이 되지 않는 것이 원칙이다. 그러나 예외적으로 석명의무가 인정됨에도 이를 행사하지 않은 경우 또는 석명권의 불행사나 그릇된 행사가 객관적으로 보아 자의적이라고 할 정도이고 그로 인하여 심리가 현저히 조잡하게 되었다고 인정되는 경우에는 상고이유가 된다고 할 것이다. 이 경우 절대적 상고이유(제424조 제1항)가 되는 것이 아니라 소송절차 위반으로 인한 일반적 상고이유(제423조)가 된다. 따라서 판결에 영향을 미칠 것을 필요로 한다.

## V. 기타의 원칙

### 1. 공개심리주의

재판의 심리와 판결의 선고는 공개해야 한다(헌법 제109조 본문, 법원조직법 제57조 제1항 본문). 국민에게 재판을 공개함으로써 공정성을 담보하고 재판에 대한 국민의 신뢰를 제고하기 위한 것이다. 여기서 재판이라 함은 소송사건의 재판만을 뜻하며, 공개해야 할 것은 변론절차와 판결의 선고이다. 재판의 합의(법원조직법 제65조)는 공개하지 않으며, 임의적 변론(준비)기일, 증거조사기일(변론기일 외의 경우) 등은 공개하지 않는다.

그러나 국가의 안전보장, 안녕질서 또는 선량한 풍속을 해할 염려가 있을 때에

---

1) 김홍엽, 419면; 이시윤, 350면.

는 결정으로 재판의 심리는 공개하지 않을 수 있다(헌법 제109조 단서, 법원조직법 제57조 제1항 단서). 비공개하기로 결정한 경우에도 재판장은 적당하다고 인정되는 사람에 대해서는 법정 내에 있는 것을 허가할 수 있다(법원조직법 제57조 제3항). 비공개는 변론절차에 대해서만 가능하고 판결의 선고는 비공개로 할 수 없다. 비공개는 법원의 결정으로 해야 하고 재판장의 명령에 의할 수 없다. 비공개결정은 이유를 밝혀 선고해야 하고(동법 제57조 제2항), 재판서 등 서면을 당사자에게 송달하는 식으로 고지만을 해서는 효력이 생기지 않는다. 비공개결정의 효력은 해당 기일에서만 미치고, 해당 기일 종료 전에 해제결정을 하여 공개상태로 환원할 수도 있다.

## 2. 쌍방심리주의

재판의 심리에 있어서 당사자 쌍방에게 평등하게 진술할 기회를 부여해야 한다. 일방만의 공격으로 편파적인 재판이 진행되는 것을 막기 위함이다. 무기평등의 원칙이라고 할 수 있다. 다만, 결정으로 완결할 사건에서는 임의적 변론에 의하므로 반드시 쌍방심리주의가 적용되는 것은 아니다(제134조 단서). 예를 들어, 가압류·가처분 절차, 강제집행절차 등에는 쌍방심리주의가 적용되지 않는다. 그러나 독촉절차에서 지급명령에 대한 이의신청이 있거나 가압류·가처분절차에서 이의신청이나 취소신청이 있는 경우에는 소송 또는 필수적 심문절차로 이행되므로 쌍방심리주의가 적용된다(제472조 제2항, 민사집행법 제286조 제1항, 제288조 제3항, 제307조 제2항).

## 3. 구술심리주의

구술심리주의는 당사자 및 법원의 소송행위는 구술로 행해져야 한다는 원칙이다. 구술로 진술한 소송자료만이 판결의 기초가 된다. 당사자가 법원에 소장이나 답변서, 준비서면 등을 제출하는 것만으로 그 서면에 기재된 사실을 주장한 것으로 되지 않으며, 소장 등 소송서류에 서증을 첨부하여 제출한 것만으로 증거신청의 효과가 발생하지 않는다. 당사자가 변론에 출석하여 구술로 진술한 때에 비로

소 소송서류 등에 기재된 사실을 주장한 것으로 되고 증거신청의 효과가 발생한다.

변론, 증거조사, 판결 모두 구술로 행해져야 한다. 변론은 당사자가 구술로 중요한 사실상 또는 법률상 사항에 대하여 진술하고, 법원이 당사자에게 구술로 해당 사항을 확인하는 방식으로 한다(제134조 제1항, 민사소송규칙 제28조 제1항). 증인이나 당사자에 대한 신문도 구술에 의해야 하고(제331조, 제373조), 판결도 재판장이 판결원본에 따라 주문을 읽는 방식으로 선고해야 한다(제206조).

## 4. 직접심리주의

직접심리주의는 직접 변론을 듣고 증거조사를 한 법관이 판결을 선고해야 한다는 원칙이다. 다른 사람이 심리한 결과를 기초로 재판해서는 안 된다. 그리하여 판결은 변론에 관여한 법관이 해야 한다(제204조 제1항). 직접심리주의에 위반하여 변론에 관여하지 않은 법관이 판결한 경우에는 법률에 의하여 판결법원을 구성하지 않은 때에 해당하여 상소(제424조 제1항 제1호) 또는 재심(제451조 제1항 제1호)으로 취소를 구할 수 있다.

법관이 바뀐 경우에는 당사자는 새로운 법관 앞에서 종전의 변론결과를 진술해야 한다(제204조 제2항). 이를 변론의 갱신이라고 한다. 합의부의 경우 법관 1명이라도 바뀐 경우에는 변론의 갱신절차를 거쳐야 한다. 물론 법관이 바뀐 경우에도 종전에 한 번도 변론이 진행되지 않은 채 기일연기만 계속해 왔다면 변론의 갱신을 할 필요가 없다. 변론의 갱신은 개괄적으로 종전의 변론결과를 진술하는 것으로 충분하다.[1] 변론기일이 진행되는 도중에 법관이 바뀐 경우뿐만 아니라 소송이 이송되거나 항소를 제기하여 법관이 바뀐 경우, 판결이 파기되어 환송이나 이송을 받은 법원에서 사건을 심리하는 경우(제436조 제2항), 재심소송에서 본안에 관하여 심리하는 경우(제455조)에도 변론의 갱신절차를 거쳐야 한다. 그러나 변론준비절차에는 변론의 갱신에 관한 규정(제204조 제2항)이 준용되지 않으므로 변론준비기일이 진행되는 도중에 법관이 바뀌더라도 갱신절차를 거칠 필요가 없다(제286조). 소

1) 종전 변론결과의 진술은 당사자가 사실상 또는 법률상 주장, 정리된 쟁점 및 증거조사 결과의 요지 등을 진술하거나 법원이 당사자에게 해당 사항을 확인하는 방식으로 할 수 있다(민사소송규칙 제55조).

액사건에서도 간이·신속한 처리를 위하여 법관이 바뀌더라도 변론의 갱신 없이 판결할 수 있다(소액사건심판법 제9조 제2항). 또한 판결선고기일에 법관이 바뀐 경우에도 변론을 하는 것이 아니므로 갱신절차를 거칠 필요가 없다.[1] 판례는 변론의 갱신절차를 밟지 않았더라도 당사자가 최종변론기일에서 소송관계를 표명하고 변론을 하였다면 그 위법이 치유된다고 한다.[2]

단독사건의 판사나 합의부 법관의 반수 이상이 변경된 경우에 종전에 신문한 증인에 대하여 당사자가 다시 신문신청을 한 때에는 법원은 그 신문을 해야 하고(제204조 제3항), 증거보전절차에서 신문한 증인을 당사자가 변론에서 다시 신문하고자 신청한 때에도 법원은 그 증인을 신문해야 한다(제384조). 이는 증거조사에서의 직접심리주의를 규정한 것이다. 판례는 당사자가 신청하면 반드시 재신문을 해야 하는 것은 아니며 법원이 소송의 상태에 비추어 재신문이 필요하지 않다고 인정하는 경우에는 재신문을 하지 않을 수 있다고 한다.[3] 직접심리주의의 예외로서 수명법관 등에 의한 증거조사와 외국에 주재하는 대사 등에 촉탁해서 하는 외국에서의 증거조사가 있다. 즉, 법원은 필요한 경우 수명법관이나 수탁판사로 하여금 법원 밖에서 증거조사를 하도록 할 수 있고, 그 결과를 적은 조서를 판결자료로 할 수 있다(제297조). 또한 외국에서 하는 증거조사는 그 나라에 주재하는 우리나라 대사·공사·영사 또는 그 나라의 관할 공공기관에 촉탁하여 시행한다(제296조). 이 한도에서 간접심리주의에 의하고 있다.

### 5. 적시제출주의

적시제출주의란 당사자는 공격방어방법을 소송의 진행 정도에 따라 적절한 시

---

1) 판결선고를 앞두고 법관이 변경된 경우에 변론을 재개하여 변론의 갱신절차를 거쳐야 하지만, 판결내용이 확정된 뒤에 변론에 관여한 법관이 변경된 경우에는 변론의 갱신절차를 거칠 필요 없이 다른 법관이 판결서에 그 사유를 적고 서명·날인하여 판결을 선고한다(제208조 제4항).

2) 대법원 1966. 10. 25. 선고 66다1639 판결.

3) 예를 들면, 종전에 증인을 신문할 당시에는 당사자 사이에 다툼이 있었으나 현재는 당사자 사이에 다툼이 없어서 증명이 필요 없게 된 경우, 다른 증거들에 의하여 심증이 이미 형성되어 새로 심증을 형성할 가능성이 없는 경우, 소송의 완결을 지연하게 할 목적에서 재신문을 신청하는 것으로 인정되는 경우 등에는 재신문을 하지 않을 수 있다고 한다(대법원 1992. 7. 14. 선고 92누2424 판결).

기에 제출해야 한다는 원칙을 말한다(제146조). 적시제출주의는 변론종결에 이르기까지 아무 때나 공격방어방법을 제출할 수 있는 수시제출주의와 공격방어방법의 제출 순서를 정해 놓고 순서를 놓치면 실권되게 하는 법정순서주의의 절충적인 입장이다. 적시제출주의는 당사자에게 재판자료의 제출책임을 인정하는 변론주의에 의하는 소송절차에만 적용되고, 직권탐지주의가 적용되는 절차나 직권조사사항에 대해서는 적용되지 않는다. 민사소송법은 적시제출주의를 실현하기 위하여 공격방어방법의 제출기간 제한, 실기한 공격방어방법이나 석명에 불응한 공격방어방법의 각하 등을 규정하고 있다.

### (1) 공격방어방법의 제출기간 제한

재판장은 당사자 쌍방 또는 일방에 대하여 특정한 사항에 관한 공격방어방법을 제출할 기간, 즉 주장을 하거나 증거를 신청할 기간을 정할 수 있다. 재판장이 이 기간을 정함에 있어서 반드시 당사자의 의견을 들어야 한다(제147조 제1항). 당사자는 정해진 기간이 도과하면 주장을 하거나 증거를 신청할 수 없다. 즉, 재정기간(裁定期間)이 도과하면 자동으로 실권적 효력이 발생한다. 그러나 당사자가 정당한 사유로 그 기간 이내에 제출 또는 신청하지 못하였다는 것을 소명한 경우에는 예외이다(동조 제2항).

### (2) 실기한 공격방어방법의 각하

당사자가 고의 또는 중대한 과실로 공격방어방법을 뒤늦게 제출함으로써 소송의 완결을 지연시키는 때에는 법원은 직권으로 또는 상대방의 신청에 따라 결정으로 이를 각하할 수 있다(제149조 제1항).

#### 1) 각하의 요건

##### (가) 시기에 늦은 공격방어방법의 제출

공격방어방법을 뒤늦게 제출했어야 한다. 주장, 부인, 항변, 증거신청 등 공격방어방법이 각하의 대상이 되고, 반소나 청구의 변경 등과 같은 본안의 신청은 여기서 제외된다. 유일한 증거방법이라고 하여도 각하의 대상이 된다.[1] 시기에 늦었다고 함은 변론의 경과로 보아 이전의 변론에서 제출할 기회가 있었고 이를 기대할 수 있었음에도 제출하지 않은 경우를 말한다. 항소심에서 제출된 공격방어방법이 시기에 늦었는지를 판단할 때에는 항소심만을 기준으로 할 것이 아니라 제1심과 항소심을 통틀어 판단해야 한다. 판례는 제1심에서도 충분히 제출할 수 있었던 공격방어방법을 항소심 변론이 상당히 진행된 이후에 제출한 경우,[1] 증인신문기일이 지정되었음에도 비용을 예납하지 않아 증거채택결정이 취소되고 변론이 종결된 후에 변론재개신청을 하여 기일이 지정되었음에도 불출석하고 다음 기일에 출석하여 취소된 증인신문을 다시 신청한 경우[2] 등은 실기한 공격방어방법으로 보고 있다.

상계항변이나 건물매수청구권의 행사 등은 예비적 항변으로서 원고의 청구가 이유 있음을 전제로 심리하는 것이므로 그 성질상 조기(早期)에 제출할 것을 기대하기 어렵다. 따라서 상계항변이나 건물매수청구권 등은 실기한 공격방어방법에 해당하지 않는 것이 원칙이다.[3] 그러나 상계항변이라도 의도적으로 늦게 제출한 것이 명백하거나 반대채권의 존재가 의심스러워 소송지연의 수단으로 보이는 경우에는 각하할 수 있다.[4] 판례는 환송 전 원심에서 상계항변을 할 수 있었음에도 불구하고 환송 후 원심에 이르러 상계항변을 하면서 상계항변으로 주장하는 반대채권의 존재와 액수에 관한 주장을 하지 않아 반대채권의 존재 자체가 의심스러운 경우에는 실기한 공격방어방법에 해당한다고 한다.[5]

(나) 당사자의 고의 또는 중과실

당사자의 고의 또는 중과실이 있어야 한다. 당사자의 고의 또는 중과실 여부는 당사자의 법률지식의 정도, 공격방어방법의 종류 등을 고려하여 판단해야 한다. 적절한 시기보다 늦게 공격방어방법이 제출된 경우에는 합리적인 이유가 없는 한 중과실이 있는 것으로 추정된다.[6] 판례는 당사자 일방과 제3자 사이의 계약에 대한

---

1) 대법원 1968. 1. 31. 선고 67다2628 판결.
1) 대법원 1962. 4. 4. 선고 4294민상1122 판결; 2014. 5. 29. 선고 2011두25876 판결.
2) 대법원 1968. 1. 31. 선고 67다2628 제3부 판결.
3) 대법원 2002. 5. 31. 선고 2001다42080 판결.
4) 김홍엽, 424면; 이시윤, 354면.
5) 대법원 2005. 10. 7. 선고 2003다44387,44394 판결.
6) 강현중, 282면.

취소권은 이를 행사하면 당사자들 이외에 제3자에게까지 분쟁이 확대될 것으로 예상되어 그 행사에 신중을 기할 수밖에 없고, 동일한 쟁점에 관한 대법원판결이 선고되자 그 판결의 취지에 따라 취소권을 행사하게 된 것이라면, 비록 항소심 제2회 변론기일에 이르러 취소권을 행사하였다고 하더라도 고의 또는 중과실로 시기에 늦게 제출한 것으로 보기 어렵다고 한다.[1]

(다) 소송완결의 지연

공격방어방법을 심리하면 각하할 때보다 소송완결이 지연되어야 한다. 고의 또는 중대한 과실로 공격방어방법을 늦게 제출하였더라도 소송의 완결을 지연시키는 것이 아니라면 실기한 공격방어방법으로 각하할 수 없다. 법률상 주장 또는 해당 기일에 즉시 조사할 수 있는 증거신청 등은 별도의 증거조사가 불필요하고 소송의 완결을 지연시키지 않으므로 실기한 공격방어방법이라고 할 수 없다. 예를 들어, 원고가 농지매매증명을 얻지 못했다는 피고의 항변은 법률상 주장으로서 별도의 증거조사를 필요로 하지 않으므로 실기한 공격방어방법이 아니다.[2] 또한 실기한 공격방어방법이라고 하여도 이미 그 공격방어방법에 대한 증거조사가 마쳐진 경우, 별도로 심리하거나 증거조사를 해야 할 사항이 남아 있어 어차피 기일의 속행이 필요하고 그 속행기일에서 공격방어방법의 심리도 마칠 수 있거나 공격방어방법의 내용이 이미 심리를 마친 소송자료 안에 포함되어 있는 경우에는 소송의 완결을 지연시킨다고 볼 수 없어 각하할 수 없다.[3]

2) 각하의 절차

실기한 공격방어방법의 각하는 법원이 직권으로 또는 상대방의 신청에 따라 결정으로 한다(제149조 제1항). 독립된 결정으로 할 수 있을 뿐만 아니라 종국판결의 이유 중에서 판단하는 방식에 의할 수도 있다.[4] 각하결정은 중간적 재판이므로 이에 대해서는 독립하여 항고할 수 없고 종국판결에 대한 상소와 함께 불복해야 한

1) 대법원 2006. 3. 10. 선고 2005다46363 판결.
2) 대법원 1992. 10. 27. 선고 92다28921 판결.
3) 대법원 2014. 5. 29. 선고 2011두25876 판결; 2003. 4. 25. 선고 2003두988 판결.
4) 대법원 2014. 5. 29. 선고 2011두25876 판결; 2003. 4. 25. 선고 2003두988 판결.

다. 그러나 당사자의 각하신청을 배척하는 결정에 대해서는 불복할 수 없다. 당사자의 각하신청은 법원의 소송지휘권 행사라는 직권발동을 촉구하는 의미를 갖는데 불과하기 때문이다. 각하 여부는 법원의 재량에 속한다. 따라서 각하 요건이 갖추어졌더라도 반드시 각하를 해야 하는 것은 아니다. 시기에 늦은 공격방어방법이 각하되지 않는 경우에 그로 인하여 소송을 지연시킨 당사자는 승소에 불구하고 증가된 소송비용을 부담할 수 있다(제100조).

#### (3) 석명에 불응한 공격방어방법의 각하

당사자가 제출한 공격방어방법의 취지가 분명하지 않은 경우에 법원이 석명권을 행사하거나 석명처분을 하였음에도 당사자가 필요한 설명을 하지 않거나 설명할 기일에 출석하지 않은 때에는 법원은 직권으로 또는 상대방의 신청에 따라 결정으로 이를 각하할 수 있다(제149조 제2항).

#### (4) 기타

피고는 소장부본을 송달받은 날로부터 30일 이내에 답변서를 제출해야 하고(제256조 제1항), 임의관할 위반(제30조)이나 소송비용의 담보제공(제118조) 또는 중재합의의 존재(중재법 제9조 제2항) 등 항변은 본안에 관한 변론 전까지 제출해야 한다. 또한 변론준비기일에 제출하지 않은 공격방어방법은 변론에 제출할 수 없는 것이 원칙이며(제285조), 상고이유서 제출기간이 지난 뒤에는 새로운 상고이유의 제출이 허용되지 않는다(제427조, 제431조).

### 6. 집중심리주의

집중심리주의란 하나의 사건에 관하여 집중적인 변론과 증거조사를 실시하는 심리방식을 말한다. 여러 사건을 병행하여 변론하고 증거조사를 하는 병행심리주의에 대응한 방식이다. 집중심리주의는 쟁점이 복잡한 사건에서 그 필요성이 더욱 커진다. 변론은 집중되어야 하고(제272조 전단), 증인신문과 당사자신문은 당사자의 주장과 증거를 정리한 뒤 집중적으로 해야 한다(제293조). 재판장은 쟁점이 복잡한 사건에 대하여 필요하다고 인정하면 변론준비절차에 부칠 수 있는데, 법원은 변론준비절차를 마친 경우 첫 변론기일을 거친 뒤 바로 변론을 종결할 수 있도록 해야 하고(제287조 제1항), 만일 그 심리에 2일 이상이 소요되는 때에는 가능한 한 종결에 이르기까지 매일 변론을 진행해야 한다(민사소송규칙 제72조 제1항).

## 제 2 절 변론의 준비 및 실시

### Ⅰ. 변론의 준비

변론이 신속하고 원활하게 진행되기 위해서는 변론의 사전 준비가 필요하다. 변론의 준비를 위하여 당사자는 준비서면을 제출하고, 법원은 필요한 경우 변론준비절차를 열어 미리 쟁점 및 증거를 정리할 수 있다.

#### 1. 준비서면

##### (1) 의의

준비서면이란 당사자가 변론기일 또는 변론준비기일에서 구술로 하고자 하는 사실상 또는 법률상 사항을 기일 전에 예고적으로 기재하여 법원에 내는 서면을 말한다(제272조 제1항). 준비서면은 변론의 예고에 불과하기 때문에 이를 제출하는 것만으로는 소송자료가 되지 못하며, 변론에서 당사자가 준비서면에 기재된 내용을 진술한 때에 비로소 소송자료가 된다. 준비서면에는 공격방어방법에 관한 진술, 상대방의 청구와 공격방어방법에 대한 진술, 증거신청 등을 기재하고 당사자 또는 대리인이 기명날인 또는 서명한다(제274조 제1항). 당사자가 가지고 있는 문서로서 준비서면에서 인용한 것은 그 등본 또는 사본을 준비서면에 첨부해야 하고(제275조

제1항), 상대방이 요구하면 그 원본을 보여주어야 한다(동조 제3항). 합의부사건에서는 준비서면의 제출이 필수적이지만, 단독사건에서는 제출하지 않을 수 있다(제272조 제2항). 그러나 단독사건에서도 준비서면을 제출하는 것이 일반적이다.

### (2) 준비서면 부제출의 효과

준비서면을 제출하지 않는 경우에는 다음과 같은 효과가 발생한다.

#### 1) 무변론판결

준비서면의 일종인 답변서를 피고가 소장부본을 송달받은 날로부터 30일 이내에 제출하지 않는 경우에는 변론 없이 피고패소판결을 선고받을 수 있다(제257조 제1항).

#### 2) 예고 없는 사실 주장의 금지

준비서면에 적지 않은 사실은 상대방이 출석하지 않은 때에는 변론에서 주장하지 못한다(제276조 본문). 다만, 단독사건에서는 준비서면의 제출이 요구되지 않으므로 예외이다(동조 단서). 그러나 상대방이 충분히 예상할 수 있는 사실은 이를 허용하여도 상대방의 절차권을 침해하지 않으므로 주장이 금지되는 사실에 포함되지 않는다. 예를 들어, 상대방의 주장사실에 대한 부인이나 부지의 진술 등이 그것이다.

주장이 금지되는 사실에는 주요사실과 간접사실이 포함됨은 물론이지만, 증거신청도 포함되는지 논란이 있다. 증거신청 가운데 상대방이 충분히 예상할 수 있는 증거신청은 절차의 촉진을 위하여 허용함이 타당할 것이다.[1] 또한 여기의 주장은 사실상의 주장을 말하므로 법률상의 진술은 포함되지 않는다. 따라서 법률상 진술은 준비서면에 적지 않았더라도 주장할 수 있다. 준비서면에 적지 않은 사실을 주장하기 위해서는 다시 기일을 지정하여 그때까지 준비서면을 제출해야 한다. 상대방이 출석한 경우에는 준비서면에 적지 않은 사실도 주장할 수 있으나, 그로 인하여 소송이 지연되는 때에는 승소한 경우에도 소송비용부담의 재판을 받을 수

---

1) 김홍엽, 432면 및 433면; 이시윤, 371면; 정동윤·유병현, 391면.

있다(제100조).

#### 3) 변론준비절차의 종결

변론준비절차에서 당사자가 법원이 정한 기간 내에 준비서면을 제출하지 않은 경우에는 상당한 이유가 없는 한 변론준비절차가 종결된다(제284조 제1항 제2호).

#### 4) 재정기간과 실권적 효력

재판장이 기간을 정하여 특정한 사항에 관한 주장을 기재한 준비서면의 제출을 명한 경우에 당사자가 이 기간을 넘긴 때에는 정당한 사유가 있음을 소명하지 않는 한 더 이상 그 주장을 할 수 없다(제147조 제2항).[1]

### (3) 준비서면 제출의 효과

준비서면을 미리 제출한 경우에는 다음과 같은 효과가 발생한다.

#### 1) 자백간주

준비서면을 제출하여 상대방에게 송달되었음에도 상대방이 준비서면을 제출하지 않은 채 불출석한 경우에는 준비서면에 기재된 사항에 대하여 상대방이 자백한 것으로 간주된다(제150조 제3항 본문). 다만, 상대방이 공시송달의 방법으로 기일통지서를 송달받고 불출석한 경우에는 자백간주의 효과가 발생하지 않는다(동조 단서).

#### 2) 진술간주

당사자가 준비서면을 제출하고 변론기일에 불출석한 경우에 준비서면에 기재된 사항을 진술한 것으로 간주할 수 있다(제148조 제1항). 준비서면을 제출한 사람이 불출석한 경우에 진술간주를 할지 여부는 법원의 재량이지만, 출석한 당사자만으로 변론을 진행할 때에는 반드시 진술간주를 해야 한다.

---

1) 정동윤·유병현, 392면.

### 3) 실권효의 배제

변론준비기일에 제출하지 않은 공격방어방법은 변론에서 제출할 수 없으나, 변론준비절차 전에 제출한 준비서면에 적힌 사항은 실권되지 않고 변론에서 주장할 수 있다(제285조 제3항).

### 4) 소취하 등에 대한 동의

피고가 본안에 관하여 준비서면을 제출한 후에는 원고가 소를 취하하려면 피고의 동의를 얻어야 하고(제266조 제2항), 피고를 경정하는 경우에도 종전 피고의 동의를 얻어야 한다(제260조 제1항 단서).

## 2. 변론준비절차

### (1) 의의

변론준비절차란 변론절차에 앞서 변론이 효율적이고 집중적으로 실시될 수 있도록 당사자의 주장과 증거를 정리하여 소송관계를 뚜렷하게 하는 절차이다(제279조). 그러나 변론준비절차는 변론에 앞선 절차이지 변론절차의 일부가 아니다. 따라서 변론준비절차에서 수집된 소송자료와 증거자료는 변론에서 진술되거나 변론에 상정되어야 심판의 자료가 된다. 모든 사건을 변론준비절차에 부쳐야 하는 것은 아니며 재판장이 효율적인 변론의 진행을 위하여 주장과 증거를 정리할 필요가 있다고 인정하는 경우에 변론준비절차를 부칠 수 있다. 특별한 사정이 있는 때에는 변론기일을 연 뒤에도 사건을 변론준비절차에 부칠 수 있다(제279조 제2항).

### (2) 변론준비절차의 진행

변론준비절차의 진행은 재판장이 담당한다(제280조 제1항). 재판장은 필요한 경우 수명법관에게 변론준비절차를 담당하게 하거나 다른 판사에게 변론준비절차의 진행을 촉탁할 수 있다(동조 제2항 및 제3항). 변론준비절차에서도 쟁점정리를 위하여 필요한 경우에는 증거 채택 여부를 결정할 수 있고(제281조 제1항), 당사자의 주장과 증거를 정리하기 위하여 필요한 범위 내에서 증거조사를 할 수 있다(동조 제3항 본문). 그러나 변론준비절차에서는 증인신문과 당사자신문은 원칙적으로 허용되지 않는다. 다만, 변론절차에서 증인신문이 어렵거나 그 밖의 상당한 이유가 있는 경우로서 당사자가 이의를 제기하지 않는 때에는 예외적으로 가능하다(동항 단서 및 제313조).

사건이 변론준비절차에 부쳐지면, 먼저 서면방식에 의한 준비절차를 진행한다. 당사자로 하여금 준비서면 그 밖의 서류를 제출하게 하거나 당사자 사이에 이를 교환하게 하고 주장사실을 증명할 증거를 신청하게 하는 방법으로 진행한다(제280조 제1항). 당사자가 이 기간 내에 준비서면 등을 제출하지 않거나 증거신청을 하지 않는 경우에는 상당한 이유가 없는 한 변론준비절차를 종결해야 한다(제284조 제1항). 변론준비절차를 진행하는 동안에 좀더 주장 및 증거의 정리를 위하여 필요하다고 인정하는 때에는 변론준비기일을 지정한다(제282조 제1항). 사건이 변론준비절차에 부쳐진 뒤 변론준비기일이 지정됨이 없이 4개월이 지난 경우에는 재판장은 즉시 변론준비기일을 지정하거나 변론준비절차를 끝내야 한다(동조 제2항). 변론준비기일에서는 변론절차의 기일진행에 대하여 협의할 수 있고, 화해를 권고하거나 화해권고결정을 할 수도 있다(제286조 및 제145조, 제225조).

변론준비기일은 비공개로 준비절차실 또는 심문실에서 자유롭게 진행한다. 변론준비기일에서는 당사자가 말로 변론의 준비에 필요한 주장과 증거를 정리하여 진술하거나, 법원이 당사자에게 말로 해당 사항을 확인하여 정리해야 한다(민사소송규칙 제70조의2). 변론준비기일에 당사자가 불출석한 경우 변론기일에서의 당사자 불출석에 관한 법리가 준용된다. 그리하여 한쪽 당사자가 불출석하면 진술간주와 자백간주의 효과가 발생하고(제286조 및 제148조), 양쪽 당사자가 2회 불출석하면 소취하간주의 효과가 발생한다(제286조 및 제268조). 그러나 준비서면으로 예고하지 않은 사실의 주장을 금지하는 제276조는 변론준비절차에는 준용되지 않는다(제286조). 변론준비기일은 그 자체가 변론의 준비를 위한 것이기 때문이다. 따라서 변론준비기일에서는 상대방이 불출석한 때에도 준비서면에 적혀 있지 않은 사항을 진술할 수 있다.[1)]

### (3) 변론준비절차의 종결

변론준비절차에서 주장 및 증거가 정리된 경우 변론준비절차를 종결한다. 또한 사건을 변론준비절차에 부친 뒤 6개월이 지난 경우, 당사자가 기간 내에 준비서면 등을 제출하지 않거나 증거신청을 하지 않는 경우 또는 변론준비기일에 당사자가 출석하지 않는 경우에도 변론준비절차를 종결해야 한다(제284조 제1항 본문). 다만, 변론의 준비를 계속해야 할 상당한 이유가 있으면 종결하지 않고 진행할 수 있다(동항 단서). 변론준비절차를 종결하는 경우 재판장은 변론기일을 미리 지정할 수 있다(동조 제2항).

#### 1) 실권효

변론준비기일을 연 경우 그 기일에 제출하지 않은 공격방어방법은 그 뒤 변론에서 제출하지 못한다(제285조 제1항). 그러나 직권조사사항, 제출하여도 현저하게 소송을 지연시키지 않는 사항, 중대한 과실 없이 변론준비절차에서 제출하지 못하였음을 소명한 사항, 소장 또는 변론준비절차 전에 제출한 준비서면에 적힌 사항 등은 예외이다(동조 제1항 및 제3항).

#### 2) 변론준비절차 이후의 변론의 운영

법원은 변론준비절차를 마친 경우에는 첫 변론기일을 거친 뒤 바로 변론을 종결할 수 있도록 해야 하고, 당사자는 이에 협력해야 한다(제287조 제1항). 변론준비기일을 거친 경우에는 당사자는 변론기일에서 변론준비기일의 결과를 진술해야 한다(동조 제2항). 법원은 변론기일에 변론준비절차에서 정리된 결과에 따라서 바로 증거조사를 해야 한다(동조 제3항).

---

1) 김홍엽, 433면.

## Ⅱ. 변론의 실시

피고가 답변서를 제출하거나 변론준비절차가 종결되면 바로 변론기일을 지정하여 변론에 들어간다(제258조). 변론은 원고의 본안신청으로 시작되고, 피고의 반대신청, 주장, 증거신청 등으로 이어진다.

### 1. 변론의 내용

#### (1) 본안의 신청과 반대신청

변론은 먼저 원고가 소장에 기재된 청구취지에 따라 특정한 내용의 판결을 구하는 뜻의 진술을 함으로써 시작된다. 이는 본안재판의 대상과 내용에 관계되는 신청이므로 본안의 신청이라고 한다. 피고는 원고의 본안신청에 대응하여 소각하 또는 청구기각의 판결을 구하는 신청, 즉 반대신청을 하게 된다.

#### (2) 공격방어방법의 제출

원고와 피고가 각자의 신청, 즉 본안의 신청 또는 반대신청을 정당화하기 위하여 제출하는 재판자료를 통틀어 공격방어방법이라고 한다. 즉, 원고는 자기의 청구를 이유 있게 하기 위하여 그리고 피고는 원고의 청구를 배척하기 위하여 재판자료를 제출하는데, 이렇게 제출하는 재판자료를 공격방어방법이라고 한다. 공격방어방법에는 법률상 주장, 사실상 주장, 부인 및 증거신청 등이 있다. 법률상 주장은 법규의 존부·내용 또는 그 해석·적용에 관한 당사자의 의견을 진술하는 것을 말하는데, 좁게는 구체적인 권리관계의 존부에 대한 자신의 판단을 진술하는 것을 말한다. 법률상 주장에는 변론주의가 적용되지 않는다. 그리하여 법률상 주장을 상대방이 다투지 않더라도 법원을 구속하지 못한다. 법률상 주장에 대한 자백을 권리자백이라고 하는데, 자백으로서의 구속력이 발생하지 않으므로 법원은 이와 다른 판단을 할 수 있다. 다만, 소송물인 권리관계 자체에 대한 법률상 주장을 다투지 않는 경우에는 청구의 포기·인낙이 되어 구속력이 인정된다(제220조).

사실상의 주장이란 구체적 사실의 존부에 대한 당사자의 지식이나 인식의 진술을 말한다. 당사자가 주장하는 사실에는 주요사실, 간접사실, 보조사실이 모두 포함된다. 당사자는 사실상 주장을 하였더라도 사실심 변론종결시까지 이를 철회하거나 정정할 수 있다. 다만, 자백이 성립한 경우에는 취소요건을 갖추지 않는 한 취소가 허용되지 않는다. 사실상 주장에는 조건이나 기한을 붙일 수 없다. 다만, 주위적 주장이 배척될 때를 대비하여 하는 예비적 주장은 절차의 안정을 해칠 염려가 없으므로 허용된다. 당사자의 사실상 주장에 대한 상대방의 답변태도에는 부인(否認), 부지(不知), 자백, 침묵이 있다. 부지는 부인으로 추정하고(제150조 제2항), 침묵은 변론 전체의 취지로 보아 다툰 것으로 인정될 경우를 제외하고는 자백한 것으로 간주된다(동조 제1항). 사실상의 주장 가운데 주요사실에 대해서는 변론주의가 적용된다. 따라서 자백한 사실은 증거를 필요로 하지 않으며 그대로 판결의 기초로 삼아야 하고, 부인이나 부지로 답변한 사실은 증거신청을 통하여 증명해야 한다.

### (3) 부인과 항변

#### 1) 부인

부인은 상대방의 주장사실을 부정하는 진술이다. 부인에는 상대방의 주장을 진실이 아니라고 소극적으로 부정하는 직접부인(단순부인)과 상대방의 주장과 양립할 수 없는 별개의 사실을 적극적으로 주장하여 부정하는 간접부인(적극부인)이 있다. 예를 들어, 원고의 “금전을 대여하였다.”라는 주장에 대하여 “그런 사실이 없다.”라는 진술은 직접부인 또는 단순부인이고, “금전을 받았으나, 빌린 것이 아니고 증여로 받은 것이다.”라는 진술은 간접부인 또는 적극부인에 해당한다.[1] 금전의 차용사실과 증여사실은 양립할 수 없는 사실이다.

#### 2) 항변

피고가 원고의 청구를 배척하기 위하여 소송상 또는 실체상 이유를 들어 적극적인 방어를 하는 것을 널리 항변이라고 한다. 항변에는 소송절차에 관한 항변인

---

1) 이시윤, 389면.

소송상 항변과 실체법상 효과에 관한 항변인 본안의 항변이 있다. 소송상 항변에는 소송요건의 흠결이 있어 소송이 부적법하다는 본안전 항변과 상대방의 증거신청에 대하여 각하를 구하거나 증거력이 없다고 하여 증거조사결과를 채택하지 말아 달라는 진술인 증거항변이 있다. 소송요건은 대부분 법원의 직권조사사항이므로 본안전 항변은 엄밀한 의미의 항변이 아니라 법원의 직권발동을 촉구하는 의미밖에 없다. 그러나 소송비용의 담보제공, 중재합의 등의 항변은 예외적으로 피고의 주장을 기다려 고려하므로 진정한 의미의 항변이라고 할 수 있다.

본안의 항변은 실체법상 효과에 관한 항변으로서, 원고의 청구를 배척하기 위하여 원고의 주장사실이 진실임을 전제로 이와 양립할 수 있는 별개의 사실을 주장하는 것을 말한다. 예를 들어, 원고의 "금전을 대여하였다."라는 주장에 대하여 "금전을 차용했으나, 변제하였다.", "금전을 차용했으나, 소멸시효가 완성되었다." 라는 주장이 여기에 해당한다. 금전의 차용사실과 변제사실 또는 소멸시효의 완성사실은 양립할 수 있는 사실이다. 본안의 항변은 그 주장의 형태에 따라 제한부자백과 가정항변으로 나누어진다. 전자는 원고의 주장사실을 확정적으로 인정하면서 양립가능한 별개의 사실을 진술하는 것이고, 후자는 원고의 주장사실을 일응 다투면서 예비적으로 항변하는 경우이다. 예를 들어, 원고의 "금전을 대여하였다."라는 주장에 대하여, "금전을 차용했으나, 변제하였다."라는 항변은 전자에 해당하고, "가사 금전을 차용했다고 하여도 변제하였다."라는 항변은 후자에 해당한다.

본안의 항변은 권리근거규정의 반대규정의 성질에 따라 권리장애사실의 항변, 권리소멸사실의 항변, 권리저지사실의 항변으로 나누어진다. 권리장애사실은 권리근거규정에 기한 권리의 발생을 애당초부터 방해하는 권리장애규정의 요건사실로서 선량한 풍속 기타 사회질서 위반, 불공정 법률행위, 통정허위표시, 원시적 이행불능 등의 무효사유가 여기에 해당한다. 권리소멸사실은 권리근거규정에 기하여 일단 발생한 권리를 소멸시키는 권리소멸규정의 요건사실로서 변제 등 채권의 소멸원인, 소멸시효의 완성, 계약의 해제·해지, 취소권이나 상계권의 행사 등의 사실이 여기에 해당한다. 권리저지사실은 권리근거규정에 기하여 이미 발생한 권리의 행사를 저지시키는 권리저지규정의 요건사실로서 유치권의 항변, 보증인의 최고·검색의 항변, 동시이행항변, 정지조건부 법률행위라는 주장 등이 여기에 해당한다.

### 3) 부인과 항변의 구별

부인과 항변, 특히 간접부인과 본안의 항변은 모두 상대방의 주장사실을 배척하는 진술이지만, 상대방의 주장사실과 양립할 수 있는지 여부에 따라 구별된다. 상대방 주장사실과 양립할 수 없는 사실을 주장하는 것은 부인이고, 상대방 주장사실이 진실임을 전제로 이와 양립할 수 있는 사실을 주장하는 것은 항변이다. 예를 들어, 원고가 채권을 양도받았음을 주장하며 양수금의 지급을 청구한 데 대하여 피고가 채권양도가 정지조건부 법률행위라는 진술은 항변에 해당하고, 이에 대하여 정지조건부 법률행위가 아니라는 원고의 진술은 부인에 해당하나 정지조건이 성취되었다는 원고의 진술은 재항변에 해당한다.

부인의 경우 부인당한 사실에 대하여 상대방이 증명책임을 부담하지만, 항변의 경우에는 항변을 한 사람이 항변사실에 대하여 증명책임을 부담한다. 예를 들어, 위의 사례에서 원고가 정지조건부 법률행위가 아니라고 부인한 경우 정지조건부 법률행위라는 사실은 피고가 증명해야 하지만,[1] 원고가 정지조건이 성취되었다는 재항변을 한 경우에는 피고가 정지조건부 법률행위라는 사실을 증명할 필요는 없으며, 정지조건이 성취되었다는 사실을 원고가 증명해야 한다.[2] 한편 부인에 대해서는 판결이유에서 이를 판단할 필요가 없으나, 항변의 경우에는 이유가 없다면 판결이유에서 항변을 배척하는 판단을 해야 하고, 이러한 판단을 하지 않으면 판단누락의 위법이 있게 된다.[3]

**사례 부인과 항변**

A는 B를 상대로 대여금의 지급을 구하는 소를 제기하였다. 만일 B가 아래와 같이 주장을 하였다면, 이 경우 증명책임에 관하여 설명하시오.

**① 원고 주장과 같이 금전을 차용한 사실이 없다.**

이는 상대방의 주장을 진실이 아니라고 소극적으로 부인하는 경우에 해당한다. 이를

1) 대법원 1993. 9. 28. 선고 93다20832 판결.
2) 대법원 1983. 4. 12. 선고 81다카692 판결.
3) 김홍엽, 453면.

직접부인 또는 단순부인이라고 한다. 부인당한 사실에 대한 증명책임은 그 사실을 주장하는 사람에게 있으므로 금전차용사실에 대한 증명책임은 원고인 A에게 있다.

② 원고로부터 금전을 받았으나 빌린 것이 아니고 증여받은 것이다.

이는 상대방의 주장과 양립할 수 없는 사실을 적극적으로 주장하여 부인하는 경우이다. 이를 간접부인 또는 적극부인이라고 한다. 적극부인에서도 부인당한 사실에 대한 증명책임은 그 사실을 주장하는 사람에게 있으므로 금전차용사실에 대한 증명책임은 A에게 있다.

③ 원고로부터 금전을 차용하였으나 변제하였다.

이는 항변에 해당한다. 항변이란 상대방의 주장사실에 따른 법률효과의 발생을 방해·소멸·저지시키기 위하여 상대방 주장사실과 양립할 수 있는 사실을 주장하는 것을 말한다. 항변의 경우에는 항변을 한 사람이 항변사실에 대하여 증명책임을 부담하므로 B가 변제사실에 대한 증명책임을 진다.

④ 가사 원고로부터 금전을 차용하였더라도 시효소멸하였다.

이는 예비적 항변에 해당한다. 피고의 다른 항변이 이유 없을 때 최종적으로 판단한다. 예비적 항변에서도 항변을 한 사람이 항변사실에 대하여 증명책임을 부담하므로 B가 소멸시효의 완성에 대한 증명책임을 진다.

### (4) 소송상 형성권의 행사

계약의 해제·해지권이나 상계권 등 사법상 형성권에 기한 항변에는 소송 외에서 일단 행사한 뒤 그 사법상의 효과를 진술하는 경우도 있으나 소송상으로 형성권을 행사하는 동시에 항변하는 경우가 있다. 후자와 같이 소송상 공격방어방법으로 형성권을 행사하는 경우에 그 법적 성질을 어떻게 볼 것인지, 만일 소송이 취하·각하되거나 실기한 공격방어방법으로 각하된다면 사법상 형성권 행사의 효과가 어떻게 되는지에 관하여 논란이 있다. 주로 소송상 상계의 항변과 관련하여 문제가 되고 있다.

소송상 공격방어방법으로 사법상 형성권을 행사한 경우 형성권의 행사라는 상대방에 대한 사법상의 의사표시(실체법상 법률행위)와 그러한 의사표시가 있었다는 것의 법원에 대한 사실상의 진술(소송행위)이라는 두 가지 행위가 병존하고 있으므로 각각 실체법과 소송법에 의하여 그 요건과 효과가 규율되어야 할 것이다. 따라서 해당 소송이 취하·각하되거나 실기한 공격방어방법으로 각하되더라도 이러한 소송법상 사유와 상관없이 그 사법상 효과는 유효하다고 할 것이다.

그러나 상계권을 소송상 행사한 경우에도 각각 실체법과 소송법에 의하여 그 효과가 별개로 규율된다고 이해하면 상계의 항변이 실기한 공격방어방법으로 부적법 각하된 경우 소구채권은 상계가 없었던 것으로 되나 반대채권은 사법상 상계의 효과로서 소멸하게 되므로 이후 피고는 반대채권을 받을 수 없다는 불합리한 결론에 이르게 된다. 따라서 상계권을 소송상 행사한 경우에는 예외를 인정하여 해당 소송이 취하·각하되거나 실기한 공격방어방법으로 각하됨으로써 법원에 의한 실체적인 판단을 받지 못한 경우에는 사법상 효과도 발생하지 않는 것으로 이해함이 타당하다(신병존설). 판례도 소장의 송달에 의하여 계약해제권을 행사한 후 소송을 취하해도 그 계약해제의 효력에는 아무런 영향을 미치지 않는다고 하면서,[1] 다만 소송상 상계항변은 해당 소송에서 수동채권의 존재 등 상계에 관한 법원의 실질적 판단이 이루어지는 경우에 비로소 실체법상 상계의 효과가 생긴다고 한다.[2]

### (5) 소송상 합의

소송상 합의란 현재 계속 중이거나 장래 계속될 특정의 소송에 대하여 어떠한 법적 효과의 발생을 목적으로 하는 당사자 사이의 합의를 말한다. 소송상 합의 가운데 대표적인 것으로 부제소합의와 소취하합의가 있다. 특정한 권리 또는 법률관계에 대하여 법원에 소를 제기하지 않겠다는 당사자 사이의 합의를 부제소합의라고 하고,[3] 현재 계속 중인 소송을 취하하기로 하는 당사자 사이의 합의를 소취하합의라고 한다.

---

1) 대법원 1982. 5. 11. 선고 80다916 판결.

2) 대법원 2014. 6. 12. 선고 2013다95964 판결.

3) 부제소합의는 헌법상 보장된 재판청구권을 포기하는 것과 같은 중대한 소송법상 효과를 발생시키는 것이므로 권리의무의 주체인 당사자 사이에서 체결된 부제소합의라도 그 당사자가 처분할 수 있는 특정한 법률관계에 관한 것으로서 그 합의 당시 각 당사자가 예상할 수 있는 상황에 관한 것이어야 유효하다(대법원 2023. 2. 2. 선고 2018다261773 판결; 2019. 8. 14. 선고 2017다217151 판결; 2013. 11. 28. 선고 2011다80449 판결; 2002. 2. 22. 선고 2000다65086 판결 등).

소송상 합의는 그 합의한 내용에 따라 일정한 작위 또는 부작위의무를 발생시키는 사법상 계약으로서의 성질을 갖는다. 다만, 소송상 합의에 따른 의무불이행이 있는 경우에 별개의 소송으로 그 이행을 청구할 수는 없으며, 해당 소송에서 소송상 합의의 존재를 항변으로 주장할 수 있을 뿐이다(항변권발생설). 따라서 부제소합의 또는 소취하합의를 하였음에도 원고가 소를 제기하거나 소를 계속 유지하는 경우 피고가 합의의 존재를 항변으로 주장하여 입증하면, 법원은 권리보호의 이익이 없음을 들어 소각하의 소송판결을 하게 된다.

판례는 사법상 소취하합의를 위반하였다고 소송으로 그 취하를 청구하는 것은 허용되지 않으며,[1] 소송당사자가 소송 외에서 소취하합의를 한 경우 원고의 소는 권리보호의 이익이 없어 각하되어야 한다고 한다.[2] 그런데 판례는 부제소합의에 위반하여 제기한 소는 권리보호의 이익이 없어 부적법하다고 하면서,[3] 부제소합의는 직권조사사항이므로 당사자의 항변이 없어도 법원이 직권으로 조사하여 판단할 수 있다고 한다. 다만, 부제소합의가 당사자들 사이에 쟁점이 되지 않았다면, 법원은 사전에 당사자에게 의견진술의 기회를 주어야 하고, 그러한 기회를 주지 않고 직권으로 부제소합의를 인정하여 소송을 각하하는 것은 석명의무를 위반한 위법한 판결이라고 한다.[4]

## 2. 변론의 경과

### (1) 변론의 개시

변론은 미리 재판장이 지정하여 당사자에게 통지한 기일에 공개법정에서 열린다. 기일은 직권으로 또는 당사자의 신청에 의하여 재판장이 지정한다(제165조 제1항). 사건과 당사자의 이름을 부름으로써 기일이 개시되며(제169조), 재판장의 지휘하에 변론이 진행된다(제135조 제1항). 변론은 여러 차례의 기일에 걸쳐 행해지더라

1) 대법원 1966. 5. 31. 선고 66다564 판결.
2) 대법원 1982. 3. 9. 선고 81다1312 판결.
3) 대법원 1992. 3. 10. 선고 92다589 판결.
4) 대법원 2013. 11. 28. 선고 2011다80449 판결.

도 하나의 기일에 동시에 행해진 것과 같이 취급된다. 이를 변론의 일체성이라고 한다. 그리하여 법관이 갱신된 경우 이외에는 이전의 변론의 결과를 되풀이 진술할 필요가 없으며, 어느 시기의 변론이라도 소송자료로서 동일한 효력을 갖는다.

### (2) 변론의 정리

법원은 소송심리를 정리하기 위하여 변론의 제한, 분리 또는 병합을 명하거나, 그 명령을 취소할 수 있다(제141조). 변론의 제한, 분리 또는 병합은 법원의 소송지휘권에 속하는 행위로서 직권으로 한다.

#### 1) 변론의 제한

변론의 제한은 하나의 소송절차에 여러 개의 청구가 병합되거나 여러 개의 독립한 공격방어방법이 제출되어 쟁점이 복잡할 경우 이를 정리하기 위하여 변론의 대상을 한정하는 것을 말한다. 예를 들어, 본안전 항변에 관한 증거조사에 한정하거나, 손해배상에 있어서 배상책임원인으로 변론을 제한하는 것 등이 여기에 해당한다.[1)]

#### 2) 변론의 분리

변론의 분리는 하나의 소송절차에 여러 개의 청구가 병합된 경우에 그 중 어느 청구에 대하여 별개의 소송절차로 심리하는 것을 말한다. 여러 개의 청구 중 어느 청구가 다른 청구와 관련성이 없거나 먼저 판결하기에 성숙한 경우에 소송관계의 단순화 또는 심리의 효율성을 도모하기 위하여 변론의 분리를 할 수 있다. 그러나 필수적 공동소송, 독립당사자참가소송, 예비적·선택적 공동소송이나 예비적·선택적 병합 등의 경우에는 후술하는 바와 같이 합일확정의 요청으로 인하여 변론의 분리가 허용되지 않는다. 변론이 분리되어도 관할에는 영향이 없고(제33조), 분리 전의 증거자료는 분리 후에도 양 소송절차의 증거자료가 된다.[2)]

---

1) 김홍엽, 476면 및 477면; 이시윤, 403면 및 404면.
2) 김홍엽, 477면; 이시윤, 404면.

### 3) 변론의 병합

변론의 병합이란 법원에 별개로 계속되어 있는 여러 개의 소송을 하나의 소송절차에서 심리하는 것을 말한다. 변론의 병합은 법원의 직권에 의한다는 점에서 당사자의 신청에 의하는 청구의 병합과 구별되고, 여러 개의 사건을 하나의 소송절차에 병합하는 것이라는 점에서 단지 심리만을 동시에 진행하는 변론의 병행과 구별된다. 변론이 병합되면 여러 개의 소송이 하나의 공동소송 또는 청구의 병합으로 묶이게 된다. 따라서 하나의 소송절차로 묶인 여러 개의 청구 또는 공동소송인 사이에는 청구병합의 요건(제253조), 공동소송의 주관적 요건(제65조)을 갖추어야 한다.

변론이 병합되더라도 당초 소송 제기시의 관할이 변경되지 않는다. 판례는 변론이 병합된 경우에는 원고가 청구를 병합한 경우와는 달리 관할의 유무는 소송제기 당시를 표준으로 해야 하므로 병합된 각 청구의 소가를 합산한 금액을 표준으로 할 것은 아니라고 한다.[1] 병합 전 각 사건의 증거조사의 결과는 병합 후 소송의 증거자료가 된다. 다만, 병합 전 각 사건의 당사자가 다른 경우에는 종전 증거조사에 참여하지 않은 당사자의 절차보장을 위하여 원용이 필요하다고 할 것이다. 원용은 묵시적 의사표시로도 족하다.[2]

### (3) 변론의 재개

법원은 종결된 변론을 재개할 수 있다(제142조). 변론재개결정을 하는 때에는 재판장은 특별한 사정이 없는 한 그 결정과 동시에 변론기일을 지정하고 당사자에게 변론을 재개하는 사유를 알려야 한다(민사소송규칙 제73조). 당사자가 변론이 종결된 후에 주장·증명을 위하여 변론재개신청을 하는 경우 이를 받아들일지 여부는 법원의 재량에 속하므로 법원이 당사자의 변론재개신청을 받아들이지 않았다고 하여 심리미진의 위법이 있다고 할 수 없다.[3] 그러나 당사자가 책임지기 어려운 사정으로

---

1) 대법원 1966. 9. 28. 자 66마322 결정.

2) 김홍엽, 476면.

3) 대법원 2009. 5. 14. 선고 2009다6998 판결.

주장·증명할 기회를 갖지 못하였고, 그 주장·증명의 대상이 판결의 결과를 좌우할 관건적 요증사실에 해당하는 경우에는 법원은 당사자의 변론재개신청을 받아들일 의무가 있다.[1] 또한 법원이 석명의무나 지적의무 등을 위반한 채 변론을 종결하였는데 당사자가 그에 관한 주장·증명을 위하여 변론재개신청을 한 경우 등과 같이 사건의 적정하고 공정한 해결에 영향을 미칠 수 있는 소송절차상의 위법이 드러난 경우에도 그 위법을 치유하기 위하여 변론을 재개할 의무가 있다.[2]

### (4) 변론조서

#### 1) 조서의 작성

변론조서는 변론의 경과를 명확하게 기록하여 보전하기 위하여 법원사무관 등이 작성하는 문서이다. 법원사무관 등은 변론기일에 참여하여 기일마다 조서를 작성해야 한다(제152조 제1항 본문). 다만, 변론을 녹음하거나 속기하는 경우에는 법원사무관 등을 참여시키지 않고 변론기일을 열 수 있다(동조 제1항 단서). 또한 재판장은 변론기일과 변론준비기일을 제외한 조정기일, 증거조사기일, 화해기일, 심문기일 등에서는 필요한 경우 법원사무관 등을 참여시키지 않고 기일을 열 수 있다(동조 제2항). 이처럼 법원사무관 등을 참여시키지 않고 기일을 연 경우에는 그 기일이 끝난 뒤에 재판장의 설명에 따라 조서를 작성하고, 그 취지를 덧붙여 적어야 한다(동조 제3항).

법원은 필요하다고 인정하는 경우 변론의 전부 또는 일부를 녹음하거나 속기하도록 명할 수 있으며, 당사자가 녹음 또는 속기를 신청하면 특별한 사유가 없는 한 이를 명해야 한다(제159조 제1항). 이 경우 녹음테이프와 속기록은 조서의 일부로 삼는다(동조 제2항). 녹음테이프로 녹음한 경우뿐만 아니라 녹화테이프, 컴퓨터용 자기디스크·광디스크, 그 밖에 이와 비슷한 방법으로 음성이나 영상을 녹음 또는 녹화하여 재생할 수 있는 매체를 이용하여 변론의 전부나 일부를 녹음 또는 녹화하는 경우에도 마찬가지로 조서의 기재에 갈음할 수 있다(민사소송규칙 제37조 제1항).

---

1) 대법원 2015. 6. 11. 선고 2015두35215 판결; 2010. 10. 28. 선고 2010다20532 판결; 1996. 2. 9. 선고 95다2333 판결.

2) 대법원 2010. 10. 28. 선고 2010다20532 판결.

조서에는 사건의 표시, 법관과 법원사무관 등의 성명, 출석한 당사자·대리인·통역인·검사와 출석하지 않은 당사자의 성명, 변론의 날짜와 장소, 변론의 공개 여부와 비공개이유 등 형식적 기재사항을 적고, 재판장과 법원사무관 등이 기명날인한다(제153조). 또한 조서에는 변론의 내용을 이루는 당사자나 법원의 소송행위와 증거조사의 결과 등 실질적 기재사항을 적어야 하나, 변론의 요지만을 적으면 충분하다. 조서에 기재할 사항이라도 당사자의 이의가 없는 한 생략할 수 있다. 다만, 변론방식에 관한 규정의 준수, 화해, 청구의 포기·인낙, 소의 취하와 자백은 당사자의 이의가 없더라도 그 기재를 생략할 수 없다(제155조).

법원사무관 등의 조서작성권은 공증기관으로서의 고유한 권한에 속하며, 기일을 주재하는 재판장은 물론 재판에 참여하지 않은 법원사무관 등의 대리작성도 허용되지 않는다. 따라서 재판장은 조서의 기재 내용이 그가 인식한 것과 다르다고 하여 스스로 이를 정정·삭제 또는 가필할 수 없다. 조서는 관계인이 신청하면 그에게 읽어 주거나 보여 주어야 하고(제157조), 조서에 적힌 사항에 대하여 관계인이 이의를 제기한 때에는 조서에 그 취지를 적어야 한다(제164조). 조서의 기재에 대한 불복은 조서에 대한 이의(제164조)의 방법에 의해야 하고, 법원사무관 등의 처분에 대한 이의신청(제223조)에 의할 수 없으며, 이를 상고이유로 삼을 수도 없다.[1] 조서에 대한 이의가 이유 없으면 조서에 그 취지를 적어 처리하고, 이의가 정당하면 조서의 기재를 정정한다. 이의가 없어도 조서의 기재에 명백한 오류가 있으면 판결의 경정(제211조)에 준하여 정정할 수 있다.[2]

### 2) 조서 등 소송기록의 열람·복사

#### (가) 사건 관계인의 열람·복사 등 권리

당사자 또는 이해관계를 소명한 제3자는 소송기록의 열람·복사, 재판서·조서의 정본·등본·초본의 교부 또는 소송에 관한 사항의 증명서의 교부를 법원사무관 등에게 신청할 수 있다(제162조 제1항). 제3자는 이해관계를 소명한 경우에 한하여 신청할 수 있다. 정본·등본·초본의 교부는 재판서와 조서에 한하고, 그 밖의 소송

---

1) 대법원 1995. 7. 14. 선고 95누5097 판결; 1981. 9. 8. 선고 81다86 판결.
2) 김홍엽, 485면; 이시윤, 410면 및 411면.

기록에 대해서는 열람·복사가 허용될 뿐이다.

법원사무관 등의 참여 없이 변론을 녹음하거나 속기하는 경우 그 녹음테이프나 속기록은 기록의 일부가 아니므로 당사자나 이해관계인은 그 열람·복사를 신청할 수 없다(제152조 제1항 및 제3항). 그러나 법원이 필요하다고 인정하거나 당사자가 신청하고 특별한 사유가 없어 변론의 전부 또는 일부를 녹음하거나 속기하도록 명한 경우에는 그 녹음테이프와 속기록은 조서의 일부이므로 이에 대해서는 열람·복사를 신청할 수 있다(제159조 제1항 및 제2항).

소송기록의 열람·복사 등의 신청은 법원사무관 등에게 해야 한다(제162조 제1항). 법원사무관 등이 행한 열람·복사 등 신청의 허부결정에 대하여 당사자나 이해관계인은 그 법원사무관 등이 속한 법원에 이의를 신청하는 방법으로 불복할 수 있으며, 이 경우 법원은 결정으로 재판한다(제223조).

#### (나) 일반인의 열람권

소송당사자가 아니더라도 누구든지 권리구제·학술연구 또는 공익적 목적으로 재판이 확정된 소송기록의 열람을 법원사무관 등에게 신청할 수 있다(제162조 제2항 본문). 그러나 공개를 금지한 변론에 관련된 소송기록은 열람하게 할 수 없고(동조 제2항 단서), 해당 소송관계인이 동의하지 않는 경우에도 열람이 허용되지 않는다(동조 제3항). 확정된 소송기록에 대하여 일반인은 열람만 가능하고 복사는 할 수 없다. 소송기록의 열람신청은 법원사무관 등에게 해야 하고(제162조 제1항), 법원사무관 등의 허부결정에 대하여 신청인은 그 법원사무관 등이 속한 법원에 이의신청을 할 수 있다(제223조).

#### (다) 비밀보호를 위한 열람·복사 등의 제한

소송기록 중에 당사자의 사생활에 관한 중대한 비밀이 적혀 있고, 제3자에게 비밀 기재 부분의 열람·복사 등을 허용하면 당사자의 사회생활에 지장이 클 우려가 있거나 당사자가 가지는 영업비밀이 적혀 있다는 소명이 있는 경우에는 법원은 당사자의 신청에 따라 소송기록 중 비밀이 적혀 있는 부분의 열람·복사 또는 재판서·조서 중 비밀이 적혀 있는 부분의 정본·등본·초본의 교부를 신청할 수 있는 사람을 당사자로 한정하는 결정을 할 수 있다(제163조 제1항).

한편 소송관계인의 생명 또는 신체에 대한 위해의 우려가 있다는 소명이 있는 경우에는 법원은 해당 소송관계인의 신청에 따라 결정으로 소송기록의 열람·복사·송달에 앞서 주소, 주민등록번호, 전화번호, 팩시밀리번호, 전자우편주소 중 해당 소송관계인이 지정하는 부분(개인정보 기재 부분)이 제3자(당사자를 포함한다)에게 공개되지 않도록 보호조치를 할 수 있다(동조 제2항 및 민사소송규칙 제38조 제3항). 법원에 제출하는 서면에는 당사자와 대리인의 이름·주소와 연락처(전화번호, 팩시밀리번호 또는 전자우편주소 등)를 기재하게 되어 있다(위 규칙 제2조 제1항 제2호). 그리하여 소송기록을 열람·복사·송달을 할 때 소송관계인의 개인정보가 상대방 당사자 또는 제3자에게 노출되어 보복 범죄 등 추가 피해를 입을 우려가 있다. 이에 법원이 소송기록을 열람·복사·송달을 할 때 소송관계인의 개인정보가 공개되지 않도록 조치함으로써 피해자 등이 개인정보 노출에 대한 두려움 없이 민사소송을 통해 손해배상을 받을 수 있도록 한 것이다.

이러한 열람·복사 등의 제한신청이 있는 경우에는 그 신청에 관한 재판이 확정될 때까지 제3자는 비밀 기재 부분 또는 개인정보 기재 부분의 열람 등을 신청할 수 없다(동조 제3항). 소송기록을 보관하고 있는 법원은 이해관계를 소명한 제3자의 신청에 따라 제한사유가 존재하지 않거나 소멸되었음을 이유로 제한결정을 취소할 수 있다(동조 제4항). 제한신청을 기각한 결정 또는 제3자의 취소신청에 관한 결정에 대해서는 즉시항고를 할 수 있다(동조 제5항).

### 3) 조서의 증명력

조서가 무효가 아닌 한, 변론의 방식에 관한 규정이 지켜졌다는 것은 오로지 조서로만 증명할 수 있고, 조서 이외의 다른 증거방법으로 증명하거나 반증을 들어 다툴 수 없다(제158조 본문).[1] 예를 들어, 조서를 작성한 법원사무관 등의 증언에 의하여 증명할 수 없다. 그리하여 변론의 방식에 관해서는 자유심증주의에 의하지 않고 법정증거주의에 의하고 있다. 변론의 방식이란 변론의 일시와 장소, 변론의 공개 유무, 관여 법관, 당사자와 대리인의 출석 여부, 판결의 선고일자와 선고사실 등 변론의 외형적 형식을 말한다.[2] 다만, 조서가 없어진 때에는 다른 증거방법에

---

1) 대법원 1963. 5. 16. 선고 63다151 판결.

의한 증명이 허용된다(동조 단서).

변론의 방식에 관한 사항이 아닌 당사자의 변론 내용, 자백, 증인의 선서와 진술 내용 등은 법정증명력이 인정되지 않는다. 이에 관한 변론조서의 기재 내용은 일응의 증거가 되는데 그치고 다른 증거로 번복할 수 있다. 그러나 변론조서는 법령에 따라 법원사무관 등이 그 내용을 기재하고 재판장이 기명날인하여 작성한 것이므로 특별한 사정이 없는 한 진실한 것이라는 강한 증명력을 갖는다.[1] 그리하여 변론조서에 기재된 내용은 변론의 방식에 관한 것이 아니더라도 그 내용이 진실하다고 추정된다.[2]

## 3. 변론기일에서의 당사자의 불출석

### (1) 당사자의 불출석

당사자의 불출석이란 당사자가 적법한 소환을 받고도 변론기일에 출석하지 않거나 출석하였어도 변론하지 않은 경우를 말한다. 이를 기일의 해태라고도 한다.

#### 1) 불출석

당사자가 출석하지 않거나 출석하였어도 변론하지 않아야 한다. 소송대리인이 있는 경우에는 당사자 본인과 소송대리인이 모두 출석하지 않거나 변론하지 않은 경우에만 불출석의 효과가 발생한다.[3] 그러나 보조참가인이나 필수적 공동소송인 가운데 1인이 출석하여 변론하였을 때에는 피참가인 또는 다른 공동소송인이 출석하지 않았어도 불출석의 효과가 발생하지 않는다(제67조 제1항, 제76조 제1항). 당사자가 출석하였으나 변론을 하지 않은 경우는 물론이고 진술금지의 재판(제144조)을 받은 당사자가 출석한 경우 또는 퇴정명령을 받거나 임의로 퇴정한 경우에도 불출석으로 된다.

---

2) 김홍엽, 485면; 이시윤, 411면.

1) 대법원 2001. 4. 13. 선고 2001다6367 판결; 2002. 6. 28. 선고 2000다62254 판결.

2) 대법원 2000. 10. 10. 선고 2000다19526 판결.

3) 대법원 1979. 9. 25. 선고 78다153,154 판결.

기일은 지정된 시각이 도래한 후 재판장이 사건과 당사자의 이름을 부름으로써 개시(제169조)되므로 그 지정된 시각이 도래하여 사건과 당사자의 이름을 불렀을 때 출석하지 않으면 불출석의 효과가 발생한다. 당사자가 합의하여 기일변경신청을 하였으나 재판장이 기일을 변경하지 않고 지정된 변론기일에 사건과 당사자를 호명하였는데 출석하지 않았다면 불출석의 효과가 발생하고,[1] 비록 변론조서에 기일을 연기한다는 기재가 있더라도 연기의 효과는 출석한 당사자에게만 미치므로 출석하지 않은 당사자에 대해서는 불출석의 효과가 발생한다.[2] 그러나 기일이 개시되어 변론에 들어 갔으나 변론을 하지 않은 경우가 아니라 변론에 들어가기 전에 재판장이 증인의 소환을 위하여 또는 출석한 당사자의 동의를 얻어 기일을 연기하고 출석한 당사자에게 변론의 기회를 주지 않음으로써 변론을 하지 않은 경우에는 불출석으로 볼 수 없다.[3]

### 2) 적법한 기일통지

적법한 기일통지를 받고 변론기일에 불출석하여야 한다. 따라서 기일통지서의 송달이 불능이거나 무효인 경우에는 불출석하더라도 기일의 해태가 되지 않는다. 공시송달에 의한 기일통지를 받고 불출석한 경우에는 자백간주의 효과가 발생하지 않는다(제150조 제3항 단서). 그러나 일단 자백간주의 효과가 발생한 때에는 그 이후 기일통지서가 송달불능이 되어 공시송달로 기일통지를 하더라도 이미 발생한 자백간주의 효과가 소멸하지 않는다.[4]

그런데 공시송달로 기일통지를 한 경우 진술간주 또는 소취하간주의 효과도 부인되는지 논란이 있다. 판례는 공시송달에 의한 경우에도 양쪽 당사자의 불출석으로 인한 소취하간주의 효과가 생긴다고 한다.[5] 그러나 부적법한 공시송달의 경우, 예를 들어 당사자의 주소 등 송달할 장소를 알 수 있음에도 공시송달에 의한 경우에는 비록 공시송달의 효력이 인정되더라도 쌍방 불출석으로 인한 소취하간주의

---

1) 대법원 1982. 6. 22. 선고 81다791 판결.
2) 대법원 1980. 11. 11. 선고 80다2065 판결; 1982. 6. 22. 선고 81다791 판결.
3) 대법원 1979. 9. 25. 선고 78다153,154 판결; 1990. 2. 23. 선고 89다카19191 판결.
4) 대법원 1988. 2. 23. 선고 87다카961 판결.
5) 대법원 1987. 2. 24. 선고 86누509 판결.

효과는 생기지 않는다고 한다.[1]

#### 3) 필요적 변론기일

필요적 변론기일에 불출석하여야 한다. 임의적 변론기일에 불출석하더라도 기일해태의 효과가 발생하지 않는다. 판결은 당사자가 출석하지 않아도 할 수 있고(제207조), 증거조사 역시 당사자가 기일에 출석하지 않아도 할 수 있다(제295조). 따라서 판결선고기일 또는 증거조사기일에 불출석하더라도 기일해태의 효과가 발생하지 않는다. 그런데 증거조사가 법정에서 이루어지는 경우에는 당사자가 변론을 하고 증거조사를 하게 되므로 증거조사를 위하여 고지된 기일은 변론기일에 해당한다. 즉, 법정 외에서 증거조사를 하는 경우에는 증거조사기일에 불출석하여도 기일해태의 효과가 발생하지 않지만, 법정에서 증거조사가 이루어지는 경우에는 변론기일을 겸하므로 불출석하면 기일해태의 효과가 발생한다.[2] 변론준비기일에도 기일해태의 효과가 인정된다(제286조).

### (2) 한쪽 당사자의 불출석

당사자 한쪽이 적법한 기일통지를 받고 필요적 변론기일에 불출석한 경우에는 다음과 같은 소송법적 효과가 발생한다.

#### 1) 진술간주

한쪽 당사자가 소장, 답변서 그 밖의 준비서면을 제출한 채 변론기일에 불출석한 경우에는 불출석한 당사자가 마치 출석하여 자신이 제출한 서면에 적혀 있는 사항에 대하여 진술한 것처럼 간주한다(제148조 제1항). 그러나 원고가 관할권 없는 법원에 제소한 때에 피고가 본안에 관하여 다투는 사실을 기재한 답변서를 제출한 채 불출석하여 그것이 진술간주되어도 변론관할이 생기지 않으며,[3] 또한 준비서면에 서증을 첨부하여 제출하였을 때에 그 준비서면이 진술간주되어도 증거신청의

---

1) 대법원 1997. 7. 11. 선고 96므1380 판결.

2) 대법원 1966. 1. 31. 선고 65다2296 판결.

3) 대법원 1980. 9. 26. 자 80마403 결정.

효과가 생기지 않는다.[1)]

한쪽 당사자가 불출석한 경우 진술간주에 따라 변론을 진행할지 아니면 기일을 연기할지 여부는 법원의 재량이다. 그러나 출석한 당사자만으로 변론을 진행할 때에는 반드시 진술간주를 해야 한다. 진술간주 후 변론을 진행하는 경우에 출석한 당사자는 변론과 증거신청을 할 수 있다. 그러나 준비서면에 적지 않은 사실은 상대방이 출석하지 않은 때에는 변론에서 주장하지 못하므로(제276조) 출석한 당사자가 할 수 있는 변론과 증거신청의 범위는 원칙적으로 그가 미리 준비서면에 적은 사실의 주장과 증거신청에 한정된다.

한편 불출석한 당사자가 진술한 것으로 간주되는 서면에 청구의 포기·인낙의 의사표시가 적혀 있고 공증사무소의 인증을 받은 경우에는 청구의 포기·인낙이 성립한 것으로 간주하고(제148조 제2항), 화해의 의사표시가 적혀 있고 공증사무소의 인증을 받은 경우에는 상대방 당사자가 변론기일에 출석하여 그 화해의 의사표시를 받아들이면 화해가 성립한 것으로 간주한다(동조 제3항). 당사자의 법원출석의 불편을 덜어주고 당사자의 의사에 의한 소송종료를 촉진하기 위하여 청구의 포기·인낙, 화해에도 진술간주의 효력이 미치도록 한 것이다. 다만, 당사자 의사의 진정성과 명확성을 확보하기 위하여 공증사무소의 인증을 요구하고 있다.

#### 2) 자백간주

공시송달의 방법에 의하지 않고 기일통지서를 송달받은 당사자가 서면의 제출 없이 불출석한 경우에는 출석한 당사자의 주장사실에 대하여 마치 출석하여 다투지 않은 것으로, 즉 자백한 것으로 간주한다(제150조 제3항). 공시송달에 의하여 기일통지서를 송달받은 경우에는 불출석하더라도 자백간주의 효과가 발생하지 않는다. 그러나 자백간주의 효력이 발생한 후에는 기일통지가 공시송달로 이루어지더라도 자백간주의 효력이 상실되지 않는다.[2)]

자백간주는 재판상 자백과는 달리 당사자에 대한 구속력이 없으므로 당사자는 사실심의 변론종결시까지 언제든지 상대방의 주장사실을 다투어 자백간주의 효력

---

1) 대법원 1991. 11. 8. 선고 91다15775 판결.
2) 대법원 1988. 2. 23. 선고 87다카961 판결.

을 배제할 수 있다. 예를 들어, 제1심에서 자백간주가 있었더라도 당사자가 항소심에서 이를 다투었다면 자백간주의 효력이 유지될 수 없다.[1] 이처럼 자백간주가 있었더라도 이후 상대방의 주장사실을 다툰 경우에는 자백간주의 효력이 배제되므로 법원은 증거에 의하여 자백간주된 사실과 다른 사실을 인정할 수 있다.

### (3) 양쪽 당사자의 불출석

양쪽 당사자가 적법한 기일통지를 받고 필요적 변론기일에 함께 불출석한 경우에는 다음과 같이 소취하간주의 효과가 발생한다.

#### 1) 요건

##### (가) 양쪽 당사자의 2회 불출석

양쪽 당사자가 2회에 걸쳐 변론기일에 출석하지 않거나 출석하더라도 변론하지 않았어야 한다. 변론기일에 양쪽 당사자가 1회 불출석한 경우 재판장은 다시 변론기일을 정하여 양쪽 당사자에게 통지해야 한다(제268조 제1항). 양쪽 당사자가 2회 불출석한 경우에는 판결을 하기에 성숙하였다고 인정되면 변론종결을 할 수 있으나, 변론을 종결하지 않고 새 기일의 지정도 없이 해당 기일을 종료하는 것이 일반적이다. 양쪽 당사자가 변론기일에 2회 불출석한 후 1월 내에 기일지정신청을 하여 소송수행의 의사가 있는 것을 표시하지 않는 경우에는 양쪽 당사자에게 소송을 유지할 의사가 없는 것으로 보아 소가 취하된 것으로 간주한다(동조 제2항).

2회 불출석은 반드시 연속적일 필요는 없고, 단속적이어도 무방하다. 그러나 동일한 심급의 동종의 기일에서 불출석해야 한다. 예를 들어, 제1심과 항소심에서 각각 1회씩 불출석하거나 파기환송 전후에 걸쳐 각각 1회씩 불출석[2]하여도 2회 불출석이 되지 않는다. 또한 동일한 소가 유지되는 상태에서 불출석해야 한다. 청구의 교환적 변경 전후에 걸쳐 각각 1회씩 불출석하여도 2회 불출석이 되지 않는다. 교환적 변경으로 구청구가 취하되었기 때문이다. 그러나 본래의 소 계속 중에 1회 결석한 후에 청구의 추가적 변경, 반소, 중간확인의 소 등이 제기되거나 당사자참가

1) 대법원 1987. 12. 8. 선고 87다368 판결.
2) 대법원 1963. 6. 20. 선고 63다166 판결.

가 있었는데, 다시 1회 불출석하고 기일지정신청이 없는 경우에는 가분적으로 본래의 소 부분만 취하간주되고 추가된 청구, 반소, 중간확인의 소, 당사자참가 등에는 소취하간주의 효과가 생기지 않는다.[1]

소취하간주의 효력이 발생하여 소송이 종료되는 시기는 양쪽 당사자가 2회 불출석한 기일로부터 1월이 경과한 날이다. 1개월의 기간은 양쪽 당사자가 2회 불출석한 기일로부터 기산해야 하고, 당사자가 그 사실을 안 날로부터 기산하는 것은 아니다.[2] 1개월의 기일지정신청기간은 불변기간이 아니므로 기일지정신청의 추후보완이 허용되지 않는다.[3] 법원이 직권으로 기일을 지정한 때에는 당사자의 기일지정신청에 의한 기일지정이 있는 경우와 마찬가지로 소송이 속행된다.

#### (나) 기일지정신청 후의 양쪽 당사자의 불출석

양쪽 당사자가 2회 불출석한 후 1월 내에 당사자의 기일지정신청에 의하거나 법원이 직권으로 정한 변론기일 또는 그 뒤의 변론기일에 양쪽 당사자가 불출석한 때에도 소가 취하된 것으로 간주한다(제268조 제3항). 소송이 종료되는 시기는 3회 불출석한 때이다.

### 2) 효과

소취하간주되어 소송계속의 효과가 소급적으로 소멸하고 소송이 종료된다. 소취하간주는 법률상 당연히 발생하는 효과이므로 법원이나 당사자의 의사로 좌우할 수 없다. 설령 당사자에게 소송수행의 의사가 있어도 소취하간주의 효과를 부인할 수 없으며, 법원의 재량이나 소송사건의 내용, 소송의 진행 상황에 따라 임의로 처리할 수 없다.[4] 또한 소취하간주는 확정적이므로 당사자에게 책임을 돌릴 수 없는 사유로 기일지정신청을 못하였다고 하여 끝난 소송을 부활시킬 수는 없다. 만일 소취하간주가 있음에도 이를 간과하고 본안판결을 한 경우에는 상소심은 소송종료선언을 해야 한다.

소취하간주의 효과는 상소심절차에도 준용된다(제268조 제4항). 다만, 상소심에

---

1) 김홍엽, 490면; 이시윤, 416면.
2) 대법원 1992. 4. 14. 선고 92다3441 판결.
3) 대법원 1992. 4. 21. 선고 92마175 판결.
4) 대법원 1982. 10. 12. 선고 81다94 판결.

서는 소의 취하가 아니라 상소가 취하된 것으로 간주되므로 원판결이 그대로 확정된다(동조 제4항 단서). 여기서 상소심은 항소심을 말한다. 상고심의 변론은 임의적 변론(제430조 제2항)에 불과하므로 기일해태의 효과가 생기지 않기 때문이다. 그리하여 2회에 걸쳐 항소심 변론기일에 양쪽 당사자가 불출석하고 1월 내에 기일지정 신청이 없거나 그 신청에 의하여 정한 기일에 출석하지 않은 때에는 항소가 취하된 것으로 간주된다.

**사례 기일의 해태**

A는 B를 상대로 건물의 명도를 구하는 소송을 제기하였다. 담당 재판부는 이 사건을 변론준비절차에 부쳤다. 두 차례 변론준비기일이 열렸는데, 2차 변론준비기일에 A와 B 모두 출석하지 않았고 변론준비절차가 종료되었다. 그 후 변론기일이 진행되었는데, 2차 변론기일에 A는 출석하지 않았고, B는 출석하였으나 진술하지 않았다. A는 기일지정신청을 하였고 다시 변론이 진행되던 중 4차 변론기일에 A와 B 모두 출석하지 않았다. 법원이 어떻게 처리해야 하는지 설명하시오.

변론준비기일에도 기일해태의 효과가 준용(제286조)되므로 변론준비기일에 양쪽 당사자가 불출석한 경우에도 소취하간주의 효과가 발생할 수 있다. 2차 변론기일에 A는 불출석하고 B는 출석했으나 진술하지 않았는데, 당사자가 출석하였으나 변론을 하지 않은 경우에도 불출석한 것이 되므로 2차 변론기일에 A와 B 모두 불출석한 것이 된다. 따라서 A와 B 모두 불출석한 기일은 2차 변론준비기일, 2차 변론기일, 4차 변론기일이다. 만일 2차 변론준비기일에 불출석한 것을 포함하여 모두 3회 불출석한 것으로 보면 세 번째 불출석한 4차 변론기일에 소취하된 것으로 간주되어 소송이 종료된다. 그러나 2차 변론준비기일에 불출석한 것이 제외된다면, 모두 두 번 불출석한 것이 되므로 1개월 이내에 당사자가 기일지정신청을 하여 소송을 속행할 수 있다.

판례는 변론준비절차는 원칙적으로 변론기일에 앞서 주장과 증거를 정리하기 위하여 진행되는 변론 전 절차에 불과할 뿐이어서 변론준비기일을 변론기일의 일부로 볼 수 없으므로 변론준비기일에 양쪽 당사자가 불출석한 효과는 변론기일에 승계되지 않는다고 한다(대법원 2006. 10. 27. 선고 2004다69581 판결). 따라서 A와 B는 변론기일에만 두 번 불출석한 것으로 되므로 1개월 이내에 기일지정신청을 하여 소송을 계속 수행할 수 있다.

## 제3절 절차의 진행과 정지

### Ⅰ. 기일 및 기간

#### 1. 기일

##### (1) 기일의 지정

기일이란 법원, 당사자, 기타 소송관계인이 모여서 소송행위를 하기 위하여 정해진 시간을 말한다. 변론기일, 증거조사기일, 판결선고기일 등이 있다. 기일은 재판장이 직권으로 또는 당사자의 신청에 의하여 지정한다(제165조 제1항). 기일의 지정은 소송지휘에 관한 것이므로 직권으로 지정하는 것이 원칙이다. 다만, 후술하는 바와 같이 예외적으로 당사자의 신청권이 인정되는 경우가 있다. 재판장은 피고의 답변서가 제출된 경우 가능한 최단기간 안으로 제1회 변론기일을 지정해야 한다(제258조 제1항). 변론준비절차를 거친 경우에는 변론준비절차가 끝나면 바로 변론기일을 지정해야 하고(동조 제2항), 이 경우 당사자의 의견을 들어야 한다(민사소송규칙 제72조 제2항).

##### (2) 기일지정신청

기일지정신청이란 심리의 속행을 위하여 기일의 지정을 촉구하는 당사자의 신청을 말한다(제165조 제1항). 당사자의 기일지정신청에는 다음의 세 가지가 있다.

첫째, 당사자는 법원이 사건을 심리하지 않고 오랫동안 방치하는 경우에 법원에 의한 기일의 직권지정을 촉구하는 의미의 기일지정신청을 할 수 있다. 이 경우 법원은 당사자의 신청에 대하여 응답할 의무가 없다.

둘째, 양쪽 당사자가 2회 불출석한 후에 소의 취하간주를 막기 위하여 1개월 이내에 기일지정신청을 할 수 있다(제268조 제2항). 이러한 기일지정신청이 있으면 법원은 기일을 지정해야 할 의무가 있다.

셋째, 당사자는 소송종료 후에 그 종료의 효력을 다투며 기일지정신청을 할 수 있다(민사소송규칙 제67조). 이는 법원의 직권에 의한 기일지정을 촉구하는 신청이 아니라 소송이 아직 종료되지 않고 계속 중이라는 전제하에 본안판결을 구하는 본안의 신청이므로 법원은 반드시 변론을 열어 종국판결에서 판단해야 한다. 소송이 종결된 것으로 판단되면 판결로 소송종료선언을 해야 하고, 그렇지 않으면 변론기일을 지정하여 기일을 속행해야 한다.

첫 번째의 경우 당사자의 신청권이 인정되지 않으므로 법원은 당사자의 신청에 대하여 재판을 할 필요가 없다. 그러나 두 번째와 세 번째의 경우에는 당사자의 신청권이 인정되므로 법원은 당사자의 신청에 대하여 재판을 할 의무가 있고, 당사자는 신청을 기각하는 재판에 대하여 불복할 수 있다.

### (3) 기일의 변경

기일의 변경이란 기일 개시 전에 그 지정을 취소하고 새로 기일을 지정하는 것을 말한다. 기일 개시 후에 그 기일에 아무런 소송행위를 하지 않고 새 기일을 지정하는 기일의 연기와 구별되고, 기일에 소송행위를 하였으나 완결을 보지 못하여 계속하기 위하여 다음 기일을 지정하는 기일의 속행과 다르다.

재판장은 현저한 사유가 없는 한 기일의 변경을 허가해서는 안 된다(위 규칙 제41조). 기일변경을 허가하는 현저한 사유란 당사자가 출석하여 변론할 수 없는 합리적인 사유가 있는 경우를 말한다. 불가항력적인 사유뿐만 아니라 주장이나 증거제출의 준비를 하지 못한 데 정당한 이유가 있는 경우를 포함한다.[1] 다만, 첫 변론기일 또는 첫 변론준비기일은 현저한 사유가 없더라도 당사자들이 합의하면 허가한다(제165조 제2항). 기일변경신청의 허부는 재판장의 직권사항이다. 당사자들의 합의에 따른 첫 변론(준비)기일의 변경신청을 제외하고 당사자의 기일변경신청은 법원의 직권발동을 촉구하는 의미가 있는데 불과하므로 법원은 이에 대하여 응답할 의무가 없으며, 설사 당사자의 신청을 기각하는 재판을 하더라도 불복신청을 할 수 없다.

1) 김홍엽, 495면; 이시윤, 422면.

기일을 변경하거나 연기 또는 속행하는 때에는 소송절차의 중단 또는 중지, 그 밖에 다른 특별한 사정이 없으면 다음 기일을 바로 지정해야 한다(동규칙 제42조 제1항). 기일을 변경하거나 연기 또는 속행하면서 다음 기일을 바로 지정하지 않고 추후에 지정할 수도 있다. 이를 추후지정 또는 추정(追定)이라고 한다. 기일의 추후지정은 가급적 피해야 한다. 감정결과 등을 기다려야 하기 때문에 기일을 지정하는 것이 사실상 무의미한 경우와 같이 특별한 사정이 있는 경우에 한하여 추후지정을 해야 할 것이다. 기일을 추후지정하는 때에는 변론조서 등에 추후지정하게 된 구체적 사유를 기재해야 한다.

### (4) 기일의 통지 및 실시

#### 1) 기일의 통지

기일을 당사자 그 밖의 소송관계인에게 알려 출석을 요구하는 것을 기일의 통지라고 한다. 기일은 기일통지서 또는 출석요구서를 송달하여 통지한다(제167조 제1항 본문). 다만, 해당 사건으로 출석한 사람에게는 기일을 직접 고지하면 된다(동항 단서). 법원은 간이한 방법에 의하여 기일을 통지할 수 있다(제167조 제1항 전단). 이를 기일의 간이통지라고 하는데, 전화·팩시밀리·보통우편 또는 전자우편(e-mail) 그 밖에 상당하다고 인정되는 방법에 의한 통지를 말한다(민사소송규칙 제45조 제1항). 이 경우 기일에 출석하지 않은 당사자·증인 또는 감정인 등에 대하여 법률상의 제재 그 밖에 기일을 게을리함에 따른 불이익을 줄 수 없다(제167조 제1항 후단).

#### 2) 기일의 실시

기일은 재판장이 사건과 당사자의 이름을 부름으로써 시작된다(제169조). 기일개시의 요건으로 당사자 본인의 이름을 부르면 족하고 소송대리인까지 부를 필요는 없다.[1] 그런데 최근 전자통신·인터넷 분야 기술의 획기적인 발전으로 당사자가 직접 법정에 출석하지 않더라도 이른바 비대면 방식으로 각종 절차를 진행하는 것이 가능하게 되었고, 이는 당사자의 편의 증진, 재판 비용의 절감, 분쟁 해결의 효율성 제고 등 다양한 장점을 갖고 있어 현행 민사소송법에서는 영상재판의 방식으

---

1) 대법원 1970. 11. 24. 선고 70다1893 판결.

로 기일을 열 수 있도록 하고 있다.

재판장·수명법관 또는 수탁판사는 상당하다고 인정하는 때에는 당사자의 신청을 받거나 동의를 얻어 비디오 등 중계장치에 의한 중계시설을 통하거나 인터넷 화상장치를 이용하여 변론준비기일 또는 심문기일을 열 수 있고(제287조의2 제1항), 법원은 교통의 불편 또는 그 밖의 사정으로 당사자가 법정에 직접 출석하기 어렵다고 인정하는 때에는 당사자의 신청을 받거나 동의를 얻어 비디오 등 중계장치에 의한 중계시설을 통하거나 인터넷 화상장치를 이용하여 변론기일을 열 수 있다(동조 제2항). 영상재판의 방식으로 기일을 실시하는 경우에도 기일개시의 요건 및 절차는 대면 방식에 의하는 경우와 차이가 없다.[1]

당사자에게 적법한 통지 없이 한 기일의 진행은 위법하다. 판례는 당사자에게 기일을 통지하지 않고 당사자 아닌 사람에게 통지한 채 그 기일에 실시한 변론은 위법하고, 그 변론에 의한 판결도 위법하다고 한다.[2] 다만, 당사자가 임의로 기일에 출석하여 변론을 하면서 이의를 하지 않으면 이의권의 포기·상실로 그 하자가 치유된다.[3] 그런데 판례는 판결의 선고는 당사자가 출석하지 않아도 할 수 있으므로 적법한 기일통지를 받고도 한쪽 당사자가 출석하지 않은 기일에 판결선고기일을 고지한 때에는 불출석한 당사자에게도 그 효력이 있는 것이고, 그 당사자에게 별도로 판결선고기일의 통지를 하지 않았더라도 위법하지 않다고 한다.[4]

## 2. 기간

### (1) 기간의 종류

기간이란 소송행위나 기일의 준비를 해야 할 시간적 간격을 말한다. 기간에는

---

1) 영상기일은 법원 청사 내의 적당한 장소에서 열되, 법원장의 허가가 있는 경우 법원 청사 외의 장소에서 열 수 있다(민사소송규칙 제73조의4 제1항). 변론기일을 영상으로 실시하는 경우 법정 등 법원 청사 내 공개된 장소에서 중계를 하거나 법원행정처장이 정하는 방법에 따른 인터넷 중계를 하는 방법으로 심리를 공개하여야 한다(동조 제2항).

2) 대법원 1962. 9. 20. 선고 62다380 판결.

3) 대법원 1984. 4. 24. 선고 82므14 판결.

4) 대법원 1966. 7. 5. 선고 66다882 판결; 1955. 2. 3. 선고 4287민상232 판결.

법률에 의하여 정해지는 법정기간과 재판으로 정해지는 재정기간이 있다. 답변서 제출기간(제256조 제1항, 제428조 제2항), 준비서면제출기간(제273조), 상소기간(제396조, 제425조, 제444조), 재심제기기간(제456조), 상고이유서 제출기간(제427조) 등이 법정기간에 속하고, 소송능력 등의 보정기간(제59조), 소장보정기간(제254조), 공격방어방법의 제출기간(제147조) 등은 재정기간이다.

법정기간은 다시 불변기간과 통상기간으로 구분된다. 불변기간은 법률에서 불변기간으로 한다고 정해 놓은 기간을 말하고, 불변기간이 아닌 기간이 통상기간이다. 상소기간, 즉시항고기간, 특별항고기간, 재심제기기간, 화해권고결정·조정을 갈음하는 결정·지급명령·이행권고결정 등에 대한 이의신청기간, 제권판결에 대한 불복기간, 가사소송이나 회사관계소송 등에서의 제소기간, 제소전화해의 제소신청기간, 중재판정취소소송의 제소기간 등이 불변기간에 속하고, 항소이유서제출기간(제402조의2 제1항), 상고이유서제출기간(제427조),[1] 소취하간주에서의 기일지정신청기간(제268조 제2항),[2] 민사집행법상 즉시항고에서의 항고이유서 제출기간(민사집행법 제15조 제3항)[3] 등은 통상기간이다.

불변기간은 주로 재판에 대한 불복신청기간으로서 소송촉진이라는 공익상 필요에 의하여 마련된 기간이다. 불변기간은 국민의 재판청구권의 행사와 직접 관련된 기간이므로 그 기간계산에 오해가 없도록 쉽고 명확하게 규정되어야 한다.[4] 불변기간에 대해서는 기간을 늘이거나 줄일 수 없지만 부가기간을 정할 수는 있으며(제172조 제1항 및 제2항), 귀책사유 없이 기간을 도과한 경우 추후보완이 허용된다(제173조). 불변기간의 준수 여부는 소송요건으로 직권조사사항이다.

### (2) 기간의 진행과 신축

기간의 계산은 민법에 따른다(제170조). 따라서 기간이 오전 영(零)시로부터 시작하는 때를 제외하고 기간의 초일은 산입하지 않으며(민법 제157조), 기간의 말일

1) 대법원 1981. 1. 28. 자 81사2 결정.
2) 대법원 1992. 4. 21. 선고 92마175 판결.
3) 대법원 2009. 4. 10. 자 2009마519 결정.
4) 헌법재판소 1993. 12. 23. 선고 92헌가12 결정

이 토요일 또는 공휴일에 해당하는 때에는 기간은 그 다음날로 만료된다(동법 제161조).[1] 재정기간에서는 재판으로 정한 시기(始期)가 도래한 때부터 기간이 진행되고, 별도로 시기를 정하지 않은 경우에는 재판의 효력이 생긴 때부터 진행한다(제171조). 소송절차의 중단 또는 중지는 기간의 진행을 정지시키며, 소송절차의 수계사실을 통지한 때 또는 소송절차를 다시 진행한 때부터 전체기간이 새로이 진행된다(제247조 제2항).

법원은 불변기간을 제외한 법정기간 또는 재정기간을 늘이거나 줄일 수 있다(제172조 제1항). 그러나 법문상 또는 해석상 신축이 제한되는 경우가 있다. 법문상 제한되는 경우로는 소송행위의 추후보완기간은 늘이거나 줄일 수 없고(제173조 제2항), 공시송달기간은 늘리는 것은 허용되나 기간을 줄일 수 없다(제196조 제3항). 해석상 제한되는 경우로는 항소이유서제출기간, 상고이유서제출기간, 재항고이유서제출기간, 민사집행절차상 항고이유서제출기간은 늘리는 것은 허용되나 줄일 수는 없다.

법원은 불변기간에 대하여 신축할 수는 없으나, 부가기간을 정할 수는 있다(제172조 제1항). 부가기간이란 주소 또는 거소가 멀리 떨어진 곳에 있는 사람을 위하여 법원이 직권으로 정하는 연장기간이다(동조 제2항). 부가기간은 원래의 기간과 일체가 되므로 연장기간까지 합하여 전체 기간이 불변기간이 된다. 불변기간 경과 후에는 부가기간을 정할 수 없다.

**사례 기간의 계산**

판결서 정본이 송달불능이 되어 2024. 5. 1. 공시송달을 실시하였다. 상소기간은 언제 만료되는지 설명하시오.

공시송달을 한 경우 공시송달을 실시한 다음 날부터 기산하여 2주일이 지난 다음 날 영시에 송달의 효력이 발생한다. 2024. 5. 1. 판결정본이 최초로 공시송달되었다면, 다음 날부터 기산하여 2주일이 지난 같은 달 16일 0시부터 공시송달의 효력이 발생하고, 상소기간은 초일을 산입하여 2주일이 되는 같은 달 29일 만료된다.

1) 예를 들어, 기간의 말일이 토요일인 경우 기간은 월요일에 만료된다.

### (3) 소송행위의 추후보완

당사자가 책임질 수 없는 사유로 말미암아 불변기간을 지킬 수 없었던 경우에는 그 사유가 없어진 날부터 2주 이내에 소송행위를 추후보완할 수 있다(제173조 제1항).

#### 1) 추후보완의 대상인 기간

추후보완의 대상인 기간은 불변기간에 한정된다. 예를 들어, 상고이유서제출기간이나 민사집행법상 항고이유서제출기간은 불변기간이 아니므로 추후보완의 대상이 될 수 없다.[1] 다만, 당사자의 귀책사유 없이 기간 내에 상고이유서나 항고이유서를 제출하지 못한 경우에는 대리권의 흠결이 있는 때에 준하여 재심사유가 된다.[2] 그러나 불변기간 기산의 전제가 되는 송달이 무효인 경우에는 불변기간이 진행될 수 없어 추후보완의 문제가 생기지 않는다. 예를 들어, 허위주소로 판결정본이 보내져 피고 아닌 사람에게 송달된 경우에는 상소기간이 개시되지 않으므로 상소의 추후보완의 문제가 생기지 않으며, 피고는 언제든지 상소를 제기할 수 있다.[3]

#### 2) 추후보완사유

추후보완은 당사자가 책임질 수 없는 사유로 기간을 도과한 경우에 한하여 허용된다. 당사자가 책임을 질 수 없는 사유란 당사자가 그 소송행위를 하기 위하여 일반적으로 해야 할 주의를 다하였음에도 불구하고 그 기간을 준수할 수 없었던 사유를 가리킨다.[4] 여기의 당사자에는 당사자 본인뿐만 아니라 그 소송대리인 및 그 대리인의 보조자도 포함되므로 당사자 본인에게 과실이 없어도 소송대리인이나 그 보조자에게 과실이 있는 경우에는 추후보완이 허용되지 않는다.[5] 당사자의 책임질 수 없는 사유로 기간을 도과하였다는 점은 추후보완하고자 하는 당사자측에서 주장·증명을 해야 한다.[6]

---

1) 대법원 1981. 1. 28. 자 81사2 결정.
2) 대법원 1998. 12. 11. 선고 97재다445 판결.
3) 대법원 1970. 7. 24. 선고 70다1015 판결.
4) 대법원 2012. 10. 11. 선고 2012다44730 판결.
5) 대법원 1999. 6. 11. 선고 99다9622 판결.

추후보완이 허용되는 경우로는 천재지변으로 인한 교통·통신의 두절로 우편물의 배달이 지연된 경우,[1] 법원의 부주의로 불변기간을 지키지 못한 경우,[2] 우편집배원의 불성실한 업무처리로 송달불능이 된 경우,[3] 무권대리인이 소송을 수행하고 판결정본을 송달받은 경우,[4] 발송송달된 판결정본의 말미에 기재된 문구에 따라 실제 수령한 날부터 14일 이내에 상소한 경우[5] 등이 있다. 그러나 통상적으로 예견할 수 있는 우편물의 배달지연, 예를 들어 서울에서 수원까지 배달증명우편으로 발송한 항소장이 4일만에 배달된 경우,[6] 소송대리인이나 그 사무원의 귀책사유로 기간이 도과된 경우,[7] 지방출장이나 질병치료를 위하여 주소지를 떠났으나 자신의 가족에게 송달된 경우[8] 등에는 추후보완이 허용되지 않는다.

소장부본과 판결정본 등이 공시송달에 의하여 송달된 경우에는 피고가 처음부터 소송계속사실 자체를 알지 못하였다고 할 것이므로 이 경우 피고가 상소기간을 지키지 못한 것은 피고가 책임질 수 없는 사유로 인한 것이라고 할 수 있다.[9] 그러나 피고가 자신의 주소가 변경되었음에도 주소변경신고를 하지 않아 공시송달에 이르게 된 경우에는 피고의 귀책사유로 인한 것이므로 추후보완이 허용되지 않으며,[10] 또한 피고가 이미 소송계속사실을 알고 있었던 경우, 예를 들어 처음에는 통상의 방법으로 송달이 되었다가 이후 (법원이나 우편집배원의 귀착사유 없이) 송달불능이 되어 공시송달에 이른 경우에는 피고에게 소송의 진행상황을 조사할 의무가 있다고 할 것이

---

6) 대법원 2012. 10. 11. 선고 2012다44730 판결.

1) 김홍엽, 501면; 이시윤, 429면.

2) 피고가 답변서에 변경된 주소를 기재하여 제출하였음에도 법원이 이를 간과한 채 변론기일 소환장 등을 변경 전 주소로 등기우편에 의한 발송송달을 하고 판결정본을 공시송달하여 피고가 항소기간이 10여 일 경과한 후에 판결정본을 받아 보고 그로부터 2주 이내에 추완항소장을 제출하였다면, 피고가 항소기간을 10여 일 정도 준수하지 못한 것을 피고에게 책임을 돌릴 사유로 보기 어렵다(대법원 2007. 12. 14. 선고 2007다54009 판결).

3) 대법원 2003. 6. 10. 선고 2002다67628 판결; 1982. 12. 28. 선고 82누486 판결.

4) 대법원 1996. 5. 31. 선고 94다55774 판결.

5) 대법원 2007. 10. 26. 선고 2007다37219 판결.

6) 대법원 1991. 12. 13. 선고 91다34509 판결.

7) 대법원 1984. 6. 14. 선고 84다카744 판결; 1991. 2. 12. 선고 90다16696 판결.

8) 대법원 2011. 12. 27. 선고 2011후2688 판결.

9) 대법원 2006. 2. 24. 선고 2004다8005 판결; 2000. 9. 5. 선고 2000므87 판결; 1968. 7. 23. 선고 68다1024 판결; 1964. 7. 31. 선고 63다750 판결.

10) 대법원 1987. 2. 24. 선고 86누509 판결.

므로 그로 인하여 피고가 상소기간을 지키지 못하였다면 피고의 귀책사유로 인한 것이라고 할 수 있다.[1] 다만, 조정불성립으로 사건이 종결된 후 피신청인의 주소가 변경되었음에도 주소변경신고를 하지 않은 상태에서 조정이 소송으로 이행되었는데, 통상의 방법으로 소송서류를 송달할 수 없어 발송송달이나 공시송달의 방법으로 송달한 경우에는 조정절차와 소송절차는 구별되는 것이어서 피신청인에게 소송의 진행상황을 조사할 의무가 있다고 할 수 없으므로 피신청인이 상소기간을 지키지 못하였다면, 이는 피신청인이 책임질 수 없는 사유로 인한 것이라고 할 수 있다.[2]

#### 3) 추후보완기간

추후보완기간은 장애사유가 없어진 날로부터 2주 이내이다. 다만, 그 사유가 없어질 당시 외국에 있던 당사자에 대해서는 추후보완기간이 30일이다(제173조 제1항 단서). 추후보완기간은 불변기간이 아니므로 부가기간을 정할 수 없고, 그 기간을 신축할 수도 없다(동조 제2항). 장애사유가 없어진 때란 천재지변 등 재난의 경우에는 그 재난이 없어진 때를 말하고, 판결 등이 공시송달에 의하여 송달된 경우에는 당사자나 그 대리인이 판결이 있었음을 안 때가 아니라 나아가 판결이 공시송달의 방법에 의하여 송달된 사실까지 안 때를 말한다.[3]

#### 4) 추후보완절차

추후보완사유가 있는 사람이 추후보완신청을 해야 한다. 그렇다고 별도로 추후보완신청을 해야 하는 것은 아니며, 미처 하지 못한 소송행위를 본래의 방식에 의하여 하면 된다. 예를 들어, 상소제기를 추후보완하는 경우에 상소장을 관할법원에 제출하면 된다. 반드시 추후보완상소임을 밝힐 필요는 없으나, 추완상소장이라고 표시하여 제출하는 것이 일반적이다. 판례도 항소를 제기하면서 추후보완항소라는 취지의 문언을 기재하지 않았더라도 그 항소기간의 경과가 그의 책임질 수 없는 사유로 말미암은 것으로 인정되는 이상 그 항소는 처음부터 추후보완에 의하여 제

---

1) 대법원 2021. 11. 25. 선고 2018다27393 판결; 2018. 4. 12. 선고 2017다53623 판결; 2012. 10. 11. 선고 2012다44730 판결.

2) 대법원 2015. 8. 13. 선고 2015다213322 판결.

3) 대법원 2006. 2. 24. 선고 2004다8005 판결; 2000. 9. 5. 선고 2000므87 판결.

기된 항소로 볼 것이라고 한다.[1)]

추후보완사유의 유무는 소송요건으로서 법원의 직권조사사항이다. 따라서 이에 관한 당사자의 주장은 직권발동을 촉구하는 의미밖에 없어 이에 대하여 판단하지 않더라도 판단누락의 상고이유로 삼을 수 없다.[2)] 그러나 당사자의 책임질 수 없는 사유로 기간을 도과하였음을 추후보완신청을 하는 당사자가 주장·증명할 책임이 있다.[3)]

## Ⅱ. 송달

### 1. 의의

#### (1) 개념

송달이란 당사자 기타 소송관계인에게 소송상 서류를 법정의 방식에 따라 통지하는 행위를 말한다. 송달은 법원이 직권으로 하고(제174조), 당사자의 신청을 필요로 하지 않는다. 송달에 관한 사무를 담당하는 기관은 법원사무관 등이다(제175조 제1항). 송달에 관한 사무에는 송달할 서류를 작성하거나 수령하고, 이를 송달실시기관에 교부하며, 송달실시 후에는 송달보고서를 받아 기록에 편철하여 보관하는 사무 등이 포함된다. 송달사무는 법원사무관 등의 고유한 권한으로서 자기의 판단과 책임하에서 행하는 것이 원칙이다. 종전에는 공시송달의 경우 재판장의 명령에 의하도록 하였으나, 현행법에서는 공시송달의 사무도 재판장의 명령을 거치지 않고 법원사무관 등이 하도록 하고 있다(제194조 제1항).

송달은 특별한 규정이 없으면 송달할 서류의 등본 또는 부본을 교부하여 실시한다(제178조 제1항). 그러나 기일통지서 또는 출석요구서의 송달은 원본에 의하고, 판결(제210조 제2항)이나 화해권고결정(제225조 제2항) 또는 조정을 갈음하는 결정

1) 대법원 2008. 2. 28. 선고 2007다41560 판결; 1980. 10. 14. 선고 80다1795 판결.
2) 대법원 1999. 4. 27. 선고 99다3150 판결.
3) 대법원 2021. 4. 15. 선고 2019다244980,244997 판결; 2012. 10. 11. 선고 2012다44730 판결.

(민사조정법 제34조 제1항)의 송달은 정본에 의한다. 당사자가 송달해야 하는 소송서류를 법원에 제출하는 때에는 송달에 필요한 수의 부본을 함께 제출해야 한다(민사소송규칙 제48조 제1항).

### (2) 송달실시기관

송달을 실시하는 기관은 우편집배원과 집행관이다(제176조 제1항). 송달의 실시는 원칙적으로 우편집배원이 하는 우편에 의한 송달에 의한다(동조 제2항). 집행관에 의한 송달은 우편집배원에 의한 송달이 곤란한 특별한 경우에 실시된다. 이를 실무상 특별송달이라고 한다. 송달받을 사람이 정당한 사유 없이 송달을 거부하고 있어 유치송달을 해야 할 경우 등에 행해지는데, 이 경우에도 집행관보다는 주로 법원경위가 대신하여 송달을 실시한다. 그리하여 특별송달에서는 법정경위가 송달실시기관이 되기도 한다(법원조직법 제64조 제3항). 우편에 의한 송달은 전국 어디에서나 실시할 수 있으나, 집행관에 의한 송달은 소속 지방법원의 관할구역 내에서 실시한다(동법 제55조 제2항). 그런데 예외적으로 법원사무관 등이 송달실시기관이 되기도 한다. 법원사무관 등은 해당 사건에 출석한 사람이나 그 법원 안에서 송달받을 사람으로부터 영수증을 받고 서류를 교부하는 교부송달을 할 수 있으며(제177조), 또한 우편송달(제187조), 송달함송달(제188조), 간이통지방법에 의한 송달(제167조 제2항 전단), 공시송달(제194조 제1항)을 실시할 수 있다.

### (3) 송달받을 사람

송달받을 사람은 원칙적으로 소송서류의 명의인인 당사자이다. 그러나 다음과 같은 사람도 송달받을 자격이 있다.

#### 1) 법정대리인

제한능력자에 대한 송달은 그 법정대리인에게 해야 한다(제179조). 여러 사람이 공동으로 대리권을 행사하는 경우에는 그 가운데 1인에게 송달하면 된다(제180조). 다만, 공동대리인들이 송달받을 대리인 1인을 지정하여 신고한 때에는 지정된 대리인에게 송달해야 한다(민사소송규칙 제49조). 법인 등 단체의 대표자에 대해서는 법정대리인에 관한 규정이 준용(제64조)되므로 법인 등 단체에 대한 송달 역시 그 대표자에게 해야 하고(제179조),[1] 법인 등 단체의 대표자가 공동대표일 경우에 그 가운데 1인에게 송달하면 충분하다(제180조).

국가에 대한 송달은 소송수행자나 소송대리인이 있는 경우에는 이들에게 해야 하지만(국가를 당사자로 하는 소송에 관한 법률 제9조 제2항), 그렇지 않은 경우에는 수소법원에 대응하는 검찰청의 장에게 해야 한다(동조 제1항). 여기의 검찰청은 지방검찰청을 의미하는 것이 일반적이지만, 수소법원이 고등검찰청 소재지 지방법원(지방법원 지원을 포함)인 경우에는 고등검찰청을 가리킨다(동법 제9조 제1항). 그리하여 국가를 당사자로 하는 소송에서 법무부장관이 국가를 대표한다고 하더라도 법무부장관에 대한 송달은 부적법하다.[2] 지방자치단체에 대한 송달은 그 지방자치단체의 장에게 해야 한다(지방자치법 제101조). 다만, 교육·학예에 관한 사무로 인한 소송에서는 교육감이 해당 지방자치단체를 대표하도록 되어 있으므로 교육감이 송달받을 사람이 된다(지방교육자치에 관한 법률 제18조 제2항).

### 2) 소송대리인

송달받을 사람이 소송대리인을 선임한 경우 소송서류의 송달은 소송대리인에게 해야 한다. 소송위임에 의한 소송대리인의 경우에는 여러 사람의 소송대리인이 있더라도 각자 당사자를 대리하므로(제93조 제1항) 여러 사람의 소송대리인에게 각각 송달을 해야 한다. 그러나 이 경우 여러 사람의 소송대리인은 모두 당사자 본인을 위하여 소송서류를 송달받을 지위에 있으므로 소송서류 송달의 효력은 소송대리인 가운데 1인에게 최초로 소송서류가 송달되었을 때에 발생한다.[3] 판례는 소송대리인이 있는 경우 당사자 본인에게 한 송달도 유효하다고 한다.[4] 그러나 당사자가 소송대리인을 믿고 장기간 부재중이거나 송달의 의미를 제대로 알지 못해 제때 소송서류를 전달하지 못하는 등의 사유로 불이익을 입을 우려가 있다는 점에서 소송대리인이 선임된 경우에는 당사자 본인에 대한 송달은 부적법한 것으로 보아야 할

1) 대법원 2003. 4. 25. 선고 2000다60197 판결.
2) 대법원 2002. 11. 8. 선고 2001다84497 판결.
3) 대법원 2011. 9. 29. 자 2011마1335 결정.
4) 대법원 1970. 6. 5. 자 70마325 결정.

것이다.[1]

### 3) 신고된 송달영수인

당사자, 법정대리인 또는 소송대리인은 주소·거소·영업소 또는 사무소 이외의 장소를 송달장소로 지정하여 법원에 신고할 수 있고, 이 경우 송달영수인을 따로 정할 수 있다. 송달영수인을 지정하여 법원에 신고한 경우에는 소송서류의 송달은 그 신고된 송달영수인에게 해야 한다(제184조). 판례는 원심의 소송대리인이 상고장을 제출하면서 자신의 사무실을 송달장소로 기재하였다면, 송달영수인을 따로 명시적으로 지정하지 않았더라도 자신을 상고심절차에서의 송달영수인으로 지정하여 신고하는 취지가 포함된 것으로 볼 수 있다고 한다.[2]

### 4) 법령상 송달수령권자

군사용의 청사 또는 선박에 속하여 있는 사람에게 할 송달은 그 청사 또는 선박의 장에게 하고(제181조), 교도소·구치소 또는 국가경찰관서의 유치장에 체포·구속 또는 유치된 사람에게 할 송달은 교도소·구치소 또는 국가경찰관서의 장에게 한다(제182조). 외국에서 해야 하는 송달은 재판장이 그 나라에 주재하는 대한민국의 대사·공사·영사 또는 그 나라의 관할 공공기관에 촉탁하고(제191조), 전쟁에 나간 군대, 외국에 주둔하는 군대에 근무하는 사람 또는 군에 복무하는 선박의 승무원에게 할 송달은 재판장이 그 소속 사령관에게 촉탁한다(제192조 제1항).

판례는 수소법원이 송달을 함에 있어 당사자가 교도소 등에 수감된 사실을 모르고 당사자의 종전 주소에 한 송달은 무효라고 한다.[3] 송달을 받은 법령상 수령권자는 송달을 받을 본인에게 송달된 서류를 바로 교부해야 하고(민사소송규칙 제50조 제1항), 부득이한 사유가 없는 한 송달을 받은 본인이 소송수행에 지장을 받지 않도록 조치해야 한다(동조 제2항). 그러나 송달은 법령상 수령권자에게 도달하면 그 효력이 발생하고 실제로 송달받을 본인에게 전달되었는지 여부는 불문한다.[4]

---

1) 한충수, 「민사소송법」, 박영사, 2016, 386면.
2) 대법원 2001. 5. 29. 선고 2000재다186 판결.
3) 대법원 2009. 10. 8. 자 2009마529 결정.
4) 대법원 1995. 1. 12. 선고 94도2687 판결.

## 2. 송달실시의 방법

### (1) 교부송달

#### 1) 원칙적인 교부송달

송달은 송달장소에서 송달받을 사람에게 소송상 서류를 교부하는 방법에 의하는 것이 원칙이다(제178조 제1항). 송달장소는 다음과 같다.

##### (가) 주소 등

송달장소는 송달받을 사람의 주소, 거소, 영업소 또는 사무소(이하 '주소 등'이라고 한다)이다.[1] 다만, 법정대리인에게 할 송달은 제한능력자 본인의 영업소나 사무소에서도 할 수 있다(제183조 제1항). 여기의 영업소 또는 사무소는 송달받을 사람이 경영하는 영업소 또는 사무소를 말하고 그 근무장소를 말하는 것이 아니다.[2] 민사소송법은 법인 등 단체를 제한능력자로 보고 그 대표자를 법정대리인에 준하여 취급하고 있으므로 법인 등 단체의 송달장소도 그 대표자의 주소, 거소, 영업소 또는 사무소이고, 법인 등 단체의 영업소나 사무소도 송달장소가 될 수 있다. 여기서 대표자의 영업소 또는 사무소란 해당 법인 등 단체의 영업소 또는 사무소를 말하고, 그 대표자가 겸임하고 있는 별도의 법인 등 단체의 영업소 또는 사무소는 그 대표자의 근무장소에 불과하다.[3]

##### (나) 근무장소

송달받을 사람의 주소 등을 알지 못하거나 주소 등의 장소에서 송달할 수 없는 경우에는 송달받을 사람이 취업하고 있는 근무장소에서 송달할 수 있다(제183조 제2항). 근무장소에서의 송달은 송달받을 사람의 주소 등을 알지 못하거나 그 주소 등에서 송달할 수 없는 때에 한하여 할 수 있으므로 소장 등에 기재된 주소 등의 장소에 송달을 시도하지 않은 채 근무장소로 한 송달은 위법하다.[4] 여기의 근무장소는

---

1) 대법원 2012. 10. 11. 선고 2012다44730 판결.
2) 대법원 2004. 7. 21. 자 2004마535 결정.
3) 대법원 2003. 4. 25. 선고 2000다60197 판결.
4) 대법원 2004. 7. 21. 자 2004마535 결정.

고용, 위임 등 법률상 행위로 취업하고 있는 지속적인 근무장소를 말한다. 따라서 다른 주된 직업을 가지고 있으면서 회사의 비상근이사, 사외이사 또는 비상근감사의 직에 있는 사람에게 그 회사의 본점 소재지는 근무장소에 해당하지 않는다.[1]

#### (다) 만나는 장소

송달받을 사람의 주소 등이나 근무장소가 국내에 없거나 알 수 없는 경우에는 그를 만나는 장소에서 송달할 수 있고(제183조 제3항), 국내에 주소 등이나 근무장소가 있는 사람의 경우에도 송달받기를 거부하지 않으면 만나는 장소에서 송달할 수 있다(동조 제4항). 이를 조우송달이라고 한다. 조우송달은 주소 등이나 근무장소 이외의 장소에서 송달받을 사람 본인을 만난 때에 하는 송달이므로 송달받을 사람 이외에 그 동거인이나 피용자 등 보충송달을 받을 사람에게는 할 수 없다. 주소 등이나 근무장소가 국내에 있는 사람에 대한 조우송달은 송달받을 사람이 임의로 수령하는 경우에만 가능하므로 송달받기를 거부하는 경우에는 조우송달을 할 수 없다.

#### (라) 종전의 송달장소

당사자, 법정대리인 또는 소송대리인은 송달장소가 변경될 때에는 바로 법원에 신고해야 하고, 신고하지 않으면 종전의 송달장소로 우편송달할 수 있다(제185조). 다만, 화해권고결정(제225조 제2항 단서), 이행권고결정(소액사건심판법 제5조의3 제3항),[2] 조정을 갈음하는 결정(민사조정법 제38조 제2항 단서)의 송달은 당사자 등이 송달장소의 변경을 신고하지 않아 달리 송달장소를 알 수 없는 경우에도 우편송달에 의할 수 없다.

### 2) 보충송달

#### (가) 의의

송달장소, 즉 주소 등이나 근무장소에서 송달받은 사람을 만나지 못한 경우에는 다른 사람에게 송달할 수 있다. 이를 보충송달이라고 한다. 주소 등의 장소에서

---

1) 대법원 2015. 12. 10. 선고 2012다16063 판결.

2) 법원은 우편송달이나 공시송달에 의하지 않고는 피고에게 이행권고결정서의 등본을 송달할 수 없는 때에는 지체없이 변론기일을 지정해야 한다(소액사건심판법 제5조의3 제4항).

송달받을 사람을 만나지 못한 경우에는 그의 사무원, 피용자 또는 동거인으로서 사리를 분별할 지능이 있는 사람에게 서류를 교부할 수 있고(제186조 제1항, 주소 등에서의 보충송달), 근무장소에서 송달받을 사람을 만나지 못한 경우에는 그의 사용자 또는 사용자의 법정대리인이나 피용자 그 밖의 종업원으로서 사리를 분별할 지능이 있는 사람이 서류의 수령을 거부하지 않으면 그에게 서류를 교부할 수 있다(동조 제2항, 근무장소에서의 보충송달).

근무장소에서의 보충송달의 경우에는 대신하여 송달받는 사람이 서류의 수령을 거부하지 않는 경우에 한하여 송달의 효력이 발생한다는 점에서 주소 등에서의 보충송달과 차이가 있다. 사무원 등 보충송달을 받을 사람에게 소송서류를 교부한 때에 송달의 효력이 생기고 송달받을 사람에게 실제로 교부되었는지 여부는 불문한다.[1] 보충송달은 송달장소, 즉 주소 등이나 근무장소에서 실시해야 하고, 송달장소 아닌 곳에서 한 보충송달은 송달에 관한 절차위반으로 효력이 없다.[2] 판례는 보충송달을 받을 수 없는 사람이 송달서류를 받았으나 그 후 그 서류가 전전하여 제때 그 사무원 등에게 전달되었다면 보충송달로서 유효하다고 한다.[3]

(나) 사리를 분별할 지능이 있는 사람

보충송달에서 사리를 분별할 지능이 있는 사람이란 사법제도 일반이나 소송행위의 효력까지 이해할 수 있는 능력이 있어야 하는 것은 아니나 송달의 취지를 이해하고 영수한 서류를 송달받을 사람에게 교부할 것을 기대할 수 있을 정도의 능력을 갖춘 사람을 말한다. 판례는 만 8세 정도의 어린이에게 송달영수에 관한 사리를 분별할 지능이 있는지 여부에 관하여 입장이 갈리고 있다. 송달 당시 만 8세 4월과 만 8세 10월인 어린이에 대해서는 긍정하였으나,[4] 만 8세 3월과 만 8세 9월의 어린이는 그 소송서류를 송달하는 집행관이나 우편집배원이 어린이에게 송달하는 서류의 중요성을 주지시키고 부모에게 이를 교부할 것을 당부하는 등의 특별한 사정이 없는 한 그 정도 연령의 어린이가 이를 송달받을 사람에게 교부할 것으로

1) 대법원 1992. 2. 11. 선고 91누5877 판결.
2) 대법원 2001. 8. 31. 자 2001마3790 결정.
3) 대법원 1979. 1. 30. 선고 78다2269 판결.
4) 대법원 1995. 8. 16. 자 95모20 결정; 1968. 5. 7. 자 68마336 결정.

기대할 수 없다고 하여 부정하고 있다.[1]

(다) 사무원, 피용자, 종업원

사무원이나 피용자 또는 종업원은 반드시 송달받을 사람과 고용관계가 있어야 하는 것은 아니고, 평소 본인을 위하여 사무 등을 보조하는 사람이면 충분하다.[2] 일시적인 관계이어도 무방하다. 빌딩이나 아파트의 경비원, 관리인, 수위도 여기의 피용자에 해당할 수 있다.[3] 그런데 송달받을 사람이 건물주가 아닌 건물의 임차인이거나 입주민인 경우에는 경비원 등과의 고용관계를 인정할 수 없으므로 경비원 등에게 보충송달을 할 수 없을 것이나,[4] 경비원 등이 오로지 경비업무와 관리업무만을 맡은 것이 아니라 평소에 우편물을 대신 수령하여 건물임차인이나 입주민에게 전달해 온 사정이 있다면, 건물임차인이나 입주민이 수령권한을 명시적 또는 묵시적으로 위임한 것으로 볼 수 있으므로 경비원 등에게 소송상 서류가 송달된 때에 건물임차인이나 입주민에게 송달의 효과가 발생하는 것으로 볼 수 있을 것이다.[5]

(라) 동거인

동거인은 송달받을 사람과 동일한 세대에 속하여 생활을 같이 하는 사람을 말한다. 판례는 동거인은 송달받을 사람과 반드시 법률상 친족관계에 있어야 하는 것은 아니므로 이혼한 배우자라도 동일한 세대에 소속되어 생활을 같이하고 있다면 수령대행인으로서의 동거인이 될 수 있고,[6] 어머니와 딸이 주민등록상 별개의 독립한 세대를 구성하고 있으나 실제로는 생활을 같이 하고 있다면 동거인으로 봄이 상당하다고 한다.[7] 그러나 동일한 장소에 거주한다고 하더라도 세대를 달리하여 생활을 같이 하지 않는 경우에는 동거인에 해당하지 않는다고 한다.[8] 송달받을

1) 대법원 2005. 12. 5. 자 2005마1039 결정; 2013. 1. 16. 선고 2012재다370 판결.
2) 대법원 2010. 10. 14. 선고 2010다48455 판결.
3) 대법원 1984. 6. 26. 선고 84누405 판결.
4) 대법원 1976. 4. 7. 선고 76다192 판결. 이 경우에는 경비원 등이 소송서류를 송달받을 사람, 즉 건물임차인에게 자신이 수령한 소송서류를 전달했을 때에 송달의 효력이 발생한다.
5) 대법원 2000. 7. 4. 선고 2000두1164 판결; 1994. 1. 11. 선고 93누16864 판결.
6) 대법원 2013. 4. 25. 선고 2012다98423 판결.
7) 대법원 1992. 9. 14. 선고 92누2363 판결.
8) 대법원 1982. 9. 14. 선고 81다카864 판결.

사람과 같은 집에 거주하더라도 임대인과 임차인의 관계일 때에는 생활을 같이 하는 사람이 아니므로 동거인에 해당하지 않는다.[1] 그러나 임대인이나 임차인이 우편물 기타 서류의 수령권한을 명시적 또는 묵시적으로 상대방에게 위임한 것으로 볼 수 있는 경우에는 임대인이나 임차인이 해당 서류를 수령하면 송달받을 사람에게 적법하게 송달된 것으로 보아야 할 것이다.[2]

#### 3) 유치송달

송달장소에서 송달받을 사람이 송달을 거부하는 경우 또는 주소 등에서 보충송달을 받을 사람[3]이 정당한 사유 없이 송달을 거부하는 경우에는 송달장소에 서류를 놓아두는 방법으로 송달할 수 있다(제186조 제3항). 이를 유치송달이라고 한다. 근무장소에서 보충송달을 받을 사람이 송달을 거부하는 경우에는 보충송달은 물론 유치송달도 할 수 없다. 송달받을 사람의 주소 등이나 근무장소가 국내에 없거나 알 수 없는 때에는 그 만나는 장소가 송달장소가 될 수 있고(제183조 제3항), 따라서 이때에는 그 만나는 장소에서 송달받을 사람이 조우송달을 거부하는 경우 유치송달을 할 수 있다. 그러나 주소 등이나 근무장소가 국내에 있는 때에는 그 만나는 장소에서 송달받을 사람이 송달을 거부하면 조우송달을 할 수 없으므로 유치송달도 할 수 없다(동조 제4항).

### (2) 우편송달

#### 1) 의의

우편송달은 보충송달이나 유치송달을 할 수 없는 경우 또는 당사자 등이 송달장소의 변경신고를 하지 않아 달리 송달장소를 알 수 없는 경우에 법원사무관 등이 소송서류를 송달장소 또는 종전의 송달장소에 등기우편의 방법으로 발송하는 송달이다(제187조, 제185조 제2항). 민사소송법은 우편송달의 발송방법을 대법원규칙에 위임하고 있으나, 아직 등기우편에 의한 방법만을 인정하고 있다(민사소송규칙 제51조).

---

1) 대법원 1983. 12. 30. 자 83모53 결정.
2) 대법원 2011. 5. 13. 선고 2010다108876 판결.
3) 대법원 1979. 1. 23. 자 78마362 결정.

2) 허용요건

(가) 보충송달이나 유치송달도 할 수 없는 경우

우편송달은 송달받을 사람의 주소 등 송달할 장소는 밝혀져 있으나 송달받을 사람은 물론이고 그 사무원, 고용인, 동거인 등 보충송달을 받을 사람도 없거나 부재중이어서 원칙적 송달방법인 교부송달은 물론이고 보충송달이나 유치송달도 할 수 없는 경우에 할 수 있다(제187조). 여기에서 송달할 장소란 송달받을 사람의 생활근거지가 되는 주소 등 송달받을 사람이 소송서류를 받아 볼 가능성이 있는 적법한 송달장소를 말한다.[1] 따라서 소장이나 상소장에 주소지로 기재되어 있기는 하나 실제 생활근거지가 아니라면 그곳으로의 우편송달은 효력이 없다.[2] 또한 폐문부재와 같이 송달받을 사람은 물론이고 보충송달을 받을 사람도 만날 수 없는 경우에는 우편송달을 할 수 있으나,[3] 단지 송달을 받을 사람이 장기출타로 부재중이어서 그의 동거인 등에게 보충송달이나 유치송달이 가능한 경우에는 우편송달을 할 수 없다.[4]

(나) 송달장소의 변경신고를 하지 않아 송달장소를 알 수 없는 경우

우편송달은 당사자 등이 송달장소의 변경신고를 하지 않아 달리 송달장소를 알 수 없는 경우에도 할 수 있다(제185조 제2항). 송달장소를 변경하였음에도 신고를 하지 않은 경우는 물론이고 신고를 하였지만 그 변경된 장소에서의 송달이 불능인 경우를 포함한다.[5]

소장 등에 기재된 원고 등 적극적 당사자의 주소 등으로 피고의 답변서나 기일통지서 등을 송달하였으나 이사불명이나 현 소재지불명을 이유로 송달불능이 된 경우에는 원고 등 적극적 당사자가 송달장소 변경신고의무를 불이행한 것으로 보아 우편송달에 의할 수 있다.[6] 그러나 피고 등 소극적 당사자의 경우에는 원고 등

---

1) 대법원 2009. 10. 29. 자 2009마1029 결정; 2007. 5. 11. 자 2004마801 결정.
2) 대법원 2001. 9. 7. 선고 2001다30025 판결.
3) 대법원 1990. 11. 28. 자 90마914 결정; 1990. 8. 20. 자 90마570 결정.
4) 대법원 1991. 4. 15. 자 91마162 결정.
5) 대법원 2007. 5. 11. 자 2004마801 결정.
6) 당초 소장 등에 기재된 주소 등으로 송달한 결과 수취인부재 또는 폐문부재를 이유로 송달불능이

적극적 당사자와는 달리 적어도 한 번 이상 적법한 송달장소에서 유효한 송달이 이루어진 경우에 한하여 송달장소 변경신고의무를 인정할 수 있고, 그 불이행이 있는 때에 우편송달에 의할 수 있다. 따라서 공시송달로 재판이 진행되던 중 피고가 답변서를 제출하면서 송달장소를 신고하여 공시송달을 취소하고 송달을 하였으나 송달불능이 된 경우에는 신고된 장소로 한 번도 송달된 사실이 없어 적법한 송달장소로 볼 수 없으므로 우편송달에 의할 수 없다. 또한 피고의 소송대리인에게만 송달이 이루어졌을 뿐이고 피고에게 송달된 사실이 없는 경우에도 피고의 주소지로 우편송달을 할 수 없다.

한편 이 사유에 의한 우편송달은 송달장소의 변경신고를 하지 않은 것만으로는 부족하고 달리 송달장소를 알 수 없는 경우에 한하여 가능하다. 여기서 달리 송달장소를 알 수 없다는 것은 상대방에게 주소보정을 명하거나 직권으로 주민등록표 등을 조사할 필요까지는 없지만, 재판기록에 나타나 있는 자료에 의하여도 송달장소를 알 수 없는 경우를 말한다.[1] 그리하여 판례는 소송대리인의 사무실로 송달하였다가 수취인불명으로 송달불능이 되자 재판기록에 나타나 있고 종전에 송달이 이루어지기도 하였던 당사자 본인의 주소지에 대한 송달을 시도해 보지도 않은 채 우편송달을 한 경우,[2] 재판기록에 나타나 있는 소장부본의 송달장소나 피고의 답변서 발신지 등에 송달하여 보지도 않고 상대방의 주소보정서에 기재된 송달장소로 송달하였으나 송달불능이 되자 곧바로 우편송달을 한 경우[3] 또는 소송서류가 주소지가 아닌 영업소에 수회 송달된 사실이 재판기록에 나타나 있음에도 판결문을 주소지로 송달하여 송달불능이 되자 우편송달을 한 경우[4] 등은 위법한 송달이라고 한다.

### 3) 효력의 발생

우편송달에 의하는 경우 법원사무관 등이 등기우편으로 서류를 발송한 때에 송

---

된 때에는 아직 송달장소가 변경되었다고 단정할 수 없어 그 변경신고의무가 발생하였다고 볼 수 없으므로 곧바로 종전 주소지로 우편송달을 할 수 없다.

1) 대법원 2009. 10. 29. 자 2009마1029 결정.

2) 대법원 2011. 5. 13. 선고 2010다84956 판결.

3) 대법원 2004. 10. 15. 선고 2004다11988 판결.

4) 대법원 2005. 9. 28. 자 2005마625 결정.

달된 것으로 본다(제189조). 그리하여 우편송달을 발송송달이라고도 한다. 당사자 등이 송달장소의 변경신고를 하지 않아 우편송달을 하는 경우에는 이후 송달불능의 상황이 계속될 것으로 추정되므로 해당 소송서류뿐만 아니라 이후의 일련의 서류도 우편송달에 의할 수 있으나, 보충송달이나 유치송달이 불가능하여 우편송달을 하는 경우에는 각각의 발송서류마다 우편송달의 요건이 따로 충족되어야 우편송달을 할 수 있다.[1] 화해권고결정(제225조 제2항 단서), 이행권고결정(소액사건심판법 제5조의3 제3항), 조정을 갈음하는 결정(민사조정법 제38조 제2항 단서)의 송달은 우편송달로 할 수 없다. 이는 당사자의 이의신청권을 보장하기 위함이다.[2]

### (3) 송달함송달

법원 내에 송달할 서류를 넣을 송달함을 설치하여 송달하는 방법이다(제188조 제1항). 송달함을 이용하는 송달은 법원사무관 등이 한다(동조 제2항). 송달함의 이용신청은 법원장 또는 지원장에게 서면으로 해야 한다(민사소송규칙 제52조 제1항). 송달함을 이용하는 사람은 수수료를 미리 내야 하고, 송달함에서 서류를 대신 수령할 사람을 서면으로 지정할 수 있다(동규칙 동조 제2항 및 제3항). 송달받을 사람이 송달함에서 서류를 수령해 가지 않는 경우에는 송달함에 서류를 넣은 지 3일이 지나면 송달된 것으로 본다(제188조 제3항).

### (4) 공시송달

#### 1) 의의

공시송달이란 법원사무관 등이 송달할 서류를 보관하고, 그 사유를 법원게시판에 게시하는 등의 방법에 의하여 하는 송달이다(제195조). 공시송달은 송달장소가 불분명한 경우에도 소송절차의 진행을 가능하도록 하기 위하여 인정된 것이다. 공시송달은 송달받을 사람이 송달의 내용을 현실적으로 알기가 어렵기 때문에 신중하게 해야 하고, 다른 송달방법이 불가능한 경우에 한하여 인정되는 보충적인 송

1) 대법원 1994. 11. 11. 선고 94다36278 판결.
2) 한충수, 391면.

달방법이다.[1)]

공시송달은 본안소송절차뿐만 아니라 강제집행절차(민사집행법 제23조 제1항), 회생절차 및 파산절차(채무자회생 및 파산에 관한 법률 제33조)에도 적용된다. 그러나 화해권고결정(제225조 제2항), 이행권고결정(소액사건심판법 제5조의3 제3항), 조정을 갈음하는 결정(민사조정법 제38조 제2항 단서), 지급명령(제462조 단서)의 송달은 공시송달에 의할 수 없다. 또한 증인·감정인에 대한 출석요구서의 송달이나 제3채무자에 대한 진술최고서의 송달(민사집행법 제237조)은 절차상 그들의 출석과 진술이 필요하므로 그 성질상 공시송달의 방법에 의할 수 없고, 증거보전절차에서는 상대방을 지정할 수 없는 경우에도 특별대리인의 선임에 의하여 절차를 진행시킬 수 있으므로 공시송달을 할 필요가 없다(제378조).

#### 2) 허용요건

##### (가) 송달장소를 알 수 없는 경우

당사자의 주소 등이나 근무장소를 알 수 없는 경우에 공시송달을 할 수 있다(제194조 제1항). 당사자의 주소 등을 알 수 없는 경우란 주민등록표나 법인등기부 등에 의하여도 송달받을 사람의 주소 등을 알 수 없어 송달할 수 없는 경우를 말한다. 법인에 대한 송달은 그 대표자의 주소지로 송달함이 원칙이므로 법인의 주소지, 즉 본점 소재지로 한 송달이 불능이 되었다고 곧바로 공시송달을 할 수는 없고, 법인등기부 등에 나타난 대표자의 주소지에도 송달하여 그마저 송달불능으로 되어야만 비로소 공시송달을 할 수 있다.[2)] 이처럼 법인에 대한 송달은 그 대표자에게 해야 하므로 법인의 대표자가 사망하여 달리 법인을 대표할 사람이 정해지지 않아 법인에 대하여 송달을 할 수 없는 경우에는 공시송달을 할 여지도 없다.[3)]

##### (나) 외국거주자에 대하여 송달할 수 없는 경우

외국거주자에 대하여 촉탁송달을 할 수 없거나 이에 의하여도 효력이 없을 것으로 인정되는 경우에도 공시송달을 할 수 있다. 예를 들어, 해당 외국과 외교관계

1) 김홍엽, 522면; 이시윤, 441면.
2) 대법원 1992. 12. 11. 선고 92다35431 판결.
3) 대법원 1991. 10. 22. 선고 91다9985 판결.

가 없거나 사법공조조약이나 관행도 없는 경우 또는 해당 외국이 전쟁이나 천재지변 중에 있어서 촉탁하여도 실효가 없는 경우 등이 이에 해당한다.

(다) 절차

법원사무관 등은 공시송달의 요건이 인정되는 경우 직권으로 또는 당사자의 신청에 의하여 공시송달을 할 수 있다(제194조 제1항). 재판장도 소송의 지연을 피하기 위하여 필요하다고 인정되면 공시송달을 명할 수 있다(동조 제3항). 당사자는 신청함에 있어서 공시송달의 요건을 소명해야 한다(제194조 제2항). 일반적으로 송달받을 사람의 주민등록이 말소되었거나 주민등록이 되어 있더라도 그곳에 거주하고 있지 않다는 사실을 소명하게 되는데, 실무에서는 주민등록말소자등본이나 불거주확인서 등을 소명자료로 제출한다.[1)]

공시송달은 법원사무관 등이 송달할 서류를 보관하고, 그 사유를 법원게시판에 게시하는 방법, 관보·공보 또는 신문에 게재하는 방법 또는 전자통신매체를 이용하여 공시하는 방법 중 어느 하나의 방법으로 공시한다(제195조 및 민사소송규칙 제54조 제1항). 재판장은 직권으로 또는 당사자의 신청에 의하여 법원사무관 등의 공시송달처분을 취소할 수 있다(제194조 제4항). 그러나 공시송달처분이 있은 후에 공시송달의 요건을 충족하지 못한 경우, 예를 들어 공시송달처분이 있은 후에 송달받을 사람의 주소가 판명되거나 그가 변론에 출석한 경우(이 경우 주소보정을 명한다)에도 이미 행한 공시송달처분은 유효하므로 재판장이 공시송달처분을 취소할 필요가 없으며, 그 이후의 송달은 통상의 송달방법에 의하고, 다시 주소 등이 불명이 된 때에는 당사자 등이 송달장소의 변경신고를 하지 않아 달리 송달장소를 알 수 없는 경우(제185조 제2항)에 해당하여 우편송달에 의할 수 있다.

(라) 효력

첫 공시송달은 게시하거나 공시한 날로부터 2주가 지나야 효력이 생긴다(제196

---

1) 그러나 불거주확인서는 그 작성이나 제출을 강제하기 어렵고, 또한 주민등록말소자등본을 제출하기 위해서는 주민등록법상의 직권말소절차(주민등록법 제17조의2)를 거쳐야 하므로 그 절차가 번잡하고 시간이 많이 걸리는 문제점이 있다. 그리하여 예를 들어, 집행관 또는 법원경위가 실시한 송달통지서에 송달불능사유가 구체적으로 적혀져 있는 때에는 이것을 공시송달의 소명자료로 활용하는 등 탄력적으로 운영할 필요가 있다.

조 제1항 본문). 다만, 외국에서 할 송달에 대한 공시송달의 경우에는 그 기간은 2월로 한다(동조 제2항). 그러나 동일한 당사자에게 하는 그 뒤의 공시송달은 실시한 다음 날부터 효력이 생긴다(동조 제1항 단서). 이 기간은 늘릴 수는 있으나, 줄일 수는 없다(동조 제3항). 공시송달의 효력이 발생한 후에 당사자에게 서류를 교부하더라도 이는 사실행위임에 불과하고 이미 발생한 공시송달의 효력에는 영향이 없다. 물론 공시송달의 효력이 발생하기 전에 서류를 교부하였다면 그때 송달의 효력이 생기는 것은 당연하다.

공시송달의 효력은 해당 심급에만 생기고 상소심에는 미치지 않는다. 따라서 상소심에서는 다시 공시송달절차를 밟아야 한다. 그러나 이 경우 공시송달사유를 소명함에 있어서 전심의 소명자료를 원용할 수 있다. 공시송달의 효력은 그 취소가 없는 한 해당 심급에 지속되므로 그 심급에 관한 한 어떠한 송달서류이든 계속하여 공시송달방법에 의하여 송달할 수 있다. 그러나 공시송달로 절차가 진행되는 중에 통상의 송달방법에 의하여 송달이 이루어진 경우에는 공시송달명령은 당연히 효력을 상실하고 이후의 송달은 통상의 송달방법에 의하여야 하며, 다시 공시송달을 하려면 새로운 공시송달명령이 있어야 한다.[1)] 공시송달의 효력은 상소심에는 미치지 않으므로 추완상소가 제기되었다고 상소심에서 원심의 공시송달처분을 취소할 필요는 없다.

판례는 공시송달의 요건을 갖추지 못한 부적법한 공시송달이라도 재판장의 명령에 따라 공시송달을 한 이상 송달은 유효하다고 한다. 예를 들어, 당사자가 소송계속 중에 수감된 경우 법원이 판결정본을 교도소장 등에게 송달하지 않고 당사자 주소 등에 공시송달 방법으로 송달함으로써 공시송달의 요건을 흠결한 하자가 있더라도 재판장의 명령에 따라 공시송달을 한 이상 송달은 유효하다고 한다.[2)] 그리하여 판결정본이 공시송달의 방법에 의하여 피고에게 송달되었다면 비록 피고의 주소가 허위이거나 그 요건에 미비가 있다 할지라도 그 송달은 유효한 것이므로 상소기간의 도과로 위 판결은 형식적으로 확정된다고 한다.[3)] 그러나 하자 있는 공

---

1) 대법원 1965. 8. 31. 자 65마636 결정.

2) 대법원 2022. 1. 13. 선고 2019다220618 판결.

3) 대법원 2008. 2. 28. 선고 2007다41560 판결.

시송달이 유효한 것은 통상의 송달이 가능하나 공시송달의 요건만이 구비되지 않은 경우에 한하는 것이고, 당사자가 사망하거나 법인의 대표자가 없어 어떠한 송달방법에 의하여도 송달을 할 수 없는 경우에는 그 송달이 공시송달의 방법에 의하여 이루어지더라도 송달로서의 효력이 없다.[1)]

### (5) 간이통지방법에 의한 송달

간이통지방법에 의한 송달은 기일통지서 또는 출석요구서를 송달하는 경우에 이용할 수 있는 송달방법이다(제167조 제2항 전단). 법원사무관 등이 전화, 팩시밀리, 보통우편 또는 전자우편(e-mail)으로 하거나 그 밖에 상당하다고 인정되는 방법으로 한다(민사소송규칙 제45조 제1항). 이 송달방법은 기일통지를 위한 송달에 한정되고, 소장부본이나 판결정본 등 소송서류의 송달에는 적용되지 않는다. 간이통지를 받은 당사자, 증인 또는 감정인 등이 기일에 불출석하여도 법률상 제재나 그 밖에 기일을 게을리함에 따른 불이익을 줄 수 없다(제167조 제2항 후단).

### (6) 민사소송규칙상 송달의 특례

변호사인 소송대리인에 대한 송달은 법원사무관 등이 전화·팩시밀리·전자우편 또는 휴대전화 문자전송을 이용하여 할 수 있다(민사소송규칙 제46조 제1항). 또한 양쪽 당사자가 변호사를 소송대리인으로 선임한 경우 일방 당사자의 소송대리인인 변호사가 상대방 소송대리인인 변호사에게 송달될 소송서류의 부본을 교부하거나 팩시밀리 또는 전자우편으로 보내고 그 사실을 법원에 증명한 때에는 송달의 효력이 있다(동규칙 제47조 제1항). 이 경우 송달의 증명은 소송서류의 부본을 교부받거나 팩시밀리 또는 전자우편으로 받은 취지와 그 날짜를 적고 송달받은 변호사가 기명날인 또는 서명한 영수증을 제출함으로써 할 수 있다(동조 제2항).

---

1) 대법원 1991. 10. 22. 선고 91다9985 판결.

### 3. 송달의 하자

송달이 법정 방식에 위배된 경우, 예를 들어 송달받을 사람이 아닌 사람에 대한 송달, 송달장소 아닌 곳에서의 송달, 보충송달이나 유치송달을 해보지 않고 우편송달을 한 경우 등은 무효이다. 다만, 공시송달의 요건에 하자가 있어도 재판장의 명령에 따라 공시송달을 한 이상 유효한 송달이라는 것이 판례의 입장이다.[1)]

송달의 하자가 있어 무효이더라도 송달받을 사람이 추인하면 유효하고, 또한 이의없이 변론하거나 수령하면 이의권의 포기·상실로 하자가 치유된다. 예를 들어, 사망한 사람에 대한 송달은 무효이지만, 그 상속인이 현실적으로 그 소송서류를 수령한 경우에는 하자가 치유되어 그 송달은 그때 상속인에 대한 송달로서 효력을 발생한다.[2)] 그러나 상소기간은 불변기간이고 이에 관한 규정은 강행규정이므로 그 기산점이 되는 판결정본의 부적법한 송달의 하자는 이의권의 포기·상실로 치유될 수 없다. 따라서 판결정본의 송달에 하자가 있는 경우에는 반드시 재송달을 실시해야 한다.[3)]

## Ⅲ. 소송절차의 정지

### 1. 의의

소송절차의 정지란 소송이 계속된 후에 아직 절차가 종료되기 전에 소송절차가 법률상 진행되지 않는 것을 말한다. 소송절차의 정지는 당사자가 소송에 관여할 수 없는 경우에 쌍방심리주의에 의한 소송절차에서 당사자의 절차적 기본권을 보장하기 위하여 마련된 제도이다. 따라서 소송절차의 정지는 대립당사자구조의 판결절차나 판결절차에 준하는 절차, 즉 독촉절차, 제소전화해절차, 항고절차, 소송

---

1) 대법원 2022. 1. 13. 선고 2019다220618 판결; 2008. 2. 28. 선고 2007다41560 판결 등.

2) 대법원 1998. 2. 13. 선고 95다15667 판결.

3) 대법원 2007. 12. 14. 선고 2007다52997 판결.

비용액확정절차 등에 적용되고, 대립당사자구조에 의한 재판의 적정보다 절차의 신속을 중요시하는 강제집행절차, 담보권실행을 위한 경매절차, 가압류·가처분절차, 증거보전절차에는 준용되지 않는다.[1]

소송절차의 정지에는 중단과 중지의 두 가지가 있다. 소송절차의 중단이란 당사자 등 소송행위자에게 소송수행을 할 수 없는 사유가 발생한 경우에 새로운 소송수행자가 나타나 소송에 관여할 수 있을 때까지 법률상 당연히 소송절차의 진행이 정지되는 것을 말한다. 이에 대하여 소송절차의 중지란 법원이나 당사자에게 소송수행을 할 수 없는 장애가 생겼거나 소송 진행에 부적당한 사유가 발생하여 법률상 당연히 또는 법원의 결정에 의하여 소송절차가 정지되는 경우를 말한다. 새로운 소송수행자로 소송수계가 이루어지지 않는다는 점에서 소송절차의 중단과 구별된다.

## 2. 소송절차의 중단

### (1) 중단사유

소송계속 중에 법정된 중단사유가 발생하면 소송절차는 당연히 중단된다.

#### 1) 당사자의 사망

소송계속 중에 당사자가 사망한 때에는 소송절차가 중단된다(제233조 제1항 전단). 여기의 사망에는 실종선고에 의한 사망간주도 포함된다. 실종선고가 있으면 실종기간이 만료한 때에 사망한 것으로 간주되지만, 소송절차가 중단되는 시기는 실종기간이 만료한 때가 아니라 실종선고가 확정된 때이다.[2] 그러나 소송계속 전에 이미 사망한 사람이 당사자가 된 경우에는 중단사유가 아니며 상속인에 의한 소송수계신청은 허용되지 않는다.[3] 다만, 이 경우 상속인으로의 소송수계신청을

1) 김홍엽, 529면; 이시윤, 446면.
2) 대법원 1983. 2. 22. 선고 82사18 판결.
3) 대법원 1979. 7. 24. 자 79마173 결정.

당사자표시정정신청으로 볼 여지가 있다.[1] 판례는 당사자가 사망하더라도 소송대리인의 소송대리권은 소멸하지 않으므로 당사자가 소송대리인에게 소송위임을 한 다음 소송계속 전에 사망한 경우에는 비록 사망한 사람을 원고로 표시하여 소를 제기하였더라도 그 소는 적법하고, 그 상속인의 소송수계가 허용된다고 한다.[2]

소송계속 중에 당사자가 사망하더라도 소송물인 권리관계가 상속의 대상이 되지 않는 경우에는 소송절차가 중단되는 것이 아니라 종료된다. 예를 들어, 이혼소송의 계속 중에 당사자 한쪽이 사망한 경우,[3] 이사의 자격으로 이사회결의무효확인소송을 제기하여 수행 중에 이사가 사망한 경우[4] 등이 이에 해당된다. 또한 당사자 한쪽이 상대방 당사자의 수계인이 되는 경우에도 소송절차는 종료된다. 소송계속 중 당사자가 사망한 때에는 상속인이나 상속재산관리인 등이 소송절차를 수계해야 한다(제233조 제1항 후단). 이 경우 상속인 등이 당사자가 되는 시기는 당사자가 사망한 때이다. 즉, 당사자가 사망한 때에 상속인 등이 법률상 당연히 당사자의 지위를 갖는 것이고, 상속인이 수계한 때에 당사자의 지위를 갖는 것이 아니다. 다만, 상속인 등이 소송수계를 하기 전에는 소송을 수행할 수 없는 장애사유로 인하여 소송절차가 중단될 뿐이다.[5]

### 2) 법인의 합병

당사자인 법인이 합병에 의하여 소멸된 때에 소송절차는 중단된다. 이 경우 합병에 의하여 설립된 법인 또는 합병한 뒤의 존속법인이 소송절차를 수계해야 한다(제234조). 법인이 합병 이외의 사유로 해산된 경우에는 청산법인으로 존속하므로 중단되지 않는다. 그러나 청산절차를 밟지 않고 소멸한 경우에는 중단된다. 예를 들어, 법인의 권리의무가 법률의 규정에 의하여 새로 설립된 법인에 승계되는 경우 등에도 소송절차가 중단된다.[6] 법인 아닌 사단이나 재단에 대하여도 제234조가 준용된다.

---

1) 대법원 2006. 7. 4. 자 2005마425 결정.
2) 대법원 2016. 4. 29. 선고 2014다210449 판결.
3) 대법원 1994. 10. 28. 선고 94므246,253 판결.
4) 대법원 1981. 7. 16. 자 80마370 결정; 2004. 4. 27. 선고 2003다64381 판결.
5) 대법원 1995. 5. 23. 선고 94다28444 전원합의체 판결.
6) 대법원 2002. 11. 26. 선고 2001다44352 판결; 1970. 4. 28. 선고 67다1262 판결.

### 3) 당사자의 소송능력상실, 법정대리인의 사망이나 대리권의 소멸

당사자가 소송능력을 상실한 때 또는 법정대리인이 사망하거나 대리권을 상실한 때에 소송절차는 중단된다. 이 경우 소송능력을 회복한 당사자 또는 새로 법정대리인이 된 사람이 소송절차를 수계해야 한다(제235조). 당사자가 성년후견의 심판을 받은 경우에는 소송능력을 상실하지만, 한정후견의 심판을 받은 경우에는 소송능력을 상실하지 않으므로 소송절차가 중단되지 않는다.

법정대리권이 소멸하는 경우에는 상대방에게 통지해야 그 효력이 생기므로 통지가 있어야 중단된다.[1] 다만, 법정대리인의 사망 또는 소송능력의 상실로 인한 대리권소멸의 경우에는 통지할 수 없는 상황이므로 그 사실이 발생한 때에 중단된다고 할 것이다.[2] 법인의 대표자 또는 법인 아닌 단체의 대표자나 관리인에 대하여도 법정대리인에 관한 규정이 준용되므로 법인의 대표자 등이 사망하거나 그 대표권을 상실한 경우에도 소송절차가 중단된다. 그런데 법인 등 단체의 대표권이 소멸된 경우 그 사실을 상대방에게 통지해야 소멸의 효력이 발생하므로 통지가 있어야 소송절차가 중단된다.[3]

### 4) 수탁자의 임무종료

신탁으로 말미암은 수탁자의 위탁임무가 끝난 때에 소송절차는 중단된다. 이 경우 새로운 수탁자가 소송절차를 수계해야 한다(제236조). 신탁법에 의한 신탁에 한정되고, 명의신탁은 여기에 해당하지 않는다.[4]

### 5) 소송담당자 또는 선정당사자의 자격상실

제3자의 소송담당에서 소송담당자가 그 자격을 상실하거나 사망한 때에는 소송절차가 중단된다. 이 경우 같은 자격을 가진 사람이 소송절차를 수계해야 한다(제237조 제1항). 여기의 소송담당자는 권리관계의 주체인 자에 갈음하여 소송수행권을 갖는 갈음형 소송담당자에 한정되고, 병행형 소송담당자는 자격을 상실하거나

---

1) 대법원 2006. 11. 23. 선고 2006재다171 판결.
2) 김홍엽, 533면; 이시윤, 180면.
3) 대법원 2007. 5. 10. 선고 2007다7256 판결; 1998. 2. 19. 선고 95다52710 전원합의체 판결.
4) 김홍엽, 534면; 이시윤, 448면.

사망하여도 소송절차가 중단되지 않는다.

선정당사자 전원이 자격을 상실하거나 사망한 때에도 소송절차가 중단된다. 이 경우 선정자 전원 또는 새로 선정된 선정당사자가 소송절차를 수계해야 한다(제237조 제2항). 그러나 여러 사람의 선정당사자 중 일부가 자격을 상실하거나 사망한 때에는 소송절차가 중단되지 않으며, 남은 선정당사자가 소송을 속행한다(제54조).

#### 6) 당사자의 파산 또는 파산절차의 해지

당사자가 파산선고를 받은 때에 파산재단에 관한 소송절차는 중단된다(제239조 전단). 파산선고가 있으면 파산한 채무자는 당사자적격을 잃고 파산관재인이 당사자적격을 갖게 되므로 파산관재인이 소송절차를 수계한다(채무자 회생 및 파산에 관한 법률 제359조 및 제347조 제1항). 채권자취소소송의 계속 중에 소송의 당사자가 아닌 채무자가 파산선고를 받은 때에도 소송절차는 중단되고 파산관재인이 수계한다(채무자 회생 및 파산에 관한 법률 제406조, 제347조 제1항). 판례는 채권자대위소송의 계속 중에 채무자가 파산선고를 받은 때에도 소송절차는 중단되고 파산관재인이 이를 수계할 수 있다고 한다.[1] 파산관재인이 소송을 수계한 이후에 파산절차가 해지된 때에는 소송절차가 중단되고, 파산선고를 받았던 채무자 본인이 소송절차를 수계해야 한다(제240조).

한편 당사자에 대한 회생절차개시결정이 있는 때에도 채무자의 재산에 관한 소송절차는 중단된다(채무자 회생 및 파산에 관한 법률 제59조 제1항). 파산절차와 마찬가지로 관리인이 당사자적격을 갖게 되므로 소송절차를 수계해야 한다(동법 제78조 및 제59조 제2항 전단). 관리인이 소송을 수계한 이후에 회생절차가 종료된 때에는 소송절차는 중단되고, 채무자가 소송절차를 수계해야 한다(동조 제4항).

### (2) 중단의 예외

중단사유가 생긴 당사자에게 소송대리인이 있는 경우에는 소송절차가 중단되지 않는다. 그러나 중단사유 가운데 파산 또는 파산절차의 해지의 경우에는 파산

1) 대법원 2013. 3. 28. 선고 2012다100746 판결.

자와 파산관재인 사이의 이해대립이 심하기 때문에 당사자에게 소송대리인이 있더라도 소송절차가 중단된다(제238조). 소송대리인이 있어 소송절차가 중단되지 않는 경우 소송대리인의 소송대리권은 소멸하지 않으며 수계절차를 밟지 않아도 법률상 당연히 새로운 당사자의 소송대리인이 된다.[1] 이 경우에도 승계인이 소송절차를 수계할 수 있음은 물론이다.[2] 실무에서는 소송대리인이 소송절차수계신청서 또는 당사자표시정정신청서 등을 제출하여 소송절차의 수계를 신청하고, 법원은 승계인을 당사자로 하여 절차를 진행하며 판결서에도 승계인을 당사자로 표시한다.

소송대리인은 법률상 당연히 새로운 당사자의 소송대리인이 되므로 종전 당사자의 이름으로 판결을 한 경우에도 그 판결의 효력은 새로운 당사자에게 미친다.[3] 또한 판결서에 새로운 당사자가 잘못 표시된 경우에도 판결의 효력은 정당한 승계인에게 미친다.[4] 사망한 사람의 공동상속인 중 소송수계절차를 밟은 일부만을 당사자로 표시한 판결도 수계하지 않은 나머지 공동상속인들에게 그 효력이 미친다.[5] 소송대리인이 있다고 하여 소송절차가 아무런 제한 없이 속행되는 것은 아니며, 심급대리의 원칙상 그 심급의 판결정본이 소송대리인에게 송달되면 소송절차는 중단된다.[6] 이 경우 상소는 소송수계절차를 밟은 다음에 제기하는 것이 원칙이나, 판례는 상소심에서 소송수계절차를 밟을 수 있고, 그러면 그 절차상의 하자가 치유되어 그 수계와 상소는 적법한 것이 된다고 한다.[7]

### (3) 중단의 해소

소송절차의 중단은 당사자가 수계신청을 하거나 법원의 속행명령에 의하여 해소되고, 소송절차의 진행이 재개된다.

---

1) 대법원 2011. 4. 28. 선고 2010다103048 판결.
2) 대법원 1972. 10. 31. 선고 72다1271,1272 판결.
3) 대법원 2011. 4. 28. 선고 2010다103048 판결.
4) 대법원 1992. 11. 5. 자 91마342 결정.
5) 대법원 2010. 12. 23. 선고 2007다22859 판결.
6) 대법원 1996. 2. 9. 선고 94다61649 판결.
7) 대법원 2016. 4. 29. 선고 2014다210449 판결.

### 1) 수계신청

#### (가) 수계신청권자

수계신청은 중단사유가 있는 당사자의 소송수계인뿐만 아니라 상대방 당사자도 할 수 있다(제241조). 소송수계인은 각 중단사유마다 법정되어 있다. 예를 들어, 당사자가 사망한 경우에는 상속인, 상속재산관리인, 포괄적 수증자 등이 소송절차를 수계하고(제233조 제1항), 당사자인 법인이 합병에 의하여 소멸된 경우에는 합병에 의하여 설립된 법인 또는 합병한 뒤의 존속법인이 소송절차를 수계하며(제234조), 소송능력의 상실 또는 법정대리권의 소멸의 경우에는 능력을 회복한 본인 또는 새로운 법정대리인이 소송절차를 수계한다(제235조). 법인의 대표자에 대한 직무집행정지가처분이 있는 경우에는 그 직무대행자가 소송수계인이 된다.

당사자 사망의 경우 공동상속재산은 상속인들의 공유이므로 필수적 공동소송관계가 아니어서 반드시 상속인 전원이 공동으로 수계해야 하는 것은 아니며 개별적으로 수계하여도 무방하다. 수계하지 않은 상속인에 대한 소송은 중단된 채로 피상속인이 사망한 당시의 심급법원에 계속되어 있게 된다.[1] 따라서 제1심 소송계속 중에 당사자가 사망하였으나 그 공동상속인 중 일부만이 소송수계를 하여 판결이 선고되고 항소한 경우에는 수계하지 않은 상속인에 대한 소송은 중단된 채 제1심 법원에 계속되어 있으므로 항소심이 아닌 제1심 법원에 소송수계신청을 해야 한다.[2]

#### (나) 수계신청할 법원

수계신청은 중단 당시 소송이 계속된 법원에 해야 한다. 종국판결이 송달된 뒤에 수계신청을 원심법원에서 해야 하는지 아니면 상소법원에서도 할 수 있는지 논의가 있다. 원칙적으로 원심법원에 수계신청을 해야 할 것이나, 소송경제에 비추어 상소를 제기한 후 상소법원에서 수계신청을 할 수 있고, 그러면 그 하자가 치유되어 상소와 수계가 적법한 것이 된다고 이해함이 타당하다. 판례도 상소법원에서 수계신청을 할 수 있다고 한다.[3]

---

1) 대법원 1993. 2. 12. 선고 92다29801 판결.
2) 대법원 1994. 11. 4. 선고 93다31993 판결.
3) 대법원 2003. 11. 14. 선고 2003다34038 판결; 1996. 2. 9. 선고 94다61649 판결.

#### (다) 수계신청절차

수계신청은 서면으로 해야 한다(민사소송규칙 제60조 제1항). 신청서에는 소송절차의 중단사유와 수계할 사람의 자격을 소명하는 자료를 첨부해야 한다(동규칙 동조 제2항). 수계신청인지 여부는 명칭에 구애됨이 없이 실질적으로 판단해야 한다. 예를 들어, 당사자표시정정신청을 하였으나 소송수계의 취지가 포함되어 있다면 소송수계신청으로 볼 것이다.[1] 수계신청기간에는 제한이 없으나, 당사자 사망의 경우 상속인은 상속포기를 할 수 있는 기간 내에는 수계신청을 하지 못한다(제233조 제2항). 그러나 상속포기를 할 수 있는 기간 중에 한 소송수계신청을 받아들여 소송절차를 진행하였더라도 그 후 상속의 포기 없이 그 기간을 경과한 때에는 그 하자가 치유된다.[2]

#### (라) 수계신청에 대한 재판

수계신청이 있으면 법원은 이를 상대방에게 통지해야 한다(제242조). 수계신청인에 대해서는 신청과 동시에 중단이 해소되지만, 상대방에 대한 관계에서는 통지한 때에 중단이 해소된다.[3] 수계신청이 있으면 법원은 그 적법 여부 및 이유의 유무를 직권으로 조사한다. 조사결과 수계신청이 이유 없으면 결정으로 기각하고(제243조 제1항), 이에 대해서는 통상항고를 할 수 있다(제439조). 수계신청이 이유 있으면 별도의 재판을 할 필요 없이 그대로 소송을 진행시키면 된다.[4]

### 2) 속행명령

법원은 당사자가 소송절차를 수계하지 않는 경우에 직권으로 소송절차를 계속하여 진행하도록 명하는 속행명령을 할 수 있다(제244조). 속행명령은 중단 당시 소송이 계속된 법원이 명하고, 속행명령이 당사자에게 송달되면 중단은 해소된다. 속행명령은 중간적 재판이므로 독립하여 불복할 수 없다.[5]

---

1) 대법원 1980. 10. 14. 선고 80다623,624 판결.
2) 대법원 1995. 6. 16. 선고 95다5905,5912 판결.
3) 김홍엽, 543면.
4) 대법원 1984. 6. 12. 선고 83다카1409 판결.
5) 김홍엽, 544면; 이시윤, 453면; 한충수, 401면.

## 3. 소송절차의 중지

### (1) 당연중지

천재지변, 그 밖의 사고로 법원이 직무를 수행할 수 없는 경우에 소송절차는 그 사고가 소멸될 때까지 중지된다(제245조). 이 경우 중지는 법률상 당연히 발생하고, 직무수행불능의 상태가 소멸하면 중지도 해소된다.

### (2) 재판중지

당사자가 일정하지 않은 기간 동안 소송행위를 할 수 없는 장애사유가 생긴 경우에는 법원은 결정으로 소송절차를 중지하도록 명할 수 있다(제246조 제1항). 이 경우 중지는 법원의 결정에 의하여 발생하고, 그 취소결정에 의하여 해소된다(동조 제2항).

### (3) 기타

법원이 법률의 위헌 여부 심판을 헌법재판소에 제청한 때에는 해당 소송사건의 재판은 헌법재판소의 위헌 여부의 결정이 있을 때까지 정지되고(헌법재판소법 제42조 제1항), 소송사건이 조정에 회부된 때에는 그 절차가 종료될 때까지 소송절차는 중지된다(민사조정규칙 제4조 제2항). 이는 당연중지에 해당한다. 한편 법원은 회생절차개시의 신청이 있는 경우 필요하다고 인정하는 때에는 이해관계인의 신청에 의하거나 직권으로 회생절차개시신청에 대한 결정이 있을 때까지 채무자의 재산에 관한 소송절차의 중지를 명할 수 있다(채무자 회생 및 파산에 관한 법률 제44조 제1항 제3호). 이는 법원의 재량에 의한 재판중지에 해당한다.

## 4. 소송절차정지의 효과

### (1) 소송행위의 효력

소송절차의 정지 중에는 판결의 선고를 제외하고는 일체의 소송행위를 할 수 없다(제247조 제1항). 정지 중에 당사자 또는 법원이 한 소송행위는 원칙적으로 무효이다. 그러나 당사자가 한 소송행위에 대해서는 그 상대방이, 법원이 한 소송행위에 대해서는 당사자가 아무런 이의를 제기하지 않으면 이의권의 포기·상실로 하자가 치유된다.

소송절차가 정지되었음에도 이를 간과한 채 변론을 종결하고 판결을 선고하면 위법하지만, 당연무효의 판결은 아니다. 이 경우는 대리인에 의하여 적법하게 대리되지 않았던 것과 마찬가지로 보아 상소(제424조 제1항 제4호) 또는 재심(제451조 제1항 제3호)에 의하여 그 취소를 구할 수 있다.[1] 소송수계인은 판결 선고 후에 수계신청을 하여 판결정본을 송달받아 상소를 제기할 수 있고, 사실상 판결정본을 송달받아 상소를 제기한 후에 상소심에서 수계신청을 할 수도 있다. 그러나 당사자가 판결 후 명시적 또는 묵시적으로 원심절차가 적법한 것으로 추인한 경우에는 이러한 상소사유 또는 재심사유는 소멸한다(제424조 제2항, 제451조 제1항 제3호).[2]

소송계속 중에 당사자가 사망하였음에도 사망한 사람의 이름으로 판결이 선고된 경우 강제집행을 위하여 승계집행문을 부여받아야 하는지 아니면 판결의 경정에 의하면 되는지 논의가 있다. 소송대리인이 있는 경우에는 소송절차를 그대로 진행하여 종전 당사자의 이름으로 선고한 판결은 적법하고 그 효력이 소송수계인에게 미치므로 수계인을 당사자로 판결을 경정하면 되지만, 소송대리인이 없는 경우에는 무효의 판결은 아니나 소송절차가 중단되었음에도 수계절차를 밟지 않은 위법한 판결이라는 점에서 판결의 경정에 의할 수는 없으며 소송수계인의 이름으로 강제집행을 하는 것은 판결에 표시된 당사자의 승계인이 강제집행을 하는 경우(민사집행법 제31조)와 유사하므로 승계집행문을 받아 강제집행을 해야 할 것이다. 판례도 소송대리인이 있어서 소송절차가 중단되지 않은 경우에는 소송수계인을 당사자로 판결을 경정하면 되지만,[3] 소송대리인이 없어 소송절차가 중단되었음에도 수계절차를 밟지 않은 경우에는 종전 당사자로 표시된 판결에 기하여 강제집행을 하기 위해서는 승계집행문을 부여받아야 한다고 한다.[4]

---

1) 대법원 2002. 9. 24. 선고 2000다49374 판결; 1998. 5. 30. 자 98그7 결정.

2) 대법원 2003. 11. 14. 선고 2003다34038 판결.

3) 대법원 2002. 9. 24. 선고 2000다49374 판결.

4) 대법원 1998. 5. 30. 자 98그7 결정.

### (2) 기간의 진행

소송절차의 중단 또는 중지는 기간의 진행을 정지시킨다. 이후 법원이 소송절차의 수계사실을 통지한 때 또는 소송절차를 다시 진행한 때부터 남은 기간이 아니라 전체 기간이 새로이 진행된다(제247조 제2항). 예를 들어, 지급명령이 송달된 후 이의신청기간 내에 회생절차개시결정 등 소송절차의 중단사유가 생긴 경우에는 이의신청기간의 진행이 정지되고,[1] 수계사실을 통지한 때에 남은 이의신청기간이 아니라 전체 이의신청기간이 새로이 진행된다.

1) 대법원 2012. 11. 15. 선고 2012다70012 판결.

# 제3장 증거

## 제1절 증거의 의의

### Ⅰ. 증거의 필요성

재판은 구체적 사실을 확정하고 여기에 법규를 해석·적용하여 법적 결론을 도출하는 논리적인 판단 작업이므로 법규의 존부·해석과 더불어 구체적 사실의 확정이 필요하다. 당사자 사이에 다툼이 없는 사실 또는 법관이 명확하게 인식하고 있는 현저한 사실은 그대로 판결의 기초로 할 수 있으나, 다툼이 있는 사실은 증거에 의하여 확정해야 한다. 이처럼 당사자 사이에 다툼이 있는 사실은 확정을 위하여 그 사실의 존부를 뒷받침할 증거를 필요로 한다.

### Ⅱ. 증거의 개념

#### 1. 증거방법, 증거자료, 증거원인

증거방법이란 법관이 그 오관(五官)의 작용에 의하여 조사할 수 있는 유형물을 말한다. 증인, 감정인, 당사자 본인은 인증(人證)이고, 문서, 검증물 그 밖의 증거는 물증(物證)이다. 증거자료는 증거방법을 조사하여 얻은 내용을 말한다. (증인을 신문하여 얻은) 증언, (감정인이 감정한) 감정결과, (서증조사하여 얻은) 문서의 기재 내용, 검증결과, 당사자신문결과, 사진·녹음테이프 등의 조사결과, 조사촉탁결과 등이 그것이다.

증거원인은 법관의 심증형성의 원인이 된 자료나 상황을 말한다. 증거자료와 변론 전체의 취지가 여기에 해당한다. 변론 전체의 취지란 증거조사의 결과 얻은 증거자료 이외에 변론에 나타난 일체의 자료나 상황을 말한다. 변론 전체의 취지는 그 의미가 애매하고 객관화하기 어렵기 때문에 독립된 증거원인은 될 수 없으며 다른 증거자료와 함께 보충적인 증거원인이 되는 데 그친다.

## 2. 증거능력과 증거력

증거능력이란 유형물이 증거방법으로서 증거조사의 대상이 될 자격을 말한다. 민사소송에서는 형사소송에서와는 달리 원칙적으로 증거능력의 제한이 없다. 그리하여 소송 제기 이후 그 소송에 사용하기 위하여 작성된 문서,[1] 전문증거,[2] 미확정판결서[3]도 증거능력이 있다. 그러나 법률상 예외적으로 증거능력이 제한되는 경우가 있다. 예를 들어, 법정대리인은 당사자신문의 대상이 될 뿐 증인능력이 없으며(제367조, 제372조), 기피당한 감정인은 감정인능력이 없다(제336조, 제337조). 또한 「통신비밀보호법」에서는 공개되지 않은 다른 사람 사이의 대화를 무단으로 녹음 또는 청취하여 얻은 내용에 대하여 증거능력을 부정하고 있다(통신비밀보호법 제14조, 제4조). 「통신비밀보호법」에 의하여 증거능력이 부정되는 것은 공개되지 않은 다른 사람들 사이의 대화를 무단으로 녹음한 경우이고, 상대방과 대화를 하면서 상대방의 동의 없이 녹음한 경우는 여기에 해당하지 않는다. 판례도 상대방과의 대화를 몰래 녹음한 녹음테이프의 증거능력을 인정하고 있다.[4]

이에 대하여 증거력은 증거자료가 요증사실의 인정에 기여하는 정도를 말한다. 증명력 또는 증거가치라고도 한다. 서증의 경우에는 증거력이 문서의 진정성립을 의미하는 형식적 증거력과 문서 기재 내용의 진실성을 의미하는 실질적 증거력으로 구분된다. 이는 문서 그 자체가 아니라 문서의 기재 내용을 증거자료로 하는 서증의

1) 대법원 1992. 4. 14. 선고 91다24755 판결; 1966. 9. 27. 선고 66다1133 판결.
2) 대법원 1967. 3. 21. 선고 67다67 판결.
3) 대법원 1995. 4. 28. 선고 94누11583 판결; 1992. 11. 10. 선고 92다22107 판결.
4) 대법원 2009. 9. 10. 선고 2009다37138,37145 판결; 1999. 5. 25. 선고 99다1789 판결.

특성에 기인한 것이다. 증거조사를 통하여 얻은 증거자료의 증거력은 법관이 논리와 경험의 법칙에 따라 자유롭게 판단한다(제202조). 이를 자유심증주의라고 한다.

### 3. 직접증거와 간접증거

직접증거는 주요사실의 존부를 직접 증명하는 증거이고, 간접증거는 간접사실이나 보조사실을 증명하기 위한 증거이다. 예를 들어, 교통사고로 인한 손해배상청구소송에서 교통사고의 현장을 목격한 증인이나 블랙박스 등의 현장영상물은 직접증거이고, 과실의 존재를 추인할 수 있는 음주운전의 사실을 증언해 줄 증인 또는 알리바이를 증명해 줄 증인 등은 간접증거에 해당한다.

### 4. 본증, 반증 및 반대사실의 증거

본증과 반증은 증명책임의 소재를 기준으로 한 분류이다. 증명책임이란 소송상 어느 증명을 요하는 사실의 존부가 확정되지 않을 경우 해당 사실이 존재하지 않는 것으로 취급되어 법률판단을 받게 되는 당사자 일방의 위험 또는 불이익을 말한다. 본증은 당사자가 자기에게 증명책임이 있는 사실을 증명하기 위하여 제출하는 증거이고, 반증은 상대방이 증명책임을 지는 사실을 부정하기 위하여 제출하는 증거이다. 본증은 법관으로 하여금 요증사실의 존재에 대하여 확실하다고 확신을 갖게 할 정도에 이르러야 하나, 반증은 요증사실의 존재에 대하여 의문을 품게 하는 정도면 충분하다.

반대사실의 증거는 법률상 추정된 사실을 깨뜨리기 위하여 그 추정을 다투는 사람이 제출하는 증거로서, 이는 반증이 아니고 본증이다. 추정에는 일반 경험칙을 적용하여 추정하는 사실상 추정과 법률의 규정에 따라 추정하는 법률상 추정이 있는데, 법률상 추정에서는 사실상 추정에서와는 달리 증명책임이 전환된다. 따라서 법률상 추정된 사실에 대해서는 그 추정을 다투는 사람에게 증명책임이 있다. 그리하여 사실상 추정은 반증으로 번복되지만, 법률상 추정은 반대사실의 증거가 있어야 번복된다.

## 5. 증명과 소명

증명과 소명은 법관의 심증정도를 기준으로 한 분류이다. 증명과 소명은 자기에게 증명책임이 있는 사실을 증명하기 위하여 제출하는 증거로서 본증에 해당한다. 다만, 법관의 심증형성의 정도가 다를 뿐이다. 증명은 법관으로 하여금 요증사실의 존재에 대하여 고도(高度)의 개연성(蓋然性) 있는 확신, 즉 십중팔구 틀림없다는 확신을 갖게 할 정도에 이르러야 하나, 소명은 증명에 비하여 저도(低度)의 개연성, 즉 법관이 일응 확실할 것이라는 추측을 갖게 하는 정도면 충분하다.

소명은 법률에 특별한 규정이 있는 경우에 한하여 인정된다. 기피사유(제44조 제2항)나 보조참가이유(제73조 제1항) 등 절차상의 파생적 사항, 가압류(민사집행법 제279조 제2항)나 가처분(동법 제301조) 등 신속한 처리를 요하는 사항은 소명에 의하고 있다. 또한 소명에 있어서 증거방법은 즉시 조사할 수 있는 것에 한정된다(제299조 제1항). 예를 들어, 법정에 나와 있는 증인, 당사자가 소지하고 있는 문서 등이 여기에 해당한다. 그러나 즉시 조사할 수 있는 것이면 제한이 없으므로 증인신문이 어려운 경우에는 증인의 진술서를 서증으로 제출할 수 있고, 현장검증 대신에 현장사진을 제출할 수도 있다.[1] 그럼에도 적절한 증거방법이 없을 때는 당사자 또는 법정대리인이 보증금을 공탁하거나 자신의 주장이 진실하다는 것을 선서함으로써 소명에 갈음할 수 있다(제299조 제2항). 그러나 나중에 진술이 거짓임이 밝혀진 경우에는 보증금이 몰취되거나 200만원 이하의 과태료의 제재를 받는다(제300조 및 제301조).

## 6. 엄격한 증명과 자유로운 증명

증거조사에 관한 법률규정의 준수 여부를 기준으로 엄격한 증명과 자유로운 증명으로 나눌 수 있다. 법률에서 정한 증거방법에 대하여 법률이 정한 증거조사절차에 의하는 증명을 엄격한 증명이라고 하고, 증거방법과 증거조사절차에 대하여

1) 강현중, 318면.

법률의 규정에서 해방되는 증명을 자유로운 증명이라고 한다. 통설은 소송물인 권리관계의 기초사실은 엄격한 증명을 요하지만, 간이·신속을 요하는 결정절차나 상고심절차에서의 요증사실, 직권조사사항에 대해서는 자유로운 증명이 허용된다고 한다. 생각건대, 변론이 전제되지 않는 결정절차나 상고심절차에서는 엄격한 증명의 원칙이 적용되기 어려울 것이다. 직권조사사항 중 소송요건이나 상소요건은 실체법상 요건에 못지않게 중요한 사항이므로 엄격한 증명의 대상이 된다고 보아야 할 것이지만, 경험법칙이나 관습법의 인정, 외국법의 내용 등은 자유로운 증명에 의할 수 있을 것이다.[1] 판례는 섭외사건에 관하여 적용할 준거외국법,[2] 난민신청자가 제출한 외국의 공문서[3] 등에 대한 증명은 자유로운 증명으로 충분하다고 한다.

## 제 2 절 증명의 대상과 불요증사실

### Ⅰ. 증명의 대상

사실이 증명의 대상이 되고 법규는 증명의 대상이 되지 않는다. 경험법칙은 원칙적으로는 증명의 대상이 아니지만, 예외적으로 증명의 대상이 되는 경우가 있다.

#### 1. 사실

법규의 구성요건을 이루는 사실, 즉 주요사실이 증명의 대상이 됨은 물론이다. 그러나 주요사실을 증명하기 어려운 경우에는 주요사실을 간접적으로 추인하게 하는 간접사실도 증명의 대상이 되고, 증거능력이나 증거력과 관련된 사실인 보조사

1) 김홍엽, 556면; 한충수, 418면.
2) 대법원 1992. 7. 28. 선고 91다41897 판결.
3) 대법원 2016. 3. 10. 선고 2013두14269 판결.

실, 예를 들어 알리바이 또는 증인이 거짓말을 잘한다는 사실 등도 증명의 대상이 될 수 있다. 주요사실은 법원에 현저하거나 상대방이 다투지 않는 경우를 제외하고는 언제나 증거에 의하여 인정해야 하지만, 간접사실이나 보조사실은 상대방이 다투더라도 반드시 증거에 의하여 인정해야 하는 것은 아니나 주요사실과 관련이 있는 경우 증명의 대상이 된다. 한편 다툼이 있는 사실이더라도 재판결과에 영향을 미치는 사실만이 증거조사의 대상이 된다. 주장 자체로 이유없는 사실, 예를 들어 도박자금으로 금전을 대여했다고 주장하는 경우의 금전대여사실 등은 증거조사를 할 필요 없이 배척하여야 할 것이다.[1)]

## 2. 경험법칙

경험법칙이란 경험을 통하여 얻어지는 사물에 대한 지식이나 법칙을 말한다. 경험법칙은 사실에 대한 평가적 판단, 증거의 가치판단, 간접사실에 의한 주요사실의 추단에 이용된다. 경험법칙 가운데 일반 상식적인 경험법칙은 증명의 대상이 되지 않으며 법관이 직권으로 판단할 수 있으나, 특수한 전문적·학리적 경험법칙은 법관이 알기 어려우므로 증명을 필요로 한다. 증명의 대상이 되더라도 자유로운 증명으로 족하다. 경험법칙은 법규에 준하는 것이므로 그 위반은 법률문제로 보아 판결에 영향을 미친 경우에는 상고이유가 된다(제423조). 판례도 법령의 위반에서와 마찬가지로 경험법칙의 인정을 그르쳤거나 그 적용을 잘못하여 판결결과에 영향을 미쳤다면 상고이유가 된다고 한다.[2)]

## 3. 법규

법규의 존부 확정이나 적용은 법원의 책무이므로 증명의 대상이 되지 않는다. 그러나 외국법이나 관습법 등은 법관이 알지 못하는 경우에는 증명의 대상이 된다.

---

1) 김홍엽, 560면; 이시윤, 463면.

2) 대법원 1970. 10. 23. 선고 70누117 판결; 2019. 2. 21. 선고 2018다248909 전원합의체 판결.

이 경우에 증명책임을 참작함이 없이 직권증거조사에 의할 것이지만,[1] 반드시 전문가의 감정이나 공공기관 등에 대한 조사촉탁에 의해야 하는 것은 아니며,[2] 자유로운 증명에 의하여도 무방하다.[3] 다만, 외국법에 대하여 직권조사를 다하여도 그 존부를 확정할 수 없는 경우에는 국내 법규를 적용할 수밖에 없고, 존부가 아니라 내용을 확인할 수 없는 경우에는 일반적인 법률해석기준인 조리에 의하여 재판해야 할 것이다.[4]

## Ⅱ. 불요증사실

### 1. 의의

당사자 사이에 다툼이 없는 사실은 이에 반하는 법원의 사실인정권이 배제되는 결과로 증명의 대상이 되지 않고, 현저한 사실은 그 객관성에 비추어 증명을 요하지 않는다. 또한 법률상 추정을 받는 사실도 적극적 증명을 요하지 않고 판결의 기초가 된다는 점에서 증명을 요하지 않는 사실에 속한다고 할 수 있다. 따라서 불요증사실로는 당사자 사이에 다툼이 없는 사실, 현저한 사실, 법률상 추정을 받는 사실이 있다.

### 2. 당사자 사이에 다툼이 없는 사실

#### (1) 재판상 자백

재판상 자백이란 변론기일 또는 변론준비기일에 상대방이 한 진술과 일치하고

1) 대법원 1981. 2. 10. 선고 80다2189 판결.
2) 대법원 1990. 4. 10. 선고 89다카20252 판결.
3) 대법원 1992. 7. 28. 선고 91다41897 판결.
4) 이시윤, 465면.

자기에게 불리한 사실의 진술을 말한다. 자백이 성립하면, 법원은 자백에 반하는 사실인정을 할 수 없고, 자백한 당사자는 임의로 자백을 취소할 수 없다. 이러한 자백의 구속력은 변론주의에 의하는 절차에서만 인정되고, 직권탐지주의에 의하는 절차에는 인정되지 않는다. 예를 들어, 재판권이나 재심사유의 존부[1]에 대해서는 직권탐지주의가 적용되므로 재판상 자백이 성립할 수 없다. 판례는 직권조사사항에 대하여도 자백의 구속력이 인정되지 않는다고 한다. 예를 들어, 법인 등 단체가 당사자인 사건에서 대표권의 존부,[2] 소송대리권의 존부[3] 등 소송요건에 대해서도 재판상 자백이 성립할 수 없다고 한다.

### 1) 요건

#### (가) 자백의 대상적격

자백은 구체적 사실을 대상으로 해야 한다. 자백은 사실상 진술에 대하여 성립하고, 법률상 진술은 자백의 대상이 되지 않는다. 법률상 진술에 대한 자백을 권리자백이라고 하는데, 자백으로서의 구속력이 인정되지 않는다.[4] 법규의 존부나 해석은 법원의 전권사항이기 때문이다. 판례는 이행불능,[5] 유언,[6] 혼인 외의 자녀,[7] 법정변제충당순서의 지정,[8] 월급으로 정한 통상임금을 시간급으로 산정하는 방법[9] 등에 관한 당사자의 주장은 자백의 대상이 되는 사실에 관한 진술이라고 볼 수 없으나, 일실이익의 산정에 있어서 피해자의 사고 당시 수입,[10] 피해자의 직업,[11] 노동능력 상실비율,[12] 후유장해등급[13] 등은 자백의 대상이 된다고 한다. 자백의 대

---

1) 대법원 1992. 7. 24. 선고 91다45691 판결.
2) 대법원 2002. 5. 14. 선고 2000다42908 판결.
3) 대법원 1999. 2. 24. 선고 97다38930 판결.
4) 대법원 2000. 12. 22. 선고 2000후1542 판결.
5) 대법원 2009. 4. 9. 선고 2008다93384 판결.
6) 대법원 2001. 9. 14. 선고 2000다66430 판결.
7) 대법원 1981. 6. 9. 선고 79다62 판결.
8) 대법원 1990. 11. 9. 선고 90다카7262 판결.
9) 대법원 2014. 8. 28. 선고 2013다74363 판결.
10) 대법원 1998. 5. 15. 선고 96다24668 판결.
11) 대법원 1980. 3. 25. 선고 80다68 판결.
12) 대법원 1988. 4. 25. 선고 87다카2285 판결; 1982. 5. 25. 선고 80다2884 판결.
13) 대법원 2006. 4. 27. 선고 2005다5485 판결.

상인 사실은 주요사실에 한정되고, 간접사실이나 보조사실에는 자백이 성립하지 않는다. 변론주의는 주요사실에 대해서만 적용되고, 간접사실이나 보조사실에도 자백을 허용하면 법관의 자유심증을 지나치게 제약하기 때문이다. 다만, 판례는 문서의 진정성립에 관한 자백은 보조사실에 관한 것이지만 주요사실에 대한 자백과 동일하게 처리해야 한다고 한다.[1]

**참조 권리자백**

권리자백은 법원을 구속하지 않으며, 상대방의 동의 없이 자유로이 철회할 수 있다. 그러나 법률상 개념을 사용한 진술이 동시에 구체적인 사실관계의 표현으로서 사실상의 진술도 포함하는 경우에는 그 범위 내에서 자백이 성립한다(대법원 1984. 5. 29. 선고 84다122 판결). 예를 들어, 매매, 임대차 등과 같이 널리 사용되고 있는 법률상 용어를 사용한 진술은 법률상 진술이지만 동시에 매매, 임대차를 구성하는 사실관계를 압축하여 표현하는 사실상의 진술에도 해당한다고 볼 수 있으므로 진술자가 소송대리인과 같이 법률용어의 의미를 이해하는 사람이라면 재판상 자백으로서의 구속력이 인정될 수 있을 것이다.

(나) 자백의 내용

자백의 내용이 자기에게 불리한 사실이어야 한다. 자기에게 불리한 사실을 상대방이 증명책임을 부담하는 사실로 한정하는 견해(증명책임설)[2]가 있으나, 비록 자신에게 증명책임이 있더라도 그 사실을 바탕으로 판결이 나면 패소할 가능성이 있는 사실은 여기에 해당한다고 할 것이다(패소가능성설). 판례도 자신이 증명책임을 부담하는 사실에 관하여 자신에게 불리한 진술을 하는 경우에도 자백이 성립된다고 한다.[3]

---

1) 대법원 2001. 4. 24. 선고 2001다5654 판결.
2) 이시윤, 469면.
3) 대법원 1993. 9. 14. 선고 92다24899 판결.

(다) 자백의 모습

자백이 성립하려면 상대방의 주장사실과 일치해야 한다. 상대방의 주장과 전부 일치해야 하는 것은 아니며, 일부만 일치하는 경우에도 그 일치하는 부분의 한도에서 자백이 성립한다(제한부자백). 예를 들어, 금전을 대여했다는 원고의 주장에 대하여 피고가 금전을 차용했으나 변제했다는 진술을 하는 경우 금전 대여 부분에 대해서는 자백이 성립한다.[1)]

한편 당사자 일방이 자기에게 불리한 사실을 먼저 진술한 경우(선행자백)에는 상대방이 원용하기 전에는 자백의 효력이 생기지 않으나, 상대방이 원용하거나 이와 일치되는 진술을 하게 되면 자백이 성립되어 법원은 그 자백에 반하는 사실을 인정할 수 없고 당사자도 그 자백을 취소할 수 없다.[2)] 그러나 상대방이 원용하기 전에는 언제든지 그 진술을 취소하여 자백의 성립을 막을 수 있다.[3)]

(라) 자백의 형식

자백은 변론기일이나 변론준비기일에 소송행위로서 진술해야 성립한다. 소송 외에서 상대방이나 제3자에게 자기에게 불리한 진술을 하거나 다른 소송의 변론에서 자기에게 불리한 진술을 하였다고 하여도 자백으로서의 구속력이 없다. 또한 자백은 소송행위로서의 진술이기 때문에 소송자료가 되는 것이고, 당사자신문에서 상대방의 주장사실과 일치되는 진술을 하여도 이는 증거자료에 불과하고 자백으로 되지 않는다.[4)]

2) 효과

(가) 사실인정권의 배제

자백이 성립하면 법원의 사실인정권이 배제된다. 법원은 자백한 사실이 진실인지 여부에 대하여 판단할 필요가 없으며, 비록 증거조사의 결과 자백과 반대되는 심증을 얻었다고 하여도 자백에 반하는 사실을 인정할 수 없다. 물론 현저한 사실

---

1) 대법원 2014. 1. 23. 선고 2011다108095 판결.
2) 대법원 2005. 11. 25. 선고 2002다59528 판결.
3) 대법원 1993. 4. 13. 선고 92다56438 판결.
4) 이시윤, 470면 및 471면.

또는 경험칙에 반하는 자백은 구속력이 인정되지 않는다.[1]

(나) 취소의 제한

자백이 성립하면 자백한 당사자는 임의로 자백을 취소할 수 없다. 다만, 상대방의 동의가 있는 경우, 자백이 진실에 반하고 착오로 인한 것임을 증명한 경우(제288조 단서)에는 예외적으로 취소가 가능하다. 자백의 취소는 종전의 자백과 배치되는 사실을 주장함으로써 묵시적으로도 할 수 있다.[2] 따라서 자백을 한 당사자가 자백의 내용에 반하는 주장을 하고, 이에 대하여 상대방이 이의를 제기함이 없이 그 주장 내용을 인정하였다면 종전의 자백은 취소되고 새로운 자백이 성립한 것으로 보아야 할 것이다.[3] 그러나 자백을 취소하였음에도 상대방이 아무런 이의를 제기하고 있지 않다는 점만으로 자백의 취소에 동의한 것으로 볼 수는 없다.[4]

자백을 취소하려는 당사자는 그 자백이 진실에 반한다는 점과 착오로 인한 것임을 함께 증명해야 한다. 판례는 진실에 반한다는 점이 증명되었다고 하여 착오로 인한 자백으로 추정되지는 않지만,[5] 자백이 진실에 반한다는 점이 증명된 경우에는 착오로 인한 것이라는 점은 변론 전체의 취지에 의하여 인정할 수 있다고 한다.[6] 법률심인 상고심에서는 새로운 사실 주장이 허용되지 않으므로 자백이 진실에 반하고 착오로 인한 것임이 증명되었더라도 원심에서 한 자백을 취소할 수 없다.[7]

그 밖에 자백이 실효 내지 무효가 되는 경우가 있다. 원고의 청구원인사실에 대한 자백이 성립한 후 청구의 교환적 변경으로 청구원인사실이 소멸된 경우에는 피고의 자백은 대상이 소멸하여 실효되고,[8] 소송대리인의 자백을 당사자 본인이 경정권(제94조)을 행사하여 경정하면 그 자백은 무효가 된다. 자백이 제3자의 형사상 처벌받을 행위에 의하여 이루어진 경우(제451조 제1항 제5호)에도 유죄판결이 확정

1) 대법원 1959. 7. 30. 선고 4291민상551 판결.
2) 대법원 1994. 9. 27. 선고 94다22897 판결.
3) 대법원 1990. 11. 27. 선고 90다카20548 판결.
4) 대법원 1994. 9. 27. 선고 94다22897 판결.
5) 대법원 1994. 9. 27. 선고 94다22897 판결.
6) 대법원 2001. 4. 13. 선고 2001다6367 판결.
7) 대법원 1998. 1. 23. 선고 97다38305 판결.
8) 대법원 1997. 4. 22. 선고 95다10204 판결.

되면 그 자백은 무효가 된다.

### (2) 자백간주

당사자가 스스로 자백하지 않았지만, 당사자의 태도로 보아 다툴 의사가 없다고 인정되는 경우에는 자백한 것으로 간주된다. 변론주의의 원칙상 당사자가 다툴 의사가 없는 태도를 보이는 경우에는 증거조사를 할 필요가 없기 때문이다. 따라서 자백간주는 변론주의에 의하는 절차에 한하여 인정되고, 직권탐지주의에 의하는 절차에서는 자백간주가 인정되지 않는다. 판례는 소송요건 등 직권조사사항에 대해서도 자백간주가 인정되지 않는다고 한다.[1] 자백간주가 성립하는 경우와 그 효과는 다음과 같다.

#### 1) 성립

##### (가) 상대방의 주장사실을 명백히 다투지 않는 경우

당사자가 변론기일에 출석하여 상대방의 주장사실을 명백히 다투지 않으면 그 사실에 대하여 자백간주가 성립한다(제150조). 다만, 변론 전체의 취지로 보아 다툰 것으로 인정된 경우에는 예외이다. 다투었는지 여부는 사실심 변론종결 당시 당사자의 변론을 일체로 하여 종합적으로 판단해야 한다.[2]

##### (나) 한쪽 당사자가 기일에 불출석한 경우

한쪽 당사자가 답변서나 준비서면을 제출하지 않고 기일에 불출석한 경우에는 상대방이 제출한 소장이나 준비서면에 기재된 사실에 대하여 자백한 것으로 간주된다(제150조 제3항). 다만, 공시송달에 의하여 기일통지를 받은 경우에는 당사자가 불출석하여도 자백간주가 성립되지 않는다.

##### (다) 답변서를 제출하지 않은 경우

피고가 소장부본을 송달받고 30일 이내에 답변서를 제출하지 않는 경우에는 청

---

1) 대법원 1999. 2. 24. 선고 97다38930 판결.
2) 대법원 2012. 5. 24. 선고 2012다19758 판결.

구의 원인사실에 대하여 자백한 것으로 간주하고, 변론없이 원고승소판결을 할 수 있다(제257조 제1항 본문). 다만, 직권조사사항이 있거나 판결이 선고되기까지 피고가 원고의 청구를 다투는 취지의 답변서를 제출한 경우에는 예외이다(동항 단서).

#### 2) 효과

자백한 것으로 간주되는 사실은 그대로 판결의 기초로 삼아야 한다. 다만, 자백간주의 경우에는 당사자에 대한 구속력이 없다. 따라서 당사자는 자백간주가 있었더라도 그 뒤 사실심에서 그 사실을 다툼으로써 자백간주의 효과를 번복할 수 있다. 판례는 비록 제1심에서 자백간주가 있었다고 하더라도 항소심의 변론종결시까지 이를 다투어 그 효과를 배제할 수 있다고 한다.[1]

### 3. 현저한 사실

현저한 사실이란 법관이 명확하게 인식하고 있고, 증거에 의하여 그 존부를 인정할 필요가 없을 정도로 객관성이 담보되어 있는 사실을 말한다. 현저한 사실에는 공지의 사실과 법원에 현저한 사실이 있다. 공지의 사실은 통상의 지식과 경험을 가진 일반인이 믿어 의심하지 않을 정도로 널리 알려진 사실을 말한다. 역사적으로 유명한 사실, 예를 들어 일제시대에 창씨개명이 있었던 사실, 한국 전쟁이 일어난 사실, 국회의원 선거일자 등이 여기에 해당한다. 법원에 현저한 사실은 법관이 그 직무상 경험으로 명백히 알고 있거나 기록 등을 조사하여 곧바로 그 내용을 알 수 있는 사실을 말한다.[2] 법관이 스스로 행한 판결, 소속법원에서 행한 가압류·가처분사건, 정부노임단가, 생명표에 의한 연령별 기대여명,[3] 직종별임금실태조사보고서와 한국직업사전의 존재 및 그 기재 내용[4] 등이 여기에 해당한다.

---

1) 대법원 1987. 12. 8. 선고 87다368 판결.
2) 대법원 1996. 7. 18. 선고 94다20051 전원합의체 판결.
3) 대법원 1999. 12. 7. 선고 99다41886 판결.
4) 대법원 1996. 7. 18. 선고 94다20051 전원합의체 판결.

## 4. 법률상 추정

### (1) 의의

추정이란 어느 사실에서 다른 사실을 추인하는 것을 말한다. 요증사실의 증명이 어려운 경우에 그보다 증명이 용이한 전제사실의 증명에 의하여 요증사실의 존재를 인정하는 것이다. 추정에는 일반 경험칙을 적용하여 추정하는 사실상의 추정과 법률의 규정에 의하여 추정하는 법률상 추정이 있다. 매도증서의 보관사실에서 매수사실을 추정하는 것 등이 사실상 추정에 해당한다. 법률상 추정은 다시 일정한 사실에서 다른 사실이 있는 것으로 추정하는 사실추정과 일정한 사실에서 일정한 권리가 있는 것으로 추정하는 권리추정이 있다. 민법 제30조에 의한 동일한 위난으로 인한 동시 사망의 추정, 민법 제197조 제1항에 의한 점유의 선의·공연·평온 추정, 민법 제198조에 의한 점유의 계속 추정 등은 전자에 속하고, 민법 제200조에 의한 점유자의 적법 추정, 민법 제830조의 부부 특유재산의 추정 및 귀속불명재산의 공유추정 등은 후자에 속한다.

### (2) 증명책임의 전환 내지 완화

법률상 추정이 있으면 전제사실을 증명하면 족하고 요증사실에 대해서는 증명할 필요가 없다. 법률상 추정되는 요증사실에 대해서는 상대방이 그 반대사실을 증명할 책임이 있다. 즉, 법률상 추정에서는 증명책임이 상대방에게 전환된다. 그리하여 법률상 추정되는 요증사실은 증명하지 않아도 되는 불요증사실이 된다.

사실상 추정은 반증으로 번복되지만, 법률상 추정은 반대사실의 증거가 있어야 번복된다. 반대사실의 증거는 자신이 증명책임을 지는 사실을 증명하기 위한 증거이므로 본증이다. 그리하여 법률상 추정을 깨뜨리려면 상대방이 본증으로 반대사실의 증거를 제출하거나 그 전제사실에 대한 반증을 제출해야 한다. 이처럼 법률상 추정이 있으면 요증사실을 증명할 필요 없이 증명이 용이한 전제사실을 증명하면 족하다는 점에서 증명책임이 완화된다고 할 수 있고, 오히려 상대방이 반대사실을 증명할 책임이 있다는 점에서 증명책임이 전환된다고 할 수 있다.

### (3) 등기의 추정력

판례는 법률상 명문의 규정이 없음에도 등기의 추정력을 법률상 추정으로 보고 있다. 그리하여 판례는 부동산에 관하여 소유권이전등기가 마쳐진 경우 등기명의자는 제3자는 물론 그 전의 소유자에 대하여도 적법한 등기원인에 의하여 소유권을 취득한 것으로 추정된다고 하면서 그 등기가 위법하게 된 것이라고 주장하는 상대방에게 그 추정력을 번복할 반대사실을 증명할 책임이 있다고 한다.[1)]

# 제 3 절 자유심증주의와 증명책임

## Ⅰ. 자유심증주의

### 1. 의의

자유심증주의란 사실 주장이 진실인지 아닌지를 판단함에 있어서 법관이 증거법칙의 제약을 받지 않고 변론 전체의 취지와 증거조사의 결과를 참작하여 형성된 자유로운 심증으로 행할 수 있다는 원칙을 말한다(제202조). 이에 대응한 개념으로 법정증거주의가 있다. 예를 들어, 계약의 존재나 변제사실에 대한 증거방법은 문서에 한정한다든가, 과반수 증인의 진술은 믿어야 한다는 등 법관의 사실인정을 법률로 정해 놓은 증거법칙에 따르도록 하는 원칙을 말한다. 법정증거주의는 법관의 사실인정을 지나치게 형식화시켜 실체진실의 발견을 그르칠 위험이 있으므로 오늘날에는 자유심증주의가 보편적으로 인정되고 있다.

---

1) 대법원 1992. 10. 27. 선고 92다30047 판결; 2013. 1. 10. 선고 2010다75044 판결.

## 2. 증거원인

법관의 심증형성의 원인으로는 증거조사의 결과와 변론 전체의 취지가 있다(제202조).

### (1) 증거조사의 결과

증거조사의 결과는 증거조사에 의하여 얻은 내용, 즉 증거자료를 말한다. 원칙적으로 증거방법이나 증거능력에 제한이 없다. 서류의 위조 여부를 반드시 감정에 의할 필요가 없으며, 형사소송의 전문증거도 증거능력이 있다. 증거자료 사이에 우열은 없으며, 증거자료의 증거력 평가는 법관의 자유로운 판단에 일임되어 있다. 증거는 어느 당사자가 제출한 것이든 상대방의 원용 여부를 불문하고 당사자 일방에게 유리하거나 불리한 사실인정의 자료로 사용될 수 있다. 즉, 증거는 증거제출자에게 유리하게 또는 불리하게 평가될 수 있다. 이를 증거공통의 원칙이라고 한다.

### (2) 변론 전체의 취지

변론의 전체 취지란 증거조사의 결과 얻은 증거자료 이외에 변론에 나타난 일체의 자료나 상황을 말한다. 당사자 또는 대리인의 진술내용이나 진술태도, 공격방어방법의 제출시기 등 법관의 심증형성의 원인이 되는 것은 증거자료를 제외하고 모두 변론 전체의 취지에 포함된다.[1] 변론 전체의 취지는 독립적인 증거원인은 될 수 없으며 다른 증거자료와 함께 보충적인 증거원인이 되는 데 그친다. 변론 전체의 취지는 그 의미가 애매하고 객관화하기 어렵다는 점에서 법관의 자의적인 사실인정을 허용할 우려가 있기 때문이다. 따라서 변론 전체의 취지만으로 사실인정을 할 수 없다. 다만, 판례는 문서의 진정성립은 다른 증거에 의하지 않고 변론 전체의 취지만으로 인정할 수 있고,[2] 자백의 취소요건으로서의 착오는 자백이 진실에

1) 강현중, 340면 및 341면.
2) 대법원 2010. 2. 25. 선고 2007다85980 판결.

반한다는 사실이 증명된 경우에는 변론 전체의 취지만으로 인정할 수 있다고 한다.[1)]

## 3. 자유심증의 정도

자유심증주의에서 법관의 심증의 정도는 고도의 개연성 있는 확신, 즉 십중팔구 틀림없다는 확신에 이르러야 한다. 판례는 민사소송에서의 증명은 법관의 심증이 확신의 정도에 달하게 하는 것을 가리키고, 그 확신이란 자연과학이나 수학의 증명과 같이 반대의 가능성이 없는 절대적 정확성을 말하는 것은 아니지만, 통상인의 일상생활에서 진실하다고 믿고 의심하지 않는 고도의 개연성을 말하는 것으로 막연한 의심이나 추측을 하는 정도에 이르는 것만으로는 부족하다고 한다.[2)] 다만, 예외적으로 법률의 규정이 있는 경우에는 소명에 의할 수 있다. 소명은 저도(低度)의 개연성, 즉 법관이 일응 확실할 것이라는 추측만으로 충분하다.

**참조 민사소송에서 법관의 심증 정도**

민사소송에서 법관의 심증 정도로 고도의 개연성있는 확신을 요구하는 것은 당사자에게 가혹한 증명활동을 강요하는 것이 되어 부당하다. 형사소송에서 법관의 심증 정도인 합리적 의심이 없는 확신과 비교해 보아도 그 심증의 정도가 지나치게 높다. 민사소송에서의 고도의 개연성 있는 확신은 십중팔구 틀림없다는 확신, 즉 80퍼센트 내지 90퍼센트 사실이라는 확신을 말하고, 형사소송에서의 합리적 의심이 없는 확신은 90퍼센트 이상 사실이라는 확신을 말한다. 형사소송에서 피고인의 범죄사실에 대한 증명책임은 검사에게 있는데, 검사에게는 강제수사권이 인정되고 있으므로 검사는 강제수사권을 발동하여 증거를 수집할 수 있고, 이로써 90퍼센트 이상의 확신을 주는 증명활동을 하기에 충분하다. 그러나 민사소송의 당사자에게는 이러한 권한이 없으며, 그럼에도 80퍼센트 내지 90퍼센트의 확신을 주는 증명활동을 요구하는 것은 지나치게 가혹하다고 하지

---

1) 대법원 2000. 9. 8. 선고 2000다23013 판결.
2) 대법원 2009. 12. 10. 선고 2009다56603 판결; 2016. 11. 24. 선고 2015두54759 판결.

않을 수 없다.

미국의 경우 형사소송에서 피고인의 유죄를 인정하기 위하여 요구되는 증명의 정도는 '합리적 의심이 없는 증거(beyond a reasonable doubt)'이다. 우리나라 형사소송에서 요구되는 심증의 정도와 차이가 없다. 그러나 민사소송에서는 이보다 훨씬 낮은 증명의 정도인 '우월한 증거(preponderance of evidence)'에 의하고 있다. 우월한 증거란 과반수를 넘는 확신을 말한다. 즉, 사실이라는 확신이 50퍼센트를 넘는 경우에는 그러한 사실의 존재를 인정할 수 있다. 민사소송에서 법관의 심증 정도로 고도의 개연성 있는 확신을 요구하는 경우 진정한 피해자의 구제요청을 배척하는 오판을 할 위험성이 있다. 분명히 피해를 입었음에도 지나치게 과도한 심증의 정도를 요구함에 따라 증명을 하지 못해 피해를 구제받지 못하는 실체적 진실에 반하는 결과가 초래될 수 있다. 또한 고도의 개연성 있는 확신을 요구하는 것은 민사소송 당사자의 증명활동의 한계를 넘는 것이 되어 수사기관의 힘을 빌리게 되고, 그리하여 민사사건의 형사사건화, 형사소추기관의 비대화라는 부작용이 야기될 수 있다. 적정한 사실인정과 이를 통한 실체적 진실에 부합하는 공정한 재판을 실현하기 위하여 민사소송에서 법관의 심증 정도를 완화하는 노력이 요구된다고 할 것이다.

## 4. 자유심증주의의 한계

자유로운 심증에 의한 판단은 형식적인 증거법칙으로부터의 자유를 의미하는 것이지 법관의 자의적인 판단을 허용하는 것은 아니다. 따라서 사실판단은 적법한 증거조사를 거친 적법한 증거에 의해야 하고, 일반의 논리법칙과 경험법칙에 따라야 한다. 그리하여 증거의 채택과 사실인정은 사실심의 전권에 속하는 것이어서 상고심에서 문제 삼을 수 없는 것이 원칙이지만(제432조), 적법한 증거조사를 거친 증거능력 있는 증거에 의하지 않은 사실인정, 적법한 증거조사결과를 간과한 사실인정, 논리법칙과 경험법칙을 현저히 위반한 사실인정은 자유심증주의의 한계를 일탈한 것으로 판결에 영향을 미친 경우에는 상고이유가 된다(제423조).

## 5. 자유심증주의의 예외

### (1) 증거방법·증거능력·증거력의 법정

법률에서 예외적으로 증거방법이나 증거능력을 제한하거나 증거력의 평가를 제한하는 경우가 있다. 증거방법을 제한하는 경우로는 소송상 대리권의 존재에 대한 서면증명(제59조 제1항, 제89조 제1항), 소명방법을 즉시 조사할 수 있는 것에 한정하는 것(제299조 제1항) 등이 있고, 증거능력을 제한하는 경우로는 당사자와 법정대리인에 대한 증인능력을 부정하는 것(제367조, 제372조) 등이 있다. 또한 증거력의 평가를 제한하는 경우로는 변론의 방식에 대한 변론조서의 법정증거력(제158조), 문서의 형식적 증거력에 관한 추정규정(제356조, 제358조), 당사자의 증명방해에 대한 불리한 사실의 인정(제349조, 제350조, 제366조, 제369조 등)[1] 등이 있다.

### (2) 증거계약

증거계약이란 소송에서의 사실확정에 관한 당사자 사이의 합의를 말한다. 증거계약에는 일정한 사실을 인정하거나 다투지 않기로 하는 자백계약, 일정한 증거방법을 제출하지 않기로 하는 증거제한계약, 권리관계의 존부를 확정하는데 전제가 되는 사실의 확정을 제3자의 판정에 맡기기로 하는 중재감정계약, 증인의 증언 내용을 진실한 것으로 인정하거나 일정한 권리관계의 존부를 소명만 있으면 증명된 것으로 하는 등의 증거력을 제한하는 증거력계약 등이 있다.

자백계약은 변론주의가 적용되는 통상의 민사소송에서는 자백이 허용되므로 유효하다. 그러나 직권탐지주의가 적용되거나 직권조사사항에 대해서는 자백이 허용되지 않으므로 무효이고, 권리자백이나 간접사실에 대한 자백은 법원을 구속하지 못하므로 이에 관한 자백계약 역시 무효이다. 증거제한계약은 보충적 직권증거조

---

1) 당사자가 문서제출명령에 따르지 않거나 상대방의 사용을 방해할 목적으로 제출의무 있는 문서를 훼손하여 사용할 수 없게 한 때에는 법원은 문서의 기재에 관한 상대방의 주장을 진실한 것으로 인정할 수 있다(제349조, 제350조). 이 규정은 검증에도 준용된다(제366조). 또한 당사자신문에서 당사자가 정당한 사유없이 출석하지 않거나 선서 또는 진술을 거부한 때에도 법원은 신문사항에 관한 상대방의 주장을 진실한 것으로 인정할 수 있다(제369조).

사가 허용되는 한도에서 효력이 없다. 즉, 보충적으로 직권증거조사를 하지 않는 경우에만 유효하다. 법관이 당사자가 제출한 증거만으로 심증형성이 되지 않을 때 직권으로 증거조사하는 것을 막을 수 없기 때문이다.[1] 따라서 소액사건 등 직권증거조사의 원칙이 적용되는 절차에서는 증거제한계약은 무효이다. 중재감정계약의 경우 처분할 수 있는 법률관계에 관하여 권리관계의 존부 확정을 당사자의 합의로 제3자에게 맡길 수 있으므로 유효하다. 그러나 증거력계약은 법관의 자유로운 심증형성을 부당하게 제약하여 자유심증주의를 근본적으로 침해하는 것이므로 무효이다.

## Ⅱ. 증명책임

### 1. 의의

증명책임이란 소송상 어느 증명을 요하는 사실의 존부가 확정되지 않는 경우 해당 사실이 존재하지 않는 것으로 취급되어 법률판단을 받게 되는 당사자 일방의 위험 또는 불이익을 말한다. 증명책임은 심리의 최종단계에 이르러 사실주장이 진실인지 아닌지에 대해 아무런 확신이 서지 않을 때, 즉 증명이 되지 않을 때 증명을 요하는 사실이 존재하지 않는 것으로 취급하여 당사자 일방의 불이익으로 귀속시킴으로써 재판을 가능하게 하기 위한 것이다. 이러한 진위불명의 상태는 직권탐지주의에서도 생길 수 있으므로 증명책임은 변론주의는 물론이고 직권탐지주의에 의하는 경우도 적용된다.

**참조 객관적 증명책임과 주관적 증명책임**

증명책임을 객관적 증명책임과 주관적 증명책임으로 구분하여 설명하는 견해가 있다. 요증사실에 대하여 진위불명인 경우에 당사자 일방의 패소위험 또는 불이익을 객관적 증명책임이라고 하고, 증명책임자가 패소를 면하기 위하여 증거를 제출해야 하는 책임

1) 김홍엽, 653면 및 654면; 이시윤, 540면.

을 주관적 증명책임이라고 한다. 객관적 증명책임은 심리의 최종단계에서 진위불명이라는 결과에 대한 책임이라면, 주관적 증명책임은 심리의 개시단계에서부터 문제가 되는 것으로 당사자의 행위책임이라고 한다. 객관적 증명책임은 변론주의뿐만 아니라 직권탐지주의에 의하는 경우에도 문제가 될 수 있으나, 주관적 증명책임은 변론주의의 산물이므로 직권탐지주의에 의하는 경우에는 그 적용이 없다고 한다. 그러나 증명책임은 진위불명인 경우의 당사자 일방의 패소위험, 즉 객관적 증명책임을 말하는 것이다. 주관적 증명책임은 변론과정에서 객관적 증명책임에 따른 패소위험을 면하기 위한 당사자의 증명활동을 강조하는 개념에 불과하다. 객관적 증명책임 이외에 주관적 증명책임을 별도로 인정할 실익은 그리 크지 않다고 생각된다.

## 2. 증명책임의 분배

### (1) 분배의 기준

당사자는 자기에게 유리한 법규의 요건사실의 존부에 대하여 증명책임을 부담한다(법률요건분류설). 권리의 존재를 주장하는 사람은 권리근거규정의 요건사실에 대하여 증명책임을 지고, 권리의 존재를 다투는 상대방은 반대규정의 요건사실에 대하여 증명책임을 진다. 반대규정에는 권리장애규정, 권리소멸규정, 권리저지규정이 있다. 권리장애규정은 당초부터 권리의 성립을 방해하는 규정으로 불공정 법률행위, 통정허위표시, 강행법규 위반 등 법률행위를 무효로 하는 규정이 여기에 속하고, 권리소멸규정은 변제, 계약의 해제, 소멸시효의 완성, 착오 또는 사기·강박에 의한 취소 등 일단 발생한 권리를 소멸시키는 규정을 말한다. 권리저지규정은 기한의 유예, 정지조건의 존재, 동시이행항변권이나 유치권 등 권리의 행사를 저지시키는 규정을 말한다.

소송요건이나 상소요건 등 직권조사사항에 대해서도 그 사실의 존부가 불명한 경우에는 증명책임의 원칙이 적용된다. 본안판결을 받는 것은 원고에게 유리하므로 소송요건에 대한 증명책임은 원고에게 있다.[1] 물론 소송요건이라도 직권조사사항이 아닌 항변사항에 대해서는 피고에게 증명책임이 있다. 상소요건이 흠결되면 상소인은 상소가 각하되는 불이익을 입게 되므로 상소요건에 대한 증명책임은 상소인에게 있다.

### (2) 분배의 사례

증명책임의 분배에 관한 판례의 입장을 살펴보면 다음과 같다.

#### 1) 대여금청구소송

대여금청구소송에서 금전대여사실은 원고에게 증명책임이 있고, 피고가 소멸시효완성의 항변을 하는 경우 대여금채권이 시효로 소멸하였다는 권리소멸사실은 피고에게 증명책임이 있다.[1] 이 경우 피고는 채권자가 해당 권리를 행사할 수 있었다는 사실과 그때로부터 소멸시효기간이 경과한 사실을 주장·증명해야 한다. 한편 원고가 대여금채무의 보증인을 상대로 보증채무의 이행을 구하는 경우에는 보증계약체결사실은 물론 주채무인 대여금채무의 발생사실도 요건사실이 되므로 원고는 주채무의 발생사실도 주장·증명해야 한다.

#### 2) 임대차 관련 소송

임대차보증금반환청구소송에서 임차인인 원고는 임대차계약을 체결한 사실, 보증금을 지급한 사실, 임대차가 종료한 사실을 주장·증명해야 한다. 임대인인 피고가 연체차임을 임대차보증금에서 공제받고자 하는 경우에는 차임약정사실을 주장·증명해야 하지만, 차임약정사실이 있으면 임차인은 당연히 차임을 지급할 의무가 있으므로 차임지급사실은 재항변사실로서 임차인인 원고가 주장·증명해야 한다. 나아가 임대인인 피고가 임대차 종료 후의 차임 상당의 부당이득을 임대차보증금에서 공제해 줄 것을 주장하기 위해서는 임차인이 임차목적물을 점유하고 있다는 사실과 함께 임차목적물을 본래의 용법대로 사용·수익하고 있는 사실까지 주장·증명해야 한다.

한편 임대차 종료를 원인으로 한 임대차목적물반환청구소송에서 임대인인 원고는 임대차계약을 체결한 사실, 목적물을 임차인에게 인도한 사실, 임대차종료의 원

---

1) 대법원 1997. 7. 25. 선고 96다39301 판결.
1) 대법원 1991. 7. 26. 선고 91다5631 판결.

인이 되는 사실(임대차 기간만료나 해지)을 주장·증명해야 한다. 그러나 타인 소유의 물건에도 임대차계약이 유효하게 성립할 수 있으므로 목적물이 임대인의 소유라는 사실은 주장·증명할 필요가 없다. 임차인의 임대차목적물반환채무가 이행불능이 된 경우 임차인이 그 이행불능으로 인한 손해배상책임을 면하려면 그 이행불능이 임차인의 귀책사유로 인한 것이 아님을 증명할 책임이 있다.[1] 그러나 그 이행불능이 임대차목적물을 사용·수익하기에 필요한 상태로 유지해야 할 임대인의 의무위반에 원인이 있음이 밝혀진 경우에는 그렇지 않다.[2]

### 3) 매매대금청구소송

매매대금청구소송에서 매도인인 원고가 매매대금만 청구하는 경우에는 매매계약의 체결사실이 요건사실이다. 즉, 원고는 피고에게 재산권을 이전하여 주기로 하고, 이에 대하여 피고가 일정액의 대금을 지급하기로 약정한 사실만 주장·증명하면 된다. 그러나 매매대금에 대한 지연이자를 함께 청구하는 경우에는 매매계약의 체결사실뿐만 아니라 대금지급기일의 약정 및 도래사실, 매매목적물의 소유권이전의무의 이행이나 이행의 제공사실 또는 매매목적물의 인도사실, 손해의 발생 및 범위가 요건사실이 된다.

### 4) 소유권이전등기(말소)청구소송

매매로 인한 소유권이전등기청구소송에서 요건사실은 매매계약의 체결사실이고, 매매대금지급사실은 요건사실이 아니다. 매매계약의 체결만으로 매수인의 소유권이전등기청구권이 발생하므로 매수인인 원고는 매매계약의 체결사실만 주장·증명하면 되고, 나아가 매수인이 대금을 지급한 사실이나 목적물이 매도인의 소유라는 사실까지 주장·증명할 필요가 없다.

한편 원인무효로 인한 소유권이전등기말소청구소송에서 요건사실은 원고 소유의 부동산인데 피고 명의로 등기가 마쳐진 사실, 등기원인서류가 위조되거나 등기원인인 매매가 무효·취소·해제된 사실 등이다. 피고 명의로 등기가 경료된 이상 적법하게 이루어진 것으로 법률상 추정되므로 원고가 그 반대사실, 즉 등기원인의

---

1) 대법원 2006. 1. 13. 선고 2005다51013,51020 판결.

2) 대법원 2009. 5. 28. 선고 2009다13170 판결.

무효사실 또는 등기절차의 위법사실까지 주장·증명해야 한다.[1)]

### 5) 채무부존재확인소송

채무부존재확인소송에서는 원고가 채무의 발생원인사실을 부인하는 주장을 하면, 피고는 채권의 존재를 증명할 책임이 있다. 그리하여 청구이의소송이나 배당이의소송에서 원고가 피고의 채권이 성립하지 않았음을 주장하는 경우에는 피고에게 채권의 발생원인사실을 증명할 책임이 있고, 원고가 그 채권이 통정허위표시로서 무효라거나 변제에 의하여 소멸되었음을 주장하는 경우에는 그러한 장애사실이나 소멸사실에 대한 증명책임은 원고에게 있다.[2)] 또한 근저당권의 피담보채권의 존재는 그 채권의 존재를 주장하는 근저당권자에게 증명책임이 있으므로[3)] 근저당설정등기의 말소를 구하는 소송에서 피담보채권의 존재에 대한 증명책임은 피고에게 있다.

### 6) 채권자취소소송

채권자취소소송에서 채권자가 채무자의 수익자에 대한 금원지급행위가 증여라고 주장함에 대하여 수익자가 기존 채무의 변제로 받은 것이라고 다투는 경우에 그 금원지급행위가 증여라는 사실은 사해행위의 취소를 구하는 채권자에게 증명책임이 있다.[4)] 사해행위를 취소하려면 수익자 또는 전득자가 그 행위 당시 사해행위임을 알고 있어야 하는데, 채권자가 수익자 또는 전득자의 악의를 증명할 필요는 없으며, 수익자 또는 전득자가 사행행위임을 몰랐다는 사실, 즉 자신이 선의라는

1) 대법원 1983. 11. 22. 선고 83다카950 판결.

2) 대법원 2010. 6. 24. 선고 2010다12852 판결; 2007. 7. 12. 선고 2005다39617 판결.

3) 대법원 2011. 4. 28. 선고 2010다107408 판결; 원심은 근저당권등기가 마쳐진 이상 원고가 근저당권자로부터 금원을 차용한 것으로 추정하고 그 추정과 다르게 근저당권등기가 피담보채권을 성립시키는 법률행위 없이 경료된 것이라는 사정은 원고가 증명하여야 한다고 하였으나, 근저당권은 계속적인 거래관계로부터 발생하는 다수의 불특정채권을 장래의 결산기에서 일정한 한도까지 담보하기 위한 목적으로 설정되는 담보권이므로 근저당권설정행위와는 별도로 근저당권의 피담보채권을 성립시키는 법률행위가 있어야 하고, 근저당권의 성립 당시 근저당권의 피담보채권을 성립시키는 법률행위가 있었는지 여부에 대한 증명책임은 그 존재를 주장하는 측에 있다(대법원 2009. 12. 24. 선고 2009다72070 판결).

4) 대법원 2014. 10. 27. 선고 2014다41575 판결.

사실을 증명할 책임이 있다.[1])

## 3. 증명책임의 완화

기업이나 병원 등을 대상으로 하는 소송, 예를 들어, 공해소송이나 의료소송 등에서는 증거가 구조적으로 편재되어 있어 증명책임분배의 원칙을 엄격히 고수할 경우에 피해자는 증명곤란으로 패소를 면하기 어렵다. 이러한 증거의 편재에 따른 당사자 사이의 실질적 불평등을 해소하기 위하여 증명책임을 완화하려는 노력이 강구되고 있다. 이러한 증명책임의 완화와 관련하여 법률상 추정, 일응의 추정, 신개연성설 등이 논의되고 있다.

### (1) 법률상 추정

법률상 추정이 있는 경우 전제사실을 증명하면 족하고 요증사실에 대해서는 증명할 필요가 없다. 법률상 추정이 있으면 증명책임이 전환되어 상대방이 반대사실을 증명할 책임이 있다. 그러나 다른 한편 법률상 추정이 있으면 증명이 용이한 전제사실의 증명에 의하여 요증사실의 존재가 인정된다는 점에서 증명책임이 완화된다고 할 수 있다.

### (2) 일응의 추정과 간접반증

일응의 추정은 사실상 추정의 하나로서 고도의 개연성있는 경험칙을 이용하여 간접사실로부터 주요사실을 추정하는 경우를 말한다. 추정된 사실은 거의 증명된 것으로 보기 때문에 표현증명(表見證明)이라고 한다. 일응의 추정 또는 표현증명은 주로 불법행위에 있어서 인과관계와 과실을 인정하는데 적용되고, 흔하게 반복적으로 일어날 수 있는 정형적 사상경과(定型的 事象經過)가 문제된 경우에 적용된다. 예를 들어, 자동차가 갑자기 인도에 진입하여 인명사고를 낸 경우, 의사가 개복수

1) 대법원 2010. 7. 22. 선고 2009다60466 판결; 1997. 5. 23. 선고 95다51908 판결 등.

술 후에 수술용 가위나 거즈를 환자의 뱃속에 남겨둔 경우, 건물의 신축 후 불과 11주만에 천장이 무너진 경우 등은 운전사, 의사, 건축업자의 과실 및 손해발생과의 인과관계를 인정할 수 있는 정형적 사상경과에 해당한다. 이처럼 주요사실에 대하여 일응의 추정이 생긴 경우에 그 추정의 전제사실과 양립되는 별개의 간접사실을 증명하여 일응의 추정을 번복하기 위한 증명활동을 간접반증이라고 한다. 예를 들어, 자동차가 인도에 진입한 경우에 운전자의 과실로 일응의 추정이 생기지만, 그것이 다른 차량의 충격으로 인한 것이었다는 특별한 사정을 증명하면 운전자의 과실에 대한 일응의 추정이 번복될 수 있다.[1]

### (3) 개연성설과 신개연성설

개연성설은 주로 공해소송에서 정확한 인과관계가 증명되지 않았더라도 해당 행위가 없었다면 결과가 발생하지 않았으리라는 상당 정도의 가능성만 있으면 인과관계를 인정하는 이론이다. 그리하여 피해자는 침해행위와 손해발생 사이의 인과관계가 상당 정도의 가능성이 있음을 증명하면 충분하고, 가해자가 이에 대한 반증을 한 경우에만 인과관계를 부정할 수 있다고 한다.[2] 개연성설은 인과관계의 증명의 정도를 낮춤으로써 피해자의 증명책임을 완화하려는 이론이다.

이러한 개연성설에 일응의 추정과 간접반증이론을 도입하여 소송법적으로 구체화한 것이 신개연성설이다. 신개연성설에서는 공해소송의 인과관계를 몇 개의 간접사실, 즉 원인물질의 배출, 피해물건에의 도달, 손해의 발생, 원인물질의 유해성 등으로 구분하고, 인과관계의 모든 과정을 피해자에게만 증명하도록 하는 것은 형평의 관념에 반하므로 그 일부를 가해자로 하여금 간접반증에 의하여 다투도록 해야 한다는 것이다.[3] 즉, 피해자가 원인물질의 배출, 피해물건에의 도달, 손해의 발생을 증명하면 경험법칙에 의하여 인과관계의 존재가 사실상 추정되고, 가해자가 이를 부인하려면 원인물질이 유해하지 않다는 등의 반증을 들어 다투어야 한다고 한다.[4]

---

1) 이시윤, 552면 및 553면.
2) 대법원 1974. 12. 10. 선고 72다1774 판결.
3) 김홍엽, 671면.
4) 한충수, 455면.

판례도 공해소송과 의료소송에서 신개연성설을 채택하여 증명책임을 완화하고 있다. 공해소송의 경우 가해기업이 원인물질을 배출하였고(원인물질의 배출), 그 원인물질이 피해물건에 도달하였으며(피해물건에의 도달), 그 후 피해물건에 손해가 발생하였음(손해의 발생)이 입증되면, 가해기업의 원인물질 배출행위와 피해자의 손해발생 사이에 인과관계가 일응 증명되었다고 할 것이고, 이에 대하여 가해기업측에서 자신이 배출한 원인물질에는 피해물건에 악영향을 끼칠 수 있는 물질이 없다거나 또는 있더라도 안전한 범위를 넘지 않았다는 사실을 반증을 들어 부정하지 못하는 한 그 손해에 대한 배상책임을 부담해야 한다고 한다.[1] 또한 의료소송의 경우에도 환자측에서 일반인의 상식에 바탕을 둔 의료상의 과실행위를 증명하고, 그 결과와의 사이에 일련의 의료행위 외에 다른 원인이 개입될 수 없다는 점, 예를 들어 환자에게 의료행위 이전에 그러한 결과의 원인이 될 만한 건강상의 결함이 없었다는 점을 증명한 경우에는 그 결과가 의료상 과실로 인하여 발생하였다고 일응 추정되고, 의사측에서 의료상 과실이 아니라 다른 원인에 의하여 그 결과가 발생하였음을 반증을 들어 부정하지 못하는 한 의사측이 그 결과에 대하여 손해배상책임을 진다고 한다.[2]

## 제 4 절 증거조사

### Ⅰ. 증거조사의 개시

#### 1. 증거신청

변론주의에 의하는 소송절차에서는 증거의 수집·제출책임이 당사자에게 있으므로 당사자의 증거신청이 있는 때에만 증거조사가 이루어지는 것이 원칙이다. 증

1) 대법원 1984. 6. 12. 선고 81다558 판결; 1997. 6. 27. 선고 95다2692 판결.
2) 대법원 1995. 2. 10. 선고 93다52402 판결; 2012. 1. 27. 선고 2009다82275 판결.

거신청은 서면 또는 구술로 한다(제161조 제1항). 증거신청에는 증명할 사실, 특정의 증거방법, 증명취지를 표시해야 한다. 증명할 사실을 구체적으로 특정해야 하고, 증명취지는 해당 증거방법과 증명할 사실의 관계를 말하는데, 구체적으로 명확히 밝혀야 한다(민사소송규칙 제74조).

증거신청이 있으면 법원은 상대방에게 그 신청에 대하여 진술할 기회를 주어야 한다(제274조, 제283조). 진술의 기회를 주었음에도 의견을 제출하지 않으면 증거신청에 위법이 있더라도 소송절차에 관한 이의권의 포기·상실로 그 하자가 치유되어 적법한 것이 된다. 증거신청은 증거조사개시 전에는 상대방의 동의 없이 자유롭게 철회할 수 있다. 예를 들어, 문서제출명령의 신청에 따라 법원이 제출명령을 하였더라도 그 문서가 법원에 제출되기 전이라면 신청인은 상대방의 동의 없이 그 신청을 철회할 수 있다.[1] 그러나 증거조사가 개시된 후에는 상대방의 동의가 있어야 철회할 수 있다. 증거조사가 종료된 후에는 이미 증거신청의 목적이 달성되었으므로 철회가 허용되지 않는다.

**참조 모색적 증명**

증명할 사실을 구체적으로 특정하지 않은 채 먼저 증거신청부터 하고 증거조사를 통하여 구체적인 기초자료를 얻어내고자 하는 모색적 증명은 증거신청의 남용을 초래할 우려가 있어 원칙적으로 허용되지 않는다. 다만, 증거의 구조적 편재를 시정할 필요가 있는 공해소송이나 의료소송 등에서는 당사자 사이의 실질적 평등을 도모한다는 점에서 제한적으로 모색적 증명을 허용할 필요가 있다. 모색적 증명을 허용하면 증명할 사실을 구체적으로 특정하지 않아도 되므로 증거신청을 쉽게 할 수 있는 이점이 있다. 민사소송법에서도 제한적이지만 모색적 증명을 허용하고 있다. 상대방이 소지하고 있는 문서의 표시나 취지를 구체적으로 특정하기 어려운 경우에 문서의 취지나 그 문서로 증명할 사실을 개괄적으로 표시하여 신청하면 상대방이 신청내용과 관련된 문서의 목록을 적어내도록 하는 문서목록제출명령(제346조)은 모색적 증명의 하나로 볼 수 있다.

1) 대법원 1971. 3. 23. 선고 70다3013 판결.

## 2. 증거신청의 채부결정

증거신청을 하면 법원은 그 채택 여부를 결정한다. 증거신청이 부적법한 경우, 예를 들어 증거방법의 불특정 또는 증명할 사실이나 증명취지의 불분명 등 신청방식이 부적법한 경우, 증거능력 없는 증거방법에 대한 증거신청인 경우, 시기에 늦은 증거신청인 경우 등에는 각하결정을 한다. 증거신청이 적법하더라도 증인의 행방불명이나 목적물의 분실 등 증거조사에 장애가 있는 경우에는 증거조사를 하지 않을 수 있다.

증거신청에 대한 채택 여부는 법원의 직권에 속하는 재량사항이다. 따라서 법원은 증거신청이 적법하더라도 반드시 증거조사를 해야 하는 것은 아니며, 필요하지 않다고 인정하는 때에는 증거조사를 하지 않을 수 있다(제290조 본문). 판례는 증거신청의 채부결정은 법원이 자유롭게 할 수 있는 직권사항이므로 반드시 명시적으로 증거의 채택 여부를 결정할 필요가 없다고 한다.[1] 그리하여 당사자의 감정신청이나 문서제출명령신청에 대하여 법원이 채부결정 없이 변론을 종결하였다면 위 신청을 묵시적으로 기각한 것으로 볼 수 있고, 이는 판단누락에 해당하지 않는다고 한다.[2]

증거조사를 할지 여부는 법원의 재량사항이지만, 예외적으로 유일한 증거인 때에는 반드시 증거조사를 해야 한다(제290조 단서). 유일한 증거란 당사자가 주장한 특정 사실을 증명할 증거방법이 유일한 경우를 말한다. 유일한 증거인지 여부는 사건 전체에 대해서가 아니라 쟁점 단위별로 판단해야 하고, 전체 심급을 통하여 판단해야 한다. 또 유일한 증거는 자기에게 증명책임이 있는 사항에 대한 증거로서 본증에 한하고 반증은 제외된다.[3] 통설은 유일한 증거는 주요사실에 대한 증거인 직접증거를 말하며, 간접사실이나 보조사실에 대한 증거인 간접증거는 여기에 포함되지 않는다고 한다.[4] 이에 대하여 공해소송이나 의료소송 등에서는 간접사실이 결정적인 역할을 한다는 점에서 간접사실을 증명할 간접증거도 유일한 증거로

---

1) 대법원 1989. 9. 97. 선고 89마694 판결.
2) 대법원 2001. 5. 8. 선고 2000다35955 판결; 1992. 9. 25. 선고 92누5096 판결.
3) 대법원 1998. 6. 12. 선고 97다38510 판결.
4) 김홍엽, 584면; 이시윤, 483면.

보호되어야 한다는 견해가 있다.[1] 당사자가 주장할 사실을 증명할 유일한 증거방법을 직접증거에 한정할 이유가 없으므로 증명책임을 지는 사실이라면 간접사실에 대한 증거도 여기에 포함된다고 해석함이 타당하다. 그러나 유일한 증거라고 하더라도 증거신청이 실기한 공격방어방법으로 각하된 경우,[2] 증거신청서를 제출하지 않거나 증거조사비용을 납부하지 않은 경우,[3] 증인의 소환불능 등 증거조사에 장애가 있는 경우[4] 등에는 증거조사를 하지 않을 수 있다. 유일한 증거에 대해서는 증거조사를 거부할 수 없을 뿐이고, 그 증거조사의 결과를 채택해야 하는 것은 아니다.

법원이 증거조사결정을 한 때에는 당사자에게 증거조사비용을 미리 내게 해야 한다(제116조 제1항, 민사소송규칙 제77조 제1항). 당사자가 비용을 예납하지 않는 경우 법원은 증거조사결정을 취소할 수 있다(제116조 제2항, 동규칙 제77조 제3항).[5] 증거신청의 채부결정은 소송지휘에 관한 재판이므로 언제든지 취소·변경할 수 있으며(제222조), 독립한 불복신청이 허용되지 않는다. 다만, 합의사건의 변론준비절차에서 재판장 등이 한 증거신청의 채부결정에 대해서는 이의신청을 할 수 있고, 이에 대하여 법원은 결정으로 재판해야 한다(제281조 제2항, 제138조). 또한 문서제출명령신청의 채부결정도 증거신청의 채부결정에 속하지만, 문서제출명령의 중요성에 비추어 즉시항고를 허용하고 있다(제348조).

### 3. 증거조사의 실시

당사자가 신청한 증거에 대하여 법원이 채택하는 결정을 하게 되면 증거조사가 실시된다. 현행법은 증인신문, 서증, 검증, 감정, 당사자신문, 그 밖의 증거에 대한 증거조사를 규정하고 있다. 이에 관한 자세한 내용은 후술한다.

---

1) 한충수, 482면.
2) 대법원 1968. 1. 31. 선고 67다2628 판결.
3) 대법원 1969. 1. 21. 선고 68다2188 판결.
4) 대법원 1971. 7. 27. 선고 71다1195 판결.
5) 반드시 증거조사를 할 필요가 있음에도 당사자가 소송비용을 예납하지 않는 경우에 그로 인하여 소송절차의 진행이 현저히 곤란한 때에는 그 비용을 국고에서 대납받아 지출할 수 있다(민사소송규칙 제20조).

### 4. 직권증거조사

직권증거조사는 당사자가 신청한 증거만 가지고는 심증을 얻을 수 없거나 그 밖에 필요한 경우에 보충적으로 허용된다(제292조). 다만, 소액사건과 증권관련집단소송에서는 보충성이 요구되지 않으며, 필요한 경우 법원은 직권으로 증거조사를 할 수 있다. 직권증거조사는 변론주의의 원칙상 보충적으로 허용되는 것이므로 처음부터 적극적으로 직권증거조사를 해서는 안 되며, 심리의 최종단계에 이르러 당사자가 신청한 증거만으로 심증형성이 안 될 때 해야 한다. 그러나 심증형성이 어렵다고 하여도 법원이 반드시 직권증거조사를 해야 하는 것은 아니며, 직권증거조사를 할 것인지 여부는 법원의 재량이다.

직권증거조사의 비용은 증거조사에 의하여 이익을 받는 당사자에게 그 예납을 명해야 하고, 이익을 받을 당사자가 분명하지 않은 경우에는 원고가 예납을 해야 한다(제116조 제1항, 민사소송규칙 제19조 제1항 제3호 단서). 당사자가 비용을 예납하지 않으면 법원은 직권증거조사를 하지 않을 수 있다(제116조 제2항). 비송사건에서는 직권증거조사비용을 국고에서 체당한다(비송사건절차법 제30조).

## Ⅱ. 증인신문

### 1. 의의

증인신문이란 증인의 증언으로부터 증거자료를 얻는 증거조사를 말한다. 증인신청을 할 때에는 증인과 당사자의 관계, 증인이 사건에 관여하거나 내용을 알게 된 경위 등을 구체적으로 밝혀야 한다. 실무상으로는 정형화된 증인신청서를 사용하고 있다.

증인은 과거에 경험한 사실을 법원에 보고할 것을 명령받은 당사자 이외의 제3자이다. 증인은 과거에 자신이 경험한 사실을 진술하는 사람이고 자기 의견을 진술하는 사람이 아니라는 점에서 특별한 학식과 경험을 가진 사람으로써 그 지식을 이용한 판단을 진술하는 감정인과 구별된다. 그런데 특별한 학식과 경험에 의하여 알게 된 사실을 법원에 보고하는 감정증인의 경우, 예를 들어 사고현장에 있던 의사가 사고경위나 피해상황에 관한 전문적 진술을 하는 경우 증인신문절차에 의할지 아니면 감정절차에 의할지 논의가 있으나, 감정증인은 증인일 뿐이고 감정인이 아니므로 그 조사절차는 증인신문절차에 의해야 할 것이다(제340조).

한편 증인은 법원에 진술하는 사람이라는 점에서 수사기관에 진술하는 참고인과 구별된다. 또한 증인은 당사자 이외의 제3자라는 점에서 당사자 본인이나 당사자에 준하는 법정대리인은 증인이 될 수 없다. 공동소송인도 자신의 소송과 무관한 사항에 관해서는 증인이 될 수 있으나, 공동의 이해관계가 있는 사항에 대해서는 당사자신문을 해야 한다.[1]

## 2. 증인의 의무

### (1) 출석의무

출석요구를 받은 증인은 지정된 일시·장소에 출석할 의무가 있다. 증인에 대한 출석요구서에는 당사자의 표시, 신문사항의 요지, 출석하지 않는 경우의 법률상 제재 등을 적어야 한다(제309조). 증인에 대한 출석요구서는 부득이한 사정이 없는 한 출석할 날보다 2일 전에 송달되어야 한다(민사소송규칙 제81조 제2항). 증인이 정당한 사유 없이 출석하지 않는 경우에는 법원은 결정으로 증인에게 이로 인한 소송비용을 부담하도록 명하고, 500만원 이하의 과태료에 처할 수 있다(제311조 제1항). 증인이 적법한 출석요구서를 받고 출석하지 않았어야 하므로 증인에 대한 출석요구서가 송달되지 않은 경우에는 비록 증인이 불출석하였다고 하여도 이러한 제재를 가할 수 없다. 증인이 과태료재판을 받고도 정당한 사유 없이 다시 출석하지 않는 경우에는 결정으로 증인을 7일 이내의 감치에 처할 수 있다(동조 제2항). 나아가 법원은 정당한 사유 없이 출석하지 않는 증인을 구인하도록 명할 수 있다(제312조). 과태료나 감치에 처하는 결정에 대하여 증인은 즉시항고를 할 수 있다(제311조 제8

1) 김홍엽, 590면 및 591면; 이시윤, 489면 및 490면.

항 본문). 그러나 즉시항고를 하더라도 집행을 정지시키는 효력은 없다(동항 단서).

그런데 증인이 법정에 직접 출석하여 증언하기 어려운 경우 상당하다고 인정하는 때에는 증인이 법정에 직접 출석하지 않고 원격 영상으로 증인신문을 할 수 있다. ① 증인이 멀리 떨어진 곳 또는 교통이 불편한 곳에 살고 있거나 그 밖의 사정으로 말미암아 법정에 직접 출석하기 어려운 경우, ② 증인이 나이, 심신상태, 당사자나 법정대리인과의 관계, 신문사항의 내용, 그 밖의 사정으로 말미암아 법정에서 당사자 등과 대면하여 진술하면 심리적인 부담으로 정신의 평온을 현저하게 잃을 우려가 있는 경우에는 당사자의 의견을 들어 비디오 등 중계장치에 의한 중계시설을 통하거나 인터넷 화상장치를 이용하여 신문할 수 있다(제327조의2 제1항). 이러한 원격 영상에 의한 증인신문은 증인이 법정에 출석하여 이루어진 증인신문으로 본다(동조 제2항).

### (2) 선서의무

증인은 신문에 앞서 선서할 의무가 있다. 다만, 특별한 사유가 있는 때에는 신문한 뒤에 선서하도록 할 수 있다(제319조). 16세 미만인 사람과 선서의 취지를 이해하지 못하는 사람은 선서무능력자로서 선서를 시키지 못한다(제322조). 후술하는 증언거부권자가 증언을 거부하지 않고 증언을 하는 때에는 선서를 면제할 수 있고(제323조), 증인이 자기 또는 친족이나 후견인 등과 현저한 이해관계가 있는 사항에 관하여 신문을 받을 때에는 선서를 거부할 수 있다(제324조).

선서를 거부하는 경우 그 이유를 소명해야 한다(제326조 및 제316조). 재판장은 선서거부권이 있음을 고지할 의무가 없다.[1] 수소법원은 당사자를 심문하여 선서의 거부가 정당한지를 재판하고, 이 재판에 대하여 당사자 또는 증인은 즉시항고를 할 수 있다(제326조 및 제317조). 선서의 거부에 정당한 이유가 없다고 한 재판이 확정되었음에도 증인이 선서를 거부하는 경우에는 법원은 결정으로 증인에게 이로 인한 소송비용을 부담하도록 명하고, 500만원 이하의 과태료에 처할 수 있다(제326조, 제318조, 제311조 제1항).

---

1) 대법원 1971. 4. 30. 선고 71다452 판결.

### (3) 진술의무

증인은 신문에 대하여 구두로 진술할 의무가 있다. 그러나 증인은 ① 증언이 자기, 자기의 친족이나 이러한 관계에 있었던 사람, 자기의 후견인이나 후견을 받는 사람이 공소제기되거나 유죄판결을 받을 염려가 있는 사항 또는 자기나 위 사람들에게 치욕이 될 사항에 관한 것인 경우(제314조), ② 변호사·변리사·공증인·공인회계사·세무사·의료인·약사 그 밖에 법령에 따라 비밀을 지킬 의무가 있는 직책 또는 종교의 직책에 있거나 이러한 직책에 있었던 사람이 직무상 비밀에 속하는 사항에 대하여 신문을 받는 경우 또는 ③ 기술이나 직업의 비밀에 속하는 사항에 대하여 신문을 받는 경우 증언을 거부할 수 있다(제315조).

증언거부에 대한 재판 및 제재는 선서거부에 있어서와 동일하다. 그리하여 증언을 거부하는 경우 선서거부와 마찬가지로 증인은 그 이유를 소명해야 하며(제316조), 수소법원은 증언거부가 정당한지를 재판하고, 이에 대하여 당사자 또는 증인은 즉시항고를 할 수 있다(제317조). 형사소송에서와 달리 민사소송의 경우 재판장은 증언거부권이 있음을 고지할 의무가 없다.[1] 증언거부에 정당한 이유가 없음에도 증인이 증언을 거부한 때에는 증인은 소송비용을 부담하거나 500만원 이하의 과태료에 처해질 수 있다(제318조, 제311조 제1항).

## 3. 증인신문의 절차

### (1) 증인신문사항의 제출

증인신청을 한 당사자는 법원이 정한 기한까지 증인신문사항을 적은 서면을 법

1) 민사소송법에서는 형사소송법에서와는 달리 증언거부권을 규정하면서 그 고지규정을 두고 있지 않다. 이는 양 절차의 목적·적용원리 등의 차이에 따른 것이고 더구나 민사소송법에서는 선서거부권(제324조)과 선서면제(제323조) 등 증인으로 하여금 위증죄의 위험에서 벗어날 수 있는 장치를 마련하고 있다는 점에서 증언거부권고지규정을 두지 않은 것이 입법의 불비라거나 증언거부권을 부당하게 침해하는 입법이라고 볼 수 없다. 따라서 민사소송절차에서 재판장이 증인에게 증언거부권을 고지하지 않았다고 하여 절차위반의 위법이 있다고 할 수 없다(대법원 2011. 7. 28. 선고 2009도14928 판결).

원에 제출해야 하고(민사소송규칙 第80조 제1항), 법원은 증인신문사항을 상대방에게 송달해야 한다(동조 제2항). 증인신문사항을 송달받은 상대방은 이에 대한 반대신문사항을 작성하게 되는데, 반대신문사항은 미리 법원에 제출하거나 상대방에게 송달할 필요는 없으며 실무상 증인신문기일에 반대신문을 할 때 재판부에 제출한다.

### (2) 신문 전 절차

증인이 출석하면, 먼저 재판장이 증인의 인적사항을 확인한다. 이후 재판장은 선서의 취지를 밝히고 위증의 벌을 경고한 후 증인으로 하여금 소리내어 읽고 기명날인 또는 서명하게 한다(제320조, 제321조). 선서한 증인이 허위진술을 하면 형법상 위증죄가 성립한다.

### (3) 증인신문의 진행

#### 1) 구술신문과 격리신문

증인은 말로 진술함이 원칙이고, 서류에 의하여 진술하지 못한다(제331조). 다만, 당사자는 재판장의 허가를 받아 문서, 도면, 사진, 모형, 장치 그 밖의 물건을 이용하여 신문할 수 있다(제331조 단서, 민사소송규칙 제96조 제1항).[1] 같은 기일에 두 사람 이상의 증인을 신문하는 경우에는 따로따로 신문해야 하고, 나중에 신문할 증인은 법정에서 나가도록 하는 것이 원칙이다(제328조 제1항 및 제2항). 재판장은 필요한 경우 증인 상호 간의 대질을 명할 수 있다(제329조).

#### 2) 교호신문(交互訊問)

증인신문은 교호신문방식에 의한다. 그리하여 증인신문은 증인신청을 한 당사자의 신문(주신문), 상대방의 신문(반대신문), 증인신청을 한 당사자의 재신문(재주신문)의 순으로 진행한다(민사소송규칙 제89조 제1항). 그 이후의 신문(재반대신문, 재재주신

1) 문서, 도면 등이 증거로 제출되는 것인 경우에는 먼저 증거조사를 해야 한다. 증거조사를 하지 않은 때에는 신문에 앞서 상대방에게 열람할 기회를 주어야 한다. 다만, 상대방의 이의가 없으면 그렇지 않다(민사소송규칙 제96조 제2항).

문 등)은 재판장의 허가를 얻은 경우에 한하여 허용된다(동조 제2항).

주신문은 증명할 사항과 이에 관련된 사항에 관하여 한다(동규칙 제91조 제1항). 주신문에서는 허위증언을 유도할 위험성 때문에 유도신문(leading question)이 원칙적으로 금지된다(동조 제2항).[1] 유도신문이란 신문자가 바라는 답변을 질문 자체에 내포하거나 암시하는 질문을 말한다. '예' 또는 '아니오'로 답변할 수 있는 질문이 유도신문의 가장 전형적인 형식이다. 물론 질문의 형식이 '예' 또는 '아니오'의 답변을 요구한다고 하여 항상 유도신문에 해당하는 것은 아니고, 신문을 하는 사람이 원하는 답을 암시하고 있는지 여부에 달려 있다. 그러나 반대신문에서는 필요한 경우 유도신문을 할 수 있다(동규칙 제92조 제2항). 다만, 재판장이 유도신문의 방법이 상당하지 않다고 인정하는 때에는 제한할 수 있다(동조 제3항).

반대신문은 주신문에 나타난 사항과 이에 관련된 사항에 관하여 한다(동규칙 제92조 제1항). 반대신문에서 주신문에 나타나지 않은 새로운 사항에 관하여 신문하고자 하는 경우에는 재판장의 허가를 얻어야 하고, 그 신문은 주신문으로 본다(동조 제4항 및 제5항). 재판장은 당사자에 의한 신문이 끝난 후에 신문하는 것이 원칙이나, 필요한 경우 당사자의 신문 도중이라도 스스로 증인을 신문할 수 있다(제327조 제2항 및 제3항).

### (4) 그 밖의 증인조사방식

#### 1) 증인진술서의 제출

법원은 효율적인 증인신문을 위하여 필요하다고 인정하는 때에는 증인을 신청한 당사자에게 증인진술서를 제출하게 할 수 있다(민사소송규칙 제79조 제1항). 증인진술서에는 증언할 내용을 그 시간 순서에 따라 적고, 증인이 서명날인해야 한다(동조 제2항).[2] 당사자가 증인진술서를 제출하면 법원은 상대방에게 미리 증인진술

---

1) 주신문에서 유도신문은 금지되지만, ① 증인과 당사자의 관계, 증인의 경력 등 실질적인 신문에 앞서 미리 밝혀둘 필요가 있는 준비적인 사항에 관한 신문의 경우, ② 증인이 주신문을 하는 사람에 대하여 적의 또는 반감을 보이는 경우, ③ 증인이 종전의 진술과 상반되는 진술을 하는 때에 그 종전 진술에 관한 신문의 경우, ④ 그 밖에 유도신문이 필요한 특별한 사정이 있는 경우에는 예외적으로 허용된다(민사소송규칙 제91조 제2항 단서).

2) 증인진술서는 먼저 증인과 당사자의 관계, 증인이 사건에 관여하거나 내용을 알게 된 경위를 적고,

서를 송달하고, 법정에서는 쟁점사항에 한정하여 주신문을 하며 나머지 입증사실에 관해서는 증인진술서가 사실대로 작성되었다는 취지의 증언을 한 다음 반대신문을 하는 방식으로 운영된다. 증인진술서 제출방식은 쟁점사항에 한정하여 주신문을 실시함으로써 종래 교호신문방식에 따른 비효율성을 극복하기 위한 조사방식이다. 가족, 친지, 직원 등 증인을 신청한 당사자의 지배영역 내에 있는 증인에 대해서는 증인진술서의 제출을 명하는 것을 원칙으로 하고 있다.

증인진술서는 서증으로 취급된다. 즉, 증인진술서는 그 기재 내용이 법정에서 진술되지 않는 한 서증으로 남게 된다. 그러나 증인진술서를 제출한 증인이 불출석한 경우에는 그 증인진술서를 채택하면 상대방의 반대신문권이 사실상 침해되는 결과가 되므로 원칙적으로 증인진술서를 서증으로 채택하지 않는 것이 바람직하다. 판례는 증인이 법정에서 선서한 후 증인진술서에 기재된 구체적인 내용에 관하여 진술함이 없이 단지 그 증인진술서에 기재된 내용이 사실이라는 취지의 진술만을 한 경우 증인진술서 자체는 서증에 불과하고 증인은 서류에 의하여 진술하지 못하는 것이 원칙이며(제331조) 증인신문의 방법은 개별적·구체적이어야 한다(민사소송규칙 제95조 제1항)는 점에서 비록 증인진술서에 기재된 내용에 허위가 있더라도 위증죄로 처벌할 수 없다고 한다.[1]

### 2) 서면에 의한 증언

법원은 증인과 증명할 사항의 내용 등을 고려하여 상당하다고 인정하는 경우에는 증인의 출석·증언에 갈음하여 증언할 사항을 적은 서면을 제출하게 할 수 있다(제310조 제1항). 서면에 의한 증언을 할지 여부는 법원이 직권으로 정한다. 법원은 증인신청을 한 당사자에게 증인신문사항을, 상대방에게 증인으로부터 회답을 바라는 사항을 적은 서면을 각각 제출하게 하고 증인에게 서면증언을 명한다(민사소송규칙 제84조 제1항). 증인은 증언할 사항을 적은 서면에 서명·날인하여 법원에 제출해야 한다(동조 제3항).

---

그 다음에는 사건 내용에 관하여 증인이 아는 사실을 시간 순서대로 육하원칙에 따라 적는다. 증인진술서 말미에는 "이상의 내용은 모두 진실임을 서약하며, 이 진술서에 적은 사항의 신문을 위하여 법원이 출석요구를 하는 때에는 법정에 출석하여 증언할 것을 약속합니다"라는 문구를 기재한다.

1) 대법원 2010. 5. 13. 선고 2007도1397 판결.

법원에 제출된 서면증언은 서증으로 제출하는 증인진술서와 달리 변론기일에 현출됨으로써 증언으로서의 효력을 가지며, 신청한 당사자가 원용할 필요가 없다. 그 현출절차는 서면증언의 도착사실을 고지하고 당사자들에게 그에 대한 의견진술의 기회를 부여하는 방식으로 한다. 법원은 상대방의 이의가 있거나 필요하다고 인정하는 경우에는 서면증언을 한 증인을 출석·증언하게 할 수 있다(제310조 제2항). 여기서 상대방의 이의는 법원의 직권발동을 촉구하는 의미를 갖는데 불과하므로 그 이의를 받아들이지 않더라도 서면증언은 증언으로서의 효력을 갖는다.

공시송달사건, 피고가 형식적인 답변서만 제출하고 출석하지 않는 사건, 사건의 경위나 정황 등 당사자 사이의 실질적 다툼의 대상이 되지 않는 사실에 대하여 진술하는 경우, 객관적으로 기재된 문서를 전문적 지식에 의하여 설명·정리하는 경우(회계·경리관계, 의사의 진료관계), 장기간에 걸쳐 발생한 당사자 사이의 사실관계를 시간의 경과에 따라 정리하는 경우(부부·친족 사이의 소송에서 가족의 진술) 등 상대방의 반대신문권을 보장할 필요성이 크지 않는 사건에서 주로 활용된다.[1] 법원은 당사자가 아니라 증인에 대하여 서면의 제출을 명하고, 증인은 법정에 출석·증언하지 않는 것이 원칙이며, 제출된 서면은 서증이 아니라 증언으로서의 효력을 갖는다는 점에서 증인진술서 제출방식과 구별된다. 서면은 공정증서일 필요가 없다. 서면증언을 한 경우 선서의무가 면제되므로 그 내용이 허위이더라도 위증죄로 처벌되지 않는다.

### 3) 인증진술서의 제출

증인으로 될 사람이 증언할 사항을 진술서로 작성하여 공증인의 인증을 받아 법원에 제출하는 인증진술서가 실무상 많이 활용되고 있다. 인증진술서는 서증으로 제출하고, 진술한 사람이 별도로 법정에 출석하여 증언하지는 않는다. 한편 단순히 인증만을 받아 제출할 수 있지만, 공증인 앞에서 선서한 인증서를 제출할 수도 있다. 즉, 증인으로 될 사람이 진술서에 적힌 내용이 진실함을 공증인 앞에서 선서하고 서명 또는 날인하면, 공증인이 이를 확인하고 선서 사실을 증서에 적은 다음 그 선서인증서를 법원에 제출할 수 있다(공증인법 제57조의2). 선서인증은 증

1) 김홍엽, 596면; 이시윤, 496면.

인으로 될 사람 본인이 해야 하고, 대리인이 할 수 없다. 선서인증서의 내용이 거짓이라는 것을 알면서 선서한 경우 위증죄로 처벌되는 것은 아니며 300만원 이하의 과태료가 부과된다(동법 제90조).

## Ⅲ. 감정

### 1. 의의

감정이란 특별한 학식과 경험을 가진 사람에게 그 전문적 지식 또는 그 지식을 이용한 판단을 법원에 보고하게 하여 법관의 판단능력을 보충하는 증거조사를 말한다. 감정인은 자신의 전문적인 지식에 근거한 판단을 보고하는 사람이라는 점에서 과거에 자신이 경험한 사실을 법원에 보고하는 증인과 구별된다. 실무상으로는 교통사고로 인한 노동능력의 상실정도, 필적·인영의 동일성, 부동산의 임대료나 공사비 등에 대한 감정이 많이 행해지고 있다.

당사자는 감정인이 성실하게 감정할 수 없는 사정이 있는 때에는 기피할 수 있다. 다만, 감정인이 감정사항에 관한 진술을 하기 전부터 기피할 이유가 있다는 것을 알고 있었던 때에는 감정사항에 관한 진술이 이루어진 후에는 기피하지 못한다(제336조). 기피신청은 수소법원·수명법관 또는 수탁판사에게 해야 하고, 기피사유를 소명해야 한다(제337조 제1항 및 제2항). 기피신청을 인용하는 결정에 대해서는 불복할 수 없으나, 이유 없다고 배척하는 결정에 대해서는 즉시항고를 할 수 있다(동조 제3항).

### 2. 감정의무

감정에 필요한 학식과 경험이 있는 사람은 감정할 의무가 있다(제334조 제1항). 그 내용은 출석의무, 선서의무, 감정의견보고의무이다. 이러한 의무위반의 경우 증인의무위반의 제재규정이 준용된다(제333조 본문). 다만, 감치에 처해지거나 구인되지는 않는다(동조 단서). 선서하지 않은 감정인에 의한 감정결과는 증거능력이 없다. 그러나 당사자가 그 감정결과를 기재한 서면을 서증으로 제출하고 법원이 그 내용이 합리적이라고 인정하는 때에는 사실인정의 자료로 삼을 수 있다.[1]

## 3. 감정절차

감정절차에는 증인신문절차가 준용된다(제333조 본문). 따라서 감정은 당사자의 신청에 의하는 것이 원칙이다. 그러나 예외적으로 직권으로 감정을 명할 수도 있다. 감정신청을 함에는 감정을 구하는 사항을 적은 서면을 법원에 제출해야 하고, 법원은 그 서면을 상대방에게 송달하여 의견을 제출하게 할 수 있다. 감정신청을 할 때 감정인을 지정할 필요가 없으며, 표시되어도 법원에 추천하는 이상의 의미가 없고, 법원은 감정인의 지정을 위한 인선에 있어서 신청에 구속되지 않는다.

감정절차에는 증인신문절차가 준용되지만, 감정인신문에는 교호신문방식이 준용되지 않는다. 감정인신문은 감정인에게 감정사항을 알리고 감정을 명하는 단계에서 하는 경우도 있으나, 감정의견을 서면으로 제출한 후 법원이 감정인에 대해 보충진술을 듣기 위해 신문을 하는 경우도 있다. 감정인에 대해서는 재판장이 신문한다(제339조의2 제1항). 합의부원은 재판장에게 알리고 신문할 수 있고(동조 제2항), 당사자도 재판장에게 알리고 신문할 수 있다. 다만, 당사자의 신문이 중복되거나 쟁점과 관계가 없는 때, 그 밖에 필요한 사정이 있는 때에는 재판장은 당사자의 신문을 제한할 수 있다(동조 제3항). 법원은 감정인이 법정에 직접 출석하기 어려운 특별한 사정이 있거나 외국에 거주하는 경우에는 당사자의 의견을 들어 비디오 등 중계장치에 의한 중계시설을 통하여 신문하거나 인터넷 화상장치를 이용하여 신문할 수 있다(제339조의3).

감정인은 감정을 위하여 필요한 경우에는 법원의 허가를 얻어 다른 사람의 토지, 주거, 관리 중인 가옥, 건조물, 항공기, 선박, 차량, 그 밖의 시설물 안에 들어갈

1) 대법원 2006. 5. 25. 선고 2005다77848 판결.

수 있다. 이 경우 저항을 받을 때에는 감정인은 경찰공무원에게 원조를 요청할 수 있다(제342조). 감정인은 변론기일 또는 감정인신문기일에 선서를 하고 감정결과를 구두로 진술할 수 있다(제339조 제1항). 이러한 감정진술에 대해서는 당사자에게 서면이나 구두로 의견을 진술할 기회가 보장되어야 한다(동조 제3항). 그러나 실무상으로는 기일 외에서의 서면보고, 즉 감정결과를 서면으로 적어 제출하게 하는 것이 일반적이다. 법원은 감정을 명한 후라도 감정서를 제출하지 않거나 구술로 감정보고를 하기 전까지는 감정인지정을 취소할 수 있다. 그러나 이 경우에도 감정인에게 감정에 소요된 여비와 감정료 등은 지급해야 한다.

## 4. 감정촉탁

법원은 필요하다고 인정하는 경우에는 공공기관, 학교 그 밖에 상당한 설비가 있는 단체 또는 외국의 공공기관에 감정을 촉탁할 수 있다(제341조 제1항 전단). 감정촉탁은 개인에 대해서는 할 수 없다. 또한 감정촉탁은 통상의 감정에서와는 달리 법관이 감정인과 함께 현장에 가서 감정대상물을 직접 확인하는 절차를 거치지 않고 실시하므로 감정대상물에 혼동이 생길 염려가 있는 경우에는 감정촉탁에 의할 수 없다.[1)]

감정촉탁에는 선서에 관한 규정이 적용되지 않는다(제341조 제1항 후단). 따라서 감정촉탁을 받은 사람은 선서의무와 진술의무가 면제된다. 선서에 관한 규정이 적용되지 않는 이유는 감정촉탁의 대상이 공정하고 신뢰할 수 있는 권위 있는 기관이기 때문이다. 그리하여 감정촉탁은 감정의 공정성과 진실성 및 전문성을 담보할 수 있는 권위 있는 기관에 대하여 이루어져야 하고, 비록 고도의 전문지식을 가진 사람의 감정이더라도 이러한 요건을 갖추지 못한 자연인의 감정이라면 통상의 감정절차에 따라 선서를 해야 하고, 그러한 선서 없이 이루어진 감정결과는 증거능력이 부인된다.[2)] 감정촉탁에 의하여 제출된 감정서가 불분명하거나 불비한 점이

1) 이시윤, 504면.
2) 대법원 1982. 8. 24. 선고 82다카317 판결.

있으면 감정촉탁을 받은 기관에게 감정서에 대한 설명을 요구할 수 있다(제341조 제2항).

## 5. 감정결과의 채택

감정결과를 재판자료로 하기 위해서는 실무상 당사자가 감정결과를 원용한다는 진술을 하는 것이 일반적이지만, 수소법원에 의하여 감정결과가 법정에 현출된 이상 당사자가 이를 증거로 원용하지 않는 경우에도 법원으로서는 증거자료로 할 수 있다.[1)]

감정결과를 증거로 채택할지 여부는 법관의 자유심증에 의한다. 동일사항에 대하여 상반된 여러 개의 감정결과가 있을 때에는 그 중 어느 것을 채택하여도 그것이 논리법칙이나 경험법칙에 위배되지 않는 한 적법하고,[2)] 채택하지 않은 다른 것에 대하여 배척하는 이유를 설시하지 않아도 된다.[3)] 그러나 동일한 감정인이 동일한 감정사항에 대해 모순되거나 불명료한 감정의견을 내었을 때에는 감정서의 보충을 명하거나 감정증인으로 신문하는 등 적극적 조치를 취해야 할 것이다.[4)]

**참조 전문심리위원**

첨단산업분야, 지식재산권, 건설공사, 국제금융분야, 파생금융상품 등 전문적인 지식을 요구하는 소송에서 관련 분야의 전문가를 소송절차에 참여시켜 설명이나 의견을 청취함으로써 재판의 전문성을 높이고 재판절차가 충실히 진행되도록 하기 위하여 도입된 것이 전문심리위원제도이다. 법원은 전문적 지식이 필요한 경우 감정인을 선임하여 감정한 결과를 법원에 제출하게 할 수 있지만, 해당 전문적 지식을 갖춘 전문심리위원을 소송절차에 참여시켜 설명이나 의견을 들을 수도 있다.

---

1) 대법원 1994. 8. 26. 선고 94누2718 판결.
2) 대법원 2006. 11. 23. 선고 2004다60447 판결; 2015. 2. 12. 선고 2012다6851 판결.
3) 대법원 1989. 6. 27. 선고 88다카14076 판결.
4) 대법원 2008. 3. 27. 선고 2007다16519 판결.

전문심리위원은 전문적인 지식이 필요한 소송절차에서 설명이나 의견을 기재한 서면을 제출하거나 기일에 출석하여 설명이나 의견을 진술할 수 있다. 다만, 당사자들의 동의가 있더라도 재판의 합의에는 참여할 수 없다(제164조의2 제2항). 전문심리위원은 기일에 재판장의 허가를 받아 당사자, 증인 또는 감정인 등 소송관계인에게 직접 질문할 수 있다(동조 제3항). 법원은 전문심리위원이 제출한 서면 또는 전문심리위원의 설명이나 의견의 진술에 관하여 당사자에게 구술 또는 서면에 의한 의견진술의 기회를 주어야 한다(동조 제4항). 그러나 전문심리위원의 설명이나 의견은 감정인의 감정결과와는 달리 증거자료가 되지 않으며, 선서도 하지 않는다.

## Ⅳ. 서증

### 1. 의의

서증이란 문서를 열람하여 그에 기재된 내용을 증거자료로 하기 위한 증거조사를 말한다. 문서의 기재 내용을 증거자료로 하는 것이 서증이기 때문에 문서의 지질, 형상 등 외형 존재 자체를 증거자료로 할 때에는 서증이 아니라 검증이 된다.[1] 따라서 위조문서라는 입증취지로 제출한 문서는 서증의 대상이 아니고 검증물이 된다. 컴퓨터 등 정보처리능력을 가진 장치에 의하여 전자적인 형태로 작성되거나 변환되어 송신·수신 또는 저장되는 정보인 전자문서도 민사소송법에서 정한 절차에 따른 문서에 해당하므로 서증의 대상이 된다(민사소송 등에서의 전자문서 이용 등에 관한 법률 제2조 제1호, 제3조 및 제5조). 그러나 동영상 파일은 문서가 아니므로 서증이 아니라 검증에 의해야 하고, 사진이나 도면 등은 그 형태, 담겨진 내용 등을 종합하여 서증에 의할지 아니면 검증이나 감정에 의할지 판단해야 한다.[2] 해당 사건에 있어서 증거조사의 결과를 기재한 문서, 즉 증인신문조서, 검증조서, 감정조서 등은 서증의 대상이 되지 않으나, 다른 사건의 소송상 조서는 서증의 대상이 된다.

---

1) 대법원 1992. 7. 10. 선고 92다12919 판결.
2) 대법원 2010. 7. 14. 자 2009마2105 결정.

## 2. 문서의 종류

### (1) 공문서, 사문서

공무원이 그 직무권한 내의 사항에 관하여 직무상 작성한 문서를 공문서라고 하고, 그 이외의 문서를 사문서라고 한다. 예를 들어, 등기부등본, 주민등록등본, 공증인이 작성한 공정증서 등이 공문서에 속한다. 공증인이 작성한 사서증서의 인증 부분도 공문서에 해당한다(공증인법 제57조). 후술하는 바와 같이 공문서는 진정하게 성립된 것으로 추정되지만(제356조 제1항), 사문서는 본인 또는 대리인의 서명이나 날인 등이 있는 때 한하여 진정한 것으로 추정된다(제358조). 즉, 공문서는 전면적 추정력을 갖지만, 사문서는 제한적 추정력을 갖는 데 그친다.

사문서에 공무원이 직무상 일정한 사항을 기입한 공사병존문서(公私竝存文書)의 경우 공문서 부분의 진정성립으로 사문서 부분의 진정성립이 추정되지 않는다.[1] 예를 들어, 등기관이 부동산의 매매계약서에 등기필을 기입한 등기필증, 내용증명우편에 의한 통지서, 확정일자를 갖춘 임대계약서 등에 있어서 등기필, 내용증명, 확정일자는 공문서 부분에 해당하는데, 공문서 부분의 진정성립으로 사문서 부분, 즉 매매계약서, 통지서, 임대계약서의 진정성립이 추정되지 않는다.

### (2) 처분문서, 보고문서

증명하고자 하는 법률적 행위가 그 문서 자체에 의하여 이루어진 경우의 문서를 처분문서라고 하고, 작성자가 보고 듣고 느끼고 판단한 것을 기재한 문서를 보고문서라고 한다. 예를 들어, 계약서나 차용증서 등은 처분문서에 속하고, 의사록이나 상업장부 또는 진단서 등은 보고문서에 속한다. 처분문서에서는 형식적 증거력이 인정되면 실질적 증거력이 추정된다. 그러나 보고문서에서는 이러한 추정이 인정되지 않으며, 법관이 자유심증으로 실질적 증명력을 판단한다.

---

1) 대법원 1976. 5. 11. 선고 73다616 판결.

### (3) 원본, 정본, 등본, 초본

원본은 문서 그 자체를 말하고, 정본은 정본이라고 표시한 문서의 등본으로서 원본과 같은 효력이 인정되는 것을 말한다. 등본은 원본 전부의 사본이고, 초본은 그 일부의 사본이다. 인증기관이 공증한 등본을 인증등본이라고 한다. 법원에 문서를 제출할 때에는 원본, 정본 또는 인증등본으로 해야 한다(제355조 제1항).

## 3. 문서의 증거능력

민사소송에서는 형사소송에서와는 달리 증거능력에 제한이 없음이 원칙이다.[1] 서증의 사본도 증거능력이 있으며,[2] 형사사건의 각종 조서 또는 소 제기 이후 그 소송에 사용하기 위하여 작성된 사문서도 증거능력이 부인되지 않는다.[3]

## 4. 문서의 증거력

### (1) 문서의 형식적 증거력

#### 1) 의의

문서의 형식적 증거력이란 문서가 신청자가 주장하는 작성자의 의사에 기하여 작성된 것이고 다른 사람에 의하여 위조된 것이 아니라는 것을 말한다. 위조되지 않고 진정하게 작성된 문서를 형식적 증거력이 있다고 한다. 이처럼 문서의 형식적 증거력은 문서의 진정성립을 의미한다는 점에서 문서 기재 내용의 진실성을 의미하는 문서의 실질적 증거력과 구별된다.

서증은 문서 그 자체가 아니라 문서에 기재된 내용을 증거자료로 하는 것이기 때문에 문서의 증거력은 형식적 증거력과 실질적 증거력으로 구분된다. 문서에 기

---

1) 대법원 1964. 9. 15. 선고 64다360 판결.
2) 대법원 1966. 9. 20. 선고 66다636 판결.
3) 대법원 1992. 4. 14. 선고 91다24755 판결; 1966. 9. 27. 선고 66다1133 판결.

재된 내용이 증거자료로 사용되기 위해서는 그 전제로 그 문서가 위조된 것이 아니어야 한다. 만일 문서가 위조된 것이라면 그 문서에 기재된 내용의 진실 여부를 따질 필요조차 없다. 따라서 문서에 기재된 내용이 증거자료로 사용되기 위해서는 먼저 그 문서가 진정하게 성립하였을 것, 즉 형식적 증거력이 있어야 하고, 그다음 그 문서에 기재된 내용이 진실할 것, 즉 실질적 증거력이 있어야 한다.[1]

### 2) 성립의 인부

서증이 제출되면 법원은 상대방에게 진정성립의 인정 여부를 물어보는 절차를 밟는데, 원고가 제출한 갑(甲)호증은 피고에게, 피고가 제출한 을(乙)호증은 원고에게 각각 답변을 구한다. 이때 상대방의 답변을 성립의 인부라고 한다. 성립의 인부절차에서 상대방의 답변에는 성립인정, 침묵, 부인, 부지의 네 가지가 있다. 침묵은 변론 전체의 취지로 보아 다툰 것으로 인정되는 경우를 제외하고는 성립인정을 한 것으로 본다. 문서의 인부를 하는 당사자 본인 또는 그 대리인의 서명이나 날인이 있는 경우에는 부지로 답할 수 없고 성립인정 또는 부인을 해야 한다. 당사자가 상대방이 제출한 서증에 대하여 성립의 인부를 기재한 답변서 또는 준비서면을 제출한 채 불출석한 경우에 그 답변서 또는 준비서면이 진술간주되면 인부를 한 것으로 본다.

문서의 진정성립에 관한 사실은 보조사실에 불과하지만 문서의 내용에 대한 주요사실의 입증과 직결되므로 재판상 자백의 법리가 유추적용된다. 따라서 상대방이 성립인정이나 침묵으로 답변하면 법원은 이에 구속되어 문서의 진정성립을 인정해야 하고, 성립인정이나 침묵으로 답변한 당사자는 임의로 이를 취소할 수 없다. 상대방이 부인으로 답변하는 경우에는 그 이유를 구체적으로 밝혀야 한다(민사소송규칙 제116조). 즉, 단순부인은 허용되지 않으며 부인하는 이유를 구체적으로 밝혀야 하는 이유부부인만 허용된다.[2] 당사자 또는 그 대리인이 고의나 중대한 과실로 진실에 어긋나게 문서의 진정을 다투는 경우에는 법원은 결정으로 200만원 이하의 과태료에 처할 수 있다(제363조 제1항). 그러나 당사자 또는 대리인이 소송

---

1) 대법원 2002. 8. 23. 선고 2000다66133 판결.
2) 이시윤, 509면.

계속 중에 문서의 진정을 인정하는 때에는 법원은 과태료결정을 취소할 수 있다(동조 제3항). 여기서 말하는 계속 중인 소송에는 항소심도 포함되지만, 상고심은 법률심으로 사실심리가 이루어지지 않으므로 여기에 포함되지 않는다.[1)]

상대방이 부인이나 부지로 답변하면, 문서제출자가 문서의 진정성립을 증명할 책임이 있다. 증명방법에는 특별한 제한이 없으나 필적 또는 인영을 대조하여 증명하는 것이 일반적이다(제359조). 이 경우 법원이 반드시 감정으로 필적 또는 인영의 동일 여부를 판단해야 하는 것은 아니며 육안의 대조로도 이를 판단할 수 있다.[2)] 나아가 판례는 다른 증거자료에 의하지 않고 변론 전체의 취지만으로 문서의 진정성립을 인정할 수 있다고 한다.[3)] 다만, 사본이 증거로 제출되어 상대방이 부지로 다투고 있는 경우에는 사본으로 원본을 대신할 수 없으므로 변론 전체의 취지만으로 원본의 존재와 진정성립을 인정하여 증거로 채용하는 것은 위법하다고 한다.[4)] 그런데 문서의 진정성립과 관련하여 민사소송법에서는 다음과 같은 추정규정을 두고 있다.

### 3) 진정성립의 추정

#### (가) 공문서

문서의 방식과 취지에 의하여 공무원이 직무상 작성한 것으로 인정한 때에는 이를 진정한 공문서로 추정한다(제356조 제1항).[5)] 공문서는 위조의 가능성이 낮기 때문에 사문서와는 달리 전면적 추정이 인정된다. 이 추정은 경험칙에 따른 사실상의 추정에 불과하므로 증명책임이 전환되지 않고 상대방은 반증으로 이 추정을 깨뜨릴 수 있다. 이에 대하여 법률상 추정으로 보고 반대사실의 증명을 통해서만 번복할 수 있다는 견해가 있다. 만약 제356조의 추정을 사실상 추정으로 본다면 구태여 법에 명문으로 추정규정을 둘 이유가 없다고 한다.[6)] 그러나 법률상 추정이

---

1) 김홍엽, 605면.
2) 대법원 1997. 12. 12. 선고 95다38240 판결.
3) 대법원 2010. 2. 25. 선고 2007다85980 판결; 1993. 4. 13. 선고 92다12070 판결.
4) 대법원 1996. 3. 8. 선고 95다48667 판결.
5) 대법원 1985. 5. 14. 선고 84누786 판결.
6) 김홍엽, 609면 및 610면.

란 실체법에 의하여 법률요건사실이 추정되는 경우를 말하는 것이고, 공문서의 진정성립의 추정은 경험칙에 따른 보조사실의 추정을 민사소송법에 규정한 것에 불과하므로 법률상 추정이 아니라 사실상 추정으로 이해함이 타당하다.[1] 법원은 공문서의 진정성립이 의심스러운 때에는 직권으로 해당 공공기관에 조회할 수 있다(제356조 제2항). 외국의 공공기관이 작성한 문서에 대하여도 위 추정규정이 준용된다(동조 제3항).

(나) 사문서

사문서는 그 신청자가 진정성립을 증명해야 한다(제357조). 그러나 본인 또는 대리인의 서명이나 날인 또는 무인이 있는 때에는 진정한 것으로 추정한다(제358조). 전면적 추정이 인정되는 공문서와는 달리 사문서에서는 제한적인 추정이 인정된다. 이 추정은 공문서의 경우와 마찬가지로 경험칙에 따른 사실상의 추정에 불과하므로 상대방은 반증을 들어 깨뜨릴 수 있다. 본인 또는 대리인의 서명 등이 있는 때란 본인 또는 대리인의 의사에 기한 진정한 서명 등이 있는 경우를 말한다. 따라서 서명 등이 본인 또는 대리인의 의사에 기한 것이라는 점에 관하여 법원이 의심을 품게 할 정도의 반증을 세우면 진정성립의 추정은 깨어진다.

판례는 서명이나 날인 등의 진정성립에 의하여 문서 전체의 진정성립이 추정되는 것은 먼저 문서의 내용 기재가 이루어진 뒤에 서명이나 인영 등이 날인된 경우에 한하고, 작성명의인의 날인이 먼저 되어 있고 그 내용이 백지로 되었는데 뒤에 그 백지 부분을 작성명의인 아닌 사람이 보충한 경우에는 이러한 추정력은 인정되지 않는다고 한다.[2] 그러나 인영의 진정성립, 즉 작성명의인이 문서에 서명이나 날인 등을 하였음이 인정되면 그 문서가 완성된 상태에서 작성명의인이 서명 등을 한 것으로 추정되므로 백지상태의 문서가 교부되었다는 점은 문서의 진정성립을 다투는 작성명의인이 반증을 들어 다투어야 한다. 만일 백지 부분이 나중에 작성명의인이 아닌 사람에 의하여 보충된 사실(즉, 백지상태의 문서가 교부되었다는 사실)이 밝혀지면, 백지 부분이 정당한 권한에 기하여 보충되었다는 사실(즉, 백지상태의

1) 이시윤, 510면.
2) 대법원 2000. 6. 9. 선고 99다37009 판결; 1988. 4. 12. 선고 87다카576 판결.

문서가 진정하게 성립하였다는 사실)을 문서제출자가 증명할 책임이 있다.[1]

문서의 인부 절차에서 자기나 대리인의 서명 또는 날인이 있는 사문서에 대해서는 부지라고 할 수 없고 부인을 해야 한다. 상대방이 부인한 경우 법원은 그 서명이나 인영까지 부인하는 취지인지 아니면 문서에 날인되어 있는 인영은 인정하나 다른 사람이 인장을 도용하여 날인하였다는 취지의 인장도용의 항변을 하는 것인지 여부를 석명해야 하고,[2] 만일 그 서명이나 인영까지 부인하는 취지라면 문서제출자에게 증명을 촉구해야 한다.[3] 판례는 사문서에 날인된 작성명의인의 인영이 그의 인장에 의하여 현출된 것이라면, 작성명의인의 의사에 의하여 날인된 것으로 추정되고, 날인의 진정이 추정되면 작성명의인에 의하여 문서 전체가 작성되었다는 사실이 제358조에 의하여 추정된다고 한다. 즉, 인영의 진정이 인정되면 날인의 진정(또는 인영의 진정성립)이 추정되고, 이로써 문서 전체의 진정성립이 추정된다는 것이다.[4] 날인 진정(또는 인영의 진정성립)의 추정, 즉 날인행위가 작성명의인의 의사에 기한 것이라는 추정은 사실상의 추정이므로 반증을 들어 법원이 의심을 품게 하면 깨어진다.[5] 그리하여 날인행위가 작성명의인의 의사에 반하거나 그 의사에 의하지 않고 이루어진 것임이 밝혀진 경우에는 위와 같은 추정은 깨어진다.

### (2) 문서의 실질적 증거력

문서의 실질적 증거력이란 문서의 기재 내용이 다툼이 있는 사실, 즉 요증사실을 증명할 수 있는 힘 또는 증거가치를 말한다. 문서의 형식적 증거력이 문서 성립의 진정이라면, 문서의 실질적 증거력은 문서 내용의 진정이라고 할 수 있다. 문서의 실질적 증거력은 원칙적으로 법관의 자유심증에 맡겨져 있다. 형식적 증거력에

---

1) 대법원 2003. 4. 11. 선고 2001다11406 판결. 다만, 백지어음은 보충권을 당연히 전제하고 있으므로 일반적인 백지 문서와는 달리 보아야 한다. 그리하여 발행인이 수취인 또는 소지인에게 백지 부분에 대한 보충권을 줄 의사로 발행한 것이 아니라는 사실, 즉 백지어음이 아니고 불완전어음으로서 무효라는 사실을 발행인(작성명의인)이 증명할 책임이 있다(대법원 2001. 4. 24. 선고 2001다6718 판결).

2) 대법원 1994. 1. 25. 선고 93다35353 판결; 1972. 6. 27. 선고 72다857 판결.

3) 대법원 1990. 6. 12. 선고 90누356 판결.

4) 대법원 2003. 2. 11. 선고 2002다59122 판결; 1995. 3. 10. 선고 94다24770 판결.

5) 대법원 2003. 2. 11. 선고 2002다59122 판결; 1997. 6. 13. 선고 96재다462 판결.

서와 같은 인부 절차가 없으며, 그리하여 재판상 자백이 성립할 여지가 없고, 민사소송법에 별도의 추정규정을 두고 있지 않다. 문서의 실질적 증거력은 처분문서와 보고문서를 나누어 살펴볼 필요가 있다.

### 1) 처분문서

처분문서의 경우 그 진정성립이 인정되면 그 기재된 내용대로 법률행위가 존재하였음이 추정된다. 처분문서는 증명의 대상이 되는 법률행위가 그 문서 자체에 의하여 이루어진 경우의 문서이므로 문서의 형식적 증거력이 인정되면 실질적 증거력, 즉 문서에 기재된 법률행위가 진실한 것이라는 추정이 생긴다. 이 추정은 사실상의 추정이므로 상대방은 반증을 들어 깨뜨릴 수 있다.

판례는 처분문서는 진정성립이 인정되면 그 기재 내용을 부인할 만한 분명하고도 수긍할 수 있는 반증이 없는 이상 문서의 기재 내용에 따른 법률행위의 존재와 내용을 인정해야 한다고 한다.[1] 또한 일반적으로 증거력을 판단함에 있어서 그 취사 여부를 표시하면 되고 그 이유까지 설시할 필요가 없으나,[2] 진정성립이 인정된 처분문서의 증거력을 배척할 때에는 합리적인 이유를 설시해야 하고, 그러한 이유 설시없이 증거력을 배척하는 것은 채증법칙을 위반한 위법이 있다고 한다.[3] 결국 처분문서의 경우에는 문서의 진정성립이 인정되면 그 기재 내용을 부인할 만한 반증이 없는 한 그 기재 내용에 따른 법률행위의 존재와 내용을 인정해야 하고, 만일 법원이 그 기재 내용을 믿지 않는 경우에는 그 배척하는 합리적인 이유를 설시해야 한다.

추정의 범위는 문서로써 이루어진 법률행위, 예를 들어 계약체결사실뿐만 아니라 그 계약의 내용인 계약기간 등에 대해서도 미친다. 그러나 추정의 범위는 문서에 기재된 법률행위와 그 내용에 한정되므로 법률행위의 해석,[4] 의사의 흠결 여부에는 미치지 않으며, 이는 법관이 자유심증으로 판단할 수 있다. 또한 처분문서라 할지라도 그 기재 내용과 다른 명시적 또는 묵시적 약정이 있는 사실이

---

1) 대법원 2010. 11. 11. 선고 2010다56616 판결; 2007. 1. 12. 선고 2006다61574 판결.
2) 대법원 1996. 6. 28. 선고 96다16247 판결.
3) 대법원 2000. 1. 21. 선고 97다1013 판결.
4) 대법원 2005. 5. 13. 선고 2004다67264,67271 판결.

인정될 경우에는 그 기재 내용과 다른 사실을 인정할 수 있다.[1]

### 2) 보고문서

보고문서는 법률행위가 이루어진 문서가 아니라 작성자가 인식한 것을 기재한 문서에 불과하므로 진정성립이 인정된다고 하여 어떠한 법적 효과가 발생하는 것은 아니다. 따라서 보고문서의 기재 내용을 진정한 것으로 인정할지 여부는 그 작성 경위, 기재의 방식, 표현의 정확성 등 여러 사정을 고려하여 법관이 자유심증으로 판단할 문제이다.[2] 즉, 보고문서는 문서의 형식적 증거력이 인정된다고 그 실질적 증거력이 추정되지 않으며, 실질적 증거력의 인정 여부는 법관의 자유심증에 맡겨져 있다. 그리하여 보고문서는 반증이 없더라도 법관이 자유심증으로 그 증거력을 배척할 수 있으며,[3] 배척하는 때에도 그 구체적인 이유를 일일이 설시할 필요가 없다.[4] 그러나 판례는 다음과 같은 보고문서의 경우에는 예외적으로 실질적 증거력을 추정하고 있다.

첫째, 판례는 공문서는 그 진정성립이 인정되면 그 기재 내용대로 증명력을 가지며, 진실에 반한다는 등의 특별한 사정이 없는 한 함부로 그 증명력을 배척할 수 없다고 한다.[5] 그리하여 가족관계등록부에 기재된 사항은 일응 진실에 부합하는 것이라는 추정을 받으며,[6] 토지대장이나 임야대장에 그 소유자로 등재되어 있으면 그 기재 내용에 따라 해당 토지 또는 임야의 소유자로 추정된다고 한다.[7] 다만, 이 추정은 부동산등기부에서와 같은 법률상 추정은 아니며 그 기재 내용대로의 증명력을 사실상 추정하는 것에 불과하다.[8]

둘째, 판례는 법인의 총회 또는 이사회 등의 의사에는 의사록을 작성해야 하고 의사록에는 의사의 경과요령 및 결과 등이 기재되므로 의사정족수의 충족 여부 등

---

1) 대법원 2006. 9. 14. 선고 2006다27055 판결; 2006. 4. 13. 선고 2005다34643 판결.
2) 대법원 1980. 12. 23. 선고 80다359 판결; 대법원 1997. 4. 11. 선고 96다50520 판결.
3) 대법원 1983. 9. 27. 선고 83다카1069 판결.
4) 대법원 1989. 5. 9. 선고 88다카6075 판결.
5) 대법원 2015. 7. 9. 선고 2013두3658,3665 판결; 2002. 2. 22. 선고 2001다78768 판결.
6) 대법원 1994. 6. 10. 선고 94다1883 판결.
7) 대법원 1976. 9. 28. 선고 76다1431 판결; 1993. 10. 26. 선고 93다5383 판결.
8) 대법원 2002. 6. 14. 선고 2001므1537 판결; 1990. 3. 13. 선고 89다카19306 판결.

의사의 절차진행이나 그 결과 등은 의사록을 작성하지 못했다는 등의 특단의 사정이 없는 한 의사록의 기재에 의하여 증명해야 하고, 의사록 등의 증명을 부인할 만한 특별한 사정은 이를 다투는 상대방이 주장·증명해야 한다고 한다.[1] 또한 주주명부에 주주로 등재되어 있으면 그 회사의 주주로 추정되므로 주주명부상의 주주가 명의신탁된 것이고 실질상의 주주가 따로 있다고 다투는 사람이 그 사실을 증명할 책임이 있다고 한다.[2]

**사례 문서의 진정성립**

A는 B를 상대로 대여금 5천만원의 지급을 구하는 소를 제기하였다. A는 자신의 주장사실을 입증하기 위하여 차용증서를 법원에 제출하였는데, 그 차용증서에는 'B가 A로부터 2023. 9. 1. 5천만원을, 변제기 2024. 9. 1., 이자 월 2%로 약정하여 차용하였다'라는 내용이 기재되어 있고 A와 B 명의의 인영이 각 날인되어 있었다. 만일 B가 위 차용증서의 성립을 인정하는 취지의 진술을 하였다면, 그 후 B는 이 진술을 철회할 수 있는지 그리고 만일 B가 위 차용증서의 성립을 부인하는 경우 A와 법원은 어떠한 조치를 해야 하는지 설명하시오.

문서의 진정성립에 관한 사실은 보조사실에 불과하지만, 문서의 내용에 대한 주요사실의 입증과 직결되므로 재판상 자백의 법리가 유추적용된다. 따라서 만일 B가 위 차용증서의 성립을 인정하는 진술을 하였다면 법원은 이에 구속되어 위 차용증서의 진정성립을 인정해야 하고, B는 이 진술을 임의로 철회할 수 없다.

만일 B가 위 차용증서의 성립을 부인한다면 법원은 B가 인영의 진정까지 부인하는 취지인지 석명해야 한다. 만일 인영의 진정까지 부인하는 취지라면 A는 인영감정신청을 통하여 인영의 진위 여부를 증명해야 할 것이다. 이 경우 법원이 반드시 감정으로 인영의 동일 여부를 판단해야 하는 것은 아니며 육안의 대조로도 이를 판단할 수 있다. 판례는 인영의 진정이 인정되면, 날인의 진정이 추정되고, 날인의 진정이 추정되면 민사소송법 제358조에 의하여 문서 전체의 진정성립이 추정된다고 한다. 따라서 인영감정 등을 통하여 인영의 진정이 인정된다면 문서 전체의 진정성립이 추정된다. 그런데 B가 위 차용증서에 날인된 인영은 자신의 것이 맞지만 다른 사람이 자신의 인장을 도용하여 날인

1) 대법원 2010. 4. 29. 선고 2008두5568 판결; 2011. 10. 27. 선고 2010다88682 판결.
2) 대법원 2014. 12. 11. 선고 2014다218511 판결; 2007. 9. 6. 선고 2007다27755 판결.

한 것이라는 이른바 인장도용의 항변을 하는 경우에는 B는 인장도용의 사실을 반증함으로써 날인 진정의 추정을 깨뜨려야 한다. 만일 B가 인장도용의 사실을 반증하지 못한다면, 법원은 문서의 진정성립을 인정하게 된다.

## 5. 서증신청의 절차

서증신청은 신청자가 가지고 있는 문서는 직접 제출하는 방법으로 하고, 상대방 또는 제3자가 가지고 있는 제출의무 있는 문서는 그 소지자에 대하여 문서제출명령을 신청하는 방법으로 하며, 소지자에게 제출의무 없는 문서는 그에 대한 문서송부촉탁을 신청하는 방법으로 하고, 송부촉탁이 어려운 문서는 문서가 있는 장소에서의 서증신청을 하는 방법으로 한다.

### (1) 문서의 직접제출(제343조)

신청자가 가지고 있는 문서에 대하여 서증신청을 하는 경우에는 신청자 자신이 소지한 문서를 법원에 직접 제출하는 방식에 의한다. 문서의 제출은 원본, 정본 또는 인증등본으로 해야 한다(제355조 제1항). 원본을 제출하지 않고 사본만을 증거로 제출하는 것은 정확성의 보증이 없어 원칙적으로 부적법하다. 그럼에도 사본만을 증거로 제출하는 경우가 있는데, 여기에는 사본을 원본에 갈음하여, 즉 원본에 대신하여 제출하는 경우와 사본 자체를 원본으로 제출하는 경우가 있다.

실무에서는 소장이나 답변서, 준비서면 등에 첨부하여 법원에 제출하는 서증은 문서의 원본이 아니라 그에 갈음하는 사본에 의하고 있다.[1] 상대방이 원본의 존재와 성립을 인정하고 사본을 원본의 대용으로 하는 데 이의가 없는 때에는 제355조 제1항의 위법에 대한 이의권을 포기한 것으로 보아 원본에 갈음하여 사본만을 제

1) 서증을 원본이 아닌 사본으로 제출하는 경우 실무에서는 그 첫장과 끝장 사이에 일일이 간인을 하고 끝장 하단 여백에 '원본과 상위 없음. 원고(피고) ○○○'라고 적어 넣은 다음 도장을 찍어 제출한다.

출할 수 있다.[1] 따라서 사본을 원본에 갈음하여 제출하는 경우 상대방의 이의가 없으면 원본을 제출한 것과 동일한 효과가 있다.[2] 그러나 원본의 존재와 성립에 관하여 다툼이 있거나 사본으로 원본을 갈음하는데 상대방의 이의가 있는 때에는 원본에 갈음하여 사본만을 제출할 수 없다.[3] 이때에는 변론 전체의 취지만으로 원본의 존재와 진정성립을 인정할 수 없으며,[4] 원본을 제시하는 등 증거조사를 해야 한다. 한편 사본 자체를 원본으로 제출하는 경우에는 사본 그 자체가 독립된 서증의 대상이 된다. 그러나 이 경우에도 사본을 제출한 것이 원본을 제출한 것으로 되지는 않으며, 이 경우에는 증거에 의하여 사본과 같은 원본이 존재하고 또 그 원본이 진정하게 성립하였음이 인정되지 않는 한 그와 같은 내용의 사본이 존재한다는 것 이상의 증거가치는 없다.[5]

그러나 서증 신청자가 문서 원본을 분실하였거나 선의로 이를 훼손한 경우 또는 문서제출명령에 응할 의무가 없는 제3자가 해당 문서의 원본을 소지하고 있는 경우, 원본이 방대한 양의 문서인 경우 등 문서 원본의 제출이 불가능하거나 곤란한 경우에는 원본의 제출이 요구되지 않는다. 다만, 이 경우 신청자는 원본을 제출할 수 없는 정당한 사유를 구체적으로 주장·증명해야 하고,[6] 그러한 주장·증명 없이 원본을 제출하지 않는다면 그 사본은 요증사실을 증명하는 증거로서의 가치가 인정되지 않는다.[7]

서증에는 원고가 제출하는 것은 '갑', 피고가 제출하는 것은 '을', 독립당사자참가인이 제출하는 것은 '병'으로 부호를 붙여 구분하고, 제출순서에 따라 번호를 붙여야 한다(민사소송규칙 제107조 제2항). 재판장은 서증의 내용을 이해하기 어렵거나

---

1) 대법원 2002. 8. 23. 선고 2000다66133 판결.

2) 대법원 2002. 8. 27. 선고 2001다79457 판결.

3) 원본이 없어서 사본만을 증거로 제출하였을 경우에는 서증목록의 인부요지란에 '부지, 원본 존재 부인' 또는 '원본 존재 및 성립인정' 등으로 원본 존재 여부의 인부까지 함께 기재한다. 상대방이 원본의 존재를 인정하고 사본을 원본에 갈음하여 제출한 것에 이의가 없는 경우에는 그 원본이 제출된 것과 동일한 효과가 있으므로 서증명란에 '계약서 사본' 등과 같이 사본의 표시를 할 필요 없이 '계약서' 등으로 기재하고 인부요지란에도 '성립인정'으로 기재한다.

4) 대법원 1996. 3. 8. 선고 95다48667 판결.

5) 대법원 2002. 8. 23. 선고 2000다66133 판결.

6) 대법원 2023. 6. 1. 선고 2023다217534 판결; 2010. 2. 25. 선고 2009다96403 판결 등.

7) 대법원 2010. 2. 25. 선고 2009다96403 판결.

서증의 수가 방대한 경우 또는 서증의 입증취지가 불명확한 경우에는 당사자에게 서증과 증명할 사실의 관계를 구체적으로 밝힌 증거설명서를 제출할 것을 명할 수 있다(동규칙 제106조 제1항). 재판장의 증거설명서 제출명령에 따르지 않는 경우 법원은 서증을 채택하지 않거나 채택결정을 취소할 수 있다(동규칙 제109조 제4호).

### (2) 문서제출명령(제343조 및 제344조)

상대방 또는 제3자가 가지고 있는 것으로서 제출의무 있는 문서에 대하여 서증 신청을 하는 경우에는 문서제출명령을 신청하는 방식에 의한다.[1]

#### 1) 문서제출의무

민사소송법에서는 제출의무 있는 문서의 범위를 종전에는 당사자와 문서 사이에 특수한 관계가 있는 네 가지 문서, 즉 인용문서, 인도·열람문서, 이익문서, 법률관계문서로 한정하였으나(제344조 제1항), 문서제출명령의 활성화를 도모하고자 일반 문서의 경우에도 공문서나 증언거부사유가 적힌 문서 등을 제외하고 원칙적으로 제출의무가 있는 것으로 규정함으로써 문서제출의무가 인정되는 문서의 범위를 확대하였다(동조 제2항).

##### (가) 인용문서, 인도·열람문서

인용문서란 당사자가 소송에서 인용한 문서를 말한다(제344조 제1항 제1호). 당사자가 소송에서 인용한 문서를 스스로 가지고 있는 경우에는 제출의무가 있다. 당사자가 소송에서 자기를 위하여 이용한 문서는 상대방에게도 이용시키는 것이 공평하기 때문이다. 인용문서에는 증거로서 인용한 문서뿐만 아니라 주장을 명백히 하기 위하여 인용한 문서도 포함된다.[2]

인도·열람문서는 신청자가 문서소지자에게 인도 또는 열람을 요구할 수 있는 사법상의 권리를 가지고 있는 문서이다(동항 제2호). 인도·열람청구권은 물권적이

---

1) 법원은 직권으로 또는 신청에 의하여 소송당사자에게 상업장부 또는 그 일부분의 제출을 명할 수 있다(상법 제32조). 따라서 당사자가 상업장부를 소지하고 있는 경우 당사자의 신청 없이 법원이 직권으로 상업장부의 제출을 명할 수 있다.

2) 대법원 2017. 12. 28. 자 2015무423 결정; 2008. 6. 12. 자 2006무82 결정.

든 채권적이든, 계약에 기한 것이든 법률상의 것이든 불문한다.[1] 그러나 사법상 권리에 한정되고 공법상 권리인 경우에는 그 공법상 권리에 기하여 인도나 열람을 청구할 수 있으므로 여기서 제외된다. 예를 들어, 소송기록은 제162조, 등기사항증명서는 「부동산등기법」 제19조, 공공기관이 직무상 작성 또는 취득하여 관리하고 있는 문서는 「공공기관의 정보공개에 관한 법률」(이하 '정보공개법'이라고 한다)에 의하여 각각 그 인도나 열람을 청구한 후 그 문서를 법원에 직접 제출하면 된다.

민사소송법은 인용문서와 인도·열람문서에 대해서는 제출거부사유를 규정하고 있지 않다(제344조 제1항 제1호 및 제2호). 따라서 인용문서와 인도·열람문서는 제출거부사유가 인정되지 않는 절대적 제출의무 있는 문서이다. 제출거부사유가 인정되지 않는 이유는 인용문서의 경우에는 당사자 사이의 형평성에서 찾을 수 있고, 인도·열람문서는 신청자가 청구권을 갖고 있다는 점에서 찾을 수 있다.[2] 판례도 인용문서는 공무원이 그 직무와 관련하여 보관하거나 가지고 있는 문서라고 하더라도 문서의 제출을 거부할 수 없고,[3] 나아가 정보공개법에서 정하고 있는 비공개대상정보에 해당하더라도 마찬가지라고 한다.[4]

#### (나) 이익문서, 법률관계문서

이익문서는 신청자의 이익을 위하여 작성된 문서를 말한다(제344조 제1항 제3호 본문). 예를 들어, 영수증, 유언서 등이 여기에 해당한다. 이익문서에는 직접 신청자의 이익을 위하여 작성한 문서뿐만 아니라 간접적으로 신청자의 이익을 위하여 작성한 문서도 포함되고, 이익의 범위에는 증거확보라는 소송상의 이익도 포함하는 넓은 의미로 이해되고 있다.

법률관계문서는 신청자와 문서소지자 사이의 법률관계에 관하여 작성된 문서를 말한다(동호 본문). 예를 들어, 계약서 등이 여기에 해당한다. 신청자와 문서소지자 사이의 법률관계 자체를 기재한 문서뿐만 아니라 그 법률관계의 생성과정에서 작성된 문서, 예를 들어 계약서 초안이나 계약에 관하여 주고받은 서신 등은 물론이

---

1) 대법원 1993. 6. 18. 자 93마434 결정.
2) 이시윤, 517면.
3) 대법원 2017. 12. 28. 자 2015무423 결정; 2008. 6. 12. 자 2006무82 결정.
4) 대법원 2017. 12. 28. 자 2015무423 결정; 2011. 7. 6. 자 2010마1659 결정.

고 신청자와 소지자 사이의 법률관계와 관련이 있는 사항을 기재한 문서, 예를 들어 교과서 검정의 위법으로 인한 손해배상청구사건에서 조사관의 의견서나 심의록 등도 여기에 포함된다.

그러나 이익문서와 법률관계문서라고 하더라도 ① 공무원 또는 공무원이었던 사람의 직무상 비밀에 관한 사항이 적힌 문서로서 그 소속 또는 감독관청 등의 동의를 받지 않은 문서, ② 증언거부사유에 해당하는 사항이 적힌 문서, 즉 ㉠ 문서소지자 또는 그 친족이나 후견인 등이 공소제기되거나 유죄판결을 받을 염려가 있는 사항 또는 그들에게 치욕이 될 사항이 적힌 문서, ㉡ 변호사·공인회계사·의료인·종교인 등의 직무상 비밀에 속하는 사항이 적힌 문서 또는 ㉢ 기술이나 직업의 비밀에 속하는 사항이 적힌 문서 등은 제출의무가 없다(동호 단서 가목 내지 다목). 이처럼 이익문서와 법률관계문서는 일정한 경우 제출의무가 인정되지 않는다는 점에서 상대적 제출의무 있는 문서라고 할 수 있다.[1)]

**판례 직업의 비밀**

문서의 제출을 거부할 수 있는 예외사유인 직업의 비밀이란 그 사항이 공개되면 해당 직업에 심각한 영향을 미치고 이후 그 직업의 수행이 현저히 어려운 경우를 가리키는데, 어느 정보가 이러한 직업의 비밀에 해당하여도 보호가치가 있는 비밀일 경우에만 문서의 제출을 거부할 수 있다. 나아가 어느 정보가 보호가치 있는 비밀인지를 판단할 때에는 정보의 내용과 성격, 정보가 공개됨으로써 문서소지자에게 미치는 불이익의 내용과 정도, 민사사건의 내용과 성격, 민사사건의 증거로 문서를 필요로 하는 정도 또는 대체할 수 있는 증거의 존부 등 제반 사정을 종합하여 그 정보의 공개로 문서소지자가 받게 될 불이익과 소송에서의 진실발견과 재판의 공정이라는 이익을 비교형량하여 판단해야 한다(대법원 2016. 7. 1. 자 2014마2239 결정; 2015. 12. 21. 자 2015마4174 결정).

#### (다) 그 밖의 문서

민사소송법에서는 위에 열거한 네 가지 문서 이외의 다른 문서도 원칙적으로

1) 한충수, 484면 및 485면.

모두 제출의무가 있는 것으로 규정하고 있다. 다만, 다음과 같은 제출거부사유가 인정되는 경우에는 예외적으로 문서제출의무가 인정되지 않는다.[1]

① **공문서**: 공무원 또는 공무원이었던 사람이 그 직무와 관련하여 보관하거나 가지고 있는 문서는 제출의무 있는 문서의 범위에서 제외된다(제344조 제2항). 여기서 공무원 또는 공무원이었던 사람이 그 직무와 관련하여 보관하거나 가지고 있는 문서란 행정기관이 보유·관리하는 공문서를 의미한다. 작성명의자를 불문하므로 사문서라고 하더라도 행정기관에 제출되어 공무원이 보관하고 있으면 제출거부문서가 될 수 있다.[2] 이러한 문서에 대해서는 당사자가 정보공개법에서 정한 절차와 방법에 따라 행정기관을 상대로 정보공개청구를 하여 문서를 교부받아 법원에 직접 제출하든지[3] 또는 당사자에게 이러한 공법상 청구권이 인정되지 않는 경우에는 문서송부촉탁을 신청하는 방법으로 해야 할 것이다.

② **증언거부사유에 해당하는 사항이 적힌 문서**: ㉠ 문서소지자 또는 그 친족이나 후견인 등이 공소제기되거나 유죄판결을 받을 염려가 있는 사항 또는 그들에게 치욕이 될 사항이 적힌 문서, ㉡ 변호사·공인회계사·의료인·종교인 등의 직무상 비밀에 속하는 사항이 적힌 문서 또는 ㉢ 기술이나 직업의 비밀에 속하는 사항이 적힌 문서는 제출의무가 없다(제344조 제2항 제1호).

③ **자기이용문서**: 오로지 문서를 가진 사람이 이용하기 위한 문서는 제출의무가 없다(제344조 제2항 제2호). 자기이용문서란 문서소지자의 이용을 위한 목적으로만 작성되고 외부에 공개하는 것이 예정되어 있지 않으며, 외부에 공개할 경우 개인의 사생활이 침해되거나 개인이나 단체의 자유로운 의사형성이 방해되는 등 문서소지자에게 심각한 불이익이 생길 염려가 있는 문서를 말한다. 예를 들어, 개인의 일기, 가계부, 사적인 편지 등이 여기에 해당한다.[4]

---

1) 대법원 2008. 4. 14. 자 2007마725 결정.
2) 한충수, 510면 및 511면.
3) 대법원 2010. 1. 19. 자 2008마546 결정.
4) 김홍엽, 622면; 이시윤, 517면.

**사례** **문서제출명령**

합병 과정에서 피합병회사의 주식 가치가 의도적으로 저평가되어 손해를 입었다고 주장하는 피합병회사의 주주가 합병당사회사들을 상대로 손해배상청구소송을 제기하고 임직원의 급여 및 상여금 수령 내역, 회사의 손익계산서 등 회계서류, 매입·매출 회계처리원장, 합병에 관한 회계법인의 검토보고서 및 제안서, 합병과 관련하여 피합병회사가 다른 합병회사와 교신한 공문 등의 제출명령을 신청하였다. 이에 대하여 피신청인들은 위 각 문서는 통상 피신청인들 내부의 의사결정을 위하여 결재권자의 결재를 거쳐 작성된 문서로서 피신청인들 내부의 이용에 쓸 목적으로 작성되고 외부인에게 공개하는 것이 예정되어 있지 않은 자기이용문서에 해당하므로 피신청인들은 위 각 문서의 제출을 거부할 수 있고, 「개인정보 보호법」상 개인정보에 해당하여 문서제출명령신청의 대상이 될 수 없으며, 또한 위 각 문서에 기재된 정보들은 독립된 경제적 가치를 가질 뿐만 아니라 상당한 노력에 의하여 비밀로 유지된 정보로서 영업 비밀에 해당하므로 공개될 경우 피신청인들의 영업에 심각한 악영향을 주어 향후 회사의 사업수행에 현저한 장애가 발생하므로 직업의 비밀에 해당하여 문서제출의무가 면제되어야 한다고 주장한다. 피신청인들의 주장이 적법한지 설명하시오.

① 자기이용문서의 해당 여부

자기이용문서는 제출의무가 없는데, 어느 문서가 자기이용문서에 해당하는지 여부는 문서의 표제나 명칭만으로 판단해서는 안 되고, 그 문서의 작성 목적, 기재 내용에 해당하는 정보, 해당 유형·종류의 문서가 일반적으로 갖는 성향, 문서의 소지 경위나 그 밖의 사정 등을 종합적으로 고려하여 객관적으로 판단해야 한다. 설령 주관적으로 내부 이용을 주된 목적으로 회사 내부에서 결재를 거쳐 작성된 문서일지라도 ㉠ 신청자가 열람 등을 요구할 수 있는 사법상 권리를 가지는 문서와 동일한 정보 또는 그 직접적인 기초나 근거가 되는 정보가 해당 문서의 기재 내용에 포함되어 있는 경우, ㉡ 객관적으로 외부에서의 이용이 작성 목적에 전혀 포함되어 있지 않다고는 볼 수 없는 경우, ㉢ 해당 문서 자체를 외부에 개시하는 것은 예정되어 있지 않더라도 해당 문서에 기재된 '정보'의 외부 개시가 예정되어 있거나 그 정보가 공익성을 가지는 경우 등에는 그 문서를 내부문서라는 이유로 자기이용문서라고 쉽게 단정할 것은 아니다(대법원 2016. 7. 1. 자 2014마2239 결정).

피합병회사 임직원의 급여 및 상여금명세서, 회사의 손익계산서 등 회계서류, 매입·매출 회계처리원장 등은 회계자료의 공시를 통하여 외부에 공개하는 것이 예정되어 있는 정보 또는 그 직접적 기초가 되는 정보를 포함하고 있다고 볼 수 있고, 피합병회사의 이사들이 합병비율의 적정성을 판단하여 합병에 동의할 것인지를 결정하는 근거로 삼은 회계법인의 검토보고서, 제안서 등은 합병조건에 대한 실질적인 판단자료로 주주들에게도 공개가 예정되어 있는 정보 또는 그 직접적 기초가 되는 정보를 포함하고 있다고 볼 여지가 있다. 또한 합병 추진 및 실행과 관련하여 피합병회사가 다른 합병회사와 교신한 공문 등은 오로지 내부자의 이용에 제공할 목적으로 작성된 내부문서라고 단정할 수 없고, 업무수행의 지침이 되는 내부회계기준이나 위 각 정보와 관련한 결의서와 같이 이미 의사결정이 내려진 상태에서 작성되는 문서는 그 문서의 성질상 개시로 인하여 문서소지자에게 심각한 불이익이 생길 염려가 발생한다고 보기 어렵다. 따라서 위 각 문서가 피신청인들 내부의 의사결정 목적으로 작성되었다는 점을 근거로 자기이용문서에 해당한다고 할 수 없다(대법원 2016. 7. 1. 자 2014마2239 결정; 2015. 12. 21. 자 2015마4174 결정).

② 개인정보 보호법상 개인정보로서 제출을 거부할 수 있는지 여부

「개인정보 보호법」 제18조 제2항 제2호에 의하면 개인정보처리자는 '다른 법률에 특별한 규정이 있는 경우'에는 개인정보를 목적 외의 용도로 이용하거나 이를 제3자에게 제공할 수 있고, 민사소송법 제344조 제2항은 각호에서 규정하고 있는 문서제출거부사유에 해당하지 않는 경우 그 문서소지인에게 문서제출의무를 부과하고 있다. 따라서 위 급여 및 상여금 명세서 등이 개인정보 보호법상 개인정보에 해당한다고 하더라도 이를 이유로 문서소지인이 그 문서의 제출을 거부할 수 없다(대법원 2016. 7. 1. 자 2014마2239 결정).

③ 직업의 비밀에 속하는 사항인지 여부

직업의 비밀에 속하는 사항이 적혀 있고 비밀을 지킬 의무가 면제되지 않은 문서는 제출을 거부할 수 있는데, 여기에서 '직업의 비밀'은 그 사항이 공개되면 해당 직업에 심각한 영향을 미치고 이후 그 직업의 수행이 어려운 경우를 가리킨다. 민사소송에서 증거의 구조적 편재를 해소하고 실체진실의 발견을 통한 공정한 재판을 보장하기 위하여 문서제출의무의 대상 범위를 확대하고 있는 입법취지에 비추어 볼 때 문서제출의 거절 사유는 진실발견의 요청을 희생하여서라도 보호할 만한 가치가 있는 경우에 한하여 예외적으로 인정되어야 한다. 따라서 위 각 문서가 직업의 비밀에 관한 사항이 적혀 있는 문서로 문서제출의무가 면제되는 예외적인 경우에 해당하기 위해서는 그 비밀이 공개되면 해당 직업의 수행에 심각한 영향을 주어 그 이후 직업의 수행이 현저히 곤란하게 되는

사정이 있어 진실발견의 요청을 희생하여서라도 보호할 만한 가치가 있음이 소명되어야 할 것인데, 피신청인들은 대상 문서에 기재된 사항들이 '영업 비밀'에 해당한다고 주장하고 있을 뿐이어서 이를 인정하기 부족하므로 피신청인들의 주장은 이유 없다(대법원 2016. 7. 1. 자 2014마2239 결정).

**판례 일정 기간 특정인의 휴대전화 통화내역**

휴대전화의 통화내역은 정보처리시스템에 의해 전자적 형태로 작성되어 저장된 정보로서 전자문서에 해당하여 민사소송법에 따른 문서제출명령의 대상이 될 수 있다. ① 해당 증거로써 증명하고자 하는 내용이 다른 법률에서 보호의 대상으로 정하고 있더라도 재판을 통한 개인의 권리구제를 위하여 반드시 재판에 증거로 제출될 필요가 있다면 민사소송법에 따른 문서제출명령을 통해 제출될 수 있어야 한다는 점, ②「통신비밀보호법」에서도 법원이 재판상 필요에 따라 조사의 촉탁에 의하여 제공을 요청할 경우 전기통신사업자가 통신사실확인자료를 제공하는 것을 허용하고 있으며(동법 제13조의2), 문서제출명령은 조사의 촉탁보다 더 엄격한 법적 절차를 거쳐 발령 여부가 결정되는 점, ③ 개인의 사생활 및 대화의 비밀과 자유에 대한 부당한 침해를 막고자 하는「통신비밀보호법」의 입법취지는 법원이 신중하고 엄격한 심리를 거쳐 문서제출명령제도를 운용함으로써 충분히 구현될 수 있다는 점 등에 비추어 민사소송법의 규정에 따라 통신사실확인자료에 대한 문서제출명령을 할 수 있고 전기통신사업자는 특별한 사정이 없는 한 이에 응할 의무가 있다고 할 것이다. 따라서 전기통신사업자가「통신비밀보호법」제3조 제1항 본문(통신비밀보호법과 형사소송법 또는 군사법원법의 규정에 의하지 않고는 통신사실확인자료의 제공을 하지 못한다)의 규정을 들어 문서제출명령의 대상이 된 통신사실확인자료의 제출을 거부하는 것에는 정당한 사유가 있다고 볼 수 없다(대법원 2023. 7. 17. 자 2018스34 전원합의체 결정).

### 2) 문서제출명령의 신청

#### (가) 신청의 방식

문서제출명령의 신청은 서면으로 해야 하고, 문서의 표시, 문서의 취지, 문서소지자, 증명할 사실, 문서제출의무의 원인 등을 명시해야 한다(제345조, 민사소송규칙

제110조 제1항). 상대방은 문서제출명령의 신청에 관하여 의견이 있는 때에는 의견을 적은 서면을 법원에 제출할 수 있다(동규칙 제110조 제2항).

(나) 문서목록제출명령

상대방이 소지하고 있는 문서를 구체적으로 알지 못하여 문서의 표시나 취지를 특정하기 어려운 경우에는 신청대상인 문서의 취지나 증명할 사실을 개괄적으로만 표시하여 신청하면 법원은 상대방 당사자에게 관련 문서에 관하여 그 표시와 취지 등을 적은 문서목록을 제출하도록 명할 수 있다(제346조). 문서목록제출명령은 문서제출명령제도가 증거의 구조적 편재를 시정하기 위한 효율적인 수단으로 기능할 수 있도록 하기 위하여 도입한 문서정보공개제도로서, 그 취지는 미국의 증거개시제도(discovery)에서의 증거공개(disclosure)와 유사하다. 그러나 법원의 문서목록제출명령에 따르지 않더라도 그에 대한 제재 수단이 없어 그 실효성은 의문이다. 문서목록에서 누락된 문서를 문서소지자가 나중에 자신을 위한 서증으로 제출하는 경우 그로 말미암아 소송의 완결이 지연되는 때에는 실기한 공격방어방법으로 각하될 수 있다(제149조).

3) 문서제출명령의 심판

(가) 문서소지자 심문

당사자로부터 문서제출명령신청이 있으면, 법원은 제출의무의 유무와 소지사실에 대하여 심리하여 그 허가 여부를 결정해야 한다. 문서제출명령을 하려면 문서의 존재와 소지가 증명되어야 하는데, 그 증명책임은 원칙적으로 신청자에게 있다.[1] 문서소지자가 제3자인 경우에는 변론(준비)절차에서 그 의견을 들을 기회가 없으므로 심문기일을 여는 등의 방법으로 제3자 또는 그가 지정하는 사람을 반드시 심문해야 한다(제347조 제3항, 필수적 심문). 문서소지자가 상대방 당사자인 경우에는 제3자와 같이 별도로 심문절차를 거쳐야 하는 것은 아니지만(임의적 심문), 적어도 상대방에게 문서제출명령신청서를 송달하여 그에 관한 의견진술의 기회를 부여해야 한다.[2]

---

1) 대법원 2008. 4. 14. 자 2007마725 결정; 1995. 5. 3. 선고 95마415 판결.

(나) 문서제시명령

법원은 형사소추·치욕 또는 직무상 비밀 사항이 포함되어 있는 등 제출거부사유가 있는지 여부를 판단하기 위하여 필요한 때에는 문서소지자에게 그 문서를 제시하도록 명할 수 있다(제347조 제4항 전단). 이 경우 그 문서를 다른 사람이 보지 않도록 공개된 법정이 아닌 심문실이나 판사실에서 다른 당사자의 참여를 배제한 채 비공개로 심리하여 제출거부사유의 유무를 판단해야 한다(동항 후단).

(다) 허가 여부의 결정

법원은 문서제출명령신청이 이유 있다고 인정하는 때에는 결정으로 문서소지자에게 문서의 제출을 명할 수 있다(제347조 제1항). 실무상 제출의무자가 당사자인 경우에는 변론기일에 결정을 고지하는 방식에 의하고, 제출의무자가 제3자인 경우에는 결정의 정본을 송달하는 방식에 의한다. 문서제출명령신청이 문서의 일부에만 이유 있다고 인정하는 때에는 그 부분만의 제출을 명해야 한다(동조 제2항).

그러나 문서제출명령신청이 이유 없다고 인정하는 때에는 이를 기각하는 결정을 한다. 문서제출명령신청의 대상이 된 문서가 제출의무 없는 문서임이 인정된 경우는 물론이고, 문서제출명령신청의 대상이 된 문서가 서증으로서 필요하지 않거나[1] 그 문서에 의하여 입증하고자 하는 사항이 해당 청구와 직접 관련이 없다고 인정된 경우에도 신청을 기각할 수 있다.[2] 판례는 문서제출명령신청에 대하여 별다른 판단 없이 변론을 종결하고 판결을 선고하였다면 문서제출명령신청을 묵시적으로 기각한 것으로 볼 것이고 판단누락은 아니라고 한다.[3]

(라) 불복신청 및 철회

문서제출명령의 신청에 관한 결정에 대해서는 즉시항고를 할 수 있다(제348조). 판례는 제3자에 대한 문서제출명령에 대해서는 그 제3자만이 자기에 대한 심문절차의 누락을 이유로 즉시항고를 할 수 있을 뿐이고, 본안소송의 당사자가 그 제3자

2) 대법원 2009. 4. 28. 자 2009무12 결정.
1) 대법원 2016. 7. 1. 자 2014마2239 결정; 2008. 9. 26. 자 2007마672 결정.
2) 대법원 2016. 7. 1. 자 2014마2239 결정.
3) 대법원 2001. 5. 8. 선고 2000다35955 판결.

에 대한 심문절차의 누락을 이유로 즉시항고를 하는 것은 허용되지 않는다고 한다.[1)]

증거조사가 개시되기 전까지 그 증거신청을 자유롭게 철회할 수 있으므로 문서제출명령의 신청에 따른 제출명령이 있었다고 하더라도 그 문서가 법원에 제출되기 전에는 상대방의 동의 없이 그 신청을 철회할 수 있다.[2)] 문서제출명령에 따라 법원에 제출된 문서를 서증으로 제출할지 여부는 신청자가 임의로 결정할 수 있는데, 신청자가 이를 서증으로 제출해야 증거로 삼을 수 있다.

#### 4) 문서제출명령에 불응한 경우의 효과

##### (가) 당사자가 불응한 경우

당사자가 문서제출명령이나 문서제시명령에 따르지 않은 때에는 법원은 문서에 관한 상대방의 주장을 진실한 것으로 인정할 수 있다(제349조). 상대방의 사용을 방해할 목적으로 제출의무 있는 문서를 훼손하거나 사용할 수 없게 한 때에도 같다(제350조). 판례는 문서에 관한 상대방의 주장을 진실한 것으로 인정한다고 함은 문서의 성립과 내용에 관한 상대방의 주장을 진실한 것으로 인정한다는 의미이고, 그 문서에 의하여 증명할 사실이 직접적으로 증명되었다고 본다는 의미는 아니라고 하면서 요증사실이 증명되었다고 인정할 것인지 여부는 법관의 자유심증에 의할 것이라고 한다(자유심증설).[3)]

이에 대하여 요증사실이 증명된 것으로 인정할 수 있다는 견해(법정증거설), 행정소송·공해소송·국가배상청구소송의 경우처럼 대상문서가 상대방의 지배영역 내에 있어 신청자로서는 문서의 구체적 내용을 특정할 수 없고 다른 증거에 의하여 증명하는 것이 현저히 곤란한 경우에는 제한적으로 요증사실이 직접 증명되었다고 보는 견해(절충설)가 주장되고 있다.[4)] 그러나 요증사실의 증명 여부는 문서제출명령에 따라 문서를 제출한 경우이든 문서제출명령에 불응한 경우이든 법관의

---

1) 대법원 2008. 9. 26. 자 2007마672 결정.
2) 대법원 1971. 3. 23. 선고 70다3013 판결.
3) 대법원 2007. 9. 21. 선고 2006다9446 판결; 1995. 3. 10. 선고 94다39567 판결; 1993. 6. 25. 선고 93다15991 판결.
4) 김홍엽, 628면; 이시윤, 520면.

자유심증에 의할 것이고, '문서에 관한 상대방의 주장'이라고 명시한 제349조의 문언에 비추어 판례의 입장(자유심증설)이 타당하다고 본다.

(나) 제3자가 불응한 경우

제3자가 문서제출명령이나 문서제시명령에 따르지 않은 때에는 신청한 당사자의 주장을 진실한 것으로 인정할 수는 없으며, 법원은 결정으로 500만원 이하의 과태료에 처할 수 있을 뿐이다(제351조, 제318조, 제311조 제1항). 과태료에 처하는 결정에 대해서는 즉시항고를 할 수 있으나, 집행정지의 효력은 없다(제311조 제8항).

**사례 의료소송에서의 서증조사**

아래 각 물음에 답하시오.

① 전신마취로 수술을 받은 후 호흡곤란, 마비 등의 증상을 보이고 있는 A가 의료과실이 있음을 주장하며 B 병원을 상대로 손해배상청구소송을 제기하였다. 이 소송에서 A는 B 병원의 과실을 증명하기 위하여 B 병원이 소지하고 있는 진료기록부, 간호기록부, 수술기록, 마취시술약제의 특성과 부작용 및 마취전 일반적 주의사항 등을 기록한 마취과업무 내부 문건 등의 문서에 대하여 문서제출명령을 신청하였다. 이에 대하여 B 병원은 병원의 내부자료라는 이유로 제출을 거부하고 있다. A의 문서제출명령신청이 적법한지 설명하시오.

환자는 자신의 진료에 관한 기록을 열람하거나 그 사본의 교부를 요구할 권리가 있다(의료법 제21조 제1항). 따라서 A는 B 병원을 상대로 자신에 관한 진료기록부, 간호기록부, 수술기록, 처방전, 진단서 그 밖의 진료에 관한 기록의 열람 및 사본의 교부를 요구할 수 있고, 그 사본을 교부받아 법원에 직접 제출하는 방식으로 서증조사를 신청할 수 있다. 그런데 만일 B 병원이 진료기록부 등 사본의 교부를 거부하는 경우에는 진료기록부 등에 대하여 문서제출명령을 신청할 수 있다. 진료기록부 등 진료에 관한 기록은 환자의 진료를 위하여 작성한 것으로 환자의 이익을 위하여 작성된 문서 또는 환자와 병원 간의 법률관계와 관련이 있는 사항을 기재한 문서로 볼 수 있다. 따라서 진료기록부 등은 문서제출명령의 대상이 된다. 진료기록부 등은 의료기관이 작성하여 일정 기간 이를 보관할 의무가 있으므로 문서의 존재와 소지를 입증하는 데 큰 어려움이 없을 것이다. 만일 B가 진료기록부 등을 변조하여 증거조사를 어렵게 한 경우에는 일종의 증명방해에 해당하고 법원은 진료기록부 등에 관한 A의 주장을 진실한 것으로 인정할 수 있다

(제350조). 진료기록부 등은 물론이고 마취과업무 내부 문건 등 진료와 관련된 병원의 내부 문건 역시 병원이 환자에게 제공해야 하는 정보 또는 그 기초가 되는 정보로서 소송에서 의료과실의 유무를 판단하기 위한 중요한 증거가 되므로 병원은 이를 작성하고 관리하는 문서소지자로서 제출의무가 있으며 병원의 내부자료라는 이유로 그 제출을 거부할 수 없다고 할 것이다.

② A는 C가 운전하는 자동차에 치어 상해를 입었고, 이에 C를 상대로 손해배상청구소송을 제기하면서 자신의 손해를 증명하기 위해 자신을 진료한 의사 B가 작성한 진단서를 증거로 제출하였다. 그런데 C는 위 진단서의 내용에 대해 의문을 품고 B가 A를 진료하면서 작성한 진료기록부 등을 증거로 제출하고자 한다. C가 어떻게 이것을 증거로 제출할 수 있는지 설명하시오.

의료인이나 의료기관 종사자는 환자가 아닌 타인에게 환자에 관한 기록을 열람하게 하거나 그 사본을 교부하는 등 그 진료 내용을 확인할 수 있게 할 수 없다(의료법 제21조 제2항). 그러나 법원의 문서제출명령이 있는 경우에는 예외적으로 환자가 아닌 타인에게 환자에 관한 기록을 열람하게 하거나 그 사본을 교부할 수 있다(동조 제3항 제7호). 실무상 상대방 당사자의 진료기록부 등은 그 상대방으로부터 임의제출 받아 증거조사를 한다. 그러나 상대방 당사자가 임의로 제출하지 않는 경우에는 병원을 상대로 문서제출명령을 신청하는 방법에 의하여야 한다. 이 경우 문서소지자인 B는 소송당사자가 아닌 제3자이므로 법원은 문서제출명령신청이 이유 있는지 확인하기 위하여 별도로 심문기일을 여는 등의 방법으로 B 또는 그가 지정하는 사람을 심문하여야 한다(제347조 제3항). 만일 B가 심문에 응하지 않는 경우에는 A의 문서제출명령신청이 이유 있는 것으로 보아 인용되고 법원은 즉시 문서제출을 명하게 된다. 법원이 문서제출을 명하였음에도 B가 이를 제출하지 않는 경우에는 500만원 이하의 과태료에 처해질 수 있다.

### (3) 문서송부촉탁

상대방 또는 제3자가 소지하고 있는 제출의무 없는 문서에 관한 서증신청은 그 소지자에 대하여 문서송부촉탁을 신청함으로써 할 수 있다(제352조 본문). 다만, 당사자가 법령에 의하여 문서의 정본 또는 등본을 청구할 수 있는 경우에는 문서송부촉탁에 의할 수 없다(동조 단서). 예를 들어, 등기부등본이나 가족관계증명서 등에 대해서는 문서송부촉탁을 신청할 수 없다.

법원, 검찰청 그 밖의 공공기관이 보관하고 있는 기록의 불특정한 일부에 대하여도 문서송부촉탁을 신청할 수 있다(민사소송규칙 제113조 제1항). 이 경우 법원은 기록을 보관하고 있는 법원 등 공공기관에 대하여 그 기록 가운데 신청인 또는 소송대리인이 지정하는 부분의 인증등본을 보내 줄 것을 촉탁해야 한다(동규칙 동조 제2항). 촉탁을 받은 법원 등 공공기관은 신청인 또는 소송대리인에게 그 기록을 열람하게 하여 필요한 부분을 지정할 수 있도록 해야 한다(동규칙 동조 제3항).

문서소지자는 정당한 이유가 없는 한 송부촉탁에 협력할 의무가 있으며, 송부촉탁에 응할 수 없는 사정이 있는 경우에는 그 사유를 촉탁법원에 통지해야 한다(제352조의2). 그러나 문서소지자가 문서송부촉탁에 응하지 않더라도 제재하는 수단은 없다. 그리하여 사인(私人)에 대하여 송부촉탁을 신청하는 경우는 거의 없으며, 주로 공공기관이나 행정기관이 보관하고 있는 문서에 대하여 이루어지고 있다.

문서송부촉탁에 따라 법원에 송부하는 문서는 원본, 정본 또는 인증등본이어야 한다(제355조 제1항). 법원은 필요한 경우 원본을 송부하도록 할 수 있다(동조 제2항).[1] 실무에서는 인증등본송부촉탁신청이라고 표기함으로써 송부할 문서의 형태를 명시하기도 한다. 송부촉탁에 의하여 송부된 문서가 자동적으로 증거자료가 되는 것은 아니며, 신청자가 송부된 문서 중 필요한 부분을 선별하여 서증으로 제출함으로써 비로소 증거자료가 된다.

### (4) 문서가 있는 장소에서의 서증신청

문서제출명령신청의 대상도 아니고 문서송부촉탁신청을 하기도 어려운 문서에 관한 서증신청은 법원이 그 문서가 있는 장소에 가서 서증조사를 해 줄 것을 신청하는 방법으로 할 수 있다(제297조 제1항 전단 및 민사소송규칙 제112조 제1항). 예를 들어, 미완결 또는 수사 중인 사건의 수사기록, 기소중지 중의 수사기록 등 외부반출이 어려운 문서가 주로 그 대상이 된다.[2] 이 경우 수명법관 또는 수탁판사로

---

1) 송부된 문서가 원본인 경우에는 사용이 끝난 후 즉시 반환해야 하며, 상소기록과 함께 상소심으로 송부해서는 안 된다.

2) 김홍엽, 631면; 이시윤, 521면.

하여금 증거조사를 하도록 할 수 있다(동항 후단). 문서송부촉탁에서와 마찬가지로 문서소지자는 서증조사에 협력할 의무가 있다(제352조의2).

**참조 관련 형사사건의 수사기록을 증거조사하는 방법**

민사재판에서 관련 형사사건의 수사기록을 증거조사하는 방법에는 인증등본송부촉탁 신청을 하는 방법과 문서가 있는 장소에서의 서증신청을 하는 방법이 있다. 인증등본송부촉탁신청은 형사사건에 대한 공소가 제기되어 형사법원에서 증거조사가 실시된 이후에 형사법원에 대하여 이루어지고, 검찰 등 수사기관에서 보관 중인 수사기록에 대해서는 검찰청 등 수사관서에서 서증조사를 하는 방법으로 이루어진다. 검찰 등 수사기관에서 수사 중이거나 검찰의 불기소처분 등으로 사건이 종결된 형사사건의 수사기록에 대하여 인증등본송부촉탁신청을 하더라도 신청자의 진술만이 담긴 신문조서나 진술서만을 송부해 주고 있는 등 증거조사가 매우 어려운 실정이어서 수사관서에서 서증조사를 하는 방법에 의하고 있다.

## Ⅷ. 기타

### 1. 검증

#### (1) 의의

검증이란 법관이 그 오관(五官)의 작용에 의하여 직접적으로 사물의 성상(性狀)이나 현상(現狀)을 검사하여 그 결과를 증거자료로 하는 증거조사를 말한다. 문서의 경우 그 기재 내용을 증거로 하는 경우에는 서증이 되지만, 그 지질, 필적, 인영 따위를 증거로 할 경우에는 검증의 대상이 된다. 녹음·녹화테이프, 컴퓨터용 자기디스크·광디스크 등 음성·영상자료에 대한 증거조사는 검증의 방법에 의한다(민사소송규칙 제121조 제2항).

### (2) 신청 및 절차

검증도 원칙적으로 당사자의 신청에 의하여 개시된다. 요증사실이 전문적 지식을 바탕으로 하는 경우에는 감정과 함께 신청할 수 있다. 거증자가 검증물을 소지하고 있으면 법원에 직접 제출하면 되고, 상대방 당사자 또는 제3자가 소지하고 있으면 이에 대한 제출명령을 신청해야 한다. 사람의 신체·용모·상처를 검증함에는 출석을 명할 수 있다(제366조 제1항). 법원은 검증을 위하여 필요한 경우에는 다른 사람의 토지나 주거 등 시설물 안에 들어갈 수 있고, 이 경우 저항을 받은 때에는 경찰공무원에게 원조를 요청할 수 있다(제366조 제3항).

당사자가 법원의 검증물 제출명령이나 출석명령에 불응하는 경우에는 문서제출명령 위반에 대한 것과 유사하게 법원은 검증물의 존재나 물리적 상태에 관한 증거신청자의 주장을 진실한 것으로 인정할 수 있다(제366조 제1항 및 제349조). 제3자가 정당한 사유 없이 제출명령에 따르지 않는 경우에는 200만원 이하의 과태료에 처해진다(제366조 제2항).

## 2. 당사자신문

### (1) 의의

당사자신문은 당사자 본인을 증거방법으로 하여, 마치 증인처럼 그가 경험한 사실에 대해 진술하게 하는 증거조사를 말한다. 당사자신문에서 당사자 본인의 진술은 증인의 증언과 마찬가지로 증거자료에 불과하므로 당사자신문 과정에서 상대방 주장사실과 일치되는 진술이 있다고 하여도 자백이 성립되지는 않는다.

상대방 당사자의 신문을 신청하는 것이 일반적이지만, 당사자가 자기의 신문을 신청할 수도 있다. 법정대리인은 당사자신문의 대상이 되고, 법인이 당사자인 경우 그 대표자도 당사자신문의 대상이 된다(제372조 본문, 제64조). 당사자신문에서의 진술은 변론이 아니므로 소송능력자일 필요가 없으며, 제한능력자라도 당사자신문의 대상이 된다(제372조 단서).

### (2) 독립된 증거방법

당사자신문은 독립된 증거방법으로서 다른 증거방법이 있는지 여부와 관계없이 소송의 어느 단계에서든 할 수 있다.[1] 종전에는 다른 증거방법에 의하여 법원이 심증을 얻지 못한 경우에 한하여 보충적으로 당사자신문이 허용되었으나, 현행법은 보충성을 폐지하여 법원으로 하여금 직권으로 또는 당사자의 신청에 의하여 언제든지 당사자 본인을 신문할 수 있도록 하고 있다(제367조). 제3자의 지위에 있는 증인의 증언에 대해서도 신뢰를 하지 못하는 현실에 비추어 당사자신문을 독립된 증거방법으로 하는 것은 의문이라는 견해가 있으나,[2] 사건의 내용을 누구보다 잘 아는 당사자 본인을 통하여 사건의 실체적 진실에 신속하고 정확하게 접근할 수 있다는 점에서 당사자신문에 독립된 지위를 부여하는 것은 타당성이 있다고 생각된다.

### (3) 절차

당사자신문에는 출석요구서, 선서의무, 교호신문방식 등 증인신문절차에 관한 규정이 대부분 준용된다(제373조). 당사자신문을 신청한 당사자가 당사자신문사항을 미리 제출할 의무는 없지만, 법원이 효율적인 당사자신문을 위하여 필요하다고 인정하는 때에는 당사자신문을 신청한 당사자에게 당사자신문사항이나 당사자진술서를 제출하게 할 수 있다(민사소송규칙 제119조의2 제1항). 이 경우 증인신문사항이나 증인진술서의 제출에 관한 규정이 준용된다(동조 제2항). 그러나 당사자신문은 증인신문과는 달리 법원이 직권으로 할 수 있고, 증인처럼 과태료·감치·구인 등으로 출석이나 진술이 강제되지 않으며, 또 선서하고 허위진술을 하여도 500만원 이하의 과태료에 처해질 뿐 형법상 범죄가 되지는 않는다(제370조 제1항).

당사자가 정당한 사유 없이 출석하지 않거나 선서 또는 진술을 거부한 때에는 신문사항에 관한 상대방의 주장을 진실한 것으로 인정할 수 있다(제369조). 여기서 정당한 사유란 법정에 출석할 수 없는 질병, 교통기관의 두절, 관혼상제, 천재

---

1) 정동윤·유병현, 566면.

2) 한충수, 521면.

지변 등을 말하고, 그러한 정당한 사유의 존재는 불출석한 당사자가 이를 주장·증명해야 한다.[1] 또한 신문사항에 관한 상대방의 주장을 진실한 것으로 인정할 수 있다는 것은 신문사항에 포함된 사실을 진실로 인정할 수 있다는 의미이지 상대방이 증명하고자 하는 사실을 진실로 인정할 수 있다는 의미는 아니다.[2]

법인 등 단체의 대표자 등과 같이 당사자 본인으로 신문할 사람을 증인으로 신문한 경우에도 상대방이 지체 없이 이의하지 않으면 이의권의 포기·상실(제151조)로 그 하자가 치유된다.[3] 다만, 당사자 본인으로 신문할 사람은 증인능력이 없으므로 증인으로 선서하고 증언하였다고 하여도 위증죄의 주체가 될 수는 없다.[4]

## 3. 그 밖의 증거

현행법에서는 그 밖의 증거로 도면, 사진, 녹음테이프, 비디오테이프, 컴퓨터용 자기디스크 그 밖에 정보를 담기 위하여 만들어진 물건으로서 문서가 아닌 증거를 열거하고, 이에 대한 증거조사를 감정, 검증, 서증에 준하여 실시하도록 규정하고 있다(제374조). 그 밖의 증거에 대한 증거조사절차를 구체적으로 살펴보면 다음과 같다.

### (1) 음성물이나 영상물

녹음·녹화테이프, 컴퓨터용 자기디스크·광디스크, 그 밖에 이와 비슷한 방법으로 음성이나 영상을 녹음 또는 녹화하여 재생할 수 있는 매체에 대한 증거조사는 이를 재생하여 검증하는 방법으로 한다(민사소송규칙 제121조 제2항). 이에 대한 증거조사를 신청한 당사자는 법원이 명하거나 상대방이 요구한 때에는 녹음테이프 등의 녹취서, 그 밖에 그 내용을 설명하는 서면을 제출해야 하고(동조 제3항), 음성이나 영상이 녹음 등이 된 사람, 녹음 등을 한 사람 및 녹음 등을 한 일시·장소를

---

1) 대법원 2010. 11. 11. 선고 2010다56616 판결.
2) 대법원 1990. 4. 13. 선고 89다카1084 판결.
3) 대법원 1992. 10. 27. 선고 92다32463 판결.
4) 대법원 2012. 12. 13. 선고 2010도14360 판결.

밝혀야 한다(동조 제1항).

판례는 동영상 파일은 검증의 방법으로 증거조사를 해야 하므로 문서제출명령의 대상이 될 수 없다고 한다.[1] 또한 녹음테이프에 대한 증거조사는 검증의 방법에 의할 것이지만, 녹음테이프를 증거로 제출하지 않고 속기사에 의하여 녹취한 녹취서를 서증으로 제출하는 방법에 의할 수도 있다. 이 경우 상대방이 부지로 인부하면, 녹음테이프의 검증을 통하여 녹취서와 녹음테이프의 내용이 동일한지 여부를 확인해야 할 것이지만, 그 녹취서의 내용이 오히려 상대방에게 유리하다면 녹취 자체는 정확하게 이루어진 것으로 보아 녹음테이프의 검증 없이 녹취서의 진정성립을 인정할 수 있다고 한다.[2]

### (2) 정보저장매체에 기억된 문자정보

컴퓨터용 자기디스크·광디스크, 그 밖에 이와 비슷한 정보저장매체에 기억된 문자정보에 대한 증거조사는 읽을 수 있도록 출력한 문서를 제출하는 방법에 의할 수도 있다(민사소송규칙 제120조 제1항). 이 경우 증거조사의 대상은 자기디스크 등에 저장된 문자정보이고 출력문서는 저장매체의 검증을 원활하게 하기 위한 도구에 불과하다. 따라서 출력문서에 대한 증거조사는 검증의 방법에 의한다.[3] 자기디스크 등에 저장된 문자정보를 조사하는 것이므로 출력문서를 서증으로 제출하는 경우와는 구별해야 한다. 이러한 증거조사를 신청한 당사자는 법원이 명하거나 상대방이 요구한 때에는 자기디스크 등에 입력한 사람과 입력한 일시, 출력한 사람과 출력한 일시를 밝혀야 한다(동조 제2항).

### (3) 도면이나 사진

도면, 사진 기타 정보를 담기 위하여 만들어진 물건으로서 문서가 아닌 증거의 조사에 관하여는 특별한 규정이 없으면 감정, 서증, 검증에 관한 규정을 준용한다(민사소송규칙 제122조). 판례는 사진의 경우 그 형태, 담겨진 내용 등을 종합하여

1) 대법원 2010. 7. 14. 자 2009마2105 결정.
2) 대법원 1999. 5. 25. 선고 99다1789 판결.
3) 한충수, 494면.

감정·서증·검증의 방법 중 가장 적절한 증거조사 방법을 택하여 이를 준용해야 한다고 한다.[1)]

## 4. 조사의 촉탁

조사의 촉탁이란 법원이 공공기관, 학교 그 밖의 단체나 개인 또는 외국의 공공기관에게 그 업무에 속하는 사항에 관하여 필요한 조사 또는 보관 중인 문서의 등본·사본의 송부를 촉탁하는 증거조사를 말한다(제294조). 실무상 사실조회라고 한다. 공공기관 등 단체뿐만 아니라 개인에게도 그 업무에 속하는 사항에 관하여 조사를 촉탁할 수 있고, 또한 조사의 촉탁에 그치지 않고 보관 중인 문서의 등본·사본의 송부를 촉탁할 수도 있다.

조사의 촉탁은 당사자의 신청에 의한 경우만이 아니라 직권으로도 할 수 있다(제140조 제1항 제5호). 조사의 촉탁결과를 증거자료로 하기 위해서는 법원이 이를 변론에 현출하여 당사자에게 의견진술의 기회를 주어야 하지만,[2)] 이를 증거로 사용하겠다는 당사자의 원용이 있어야 하는 것은 아니다.[3)] 따라서 사실조회에 따라 제출된 사실조회회보서는 문서송부촉탁의 경우와는 달리 이를 따로 서증으로 제출할 필요 없이 증거자료가 된다.[4)]

## 5. 증거보전

### (1) 의의

증거보전은 소송절차 내에서 본래의 증거조사를 할 때까지 기다리자면 그 증거

1) 대법원 2010. 7. 14. 자 2009마2105 결정.
2) 대법원 1982. 8. 24. 선고 81누270 판결.
3) 대법원 1981. 1. 27. 선고 80다51 판결.
4) 사실조회회보를 하면서 회보처에서 참고서류 사본 등을 함께 보낸 경우에도 이를 포함한 전체를 사실조회결과로 처리하고, 그 참고서류를 따로 서증으로 제출할 필요는 없다.

방법의 조사가 불가능하거나 곤란하게 될 사정이 있는 경우에 본안의 소송절차와 별도로 미리 증거조사를 하여 그 결과를 확보하여 두는 판결절차의 부수절차이다(제375조). 증거보전절차는 판결절차의 부수절차이지만 본안의 소송절차와 별개로 행해지는 독립된 절차이다.

### (2) 증거보전의 사유

증거보전을 함에는 보전의 필요성, 즉 미리 증거조사하지 않으면 장래 그 증거방법을 사용하는 것이 불가능하거나 곤란한 사정이 존재해야 한다. 예를 들어, 증인으로 될 사람이 죽음에 임박하거나 해외로 이주를 시도하는 경우, 검증의 대상이 되는 건물의 현상이 변경될 우려가 있는 경우 등이다. 다만, 증권관련 집단소송에서는 보전의 필요성이 없더라도 필요한 경우 당사자의 신청에 의하여 증거보전을 할 수 있다(증권관련 집단소송법 제33조).

### (3) 증거보전의 신청

증거보전신청의 관할법원은 소제기 전이나 긴박한 경우에는 증거방법의 소재지를 관할하는 지방법원이고, 소제기 후에는 그 증거를 사용할 심급의 법원에 해야 한다(제376조). 증거보전의 신청은 서면으로 해야 하고, 증거보전의 사유를 소명해야 한다(제377조, 민사소송규칙 제124조). 증거보전은 상대방을 지정할 수 없는 경우에도 신청할 수 있으며, 이 경우 법원은 상대방이 될 사람을 위하여 특별대리인을 선임할 수 있다(제378조). 법원은 소송계속 중에는 필요하다면 직권으로 증거보전을 결정할 수 있다(제379조).

### (4) 증거보전결정의 효과

증거보전결정, 즉 증거보전신청을 인용하는 결정에 대해서는 불복할 수 없다(제380조). 그러나 증거보전신청을 기각하는 결정에 대해서는 통상항고를 할 수 있다(제439조). 증거조사의 기일은 긴급한 경우를 제외하고 신청인과 상대방에게 통지해야 한다(제381조). 증거보전에 관한 기록은 본안소송의 기록이 있는 법원에 보내야 한다(제382조). 증거보전에 의한 증거조사결과는 변론에 제출되면 본안소송을 심리하는 법원이 증거조사한 것과 동일한 효력이 생긴다.[1] 증거보전절차에서 신문한 증인을 당사자가 변론에서 다시 신문하고자 신청한 때에는 법원은 그 증인을 신문해야 한다(제384조).

1) 강현중, 399면; 이시윤, 530면.

# 제 4 장 소송의 종료

## 제 1 절 총설

### Ⅰ. 소송종료사유

소송은 판결이 선고되어 확정됨으로써 종료되는 것이 일반적이지만, 당사자의 행위에 의하여 소송이 종료되기도 한다. 후자의 예로는 소의 취하, 청구의 포기·인낙, 소송상 화해와 조정 등이 있다. 그 밖에 소송계속 중 대립당사자구조가 소멸하여 양쪽 당사자 중 한쪽만이 남게 되어 소송이 종료되는 경우도 있다. 예를 들어, 성질상 승계가 허용되지 않는 소송에서 당사자 일방이 사망한 경우, 대립당사자인 두 법인이 합병한 경우 등이 있다.

### Ⅱ. 소송종료선언

#### 1. 의의

소송종료선언이란 법원이 종국판결로서 계속 중인 소송이 유효하게 종료되었음을 선언하는 것을 말한다.

## 2. 소송종료선언의 사유

### (1) 소송종료의 효과를 다투는 기일지정신청이 이유 없는 경우

확정판결에 의하지 않고 소송이 종료된 것으로 처리된 후에 그 소송종료의 효과가 무효라고 다투면서 당사자가 기일지정신청을 하는 경우가 있다. 이러한 기일지정신청은 법원의 직권에 의한 기일지정을 촉구하는 신청이 아니라 소송이 아직 종료되지 않고 계속 중이라는 전제하에 본안판결을 구하는 본안의 신청이므로 법원은 반드시 변론을 열어 신청이 이유 있는지 여부, 즉 소송종료가 무효인지 여부를 심리해야 한다(민사소송규칙 제67조 제1항 및 제2항). 심리한 결과 당사자의 기일지정신청이 이유 없는 경우, 즉 소송이 유효하게 종료한 경우에는 판결로 소송종료선언을 해야 한다. 그러나 기일지정신청이 이유 있는 경우, 즉 소송종료가 무효인 경우에는 소송종료 당시의 소송 정도에 따라 필요한 절차를 계속하여 진행하고 중간판결이나 종국판결의 이유에서 그 판단을 표시해야 한다(동규칙 제67조 제3항).

**참조 기일지정신청으로 소송종료의 효과를 다툴 수 있는 경우**

확정판결로 소송이 종료된 경우에는 기일지정신청으로 다툴 수 없지만, 다음과 같은 경우에는 기일지정신청으로 소송종료의 효과를 다툴 수 있다.

① **소 또는 상소 취하의 효력을 다투는 기일지정신청**: 당사자는 소 또는 상소의 취하에 따른 소송종료가 무효임을 다투며 기일지정신청을 할 수 있다(민사소송규칙 제67조 제1항, 제128조). 소 또는 상소가 취하간주된 경우에도 마찬가지이다(동규칙 제68조, 제128조). 이러한 기일지정신청이 있으면 법원은 변론을 열어 재판을 해야 한다. 그런데 종국판결이 선고된 후 상소기록이 상소법원에 송부되기 전에 이루어진 소의 취하에 관하여 그 효력을 다투는 기일지정신청이 있는 경우에는 상소의 이익이 있는 당사자가 모두 상소를 했는지 여부에 따라 그 재판을 담당하는 법원이 달라진다. 상소의 이익이 있는 당사자가 모두 상소를 한 경우(당사자 일부가 상소하고 나머지 당사자의 상소권이 소멸된 경우를 포함)에는 상소법원에서 기일지정신청에 대한 재판을 해야 한다(동규칙 제67조 제4항 제1호). 이 경우 소취하가 무효가 되더라도 새로운 상소가 제기될 여지가 없으므로 굳이 판결법원에서 재판하게 할 필요가 없기 때문이다. 따라서 판결법원은 상

소기록을 상소법원으로 송부해야 하고, 상소법원은 신청이 이유 없으면 판결로 소송종료선언을 해야 하며, 이유 있으면 취하 당시의 소송 정도에 따라 필요한 절차를 속행하고 중간판결이나 종국판결의 이유에서 그 판단을 표시해야 한다. 그러나 상소의 이익이 있는 당사자 중 일부가 상소를 제기하지 않은 경우에는 판결법원에서 재판을 해야 한다. 이 경우 소취하가 무효로 되면 그 취하로 인하여 상소권을 행사하지 못한 당사자에게 상소의 기회를 주어야 하기 때문이다. 판결법원은 신청이 이유 없으면 판결로 소송종료선언을 해야 하고, 이유 있으면 판결로 소취하무효선언을 해야 한다(동항 제2호). 판결로 소취하무효선언을 하는 이유는 판결법원에서의 소송절차가 이미 모두 종료되었기 때문이다. 소취하무효선언판결이 확정된 때 상소기간은 그 판결이 확정된 다음날부터 전체 기간이 새로이 진행된다(동조 제5항).

② **당사자대립구조의 소멸**: 명문의 규정은 없으나 당사자대립구조의 소멸로 소송이 종료된 경우에도 그 소송종료가 무효임을 다투며 기일지정신청을 할 수 있다. 예를 들어, 이혼소송에서 당사자 일방이 사망하거나 해고무효확인소송 계속 중 원고가 사망하는 등 소송물인 권리관계의 일신전속적 성질상 승계가 허용되지 않는 소송에서 당사자가 사망한 경우 또는 소송계속 중 대립당사자인 두 법인이 합병한 경우에는 소송이 당연히 종료하고 법원이 굳이 소송종료선언을 할 필요가 없으나, 당사자 사이에 다툼이 있어 기일지정신청을 한 경우에는 이를 명백히 하는 의미에서 소송종료선언을 할 수 있다. 그러나 통상적인 민사소송에서 당사자 일방이 사망하여 그 상속인의 존부가 분명하지 않은 경우에는 소송절차의 중단사유에 불과하고 소송종료사유가 아니므로 기일지정신청을 하여 다툴 수 없다(대법원 2002. 10. 25. 선고 2000다21802 판결).

③ **청구의 포기·인낙, 소송상 화해, 조정의 효력을 다투는 기일지정신청**: 청구의 포기·인낙, 소송상 화해, 조정 등으로 소송이 종료된 경우에는 원칙적으로 준재심의 소에 의하여 그 효력을 다투어야 하고 기일지정신청의 방법으로 다툴 수 없다. 그러나 예외적으로 확정판결의 당연무효사유와 같은 중대한 하자가 존재하는 경우에는 기일지정신청으로 다툴 수 있다. 예를 들어, 이미 사망을 한 사람을 당사자로 한 화해 등 화해조서의 당연무효사유를 주장하며 기일지정신청을 한 때에는 법원은 그 무효사유의 존재 여부를 가리기 위하여 기일을 지정하여 심리를 한 다음 무효사유의 존재가 인정되지 않으면 판결로 소송종료선언을 해야 한다(대법원 2001. 3. 9. 선고 2000다58668 판결; 2000. 3. 10. 선고 99다67703 판결).

### (2) 법원이 소송종료를 간과하고 심리를 진행한 경우

확정판결,[1] 청구의 포기·인낙, 소송상 화해, 소·상소의 취하, 확정된 화해권고결정,[2] 이의신청기간의 도과 등에 의하여 소송이 종료되었음에도 법원이 이를 간과하고 소송심리를 진행한 경우 법원은 직권으로 소송종료 여부를 조사하여 판결로 소송종료선언을 해야 한다. 만일 이를 간과하고 본안판결을 한 경우에는 상소법원이 원심판결을 취소하고 소송종료선언을 해야 한다.

## 3. 효력

소송종료선언은 소송이 이미 종료하였음을 확인하는 확인판결이며, 실체적 판단을 하지 않는다는 점에서 소송판결에 해당한다. 소송종료선언으로 해당 심급이 종료되므로 종국판결에 해당하고, 이에 대하여 상소가 허용된다.

**사례 소취하의 효력을 다투기 위한 기일지정신청**

A는 B를 상대로 건물에 대한 소유권 확인을 구하는 소를 제기하여 승소판결을 받았다. 그러나 B가 항소하여 항소심이 계속되는 도중에 B가 수도경비사령부 계엄사령관 앞으로 진정서를 제출하였고, A는 군수사관에 의해 계엄군사령부에 연행되어 감금된 상태에서 소를 취하하도록 강요당하였다. A는 계속된 가혹행위에 못 이겨 B가 작성한 A 명

1) 원고의 청구가 일부 인용된 환송 전 원심판결에 대하여 원고만이 상고하였고 상고심이 원심판결 중 원고 패소부분을 파기 환송하였다면, 환송 후 원심의 심판범위는 환송 전 원심에서 원고가 패소한 부분에 한정되고, 환송 전 원심판결 중 원고의 승소부분은 확정되었다고 할 것이다. 그럼에도 불구하고 환송 후의 원심이 그 부분까지 포함하여 원고에게 불리하게 제1심판결을 변경하는 판결을 선고하였다면 환송 전 원심판결 중 원고의 승소부분에 대한 원심판결을 파기하고 소송종료선언을 한다(대법원 1991. 5. 24. 선고 90다18036 판결).

2) 원고 ○○○과 피고들 사이의 화해권고결정은 적법한 이의신청으로 말미암아 화해권고결정 이전의 상태로 돌아가지만, 나머지 원고들과 피고들 사이의 화해권고결정은 이의신청기한을 도과함으로써 확정되어 소송이 종료되었다. 그럼에도 불구하고 원심이 이를 간과하고 나머지 원고들에 대한 부분까지 심리·판단하였다면, 원심판결 중 원고 ○○○을 제외한 나머지 원고들에 관한 부분을 파기하고 화해권고결정의 확정으로 종료되었음을 선언한다(대법원 2010. 10. 28. 선고 2010다53754 판결).

의의 소취하서에 날인하고 B와 함께 위 취하서를 항소법원에 제출하였다. 그러나 그 후 A는 다시 위 건물에 대하여 소유권확인을 구하고자 한다. A를 위한 소송법상 구제방법에는 어떠한 것이 있는지 설명하시오.

위 사례에서 소취하가 유효하다면 A는 제1심판결 선고 후 소를 취하한 것이므로 건물소유권확인을 구하는 소를 다시 제기할 수 없다. 그러나 소취하가 효력이 없다면 종전의 항소심절차가 계속되게 될 것이다. 가혹행위에 의한 소취하는 재심사유인 형사상 처벌받을 타인의 행위(제451조 제1항 제5호)에 의하여 소취하가 이루어진 경우에 해당한다. 강박 등 범죄행위에 의한 소송행위로 이루어진 판결은 어차피 확정 후에도 재심에 의하여 취소된다는 점에서 그 판결이 확정되기 전에 소송 내에서 그 소송행위의 효력을 부정하는 것이 소송경제에 합치된다고 할 수 있다. 그러나 판례는 소송행위에 사기 또는 강박 등의 하자가 있더라도 소송행위에 부합되는 의사 없이 외형만이 존재하고 유죄판결이 확정된 경우에 한하여 무효라고 한다. 위 사례에서 A는 계속된 가혹행위에 못 이겨 B가 작성한 A 명의의 소취하서에 날인하고 B와 함께 위 취하서를 항소법원에 제출한 점에 비추어 A에게 소취하에 부합되는 의사가 있었다고 보기 어렵고, 또한 가혹행위를 한 군수사관과 B의 행위는 범죄행위에 해당하여 유죄판결을 받을 가능성이 매우 높다고 할 것이다. 따라서 판례에 의하더라도 위의 사례에서는 소취하의 효력이 부인될 수 있을 것이다.

소취하의 효력에 대하여 다툼이 있는 경우 당해 소송절차 내에서 해결해야 한다. 따라서 별도의 소로써 소취하의 무효확인을 구하는 것은 소의 이익이 없으며, 당해 소송에서 기일지정신청을 하는 방법에 의해야 한다(민사소송규칙 제67조 제1항). 이러한 기일지정신청은 법원의 직권에 의한 기일지정을 촉구하는 신청이 아니라 소송이 아직 종료되지 않고 계속 중이라는 전제하에 본안판결을 구하는 본안의 신청이므로 법원은 반드시 변론을 열어 신청이 이유 있는지를 심리해야 한다(동조 제2항). 심리한 결과 신청이 이유 있다고 인정하는 경우에는 취하 당시의 소송 정도에 따라 필요한 절차를 계속하여 진행하게 된다. 위 사례에서는 종전의 항소심절차가 계속 진행하게 될 것이다.

# 제 2 절 당사자의 행위에 의한 종료

## Ⅰ. 소의 취하

### 1. 의의

소의 취하란 원고가 자신이 제기한 소의 전부 또는 일부를 철회하는 법원에 대한 단독적 소송행위를 말한다. 소의 취하는 소송이 계속된 법원에 취하서를 제출하는 방식으로 하는 것이 원칙이다. 다만, 변론(준비)기일에 구술로 소를 취하할 수도 있다(제266조 제3항).[1] 변론(준비)기일에 구술로 소를 취하하는 경우 상대방이 출석하지 않은 때에는 취하의 진술을 기재한 조서등본을 송달해야 한다(동조 제5항). 피고에게 소장부본이 송달된 후에는 소취하서를 피고에게 송달해야 한다(제260조 제3항). 피고에게 소장부본이 송달되기 전에 소취하서가 제출된 경우에는 바로 소송이 종료되고 피고에게 소취하서를 송달할 필요가 없지만, 소장부본이 송달된 후에는 피고가 본안에 관한 준비서면을 제출하거나 변론을 하기 전에 소취하서가 제출되어 피고의 동의 없이 소송이 종료되더라도 피고에게 소취하서를 송달해야 한다.

소의 취하로 소송계속은 소급적으로 소멸하고 소송은 종료된다(제267조 제1항). 소를 취하하면 원고는 패소자에 준하여 소송비용을 부담하고(제114조), 변론종결 전에 소가 취하되면 인지액의 2분의 1에 해당하는 금액을 환급받을 수 있다(민사소송 등 인지법 제14조 제1항 제2호). 소의 취하는 소송계속을 소멸시키는 원고의 법원에 대한 소송행위이고 소송행위는 실체법상 법률행위와는 달리 내심의 의사보다 그 표시를 기준으로 하여 그 효력 유무를 판정해야 하므로 원고 또는 그 소송대리인이나 소송대리인의 사무원이 착오로 소를 취하하더라도 이를 무효로 볼 수 없으며,[2] 적법한 소취하서가 제출된 이상 상대방에게 송달되기 전후를 불문하고 원고

---

1) 그러나 조정기일에 출석하여 구술로 소취하를 하더라도 조정절차와 소송절차는 준별되므로 소취하의 효력이 발생하지 않으며, 별도로 소취하서를 제출해야 한다.

2) 대법원 2004. 7. 9. 선고 2003다46758 판결; 1997. 10. 24. 선고 95다11740 판결; 1997. 6. 27. 선

는 이를 철회할 수 없다.[1)]

## 2. 피고의 동의

소의 취하는 판결이 확정될 때까지 어느 때나 할 수 있다(제266조 제1항). 그러나 피고가 본안에 관하여 준비서면을 제출하거나 변론(준비)기일에서 진술하거나 변론을 한 이후에는 피고의 동의를 얻어야 효력이 발생한다(동조 제2항). 피고가 응소한 이후에는 피고에게도 기왕의 소송에서 원고와의 분쟁을 해결하고자 하는 이해관계가 생겼기 때문이다, 그러나 본안에 관한 것이 아닌 기일변경에의 동의, 소각하판결이나 소송이송신청을 하는데 그친 경우에는 피고의 동의가 요구되지 않는다. 주위적으로 소각하판결을, 예비적으로 청구기각판결을 구한 경우에도 본안에 관한 것은 예비적으로 청구한 데 불과하므로 피고의 동의가 요구되지 않는다.[2)]

소취하에 대한 피고의 동의 또는 거절은 반드시 명시적으로 해야 하는 것은 아니며 묵시적으로 하여도 무방하다.[3)] 소의 취하에 대하여 피고가 동의를 거절하면 소취하의 효력이 확정적으로 소멸하므로 이후에는 피고가 다시 동의를 하여도 취하의 효력이 생기지 않는다.[4)] 이미 동의의 대상이 없어졌기 때문이다. 피고가 소취하서를 송달받거나 기일에 출석함으로써 소취하가 있음을 안 날로부터 2주일 내에 이의하지 않으면 소취하에 동의한 것으로 간주된다(제266조 제6항).

본소가 취하된 때에는 피고는 원고의 응소 후라도 그의 동의 없이 반소를 취하할 수 있다(제271조). 원고가 반소의 제기를 유발한 본소를 스스로 취하해 놓고 그로 인하여 유발된 반소만의 유지를 상대방에게 강요하는 것은 공평하지 못하기 때문이다.[5)] 또한 독립당사자참가 후에 원고가 본소를 취하함에는 피고뿐만 아니라 참가인의 동의까지 얻어야 한다. 이는 본소 당사자와 참가인 사이에 모순 없는 재

---

고 97다6124 판결.

1) 대법원 1997. 6. 27. 선고 97다6124 판결.
2) 대법원 1968. 4. 23. 선고 68다217 제2부 판결.
3) 대법원 1993. 9. 14. 선고 93누9460 판결.
4) 대법원 1969. 5. 27. 선고 69다130 판결.
5) 대법원 1984. 7. 10. 선고 84다카298 판결.

판을 도모하고자 하는 독립당사자참가소송에서의 합일확정의 요구에 따른 것이다.

### 3. 재소금지(再訴禁止)

#### (1) 의의

본안에 관한 종국판결 선고 후 소를 취하하면, 동일한 소를 다시 제기할 수 없다(제267조 제2항). 만일 이 경우에도 동일한 소를 다시 제기할 수 있다면, 원고는 자신에게 불리한 판결이 선고되면 소를 취하하고 다시 소를 제기할 것이므로 그동안 판결에 들인 법원의 노력이 무용지물이 되고, 종국판결이 농락당할 우려가 있기 때문이다.

#### (2) 동일한 소

재소가 금지되는 것은 취하한 소와 동일한 소이다. 동일한 소란 당사자가 동일하고, 소송물(청구)이 동일할 뿐만 아니라 권리보호의 이익도 동일해야 한다. 이 점에서 중복제소금지에서의 동일한 소의 의미와 차이가 있다.

##### 1) 당사자의 동일

전소(前訴)의 원고가 후소를 제기하여야 한다. 재소(再訴)를 제기할 수 없는 것은 전소의 원고만이고, 피고는 재소의 제한을 받지 않는다. 소를 취하한 것은 원고이지 피고가 아니므로 피고가 재소금지의 제재를 받을 이유가 없기 때문이다. 전소를 취하한 원고와 후소를 제기한 원고가 다르더라도 후소의 원고가 전소가 취하되지 않고 판결이 선고되어 확정되었다면 그 판결의 효력을 받는 관계에 있는 경우에는 동일한 당사자로 볼 수 있다. 그리하여 전소 원고의 변론종결후의 승계인도 재소금지의 제재를 받으며,[1] 소를 취하한 사람이 선정당사자인 경우에는 재소금지의 효력은 선정자에게도 미친다.[2] 또한 채권자대위소송이 종국판결이 선고된

---

1) 대법원 1969. 7. 22. 선고 69다760 판결.
2) 김홍엽, 689면; 이시윤, 575면.

후에 취하된 경우 채무자가 채권자대위권에 의한 소송이 제기된 사실을 알았다면 채무자에게도 재소금지의 효력이 미친다.[1]

통설 및 판례는 재소금지의 제재를 받는 변론종결후의 승계인에는 상속인 등 포괄승계인뿐만 아니라 소송물 또는 계쟁물을 양수한 특정승계인도 포함된다고 한다.[2] 이에 대하여 재소금지는 소권남용에 대한 제재이므로 전소의 취하를 알면서 승계하였다는 등의 특별한 사정이 없는 한 특정승계인에게는 미치지 않는다는 반대 견해가 있다.[3] 그러나 통설 및 판례에 의하더라도 소송물 또는 계쟁물을 양도하여 그 권리를 상실한 전소의 원고가 소송을 유지할 필요가 없어 소송을 취하한 경우 또는 후소의 원고가 전소의 취하 사실을 알지 못하고 소송물이나 계쟁물을 양수한 경우 등에는 후소의 원고인 특정승계인에게 새로운 권리보호의 이익이 인정되어 재소금지의 제재가 미치지 않으므로 결론에 있어서는 반대 견해와 큰 차이가 없다. 굳이 특정승계인을 변론종결후의 승계인의 범위에서 제외하기보다는 권리보호이익의 문제로 해결하는 것이 논리적이라는 점에서 통설 및 판례의 입장이 타당하다고 본다.

#### 2) 소송물의 동일

전소와 후소의 소송물이 동일해야 한다. 예를 들어, 전소가 소유권에 기한 인도청구소송이고 후소가 당사자 사이의 매매계약에 기한 인도청구소송인 경우에는 소송물을 달리하므로 재소금지의 원칙에 저촉되지 않는다.[4] 그런데 판례는 전소와 후소의 소송물이 동일한 경우뿐만 아니라 전소의 소송물을 전제로 하거나 선결적 법률관계로 하는 후소에 대해서도 재소금지의 효력이 미친다고 한다. 그리하여 해임처분의 무효확인을 구하는 소송을 제기하여 본안판결이 선고된 후 소를 취하하였음에도 다시 해임처분이 무효임을 전제로 급여의 지급을 구하는 소송을 제기한 경우에는 비록 소송물은 다르지만 전소의 목적이었던 권리 또는 법률관계의 존부에 대하여 다시 법원의 판단을 구할 수 없는 관계상 후소는 전소와 동일한 소로 보

---

1) 대법원 1996. 9. 20. 선고 93다20177 판결.
2) 대법원 1981. 7. 14. 선고 81다64,65 판결.
3) 이시윤, 575면; 한충수, 543면.
4) 대법원 1991. 1. 15. 선고 90다카25970 판결.

아 판결을 구할 수 없다고 한다.[1] 이 점에서 중복제소금지에서의 동일한 소송물의 의미와 차이가 있다.

#### 3) 권리보호이익의 동일

비록 전소와 후소가 동일한 소송일지라도 후소가 전소와 권리보호의 이익을 달리하는 경우에는 재소가 허용된다. 재소금지는 법원의 노력을 무용화하고 당사자에 의하여 종국판결이 농락되는 것을 방지하기 위한 제재적 조치이므로 중복제소금지와는 달리 비록 전소와 후소가 동일한 소송일지라도 재소금지의 취지에 반하지 않고 소를 제기할 정당한 사유가 있다면 재소를 허용해야 할 것이다.

판례는 피고가 전소 취하의 전제조건인 약정사항을 이행하지 않아 약정이 해제 또는 실효된 경우,[2] 전소의 피고가 원고의 소유권을 인정하고 토지를 매수하겠다고 하여 소를 취하하였으나 다시 소유권에 대한 다툼이 생긴 경우,[3] 부동산 공유자들이 제기한 명도청구소송의 항소심에서 원고인 공유자들 사이에 공유지분의 양도·양수가 있었고 공유지분의 양도인이 소를 유지할 필요가 없어 소를 취하한 후에 공유지분의 양수인이 자신의 권리를 보호하기 위하여 양도받은 공유지분에 대한 부동산명도청구를 추가하여 청구변경을 한 경우[4] 등에는 재소가 허용된다고 한다.

### (3) 본안에 대한 종국판결선고 후의 취하

본안에 관한 종국판결이 선고된 후에 소를 취하하였어야 한다. 종국판결선고 전에 소를 취하하였으나 법원이 이를 간과하고 종국판결을 선고한 경우에는 재소가 가능하다. 본안에 관한 종국판결이어야 하고, 소각하판결이나 소송종료선언 등 소송판결을 선고받은 경우에는 재소금지의 제재를 받지 않는다.

항소심에서 청구의 교환적 변경을 한 후에 다시 구청구로 교환적 변경을 하는 것은 재소금지의 원칙에 저촉되어 허용되지 않는다. 청구의 교환적 변경으로 구청

---

1) 대법원 1989. 10. 10. 선고 88다카18023 판결.
2) 대법원 1993. 8. 24. 선고 93다22074 판결.
3) 대법원 1981. 7. 14. 선고 81다64 판결.
4) 대법원 1998. 3. 13. 선고 95다48599,48605 판결.

구가 취하되므로 항소심에서 청구의 교환적 변경은 제1심 종국판결선고 후의 구청구 취하에 해당하고, 이후 다시 교환적 변경을 통하여 구청구를 되살리는 것은 종국판결선고 후에 소를 취하하고 다시 동일한 소를 제기하는 것이 되기 때문이다. 판례는 중복제소에 해당하는 후소에 대한 본안판결이 선고된 후에 소를 취하한 사람은 재소금지의 원칙에 의하여 전소를 유지할 수 없으므로 전소는 부적법 각하되어야 한다고 한다.[1]

### (4) 재소금지의 효력

재소금지는 소의 이익의 하나로서 소송요건이므로 법원의 직권조사사항이다. 따라서 전소의 피고가 재소금지항변을 하지 않더라도 법원은 직권으로 조사하여 재소금지에 해당하면 소를 각하해야 한다. 재소금지의 효력을 받는다고 실체법상 권리관계가 소멸하는 것은 아니며, 이 경우 자연채무가 된다.

청구의 포기가 허용되지 않는 소송에서는 재소금지의 효과가 적용되지 않는다. 따라서 청구의 포기가 허용되지 않는 소송에서는 소를 취하하더라도 다시 동일한 소를 제기할 수 있다. 만일 재소를 금지한다면 청구의 포기를 할 수 없는 소송에 대해 포기를 인정하는 것과 같은 결과가 되기 때문이다. 청구의 포기가 허용되지 않는 소송으로는 혼인·인지·입양의 무효·취소 등을 구하는 가사소송, 소비자단체소송, 개인정보단체소송 등이 있다(소비자기본법 제75조, 개인정보보호법 제56조).

## 4. 기일지정신청

소취하의 존재 여부 또는 무효 여부에 대하여 당사자 사이에 다툼이 있는 경우에는 해당 소송절차 내에서 해결해야 한다. 따라서 별도의 소로써 소취하의 무효확인을 구할 소의 이익이 없으며, 해당 소송에서 기일지정신청을 해야 한다(민사소송규칙 제67조 제1항). 기일지정신청이 있으면 법원은 변론을 열어 신청사유에 관하

1) 대법원 1967. 7. 18. 선고 67다1042 판결.

여 심리해야 한다(동조 제2항). 심리한 결과 신청이 이유 없다고 인정하는 경우에는 판결로서 소송종료선언을 해야 하고, 신청이 이유 있다고 인정하는 경우에는 취하 당시의 소송 정도에 따라 필요한 절차를 계속하여 진행하고 중간판결 또는 종국판결의 이유에서 그 판단을 표시해야 한다(동조 제3항).

## Ⅱ. 청구의 포기·인낙

### 1. 의의

청구의 포기는 변론(준비)기일에 원고가 자기의 소송상 청구가 이유 없음을 인정하는 법원에 대한 일방적 진술이고, 청구의 인낙은 피고가 원고의 소송상 청구가 이유 있음을 인정하는 법원에 대한 일방적 진술이다. 청구의 포기·인낙은 무조건이어야 한다. 가분적 청구의 일부에 대한 청구의 포기·인낙은 허용되지만, 조건부 또는 기한부 청구의 포기·인낙은 허용되지 않는다. 변론조서 또는 변론준비기일의 조서에 기재하면 확정판결과 동일한 효력이 생기며, 이에 의하여 소송은 종료된다.

청구의 포기·인낙은 소송의 변론에서 법원에 대하여 하는 진술이라는 점에서 실체법상 권리의 포기나 채무의 승인 등과 구별된다. 또한 청구의 포기·인낙은 그 대상이 소송상 청구라는 점에서 소송상 청구의 당부 판단의 전제가 되는 사실상 주장을 그 대상으로 하는 자백과 구별된다. 즉, 불리한 것이 소송물 자체이면 청구의 포기·인낙이고, 공격방어방법에 대한 것이면 자백이다.

### 2. 법적 성질

청구의 포기·인낙의 법적 성질에 대하여 실체법상 권리의 포기나 채무의 승인 등 실체법상 권리관계의 처분을 목적으로 하는 사법상 법률행위로 보는 견해(사법행위설), 법원에 대한 소송의 종료를 목적으로 하는 소송행위로 보는 견해(소송행위설), 소송의 종료를 목적으로 하는 소송행위의 성질과 실체법상 권리관계의 처분을 목적으로 하는 사법행위의 성질을 겸유하고 있다는 견해(양성설) 등이 있다. 판례는 청구의 포기·인낙은 소송을 종료시키는 효력이 있는 소송행위일 뿐이고 실체법상 채권채무의 발생원인이 되는 법률행위가 아니므로 그의 불이행을 이유로 손해배상청구권이 발생하지 않는다고 하여 소송행위설의 입장이다.[1)]

사법행위설과 양성설에서는 청구의 포기·인낙에 실체법상 무효사유나 취소사유가 있는 경우에 청구의 포기·인낙은 무효가 되고, 소송법상 하자가 있을 경우에는 제461조에 의하여 준재심의 소로 다툴 수 있다고 한다. 그러나 소송행위설에서는 실체법상 무효사유나 취소사유가 있어도 청구의 포기·인낙에는 아무런 영향이 없으며, 소송법상 하자가 있을 경우에 한하여 준재심의 소에 의하여 그 하자를 다툴 수 있다고 한다. 제461조에서 청구의 포기·인낙의 효력을 준재심절차에 의하여 다투도록 규정한 것은 입법적으로 소송행위설을 따른 것으로 볼 수 있으므로 청구의 포기·인낙의 법적 성질을 소송행위로 이해함이 타당하다.

## 3. 요건

### (1) 당사자

당사자가 청구의 포기·인낙을 하기 위해서는 당사자능력과 소송능력을 갖고 있어야 하고, 대리인에 의하는 경우에는 특별한 권한의 수여가 있어야 한다(제56조 제2항, 제90조 제2항 제2호). 필수적 공동소송의 경우에는 공동소송인 전원이 일치하여 청구의 포기·인낙을 해야 하고, 그중 한 사람의 청구의 포기·인낙은 무효이다(제67조 제1항). 독립당사자참가의 경우에는 원고나 피고가 청구의 포기·인낙을 하여도 참가인이 다투는 한 효력이 없고(제79조 제2항, 제67조 제1항), 참가인과 본소 당사자 사이의 청구의 포기·인낙도 본소 상대방이 다투는 한 효력이 없다.

1) 대법원 1957. 3. 14. 선고 4289민상439 판결.

### (2) 소송물

#### 1) 임의로 처분할 수 있는 소송물일 것

청구의 포기·인낙의 대상은 당사자가 자유로이 처분할 수 있는 소송물이어야 한다.

##### (가) 가사소송

가류 및 나류 가사소송에서는 청구의 인낙이 금지되고 있다(가사소송법 제12조 단서). 그런데 가류 및 나류 가사소송에서 청구의 포기도 금지되는지 논란이 있다. 가류 및 나류 가사소송에서는 청구를 배척하는 판결에도 기판력이 제3자에게 미친다는 점을 근거로 긍정하는 견해가 있으나(가사소송법 제21조 제2항),[1] 가류 및 나류 가사소송 중에서 혼인의 무효·취소, 인지의 무효·취소, 입양의 무효·취소 등 실체법상 권리의 포기가 허용되지 않는 경우에는 소송상 청구의 포기도 허용되지 않으나, 그 밖의 경우에는 청구의 포기를 허용함이 타당하다.[2]

##### (나) 회사관계소송

상법상 회사관계소송에서는 청구인용판결의 효력이 당사자 이외의 제3자에게도 미치므로 청구인용판결에 해당하는 청구의 인낙은 허용되지 않는다(상법 제190조, 제376조, 제380조).[3] 그러나 청구의 포기는 허용된다. 주주대표소송에서 청구의 포기·인낙을 함에는 법원의 허가를 얻어야 한다(동법 제403조 제6항).

##### (다) 집단소송

소비자단체소송, 개인정보단체소송의 경우 청구기각판결에는 대세효가 인정되므로 청구기각판결과 동일한 효력이 있는 청구의 포기는 허용되지 않는다(소비자기본법 제75조, 개인정보보호법 제56조). 증권관련 집단소송의 경우 청구의 포기에는 법원의 허가를 얻어야 한다(증권관련 집단소송법 제35조 제1항). 그러나 청구의 인낙은 법원의 허가 없이 가능하다.

---

1) 이시윤, 584면.
2) 김홍엽, 699면.
3) 대법원 2004. 9. 24. 선고 2004다28047 판결.

#### (라) 예비적 청구

청구가 주위적·예비적으로 병합된 경우에 예비적 청구만을 인낙할 수 없으며, 인낙조서가 작성되었더라도 그 인낙은 무효이다. 예비적 청구는 주위적 청구가 이유 없을 때에만 심리·판단할 수 있고, 예비적 청구만을 분리하여 심리하거나 일부판결을 할 수 없기 때문이다.[1)]

### 2) 선량한 풍속 그 밖의 사회질서 내지 강행법규에 반하지 않을 것

청구의 포기·인낙의 대상이 되는 청구 자체가 선량한 풍속 그 밖의 사회질서 내지 강행법규에 반하는 것이어서는 안 된다. 예를 들어, 영구소작권, 중혼이나 축첩계약 등에 대하여 인낙하더라도 효력을 인정할 수 없다. 그런데 청구 자체는 허용되는 것이지만 청구원인이 선량한 풍속 그 밖의 사회질서 내지 강행법규에 위반되는 경우, 예를 들어 도박채권의 이행과 같이 금전채권의 청구 자체는 적법하나 그 청구원인이 위법한 경우에 청구의 인낙이 허용되는지 논란이 있다. 청구가 이유 있는지 여부에 대한 법원의 법률판단권의 배제가 청구인낙의 취지이고, 이러한 청구에 대하여 인낙을 하여도 그로 인하여 제3자의 지위에 영향을 줄 염려가 없다는 점에서 긍정함이 타당할 것이다. 판례도 청구원인에 있어서 강행법규에 위반된 청구인낙조서라고 하더라도 무효는 아니라고 한다.[2)]

### 3) 소송요건의 흠결이 없을 것

소송요건에 흠결이 있는 경우에는 청구의 포기·인낙이 허용되지 않는다. 청구의 포기·인낙은 확정판결과 동일한 효력을 가지므로 소송요건이 구비되지 않으면 청구의 포기·인낙에 불구하고 법원은 소를 각하해야 한다.[3)]

---

1) 대법원 1995. 7. 25. 선고 94다62017 판결.
2) 대법원 1969. 3. 25. 선고 68다2024 판결.
3) 김홍엽, 701면 및 702면; 이시윤, 585면.

## 4. 시기와 방식

청구의 포기·인낙은 소송계속 중이면 판결이 확정되기 전까지 어느 때나 할 수 있으므로 항소심은 물론이고 상고심에서도 할 수 있다. 따라서 판결이 선고된 후라도 청구의 포기·인낙을 위한 기일지정신청을 허용해야 할 것이다. 청구의 포기·인낙은 법원에 대한 일방적 진술이므로 상대방이 출석하지 않아도 할 수 있다.

청구의 포기·인낙이 있는 것으로 간주되는 경우가 있다. 즉, 기일에 출석하지 않아 진술간주되는 답변서 등 준비서면에 청구의 포기·인낙의 의사표시가 적혀 있고 공증사무소의 인증을 받은 경우에는 그 취지에 따라 청구의 포기·인낙이 성립된 것으로 본다(제148조 제2항). 청구의 포기·인낙은 상대방의 청구를 무조건적으로 인정하는 것이므로 조건이나 기한을 붙인 청구의 포기·인낙은 허용되지 않는다.

청구의 포기·인낙이 있으면 조서에 기재한다(제154조 제1호). 기일의 조서에는 청구의 포기·인낙이 있었다는 취지만 기재하고, 포기조서나 인낙조서를 따로 작성해야 한다(민사소송규칙 제31조). 그러나 조서를 따로 작성하지 않고 기일의 조서에만 포기·인낙의 취지를 기재하여도 효력이 있다.[1] 포기조서나 인낙조서의 정본을 청구의 포기·인낙이 있은 날부터 1주 안에 당사자에게 송달해야 한다(동규칙 제56조).

## 5. 효과

### (1) 확정판결과 동일한 효력

소송은 포기나 인낙이 있는 범위 내에서 판결 없이 당연히 종료된다. 포기나 인낙을 한 당사자는 패소자로서 소송비용을 부담한다(제114조 제2항 및 제98조). 포기

1) 대법원 1969. 10. 7. 선고 69다1027 판결.

조서나 인낙조서는 확정판결과 동일한 효력을 가진다(제220조). 따라서 확정판결과 마찬가지로 기판력, 집행력, 형성력 등의 효력이 발생한다.

#### (2) 조서의 하자를 다투는 방법

포기조서나 인낙조서가 작성되기 전이면 자백의 취소에 준하여 상대방의 동의를 얻거나 진실에 반하고 착오로 인한 것이라는 점을 증명하여 취소할 수 있다.[1] 그러나 조서가 작성된 이후에 그 하자를 다투려면, 확정판결의 하자를 다투는 방법과 마찬가지로 준재심의 소에 의해야 한다(제461조). 따라서 재심사유에 해당하는 하자가 있는 경우에 한하여 그 효력을 다툴 수 있고, 실체법상 무효사유나 취소사유를 들어 다툴 수 없다. 준재심의 소가 아닌 무효확인소송이나 기일지정신청의 방법에 의하여 조서의 하자를 다투는 것은 허용되지 않는다. 다만, 확정판결의 당연무효사유가 있는 경우에는 예외적으로 기일지정신청의 방법으로 소송의 계속진행을 구할 수 있다.

## Ⅲ. 재판상 화해

### 1. 의의

재판상 화해에는 제소전화해와 소송상 화해가 있다. 제소전화해는 당사자 일방이 지방법원에 화해신청을 하여 단독판사의 주재하에 행한다(제385조 이하). 제소전화해는 소송계속을 전제로 하지 않는다는 점에서 소송상 화해와 구별된다. 소송상 화해는 소송계속 중 당사자 쌍방이 양보하여 분쟁을 종료하기로 하고 그 결과를 법원에 진술하는 것으로, 조서에 적은 때에 소송은 종료된다(제225조 이하). 재판상 화해가 성립되면 확정판결과 동일한 효력이 인정된다(제220조). 소송상 화해는 소송종료사유이지만, 제소전화해는 소송 제기 이전에 이루어지는 것이므로 소송종료

---

1) 이시윤, 587면.

사유는 아니다. 그러나 편의상 이하에서 소송상 화해와 함께 제소전화해에 대하여도 살펴보기로 한다.

재판상 화해의 법적 성질에 관하여 재판상 화해는 소송행위가 아니라 민법상 화해계약과 동일한 것이라는 견해(사법행위설), 재판상 화해는 소송행위로서 소송법에 의하여 규율되고 민법상 화해계약에 관한 규정은 적용되지 않는다는 견해(소송행위설), 양설을 절충한 입장으로 재판상 화해는 1개의 행위로 민법상 화해계약임과 동시에 소송행위의 성질을 갖는 경합된 행위로 보는 견해(양행위경합설, 양성설) 등이 있다. 양행위경합설(양성설)이 다수설이나, 판례는 재판상 화해를 조서에 기재한 때 그 조서는 확정판결과 동일한 효력이 있고 기판력이 생기므로 확정판결의 당연무효사유와 같은 사유가 없는 한 재심의 소에 의하여만 그 효력을 다툴 수 있다고 하여 소송행위설의 입장이다.[1]

소송행위설에 의하면 화해에 조건이나 기한 등의 부관을 붙일 수 없고, 강행법규위반이나 불공정행위 또는 사기·강박 등 실체법상 무효사유나 취소사유가 있는 경우에도 화해의 효력에는 아무런 영향이 없다.[2] 그러나 양행위경합설에 의하면 재판상 화해에 소송법과 실체법이 경합하여 적용되는 결과 재판상 화해에도 조건이나 기한을 붙일 수 있으며, 소송법과 실체법의 요건 중 어느 하나가 흠결되면 재판상 화해는 무효가 된다. 그리하여 재판상 화해에도 기판력이 인정되지만, 실체법상 무효사유나 취소사유가 있는 경우에는 재심의 소가 아닌 통상의 소송에 의하여 화해의 효력을 다툴 수 있다고 한다.[3]

민사소송법은 화해조서에 대하여 확정판결과 동일한 효력을 인정하고 있으며(제220조), 화해조서가 준재심의 대상이 됨을 명시하고 있다(제461조). 이는 입법자가 재판상 화해에 실체법과는 단절된 소송행위로서의 성질을 부여한 것으로 볼 수 있다.[4] 만일 실체법상 무효사유 또는 취소사유를 이유로 재판상 화해의 효력을 다툴 수 있다고 한다면, 이는 재판상 화해에 확정판결과 동일한 효력을 인정한 입법취지에 반하게 된다. 따라서 재판상 화해는 그 성질을 소송행위로 이해함이 타당하다.

---

1) 대법원 2000. 3. 10. 선고 99다67703 판결.
2) 이시윤, 591면.
3) 강현중, 428면.
4) 한충수, 526면.

## 2. 소송상 화해

### (1) 의의

소송상 화해란 소송계속 중 양쪽 당사자가 소송물인 법률관계의 주장을 서로 양보하여 소송을 종료시키기로 하는 기일에서의 합의를 말한다. 소송상 합의는 계속 중인 소송기일에서 해야 한다는 점에서 법정 외에서 하는 재판 외 화해와 구별되고, 소송물에 관한 주장을 서로 양보해야 한다는 점에서 일방이 타방의 주장을 전면적으로 인정하는 청구의 포기·인낙과 구별된다.

### (2) 요건

#### 1) 당사자

당사자가 소송상 화해를 하기 위해서는 당사자능력과 소송능력을 갖고 있어야 하고, 대리인에 의하는 경우에는 특별한 권한이 수여되어야 한다(제56조 제2항, 제90조 제2항 제2호). 필수적 공동소송의 경우에는 공동소송인 전원이 일치하여 소송상 화해를 해야 하고(제67조 제1항), 독립당사자참가의 경우에도 본소 당사자와 참가인 모두 일치하여 화해를 해야 한다(제79조 제2항, 제67조 제1항). 소송물 이외의 권리관계도 추가하여 화해를 할 수 있으며, 당사자가 아닌 제3자가 참여하여 화해를 할 수도 있다. 이 경우 화해의 효력은 화해조서에 기재된 내용에 따라 제3자에게도 미친다.[1]

#### 2) 소송물

##### (가) 임의로 처분할 수 있는 소송물일 것

소송상 화해의 대상은 당사자가 자유로이 처분할 수 있는 소송물이어야 한다. 판례는 재심의 대상인 확정판결은 당사자가 임의로 처분할 수 있는 것이 아니므로 재심사건에서 재심대상판결을 취소한다는 내용의 재판상 화해나 조정은 효력이 없다고 한다.[2] 가류 및 나류 가사소송 중에 당사자가 임의로 처분할 수 있는 사항은

1) 대법원 1985. 11. 26. 선고 84다카1880 판결; 1981. 12. 22. 선고 78다2278 판결.
2) 대법원 2012. 9. 13. 선고 2010다97846 판결.

화해의 대상이 될 수 있다. 예를 들어, 재판상 이혼이나 재판상 파양[1] 등은 협의이혼 및 협의파양이 허용되므로 화해의 대상이 될 수 있다. 그러나 가류 가사소송사건에 해당하는 청구[2]와 나류 가사소송사건 중 인지청구[3]는 당사자가 임의로 처분할 수 없는 사항을 대상으로 하는 것이므로 화해의 대상이 될 수 없다.

상법상 회사관계소송에서는 청구인용판결의 효력이 제3자에게 미치므로 원고의 청구를 인용하는 내용의 화해는 허용되지 않으나(상법 제190조, 제376조, 제380조), 원고의 청구를 배척하는 내용의 화해는 허용된다.[4] 주주대표소송에서 화해를 함에는 법원의 허가를 얻어야 한다(상법 제403조 제6항). 소비자단체소송과 개인정보단체소송의 경우 청구기각판결에 대세효가 인정되므로 원고의 청구를 인용하는 내용의 화해는 허용되지 않으나(소비자기본법 제75조, 개인정보보호법 제56조), 원고의 청구를 배척하는 내용의 화해는 허용된다. 증권관련집단소송에서 화해를 함에는 법원의 허가를 얻어야 한다(증권관련 집단소송법 제35조 제1항).

#### (나) 선량한 풍속 그 밖의 사회질서 내지 강행법규에 반하지 않을 것

화해조항이 선량한 풍속 그 밖의 사회질서 내지 강행법규에 반하는 것이어서는 안 된다. 예를 들어, 영구소작권이나 축첩 등을 인정하는 화해는 허용되지 않는다. 그러나 화해조항 자체가 아닌 청구원인의 내용이 선량한 풍속 그 밖의 사회질서 내지 강행법규에 위반되는 경우에는 화해가 무효로 되지는 않으며 재심사유에 해당하는 경우에 한하여 준재심의 소에 의하여 취소할 수 있을 뿐이다. 판례도 화해의 내용이 강행법규에 위반되거나[5] 또는 사기·강박, 착오,[6] 통정허위표시[7] 등 실체법상 하자가 있어도 화해가 무효로 되지 않는다고 한다.

---

1) 다만, 양자가 미성년자 또는 피성년후견인인 경우에는 협의파양이 허용되지 않으므로(민법 제898조) 양자가 미성년자 또는 피성년후견인인 경우에는 재판상 화해가 성립할 수 없다.

2) 대법원 2007. 7. 26. 선고 2006므2757 판결; 1999. 10. 8. 선고 98므1698 판결. 예를 들어, 혼인·이혼·인지·입양·파양의 무효청구, 친생자관계 존부 확인청구 등이다.

3) 대법원 1987. 1. 20. 선고 85므70 판결.

4) 대법원 2004. 9. 24. 선고 2004다28047 판결.

5) 대법원 1975. 11. 11. 선고 74다634 판결.

6) 대법원 1979. 5. 15. 선고 78다1094 판결.

7) 대법원 1992. 10. 27. 선고 92다19033 판결.

(다) 소송요건에 흠결이 있는 경우

제소전화해가 인정된다는 점에서 소송요건에 흠결이 있는 소송물에 대하여도 화해가 허용되는 것이 원칙이다.[1] 이 점에서 청구의 포기·인낙과 차이가 있다.

(라) 조건부 화해의 허용 여부

소송상 화해에 있어서 그 내용을 이루는 이행의무의 발생에 조건을 붙이는 것은 무방하나, 소송상 화해 그 자체의 성립이나 그 효력 발생에 조건을 붙일 수 있는지 논란이 있다. 양행위경합설에서는 사적 자치의 원칙에 따라 이를 긍정하지만, 소송행위설에서는 소송절차의 명확성 및 안정성을 근거로 이를 불허하고 있다.

판례는 소송행위설의 입장이면서도 실효조건부 화해의 효력을 긍정하고 있다. 그리하여 소송상 화해를 함에 있어서 제3자의 이의가 있는 때에는 화해의 효력을 실효시키기로 하는 약정이 가능하고, 그러한 실효조건이 성취되면 화해의 효력은 당연히 소멸된다고 한다.[2] 그리하여 화해가 없었던 상태로 돌아가므로 화해 성립 전의 법률관계를 다시 주장할 수 있고 종전의 소송이 부활한다고 한다.[3] 화해의 법적 성질을 소송행위로 보더라도 화해는 소송절차를 종료시키는 것이므로 여기에 해제조건을 붙이는 정도의 조건부 화해는 소송절차의 안정을 해할 염려가 그리 크지 않다는 점과 화해가 갖는 당사자 사이의 자주적인 분쟁해결기능을 고려하여 이를 허용함이 옳다고 본다.

### (3) 시기와 방식

화해는 소송계속 중 언제나 할 수 있다. 상고심에서도 할 수 있다. 화해는 기일에 양쪽 당사자가 출석하여 구술로 하는 것이 일반적이다. 그러나 기일에 출석하지 않아 진술간주되는 답변서 등 준비서면에 화해의 의사표시가 적혀 있고 공증사무소의 인증을 받은 경우에는 상대방 당사자가 변론기일에 출석하여 그 화해의 의사표시를 받아들인 때 화해가 성립된 것으로 간주된다(제148조 제3항). 화해조서에 명백

---

1) 김홍엽, 711면; 이시윤, 593면.
2) 대법원 1993. 6. 29. 선고 92다56056 판결.
3) 대법원 1996. 11. 15. 선고 94다35343 판결.

한 오류가 있을 때에는 판결에 준하여 경정이 허용된다(제211조). 소송상 화해가 성립하면 조서에 기재한다(제154조 제1호). 기일의 조서에는 화해가 있었다는 취지만 기재하고 화해조서를 따로 작성해야 한다(민사소송규칙 제31조). 조서의 정본을 화해가 있은 날부터 1주 안에 당사자에게 송달해야 한다(동규칙 제56조).

### (4) 효과

#### 1) 확정판결과 동일한 효력

화해가 이루어진 범위 내에서 소송은 당연히 종료된다. 소송비용은 특별한 합의가 없으면 당사자들이 각자 부담한다(제106조). 화해조서는 확정판결과 동일한 효력을 가진다(제220조). 따라서 확정판결과 마찬가지로 기판력이 인정되고, 화해조서가 구체적인 이행의무를 내용으로 하는 경우에는 집행력을 갖는다. 예를 들어, 소유권이전등기절차를 이행하기로 한 화해가 준재심에 의하여 취소되지 않는 한 그 화해에 기하여 마쳐진 소유권이전등기가 원인무효라고 주장하며 말소등기절차의 이행을 구하는 것은 기판력에 저촉되고,[1] 화해조서에 기재된 내용이 특정되지 않아 강제집행을 할 수 없는 경우에는 동일한 청구를 제기할 소의 이익이 인정된다.[2] 또한 화해가 성립한 후에 그 계쟁물에 관한 권리의무를 승계한 사람은 변론종결후의 승계인에 해당하여 그 승계인이 화해조서의 존재를 알았는지 여부를 불문하고 화해의 효력이 미친다.[3]

한편 판례는 화해에 의하여 당사자 사이에 법률관계가 창설되는 형성력이 발생한다고 한다. 즉, 화해가 성립하면 종전의 법률관계를 바탕으로 한 권리의무관계는 소멸함과 동시에 그 화해에 따른 새로운 법률관계가 형성되는 창설적 효력을 갖는다고 한다.[4] 그러나 소송물의 법적 성질이 물권적 청구권에서 채권적 청구권으로 변경되는 것은 아니라고 한다.[5] 다만, 화해의 창설적 효력이 미치는 범위는 당사자

---

1) 대법원 2002. 12. 6. 선고 2002다44014 판결.

2) 대법원 1995. 5. 12. 선고 94다25216 판결.

3) 대법원 1976. 6. 8. 선고 72다1842 판결.

4) 대법원 2008. 2. 1. 선고 2005다42880 판결.

5) 소유권에 기한 물권적 방해배제청구로서 소유권등기의 말소를 구하는 소송이나 진정명의회복을 원인으로 한 소유권이전등기절차의 이행을 구하는 소송 중에 그 소송물에 대하여 화해권고결정이 확

가 서로 양보하여 확정하기로 합의한 사항에 한하며, 당사자가 다툰 사실이 없는 사항이나 화해의 전제로서 서로 양해하고 있는데 불과한 사항에 대해서는 창설적 효력이 생기지 않는다고 한다.[1]

### 2) 화해조서의 하자를 다투는 방법

화해조서는 확정판결과 마찬가지로 기판력이 인정되므로 소송상 화해에 하자가 있더라도 그것이 재심사유에 해당하는 경우에 한하여 준재심의 소에 의해서만 그 효력을 다툴 수 있다(무제한 기판력설).[2] 그리하여 화해의 내용이 강행법규에 위반하거나 화해가 착오나 사기에 의하는 등 실체법상 하자가 있어도 화해가 무효가 되는 것은 아니다.[3] 또한 화해조서에서 정한 의무를 이행하지 않았다는 이유로 소송상 화해의 해제를 주장할 수 없고,[4] 제1화해가 성립한 후 이와 모순되는 제2화해가 성립되었다고 하여도 제1화해가 조서에 기재되어 확정판결과 동일하게 기판력이 발생한 이상 제1화해가 당연히 실효되거나 변경되는 것은 아니며, 중복제소금지에 위반하여 제기된 소송절차에서 이루어진 화해라고 하여도 당연무효는 아니다.[5]

그러나 소송상 화해에 확정판결의 당연무효사유와 같은 하자가 있는 경우, 예를 들어, 실재하지 않거나 이미 사망한 사람을 당사자로 한 화해, 화해 자체가 이루어지지 않았음에도 화해가 이루어진 것처럼 화해조서가 작성된 경우 등에는 기일지정신청의 방법으로 다툴 수 있다. 당사자 일방이 화해조서의 당연무효사유를 주장하며 기일지정신청을 한 경우에는 법원으로서는 그 무효사유의 존재 여부를 가리기 위하여 기일을 지정하여 심리를 한 다음 무효사유가 존재하지 않으면 판결로써 소송종료선언을 해야 한다.[6]

---

정되면 상대방은 여전히 물권적인 방해배제의무를 지는 것이고, 화해권고결정에 창설적 효력이 있다고 하여 그 청구권의 법적 성질이 채권적 청구권으로 바뀌지 않는다(대법원 2012. 5. 10. 선고 2010다2558 판결).

1) 대법원 2011. 7. 28. 선고 2009다90856 판결; 2001. 4. 27. 선고 99다17319 판결.

2) 대법원 1990. 3. 17. 자 90그3 결정.

3) 대법원 1979. 5. 15. 선고 78다1094 판결; 1992. 10. 27. 선고 92다19033 판결; 1995. 12. 5. 선고 94다59028 판결.

4) 대법원 2012. 4. 12. 선고 2011다109357 판결; 1962. 2. 15. 선고 4294민상914 판결.

5) 대법원 1995. 12. 5. 선고 94다59028 판결.

### (5) 화해권고결정

법원·수명법관 또는 수탁판사는 소송계속 중인 사건에 대하여 판결의 선고 전까지 언제라도 직권으로 화해권고결정을 할 수 있다(제225조 제1항).[1] 법원사무관 등은 화해권고결정의 내용을 적은 조서 또는 결정서 정본을 당사자에게 송달해야 한다(동조 제2항 본문). 우편송달이나 공시송달의 방법에 의할 수 없으며(동항 단서), 우편송달이나 공시송달 이외의 방법으로 송달할 수 없을 때에는 화해권고결정을 취소해야 한다(민사소송규칙 제59조).

당사자는 화해권고결정의 조서 또는 결정서 정본을 송달받은 날부터 2주 이내에 이의를 신청할 수 있다. 다만, 그 정본이 송달되기 전에도 이의신청을 할 수 있다(제226조 제1항). 이 기간은 불변기간이다(동조 제2항). 이의신청은 서면으로 해야 하고(제227조 제1항), 변론기일 등에서 구술로 한 이의신청은 효력이 없다. 이의신청을 한 당사자는 그 심급의 판결이 선고될 때까지 상대방의 동의를 얻어 이의신청을 취하할 수 있다(제228조 제1항). 따라서 이의신청에 의하여 소송절차가 계속되더라도 화해권고결정의 효력이 상실되는 것은 아니며, 그 심급에서 판결이 선고되기 전까지 상대방의 동의를 얻어 이의신청을 취하하면 화해권고결정이 확정된다.

화해권고결정은 ① 화해권고결정의 조서 또는 결정서 정본을 송달받은 날부터 2주 이내에 이의신청이 없는 때, ② 부적법한 이의신청에 대한 각하결정이 확정된 때 또는 ③ 당사자가 이의신청을 취하하거나 이의신청권을 포기[2]한 때 재판상 화해와 같은 효력을 가진다(제231조). 그러나 이의신청이 적법한 때에는 소송은 화해권고결정 이전의 상태로 돌아가고, 이전에 행한 소송행위는 그대로 효력을 가진다(제232조 제1항). 조정절차에서는 그 과정에 있었던 당사자의 진술을 소송절차에서 원용하지 못하지만(민사조정법 제23조), 화해권고결정에서는 당사자의 진술을 다시 소송절차에서 원용하는데 제한이 없다. 화해권고결정은 그 심급에서 판결이 선고

---

6) 대법원 2000. 3. 10. 선고 99다67703 판결.

1) 화해권고결정을 위하여 별도의 기일을 지정할 필요가 없으며, 조정처럼 조정회부결정을 하여 소송절차를 중단시킨 이후에 할 수 있는 것도 아니다.

2) 이의신청권의 포기도 서면으로 해야 하고(제229조 제1항 및 제2항), 그 포기서면은 상대방에게 송달되어야 한다(동조 제3항).

된 때에 그 효력을 잃는다(제232조 제2항).

### 3. 제소전화해

#### (1) 의의

제소전화해란 소송 제기 전에 지방법원 단독판사 앞에서 하는 화해를 말한다. 제소전화해는 소송계속 전에 소송을 예방하기 위하여 하는 화해라는 점에서 소송계속 후에 소송을 종료시키기 위하여 하는 소송상 화해와 구별된다. 제소전화해는 금전소비대차의 채권자가 담보물에 대한 집행권원을 획득하거나 건물소유자가 명도판결을 받지 않고 건물임차인에 대하여 명도집행을 할 수 있는 수단으로 많이 이용되고 있다. 그리하여 제소전화해는 종종 재판상 다투는 길을 봉쇄하고 용이하게 집행권원을 획득하기 위한 편법으로 남용된 측면이 있다. 제소전화해가 민사분쟁이 소송으로 발전하는 것을 방지한다는 본래의 목적에 충실하게 운영될 수 있도록 제도를 보완할 필요가 있다.

#### (2) 화해신청

제소전화해의 관할법원은 상대방의 보통재판적 소재지 지방법원이다(제385조 제1항). 청구금액에 상관없이 지방법원 단독판사의 직분관할이다(법원조직법 제7조 제4항). 다만, 시·군법원 관할구역 내의 사건은 시·군법원판사의 사물관할이다(제34조 제1항 제2호). 제소전화해를 신청함에는 민사상 다툼에 관하여 청구의 취지·원인과 다투는 사정을 밝혀야 한다(제385조 제1항). 화해신청에는 소에 관한 규정이 준용(동조 제4항)되므로 신청서에는 소장의 5분의 1에 해당하는 인지를 붙여야 하고(민사소송 등 인지법 제7조 제1항), 신청서 제출시에 분쟁의 대상인 권리관계에 대하여 시효중단의 효력이 발생한다.

제소전화해는 당사자가 임의로 처분할 수 있는 권리관계를 그 대상으로 한다. 제소전화해는 현실의 분쟁이 있는 경우에 한하여 신청할 수 있다는 견해가 있다. 이 견해는 분쟁이 현존하지 않음에도 제소전화해를 허용하면 제소전화해가 재판상 다투는 길을 봉쇄하고 편법적으로 집행권원을 회득하는 수단으로 남용되는 것을 막기 어렵다는 점을 근거로 한다. 그러나 제385조 제1항의 민사상 다툼을 이미 발생한 현실의 분쟁에 한정하는 의미로 이해할 이유가 없으며 장래의 분쟁 발생의 여지가 있는 경우도 포함하는 의미로 이해함이 타당하다. 제소전화해가 장래 발생할 분쟁에 대비한 집행권원을 확보하기 위한 수단으로 기능하는 것이 잘못된 것이 아니며, 오히려 이것이야말로 제소전화해의 본래의 기능이라고 할 수 있다. 당사자의 재판청구권을 침해하는 문제점은 제소전화해에서 당사자의 절차적 권리를 보장함으로써 해결할 수 있을 것이다.

### (3) 절차

화해신청의 요건 및 방식에 흠결이 있을 때에는 결정으로 이를 각하한다. 이에 대하여 신청인은 항고할 수 있다(제439조). 당사자는 제소전화해를 위하여 대리인을 선임하는 권리를 상대방에게 위임할 수 없고(동조 제2항), 법원은 필요한 경우 대리권의 유무를 조사하기 위하여 당사자 본인 또는 법정대리인의 출석을 명할 수 있다(동조 제3항). 이는 신청자가 우월적 지위를 이용하여 상대방으로부터 백지위임장을 받아 두었다가 자신이 직접 상대방의 대리인을 선임하여 그 대리인과 제소전화해를 하는 것을 막기 위함이다. 화해신청이 적법하면 화해기일을 정하여 신청인과 상대방에게 출석요구를 한다. 신청인 또는 상대방이 기일에 출석하지 않는 경우에는 법원은 화해가 성립되지 않은 것으로 볼 수 있다(제387조 제2항).

### (4) 효과

화해가 불성립된 경우 법원사무관 등은 그 사유를 조서에 적어야 하고(제387조 제1항), 불성립조서등본을 당사자에게 송달해야 한다(동조 제3항). 당사자는 불성립조서등본이 송달된 날부터 2주 이내에 소제기신청을 할 수 있다(제388조 제1항 및 제3항). 신청인과 피신청인 모두 소제기신청을 할 수 있다. 적법한 소제기신청이 있으면 화해신청을 한 때 소가 제기된 것으로 본다(제388조 제2항 전단). 화해가 성립하지 않은 경우에는 화해비용은 신청인이 부담한다. 다만, 소제기신청이 있는 때에는 화해비용을 소송비용의 일부로 한다(제389조).

화해가 성립되면 제소전화해조서를 작성하고 판사와 법원사무관 등이 기명날인한다(제386조). 화해가 성립된 경우 화해비용은 특별한 합의가 없으면 당사자들이 각자 부담한다(제389조 본문 전단). 제소전화해조서도 확정판결과 동일한 효력을 가진다(제220조). 소송상 화해조서와 마찬가지로 제소전화해조서도 기판력이 인정되고, 화해조서가 구체적인 이행의무를 내용으로 하는 경우에는 집행력을 가지며, 또한 창설적 효력도 인정된다.[1] 창설적 효력이 미치는 범위는 당사자가 서로 양보를 하여 확정하기로 합의한 사항에 한한다.[2]

제소전화해에 하자가 있는 경우 제소전화해조서는 확정판결과 동일한 효력이 있고 기판력이 인정되므로 준재심의 소에 의해서만 그 효력을 다툴 수 있다. 준재심의 소에 의하여 제소전화해가 취소되더라도 소송상 화해에서와는 달리 부활할 소송이 없다. 따라서 재심사유가 있더라도 원판결이 정당한 경우에는 재심을 기각해야 한다는 제460조가 적용될 여지가 없으므로 재심사유가 인정되는 이상 화해의 내용이 되는 법률관계의 실체관계와의 부합 여부를 따질 필요 없이 화해조서를 취소해야 한다.[3] 제소전화해가 취소되면 화해가 성립되지 않은 것으로 귀착되어 제소전화해에 의하여 생긴 법률관계는 처음부터 없었던 것으로 된다.[4] 이처럼 제소전화해에서는 부활할 소송이 없으므로 제소전화해에 확정판결의 당연무효사유와 같은 하자가 존재한다고 하더라도 소송상 화해에서와 같이 기일지정신청의 방법으로 화해의 효력을 다툴 수 없다.

---

1) 제소전화해조항에 채무의 변제기와 채무원금만 정하고 변제기 이후의 지연손해금에 관하여 아무런 규정을 두지 않은 경우에는 원칙으로 돌아가 변제기 이후에는 민법 소정의 연 5푼의 비율에 의한 지연손해금을 지급해야 한다(대법원 1992. 5. 26. 선고 91다28528 판결); 원고가 1968. 9. 9. 소외인로부터 1,500만원을 이자 월4푼 변제기 1969. 3. 9.로 정하여 차용한 후 1,800만원을 1969. 3. 9.까지 지급하기로 제소전화해를 하였다면 위 변제기 후의 원고의 채무액은 1,800만원 및 이에 대한 변제기 이후의 민법 소정의 연 5푼의 비율에 의한 지연손해금이라고 할 것이다(대법원 1981. 8. 25. 선고 80다2645 판결).
2) 대법원 2013. 2. 28. 선고 2012다98225 판결.
3) 대법원 1998. 10. 9. 선고 96다44051 판결.
4) 대법원 1996. 3. 22. 선고 95다14275 판결.

**사례** **제소전 화해**

다음의 사례에서 A가 제소전화해조서에 기하여 C를 상대로 강제집행을 할 수 있는지 설명하시오.

① A는 자신의 토지 위에 무단으로 건물을 신축한 B와 1년 후 위 건물을 철거하기로 하는 내용의 제소전화해를 하였다. 그러나 1년이 지났음에도 B는 건물을 철거하지 않고 있다. A는 위 제소전화해조서에 기하여 강제집행을 하고자 한다. 그런데 B는 이미 위 건물에 대한 권리를 C에게 넘긴 후였다.

제소전화해를 해 두면 별도로 임차인이나 무단점유자를 상대로 건물명도소송이나 건물철거소송을 제기할 필요없이 바로 강제집행할 수 있는 이점이 있다. 그러나 제소전화해의 효력은 화해의 당사자 사이에만 미치고 제3자에게는 미치지 않는 것이 원칙이다. 그러나 확정판결의 효력이 변론종결 후의 승계인에게 미치는 것과 마찬가지로 제소전화해의 효력도 화해가 성립된 이후 화해의 대상인 계쟁물을 양수한 제3자에게 미칠 수 있다. 판례는 제소전화해의 내용이 임대차계약과 같이 채권적 청구권일 경우에는 점유승계인에게 그 효력이 미치지 않고, 소유권에 기한 명도청구와 같이 물권적 청구권일 경우에만 그 효력이 미친다고 한다.[1)]

대지 소유권에 기한 방해배제청구의 하나로서 그 지상 건물을 철거하기로 하는 내용의 제소전화해를 한 후에 그 지상 건물에 대한 점유를 취득한 사람은 민사소송법상 변론종결 후의 승계인에 해당하므로 위 제소전화해의 효력이 미친다.[2)] 따라서 A는 C를 상대로 위 제소전화해조서에 기하여 위 건물에 대하여 강제집행할 수 있다.

② 임대인 A는 임차인 B와 임대차계약기간 만료시에 임대건물을 반환하는 내용의 제소전화해를 하였다. 그러나 B는 임대차계약기간이 만료되었음에도 임대건물을 반환하지 않고 있다. A는 위 제소전화해조서에 기하여 강제집행을 하고자 한다. 그런데 B는 이미 위 임대건물을 C에게 전대한 상태이다.

제소전화해의 내용이 임대차계약에 기한 임대건물반환청구권과 같은 채권적 청구권인 경우에는 그 이후 그 임대건물의 점유를 승계한 사람은 변론종결 후의 승계인에 해당하지 않으므로 제소전화해의 효력이 미치지 않는다. 따라서 A는 C를 상대로 위 제소전화해조서에 기하여 위 건물에 대하여 강제집행을 할 수 없다.

---

1) 대법원 1993. 12. 14. 선고 93다16802 판결; 1991. 1. 15. 선고 90다9964 판결.

2) 대법원 1992. 10. 27. 선고 92다10883 판결.

## Ⅳ. 조정

### 1. 의의

조정은 법관이나 조정위원회가 분쟁관계인 사이에 개입하여 화해로 이끄는 절차이다. 제3자의 중개가 필수적이라는 점에서 반드시 중개를 요하지 않는 화해와 차이가 있다. 조정은 당사자 사이에 합의된 사항을 조서에 기재함으로써 성립하고, 조정조서는 재판상의 화해와 동일한 효력이 있다(민사조정법 제29조, 가사소송법 제52조 제2항 본문). 조정에는 민사조정법상 민사조정과 가사소송법상 가사조정이 있다.

### 2. 민사조정

#### (1) 조정절차의 개시

민사에 관한 분쟁의 당사자는 법원에 조정을 신청할 수 있다(민사조정법 제2조). 조정은 서면 또는 구술로 신청한다(제5조 제1항). 또한 수소법원도 필요하다고 인정하면 항소심판결 선고전까지 소송이 계속 중인 사건을 결정으로 조정에 회부할 수 있다(제6조). 소송사건이 조정에 회부된 때에는 그 절차가 종료될 때까지 소송절차는 중지된다(민사조정규칙 제4조 제2항). 조정사건은 조정담당판사가 처리한다(제7조 제1항). 조정담당판사는 스스로 조정을 하거나 상임조정위원 또는 조정장 1명과 조정위원 2명 이상으로 구성된 조정위원회로 하여금 조정을 하게 할 수 있다. 다만, 당사자의 신청이 있을 때에는 조정위원회로 하여금 조정을 하게 해야 한다(제7조 제2항).

#### (2) 조정사건의 관할 및 이송

조정사건은 피신청인의 보통재판적 소재지, 피신청인의 사무소·영업소 소재지 또는 근무지, 분쟁 목적물의 소재지, 손해발생지 중 어느 하나에 해당하는 곳[1]을 관할하는 지방법원, 지방법원지원, 시·군법원[1]에서 관할한다(제3조 제1항). 그럼에도 불구하고 조정사건은 그에 상응하는 소송사건의 전속관할법원이나 당사자 사이에 합의로 정한 법원에서 관할할 수 있다(동조 제2항).

### (3) 조정절차의 참가 및 대표당사자

조정의 결과에 관하여 이해관계가 있는 사람은 조정담당판사의 허가를 받아 조정에 참가할 수 있고(제16조 제1항, 임의참가), 조정담당판사도 필요한 경우 직권으로 이해관계가 있는 제3자를 조정에 참가하도록 할 수 있다(동조 제2항, 강제참가). 조정참가와 소송참가는 그 요건 및 절차가 상이하므로 조정참가인은 조정사건이 소송으로 이행되거나 복귀한 때에는 참가인의 지위를 상실하고 소송에서 다시 참가절차를 거쳐야 한다.

공동의 이해관계가 있는 다수의 당사자는 그중 한 사람 또는 여러 사람을 대표당사자로 선임할 수 있고(제18조 제1항), 조정담당판사도 필요한 경우 당사자에게 대표당사자를 선임할 것을 명할 수 있다(동조 제3항). 조정에서는 당사자 본인이 분쟁해결에 직접 참여하는 것이 원칙이므로 민사조정절차에는 민사소송법상 선정당사자에 관한 규정이 준용되지 않으며, 그에 갈음하여 대표당사자제도를 두고 있다.

### (4) 조정의 심리

#### 1) 본인 출석의 원칙 및 조정대리인

조정기일에는 본인이 출석해야 한다. 그러나 특별한 사정이 있는 경우에는 대리인을 출석시키거나 보조인을 동반할 수 있다(민사조정규칙 제6조 제1항). 변호사 아닌 사람을 대리인 또는 보조인으로 함에는 조정담당판사의 허가를 받아야 한다(동규칙 동조 제2항 본문). 조정사건은 비록 수소법원이 합의부사건을 조정에 회부한 경우라고 하더라도 단독사건이다. 따라서 조정사건에서는 소가에 상관없이 변호사가 아닌 사람도 당사자와 배우자 또는 4촌 이내의 친족관계에 있거나 고용관계에

---

1) 의무이행지 특별재판적은 조정신청사건에는 적용되지 않는다.

1) 화해, 독촉, 조정 사건은 소가에 상관없이 시·군법원의 관할이다(법원조직법 제34조 제1항 제2호).

있는 사람 가운데 일정한 사람은 법원의 허가를 얻어 조정대리인이 될 수 있다(제87조 및 제88조). 또한 조정사건이 소액사건에 해당하는 경우에는 당사자의 배우자, 직계혈족, 형제자매는 조정담당판사의 허가 없이도 조정사건의 대리인이 될 수 있다(소액사건심판법 제8조). 그러나 조정절차와 소송절차는 독립된 별개의 절차이므로 변호사 아닌 사람이 조정절차에서 대리인이 되었더라도 그 사건이 소송으로 이행되거나 복귀한 때에는 그 대리인의 자격은 당연히 상실된다. 소송사건이 조정에 회부된 경우 소송대리인에게 조정에 관한 권한이 있다면 소송대리인은 조정에서도 당사자를 대리할 수 있다(동규칙 동조 제3항).[1]

#### 2) 조정사건의 심리 및 당사자의 불출석

조정담당판사는 사건의 실정에 따라 법원 외의 적당한 장소에서 조정을 할 수 있고(제19조), 조정절차를 공개하지 않을 수 있다(제20조). 조정담당판사는 조정에 관하여 당사자나 이해관계인의 진술을 듣고 필요하다고 인정하면 적당한 방법으로 사실 또는 증거를 조사할 수 있다(제22조). 그러나 조정절차와 소송절차는 별개의 절차이므로 조정절차에서 한 증거조사결과를 소송절차에서 원용할 수 없으며, 소송절차에서 새로운 증거조사절차를 거쳐야 증거로 할 수 있다. 또한 조정절차에서의 당사자 또는 이해관계인의 진술은 소송절차에서 원용하지 못하며 소송절차에서 다시 진술해야 한다(제23조). 신청인이 조정기일에 불출석한 경우 다시 기일을 정하여 통지해야 하고, 새로운 기일 또는 그 후의 기일에 다시 불출석한 경우에는 조정신청이 취하된 것으로 본다(제31조). 피신청인이 조정기일에 불출석한 경우 조정담당판사는 상당한 이유가 없으면 직권으로 조정을 갈음하는 결정을 해야 한다(제32조).

### (5) 조정의 효력

#### 1) 시효중단 및 재판상 화해의 효력

조정신청은 시효중단의 효력이 있다(제35조 제1항). 그러나 조정신청이 취하되

---

1) 소송대리인이 조정에서도 당사자를 대리하기 위해서는 화해 또는 조정에 관한 권한이 있음을 서면으로 증명해야 한다(민사조정규칙 제6조 제3항).

거나 신청인이 2회 이상 기일에 불출석하여 취하간주된 때로부터 1개월 이내에 소를 제기하지 않으면 시효중단의 효력이 없다(동조 제2항). 조정은 당사자 사이에 합의된 사항을 조서에 기재함으로써 성립하고(제28조), 조정은 재판상의 화해와 동일한 효력이 있다(제29조). 그리하여 조정이 성립하면 종전의 다툼이 있는 법률관계를 바탕으로 한 권리의무관계는 소멸하고, 조정의 내용에 따른 새로운 권리의무관계가 형성된다.[1)]

조정조서는 확정판결과 동일한 효력이 있으므로 준재심에 의해서만 그 효력을 다툴 수 있다. 그러나 당사자 일방이 조정조서의 무효사유를 주장하며 기일지정신청을 한 경우에는 법원으로서는 그 무효사유의 존재 여부를 가리기 위하여 기일을 지정하여 심리한 다음 무효사유가 존재하면 판결로써 소송종료선언을 해야 한다.[2)] 조정절차의 비용은 조정이 성립된 경우에는 특별한 합의가 없으면 당사자들이 각자 부담한다(제37조 제1항).

### 2) 조정의 성립 및 불성립

조정담당판사는 사건이 그 성질상 조정을 하기에 적당하지 않거나 당사자가 부당한 목적으로 조정신청을 한 경우에는 조정을 하지 않는 결정으로 사건을 종결시킬 수 있다(제26조 제1항). 또한 조정담당판사는 당사자 사이에 합의가 성립되지 않거나 성립된 합의의 내용이 적당하지 않은 경우에 조정을 갈음하는 결정을 하지 않을 때에는 조정이 성립되지 않은 것으로 사건을 종결시켜야 한다(제27조).

조정담당판사는 당사자 사이에 성립된 합의의 내용이 적당하지 않다고 인정되는 경우 또는 피신청인이 조정기일에 불출석하여 조정이 성립되지 않은 경우에는 상당한 이유가 없으면 직권으로 조정을 갈음하는 결정을 해야 한다(제30조, 제32조). 당사자는 조정을 갈음하는 결정의 조서정본이 송달된 날부터 2주일 이내에 이의를 신청할 수 있다(제34조 제1항). 이 기간은 불변기간이다(제34조 제5항). 이의신청을 한 당사자는 해당 심급의 판결이 선고될 때까지 상대방의 동의를 받아 이의신청을 취하할 수 있다(제34조 제3항). 조정을 갈음하는 결정은 그 조서의 정본이

---

1) 대법원 2006. 6. 29. 선고 2005다32814 판결.
2) 대법원 2001. 3. 9. 선고 2000다58668 판결.

송달된 날부터 2주일 이내에 이의신청이 없는 경우, 이의신청이 취하된 경우, 부적법한 이의신청에 대한 각하결정이 확정된 경우에는 재판상 화해와 동일한 효력이 있다(제34조 제4항). 소송이 계속 중인 사건을 조정에 회부한 경우 조정이 성립하거나 조정을 갈음하는 결정이 확정된 때에는 소의 취하가 있는 것으로 본다(민사소송규칙 제4조 제3항).

조정담당판사가 조정을 하지 않는 결정을 하거나 조정이 성립되지 않는 것으로 사건을 종결한 경우, 또는 조정을 갈음하는 결정에 대하여 그 조서의 정본이 송달된 날부터 2주일 이내에 이의신청이 있는 경우에는 조정신청을 한 때 소가 제기된 것으로 본다(제36조 제1항). 조정절차의 비용은 조정이 성립되지 않은 경우에는 신청인이 부담한다(제37조 제1항). 조정신청이 소송으로 이행되었을 때에는 조정절차 비용은 소송비용의 일부로 본다(제37조 제2항).

## 3. 가사조정

가사조정에 관하여는 가사소송법에 특별한 규정이 있는 경우를 제외하고는 민사조정법을 준용한다. 다만, 민사조정법상 대표당사자(제18조), 진술의 원용 제한(제23조)에 관한 규정은 준용하지 않는다(가사소송법 제49조). 나류 및 다류 가사소송사건과 마류 가사비송사건에 대하여 가정법원에 소를 제기하거나 심판을 청구하려는 사람은 먼저 조정을 신청해야 한다(제50조 제1항). 그럼에도 조정을 신청하지 않고 소를 제기하거나 심판을 청구한 경우 가정법원은 그 사건을 조정에 회부해야 한다. 다만, 공시송달의 방법으로 당사자를 소환하거나 조정에 회부하더라도 조정이 성립될 수 없다고 인정하는 경우에는 그렇지 않다(동조 제2항)

가사조정사건은 가정법원이 관할한다(제51조 제1항). 가사조정사건은 조정장 1명과 2명 이상의 조정위원으로 구성된 조정위원회가 처리한다(제52조 제1항). 그러나 상당한 이유가 있고 당사자가 반대의 의사를 명백하게 표시하지 않은 경우에는 조정담당판사가 단독으로 조정할 수 있다(동조 제2항). 가사조정에서도 민사조정에서와 마찬가지로 조정담당판사는 합의가 성립되지 않거나 합의의 내용이 적당하지 않은 경우 등에는 직권으로 조정을 갈음하는 결정을 해야 하고, 당사자는 조정을 갈음하는 결정의 조서정본이 송달된 날부터 2주일 이내에 이의신청을 할 수 있다(제49조). 조정은 당사자 사이에 합의된 사항을 조서에 기재함으로써 성립하고(제59조 제1항), 조정이 성립하거나 조정을 갈음하는 결정이 확정되면 재판상 화해와 동일한 효력이 있다. 다만, 당사자가 임의로 처분할 수 없는 사항에 대해서는 그렇지 않다(동조 제2항).

## 제 3 절 종국판결에 의한 종료

### Ⅰ. 판결의 의의

#### 1. 중간판결

##### (1) 의의

중간판결이란 소송계속 중 심리가 마쳐지지 않은 상태에서 소송물 자체가 아닌 당사자 사이의 쟁점에 관하여 미리 정리하여 판단하는 판결을 말한다. 중간판결은 종국판결을 하기에 앞서 종국판결의 전제가 되는 쟁점 사항에 대하여 미리 정리하여 판단함으로써 종국판결을 용이하게 하기 위한 판결이다. 소송계속 중 쟁점을 중간판결로 정리할지 또는 종국판결의 이유 속에서 판단할지 여부는 법원의 재량에 속한다. 판결서 작성의 번거로움으로 인하여 중간판결은 그다지 활용되고 있지 않다.

##### (2) 중간판결의 대상

중간판결의 대상에는 독립된 공격방어방법, 중간의 다툼, 청구의 원인과 액수에 다툼이 있는 경우에 그 원인이 있다(제201조).

### 1) 독립된 공격방어방법

독립된 공격방어방법이란 다른 공격방어방법과 독립하여 그것만으로 소송을 인용하거나 배척하기에 충분한 것을 말한다. 예를 들어, 소유권확인소송에서 소유권의 취득원인으로서 원고가 매매, 취득시효 등을 주장하거나 대여금청구소송에서 채무자가 변제, 소멸시효 등을 주장하는 경우에 그 매매나 취득시효 또는 변제나 소멸시효의 주장 가운데 어느 하나가 인용되면 원고의 청구가 인용되거나 배척되므로 독립된 공격방어방법이 된다.

만일 독립된 공격방어방법을 판단한 결과 이유가 있어 바로 청구인용이나 배척하는 판결을 할 수 있다면 종국판결을 해야 하고 중간판결을 할 것은 아니며, 그 이유가 없어 독립된 공격방어방법을 배척할 경우에 한하여 정리하는 의미에서 중간판결을 할 수 있다. 예를 들어, 대여금청구소송에서 피고의 변제항변을 인용할 경우에는 바로 청구기각판결을 해야 하고, 변제항변을 배척할 경우에 시효의 항변과 분리하여 중간판결을 할 수 있다.[1)]

### 2) 중간의 다툼

중간의 다툼이란 독립된 공격방어방법에 해당하지 않는 소송절차에 관한 다툼으로서 변론에 의하여 판단해야 하는 것을 말한다. 예를 들어, 소송요건의 존부, 상소의 적법 여부, 소취하의 유·무효, 상소추후보완의 적법 여부, 재심의 소에서 적법성과 재심사유의 존부(제454조) 등이 여기에 해당한다. 본안의 판단에 앞서서 판단해야 하는 소송절차에 관한 다툼이라도 결정에 의해야 하는 것은 중간판결의 대상이 되지 않는다.

중간의 다툼에 대한 판단의 결과 소송이 완결될 때에는 종국판결을 해야 하고 중간판결을 할 것은 아니다. 예를 들어, 소송요건이 갖추어지지 않았거나 소취하가 유효한 경우에는 소각하판결이나 소송종료선언을 해야 하고, 그 반대의 경우에 중간판결을 할 수 있다.[2)]

---

1) 정동윤·유병현, 667면.

2) 정동윤·유병현, 667면.

### 3) 청구의 원인과 액수에 다툼이 있는 경우의 그 원인

청구의 원인과 액수에 다툼이 있는 경우에 그 액수를 제외한 청구의 원인에 대하여 중간판결을 할 수 있다(제201조 제2항). 청구의 원인과 액수가 다투어지는 경우 먼저 그 원인이 이유 있는지 여부를 살펴서 이유 없으면 액수에 관하여 심리할 필요 없이 청구를 배척하는 판결을 하고, 그 원인이 이유 있으면 중간판결로 이유 있다고 판단한 다음 수액에 관하여 심리를 하게 된다. 이러한 중간판결을 원인판결이라고도 한다.

중간판결의 대상인 청구의 원인은 소장의 필요적 기재사항인 청구의 원인과는 구별되어야 하는 것으로 소송의 목적인 청구권에 관한 사항 중에서 청구의 수량·범위를 제외한 일체의 사항을 말한다. 예를 들어, 불법행위에 기한 손해배상청구소송에서 손해의 원인과 손해액이 다투어지는 경우 그 손해의 원인, 즉 고의·과실, 인과관계 등이 여기에 해당한다.[1]

## (3) 효력

### 1) 구속력

중간판결이 선고되면 판결을 한 법원은 이에 구속되어 스스로 취소·변경할 수 없고, 종국판결을 할 때 중간판결의 판단을 전제로 해야 한다(기속력 또는 자기구속력). 또한 당사자는 중간판결을 하기 이전에 제출할 수 있었던 공격방어방법을 그 후 변론에서 제출할 수 없다(실권효). 다만, 중간판결 후에 생긴 새로운 사실에 기하여 새로운 공격방어방법을 제출하여 중간판결에서 판단한 사항을 다툴 수 있다. 이처럼 중간판결은 법원과 당사자에 대한 구속력만 인정되고 기판력이나 집행력, 형성력은 인정되지 않는다. 그러나 중간판결의 구속력은 해당 심급에만 미치므로 항소법원은 중간판결과 다른 판단을 할 수 있고, 당사자도 항소심절차에서는 실기한 공격방어방법에 해당하지 않는 한 중간판결에서 판단한 사항을 뒤집기 위한 공격방어방법을 제출하는데 아무런 제한이 없다.

---

1) 이시윤, 609면.

### 2) 중간판결에 대한 불복

중간판결에 대해서는 독립하여 상소할 수 없고, 종국판결에 대한 상소와 함께 상소심의 판단을 받는데 그친다(제392조 전단). 종국판결이 아니므로 소송비용에 대한 재판을 하지 않는 것이 원칙이다(제104조).

## 2. 종국판결

### (1) 의의

종국판결은 소 또는 상소에 의하여 계속된 사건의 전부나 일부를 해당 심급에서 종결하는 판결을 말한다(제198조). 본안판결이나 소각하판결뿐만 아니라 소송종료선언도 종국판결에 속한다. 또한 종국판결이란 해당 심급을 종결하는 판결을 말하는 것이지 소송절차를 최종적으로 종료시키는 판결을 의미하는 것은 아니므로 상소심의 환송판결이나 이송판결도 종국판결에 해당한다.[1] 종국판결은 사건을 종결시키는 범위에 따라 전부판결, 일부판결, 추가판결로 구분되고, 소의 적법요건에 대한 판단인지 아니면 청구의 당부에 관한 판단인지 여부에 따라 소송판결과 본안판결로 구분된다.

### (2) 전부판결과 일부판결

### 1) 전부판결

전부판결이란 같은 소송절차에서 심리되는 사건의 전부를 동시에 종결시키는 종국판결을 말한다. 법원은 사건의 전부에 대하여 심리를 마친 때에는 전부판결을 해야 한다(제198조).

---

1) 대법원 1981. 9. 8. 선고 80다3271 전원합의체 판결; 1995. 2. 14. 선고 93재다27,34(반소) 전원합의체 판결.

### 2) 일부판결

일부판결이란 같은 소송절차에서 심판되는 사건의 일부를 다른 부분과 분리하여 그것만 먼저 종결시키는 종국판결을 말한다. 법원은 사건의 일부에 대한 심리를 마친 경우 일부판결을 할 수 있다(제200조 제1항). 사건의 일부에 대한 심리를 마친 경우 일부판결을 할 것인지 여부는 법원의 재량에 속한다. 그러나 선택적·예비적 병합청구의 경우[1] 또는 필수적 공동소송, 독립당사자참가, 공동소송참가, 예비적·선택적 공동소송 등 합일확정이 필요한 소송에서는 일부판결이 허용되지 않는다. 일부판결을 한 경우에 판결하지 않은 부분은 그 심급에서 심리가 계속되고 나중에 이를 종결하는 판결을 하는데, 이를 잔부판결이라고 한다. 일부판결과 잔부판결은 모두 종국판결이므로 독립해서 상소의 대상이 되고, 상소기간도 독자적으로 진행된다. 소송비용의 재판은 잔부판결에서 하는 것이 원칙이나, 일부판결에서 그 부분에 대한 비용재판을 할 수 있다(제104조).

## (3) 재판의 누락과 추가판결

추가판결은 법원이 실수로 청구의 일부에 대하여 재판을 누락한 경우에 그 누락된 청구 부분에 대하여 하는 종국판결을 말한다(제212조). 재판의 누락은 실수로 누락한 것이라는 점에서 의도적으로 재판을 하지 않은 경우(잔부판결의 대상)와 구별되고, 판결주문에서 판단할 청구의 일부를 누락한 것이라는 점에서 판결이유 중에 판단할 공격방어방법에 대한 판단의 누락과 구별된다. 재판의 누락은 판결주문을 기준으로 판단한다. 따라서 판결이유 중에 청구의 당부에 대한 설시가 있더라도 판결주문에 아무런 표시가 없으면 재판의 누락이 된다.[2] 누락된 부분의 재판은 여전히 누락시킨 법원에 계속 중이므로 그 법원에서 추가판결을 해야 한다.[3] 추가판결과 종전의 판결은 별개의 판결이므로 상소기간도 개별적으로 진행한다. 다만, 종전 판결의 구속력 때문에 그 결과를 토대로 해야 한다.

---

1) 대법원 1998. 7. 24. 선고 96다99 판결.

2) 대법원 2008. 11. 27. 선고 2007다69834 판결; 2004. 8. 30. 선고 2004다24083 판결; 2002. 5. 14. 선고 2001다73572 판결; 1984. 4. 25. 자 84마118 결정.

3) 대법원 2008. 11. 27. 선고 2007다69834 판결; 2005. 5. 27. 선고 2004다43824 판결.

### (4) 소송판결과 본안판결

소송판결은 소송요건이나 상소요건에 하자가 있어 소 또는 상소를 부적법 각하하는 종국판결이다. 소송종료선언, 소취하무효선언도 소송판결에 속한다. 소송판결에는 필수적 변론의 원칙이 적용되지 않으므로 소 또는 항소가 소송요건 또는 상소요건을 흠결하여 부적법하고 그 하자를 보정할 수 없는 경우에는 변론 없이 소 또는 항소를 각하하는 판결을 할 수 있다(제219조, 제413조). 소송판결이 확정되어 기판력이 생긴 후에도 그 하자를 보정하면 재소(再訴)가 허용되고, 소각하판결이 있은 후에 소를 취하하더라도 재소금지규정(제267조)이 적용되지 않는다.

본안판결은 청구가 이유 있는지 여부에 따라 청구를 인용하거나 기각하는 종국판결을 말한다. 상소심에서 상소가 이유 있는지 여부를 재판하는 것도 본안판결에 해당한다. 본안판결은 소의 유형에 따라 이행판결, 확인판결, 형성판결이 있다. 청구가 이유 없다고 기각하는 판결은 모두 확인판결이다.[1)]

## Ⅱ. 판결의 성립

### 1. 판결내용의 확정

판결의 내용은 직접심리주의에 따라 변론에 관여한 법관이 확정해야 한다(제204조 제1항). 단독판사는 판결내용을 혼자서 정하지만, 합의부는 구성 법관의 합의에 의하여 정하고, 합의가 되지 않으면 과반수의 의견으로 결정한다(법원조직법 제66조 제1항). 법관이 바뀐 경우 당사자는 종전의 변론결과를 진술해야 한다(제204조 제2항). 다만, 판결내용이 확정된 뒤에는 변론에 관여한 법관이 퇴임이나 전근 등으로 변경되어 판결원본에 서명·날인할 수 없는 경우 다른 법관이 그 사유를 적고 서명·날인해야 한다(제208조 제4항).

---

1) 이시윤, 614면.

## 2. 판결서

### (1) 판결서의 기재사항

판결서에는 당사자와 법정대리인, 판결주문, 청구의 취지 및 상소의 취지, 판결이유, 변론종결일(무변론판결을 하는 경우에는 판결선고일), 법원을 기재하고 판결한 법관이 서명·날인해야 한다(제208조 제1항). 소송대리인의 표시는 송달의 필요상 표시하지만 판결서의 필요적 기재사항은 아니다.[1]

### (2) 판결주문의 자족성

판결주문은 명확해야 하고 주문 자체로서 내용이 특정될 수 있어야 한다. 이를 판결주문의 자족성(自足性)이라고 한다. 판결주문의 내용이 불명확하거나 그 범위를 특정할 수 없는 경우에는 기판력의 객관적 범위가 불분명해지고 집행력, 형성력 등도 불확실하게 되어 분쟁의 종국적 해결을 도모하기 어렵다. 만일 판결주문이 불명확하여 강제집행이 어려운 경우에는 상소로서 취소할 수 있으며, 확정되더라도 동일한 소송을 다시 제기할 수 있다.[2]

### (3) 판결이유의 기재 정도

판결이유에는 판결주문이 정당하다는 것을 인정할 수 있을 정도로 당사자의 주장, 그 밖의 공격방어방법에 관한 판단을 표시하면 되고(동조 제2항), 당사자의 주장이나 공격방어방법 전부에 대하여 판단할 필요는 없다. 증거의 취사선택은 법관의 자유심증에 의하므로 처분문서 등 특별한 증거를 제외하고 증거를 취사선택하는 이유를 일일이 설시할 필요가 없다. 법률적용에 있어서 해석상 다툼이 있는 경우를 제외하고는 법률적용의 결과만 표시하면 충분하고 그 적용·해석의 이론적 근거, 적용법조 등을 명시할 필요는 없다.

---

1) 김홍엽, 740면; 이시윤, 616면.

2) 대법원 1998. 5. 15. 선고 97다57658 판결; 1995. 5. 12. 선고 94다25216 판결.

그런데 일정한 경우 법원의 부담 경감을 이유로 판결이유의 기재를 간략히 하거나 생략할 수 있는 특칙을 두고 있다. 항소심판결에서 이유를 기재함에는 제1심판결을 인용할 수 있고(제420조 단서), 제1심판결 가운데 무변론판결, 자백간주에 의한 판결, 공시송달에 의한 판결에서는 판결이유로 청구를 특정함에 필요한 사항과 상계항변의 판단에 관한 사항만을 간략하게 표시할 수 있다(제208조 제3항). 가압류·가처분의 이의신청이나 취소신청에 대한 결정에서는 이유를 기재해야 하지만, 변론을 거치지 않은 경우에는 이유의 요지만을 기재할 수 있다(민사집행법 제286조 제4항, 제288조 제3항, 제301조). 나아가 결정 또는 명령(제224조 제1항 단서), 소액사건의 판결(소액사건심판법 제11조의2 제3항), 심리불속행기각판결 또는 상고이유서부제출로 인한 상고기각판결(상고심절차에 관한 특례법 제5조 제1항) 등에서는 판결이유의 기재를 생략할 수 있다.

## 3. 판결의 선고

판결은 소가 제기된 날 또는 상소심에서는 기록을 받은 날부터 5월 이내에 선고한다(제199조). 판결은 변론이 종결된 날부터 2주 이내에 선고해야 하며, 복잡한 사건이나 그 밖의 특별한 사정이 있는 때에도 변론이 종결된 날부터 4주를 넘겨서는 안 된다(제207조 제1항). 그러나 이러한 규정은 훈시규정에 불과하므로 이를 위반하였다고 하여 판결의 효력에 영향을 미치지 않는다.

판결을 선고하기 위해서는 변론을 연 경우에는 변론을 종결하고 변론을 열지 않은 경우에도 선고기일을 지정하여 당사자에게 통지해야 하고, 그 지정된 선고기일에 판결을 선고해야 한다. 따라서 이러한 절차를 거치지 않고 변론기일에 선고한 판결은 위법하다.[1] 다만, 예외적으로 소액사건에서는 변론종결 후 즉시 판결을 선고할 수 있다(소액사건심판법 제11조의2 제1항). 판례는 법원이 변론을 종결하고 판결선고기일을 고지한 때에는 출석하지 않은 당사자에게도 그 효력이 미치므로 그 당사자에게 선고기일통지서를 송달하지 않아도 위법한 것은 아니라고

1) 대법원 1996. 5. 28. 선고 96누2699 판결.

한다.[1)] 판결의 선고는 당사자가 출석하지 않아도 할 수 있으며(동조 제2항), 소송절차가 중단되어 있는 때에도 할 수 있다(제247조 제1항). 판결은 공개된 법정에서 재판장이 판결원본에 따라 주문을 읽어 선고하며, 필요한 때에는 이유를 간략히 설명할 수 있다(제206조).

판결을 선고한 후 재판장은 판결서를 바로 법원사무관 등에게 교부해야 하고(제209조), 법원사무관 등은 판결서를 받은 날부터 2주 이내에 판결서의 정본을 당사자에게 송달해야 한다(제210조). 판결정본은 당사자, 즉 원고와 피고, 독립당사자참가인은 물론이고 보조참가인에게도 송달해야 한다. 보조참가인은 당사자는 아니지만, 자신의 이익을 위하여 독자적인 권한으로 소송에 참여한 사람이므로 당사자에 준하여 보조참가인에게도 판결정본 등 소송서류를 송달해야 한다. 그러나 선정당사자가 선정된 사건에서 선정자에게는 송달할 필요가 없다. 선정자는 당사자도 아니고 소송에 직접 참여한 사람도 아니기 때문이다. 다만, 선정당사자가 받은 판결의 효력은 선정자에게도 미치므로 승소판결에 대한 승계집행문부여신청이 있는 경우에는 선정자에게 판결정본을 교부해야 한다. 판결선고 직후에 소가 취하된 경우 이와 동시에 피고의 동의가 있으면 소취하와 함께 소송이 종료되므로 판결정본을 송달할 필요가 없으나, 소취하에 대한 피고의 동의가 없으면 우선 피고에게 소취하서 부본을 송달하고 이와 별도로 양쪽 당사자에게 판결정본을 송달해야 한다.

## Ⅲ. 판결의 효력

판결이 선고되면 판결을 선고한 법원에 대하여 기속력(또는 자기구속력)이 발생하고, 나아가 판결이 확정되면 당사자에 대하여 형식적 확정력이, 후행하는 소송의 법원 및 당사자에 대하여 실질적 확정력(기판력)이 각각 발생하며, 그 밖에 집행력, 형성력 등의 효력이 발생한다. 기속력은 판결의 선고만으로 효력이 발생하지만, 나머지 판결의 효력은 판결이 확정되어야 발생한다. 판결이 확정되었다는 것은 통상

1) 대법원 2003. 4. 25. 선고 2002다72514 판결.

의 불복방법으로 더 이상 판결의 효력을 다툴 수 없는 상태에 이른 것을 말한다.

## 1. 기속력

### (1) 의의

일단 판결이 선고되면 비록 판결을 선고한 법원이라도 임의로 판결의 내용을 취소하거나 변경할 수 없는 구속력을 받게 되는데, 이를 기속력 또는 자기구속력이라고 한다. 만일 판결의 내용을 임의로 변경할 수 있다면, 법적 안정성을 해치고 재판에 대한 국민의 신뢰를 해칠 수 있기 때문이다. 기속력은 법원에 대한 구속력이고 판결의 확정을 기다리지 않고 판결의 선고만으로 효력이 발생한다. 그러나 판결에 잘못된 계산이나 기재, 그 밖에 이와 비슷한 잘못이 있음이 분명한 때에는 법원은 직권으로 또는 당사자의 신청에 의하여 그 잘못을 경정할 수 있다(제211조).

### (2) 판결의 경정

#### 1) 의의

판결의 경정이란 일단 선고된 판결에 대하여 판결의 내용을 실질적으로 변경하지 않는 범위 내에서 판결의 표현상 잘못을 법원이 스스로 정정 또는 보충하는 것을 말한다. 법원 스스로 판결의 표현상 잘못을 시정함으로써 강제집행 또는 가족관계등록부의 정정이나 등기의 기재 등 판결의 집행에 지장이 없도록 하자는데 그 취지가 있다. 판결의 경정은 결정·명령에 준용되고(제224조 제1항), 확정판결과 동일한 효력이 있는 청구의 포기·인낙조서 및 화해조서·조정조서에도 준용된다.[1] 판결의 경정은 판결서의 표현상 분명한 잘못을 간이·신속하게 시정하기 위하여 마련된 절차이므로 경정절차에 의하지 않고 표현상 잘못을 시정하는 내용의 소송을 제기하는 것은 권리보호의 이익이 없어 부적법하다.[2]

---

1) 대법원 2012. 2. 10. 자 2011마2177 결정; 2001. 12. 4. 자 2001그112 결정.

2) 대구고등법원 1972. 2. 24. 선고 70나771 제1민사부판결.

### 2) 요건

판결의 경정은 판결서의 표현상 분명한 잘못이 있는 경우에 한하여 허용되고, 판단내용의 잘못이나 판단누락은 경정사유가 아니다. 판결서의 표현상 잘못은 판결법원의 표시, 당사자, 판결주문, 변론종결일자, 판결이유 등 판결의 어느 기재 부분에 있든지 관계없이 경정이 가능하다. 판결서의 표현상 잘못에는 법원의 과실로 인하여 생긴 경우는 물론이고 당사자의 청구에 잘못이 있어 생긴 경우도 포함된다. 판결을 경정함에 있어서 소송의 모든 과정에 나타난 자료는 물론이고, 경정 대상인 판결의 선고 이후에 제출된 자료도 다른 당사자에게 별다른 불이익이 없거나 이를 다툴 수 있는 기회가 있었던 경우에는 소송경제상 이를 참작하여 그 오류의 명백 여부를 판단할 수 있다.[1)]

판례는 당사자 성명의 오기 또는 주소의 누락,[2)] 채권자대위소송에서 채무자의 주소나 주민등록번호의 누락,[3)] 별지목록의 누락,[4)] 지번이나 지적 또는 건평 중 어느 하나의 누락,[5)] 중간이자를 과다 공제한 계산상 착오,[6)] 소유권이전등기청구소송에서 등기원인의 오류[7)] 등의 경우 경정을 허용하고 있으며, 확정판결에 첨부된 도면과 동일한 내용으로 지적현황측량을 하여 그 측량성과도로 새로운 도면을 작성해서 확정판결에 첨부된 도면을 교체하여 달라는 취지의 판결경정신청도 적법하다고 한다.[8)]

그러나 판례는 부동산등기의 이전 또는 말소를 명하는 판결에서 피고의 주민등

1) 대법원 2012. 10. 25. 자 2012그249 결정; 2000. 5. 24. 자 98마1839 결정.
2) 대법원 2000. 5. 30. 자 2000그37 결정; 1995. 6. 19. 자 95그26 결정.
3) 대법원 1995. 6. 19. 자 95그26 결정.
4) 대법원 1989. 10. 13. 선고 88다카19415 판결.
5) 부동산에 관하여 그 지번이나 지적 또는 건평 중 어느 하나에 오기 또는 오류가 있음이 명백한 경우에는 경정할 수 있으나, 지번도 다르고 건물구조도 다르고 건평수도 다른 경우에는 같은 부동산이라고 하여도 이를 경정할 수는 없다(대법원 1979. 7. 25. 자 79마217 결정).
6) 대법원 2007. 7. 26. 선고 2007다30317 판결.
7) 대법원 1970. 3. 31. 선고 70다104 판결.
8) 공유토지의 분할을 명하는 확정판결에 기하여 관할 관청에 토지의 분할신청을 하였으나 확정판결에 첨부된 도면이 대한지적공사에서 측량한 측량성과도가 아니라는 이유로 토지분할신청의 수리가 거부되자 확정판결에 첨부된 도면과 동일한 내용으로 지적현황측량을 의뢰하여 그 측량성과도로 새로운 도면을 작성한 후 확정판결에 첨부된 도면을 교체하여 달라는 취지의 판결경정신청을 한 경우 이는 판결에 표현상 오류가 있음이 명백한 경우에 해당하므로 판결의 경정을 허가함이 상당하다(대법원 2006. 2. 14. 자 2004마918 결정).

록상 주소가 등기부상 주소와 다른 경우 등기부상 주소를 따로 명시하지 않았다고 하더라도 동일인임을 소명하면 이전등기 또는 말소등기가 가능하므로 판결서에 등기부상 주소를 표시하지 않았다고 하여 명백한 잘못이 있다고 할 수 없어 경정사유에 해당하지 않는다고 하고,[1] 이미 사망한 사람을 채무자로 표시하여 가압류신청을 한 경우에 그 가압류결정은 당연무효이어서 경정할 대상이 없으므로 결과적으로 경정사유에 해당하지 않는다고 한다.[2] 또한 원고가 청구취지에서 원금 부분의 표시 또는 대상 토지의 일부 표시를 누락하여 그대로 이루어진 판결에 대하여 누락된 원금 부분의 표시를 추가하거나[3] 토지의 일부 표시를 추가[4]하는 것은 판결의 내용을 실질적으로 변경하는 경우에 해당하여 판결의 경정이 허용되지 않는다고 한다. 그러나 건축물대장상의 면적과 다르게 건물의 면적이 잘못 기재된 데 불과한 경우에는 판결의 경정이 허용된다고 한다.[5]

한편 판례는 토지의 점유 부분 및 면적의 표시가 감정인의 잘못으로 실제 점유 부분 및 면적과 달리 감정되었음에도 불구하고 법원이 이를 간과하고 그 감정결과에 따른 청구취지대로 판결을 선고한 경우에는 그 오류가 명백하다고 볼 수 없을 뿐만 아니라 점유 부분 및 면적을 변경하는 것은 판결주문의 내용을 실질적으로 변경하는 것이어서 허용될 수 없다고 한다.[6] 그러나 상소심 또는 재심에서 감정인이 그 잘못을 시인하는 증언을 하였고, 상대방이 감정인에 대한 증인신문과정에서 반대신문권의 행사를 통하여 이를 다툴 기회가 있었다면 판결의 경정이 허용된다고 한다.[7]

### 3) 절차

경정은 법원이 직권으로 또는 당사자의 신청에 따라 결정으로 한다(제211조 제1항). 경정은 판결을 한 법원이 하는 것이 원칙이지만, 상소의 제기로 사건이 상소심

---

1) 대법원 1992. 5. 27. 자 92그6 결정; 1986. 4. 30. 자 86그51 결정.
2) 대법원 1991. 3. 29. 자 89그9 결정.
3) 대법원 1995. 4. 26. 자 94그26 결정.
4) 대법원 1996. 3. 12. 자 95마528 결정.
5) 판결 주문에서 건물에 대한 소유권이전등기 절차의 이행을 명하고 있으나 그 주문 기재 건물의 면적이 건축물대장상의 면적과 서로 다른 사실이 인정되므로 판결에 의한 등기의 기재가 가능하도록 판결경정을 허용하여야 한다(대법원 1996. 1. 9. 자 95그13 결정).
6) 대법원 1999. 4. 12. 자 99마486 결정.
7) 대법원 2000. 5. 24. 자 98마1839 결정.

에 이심된 경우에는 상소법원에서도 경정을 할 수 있다. 그러나 상소하지 않은 부분은 상소심의 심판대상이 되지 않으므로 상소법원은 상소심의 심판대상이 되지 않은 부분에 관한 판결을 경정할 권한은 없다.[1] 경정은 어느 때라도 할 수 있다. 상소 제기 후에는 물론이고 판결이 확정된 후에도 할 수 있으며, 강제집행의 단계에서 비로소 오류를 발견한 경우에도 할 수 있다.

경정결정에 대해서는 즉시항고를 할 수 있다(제211조 제3항 본문). 다만, 판결에 대하여 적법한 항소가 있는 경우에는 항소심의 판단을 받으면 되므로 즉시항고가 허용되지 않는다(동항 단서). 그러나 경정신청기각결정에 대해서는 불복할 수 없다. 판결을 한 법원이 표현상 분명한 잘못이 없다고 하여 기각하였음에도 판결에 관여하지도 않은 다른 법원이 그러한 잘못이 분명하다고 경정을 명하는 것은 조리에 반하고,[2] 경정결정에 대해서만 즉시항고를 허용하고 있는 제211조 제3항 본문의 반대해석에 비추어 불복을 허용할 수 없기 때문이다.[3] 따라서 경정신청기각결정에 대해서는 통상항고도 할 수 없으며, 특별항고가 허용될 뿐이다.[4] 판례는 판결경정신청을 기각한 결정에 대하여 통상항고를 한 경우에 특별항고라는 표시와 항고법원을 대법원이라고 표시하지 않았더라도 그 항고장을 접수한 법원은 이를 특별항고로 취급하여 소송기록을 대법원에 송부해야 한다고 한다.[5]

#### 4) 효력

경정결정은 원판결과 일체가 되어 판결선고시에 소급하여 그 효력이 발생한다.[6] 따라서 판결에 대한 상소기간은 경정에 의하여 영향을 받지 않고 당초 판결

---

1) 대법원 2008. 10. 21. 자 2008카기172 결정; 1992. 1. 29. 자 91마748 결정.
2) 대법원 1960. 8. 12. 선고 4293민재항200 판결.
3) 대법원 1995. 7. 12. 자 95마531 결정.
4) 대법원 1992. 9. 15. 자 92그20 결정.
5) 대법원 1995. 7. 12. 자 95마531 결정; 1982. 5. 11. 선고 82마41 판결.
6) 채권가압류결정의 경정결정이 확정되는 경우 당초의 채권가압류결정은 그 경정결정과 일체가 되어 처음부터 경정된 내용의 채권가압류결정이 있었던 것과 같은 효력이 있으므로 원칙적으로 당초의 채권가압류결정정본이 제3채무자에게 송달된 때에 소급하여 경정된 내용의 채권가압류결정의 효력이 발생한다(대법원 1998. 2. 13. 선고 95다15667 판결). 그런데 제3채무자는 피보전권리의 존재와 내용을 모르고 있다가 채권가압류결정정본의 송달을 받고 비로소 이를 알게 되는 것이 일반적이기 때문에 순전히 타의에 의하여 다른 사람들 사이의 분쟁에 편입된 제3채무자를 보호하기 위하여 객관적으로 경정결정이 당초의 채권가압류결정의 동일성에 실질적으로 변경을 가하는 것이라고 인정

정본이 송달된 날로부터 진행된다. 경정한 결과 상소이유가 발생한 경우에는 상소기간 경과 후에도 상소의 추후보완이 허용된다는 것이 다수설이나, 판례는 단순히 상소기간 경과 후에 이루어진 판결경정의 내용이 불리하다는 사정만으로는 상소의 추후보완이 허용되지 않는다고 한다.[1)]

## 2. 형식적 확정력

### (1) 의의

종국판결이 선고되어 확정되면 당사자는 더 이상 상소제기의 통상적인 불복방법으로 다툴 수 없게 되는데, 이러한 판결을 확정판결이라고 하고 이러한 판결의 불가변성을 판결의 형식적 확정력이라고 한다. 판결의 형식적 확정력은 상소의 추후보완이나 재심의 소에 의하여 배제될 수 있다. 판결이 형식적으로 확정되면, 소송은 종국적으로 끝이 나고 판결의 내용에 따른 효력인 기판력, 집행력, 형성력 등의 효력이 발생하며, 부수적 효력으로서 법률요건적 효력, 참가적 효력 등이 발생하기도 한다.

### (2) 판결의 확정시기

판결의 확정시기는 상소할 수 있는 판결은 상소기간이 도과한 때이고, 상소를 할 수 없는 판결인 상고심판결 또는 판결선고 이전에 당사자가 상소하지 않기로 합의한 때의 하급심판결은 선고와 동시에 확정된다. 판결선고 이후에 불상소합의를 하거나 상소권을 포기한 경우에는 그러한 합의 또는 포기한 때 확정된다. 상소를 제기하였더라도 상소장각하명령이나 상소각하판결을 받아 확정된 경우 또는 상소기간 경과 후에 상소를 취하한 경우[2)]에는 소급하여 상소가 없었던 것으로 되므

---

되는 경우(채무자의 상호를 '만성기계산업 주식회사'에서 '민성산업기계 주식회사'로 경정한 경우)에는 경정결정이 제3채무자에게 송달된 때에 비로소 경정된 내용의 채권가압류결정의 효력이 발생한다고 할 것이다(대법원 1999. 12. 10. 선고 99다42346 판결).

1) 대법원 1997. 1. 24. 선고 95므1413,1420 판결.

로 상소기간이 만료한 때 원심판결이 확정되고, 상소기각판결을 받은 경우에는 그 것이 확정된 때 원심판결이 확정된다.

판결에 일부 불복하는 경우 나머지 부분에 대한 확정시기가 언제인지 논의가 있다. 일부 불복하는 경우에도 상소불가분의 원칙에 의하여 판결 전부에 대한 확정이 차단되고 상소심에 이심되지만, 불복하지 않은 나머지 부분은 상소취지를 확장하거나 부대상소를 제기하지 않는 한 상소심의 심판대상이 되지 않으며 상소심 판결선고와 동시에 확정되어 소송이 종료된다. 판례도 불복신청이 없는 나머지 부분에 대해서는 상소심판결 선고시에 확정된다고 한다.[1)]

### (3) 판결의 확정증명

판결이 확정되면 당사자는 판결의 효력에 따른 등기신청이나 가족관계등록신고 등을 할 수 있으므로 판결의 확정을 증명할 필요가 있다. 판결의 확정사실은 판결 원본이나 정본에는 나타나지 않으므로 판결확정의 유무를 알기 위해서는 소송기록을 보아야 한다. 판결의 확정증명은 현재 소송기록을 보관하고 있는 법원사무관 등에게 해야 한다. 상소심에서 소송이 완결되었더라도 소송기록은 제1심법원에서 보존(제421조, 제425조)하므로 확정증명서의 교부신청은 제1심법원의 법원사무관 등에게 해야 한다(제499조 제1항). 다만, 상소심에 소송계속 중에 그 사건의 판결 일부가 확정된 때에는 소송기록이 상소심에 있기 때문에 그 확정 부분에 대한 증명서는 상소법원의 법원사무관 등에게 신청해야 한다(동조 제2항).

## 3. 기판력

판결이 확정되면 후행하는 소송에 대해서는 앞선 확정판결의 내용과 모순·저촉되는 주장을 하거나 판단을 하는 것이 금지되는데, 이를 기판력이라고 한다. 형식적 확정력이 당사자에 대한 구속력이라면, 실질적 확정력은 후행하는 소송에서의 법원

---

2) 다만, 상소기간 경과 전에 상소취하가 있는 경우에는 원심판결은 확정되지 않고 상소기간 내라면 상소인은 다시 상소의 제기가 가능하다(대법원 2016. 1. 14. 선고 2015므3455 판결).

1) 대법원 2011. 7. 28. 선고 2009다35842 판결; 1995. 3. 10. 선고 94다51543 판결.

및 당사자에 대한 구속력이라고 할 수 있다. 기판력에 대해서는 후술하기로 한다.

## 4. 그 밖의 효력

### (1) 집행력

좁은 의미의 집행력이란 판결로 명한 이행의무를 강제집행절차에 의하여 실현할 수 있는 효력을 말한다. 이러한 집행력은 확정된 이행판결에 인정되는 것이나 가집행선고에 의하여 판결확정 전에도 부여될 수 있다. 이에 비하여 넓은 의미의 집행력이란 강제집행 이외의 방법에 의하여 판결의 내용에 적합한 상태를 실현할 수 있는 효력을 포함한 개념이다. 예를 들어, 확정판결에 기하여 가족관계등록부에 기재·정정, 등기의 말소·변경 등을 신청할 수 있는 효력이 생기는 것 등이다. 좁은 의미의 집행력은 이행판결에 대해서만 인정되나, 넓은 의미의 집행력은 확인판결이나 형성판결에도 인정된다. 일반적으로 집행력이라고 하면 좁은 의미의 집행력만을 의미한다.

이처럼 좁은 의미의 집행력은 이행판결에 대해서만 인정되고, 확인판결이나 형성판결에서는 소송비용재판 부분에 집행력이 생기는 데 그친다. 그 밖에 배상명령, 확정판결과 동일한 효력을 갖는 각종 조서, 확정된 지급명령·이행권고결정·화해권고결정·조정을 갈음하는 결정 등도 집행력을 갖는다. 집행력이 미치는 범위는 원칙적으로 기판력의 그것에 준한다(민사집행법 제25조 제1항). 다만, 판례는 채권자대위소송판결의 기판력이 채무자에게 미치는 경우에도 집행력은 원·피고 사이에만 생길 뿐 원고와 채무자 사이에는 생기지 않는다고 한다.[1)]

### (2) 형성력

형성소송에서 인용하는 판결이 확정되면 판결의 내용에 따라 법률관계가 발생, 변경 또는 소멸하는 효력이 발생하는데, 이를 형성력이라고 한다. 형성력에 의한

---

1) 대법원 1979. 8. 10. 자 79마232 결정.

법률관계 변동의 효과는 누구나 인정해야 하기 때문에 형성력은 당사자뿐만 아니라 일반 제3자에게도 그 효력이 미친다.[1)]

### (3) 법률요건적 효력

법률에서 판결의 존재를 요건사실로 하여 일정한 법률효과의 발생을 규정하는 경우가 있는데, 이를 법률요건적 효력이라고 한다. 예를 들어, 확정판결에 의한 시효의 진행 및 단기시효의 기간이 10년으로 연장되는 것(민법 제178조 제2항, 제165조 제1항), 등기 없이 형성판결에 의한 물권변동(동법 제187조) 등이 있다. 그러나 법률요건적 효력을 소송법상 판결의 효력으로 이해할 필요는 없다고 본다. 법률요건적 효력은 실체법에서 판결의 존재를 법률요건으로 규정함에 따라 발생하는 실체법적 효력에 불과한 것으로 이해함이 타당하다.

### (4) 반사적 효력

반사적 효력이란 판결의 당사자와 실체법상 특수한 의존관계에 있는 제3자에게 판결의 효력이 이익 또는 불이익으로 작용하는 효력을 말한다. 판례는 반사적 효력의 인정 여부에 관하여 명시적인 입장을 취하고 있지 않으나, 다수설은 반사적 효력을 법률요건적 효력의 하나로 보아 긍정하고 있다. 실체법상 당사자의 처분행위를 수용해야 하는 법적 지위에 있는 사람은 소송상으로도 그 처분행위에 해당하는 판결의 결과를 받아들여야 마땅하고, 그리하여 반사적 효력은 당사자에 대한 판결내용과 제3자의 실체법상 의존관계를 연결시킴으로써 소송법과 실체법의 간격을 메울 수 있는 유용한 개념이라고 한다.[2)]

다수설은 반사적 효력의 예로 채권자와 주채무자 사이의 소송에서 주채무자가 승소하면 보증채무의 부종성으로 인하여 보증인도 주채무자의 승소판결을 원용하여 보증채무의 이행을 거절할 수 있는 것, 합명회사와 그 채권자 사이의 소송에서 회사채무의 존부에 관하여 회사가 승소판결을 받은 경우에 사원이 이를 원용하여

---

1) 김홍엽, 821면; 이시윤, 672면.
2) 강현중, 509면.

그 채무의 이행을 거절할 수 있는 것, 공유자가 공유물반환 또는 방해배제청구를 하여 제3자에 승소한 경우에 다른 공유자도 보존행위를 이유로 제3자에게 소송결과를 원용할 수 있는 것 등을 들고 있다.[1] 그러나 반사적 효력은 그 개념 및 범위가 불명확할 뿐만 아니라 주로 실체법에서 작용하는 효과에 불과하다는 점에서 소송법상 판결의 효력으로 보기는 어렵다고 할 것이다. 다수설이 반사적 효력의 예로 들고 있는 것들은 판결의 실체법적인 효과를 원용하여 채권자에게 대항할 수 있는 것에 불과하고 반사적 효력이라는 소송법상 판결의 효력 때문인 것은 아니다.[2] 반사적 효력을 긍정할 실익은 없다고 본다.

## Ⅳ. 기판력

### 1. 의의

#### (1) 개념

기판력이란 확정된 전소(前訴) 판결이 후소(後訴)에 미치는 구속력을 말한다. 판결이 확정되면, 그 판결의 내용은 후소 법원에 대하여 새로운 규준(規準)으로서 구속력을 가지게 된다. 그리하여 후소 법원은 전소 판결의 내용에 구속되어 이를 전제로 후소를 심판해야 하고, 당사자도 전소 판결의 내용과 모순·저촉되는 주장을 할 수 없게 된다.

#### (2) 인정 근거

기판력이 인정되는 근거는 법적 안정성에서 찾을 수 있다. 판결이 확정된 이후에도 당사자가 거듭하여 이를 다툴 수 있고, 이미 확정된 전소 판결과 모순·저촉되는 판결이 허용된다면, 법적 안정성이 심각하게 침해될 우려가 있기 때문이다.

---

1) 이시윤, 673면 및 674면.
2) 김홍엽, 822면 및 823면; 한충수, 590면 및 591면.

즉, 분쟁의 1회적 해결과 판결의 모순·저촉을 방지하여 법적 안정성을 도모하고자 인정된 것이 바로 기판력이다. 이처럼 기판력의 인정근거를 법적 안정성에 구하는 것이 전통적인 입장이나, 최근에 법적 안정성과 더불어 절차보장에서 그 근거를 구하고자 하는 주장이 제기되고 있다. 즉, 소송절차에서 당사자로서의 권능과 기회가 충분히 보장되었음에도 소송의 결과를 다시 다투는 것은 공평의 관념 내지 신의칙에 반하여 허용되지 않는다고 한다.[1] 이에 대하여 미국[2]에서와 같이 절차보장을 따져 판결이유 중의 쟁점에 관해서도 구속력을 인정하는 법제에서는 몰라도 우리나라에서는 구체적인 절차보장을 따지지 않고 판결주문에 한하여 기판력을 인정하고 있다는 점에서 법적 안정성만을 그 근거로 보는 것이 타당하다는 비판이 있다.[3]

연혁적으로 당사자에게 절차보장이 주어졌는지 여부에 따라 판결이유 중의 쟁점에 관한 판단에 기판력을 미치게 하기 위한 노력으로 절차보장설이 주장된 것이 사실이지만, 우리나라에서도 기판력의 인정 근거를 절차보장에서 찾을 수 있다고 본다. 우리 법제에서 기판력은 판결주문에서 행한 소송물에 관한 판단에만 미치므로 절차보장을 이유로 판결이유 중의 판단에까지 기판력을 확장할 수는 없으나(제216조 제1항), 당사자의 절차보장이라는 관점이 기판력이 미치는 구체적인 범위를 합리적으로 규정짓는 규범적 기준으로 작용할 수 있다고 본다. 예를 들어, 당사자로서 충분히 다툴 기회가 주어지지 않았음에도 기판력이 미친다고 이해하는 것은 절차보장에 따른 자기책임의 원리에 반하여 허용될 수 없을 것이다. 이러한 점에서 우리 법제에서도 절차보장 역시 기판력의 인정 근거로 원용될 만한 가치가 있다. 따라서 기판력의 인정 근거는 법적 안정성과 더불어 절차보장을 받은 당사자의 자기책임에서 찾는 것이 옳다고 생각된다.

---

1) 이시윤, 630면.

2) 미국에서는 민사소송 판결의 효력으로 '청구배제효(Res Judicata)'와 '쟁점배제효(Collateral Estoppel)'가 인정되고 있다. 청구배제효는 우리나라의 기판력에 해당하는 것으로서 본안에 관한 종국판결이 있으면 그와 동일한 소인(訴因, cause of action) 또는 청구(claim)에 관하여 후소에서 다시 다투는 것이 배제된다. 이에 비해 쟁점배제효는 판결이유 중 쟁점(issue)에 대하여 미치는 효력으로서 전소에서 실제적이고 필연적으로 다투어진 쟁점과 동일한 쟁점을 후소에서 다시 다투는 것을 배제하는 효력을 말한다. 이러한 쟁점배제효는 그 쟁점에 관하여 당사자에게 충분한 절차보장이 주어진 경우에 한하여 인정된다.

3) 정동윤·유병현, 692면.

## 2. 기판력의 작용

### (1) 작용하는 경우

기판력은 전소와 후소의 소송물이 동일(同一)한 경우, 전소의 기판력 있는 판단이 후소의 소송물과 선결관계(先決關係)에 있거나 모순관계(矛盾關係)에 있는 경우에 작용한다.

#### 1) 소송물의 동일

전소와 동일(同一)한 소송물을 후소로 다시 제기하는 경우에 기판력이 작용한다. 예를 들어, 대여금청구소송에서 패소한 후 다시 동일한 채무자를 상대로 동일한 대여금청구소송을 제기한 경우 등이다. 판례는 사해행위의 취소 및 원물반환을 구하여 승소판결이 확정된 후에 원물반환이 불능임을 이유로 가액배상을 구하는 후소를 제기한 경우,[1] 일부청구임을 명시하지 않고 가분채권의 일부를 구하는 소송을 제기하여 판결이 확정된 후 나머지 부분을 구하는 후소를 제기한 경우[2] 등에는 전후 양소의 소송물이 동일하므로 전소 판결의 기판력이 후소에 미친다고 한다.

판례는 승소확정판결을 받은 원고가 동일한 소송물을 후소로 다시 제기한 경우 권리보호의 이익이 없어 부적법 각하해야 하지만,[3] 시효중단의 필요가 있는 경우,[4] 판결내용이 불특정하여 집행이 곤란한 경우,[5] 판결원본이 멸실되어 집행문을

1) 채권자가 사해행위취소 및 원상회복을 청구하는 경우 채권자는 원상회복 방법으로 가액 상당의 배상을 구할 수도 있고 채무자 앞으로 직접 소유권이전등기절차를 구할 수도 있다. 이 경우 원상회복청구권은 사실심 변론종결 당시 채권자의 선택에 따라 원물반환과 가액배상 중 어느 하나로 확정되므로 채권자가 일단 사해행위취소 및 원상회복으로서 원물반환청구를 하여 승소판결이 확정되었다면, 그 후 어떠한 사유로 원물반환의 목적을 달성할 수 없게 되었더라도 다시 원상회복청구권을 행사하여 가액배상을 청구할 수는 없다(대법원 2006. 12. 7. 선고 2004다54978 판결). 다만, 원물반환을 구하는 소송의 변론종결 당시 원물반환이 불가능하거나 현저히 곤란한 사정이 없었고 그리하여 원고가 가액배상을 청구할 수 없었던 경우에는 대상청구권을 행사하여 원물에 대신하는 수용보상금이나 배당금 등의 지급을 청구할 수 있다(대법원 2012. 6. 28. 선고 2010다71431 판결).

2) 대법원 2016. 7. 27. 선고 2013다96165 판결.

3) 대법원 1998. 5. 15. 선고 97다57658 판결; 1981. 3. 24. 선고 80다1888 판결.

4) 대법원 1987. 11. 10. 선고 87다카1761 판결; 1998. 6. 12. 선고 98다1645 판결.

5) 대법원 1998. 5. 15. 선고 97다57658 판결; 1995. 5. 12. 선고 94다25216 판결.

부여받을 수 없는 경우[1] 등에는 예외적으로 다시 소송을 제기할 수 있다고 한다. 다만, 시효중단의 필요 등으로 후소의 제기가 허용되는 경우에도 전소의 승소확정판결의 내용에 저촉되어서는 안 되므로 후소 법원은 그 확정된 권리를 주장할 수 있는 요건이 구비되어 있는지에 관하여 다시 심리할 수는 없다. 예를 들어, 전소인 약속어음청구소송에서 원고의 피고에 대한 약속어음채권이 확정된 이상 그 확정된 채권의 소멸시효의 중단을 위하여 제기한 소송에서 후소 법원은 원고의 약속어음 소지 여부를 다시 심리할 수는 없다.[2]

### 2) 후소의 선결관계

전소 판결의 기판력에 의하여 확정된 법률관계가 후소의 소송물과 선결관계(先決關係)에 있는 경우에도 기판력이 작용한다. 예를 들어, 소유권확인소송을 제기하여 원고패소판결이 확정된 후 종전 피고에 대하여 소유권에 기한 소유권이전등기소송을 제기한 경우,[3] 전소에서 원금채권의 부존재가 확정된 후 원금채권의 존재를 전제로 전소의 변론종결 후의 지연손해금을 청구하는 소송을 제기한 경우, 소유권이전등기청구소송에서 이행의무가 없다고 하여 기각판결이 확정된 후 종전 피고를 상대로 소유권이전등기의무가 있음을 전제로 이행불능을 원인으로 손해배상청구소송을 제기한 경우 등이 여기에 해당한다.

그러나 위의 사례와는 반대의 경우, 즉 소유권에 기한 소유권이전등기소송을 제기하여 패소확정판결을 받은 후 소유권확인소송을 제기한 경우, 이자채권의 부존재가 확정된 후 원금채권의 지급을 구하는 소송을 제기한 경우, 소유권이전등기의무의 이행불능을 이유로 손해배상청구소송을 제기하여 패소판결이 확정된 후 소유권이전등기소송을 제기한 경우 등에는 전소의 기판력 있는 판단이 후소의 소송물과 선결관계에 있는 경우가 아니므로 기판력이 작용하지 않는다. 전소에서 소유권, 원금채권, 소유권이전등기의무의 존부 등에 관하여 판결이유 중에서 판단하게

---

1) 대법원 1981. 3. 24. 선고 80다1888 판결.
2) 대법원 1998. 6. 12. 선고 98다1645 판결. 따라서 피고가 후소에서 전소의 확정된 권리관계를 다투기 위해서는 먼저 전소의 승소 확정판결에 대하여 적법한 추완상소 또는 재심을 제기함으로써 그 기판력을 소멸시켜야 할 것이다(대법원 2013. 4. 11. 선고 2012다111340 판결).
3) 대법원 1994. 12. 27. 선고 94다4684 판결.

되는데, 후술하는 바와 같이 기판력은 판결주문에서 행한 소송물에 관한 판단에 한하여 발생하고 판결이유 중의 판단에는 생기지 않기 때문이다. 판결이유 중에서 판단한 선결적 법률관계에 관하여 기판력 있는 판결을 받으려면 중간확인의 소를 제기해야 한다.

### 3) 후소와 모순관계

전소 판결의 기판력에 의하여 확정된 법률관계가 후소의 소송물과 모순관계(矛盾關係)에 있는 경우에도 기판력이 작용한다. 예를 들어, 소유권확인소송에서 원소 승소판결이 확정된 후 패소한 피고가 동일한 물건에 대하여 다시 소유권확인을 구하는 소송을 제기한 경우,[1] 확정판결에 기하여 지급받은 금전에 대하여 부당이득을 이유로 그 반환을 구하는 소송을 제기한 경우,[2] 소유권이전등기를 명하는 확정판결에 의하여 소유권이전등기가 이루어진 후 원인무효임을 내세워 그 등기의 말소를 구하는 소송을 제기한 경우[3] 등에는 후소의 소송물이 전소 판결에 의하여 확정된 법률관계를 부인하는 것이어서 전소의 기판력 있는 판단이 후소의 소송물과 모순관계에 있고 기판력이 작용한다.

그러나 기판력은 전소의 판결주문에서 행한 소송물에 대한 판단에만 발생하고 판결이유 중의 판단에는 생기지 않으므로 전소의 판결이유 중에서 판단한 그 전제가 되는 법률관계와 모순된 사항을 후소에서 소송물로 하더라도 기판력이 미치지 않는다. 예를 들어, 가등기에 기한 소유권이전등기를 명하는 판결의 기판력은 판결주문에서 판단한 소유권이전등기청구권의 존부에만 생기고 판결이유 중에서 판단한 그 등기청구권의 원인이 되는 가등기의 효력 유무에 관해서는 생기지 않으므로 후소로 위 가등기의 말소를 구하는 경우 전소 판결의 기판력이 미치지 않는다. 그러나 만일 후소로 위 가등기에 기한 소유권이전등기의 말소를 청구한다면 전소에서 확정된 법률관계와 후소의 소송물이 모순관계에 있으므로 전소 판결의 기판력이 미치게 된다.[4] 또한 매매계약의 무효 또는 해제를 이유로 한 매매대금반환청구

---

1) 동일한 물건에 대하여 A와 B가 각각 제기한 소유권확인소송은 별개의 소송이다. A에게 소유권이 있다는 확인청구와 B에게 소유권이 있다는 확인청구는 소송물이 다르기 때문이다.

2) 대법원 2009. 11. 12. 선고 2009다56665 판결; 2001. 11. 13. 선고 99다32905 판결.

3) 대법원 1996. 2. 9. 선고 94다61649 판결.

에 대한 인낙조서의 기판력은 그 매매대금반환청구권의 존부에 관하여만 생기고 그 전제가 되는 선결적 법률관계인 매매계약의 무효 또는 해제에까지 미치는 것은 아니므로 매매매계약의 유효를 전제로 소유권이전등기를 구하는 후소는 전소에서 확정된 법률관계와 모순된 사항을 소송물로 하는 것이 아니어서 전소 판결의 기판력이 미치지 않는다.[1]

### (2) 작용하는 모습

기판력이 작용하는 모습에는 기판력 있는 판단을 다투기 위한 당사자의 주장이나 항변을 허용하지 않고 이를 배척하는 소극적 작용과 기판력 있는 판단에 구속되어 이를 전제로 법원이 후소를 심판해야 하는 적극적 작용이 있다. 다수설은 기판력이 작용하는 모습을 기판력의 본질에 관한 학설과 연계하여 이해하고 있다. 그리하여 기판력의 본질에 관한 모순금지설과 반복금지설 가운데 어느 입장을 취하는지에 따라 기판력의 작용 모습이 다르게 된다고 한다.

모순금지설은 국가재판의 통일이라는 관점에서 기판력을 후소 법원에 대하여 전소의 확정판결과 모순·저촉되는 판단을 금지하는 효력으로 파악하는 입장이고, 이에 비해 반복금지설은 분쟁해결의 1회성 내지 일사부재리(一事不再理)의 요청에 따라 기판력이란 후소 법원에 대해 다시 변론이나 재판을 하는 것을 금지하는 구속력으로 이해하는 입장이다. 모순금지설에 의하면 기판력의 적극적 작용이 강조되어 후소의 본안에 들어가 전소의 기판력 있는 판단에 구속되어 판단을 하게 되지만, 반복금지설에 의하면 기판력의 소극적 작용이 강조되어 기판력 있는 판결의 존재를 소극적 소송요건으로 이해하므로 후소를 부적법 각하하게 된다.

판례는 모순금지설의 입장에서 승소확정판결을 받은 원고가 동일한 내용의 신소(新訴)를 제기한 경우에는 권리보호의 이익이 없어 부적법 각하해야 하지만,[2] 패소확정판결을 받은 원고가 동일한 내용의 신소를 제기한 경우에는 앞선 판결내용과 모순되는 판단을 해서는 안 되는 구속력 때문에 청구기각의 판결을 해야 한다고 한

---

4) 대법원 1995. 3. 24. 선고 93다52488 판결.

1) 대법원 2005. 12. 23. 선고 2004다55698 판결.

2) 대법원 1998. 5. 15. 선고 97다57658 판결; 1981. 3. 24. 선고 80다1888 판결.

다.[1] 예를 들어, 채권자가 사해행위취소 및 원상회복으로서 원물반환청구를 하여 승소판결이 확정되었다면, 그 후 어떠한 사유로 원물반환의 목적을 달성할 수 없게 되었더라도 다시 원상회복청구권을 행사하여 가액배상을 청구할 수는 없으므로 가액배상을 구하는 청구는 권리보호의 이익이 없어 부적법하다고 하고,[2] 원고가 소유권에 기한 건물철거 및 대지인도청구소송을 제기하여 청구기각판결이 선고되어 확정된 후에 다시 원고가 위 소송의 피고로부터 위 건물을 매수한 변론종결후의 승계인을 상대로 건물의 철거 및 그 대지의 인도를 구하는 소송을 제기한 경우 전소 판결의 기판력이 미쳐 후소의 청구는 기각되어야 할 것이라고 한다.[3]

그런데 판례는 전소의 기판력 있는 판단이 후소의 소송물과 선결관계에 있거나 모순관계에 있는 경우에는 후소 법원은 그 선결관계 또는 모순관계의 한도 내에서 전소의 기판력 있는 판단에 구속되어 이를 전제로 심판을 해야 한다고 한다. 예를 들어, 소유권확인청구에 대한 패소판결이 확정된 후 다시 동일 피고를 상대로 소유권에 기한 목적물인도를 구하는 소송을 제기한 경우 전소의 확정판결에서의 소유권의 존부에 관한 판단에 구속되어 당사자로서는 이와 다른 주장을 할 수 없을 뿐만 아니라 법원으로서도 이와 다른 판단을 할 수 없으므로 후소의 청구를 기각해야 하고,[4] 소유권이전등기를 명하는 확정판결에 의하여 소유권이전등기가 이루어진 후에 원인무효임을 내세워 그 등기의 말소를 구하는 소송을 제기한 경우 후소의 청구는 전소의 판결에서 확정된 소유권이전등기청구청구권을 부인하는 것이어서 기판력에 저촉되므로 원고의 청구를 기각하는 판결을 해야 한다고 한다.[5]

한편 반복금지설을 취하는 입장에서 전소와 동일한 소송물을 후소로 제기한 경우는 물론이고 전소의 기판력 있는 판단이 후소의 소송물과 모순관계에 있는 경우에도 기판력 있는 판결의 존재를 소극적 소송요건으로 이해하여 후소를 부적법 각하해야 한다는 견해가 있다. 이 견해에서는 전소 판결의 기판력 있는 판단이 후소

---

1) 대법원 1991. 3. 27. 선고 91다650,667(반소) 판결; 1989. 6. 27. 선고 87다카2478 판결. 일부승소의 확정판결이 있은 후에 다시 동일한 소를 제기한 경우에는 승소 부분은 각하, 패소 부분은 청구를 기각해야 한다(대법원 2009. 12. 24. 선고 2009다64215 판결).

2) 대법원 2006. 12. 7. 선고 2004다54978 판결.

3) 대법원 1991. 3. 27. 선고 91다650,667(반소) 판결.

4) 대법원 1994. 12. 27. 선고 94다4684 판결.

5) 대법원 1996. 2. 9. 선고 94다61649 판결; 1987. 3. 24. 선고 86다카1958 판결.

의 소송물과 모순관계에 있는 경우를 모순된 반대관계라고 하여 소송물이 동일한 경우와 마찬가지로 취급한다. 그러나 전소의 기판력 있는 판단이 후소의 소송물과 선결관계에 있는 경우에는 후소 법원은 전소의 기판력 있는 판단에 구속되어 이를 전제로 심판해야 한다고 한다.[1]

생각건대, 기판력이 작용하는 모습을 모순금지설, 반복금지설에 따라 도식적으로 그 결론을 도출하는 것은 적절하지 않다고 본다. 오히려 이러한 도식적인 굴레에서 벗어나 실제적으로 작용하는 모습을 살펴볼 필요가 있다. 전소에서 판단한 소송물과 동일한 소송물을 후소로 다시 제기한 경우에는 이를 후소에서 다시 판단하는 것은 무용한 일이며 소의 이익이 인정될 수 없다는 점에서 전소 판결의 내용이 원고의 승소이든 패소이든 불문하고 기판력 있는 판결의 존재를 소극적 소송요건으로 이해하여 부적법 각하함이 타당하다. 그러나 기판력 있는 판단이 후소의 소송물과 선결관계 또는 모순관계에 있는데 불과한 경우에는 후소를 부적법 각하하는 것은 오히려 재판청구권을 침해할 우려가 있으므로 후소에서 별도로 판단을 하되, 다만 선결관계 또는 모순관계에 한하여 기판력 있는 전소 판단에 구속되어 판단해야 하는 것으로 이해함이 옳다고 본다.

### (3) 직권조사사항

기판력은 분쟁의 종국적 해결을 위하여 인정된 소송법상 구속력이기 때문에 법원의 직권조사사항이다. 따라서 기판력이 미치는지 여부에 관한 당사자의 주장은 직권발동을 촉구하는 의미밖에 없으므로 법원이 이에 관하여 판단하지 않더라도 판단누락이 되지 않는다.[2] 판례는 기판력이 미치는 확정판결의 존부는 당사자의 주장이 없더라도 법원이 직권으로 조사하여 판단해야 하고, 당사자가 확정판결의 존재를 사실심 변론종결시까지 주장하지 않았더라도 상고심에서 새로이 주장·증명할 수 있다고 한다.[3] 당사자 사이에 합의에 의하여 기판력을 부여하거나 소멸시킬 수 없고, 기판력이 미치는 범위를 확장할 수도 없으며, 포기하는 것도 허용되지

---

1) 이시윤, 630면 내지 632면; 정동윤·유병현, 695면.
2) 대법원 1997. 1. 24. 선고 96다32706 판결; 1994. 8. 12. 선고 93다52808 판결.
3) 대법원 1989. 10. 10. 선고 89누1308 판결; 2011. 5. 13. 선고 2009다94384,94391,94407 판결.

않는다. 그러나 기판력 있는 판단에 의하여 확정된 권리관계라고 하더라도 당사자 사이의 합의에 의하여 그 권리관계의 내용을 변경할 수 있다. 기판력에 저촉되는 판결이라도 당연무효는 아니며, 상소 또는 재심(제451조 제1항 제10호)에 의하여 취소할 수 있을 뿐이다.[1)]

## 3. 기판력 있는 재판

### (1) 확정된 종국판결

종국판결이 확정되면 기판력이 발생한다. 그러나 종국판결이라도 무효인 판결에는 기판력이 생기지 않는다. 소송판결에도 소송요건의 흠결로 소가 부적법하다는 점에 기판력이 발생한다. 따라서 소송요건의 흠결을 보완하여 다시 소를 제기하는 경우에는 기판력에 저촉되지 않는다.[2)] 대법원의 환송판결은 형식적으로 보면 확정된 종국판결에 해당하지만, 원심의 재판을 파기하여 다시 심리·판단하여 보라는 종국적 판단을 유보한 재판의 성질상 실질적으로 확정된 종국판결이라고 할 수 없어 기판력이 생기지 않는다.[3)]

### (2) 결정·명령

결정·명령은 소송의 진행이나 집행행위와 관련된 재판으로서 그 소송절차 내에서만 효력이 인정되므로 원칙적으로 기판력이 인정되지 않는다. 결정·명령을 위한 신청이 기각되더라도 다시 신청할 수 있으며, 법원도 새로운 신청에 대하여 종

---

1) 대법원 1997. 1. 24. 선고 96다32706 판결.

2) 대법원 2003. 4. 8. 선고 2002다70181 판결.

3) 환송판결도 동일절차 내에서는 철회·취소될 수 없다는 의미에서 기속력이 인정됨은 물론 하급심에 대한 기속력은 인정되지만, 소송물에 관하여 직접적으로 재판하지 않고 원심의 재판을 파기하여 다시 심리·판단하여 보라는 종국적 판단을 유보한 재판의 성질상 직접적으로 기판력이나 형성력, 집행력이 생기지 않는다. 따라서 대법원의 환송판결은 형식적으로 보면 '확정된 종국판결'에 해당하지만, 이는 중간판결의 특성을 갖는 판결로서 '실질적으로 확정된 종국판결'이라 할 수 없다. 그러므로 환송판결은 재심의 대상인 '확정된 종국판결'에 해당하지 않는다(대법원 1995. 2. 14. 선고 93재다27,34(반소) 전원합의체 판결).

전의 결정·명령에서 판단한 내용에 구속됨이 없이 판단할 수 있다. 그러나 실체법적 권리관계를 종국적으로 판단하는 내용의 결정·명령에는 기판력이 인정된다. 예를 들어, 소송비용액확정결정(제110조, 제114조), 간접강제를 위한 배상금지급결정(민사집행법 제261조)은 본안판결에서 이루어진 소송비용상환의무 또는 간접강제의 대상이 되는 부대체적 작위의무나 부작위의무의 집행권원에 대한 실체적 판단을 계량적으로 구체화하는 종국적 판단을 내용으로 하는 것이므로 기판력이 인정된다.[1] 판례는 가압류·가처분 등 보전처분절차는 피보전권리를 종국적으로 확정하는 것을 목적으로 하는 것이 아니므로 피보전권리가 소명되어 신청을 인용하는 결정이 확정되었더라도 그 피보전권리에 기판력이 생기는 것은 아니라고 한다.[2]

### (3) 확정판결과 동일한 효력이 있는 것

청구의 포기·인낙조서(제220조), 화해조서(제220조), 조정조서(민사조정법 제29조), 확정된 화해권고결정(제231조), 확정된 조정을 갈음하는 결정(민사조정법 제34조), 중재판정(중재법 제35조) 등에는 기판력이 인정된다. 그러나 확정된 이행권고결정(소액사건심판법 제5조의7 제1항), 확정된 지급명령(제474조)은 확정판결과 동일한 효력은 있으나 기판력은 인정되지 않는다. 따라서 확정된 이행권고결정 또는 확정된 지급명령에 관하여 그 결정이나 명령 전에 생긴 사유도 청구에 관한 이의의 소에서 주장할 수 있다(민사집행법 제58조 제3항, 소액사건심판법 제5조의8 제3항).[3] 회생절차 또는 파산절차에 있어서 회생채권자표의 기재(채무자 회생 및 파산에 관한 법률 제255조 제1항) 또는 파산채권자표의 기재(동법 제535조 제1항)[4]에 대하여 기판력이

---

1) 대법원 2002. 9. 23. 자 2000마5257 결정.

2) 대법원 2008. 10. 27. 자 2007마944 결정; 1977. 12. 27. 선고 77다1698 판결.

3) 확정판결에 대한 청구이의사유를 변론이 종결된 뒤에 생긴 것으로 한정하고 있는 민사집행법 제44조 제2항과는 달리 소액사건심판법 제5조의8 제3항은 이행권고결정에 대한 청구에 관한 이의의 주장에 있어서 위 민사집행법의 규정에 의한 제한을 받지 않는다고 규정하고 있으므로 확정된 이행권고결정에 관하여는 그 결정 전에 생긴 사유도 청구에 관한 이의의 소에서 주장할 수 있다. 이에 비추어 보면 위 소액사건심판법 규정의 취지는 확정된 이행권고결정에 집행력 및 법률요건적 효력 등을 인정하는 것이고, 기판력까지 인정하는 것은 아니다(대법원 2009. 5. 14. 선고 2006다34190 판결).

4) 회생채권 또는 회생담보권에 기하여 회생계획에 의하여 인정된 권리에 관한 회생채권자표 또는 회생담보권자표의 기재는 회생계획인가의 결정이 확정된 때에 채무자, 회생채권자·회생담보권자 등

인정되는지 논란이 있으나, 판례는 회생절차 또는 파산절차 내부에서 불가쟁의 효력을 갖는 데 불과하고 기판력은 인정되지 않는다고 한다.[1)]

### (4) 외국법원의 확정재판 등

외국법원의 확정재판 또는 이와 동일한 효력이 인정되는 재판은 일정한 요건을 모두 갖추고 승인을 받으면 기판력이 생긴다(제217조 제1항). 따라서 이후 동일한 소송을 국내법원에 제소하는 경우에는 기판력에 저촉된다.[2)] 외국재판 등의 승인요건은 법원의 직권조사사항이다(동조 제2항). 외국법원의 확정재판 등이 승인받기 위한 요건은 다음과 같다.

#### 1) 외국재판의 승인

##### (가) 국제재판관할권

국내의 법령 또는 조약에 따른 국제재판관할의 원칙상 그 외국법원에게 국제재판관할권이 인정되어야 한다(제217조 제1항 제1호).

##### (나) 적법한 송달

패소한 피고가 소장 또는 이에 준하는 서면 및 기일통지서나 명령을 적법한 방식에 따라 방어에 필요한 시간 여유를 두고 송달받았거나(공시송달이나 이와 비슷한 송달에 의한 경우를 제외한다) 송달받지 않았더라도 소송에 응하였어야 한다(제2호). 판례는 법정지인 판결국에서 피고에게 방어할 기회를 부여하기 위하여 규정한 송달에 관한 방식·절차를 따르지 않은 경우에는 적법한 방식에 따른 송달이 이루어졌다고 볼 수 없다고 한다.[3)]

---

에 대하여 확정판결과 동일한 효력이 있고(채무자 회생 및 파산에 관한 법률 제255조 제1항), 확정된 채권에 대하여 파산채권자표에 기재한 때에는 그 기재는 파산채권자 전원에 대하여 확정판결과 동일한 효력이 있다(동법 제535조 제1항).

1) 대법원 2003. 9. 26. 선고 2002다62715 판결; 2006. 7. 6. 선고 2004다17436 판결.

2) 대법원 1987. 4. 14. 선고 86므57,58 판결.

3) 대법원 2010. 7. 22. 선고 2008다31089 판결.

(다) 공서양속

확정재판 등의 내용 및 소송절차에 비추어 그 확정재판 등의 승인이 선량한 풍속이나 그 밖의 사회질서에 어긋나지 않아야 한다(제3호). 확정재판 등의 승인이 선량한 풍속이나 그 밖의 사회질서에 어긋나는지 여부는 확정재판 등의 확정시가 아니라 승인 여부를 판단하는 시점을 기준으로 판단해야 하고, 확정재판 등을 승인한 결과가 국내법 질서가 보호하려는 기본적인 도덕적 신념과 사회질서에 어떠한 영향을 미치는지를 확정재판 등에서 취급한 사안과 우리나라와의 관련성의 정도에 비추어 판단해야 할 것이다.[1]

(라) 상호보증

상호보증이 있거나 우리나라와 그 외국법원이 속하는 국가에 있어 확정재판 등의 승인요건이 현저히 균형을 상실하지 않고 중요한 점에서 실질적으로 차이가 없어야 한다(제4호). 해당 외국의 법령, 판례 또는 관례 등에 의하여 인정된 판결승인의 요건이 우리나라의 요건보다 전체적으로 과중하지 않으며 중요한 점에서 실질적인 차이가 없는 정도라면 상호보증의 요건을 구비하였다고 할 것이고, 또한 반드시 당사국과의 조약이 체결되어 있을 필요는 없으며, 해당 외국에서 구체적으로 우리나라의 판결을 승인한 사례가 없더라도 실제로 승인할 것이라고 기대할 수 있는 상태이면 충분하다.[2]

### 2) 손해배상에 관한 확정재판 등의 승인

법원은 손해배상에 관한 확정재판 등이 국내 법률이나 우리나라가 체결한 국제조약의 기본질서에 현저히 반하는 결과를 초래할 경우에는 해당 확정재판 등의 전부 또는 일부를 승인할 수 없다(제217조의2 제1항). 이는 징벌적 손해배상에서 손해전보의 범위를 과도하게 초과하여 배상액의 지급을 명한 외국법원의 확정판결 등의 승인을 적정한 범위로 제한하기 위한 규정이다.

---

1) 대법원 2015. 10. 15. 선고 2015다1284 판결.
2) 대법원 2013. 2. 15. 선고 2012므66,73 판결.

## 4. 기판력의 시적 범위

### (1) 사실심 변론종결시

기판력은 사실심 변론종결시의 소송물에 관한 판단에 생긴다. 당사자는 사실심의 변론종결시까지 소송자료를 제출할 수 있고, 종국판결은 그때까지 제출한 자료를 기초로 한 결과물이기 때문이다.[1] 기판력이 확정하는 것은 변론종결 당시 권리관계의 존부의 판단이므로 변론종결시 이전의 과거의 권리관계나 그 이후 장래의 권리관계에 관해서는 기판력이 미치지 않는다. 예를 들어, 대여금의 지급을 구하는 소송에서 원고의 패소판결이 확정되었는데, 그 변론종결일이 2024. 10. 1.이라면, 기판력은 2024. 10. 1. 대여금채권이 존재하지 않는다는 점에 생기고 그 이전의 대여금채권의 존부에는 미치지 않으므로 원고가 후소로 그 대여금채권의 존재를 전제로 2023. 1. 1.부터 2025. 12. 31.까지 이자의 지급을 구하는 경우 2024. 10. 1.부터 2025. 12. 31.까지 이자분 청구는 전소 판결의 기판력에 저촉되지만, 2023. 1. 1.부터 2024. 9. 30.까지 이자분 청구에는 전소 판결의 기판력이 미치지 않는다.

### (2) 실권효

#### 1) 의의

기판력은 사실심 변론종결시의 소송물에 관한 판단에 생기기 때문에 이에 반하는 판단이나 주장은 허용되지 않는다. 따라서 당사자는 전소의 사실심 변론종결시 이전에 존재하였으나 그때까지 제출하지 않은 공격방어방법을 제출하여 전소의 확정판결과 다른 판단을 구할 수 없고, 그와 같은 사유가 제출되어도 법원은 그에 대하여 심리하지 않고 배척해야 한다.[2] 이를 실권효 또는 차단효라고 한다. 예를 들어, 원고 승소의 이행판결이 확정된 후에 패소한 피고가 채무부존재확인소송을 제기하여 변론종결 전에 발생한 변제, 면제, 소멸시효완성 등 채무의 소멸사유를 들어 다툴 수 없다. 공격방어방법을 제출하지 못한 데 대한 당사자의 과실 유무를 불

---

1) 이시윤, 560면.

2) 정동윤 · 유병현, 700면.

문하고 실권효가 미친다.

실권효는 기판력이 작용하는 경우에 한하여 인정되는 것이고, 만일 전소와 후소의 소송물이 별개이거나 전소의 기판력 있는 판단이 후소의 소송물과 선결관계나 모순관계에 있지 않아 기판력이 작용하지 않는 경우에는 실권효가 인정되지 않는다. 예를 들어, 부동산에 관한 소유권이전등기가 원인무효라는 이유로 등기의 말소를 명하는 판결이 확정된 후에 그 소송에서 패소한 당사자가 전소 변론종결 전에 동일한 부동산을 매수하였음을 이유로 소유권이전등기를 구하는 소송을 제기한 경우,[1] 소유권보존등기말소 및 소유권확인을 구하는 전소에서 패소 확정된 당사자가 전소 변론종결 전에 취득시효가 완성되었음을 이유로 소유권이전등기를 구하는 소송을 제기한 경우[2] 등에는 기판력이 작용하지 않으므로 실권효가 인정되지 않는다.

**사례** **실권효**

A가 B를 상대로 토지거래허가구역 내의 토지에 대한 매매계약에 기하여 소유권이전등기를 청구하는 소를 제기하여 토지거래허가가 없었다는 이유로 청구를 기각하는 판결이 선고되어 확정되었다. 그런데 위 소송의 변론종결 전에 이미 위 토지가 토지거래허가구역에서 해제되었음에도 A는 그러한 사실을 알지 못하여 주장하지 못했고, 전소 법원은 위 토지가 토지거래허가구역 내에 위치하고 있음을 전제로 판결을 선고하였다. 이후 A는 위 토지에 대한 토지거래허가를 받은 다음 B를 상대로 소유권이전등기를 청구하는 소를 제기하였다. A가 제기한 후소가 적법한지 설명하시오.

전소와 후소의 소송물이 모두 매매계약을 원인으로 하는 소유권이전등기청구권으로서 동일하므로 후소는 전소 확정판결의 기판력에 저촉되어 허용될 수 없다. 위 토지가 토지거래허가구역에서 해제되어 이 사건 매매계약이 확정적으로 유효하게 되었다는 사

---

1) 전소의 소송물은 소유권이전등기에 대한 말소등기청구권의 존부이고 후소의 소송물은 비록 동일한 부동산에 관한 것이지만 매매로 인한 소유권이전등기절차이행청구권의 존부이므로 후소는 전소 판결의 기판력에 저촉되지 않는다(대법원 1995. 6. 13. 선고 93다43491 판결).

2) 전소의 소송물은 토지에 대한 소유권의 존부 확인과 소유권보존등기의 말소등기청구권의 존부이고 후소는 비록 동일 부동산에 관한 것이기는 하지만 취득시효 완성을 원인으로 하는 소유권이전등기청구권의 존부여서 그 전후의 양 소는 그 청구취지와 청구원인이 각기 상이하여 서로 모순·저촉된다고 할 수 없으므로 전소 판결의 기판력이 후소에 미치지 않는다(대법원 1995. 12. 8. 선고 94다35039,35046 판결).

정은 전소의 변론종결 전에 존재하였던 사유이므로 A가 그러한 사정을 알지 못하여 전소에서 주장하지 못하였다고 하더라도 이를 후소에서 주장하여 전소에서의 법률관계의 존부에 관한 판단과 모순되는 판단을 구하는 것은 전소 확정판결의 기판력에 반하는 것이다. 또한 A가 전소의 변론종결 후에 위 토지에 대한 토지거래허가를 받았으나 그 허가는 위 토지가 토지거래허가구역에서 해제됨으로써 토지거래허가의 대상에서 제외된 후에 이루어진 것이어서 이 사건의 결론에 영향을 미치는 사정변경이라고 할 수 없다.[3]

### 2) 형성권의 행사와 실권효

공격방어방법으로 형성권을 행사하는 경우에도 실권효가 미친다. 그리하여 전소 변론종결 전에 발생한 취소권,[1] 해제권,[2] 백지보충권[3] 등 형성권을 후소에서 행사하여 전소 확정판결의 기판력을 부인할 수 없다. 그러나 상계권, 건물매수청구권, 한정승인의 경우에는 실권되지 않는다.

#### (가) 상계권

판례는 당사자 쌍방의 채무가 상계적상에 있더라도 상계의 의사표시를 한 때 상계의 효력이 발생하므로 변론종결 전에 상계적상에 있었더라도 변론종결 후에 상계의 의사표시를 하였다면 당사자가 그 사실을 알았는지 여부와 관계없이 변론종결 후에 생긴 사유로서 실권되지 않는다고 한다.[4] 상계권은 소구채권의 소멸원인이 되는 데 그치지 않고 그 자체 자동채권을 행사하는 것이며, 실체법상 상계권은 단독행위로서 상계권자의 자유로운 행사가 보장되어 있으므로 자동채권의 행사를 변론종결시 이전으로 강제할 수 없다는 점에서 판례의 입장이 옳다고 본다.

#### (나) 건물매수청구권

판례는 건물의 소유를 목적으로 하는 토지임대차에 있어서 토지의 임차인이 건

---

3) 대법원 2014. 3. 27. 선고 2011다49981 판결.
1) 대법원 1979. 8. 14. 선고 79다1105 판결.
2) 대법원 1981. 7. 7. 선고 80다2751 판결.
3) 대법원 2008. 11. 27. 선고 2008다59230 판결.
4) 대법원 2005. 11. 10. 선고 2005다41443 판결; 1998. 11. 24. 선고 98다25344 판결.

물매수청구권을 행사할 수 있음에도 불구하고 이를 행사하지 않아 토지의 임대인이 임차인에 대하여 제기한 토지인도 및 건물철거청구소송에서 패소하여 그 패소판결이 확정되었다고 하더라도 그 확정판결에 의하여 건물철거가 집행되지 않았다면 토지의 임차인은 건물매수청구권을 행사하여 별소로써 임대인에 대하여 건물매매대금의 지급을 구할 수 있다고 한다.[1] 건물매수청구권의 경우에도 그 행사에 의하여 새로운 법률관계가 형성되므로 비록 변론종결 전에 존재하였다고 하더라도 변론종결 후에 행사되면 그때 새로운 소송물을 구성하게 되므로 실권되지 않는다고 할 것이다.

#### (다) 한정승인과 상속포기

판례는 상속인이 한정승인을 하였으나 상속채무의 이행을 구하는 소송의 변론종결시까지 그 사실을 주장하지 않아 책임의 범위에 관한 아무런 유보 없는 판결이 선고되어 확정되었더라도 상속인은 그 후 한정승인사실을 들어 청구이의의 소[2]를 제기할 수 있지만, 상속포기를 한 경우에는 변론종결시까지 이를 주장하지 않았다면 그 후 청구이의의 소를 제기할 수 없다고 한다. 한정승인에 의한 책임의 제한은 상속채무의 존재 및 범위의 확정과는 관계없이 판결의 집행대상을 상속재산의 한도로 한정함으로써 판결의 집행력을 제한할 뿐이고 채권자가 상속인을 상대로 상속채무의 이행을 구하는 소송에서 상속인이 한정승인사실을 주장하지 않으면 책임의 범위는 현실적인 심판대상으로 등장하지 아니하여 주문에서는 물론 이유에서도 판단되지 않는 관계로 그에 관하여는 기판력이 생기지 않으므로 판결의 강제집행단계에서 한정승인사실을 주장하여 고유재산에 대한 강제집행을 면할 수 있지만,[3] 상속의 포기는 상속채무의 존재 그 자체와 관련되어 그에 관한 확정판결의 주문에 기판력이 생기므로 전소의 기판력에 저촉되어 다시 다툴 수 없기 때문이라고 한다.[4]

---

1) 대법원 1995. 12. 26. 선고 95다42195 판결.

2) 청구이의의 소는 채무자가 집행권원의 내용인 청구권이 현재의 실체상태와 일치하지 않는 것을 주장하여 그 집행권원이 가지는 집행력의 배제를 구하는 소송이다(민사집행법 제44조). 청구에 관한 이의의 사유는 집행권원에 표시된 청구권의 전부 또는 일부를 소멸하게 하는 사유로서 변론종결 이후에 발생한 사유에 한한다(제44조 제2항).

3) 대법원 2006. 10. 13. 선고 2006다23138 판결; 2009. 5. 28. 선고 2008다79876 판결.

### (3) 변론종결 후에 발생한 새로운 사유

변론종결 후에 발생한 새로운 사유에는 실권효가 미치지 않는다.[1] 따라서 변론종결 후에 발생한 새로운 사유에 의해서는 기판력에 의하여 확정된 법률효과를 다툴 수 있다. 예를 들어, 채무이행소송에서 기한미도래나 조건미성취 등을 이유로 원고의 청구가 기각되었으나 변론종결 후에 기한이 도래하거나 조건이 성취된 경우에는 전소의 기판력이 미치지 않아 다시 채무이행을 구하는 소송을 제기할 수 있고,[2] 이행소송에서 원고의 청구가 인용되었더라도 변론종결 후에 발생한 변제, 면제, 소멸시효완성 등을 이유로 집행채권의 소멸을 주장하여 청구이의의 소를 제기할 수 있다. 주의할 것은 이처럼 실권효가 배제되는 변론종결 후에 발생한 새로운 사유는 사실자료에 한한다는 것이다. 법률의 변경, 판례의 변경 또는 판결의 기초가 된 행정처분의 변경, 법률의 위헌결정[3] 등은 여기의 새로운 사유에 포함되지 않는다. 따라서 변론종결 후에 법률이나 판례가 변경되거나 판결의 기초가 된 행정처분이 변경되더라도 기판력에 의하여 확정된 법률효과를 다툴 수 없다.

**판례 변론종결 후에 발생한 새로운 사유**

공상을 입은 군인이 「국가배상법」에 의한 손해배상청구소송을 제기하였으나 다른 법령에 의한 보상을 받을 수 있다는 이유로 패소판결이 선고되고 그 판결이 확정된 후 구 「국가유공자예우등에관한법률」에 의한 보상을 받기 위한 신체검사에서 등외 판정을 받아 보훈수혜 대상자가 될 수 없음이 판명된 경우 이는 종전의 확정판결이 있은 후에 그 판결에서 전제로 삼은 바와는 다르게 다른 법령에서 보상을 받을 수 없음이 객관적으로 판명되게 된 것이어서 판결 확정 후에 새로운 사유가 발생하여 사정변경이 있은 경우에 해당하고, 이를 들어 법령이나 판례 혹은 판결의 기초가 된 행정처분의 변경이 있은 것과 마찬가지라고는 볼 수 없으므로 종전의 확정판결과 동일한 청구원인으로 소를 제기하더라도 종전 확정판결의 기판력에 저촉된다고 할 수 없다(대법원 1998. 7. 10. 선고 98다7001 판결).

---

4) 대법원 2009. 5. 28. 선고 2008다79876 판결.

1) 대법원 1992. 10. 27. 선고 91다24847,24854(병합) 판결.

2) 대법원 2002. 5. 10. 선고 2000다50909 판결; 2014. 1. 23. 선고 2013다64793 판결.

3) 대법원 1995. 1. 24. 선고 94다28017 판결.

### (4) 정기금판결에 대한 변경의 소

#### 1) 의의

정기금판결에 대한 변경의 소란 정기금판결이 확정된 후에 그 액수산정의 기초가 된 사정의 변경이 있는 경우 정기금 액수의 변경을 구하는 소송을 말한다(제252조). 예를 들어, 토지의 소유자가 토지를 불법점유하고 있는 사람을 상대로 토지의 임대료에 상응하는 부당이득의 반환을 구하는 소송을 제기하여 승소확정판결을 받았으나, 그 후 토지의 가격이 현저히 증가하고 인근 토지의 임대료와 비교하여 판결에서 인용된 금액이 상당하지 않게 되는 등 경제적 사정이 변경되어 당사자 사이의 형평을 크게 침해할 정도에 이른 경우에는 판결에서 정한 임대료의 증액을 구하는 변경의 소를 제기할 수 있다.

정기금판결에 대한 변경을 구하는 소송은 전소 확정판결에서 인용한 정기금 액수의 변경을 구하는 것이어서 전소와 동일한 소송물을 대상으로 다시 소송을 제기한 경우에 해당하므로 전소 판결의 기판력에 저촉되어 허용되지 않는 것이 원칙이다. 그러나 민사소송법에서는 당사자 사이의 형평이라는 관점에서 별도의 특칙을 두어 정기금 산정에 기초가 되는 사정에 현저한 변경이 있는 경우에 기판력을 예외적으로 배제하여 변경의 소를 허용한 것이다. 정기금판결에 대한 변경의 소는 전소의 변론종결시 이후 특별한 사정변경이 생긴 경우 판결내용을 현실에 맞게 수정할 수 있도록 한 것으로 사정변경의 원칙을 소송법에 반영한 것이라고 할 수 있다.

#### 2) 성질

정기금판결에 대한 변경의 소는 확정판결의 변경을 구하는 것이므로 형성소송에 해당한다. 그런데 정기금의 금액이 증액되는 경우에는 이행판결이 행해지게 되므로 이 경우에는 이행소송의 성질도 아울러 갖게 된다. 한편 변경의 소는 단순히 집행력의 변경을 구하는 소송이 아니라 판결 그 자체의 변경을 구하는 소송이다. 따라서 기판력을 비롯한 판결의 효력이 변경된다. 이 점에서 판결의 집행력을 저지하고자 하는 청구이의의 소와 구별된다.

변경의 소는 판결확정 후에 발생한 사정변경을 요건으로 하고, 단순히 종전 확정판결이 위법·부당하다는 사정만으로는 허용되지 않는다.[1] 또한 변경의 소는 확정된 정기금판결의 당사자 또는 확정판결의 기판력이 미치는 제3자가 정기금판결의 기판력을 배제하기 위하여 제기하는 소송이므로[1] 전소인 정기금판결소송과 소송물이 동일한 것이 전제되어 있다. 예를 들어, 예견할 수 없었던 후유증으로 인한 확대손해[2] 등과 같이 전소와 소송물이 별개인 경우에는 별도의 소송을 제기하면 되고 변경의 소에 의할 것이 아니다.

### 3) 요건

#### (가) 정기금판결의 확정

장래 일정 시기까지 매년 또는 매월 정기적으로 일정 금원을 지급할 것을 명하는 판결이 확정되어야 한다. 미확정판결에는 이 소송이 허용되지 않으며, 판결확정 전에 사정변경이 생겼을 때에는 상소를 제기하여 원판결의 취소·변경을 구해야 할 것이다.

#### (나) 정기금 산정의 기초가 된 사정의 현저한 변경

판결확정 후에 정기금 액수 산정의 기초가 된 사정이 현저하게 변경됨으로써 당사자 사이의 형평을 크게 침해할 특별한 사정이 생겼어야 한다. 정기금 액수 산정의 기초가 된 사정의 변경이란 당초 예상했던 후유장애의 변화, 임금이나 생필품가격 등 물가의 폭등, 토지가격의 급등, 조세 등 공과금의 부담 증감, 화폐의 평가절하 등 경제적 사정의 변경이 주로 여기에 해당한다.[3] 이러한 사정이 현저히 변경되어 이를 시정하지 않으면 당사자 사이의 형평을 크게 침해할 정도에 이르러야 한다. 판례는 공시지가가 2.2배 상승하고 임대료가 약 2.9배 상승한 것만으로는 정기금 액수 산정의 기초가 된 사정이 현저하게 변경되어 당사자 사이의 형평을 크게 침해할 특별한 사정이 생겼다고 할 수 없다고 한다.[4]

### 4) 절차 및 효력

정기금 변경의 소는 제1심 판결법원의 전속관할이다(제252조 제2항). 정기금판결에 대한 변경의 소를 제기하였다고 정기금판결에 따른 강제집행이 정지되는 것

---

1) 대법원 2016. 3. 10. 선고 2015다243996 판결.
1) 대법원 2016. 6. 28. 선고 2014다31721 판결.
2) 대법원 2007. 4. 13. 선고 2006다78640 판결.
3) 이시윤, 648면.
4) 대법원 2009. 12. 24. 선고 2009다64215 판결.

은 아니며, 별도로 집행정지신청을 하여 집행정지결정을 받아야 한다(제501조 및 제500조). 정기금판결의 강제집행이 종료한 후에 정기금의 감액을 구하는 소는 권리보호의 이익이 없다. 법원이 청구를 인용하는 경우에는 원판결을 감액 또는 증액으로 변경하는 판결을 한다. 변경판결은 전소 확정판결을 변경하는 범위 내에서 전소 확정판결의 효력을 소멸시킨다.

판례는 정기금판결에 대한 변경의 소는 정기금판결이 확정된 후에 발생한 현저한 사정변경을 이유로 확정된 정기금판결의 기판력을 예외적으로 배제하는 것을 목적으로 하므로 확정된 정기금판결의 당사자 또는 그 확정판결의 기판력이 미치는 제3자(제218조 제1항)만이 정기금판결에 대한 변경의 소를 제기할 수 있다고 한다. 그리하여 토지의 소유자가 그 토지의 무단점유자를 상대로 임대료 상당의 부당이득반환을 구하는 소송을 제기하여 무단점유자가 그 점유 토지의 인도시까지 매월 일정 금액의 임대료 상당 부당이득을 반환하라는 판결이 확정된 경우에 이러한 소송의 소송물은 채권적 청구권인 부당이득반환청구권이므로 위 소송의 변론종결 후에 위 토지의 소유권을 취득한 사람은 위 확정판결의 기판력이 미치는 변론종결후의 승계인에 해당한다고 볼 수 없어 앞서 제기한 위 부당이득반환청구소송에서 내려진 정기금판결에 대하여 변경의 소를 제기할 원고적격이 없으므로 이러한 사람이 제기한 변경의 소는 부적법하다고 한다.[1)]

변경의 소를 제기한 날 이후의 기간에 해당하는 정기금의 액수만이 변경판결의 대상이 된다. 판례는 정기금의 증액을 구하는 변경의 소에 있어서 원고의 청구 중 소송 제기일 전까지의 기간에 해당하는 부분은 전소와 소송물이 동일하여 판결의 기판력이 미치므로 그중 원고가 승소한 부분에 해당하는 부분은 권리보호의 이익이 없고, 이를 초과하는 부분은 전소의 확정판결의 기판력에 저촉되는 것이어서 받아들일 수 없다고 하면서, 소송 제기일 이후의 기간에 해당하는 부분에 대하여 정기금판결의 변경을 구하는 취지로 볼 것이라고 한다.[2)] 전소 확정판결은 변경의 소송 제기일 이전의 이행의무에 대하여 집행권원이 되고, 변경의 소송 제기일 이후의 이행의무에 대하여도 변경되지 않는 범위 내에서 집행권원이 된다.[3)]

1) 대법원 2016. 6. 28. 선고 2014다31721 판결.
2) 대법원 2009. 12. 24. 선고 2009다64215 판결.
3) 김홍엽, 786면 및 787면; 이시윤, 649면.

## 5. 기판력의 객관적 범위

### (1) 판결주문의 판단

기판력은 판결주문(主文)에 포함된 것에 한하여 생긴다(제216조 제1항). 기판력은 판결이유에서의 판단에는 생기지 않으며, 판결의 결론 부분인 판결주문에서 판단한 사항에 대해서만 발생한다. 판결주문에서 판단하는 것은 본안판결의 경우에는 소송물인 권리관계의 존부에 관한 것이고, 소각하판결의 경우에는 소송요건의 흠결에 관한 것이다. 따라서 판결주문에서 포함된 것에 한하여 기판력이 생긴다는 것은 본안판결의 경우에는 판결주문에서 판단한 소송물인 권리관계의 존부에 기판력이 생기고,[1] 소각하판결의 경우에는 판결주문에서 판단한 소송요건의 흠결에 기판력이 생긴다는 의미이다. 예를 들어, 매매를 원인으로 한 소유권이전등기청구소송에서 판결주문에서 판단하는 것은 매매를 원인으로 한 소유권이전등기청구권의 존부이고, 그 전제인 매매계약의 존부나 그 유효 여부는 판결주문에는 나타나지 않으며 판결이유에서 판단한다. 따라서 기판력은 판결주문에서 판단한 매매를 원인으로 한 소유권이전등기청구권의 존부에만 생기고, 판결이유에서 판단한 매매계약의 존부나 그 유효 여부에는 생기지 않는다.

판결주문에서 판단한 사항에 대해서만 기판력을 인정하는 이유는 그것이 당사자의 소송목적에 대한 해결이고 주된 관심사이기 때문이다. 당사자는 소송물인 권리관계에 대한 다툼을 해결하기 위해 소송을 제기하는 것이므로 이에 대한 결론인 판결주문에서의 판단에만 기판력을 인정하면 충분하고, 판결이유에서 판단하는 그 전제 문제 등은 당사자가 소송의 목적으로 한 것이 아니라 그 수단으로 주장한 것에 불과하므로 이에 대해서도 기판력을 인정하게 되면 당사자에게 불의의 타격이 되어 절차보장권이 침해될 우려가 있기 때문이다.

이처럼 판결주문에서 판단한 소송물인 권리관계의 존부 또는 소송요건의 흠결에 대해서만 기판력이 생기지만, 판결주문에서의 판단은 간결하게 표현되므로 기판력이 미치는 범위를 구체적으로 정하기 위해서는 판결이유를 참작하지 않을 수

---

1) 대법원 2003. 4. 8. 선고 2002다70181 판결.

없다. 따라서 판결주문에서 판단한 소송물인 권리관계의 존부 또는 흠결된 소송요건은 판결이유에 의하여 구체적으로 정해진다. 하지만 이 경우에도 판결이유는 주문에서 판단된 소송물인 권리관계나 소송요건을 특정하기 위하여 참작되는 것일 뿐이고 판결이유에서 행한 판단 자체에 기판력이 생기는 것은 아니다. 예를 들어, 소유권에 기한 건물인도청구소송에서 소송물은 소유권에 기한 건물인도청구권이고 이중 판결주문에서 판단한 건물인도청구권의 존부에 관한 판단에 기판력이 생긴다. 소유권의 존부는 판결주문에 나타나지 않으며 판결이유에서 판단하므로 이에 대해서는 기판력이 생기지 않는다, 그런데 판결주문에서 판단한 건물인도청구권은 소유권에 기한 것이므로 결국 소유권에 기한 건물인도청구권의 존부에 관한 판단에 기판력이 생긴다고 할 수 있다. 여기서 소유권은 건물인도청구권을 특정하는 의미를 갖는데 불과하고 소유권의 존부는 판결이유에서 판단하므로 이에 대해서는 기판력이 생기지 않는다.

**판례 기판력의 객관적 범위**

① 등기원인이 무효임을 이유로 소유권이전등기의 말소청구를 인용한 판결의 기판력은 소송물인 소유권이전등기말소청구권의 존부에만 미치고 그 전제인 소유권의 존부 등에는 미치지 않으므로 소유권이전등기말소청구소송의 판결의 기판력은 소유권에 기한 건물인도청구에 미치지 않는다(대법원 2014. 10. 30. 선고 2013다53939 판결).

② 매매계약의 무효 또는 해제를 원인으로 한 매매대금반환청구에 대한 인낙조서의 기판력은 매매대금반환청구권의 존부에 관해서만 발생하고 그 선결적 법률관계인 매매계약의 무효 내지 해제에는 발생하지 않으므로 후소로 제기된 매매계약의 유효를 전제로 한 소유권이전등기청구에는 그 기판력이 미치지 않는다(대법원 2005. 12. 23. 선고 2004다55698 판결).

③ 채권자대위소송에서 판결의 기판력이 채무자에게도 미친다는 의미는 소송물인 피대위채권의 존부에 관하여 채무자에게도 기판력이 미친다는 것이고, 소송요건인 피보전채권의 존부에 관하여 채무자에게 기판력이 미친다는 의미는 아니다. 따라서 채권자대위소송에서 피보전채권이 인정되지 않아 당사자적격의 흠결로 소각하판결을 받은 경우 그 판결의 기판력은 채권자가 채무자를 상대로 피보전채권의 이행을 구하는 소송에 미치지 않는다(대법원 2014. 1. 23. 선고 2011다108095 판결). 이 경우 소각하판결의 기판

력은 소송요건인 당사자적격이 흠결되었다는 점에 생기고 판결이유에서 판단한 피보전 채권의 존부에 관해서는 생기지 않기 때문이다.

### (2) 판결이유 중의 판단

#### 1) 원칙

판결이유 중에서 한 사실확정, 선결적 법률관계, 항변 등에 대한 판단에는 기판력이 생기지 않는다. 예를 들어, 소유권이전등기의 말소를 명하는 확정판결에서 피고가 무권대리인에 의하여 해당 부동산을 매수한 사실,[1] 임대차보증금의 지급을 명하는 확정판결에서 임대차보증금반환청구권의 전제가 되는 연체차임 등의 부존재,[2] 대여금채무가 변제로 인하여 소멸하였다는 취지의 확정판결에서 변제의 효력 유무[3] 등은 판결이유에서 판단하게 되는데, 이에 대해서는 기판력이 생기지 않는다. 또한 전소 확정판결이 동시이행판결인 경우에는 동시이행의 조건이 붙어 있다는 점에 기판력이 생기므로 동시이행관계에 있는 반대채권을 이행하지 않더라도 무조건 이행할 의무가 있다고 하는 주장은 기판력에 저촉되나, 동시이행관계에 있는 반대채권의 존부 및 액수 등에 대해서는 기판력이 생기지 않는다.[4]

#### 2) 상계항변의 예외

##### (가) 기판력의 인정

상계항변의 경우에는 예외가 인정되어 피고가 상계항변으로 주장한 반대채권(자동채권)의 존부에 대하여 비록 판결이유 중에서 판단하지만, 상계로서 대항한 수액의 한도 내에서는 기판력이 생긴다(제216조 제2항). 상계항변에 기판력을 인정하는 이유는 상계는 자동채권을 행사하는 것이므로 그 자체 청구의 성질을 갖고 있으며, 만일 기판력을 인정하지 않으면 후에 자동채권의 존부에 대하여 다시 다툼이 유발

---

1) 대법원 1970. 9. 29. 선고 70다1759 판결.
2) 대법원 2001. 2. 9. 선고 2000다61398 판결.
3) 대법원 2008. 10. 23. 선고 2008다48742 판결.
4) 대법원 1996. 7. 12. 선고 96다19017 판결; 1975. 5. 27. 선고 74다2074 판결.

될 수 있고, 그로 인하여 상계주장에 대한 판단을 전제로 이루어진 원고의 소구채권(수동채권)의 존부에 대한 전소 판결이 무의미해질 우려가 있기 때문이다.[1]

(나) 기판력의 한계

첫째, 상계항변에 기판력이 생기는 것은 자동채권의 존부에 관하여 실질적으로 판단을 한 경우에 한한다. 따라서 상계항변이 실기한 공격방어방법으로 각하된 경우 또는 성질상 상계가 허용되지 않거나 상계부적상을 이유로 배척된 경우에는 기판력이 생기지 않는다.[2]

둘째, 자동채권의 존부에 대하여 상계로써 대항한 수액에 한하여 기판력이 생긴다. 예를 들어, 60만원을 소구한 데 대하여 100만원의 자동채권으로 상계한 경우 자동채권에 관한 판단의 기판력은 60만원에 한정되며, 나머지 40만원은 전소 판결의 기판력이 미치지 않으므로 별도의 소로 청구할 수 있다.

셋째, 상계항변에 기판력이 생기는 것은 수동채권이 소송물로서 심판되는 소구채권이거나 그와 실질적으로 동일한 경우, 예를 들어 원고가 상계주장을 하면서 청구이의의 소를 제기한 경우 등에 한한다. 따라서 피고가 어떤 채권을 동시이행항변으로 주장하자 원고가 재항변으로 상계항변을 한 경우, 즉 수동채권이 동시이행항변으로 행사된 채권일 경우에는 그러한 상계주장에 대한 판단에는 기판력이 생기지 않는다. 만일 이러한 경우에도 상계항변에 기판력이 생긴다고 한다면, 동시이행항변으로 제공한 채권의 존부나 범위에 관한 판결이유에서의 판단에 기판력을 인정하는 결과가 되기 때문이다.[3]

3) 기판력의 인정범위

상계항변이 배척된 경우에는 자동채권의 부존재에 기판력이 생기고, 상계항변이 채택된 경우에는 원고가 소로서 구하는 수동채권과 자동채권이 함께 존재하였다가 그것이 상계에 의하여 소멸된 점에 기판력이 생긴다. 따라서 상계항변이 채택되어 원고의 청구가 기각된 판결이 확정된 후에 원고가 자동채권의 부존

1) 대법원 2005. 7. 22. 선고 2004다17207 판결.
2) 대법원 2014. 6. 12. 선고 2013다95964 판결.
3) 대법원 2005. 7. 22. 선고 2004다17207 판결.

재를 전제로 부당이득의 반환을 구하는 소송을 제기하는 것은 기판력에 의하여 확정된 법률관계와 모순된 반대관계를 소송물로 하는 것이어서 전소의 기판력에 저촉된다.

#### 4) 상계항변의 취급

상계항변은 출혈(出血)적 방어방법이라는 특성상 소구채권(수동채권)의 존재가 확정될 것을 전제로 하는 예비적 항변으로서의 성질을 갖는다. 따라서 상계항변에 대해서는 먼저 소구채권의 존재에 대하여 증거조사하여 확정하고 나서 판단을 해야 한다. 만일 소구채권이 존재하지 않음에도 상계항변을 받아들이면 피고는 자기의 반대채권(자동채권)만 이유 없이 상실하게 되기 때문이다.

피고의 상계항변에 대하여 원고가 다시 상계재항변을 할 수 있는지 논란이 있다. 판례는 피고의 상계항변이 배척되면 원고의 상계재항변을 판단할 필요가 없고, 반대로 피고의 상계항변이 채택되더라도 원고의 청구채권인 수동채권과 피고의 자동채권이 대등액에서 소멸한 것으로 보게 되므로 이때에도 원고의 상계재항변에 관하여 판단할 필요가 없게 된다는 점, 원고가 소송물인 청구채권 이외에 다른 채권을 가지고 있다면 청구의 추가적 변경에 의하여 그 채권을 해당 소송에서 청구하거나 별도의 소를 제기할 수 있다는 점에서 원고의 상계재항변은 허용되지 않는다고 한다.[1]

상계항변에 대한 판결이유의 설시에 있어서 여러 개의 자동채권으로 상계항변을 한 경우에는 어느 자동채권에 대하여 어느 범위에서 상계의 기판력이 미치는지 분명하게 알 수 있을 정도로 밝혀 주어야 한다.[2] 또한 상계적상 이전에 수동채권의 변제기가 이미 도래하여 지체가 발생한 경우에는 상계에 의하여 소멸되는 채권의 금액을 일일이 계산할 것까지는 없더라도 최소한 상계적상의 시점 및 수동채권의 지연손해금 기산일과 이율 등을 구체적으로 특정해 줌으로써 자동채권에 대하여 어느 범위에서 상계의 기판력이 미치는지 판결이유 자체로 분명하게 알 수 있을 정도까지는 밝혀 주어야 한다.[3]

---

1) 대법원 2015. 3. 20. 선고 2012다107662 판결; 2015. 3. 20. 선고 2012다107662 판결.
2) 대법원 2011. 8. 25. 선고 2011다24814 판결.
3) 대법원 2013. 11. 14. 선고 2013다46023 판결.

**사례 상계의 기판력**

A는 B를 상대로 대여금 5천만원의 지급을 구하는 소를 제기하였다.

① B는 A에 대한 5천만원의 매매대금채권을 가지고 상계한다는 취지의 항변을 제출하였다. 여기서 B의 채권이 부존재하는 것으로 A의 청구가 인용되고 판결이 확정되었다. 그 후 B는 매매대금의 지급을 구하는 소를 제기하였다. 후소 법원은 어떻게 판단해야 하는지 설명하시오

판결이유 중의 판단에는 기판력이 생기지 않지만, 상계항변의 경우에는 예외가 인정되어 피고가 상계항변으로 주장한 반대채권의 존부에 대하여 비록 판결이유 중에서 판단하지만, 상계로서 대항한 수액의 한도 내에서 기판력이 생긴다(제216조 제2항). 전소에서 매매대금채권을 가지고 상계항변을 하였으나 배척된 경우 매매대금채권의 부존재에 기판력이 생긴다. 그럼에도 그 후 매매대금채권의 지급을 구하는 소송을 제기하였다면, 이는 전소의 소송물과 동일한 소송물을 후소로 다시 제기한 경우에 해당한다. 판례는 전소에서 패소판결을 받은 사람이 다시 동일한 소송물에 기하여 후소를 제기한 경우 전소와 모순된 판단을 할 수 없어 후소에 대하여 청구기각판결을 해야 한다는 입장이다. 그러나 전소에서 판단한 소송물과 동일한 소송물을 후소로 다시 제기한 경우에 후소에서 이를 다시 판단하는 것은 무용한 일이며 소의 이익이 인정될 수 없다는 점에서 전소 판결의 내용이 원고의 승소이든 패소이든 불문하고 기판력 있는 전소 판결의 존재를 소극적 소송요건으로 이해하여 부적법 각하함이 타당하다. 따라서 B의 매매대금의 지급을 구하는 소송은 부적법 각하되어야 할 것이다.

② 위 소송에서 B의 상계항변이 인정되어, A의 청구가 기각되어 판결이 확정되었다. 그 뒤 A가 B의 채권은 당초부터 존재하지 않는다고 주장하며 부당이득반환청구의 소를 제기하였다. 이 경우 후소 법원은 어떻게 판단해야 하는지 설명하시오.

B의 상계항변이 채택된 경우 A의 대여금채권과 B의 매매대금채권이 존재하였다가 상계로 소멸한 점에 기판력이 생긴다. 따라서 B의 상계항변이 채택되어 A의 청구가 기각된 판결이 확정된 후에 A가 B의 매매대금채권이 부존재한다는 이유로 부당이득반환청구를 구하는 소송을 제기한 경우 이는 기판력에 의하여 확정된 법률관계와 모순된 법률관계를 소송물로 하는 것이어서 전소 판결의 기판력에 저촉된다. 후소 법원은 전소의 기판력있는 판단에 구속되어 후소를 심판해야 하므로 A의 청구를 기각하는 판결을 해야 할 것이다.

## 6. 기판력의 주관적 범위

### (1) 당사자

기판력은 당사자에게만 미치고 제3자에게는 미치지 않는 것이 원칙이다(제218조). 소송은 당사자 사이의 법적 분쟁을 해결하기 위한 것이므로 판결의 효력도 당사자 사이에서만 상대적으로 미치는 것이 당연하고, 소송수행의 기회가 부여되지 않은 제3자에 대하여 기판력을 강요하는 것은 제3자의 재판청구권을 침해할 우려가 있기 때문이다. 따라서 소송 외의 제3자는 물론이고 법정대리인, 소송대리인, 보조참가인, 공동소송인에게도 기판력이 미치지 않는다. 또한 법인 등 단체가 당사자가 된 경우에는 그 대표자나 구성원에게 기판력이 미치지 않는다.[1] 그러나 예외적으로 법률의 규정에 의하여 기판력이 제3자에게 미치는 경우가 있다. 민사소송법에서는 변론종결후의 승계인과 청구의 목적물을 소지한 사람(제218조 제1항), 제3자의 소송담당에서 권리의무의 주체인 사람(제218조 제3항), 소송탈퇴자(제80조 단서, 제81조, 제82조 제3항)에게 판결의 효력이 미친다고 규정하고 있다.

### (2) 변론종결후의 승계인

#### 1) 승계주의

변론종결후의 승계인(변론 없이 한 판결의 경우에는 판결을 선고한 후의 승계인)이란 변론종결 후(변론 없이 한 판결의 경우에는 판결을 선고한 후)에 소송물인 권리관계에 관한 지위를 당사자로부터 승계한 제3자를 말한다. 민사소송법은 소송물인 권리관계에 관한 지위가 승계된 경우 승계인을 새로운 당사자로 하여 종전 당사자의 소송상 지위를 승계시키는 승계주의를 취하고 있다. 그리하여 소송계속 중에 소송물이 승계된 경우 승계인으로 하여금 참가승계(제81조) 또는 인수승계(제82조)에 의하여 소송에 참가하도록 하고, 변론종결 후에 승계가 이루어진 경우에는 판결의 효력이 승계인에게 미치도록 하고 있다(제218조 제1항).

---

1) 대법원 2010. 12. 23. 선고 2010다58889 판결.

변론종결후의 승계인에게 판결의 효력이 미치지만, 판결에 기하여 변론종결후의 승계인을 위한 또는 그에 대한 강제집행을 하려면 승계집행문을 부여받아야 한다(민사집행법 제31조 제1항). 집행력의 범위는 기판력의 범위와 일치하므로 변론종결후의 승계인은 승계집행문부여의 대상이 된다(동법 제25조 제1항). 승계집행문을 부여받으면 승계인이 집행채권자로 확정되고 기존 집행권원의 집행력은 소멸한다. 따라서 그 후 피승계인을 상대로 제기한 청구이의의 소는 피고적격이 없는 사람을 상대로 한 소이거나 이미 집행력이 소멸한 집행권원의 집행력 배제를 구하는 것으로 권리보호의 이익이 없어 부적법하다.[1]

#### 2) 승계인의 인정범위

##### (가) 승계의 모습

피승계인이 원고이든 피고이든, 승소자이든 패소자이든 불문하고, 승계의 모습도 포괄승계이든 특정승계이든 불문한다. 승계원인도 당사자 사이의 법률행위로 인한 것이든 법률의 규정이나 강제집행에 의한 것이든 상관없다. 확정판결의 변론종결 후에 그 확정판결상의 채무자인 회사를 흡수합병한 존속회사나 신설합병되어 설립한 회사 모두 포괄승계인으로서 변론종결후의 승계인에 해당한다. 그러나 확정판결의 변론종결 후에 확정판결상의 채무자로부터 영업을 양수하여 양도인의 상호를 계속 사용하는 영업양수인은 상법 제42조 제1항[2]에 의하여 그 양도인의 영업으로 인한 채무를 변제할 책임이 있다고 하여도 그 확정판결상의 채무에 대하여 이를 면책적으로 인수하는 등 특별사정이 없는 한 변론종결후의 승계인에 해당하지 않는다.[3]

##### (나) 소송물 또는 당사자적격의 승계

변론종결 후의 특정승계인에는 소송물인 실체법상 권리의무를 승계한 사람뿐만 아니라 소송물에 관한 당사자적격을 승계한 사람도 포함된다.[4] 소송물인 권리의무

---

1) 대법원 2008. 2. 1. 선고 2005다23889 판결.

2) 영업양수인이 양도인의 상호를 계속사용하는 경우에는 양도인의 영업으로 인한 제3자의 채권에 대하여 양수인도 변제할 책임이 있다(상법 제42조 제1항).

3) 대법원 1979. 3. 13. 선고 78다2330 판결.

그 자체를 승계한 사람은 당연히 여기의 승계인에 해당하지만, 그렇지 않더라도 분쟁해결의 1회성이라는 소송경제적 측면에서 소송물의 기초가 되는 권리의무, 예를 들어 계쟁물에 관한 권리를 이전받음으로써 분쟁주체의 지위를 승계한 사람도 여기의 승계인에 포함된다.

소송물을 승계한 사람으로는 소유권확인판결을 받은 소유권을 이전받은 사람, 이행판결을 받은 채권의 양수인[1] 또는 채무의 면책적 채무인수인,[2] 임대차보증금 반환판결을 받은 후 임차주택을 양수한 사람[3] 등이 있고, 소송물에 관한 당사자적격을 승계한 사람으로는 대지소유권에 기한 건물철거판결을 받은 후에 계쟁물인 건물의 소유권을 취득한 사람,[4] 소유권에 기한 건물인도판결을 받은 후에 해당 건물의 임차권을 취득한 사람[5] 등이 있다. 소송물인 실체법상 권리의무를 승계한 사람은 그 소송물인 권리의무의 성격과 상관없이 승계인이 되지만, 계쟁물에 관한 권리를 이전받음으로써 분쟁주체의 지위를 승계한 사람은 다음과 같이 소송물이 대세적 효력이 있는 물권적 청구권일 경우에만 승계인이 되고, 대인적 효력밖에

---

4) 대법원 2003. 2. 26. 선고 2000다42786 판결.

1) 집행권원을 가진 채권자의 지위를 승계한 사람이라고 하더라도 기존 집행권원에 기하여 강제집행을 신청하려면 승계집행문을 부여받아야 하고, 따라서 채권자가 집행권원에 기하여 채권압류 및 추심명령을 받은 후 그 집행권원상의 채권을 양도하였다고 하더라도 양수인은 승계집행문을 부여받음으로써 비로소 집행채권자로 확정되는 것이므로 양수인이 기존 집행권원에 대하여 승계집행문을 부여받지 않았다면, 양도인이 여전히 집행채권자의 지위에서 압류채권을 추심하거나 압류명령신청을 취하할 수 있다(대법원 2014. 11. 13. 선고 2010다63591 판결).

2) 민사집행법 제31조 제1항에서 "집행문은 판결에 표시된 채권자의 승계인을 위하여 내어 주거나 판결에 표시된 채무자의 승계인에 대한 집행을 위하여 내어 줄 수 있다."라고 규정하고 있는데, 중첩적 채무인수는 당사자의 채무는 그대로 존속하며 이와 별개의 채무를 부담하는 것에 불과하므로 새로 채무의 이행을 소구하는 것은 별론으로 하고 판결에 표시된 채무자에 대한 판결의 기판력 및 집행력의 범위를 채무자 이외의 사람에게 확장하여 승계집행문을 부여할 수는 없으나, 채무자의 채무를 소멸시켜 당사자인 채무자의 지위를 승계하는 이른바 면책적 채무인수는 위 조항에서 말하는 승계인에 해당한다(대법원 2016. 5. 27. 선고 2015다21967 판결).

3) 주택임대차보호법 제3조 제4항에 따라 임차주택의 양수인은 임대인의 지위를 승계한 것으로 보므로 임대차보증금 반환채무도 부동산의 소유권과 결합하여 일체로서 임대인의 지위를 승계한 양수인에게 이전되고 양도인의 보증금반환채무는 소멸하는 것으로 해석되므로 임차인이 임대인을 상대로 제기한 보증금반환청구소송의 변론종결 후에 임대부동산을 양수한 사람은 변론종결후의 승계인에 해당한다(대법원 2022. 3. 17. 선고 2021다210720 판결).

4) 대법원 1992. 10. 27. 선고 92다10883 판결.

5) 대법원 1991. 1. 15. 선고 90다9964 판결.

없는 채권적 청구권일 때에는 승계인이 되지 못한다.

#### (다) 실체법상 대항할 수 있는 고유의 공격방어방법을 갖고 있는 경우

승계인이 원고에게 대항할 수 있는 실체법상 고유의 공격방어방법을 갖고 있는 경우, 예를 들어 원고의 매매계약에 기한 소유권이전등기청구소송에서 패소한 피고로부터 계쟁부동산을 매수하여 소유권이전등기를 마친 사람은 채권자에 불과한 원고에 대하여 자신의 소유권으로 대항할 수 있고, 원고의 소유권에 기한 동산인도청구소송에서 패소한 피고로부터 동산을 선의취득한 사람은 원고에게 선의취득을 이유로 대항할 수 있는데, 이들도 변론종결후의 승계인으로 볼 수 있는지 논의가 있다.

이에 대해서는 실체법상 원고에게 대항할 수 있는 고유의 공격방어방법을 가졌는지 여부를 불문하고 형식적으로 계쟁물에 관한 권리를 승계한 사람이라면 변론종결후의 승계인에 해당하고 그에게 판결의 효력이 미친다고 하는 견해(형식설)와 계쟁물에 관한 권리를 승계한 사람이라고 하더라도 실체법상 고유의 공격방어방법을 갖고 있는 경우에는 변론종결후의 승계인으로 볼 수 없다는 견해(실질설)가 있다. 양설 모두 실체법상 대항할 수 있는 고유의 권리를 가진 승계인은 강제집행을 당하지 않는다는 점에서 차이가 없다. 형식설에 의하면 승계인에 해당하지만 실체법상 고유의 공격방어방법으로 그 효력을 배제할 수 있고, 실질설에 의하면 아예 승계인에 해당하지 않으므로 판결의 효력이 미치지 않게 된다. 그리하여 형식설에 의하면 집행채권자(피승계인의 상대방)가 계쟁물에 관한 권리를 승계한 사람이 변론종결후의 승계인임을 증명하여 승계집행문을 부여받을 수 있고, 이에 대하여 승계인이 집행문부여에 대한 이의신청(민사집행법 제34조), 집행문부여에 관한 이의의 소(동법 제45조), 청구이의의 소(동법 제44조)를 제기하여 다투어야 한다. 그러나 실질설에 의하면 승계인이 아니므로 승계집행문을 부여받을 수 없고 집행채권자가 집행문부여거절에 대한 이의신청(동법 제34조)이나 집행문부여의 소(동법 제33조)를 제기하여 다투어야 한다. 실체법상 대항할 수 있는 고유의 공격방어방법을 가지고 있음에도 오히려 소송상 부담을 주는 것은 부당하다는 점에서 실질설이 타당하다고 본다.[1]

판례는 실질설의 입장이다. 판례는 소송물인 청구가 대세적 효력을 갖는 물권

---

1) 김홍엽, 806면; 한충수, 586면.

적 청구권일 경우에는 피고의 지위를 승계한 사람은 변론종결후의 승계인이지만, 대인적 효력밖에 없는 채권적 청구권일 경우에는 승계인이 되지 못한다고 한다. 예를 들어, 소유권에 기한 소유권이전등기의 말소를 구하는 소송에서 말소를 명하는 판결이 확정되었을 때 피고로부터 변론종결 후에 소유권이전등기를 경료한 사람은 변론종결후의 승계인에 해당하지만,[1] 매매나 취득시효완성을 이유로 한 소유권이전등기청구소송에서 변론종결 후에 피고로부터 소유권이전등기를 경료한 사람은 변론종결후의 승계인에 해당하지 않는다고 한다.[2] 후자의 경우 원고가 승소의 확정판결을 받았다고 하여도 자기 앞으로 등기를 마치기 전에는 단순한 채권자의 지위를 갖는 데 불과하므로 이미 소유권이전등기를 갖추어 소유권을 취득한 사람에게 대항할 수는 없기 때문이다. 또한 토지의 소유자가 소유권에 기하여 토지의 무단점유자를 상대로 임대료 상당의 부당이득반환을 구하는 소송을 제기하여 매월 일정 금액의 임대료 상당 부당이득을 반환하라는 판결이 확정된 경우에 이러한 소송의 소송물은 채권적 청구권인 부당이득반환청구권이므로 위 소송의 변론종결 후에 위 토지의 소유권을 취득한 사람은 확정판결의 기판력이 미치는 변론종결후의 승계인에 해당하지 않는다.[3]

**판례** **변론종결후의 승계인**

판례는 전소 판결의 기판력이 작용하지 않는 경우에는 전소 판결의 변론종결 후에 당사자로부터 계쟁물 등을 승계하였더라도 변론종결후의 승계인이 되지 않는다고 한다.

① 소송물이 동일하거나 선결문제 또는 모순관계에 의하여 기판력이 미치는 객관적 범위에 해당하지 않는 경우에는 전소 판결의 변론종결 후에 당사자로부터 계쟁물 등을 승계한 사람이 후소를 제기하더라도 그 후소에 전소 판결의 기판력이 미치지 않는다. A가 B를 상대로 건물에 관한 소유권이전등기의 말소를 구하는 소를 제기하여 승소판결을

---

1) 대법원 1963. 9. 27. 선고 63마14 판결.

2) 대법원 1969. 10. 23. 선고 69사80 판결; 1997. 5. 28. 선고 96다41649 판결; 1993. 12. 14. 선고 93다16802 판결.

3) 따라서 토지의 새로운 소유자가 토지의 무단점유자를 상대로 다시 부당이득반환청구의 소를 제기하지 않고 토지의 전 소유자가 앞서 제기한 부당이득반환청구소송에서 내려진 정기금판결에 대하여 변경의 소를 제기하는 것은 부적법하다(대법원 2016. 6. 28. 선고 2014다31721 판결).

선고받아 확정되었는데, 위 판결의 변론종결 후에 B로부터 건물소유권을 이전받은 C가 A를 상대로 위 건물의 인도 및 차임 상당의 부당이득반환을 구하는 소를 제기한 경우 전소 판결에서 소송물로 주장된 법률관계는 건물에 관한 말소등기청구권의 존부이고 건물의 소유권의 존부는 전제가 되는 법률관계에 불과하여 전소 판결의 기판력이 미치지 않으며, 전소인 말소등기청구권에 대한 판단이 건물인도 등 청구의 소의 선결문제가 되거나 건물인도청구권 등의 존부가 전소의 소송물인 말소등기청구권의 존부와 모순관계에 있다고 볼 수 없어 전소의 기판력이 건물인도 등 청구의 소에 미친다고 할 수 없고, 이는 C가 전소 판결의 변론종결 후에 B로부터 건물을 매수하여 소유권이전등기를 마쳤더라도 마찬가지이므로 C가 변론종결 후의 승계인이어서 전소 확정판결의 기판력이 미쳐 건물소유권을 취득할 수 없다고 본 원심판결에는 법리오해 등의 위법이 있다(대법원 2014. 10. 30. 선고 2013다53939 판결).

② A가 B를 상대로 건물소유권에 기한 방해배제청구로서 건물 중 일부를 명도하라는 소송을 제기하여 패소판결을 받아 확정되었고, C는 위 소송의 변론종결 후에 A로부터 위 건물을 매수하여 소유권이전등기를 경료하였으며, C가 B를 상대로 소유권에 기하여 건물명도청구소송을 제기한 경우 건물소유권에 기한 물권적청구권을 원인으로 하는 건물명도소송의 소송물은 건물소유권이 아니라 그 물권적 청구권인 건물명도청구권이므로 그 소송에서 청구기각된 확정판결의 기판력은 건물명도청구권의 존부 그 자체에만 미치는 것이고, 소송물이 되지 않은 건물소유권의 존부에 관해서는 미치지 않으므로 그 건물명도소송의 사실심 변론종결 후에 A로부터 건물을 매수하고 소유권이전등기를 마침으로써 그 소유권을 승계한 B의 건물소유권의 존부에 관해서는 위 확정판결의 기판력이 미치지 않으며, 또 이 경우 B가 가지게 되는 물권적 청구권인 건물명도청구권은 적법하게 승계한 건물소유권의 일반적 효력으로서 발생된 것이고 위 건물명도소송의 소송물인 A의 건물명도청구권을 승계함으로써 가지게 된 것이라고는 할 수 없으므로 C는 위 확정판결의 변론종결 후의 승계인에 해당한다고 할 수 없다. 따라서 C가 건물소유권에 기하여 B를 상대로 건물의 명도를 구하는 청구는 위 확정판결의 기판력에 저촉되는 것이라고 할 수 없다(대법원 1999. 10. 22. 선고 98다6855 판결).

### 3) 승계의 시기

매매 등 원인행위가 변론종결 이전에 있었더라도 등기를 변론종결 후에 갖추었으면 변론종결 후의 승계로 보아야 한다. 변론종결 이전에 경료된 가등기에 기하여 변론종결 후에 소유권이전등기가 이루어진 경우에도 변론종결 후의 승계에 해당한다.[1] 그러나 제1차 승계가 변론종결 전에 이미 있었다면 비록 변론종결 후에 제2차 승계가 있었다고 할지라도 제2차 승계인은 변론종결후의 승계인이 아니다.[2] 예를 들어, 건물명도청구소송의 변론종결 전에 피고로부터 그가 점유하던 건물을 임대받아 사용하던 사람이 변론종결 후에 다시 다른 사람에게 전대하여 점유를 이전한 경우 그 전대를 받은 사람은 변론종결 후의 승계인에 해당하지 않는다.

#### 4) 추정승계인

당사자가 변론을 종결할 때(변론 없이 한 판결의 경우에는 판결을 선고할 때)까지 승계사실을 진술하지 않는 경우에는 변론을 종결한 후(변론 없이 한 판결의 경우에는 판결을 선고한 후)에 승계한 것으로 추정한다(제218조 제2항). 여기서 변론종결 전의 승계사실을 진술할 사람이 승계인인지 아니면 피승계인인지 논란이 있으나, 법문에서 당사자라고 규정하고 있는 점에 비추어 피승계인으로 보아야 할 것이다.[3] 변론을 종결할 때까지 승계사실을 진술하지 않으면 변론종결후의 승계인으로 추정한다는 취지는 변론종결 전의 승계를 주장하는 사람에게 그에 대한 증명책임이 있다는 의미이므로 변론종결 전의 승계사실이 증명되면 위 추정은 깨어지고 판결의 기판력이 승계인에게 미치지 않는다.[4] 따라서 승계인은 변론종결 전에 승계되었음을 주장·증명하여 판결의 효력에서 벗어날 수 있다.

### (3) 청구의 목적물을 소지한 사람

기판력은 청구의 목적물을 소지한 사람에게도 미친다(제218조 제1항). 여기서 청구의 목적물을 소지한 사람이란 특정물인도청구의 대상이 되는 특정물을 당사자 또는 변론종결후의 승계인을 위하여 소지하는 사람을 말한다. 청구가 물권적이거나 채권적이거나 상관없고, 소지의 시기도 변론종결 전후를 불문한다. 예를 들어,

---

1) 대법원 1992. 10. 27. 선고 92다10883 판결.
2) 대법원 1967. 2. 23. 자 67마55 결정.
3) 김홍엽, 807면; 이시윤, 665면.
4) 대법원 2005. 11. 10. 선고 2005다34667,34674 판결.

수치인, 창고업자, 관리인, 운송인 등이 여기에 해당한다. 이들에게는 집행력이 미치므로 승계집행문을 부여받아 집행할 수 있다.

그러나 자기 고유의 이익을 위하여 목적물을 소지하는 사람, 예를 들어 임차인, 질권자, 전세권자, 지상권자 등은 여기서 제외된다. 이들에게는 집행력이 미치지 않으므로 승계집행문을 부여받을 수 없고, 이들에 대해서는 별도의 집행권원이 필요하다. 한편 당사자인 법인의 임직원이나 당사자의 동거가족 등 당사자의 소지기관이나 점유보조자도 여기에 속하지 않는다. 당사자 본인이 직접 소지하는 것과 같기 때문이다.

### (4) 제3자의 소송담당에 있어서 권리귀속의 주체

제3자의 소송담당에서 소송담당자가 받은 판결의 효력은 소송물인 권리의무의 주체인 사람에게 미친다(제218조 제3항). 예를 들어, 선정당사자가 받은 판결의 효력은 선정자에게 미치고, 유언집행자가 받은 판결의 효력은 상속인에게 미친다.

판례는 채권자대위소송에서 확정판결의 효력은 채무자가 대위소송이 제기된 사실을 알았을 경우에 한하여 채무자에게 미친다고 하고,[1] 이처럼 기판력이 채무자에게 미치는 경우에는 같은 채무자의 다른 채권자가 제기한 채권자대위소송에 대해서도 앞선 채권자대위소송에서의 판결의 기판력이 미친다고 한다.[2] 다만, 채무자가 대위소송이 제기된 사실을 알지 못하였을 경우에는 앞선 채권자대위소송에서의 판결의 기판력이 다른 채권자가 제기한 채권자대위소송에 미치지 않는다고 한다.[3] 또한 채무자가 제3채무자를 상대로 한 소송에서 확정판결의 효력은 채권자가 제기한 동일한 내용의 채권자대위소송에도 미친다고 한다.[4]

그러나 채권자취소소송의 경우 판례는 채권자취소권은 채권자 각자의 고유한 권리이므로 어느 한 채권자가 동일한 사해행위에 관하여 사해행위취소 및 원상회복청구를 하여 승소확정판결을 받았다고 하더라도 그 후에 제기된 다른 채권자의 동일한 청구에 대하여 판결의 효력이 미치지 않는다고 한다. 다만, 그 승소확정판

1) 대법원 1975. 5. 13. 선고 74다1664 전원합의체 판결.
2) 대법원 2008. 7. 24. 선고 2008다25510 판결.
3) 대법원 1994. 8. 12. 선고 93다52808 판결.
4) 대법원 1979. 3. 13. 선고 76다688 판결; 1981. 7. 7. 선고 80다2751 판결.

결에 기하여 재산이나 가액의 회복을 마친 경우에는 다른 채권자의 사해행위취소 및 원상회복청구는 그와 중첩되는 범위 내에서 권리보호의 이익이 없게 된다고 한다.[1)]

### (5) 소송탈퇴자

제3자가 독립당사자참가(제79조), 참가승계(제81조), 인수승계(제82조)한 경우에 종전 당사자는 소송에서 탈퇴할 수 있고, 그 후 제3자와 상대방 당사자 사이의 판결의 기판력은 탈퇴자에게도 미친다(제80조 단서, 제81조, 제82조 제3항).

### (6) 일반 제3자에의 확장

신분관계 또는 단체의 법률관계 등의 소송에서는 판결의 효력을 제3자에게 확장하여 법률관계의 획일적인 처리를 도모할 필요가 있는 경우가 있다.

#### 1) 일정한 이해관계인에게 확장되는 경우

추심소송의 판결의 효력은 그 소송에 공동소송인으로 참가하도록 명령을 받은 집행권원이 있는 다른 채권자에게 미친다(민사집행법 제249조 제4항).[2)] 또한 증권관련집단소송의 판결의 효력은 제외신고를 하지 않은 구성원에게 미치고(증권관련 집단소송법 제37조), 소비자단체소송에서 원고단체가 패소판결을 받은 경우에는 다른 단체는 동일한 사안에 관하여 다시 단체소송을 제기할 수 없다(소비자기본법 제75조, 개인정보보호법 제56조). 파산채권확정소송이나 개인회생채권확정소송의 판결의 효력은 채권자 전원에게 미치고(채무자 회생 및 파산에 관한 법률 제460조, 제607조), 회생채권 또는 회생담보권확정소송의 판결은 회생채권자·회생담보권자·주주·지분권자 전원에게 미친다(동법 제168조).

---

1) 대법원 2008. 4. 24. 선고 2007다84352 판결.

2) 압류채권자의 추심소송에서 집행력 있는 정본을 가진 모든 채권자는 공동소송인으로 원고 쪽에 참가할 권리가 있고(민사집행법 제249조 제2항), 소송을 제기당한 제3채무자는 위의 채권자를 공동소송인으로 원고 쪽에 참가하도록 명할 것을 첫 변론기일까지 신청할 수 있다(동조 제3항). 추심소송에 대한 재판은 이러한 명령을 받은 채권자에 대하여 효력이 미친다(동조 제4항).

### 2) 일반 제3자에게 확장되는 경우

가류 또는 나류 가사소송사건에서 청구인용판결은 일반 제3자에게도 그 효력이 있다(가사소송법 제21조 제1항). 그러나 청구배척판결은 제3자가 그 소송에 참가하지 못한 데 정당한 사유가 있으면 미치지 않지만, 그렇지 않으면 판결의 효력이 미쳐 재소가 금지된다(동조 제2항). 또한 피고를 회사로 하는 회사관계소송에서 청구인용판결은 원칙적으로 제3자에게도 미친다(상법 제190조 등).[1] 그러나 청구기각판결은 당사자 사이에만 미친다. 판례는 이사회결의무효확인소송에서 청구인용판결의 효력은 당사자 사이에서만 발생하는 것이고 대세적 효력은 없다고 한다.[2] 회사관계소송에서 청구인용판결의 대세효를 형성력의 효과로 보는 견해가 있으나, 형성소송에 해당하는 경우에는 이를 형성력으로 볼 수 있지만, 확인소송인 경우에는 기판력의 확장으로 이해해야 할 것이다.

# Ⅴ. 판결의 무효와 편취

## 1. 판결의 무효

### (1) 의의

판결의 외관을 갖추고 있으나 그 내용에 중대한 흠결이 있어 기판력, 집행력, 형성력 등의 효력이 발생하지 않는 판결을 무효의 판결이라고 한다. 무효인 판결이라도 판결의 외관이 존재하므로 해당 심급을 완결시키고 통상적인 불복방법으로

---

1) 설립무효의 판결 또는 설립취소의 판결은 제3자에 대하여도 그 효력이 있다. 그러나 판결확정 전에 생긴 회사와 사원 및 제3자 간의 권리의무에 영향을 미치지 않는다(상법 제190조). 상법 제190조는 합병무효의 소(동법 제240조, 제530조 제2항, 제530조의11), 주주총회결의 취소·무효 및 부존재확인의 소(동법 제376조 제2항, 제380조), 부당결의 취소변경의 소(동법 제381조 제2항), 신주발행무효의 소(동법 제430조), 감자무효의 소(동법 제446조) 등에 준용된다. 그러나 주주의 대표소송에서는 청구인용판결의 대세효가 인정되지 않는다(동법 제403조).

2) 대법원 2000. 1. 28. 선고 98다26187 판결; 1988. 4. 25. 선고 87누399 판결.

다툴 수 없다는 형식적 확정력이 존재한다는 견해가 있다.[1] 그러나 무효인 판결에는 어떠한 효력도 인정되지 않는다고 할 것이다.[2] 유효한 판결인 것과 같은 외관의 존재로 인하여 판결이 집행될 위험이 있어 이를 제거할 필요가 있으나, 이를 위하여 무효인 판결에 대하여 효력이 발생하는 것으로 의제하는 것은 타당하지 않다.

### (2) 구체적 사례

무효인 판결로는 ① 국내재판권이 미치지 않는 사람에 대한 판결, ② 실재하지 않는 사람이나 소송계속 전에 이미 사망한 사람을 당사자로 한 판결,[3] ③ 배우자의 일방이 사망하였음에도 한 이혼판결[4] 등 현재 존재하지 않는 법률관계의 형성을 목적으로 한 판결, ④ 심판의 대상이 되지 않는 사항에 대한 판결, 예를 들어 소취하를 간과하여 한 판결,[5] 당사자가 임의로 처분할 수 없는 사항을 대상으로 한 조정이나 화해,[6] 청구의 예비적 병합에서 주위적 청구를 인용하면서 예비적 청구에 대하여 한 판결,[7] 본소청구의 인용을 조건으로 한 예비적 반소에서 본소청구를 배척하면서 예비적 반소에 대하여 한 판결,[8] ⑤ 판결주문에서 강행법규나 선량한 풍속 기타 사회질서 위반 등 국내법이 인정하지 않는 법률효과를 긍정한 판결 등이 있다.

그러나 소송계속 후에 당사자 일방이 사망하였으나 이를 간과하고 한 판결은 무효의 판결은 아니며 대리권의 흠결을 이유로 상소 또는 재심에 의하여 취소를 구할 수 있을 뿐이다.[9] 또한 판결주문이 아니라 판결이유에 강행법규나 사회질서에 반하는 판단이 포함되어 있다고 하여 그 판결이 무효가 되는 것은 아니다.[10] 판

1) 김홍엽, 824면; 이시윤, 677면.
2) 한충수, 608면.
3) 대법원 2000. 10. 27. 선고 2000다33775 판결.
4) 대법원 1982. 10. 12. 선고 81므53 판결.
5) 김홍엽, 824면; 이시윤, 676면.
6) 대법원 2012. 9. 13. 선고 2010다97846 판결.
7) 대법원 2000. 11. 16. 선고 98다22253 전원합의체 판결.
8) 대법원 2006. 6. 29. 선고 2006다19061,19078 판결.
9) 대법원 1995. 5. 23. 선고 94다28444 전원합의체 판결.
10) 이시윤, 676면.

결주문이 불특정하여 집행불능인 판결은 무효라는 견해가 있으나, 무효인 판결로 볼 것은 아니며 유효한 판결이지만 집행불능을 구제하기 위하여 재소(再訴)가 허용되는 것으로 이해함이 타당하다. 판결주문을 특정하기 위하여 다시 소송을 제기한 경우 전소 판결의 불특정한 범위 내에서 기판력이 미치지 않는다.[1]

### (3) 무효인 판결에 대한 불복

무효인 판결에 대한 상소가 허용되는지 논란이 있다. 통설은 무효인 판결이라도 유효한 판결인 것과 같은 외관을 제거하기 위하여 상소를 제기할 수 있다고 한다.[2] 이 경우 상소심은 무효인 판결을 취소하고 소를 각하할 것이라고 한다.[3] 그러나 판례는 무효인 판결에 대한 상소는 부적법하다고 한다.[4] 다만, 무효인 가처분 결정으로 인하여 생긴 외관(등기나 등록 등)을 제거하기 위하여 이의신청으로서 그 취소를 구할 수 있다고 한다.[5] 또한 판례는 무효인 판결에는 확정력이 없어 이에 대한 재심의 소도 부적법하다고 한다.[6]

생각건대, 무효인 판결은 아무런 효력이 발생하지 않으므로 원칙적으로 상소의 이익이 없고, 확정력이 없어 재심의 대상이 될 수도 없다. 무효인 판결은 송달되더라도 효력이 없어 상소기간이 개시될 여지도 없다. 또한 무효인 판결에 기한 강제집행도 무효이다. 그러나 무효인 판결이라고 하더라도 판결로서의 외관을 갖추고 있는 이상 강제집행을 당할 위험이 있으므로 이러한 위험을 제거할 현실적인 필요성이 있다. 따라서 판결의 집행을 당할 위험이 있는 경우에는 이러한 위험을 제거하기 위하여 상소 또는 집행단계에서는 청구이의의 소나 집행법상의 이의의 소를 제기할 이익이 있다고 할 것이다.

---

1) 대법원 1998. 5. 15. 선고 97다57658 판결.
2) 이시윤, 677면; 한충수, 611면.
3) 이시윤, 677면.
4) 대법원 2000. 10. 27. 선고 2000다33775 판결.
5) 대법원 2002. 4. 26. 선고 2000다30578 판결.
6) 대법원 1994. 12. 9. 선고 94다16564 판결.

## 2. 판결의 부존재(비판결)

판결로서 성립하기 위한 요건을 갖추지 않아 판결로서의 존재 자체를 인정할 수 없는 경우를 말한다. 예를 들어, 법관이 아닌 사람이 한 판결, 선고되지 않은 판결, 선고조서가 없거나 선고조서에 재판장의 기명날인이 없는 판결[1] 등이다. 판결이 부존재하는 경우에는 판결로서의 효력이 발생하지 않으며, 상소의 대상이 되지 않는다. 판결이 부존재하는 경우에는 무효인 판결에서와 같은 판결집행의 위험성이 크지 않아 상소의 허용 여부를 논할 실익이 없다.

## 3. 판결의 편취

### (1) 의의

판결의 편취란 당사자가 상대방 또는 법원을 기망하여 부당한 내용의 판결을 받은 경우를 말한다. 이렇게 취득한 판결을 편취판결이라고 한다. 편취판결의 대표적인 유형으로는 ① 다른 사람의 이름으로 소송을 제기하여 판결을 받은 경우(성명모용판결), ② 소취하합의를 하여 피고로 하여금 불출석하도록 한 다음 소송을 그대로 진행하여 승소판결을 받은 경우(소취하합의에 의한 판결편취), ③ 피고의 주소를 알고 있음에도 불구하고 소재불명으로 속여 공시송달명령을 받아 피고가 모르는 사이에 승소판결을 받은 경우(공시송달에 의한 판결편취), ④ 피고의 주소를 허위로 적어 그 주소에 소장부본이 송달되도록 하고 실제로는 피고가 아닌 원고와 통모한 사람이 송달받았음에도 피고 자신이 송달받고도 답변서를 제출하지 않은 것으로 속여 피고의 자백간주 또는 무변론으로 승소판결을 받은 경우(자백간주에 의한 판결편취) 등이 있다. 이러한 경우에 소장에 당사자로 기재된 사람이 당사자로서 판결의 효력을 받게 되는데, 절차적 기본권을 침해당한 진정한 당사자에게 어떠한 권리구제수단이 있는지 살펴볼 필요가 있다.

---

1) 대법원 1955. 4. 7. 선고 4288민상6 판결.

### (2) 소송법상 구제방법

#### 1) 학설

① 판결이 편취되었을 때에는 피고의 재판을 받을 권리가 실질적으로 보장된 것이 아니기 때문에 편취판결은 당연무효라는 견해(무효설), ② 진정한 당사자에게 소송서류가 송달된 사실이 없어 항소기간이 진행되지 않았고 판결이 확정되지도 않았으므로 상소의 추완이나 재심청구는 허용되지 않으며, 진정한 당사자는 이제라도 항소를 제기할 수 있다는 견해(항소설), ③ 항소기간이 도과하였으므로 진정한 당사자는 항소를 제기하여 구제받을 수 없고 상소의 추완이나 재심을 청구하는 방법으로 구제받아야 한다는 견해(재심설)가 있다.

#### 2) 판례

판례는 편취판결의 유형별로 상이한 입장을 보이고 있다. 성명모용판결의 경우 표시설의 입장에서 당사자는 소장에 당사자로 표시된 사람이고 실제 소송을 수행한 사람이 아니므로 판결의 효력은 소장에 당사자로 표시된 사람에게만 미친다고 하면서 판결의 효력을 배제하려면 제451조 제1항 제3호 소정의 소송대리권의 흠결을 이유로 재심의 소를 제기해야 한다고 하여 재심설의 입장을 취하고 있다.[1]

그런데 자백간주에 의한 판결편취의 경우에는 진정한 피고가 판결정본 기타 소송서류를 전혀 받은 바 없으므로 항소기간이 진행되지 않아 판결이 확정되지 않았으므로 진정한 피고는 지금이라도 항소를 제기할 수 있다고 하고, 아직 판결이 확정되지 않았으므로 상소의 추완이나 제451조 제1항 제11호에 의한 재심청구는 허용되지 않는다고 하여 항소설의 입장을 취하고 있다.[2] 그러나 공시송달에 의한 판결편취의 경우에는 판결의 송달이 유효하므로 진정한 피고는 상소의 추완이나 제451조 제1항 제11호에 의한 재심청구의 방법에 의하여 구제받을 수 있다고 하여 재심설의 입장이다.[3]

---

1) 대법원 1964. 11. 17. 선고 64다328 판결; 1964. 3. 31. 선고 63다656 판결.
2) 대법원 1978. 5. 9. 선고 75다634 판결; 1994. 12. 22. 선고 94다45449 판결.
3) 대법원 1980. 7. 8. 선고 79다1528 판결.

### 3) 결론

무효설은 만일 판결이 무효라면 기판력제도를 동요시켜서 법적 안정성을 해할 우려가 있으며, 더구나 판결편취의 대표적인 경우인 자백간주 또는 공시송달에 의한 판결편취의 경우에 제451조 제1항 제11호에서 당연무효의 판결이 아님을 전제로 하여 재심사유로 규정하고 있으므로 우리 실정법에는 맞지 않는다는 문제점이 있다. 한편 항소설은 제451조 제1항 제11호에서 재심사유로 규정하고 있음에도 불구하고 항소 제기를 허용하는 것은 명문의 규정에 반하고, 어느 때라도 항소를 할 수 있게 하는 것은 불안정한 법률상태를 무한정 방치시키는 것이며, 제1심을 하지 못한 채 곧바로 항소심에 들어가야 한다는 것은 심급의 이익이 박탈된다는 문제점이 있다. 재심설이 타당하다고 본다. 성명모용판결과 소취하합의에 의한 판결편취는 제451조 제1항 제3호의 재심사유(대리권의 흠결이 있는 때)에 해당하고, 자백간주 또는 공시송달에 의한 판결편취는 동항 제11호의 재심사유(당사자가 상대방의 주소·거소를 알고 있었음에도 모른다고 하거나 주소·거소를 거짓으로 하여 소를 제기한 때)에 해당한다고 할 것이다. 재심설에 대해서는 재심기간[1]이 도과한 경우에는 당사자의 구제에 불충분하다는 비판이 있지만, 법문의 규정에 가장 충실하고, 논리적 일관성 및 법적 안정성이 인정된다는 점에서 가장 타당하다고 본다.

### 4) 청구이의의 소에 의한 구제

편취판결에 기하여 강제집행을 하는 경우 청구이의의 소에 의하여 구제받을 수 있는지 논의가 있다. 판례는 확정판결에 의한 권리라고 하더라도 신의에 좇아 성실히 행사되어야 하고 확정판결에 기한 집행이 권리남용이 되는 경우에는 허용되지 않으므로 편취판결에 기하여 강제집행을 하는 경우에 그것이 현저히 부당하고 상대방으로 하여금 그 집행을 수인하도록 하는 것이 정의에 반함이 명백하여 사회생활상 용인할 수 없다고 인정되는 때에는 청구이의의 소에 의하여 그 집행력의 배제를 구할 수 있다고 한다.[2] 확정판결에 기한 집행행위 자체가 권리남용에 해당하는 때에는 변론종결 후에 발생한 새로운 사유로 볼 수 있으므로 청구이의의 소

---

1) 판결확정 후 5년을 경과한 때에는 재심의 소를 제기하지 못한다(제456조 제3항).

2) 대법원 2007. 5. 31. 선고 2006다85662 판결; 1997. 9. 12. 선고 96다4862 판결.

에 의하여 그 집행의 배제를 구할 수 있다고 할 것이다. 다만, 청구이의의 소로는 집행이 종료되지 않은 부분에 대해서만 그 집행을 저지할 수 있을 뿐이고, 이미 집행이 종료된 부분에 대해서는 불법행위에 기한 손해배상책임으로 해결해야 한다.[1]

### (3) 실체법상 구제방법

편취판결에 기한 강제집행 등으로 손해가 생긴 경우에 부당이득반환청구나 손해배상청구를 하려면, 먼저 재심의 소를 제기하여 편취판결을 취소해야 하는지 논란이 있다.

#### 1) 학설

① 편취판결이라도 당연무효는 아니므로 부당이득이나 손해배상청구를 함에는 재심의 소를 제기하여 판결이 취소되어야 한다는 견해(재심필요설), ② 진정한 피고에게 소송서류가 송달된 사실이 없어 항소기간이 진행되지 않았고 판결이 확정되지도 않아 기판력이 없으므로 진정한 피고는 별소를 제기하여 부당이득이나 손해배상 등을 청구할 수 있다는 견해(재심불요설), ③ 당사자의 절차적 기본권이 근본적으로 침해되었거나 재심사유가 존재하는 등 확정판결의 효력을 인정하는 것이 명백히 정의에 반하는 경우에 한하여 재심을 거치지 않고도 부당이득이나 손해배상 등의 청구를 할 수 있다는 견해(제한적 불요설)[2] 등이 있다.

#### 2) 판례

판례는 편취판결의 유형 중 자백간주에 의한 편취판결의 경우에는 항소설의 입장이므로 실체법상 권리구제를 위하여 재심을 제기할 필요가 없음은 당연한 결론이고, 이를 제외한 나머지 유형의 편취판결에 대하여 판례는 부당이득반환청구의 경우에는 재심필요설, 불법행위로 인한 손해배상청구의 경우에는 제한적 불요설에 가까운 입장을 보이고 있다. 판례는 편취판결에 의한 강제집행으로 교부한 금원에 대하여 부당이득반환청구를 하는 경우 그 판결이 재심의 소 등으로 취소되지 않는

---

1) 대법원 2001. 11. 13. 선고 99다32899 판결.
2) 정동윤 · 유병현, 745면.

한 판결의 기판력에 저촉되어 부당이득의 반환을 주장할 수 없으므로 편취판결의 강제집행으로 교부받은 금원을 법률상 원인이 없는 이득이라고 할 수 없다고 하고,[1] 확정판결의 효력을 배제하기 위해서는 그 확정판결에 재심사유가 존재하는 경우에 재심의 소에 의하여 그 취소를 구하는 것이 원칙적인 방법인 점에 비추어 볼 때 확정판결에 기한 강제집행이 불법행위로 되는 것은 당사자의 절차적 기본권이 근본적으로 침해된 상태에서 판결이 선고되었거나 확정판결에 재심사유가 존재하는 등 확정판결의 효력을 존중하는 것이 정의에 반함이 명백하여 이를 묵과할 수 없는 경우로 한정하여야 할 것이라고 한다.[2]

### 3) 결론

편취판결이라도 당연무효는 아니므로 부당이득이나 손해배상청구를 하기 위해서는 재심의 소를 제기하여 판결을 취소하는 것이 선결적이라고 할 것이다. 재심의 소를 제기하면서 관련 청구로 부당이득이나 손해배상청구를 병합하여 제기한다면, 먼저 재심소송을 하고 뒤에 부당이득반환 등 소송을 하게 됨으로써 생기는 번거로움과 비효율을 극복할 수 있을 것이다. 판례는 재심청구에 통상의 민사상 청구를 병합할 수 없다고 하나,[3] 재심원고가 승소할 경우에 대비한 원상회복 등 관련 청구를 병합하여 제기함이 소송경제적이라고 할 것이므로 긍정함이 타당하다.

**사례** **판결의 편취**

아래 각 물음에 답하시오.

① A는 B에 대한 채권 5천만원을 갖고 있지 않음에도 B를 상대로 5천만원의 지급을 구하는 소송을 제기하였고, 자신과 통모한 C의 주소를 B의 주소로 기재하여 C로 하여금 소장 등 소송서류를 송달받게 하였다. 그리하여 제1심에서 변론 없이 원고승소판결이 선고되었고, 상소기간이 도과하였다. B에게는 어떠한 구제수단이 있는지 설명하시오.

---

1) 대법원 1995. 6. 29. 선고 94다41430 판결.

2) 대법원 2007. 5. 31. 선고 2006다85662 판결; 2001. 11. 13. 선고 99다32899 판결.

3) 대법원 1971. 3. 31. 선고 71다8 판결.

이 사례는 자백간주에 의한 판결편취에 해당한다. 이 경우 판례는 진정한 피고가 판결정본 기타 소송서류를 전혀 받은 바 없으므로 항소기간이 진행되지 않아 판결이 확정되지 않았으므로 진정한 피고는 지금이라도 항소를 제기할 수 있다고 하고, 아직 판결이 확정되지 않았으므로 상소의 추완이나 제451조 제1항 제11호에 의한 재심청구는 허용되지 않는다고 한다(대법원 1978. 5. 9. 선고 75다634 판결; 1994. 12. 22. 선고 94다45449 판결). 따라서 B는 지금이라도 항소를 제기할 수 있고, 만일 A가 위 판결에 기하여 강제집행을 하여 B로부터 5천만원을 추심하였다면, B는 별개의 소송으로 A를 상대로 부당이득으로 5천만원의 반환을 구할 수 있다.

② A는 B에 대한 채권 5천만원을 갖고 있지 않음에도 B를 상대로 5천만원의 지급을 구하는 소송을 제기하였고, B의 주소를 알고 있음에도 소재불명이라고 주장하여 공시송달의 방법으로 소송을 진행하였다. 그리하여 제1심에서 원고승소판결이 선고되었고, 상소기간이 도과하였다. B에게는 어떠한 구제수단이 있는지 설명하시오.

이 사례는 공시송달에 의한 판결편취에 해당한다. 이 경우 판례는 판결의 송달 그 자체는 유효하므로 진정한 피고는 상소의 추완이나 제451조 제1항 제11호에 의한 재심청구의 방법에 의하여 구제받을 수 있다고 한다.[4] 따라서 B는 판결의 효력을 배제하기 위해서는 상소의 추완 또는 재심을 청구해야 한다. 그런데 A가 판결에 기하여 강제집행을 시도하는 경우에는 그러한 강제집행은 권리남용이라 할 것이므로 청구이의의 소에 의하여 그 집행력을 배제할 수 있다(대법원 2001. 11. 13. 선고 99다32899 판결). 그럼에도 A가 위 판결에 기하여 강제집행을 하여 B로부터 5천만원을 추심하였다면, B는 바로 A를 상대로 부당이득의 반환을 구하는 소송을 제기할 수는 없으며, 먼저 재심을 청구하여 판결을 취소한 후에 부당이득의 반환을 구해야 한다. 판례는 재심의 소에 통상의 민사상 청구를 병합할 수 없다고 하나(대법원 1971. 3. 31. 선고 71다8 판결), 재심의 소를 제기하면서 관련 청구로 부당이득반환청구를 병합하여 제기하면 재심소송을 먼저하고 뒤에 부당이득반환소송을 하게 됨으로써 생기는 번거로움과 비효율을 극복할 수 있을 것이다.

4) 대법원 1980. 7. 8. 선고 79다1528 판결; 1985. 10. 8. 선고 85므40 판결.

## Ⅵ. 종국판결의 부수적 재판

### 1. 소송비용재판

#### (1) 소송비용

소송비용은 소송당사자가 현실적으로 소송에서 지출한 비용 중 법령에서 정한 범위에 속하는 비용을 말한다. 소송비용에는 재판비용과 당사자비용이 있다. 재판비용은 소송절차를 수행하기 위하여 법원에 납부하는 비용으로 인지대, 송달료, 증인·감정인·통역인과 번역인 등에게 지급하는 여비·감정료·숙박료, 법관과 법원사무관 등의 검증 때의 출장일당·여비·숙박료 등이 여기에 속한다. 당사자비용은 당사자가 소송수행을 위하여 자신이 직접 지출하는 비용으로 소장 등 소송서류의 작성료, 당사자나 대리인의 기일 출석을 위한 여비·일당·숙박료와 변호사보수 등이 여기에 속한다. 판례는 피해자가 법원의 감정명령에 따라 신체감정을 받으면서 그 검사비용으로 지출한 금액은 비록 예납절차에 의하지 않고 직접 지출하였다고 하여도 감정비용으로서 소송비용에 해당한다고 한다.[1]

소송비용에 산입되는 변호사의 보수는 변호사에게 실제 지급한 보수 전액이 아니라 당사자가 약정한 보수액의 범위 내에서 각 심급단위로 대법원규칙인 「변호사보수의 소송비용산입에 관한 규칙」에서 정한 보수기준에 따라 산정한 금액에 의한다(제109조 제1항). 그러나 변호사가 변론이나 증거조사절차에 전혀 관여하지 않았다면 그에 대하여 보수가 지급되었다고 하여도 그 보수는 소송비용에 포함하지 않는다.[2] 피고의 전부 자백 또는 자백간주에 의한 판결과 무변론판결, 이행권고결정의 경우에는 소송비용에 산입할 변호사의 보수는 위 보수규칙에서 산정한 금액의 2분의 1로 감액한다(동규칙 제5조).

---

1) 대법원 2000. 5. 12. 선고 99다68577 판결.
2) 대법원 1992. 11. 30. 자 90마1003 결정.

### (2) 소송비용의 부담

소송비용은 패소한 당사자가 부담한다(제98조). 공동소송인은 소송비용을 균등하게 부담한다.[1] 그러나 법원은 사정에 따라 공동소송인에게 소송비용을 연대하여 부담하게 하거나 다른 방법으로 부담하게 할 수 있다(제102조 제1항). 일부패소의 경우에 승패의 비율만을 고려할 것이 아니라 여러 사정을 종합하여 법원이 재량에 의하여 당사자들이 부담할 소송비용을 정할 수 있고,[2] 사정에 따라 일방 당사자에게 소송비용의 전부를 부담하게 할 수 있다(제101조). 당사자가 법원에서 화해한 경우(화해권고결정을 포함한다) 화해비용과 소송비용의 부담에 대하여 특별히 정한 바가 없으면 그 비용은 당사자들이 각자 부담한다(제106조). 소가 취하된 경우에는 원칙적으로 원고가 패소자에 준하여 소송비용을 부담한다.

법원은 종국판결에서 그 심급의 소송비용 전부에 대하여 재판해야 한다. 다만, 사정에 따라 일부판결이나 중간판결에서 그 비용에 대한 재판을 할 수 있다(제104조). 상소심이 상소기각이나 각하판결을 하는 경우에는 그 심급에서 생긴 상소비용만 재판하면 되지만, 하급심법원의 본안판결을 변경하는 경우에는 하급심법원의 비용까지 합하여 총비용에 대하여 재판을 해야 한다. 소송비용의 재판은 법원이 직권으로 한다. 소송비용의 재판을 누락한 경우에는 직권으로 또는 당사자의 신청에 의하여 소송비용에 대한 재판을 한다(제212조 제2항).[3] 소송비용재판에 대해서만 독립하여 상소할 수 없으며, 본안재판과 함께 불복해야 한다(제391조, 제425조). 소송비용의 재판에 대한 불복은 본안에 대한 상소가 이유 있는 경우에 한하여 허용되고, 본안에 대한 상소가 이유 없을 때에는 그 불복신청은 부적법하다.[4]

### (3) 소송비용액확정절차

소송비용의 부담을 정하는 재판에서 그 액수가 정해지지 않은 경우에 제1심 법원이 당사자의 신청을 받아 결정으로 그 소송비용액을 확정한다(제110조 제1항). 판

1) 대법원 2008. 6. 23. 자 2007마634 결정.
2) 대법원 2007. 7. 12. 선고 2005다38324 판결.
3) 소송비용의 재판을 누락한 경우에는 당사자의 신청권이 인정된다.
4) 대법원 2005. 3. 24. 선고 2004다71522,71539 판결; 1998. 9. 8. 선고 98다22048 판결.

결 중의 소송비용재판에서는 부담자와 부담비율만 정하는 것이 실무 관행이고, 구체적인 부담액수는 소송비용액확정절차에 의한다. 소송비용액확정절차에서는 소송비용의 액수만을 정할 수 있을 뿐이고, 소송비용부담재판에서 확정한 상환의무 자체의 범위를 심리·판단하거나 변경할 수 없다.[1] 소송비용액확정결정을 받으면 이를 집행권원으로 하여 강제집행할 수 있다.

소송비용액확정절차는 제1심 법원의 전속관할이다(제110조 제1항).[2] 그러나 소의 취하 등 소송이 재판에 의하지 않고 완결된 경우(화해로 완결된 경우는 제외한다)에는 완결 당시의 법원이 관할한다(제114조 제1항). 따라서 소가 취하된 경우에는 완결될 당시 소송계속 법원에 소송비용부담 및 그 액수의 확정재판을 신청해야 한다.[3] 소송비용부담의 재판이 확정된 경우뿐만 아니라 확정되기 전이라도 가집행선고가 붙어 집행력을 갖게 된 경우 당사자는 소송비용액확정신청을 할 수 있다(제110조 제1항). 사법보좌관이 소송비용액확정결정을 한다(사법보좌관규칙 제2조 제1항 제1호). 이 결정에 대해서는 즉시항고를 할 수 있다(제110조 제3항).

### (4) 소송비용의 담보

원고가 국내에 주소·사무소와 영업소를 두지 않은 때 또는 소장·준비서면 그 밖의 소송기록에 의하여 청구가 이유 없음이 명백한 때 등 소송비용에 대한 담보제공이 필요하다고 판단되는 경우 법원은 직권으로 또는 피고의 신청에 의하여 원고에게 소송비용에 대한 담보를 제공하도록 명해야 한다(제117조 제1항 및 제2항). 담보를 제공할 사유가 있다는 것을 알고도 피고가 본안에 관하여 변론하거나 변론준비기일에서 진술한 경우에는 담보제공을 신청하지 못한다(제118조). 담보제공기간 내에 원고가 담보를 제공하지 않는 때에는 법원은 변론 없이 판결로 소를 각하할 수 있다(제124조 본문). 다만, 판결하기 전에 담보를 제공한 때에는 그렇지 않다(동조 단서).

---

1) 대법원 2011. 3. 24. 선고 2010다96997 판결.
2) 대법원 2008. 3. 31. 자 2006마1488 결정.
3) 대법원 1999. 8. 25. 자 97마3132 결정.

## 2. 가집행선고

### (1) 의의

가집행선고는 미확정의 종국판결에 대하여 확정된 경우와 같이 집행력을 미리 주는 형성적 재판이다. 판결은 확정되어야만 집행력이 발생하는 것이 원칙이지만, 판결확정 전이라도 승소자의 신속한 권리실현을 위하여 마련된 것이 가집행제도이다. 또한 피고로서도 가집행을 피하기 위해서는 제1심에서 적극적으로 모든 소송자료를 제출하여 다투어야 할 것이므로 제1심의 심리를 충실하게 하는 효과도 있다.

### (2) 가집행선고의 대상

가집행선고는 종국판결로서 가집행할 수 있는 판결에 붙일 수 있다. 중간판결에는 가집행선고를 붙일 수 없고, 청구기각이나 소각하판결에도 가집행선고를 붙일 수 없다. 결정이나 명령은 원칙적으로 즉시 집행력이 있으므로 가집행선고가 허용되지 않는다(민사집행법 제56조 제1호). 배상명령에는 가집행을 붙일 수 있다(소송촉진 등에 관한 특례법 제31조 제3항).

가집행선고는 재산권상의 청구에 관한 판결에 붙일 수 있다(제213조 제1항 본문). 이혼청구 등 신분상 청구에는 가집행을 붙일 수 없다. 판례는 민법상 재산분할청구권은 이혼이 성립한 때에 비로소 발생하는 권리이므로 이혼과 동시에 재산분할을 명하는 판결을 하는 경우 아직 이혼판결이 확정되지 않은 상태이므로 재산분할판결에 가집행선고를 붙일 수 없다고 한다.[1)]

확인판결이나 형성판결에도 넓은 의미의 집행력을 부여할 필요가 있으므로 가집행선고를 붙일 수 있다는 것이 통설이나, 판례는 이행판결에 한하여 가집행선고를 붙일 수 있고, 형성판결에서는 법률에 특별한 규정이 있거나 성질상 허용되는 경우 이외에는 가집행선고를 붙일 수 없다고 한다.[2)] 법률에서 형성판결에 대하여 가집행선고를 하도록 규정하고 있는 경우가 있다. 예를 들어, 청구이의의 소, 집행

---

1) 대법원 1998. 11. 13. 선고 98므1193 판결.
2) 대법원 1966. 1. 25. 선고 65다2374 판결.

문부여에 대한 이의의 소, 제3자이의의 소에서 강제집행의 정지, 담보제공, 집행처분의 취소 등의 잠정처분을 취소·변경 또는 인가하는 판결을 하는 경우에는 직권으로 가집행선고를 해야 한다(민사집행법 제47조 제2항, 제48조 제3항).

### (3) 가집행선고의 절차

가집행선고는 인용채권의 전액에 대해서는 물론이고 일부에 대하여도 할 수 있다. 가집행선고는 법원이 직권으로 해야 하고, 당사자의 신청은 직권발동을 촉구하는 의미밖에 없다.[1] 다만, 상소법원은 원심판결 중 불복신청이 없는 부분에 대하여 당사자의 신청에 따라 결정으로 가집행선고를 할 수 있다(제406조 제1항, 제435조). 즉, 불복신청이 없는 부분에 대한 상소법원의 가집행선고는 당사자의 신청이 있는 때에만 가능하다. 재산권상 청구에 관한 판결은 상당한 이유가 없는 한 가집행선고를 해야 한다(제213조 제1항). 여기서 상당한 이유란 건물의 철거 등 패소한 피고에게 회복할 수 없는 손해가 발생할 염려가 있는 경우를 말한다.[2]

가집행선고는 피고를 위하여 담보를 제공하거나 담보를 제공하지 않을 것을 조건으로 할 수 있다. 다만, 어음금·수표금 청구에 관한 판결에는 담보를 제공하게 하지 않고 가집행선고를 해야 한다(제213조 제1항). 담보를 제공하게 할지 여부는 법원의 재량이지만 상소심에서 판결이 변경될 가능성이 있을 때에는 담보의 제공을 명해야 할 것이다. 이는 가집행으로 인하여 피고가 입을 손해배상을 담보하기 위한 것이고, 이 담보물에 대하여 피고는 질권자와 동일한 권리가 있다(제214조 및 제123조). 한편 법원은 직권으로 또는 당사자의 신청에 따라 채권 전액을 담보로 제공하고 가집행을 면제받을 수 있다는 것을 선고할 수 있다(제213조 제2항). 이를 가집행면제선고라고 한다. 가집행면제의 선고가 있는 때에는 담보를 제공한 취지의 증명서를 제출하여 강제집행정지를 신청할 수 있다.

---

1) 가집행선고는 상당한 이유가 없는 한 당사자의 신청 유무와 관계없이 선고하게 되어 있는 것으로 법원의 직권판단사항이어서 가집행선고가 붙지 않은 제1심판결에 대하여 피고만이 항소한 경우 항소심에서 항소를 기각하면서 가집행선고를 붙였다 하여 제1심 판결을 피고가 신청한 불복의 한도를 넘어 불이익하게 변경한 것이라 할 수 없다(대법원 1991. 11. 8. 선고 90다17804 판결).

2) 김홍엽, 833면; 이시윤, 691면.

### (4) 가집행선고의 효력

가집행선고가 붙은 판결은 선고에 의하여 즉시 집행력이 발생하고 집행권원이 된다. 그러나 가집행은 확정적 집행이 아니며, 상급심에서 가집행선고 있는 본안판결이 취소되면 효력이 없어지는 해제조건부집행이다. 예를 들어, 대여금지급판결에 붙은 가집행선고에 따라 금원이 지급되더라도 확정적으로 변제의 효과가 발생하는 것은 아니며, 그 금원지급에 의하여 대여금채권이 소멸되는 효과는 그 판결이 확정된 때에 비로소 발생한다.[1] 따라서 가집행선고에 따라 채권자가 집행을 완료하였다고 하더라도 상소심에서는 가집행선고에 따라 집행된 금원을 참작함이 없이 청구의 당부를 판단해야 하며,[2] 가집행선고에 의한 금원지급에 따른 채권소멸의 효과는 그 판결이 확정된 때에 비로소 발생하므로 채무자가 가집행선고에 따라 금원을 지급하였다는 사유는 변론종결 후에 발생한 사유로서 적법한 청구이의사유가 된다.[3] 또한 확정판결과는 달리 가집행선고 있는 판결을 집행권원으로 하여서는 재산명시신청(민사집행법 제61조 제1항 단서), 채무불이행자명부등재신청(동법 제70조 제1항 제1호 단서), 재산조회신청(동법 제74조 이하)을 할 수 없다.

가집행선고에 대해서만 독립하여 상소할 수 없으며, 본안판결과 함께 불복해야 한다(제391조, 제425조). 가집행선고가 붙은 판결에 피고가 상소를 하더라도 그 집행이 정지되는 것은 아니다. 가집행에 기한 강제집행을 정지시키려면 별도로 피고가 강제집행정지신청을 하여 강제집행정지결정을 받아야 한다(제501조 및 제500조 제1항). 법원은 담보를 제공하게 하거나 제공하지 않고 강제집행을 일시 정지하도록 명할 수 있고(제500조 제1항),[4] 이러한 강제집행정지결정에 대해서는 불복할 수 없다(제500조 제3항). 강제집행정지를 위하여 피고가 제공한 담보는 집행정지로 인하여 원고가 입을 손해를 담보하기 위한 것이고 정지의 대상인 기본채권을 담보하

---

1) 대법원 1995. 6. 30. 선고 95다15827 판결.
2) 대법원 2009. 3. 26. 선고 2008다95953,95960 판결; 1993. 10. 8. 선고 93다26175,26182(반소) 판결).
3) 대법원 1995. 6. 30. 선고 95다15827 판결.
4) 실무에서는 가집행을 선고하면서 원고에게 담보를 제공하게 하는 경우는 전무한 반면에 피고가 상소하면서 강제집행정지를 신청하는 경우에는 판결금 전액과 지연이자에 해당하는 금액을 전부 현금으로 공탁하도록 하고 있다. 현재 실무에 의하면 상소심에서 가집행선고가 붙은 원심판결이 취소되는 경우 가집행으로 인한 피해를 회복하기 어려울 수 있어 피고의 권리보호에 미흡하다는 비판이 있다.

는 것이 아니다.[1] 이 담보에 대하여 원고는 질권자와 동일한 권리를 가진다(제502조 및 제123조). 따라서 원고는 집행정지로 인하여 입은 손해배상청구에 대해서만 질권자와 동일한 권리가 있으므로 원고가 승소하더라도 판결금채권으로 담보공탁금을 출급할 수 없다.[2] 본안판결에 대한 상소가 이유 있는 경우에만 가집행선고에 대한 불복이유가 인정되므로 가집행선고에 비록 잘못이 있더라도 본안판결에 대한 상소가 이유 없는 경우에는 가집행선고를 시정하는 판단을 할 수 없다.[3]

### (5) 가집행선고의 실효

상소심에서 가집행선고만 변경되거나 가집행선고가 붙은 본안판결이 변경되는 판결이 선고되었을 경우 가집행선고는 그 한도에서 효력을 잃는다(제215조 제1항). 확정을 기다리지 않고 선고와 동시에 효력을 상실한다. 다만, 가집행선고의 실효는 소급효가 없으므로 그 이전에 이미 집행이 끝난 경우에는 그 효력에 영향이 없다.[4] 판례는 가집행선고가 붙은 항소심판결이 상고심에서 파기되어 항소심에 환송된 경우에는 그 집행을 정지하기 위하여 제공된 담보는 그 담보원인이 소멸되지만,[5] 가집행선고가 붙은 제1심판결이 항소심에서 취소되더라도 그 항소심판결이 미확정인 상태에서는 그 집행정지를 위한 담보는 그 담보원인이 소멸된 것으로 볼 수 없다고 한다.[6]

가집행선고가 붙은 본안판결이 상소심에서 변경된 경우에 피고는 가집행선고에 따라 지급한 물건이나 금전의 반환 및 그로 인한 손해의 배상을 청구할 수 있다. 원고를 상대로 별도의 소송을 제기하여 원상회복 및 손해배상청구를 할 수 있지만, 민사소송법은 별도 소송의 제기에 따른 비용이나 시간 등을 절약하기 위하여 피고의 신청에 의하여 해당 소송의 상소심절차에서 병합하여 청구할 수 있도록 하고

1) 대법원 1986. 6. 16. 자 86마282 결정.
2) 원고가 승소하더라도 판결금채권으로 담보공탁금을 출급할 수는 없고, 피고의 담보회수청구권을 압류하는 우회적인 방법이 가능할 뿐이다.
3) 대법원 1981. 10. 24. 선고 80다2846 판결.
4) 대법원 1993. 4. 23. 선고 92다19163 판결.
5) 대법원 1984. 4. 26. 자 84마171 결정.
6) 대법원 1999. 12. 3. 자 99마2078 전원합의체 결정.

있다(제215조 제2항). 이를 가지급물반환신청이라고 한다. 그리하여 상소법원은 본안판결을 변경하는 경우에 가집행선고에 따라 지급한 물건이나 금전의 반환 및 그로 인하여 입은 손해의 배상을 원고에게 명해야 한다.

가지급물반환신청은 항소심 변론종결시까지 해야 하고, 상고심에서는 허용되지 않는 것이 원칙이다. 상고심은 법률심이어서 집행에 의하여 어떠한 지급이 이행되었고 어느 정도 손해가 발생했는지 사실관계를 심리할 수 없기 때문이다. 다만, 가지급물반환신청의 이유로서 주장하는 사실관계에 대하여 당사자 사이에 다툼이 없어 사실심리를 요하지 않는 경우에는 예외적으로 상고심에서도 허용된다.[1)]

가집행선고의 실효로 인한 손해배상의무는 공평의 원칙에 따른 일종의 무과실책임이므로 원고는 고의·과실을 불문하고 가집행으로 인하여 피고가 입은 손해를 배상할 책임이 있다.[2)] 손해배상의 범위는 가집행과 상당인과관계에 있는 모든 손해이다. 강제집행의 집행비용, 가집행에 따른 금원에 대한 강제집행 당시로부터의 법정이자 등도 원고의 집행으로 피고가 부담하게 된 비용이므로 여기의 손해에 포함되고,[3)] 만일 피고에게 과실이 있는 때에는 과실상계도 인정된다.[4)] 반환의 대상이 되는 가지급물은 가집행의 결과 피고가 원고에게 이행한 물건 또는 그와 동일시 할 수 있는 것을 말한다. 따라서 가집행선고에 따라 피고가 변제공탁한 판결금액은 원고가 이를 수령하지 않는 한 가집행선고로 인한 지급물이라고 할 수 없으므로 반환의 대상이 되는 가지급물에 해당하지 않는다.

1) 대법원 1999. 11. 26. 선고 99다36617 판결.
2) 대법원 1979. 9. 11. 선고 79다1123 판결.
3) 대법원 1979. 9. 25. 선고 79다1476 판결.
4) 대법원 1984. 12. 26. 선고 84다카1695 판결.

# 제 4 편

# 병합소송

# 제 1 장 병합청구소송

## 제 1 절 청구의 병합

### Ⅰ. 의의

청구의 병합이란 원고가 하나의 소송절차에서 여러 개의 청구를 하는 경우를 말한다(제253조). 청구의 병합을 인정하는 이유는 소송경제를 도모하고 서로 관련 있는 사건 상호 간의 판결의 모순·저촉을 회피하기 위함이다. 청구병합의 인정 범위는 소송물이론에 따라 차이가 있다. 실체법상 권리마다 소송물이 별개라는 구소송물이론에 의하면 청구병합의 인정 범위가 넓어지지만, 실체법상 권리는 소송물이 이유 있는지 여부를 가리는데 전제가 되는 법률적 관점 내지 공격방어방법에 불과하다고 보는 신소송물이론에 의하여 청구병합의 인정 범위가 상대적으로 좁아진다. 예를 들어, 불법행위에 기한 손해배상청구와 채무불이행에 기한 손해배상청구를 병합하거나 배우자의 부정행위를 이유로 한 이혼청구와 혼인생활을 계속하기 어려운 중대한 사유를 이유로 한 이혼청구를 병합하는 경우에 구소송물이론에서는 이를 청구의 병합으로 보지만, 신소송물이론에서는 단순히 공격방어방법이 복수인 경우로 본다.

### Ⅱ. 병합의 요건

여러 개의 청구 사이에는 다음과 같은 요건이 갖추어져야 한다.

### 1. 동종의 소송절차에서 심판될 것

여러 개의 청구는 동종의 소송절차에 의하여 심판될 수 있어야 한다(제253조). 민사본안사건과 가압류·가처분사건, 민사본안사건과 독촉절차사건, 민사소송사건과 비송사건은 절차의 종류를 달리하므로 병합이 허용되지 않는다. 또한 행정소송사건과 가사소송사건은 변론주의에 의하지 않으므로 민사소송사건과 병합할 수 없다.[1] 다만, 행정소송에 있어서 민사상 관련 청구, 즉 해당 처분 등과 관련된 손해배상·부당이득반환·원상회복 등 청구소송을 병합하는 것은 예외적으로 허용된다(행정소송법 제10조 및 제44조 제2항).[2] 판례는 재심의 소에서는 확정판결의 취소와 본안 사건에 관하여 확정판결에 갈음하는 판결을 구하는 외에 새로운 청구를 병합하는 것은 허용되지 않는다고 한다.[3]

### 2. 공통의 관할권이 있을 것

여러 개의 청구에 대하여 수소법원에 공통의 관할권이 있어야 한다. 전속관할에 속하는 것이 아닌 한 병합된 청구 가운데 어느 하나의 청구에 대하여 수소법원에 관할권이 인정되면, 다른 청구에 대해서도 수소법원에 관련재판적이 인정되므로 이 요건은 크게 문제가 되지 않는다.

## Ⅲ. 병합의 형태

병합의 형태에는 단순병합, 선택적 병합, 예비적 병합이 있다. 단순병합은 아무런 관계가 없는 여러 개의 청구 전부에 대하여 심판을 구하는 형태의 병합이고, 선

1) 대법원 2006. 1. 13. 선고 2004므1378 판결.
2) 대법원 2000. 10. 27. 선고 99두561 판결.
3) 대법원 1971. 3. 31. 선고 71다8 판결; 1997. 5. 28. 선고 96다41649 판결.

택적 병합은 논리적으로 양립할 수 있는 여러 개의 청구 중 어느 하나가 택일적으로 인용될 것을 해제조건으로 다른 청구에 대하여 심판을 구하는 형태의 병합이며, 예비적 병합은 논리적으로 양립할 수 없는 여러 개의 청구를 하면서 주위적 청구가 인용될 것을 해제조건으로 예비적 청구에 대하여 심판을 구하는 형태의 병합이다.

## 1. 단순병합

단순병합은 병합된 다른 청구가 이유 있든 없든 관계없이 차례로 심판을 구하는 형태의 병합이다. 예를 들어, 매매대금과 대여금을 함께 청구하는 경우 등이다. 단순병합은 논리적으로 아무런 관계가 없는 여러 개의 청구 전부에 대하여 그 심판을 구하는 형태의 병합이지만, 상호 간에 의존관계에 있는 여러 개의 청구도 단순병합에 의할 수 있다. 예를 들어, 매매계약의 무효확인을 구하면서 매매로 넘어간 목적물의 반환을 함께 구하는 경우에 전자가 인용되어야 후자에 대한 판단이 가능하므로 후자는 전자에 종속적인 관계에 있지만, 원고는 두 개의 판결을 구하는 것이므로 단순병합에 해당한다.

본래의 이행청구가 이행불능 또는 집행불능이 될 때를 대비하여 대상청구로 본래의 이행청구에 갈음하는 손해배상청구, 즉 전보배상청구를 본래의 이행청구에 병합하는 경우 그 병합의 종류가 문제된다. 본래의 이행청구와 함께 변론종결 후의 이행불능 또는 집행불능이 될 때를 대비한 대상청구를 병합하는 경우는 본래의 이행청구권의 존재를 전제로 그에 갈음하는 전보배상을 미리 청구하는 것이므로 현재 이행의 소와 장래 이행의 소의 단순병합에 해당한다.[1] 그러나 본래의 이행청구와 함께 변론종결 당시 이행불능이 될 때를 대비한 대상청구를 병합하는 경우는 본래의 이행청구가 이행불능이 되어 이유가 없을 때를 대비하여 청구하는 것이므로 예비적 병합에 해당한다.

---

1) 대법원 2006. 1. 27. 선고 2005다39013 판결; 2011. 8. 18. 선고 2011다30666,30673 판결. 만일 본래의 이행청구가 이유 있으나 변론종결 전에 이미 이행불능이 되어 이를 기각해야 하는 경우에는 본래의 이행청구를 계속 유지할 것인지 여부를 석명해서 청구변경을 유도하는 것이 바람직하다(한충수, 658면).

## 2. 선택적 병합

선택적 병합은 논리적으로 양립할 수 있는 여러 개의 청구 중 어느 하나가 택일적으로 인용될 것을 해제조건으로 하여 다른 청구에 대하여 심판을 구하는 형태의 병합이다. 선택적 병합은 하나의 목적을 위한 여러 개의 청구권 또는 형성권이 경합하는 경우에 인정되는 형태의 병합이다. 예를 들어, 손해배상청구를 불법행위와 계약불이행에 기하여 구하는 경우, 이혼소송을 부정행위와 혼인을 계속하기 어려운 중대한 사유에 기하여 구하는 경우 등이다. 그러나 권리경합관계가 아닌 법조경합관계에 있는 여러 법률에 기한 청구, 선택채권에 기한 청구는 하나의 실체법상 권리에 기한 청구이므로 선택적 병합으로 청구할 수 없다. 논리적으로 양립할 수 없는 여러 개의 청구는 선택적 병합으로 청구할 수 없고 예비적 병합으로 청구해야 한다.[1] 만일 이 경우 선택적 병합을 허용하게 되면 원고는 논리적으로 양립할 수 없는 주장을 동시에 하게 되어 주장이 모순되고 신청 자체가 불특정해질 우려가 있다.

## 3. 예비적 병합

예비적 병합은 논리적으로 양립할 수 없는 여러 개의 청구를 하면서 주위적 청구가 기각이나 각하될 때를 대비하여, 즉 주위적 청구가 인용될 것을 해제조건으로 예비적 청구에 대하여 심판을 구하는 형태의 병합이다. 예를 들어, 주위적으로 매매계약에 기하여 목적물의 인도를 구하면서 예비적으로 계약이 무효가 되어 주위적 청구가 이유 없을 때를 대비하여 이미 지급한 매매대금의 반환을 구하는 경우 등이다. 주위적 청구의 일부에 대한 예비적 청구도 허용된다. 주위적 청구의 일부를 특정하여 그 부분이 인용될 것을 해제조건으로 그 부분에 대해서만 하는 예비적 청구도 허용되고,[2] 주위적 청구가 전부 인용되지 않을 때에는 주위적 청구에

1) 대법원 2014. 4. 24. 선고 2012두6773 판결.
2) 대법원 1996. 2. 9. 선고 94다50274 판결.

서 인용되지 않은 수액의 범위 내에서 예비적으로 판단하여 달라는 예비적 청구도 허용된다.[1]

예비적 청구는 주위적 청구와 논리적으로 양립할 수 없는 관계에 있어야 한다. 따라서 예비적 청구가 주위적 청구에 포함되는 관계에 있거나 논리적인 관련성이 없는 경우에는 예비적 병합이 허용되지 않는다. 예를 들어, 동일한 청구원인을 내용으로 하면서 주위적 청구의 수량만을 감축하여 하는 청구는 주위적 청구에 흡수되는 것일 뿐 소송상 예비적 청구라고 볼 수 없고,[2] 주위적으로 무조건적인 소유권이전등기를 구하면서 예비적으로 일정한 금원을 지급받음과 동시에 소유권이전등기를 구하는 것도 질적으로 일부 감축하여 청구하는 데 불과하므로 소송상 예비적 청구로 볼 수 없다.[3] 또한 논리적으로 전혀 관계가 없는 여러 개의 청구는 단순병합으로 청구해야 하고 선택적 병합이나 예비적 병합으로 청구할 수 없다.[4]

그런데 판례는 상호 의존관계에 있거나 논리적으로 양립할 수 있는 여러 개의 청구를 당사자가 주위적 청구와 예비적 청구로 심판의 순서를 정하여 청구하는 부진정예비적 병합도 허용된다고 한다.[5] 예를 들어, 주위적으로 매매계약의 무효확인을 구하면서 예비적으로 주위적 청구가 인용될 때를 대비하여 매매로 넘어간 목적물의 반환을 구하는 경우, 주위적으로 해고무효확인을 구하면서 예비적으로 주위적 청구가 인용될 때를 대비하여 그동안 지급받지 못한 임금이나 손해배상을 구하는 경우, 주위적으로 어음금의 지급을 구하면서 예비적으로 어음의 무효 등으로 기각될 것을 대비하여 원인관계상의 채권의 이행을 구하는 경우 등이다. 부진정예비적 병합은 주위적 청구가 인용되거나 배척될 때를 대비하여 예비적 청구에 대하여 심판을 구하는 것이라는 점에서도 주위적 청구가 배척될 때만을 대비한 진정예비적 병합과 구별된다. 부진정예비적 병합도 진정예비적 병합과 동일하게 취급한다.

---

1) 대법원 2002. 9. 4. 선고 98다17145 판결.
2) 대법원 2017. 2. 21. 선고 2016다225353 판결; 1991. 5. 28. 선고 90누1120 판결.
3) 대법원 1999. 4. 23. 선고 98다61463 판결.
4) 대법원 2008. 12. 11. 선고 2005다51495 판결; 2009. 12. 24. 선고 2009다10898 판결; 2009. 5. 28. 선고 2007다354 판결 등.
5) 대법원 2021. 5. 7. 선고 2020다292411 판결; 2007. 6. 29. 선고 2005다48888 판결; 2002. 10. 25. 선고 2002다23598 판결; 2002. 2. 8. 선고 2001다17633 판결.

### 4. 병합형태의 판단

병합의 형태는 당사자의 의사가 아닌 병합청구의 성질을 기준으로 판단해야 한다.[1] 그리하여 본래의 이행청구에 변론종결 후의 이행불능 또는 집행불능에 대비한 대상청구를 예비적으로 병합한 경우에도 이는 단순병합에 속하므로 본래의 이행청구가 인용된다는 이유만으로 예비적 청구에 대한 판단을 생략할 수 없다.[2] 또한 실질적으로 선택적 병합관계에 있는 두 청구에 대하여 당사자가 예비적으로 병합하여 청구하였고, 이에 대하여 제1심법원이 주위적 청구를 기각하고 예비적 청구만을 인용하는 판결을 선고하여 피고만이 항소를 제기한 경우에도 항소심으로서는 두 청구 모두를 심판의 대상으로 삼아 판단해야 한다.[3]

## Ⅳ. 병합청구의 심판

### 1. 소가의 산정과 병합요건의 조사

소가의 산정에 있어서 단순병합의 경우에는 병합된 청구의 가액을 합산하는 것이 원칙이고, 선택적·예비적 병합의 경우에는 중복청구의 흡수의 법리에 따라 그 중 가장 다액인 청구의 가액에 의한다. 병합요건은 청구병합의 소송요건이므로 법원의 직권조사사항이다. 병합요건의 흠결이 있으면 변론을 분리하여 별도의 소로 분리심판하는 것이 원칙이다. 다만, 병합된 청구 중 어느 하나가 다른 법원의 전속관할에 속하는 경우에는 결정으로 이송해야 한다(제34조 제1항). 병합청구의 요건을 갖추었으면 각 청구에 대한 소송요건을 조사해야 하며 그 흠결이 있으면 해당 청구의 소를 판결로 각하해야 한다(제219조).

---

1) 대법원 2014. 5. 29. 선고 2013다96868 판결.
2) 대법원 2011. 8. 18. 선고 2011다30666,30673 판결.
3) 대법원 2014. 5. 29. 선고 2013다96868 판결.

## 2. 심리의 공통

병합된 청구는 같은 절차에서 심판된다. 따라서 변론, 증거조사, 판결은 같은 기일에 여러 개의 청구에 대하여 공통으로 해야 하며, 여기에 나타난 증거자료나 사실자료는 모든 청구에 대한 판단의 자료가 된다. 병합된 청구에 대하여 변론의 제한이 가능하나, 변론의 분리는 단순병합에 한하여 허용된다. 다만, 단순병합이라도 쟁점을 공통으로 하는 병합청구의 경우에는 재판의 모순·저촉을 방지하기 위하여 변론의 분리를 자제할 필요가 있다.

## 3. 종국판결

### (1) 단순병합

#### 1) 심판의 방법

법원은 병합된 모든 청구에 대하여 심판해야 한다. 단순병합에서는 변론의 분리가 허용되고, 일부판결을 할 수 있다.

#### 2) 재판의 누락

단순병합된 여러 개의 청구 중 어느 한 청구에 대하여 판단을 하지 않으면, 이는 재판의 누락이 된다. 그리하여 누락된 청구는 상소에 불구하고 그대로 원심법원에 계속되어 있으며, 이는 추가판결의 대상이 된다(제212조). 논리적으로 전혀 관계가 없어 단순병합으로 청구해야 할 여러 개의 청구를 원고가 선택적 또는 예비적으로 병합하여 청구한 경우 법원은 소송지휘권을 행사하여 단순병합으로 보정하도록 해야 하지만, 이러한 조치를 취함이 없이 그중 하나의 청구에 대해서만 인용하는 판결을 하더라도 그로 인하여 청구의 병합형태가 선택적 또는 예비적 병합으로 바뀔 수는 없으므로 이러한 판결에 대하여 피고만이 상소한 경우 원심법원이 인용한 청구만이 상소심으로 이심될 뿐이고 나머지 청구는 여전히 원심법원에 남아 있게 된다.[1)]

### (2) 선택적 병합

#### 1) 심판의 방법

법원은 이유 있는 청구 어느 하나를 선택하여 원고 청구를 인용하면 되고, 나머지 청구에 대해서는 심판할 필요가 없다. 그러나 원고패소판결을 하는 경우에는 청구 전부에 대하여 배척하는 판단을 해야 한다. 선택적 병합에서는 여러 개의 청구가 하나의 소송절차에 불가분적으로 결합되어 있기 때문에 변론의 분리나 일부판결이 허용되지 않는다.

#### 2) 판단의 누락

선택적 병합에서 원고패소판결을 하면서 병합된 여러 개의 청구 중 어느 하나를 판단하지 않는 것은 허용되지 않는다. 그럼에도 원고패소판결을 하면서 어느 한 청구를 판단하지 않았다면, 그 청구는 판단의 누락이 되는데 불과하고 재판의 누락이 되는 것은 아니다. 선택적으로 병합된 여러 개의 청구는 불가분적으로 결합되어 있어 변론의 분리나 일부판결이 허용되지 않기 때문이다. 따라서 원고가 상소하면 누락된 청구를 포함한 선택적 청구 전부가 상소심으로 이심된다.[1)]

#### 3) 상소심의 심판

선택적으로 병합된 여러 개의 청구 중 어느 하나를 인용한 판결에 대하여 피고가 상소한 경우 선택적으로 병합된 여러 개의 청구는 불가분적으로 결합되어 있으므로 판단하지 않은 나머지 청구를 포함한 청구 전부가 상소심으로 이심되고, 또 상소심의 심판대상이 된다. 이 경우 상소심에서 원고승소판결을 하는 때에는 선택적으로 병합된 여러 개의 청구 중 어느 하나를 임의로 선택하여 심판할 수 있으나, 원고패소판결을 하는 때에는 선택적 청구 전부에 대하여 판단해야 한다.[2)] 또한 상소심에서 원심에서 인정하지 않은 다른 청구가 이유 있어 원고승소판결을 하는 때에는 비록 판결주문이 원심과 동일하다고 할지라도 피고의 항소를 기각해서는 안

---

1) 대법원 2008. 12. 11. 선고 2005다51495 판결; 2009. 12. 24. 선고 2009다10898 판결; 2009. 5. 28. 선고 2007다354 판결 등.

1) 대법원 1998. 7. 24. 선고 96다99 판결.

2) 대법원 2010. 5. 27. 선고 2009다12580 판결.

되며, 원심판결을 취소한 다음 새로이 청구를 인용하는 주문을 선고해야 한다.[1]

### (3) 예비적 병합

#### 1) 심판의 방법

법원은 당사자가 청구한 심판의 순서에 구속된다.[2] 그리하여 주위적 청구에 대하여 먼저 판단을 해야 한다. 주위적 청구를 인용하는 때에는 예비적 청구를 판단할 필요가 없으나, 주위적 청구를 배척하는 때에는 예비적 청구의 당부를 판단해야 한다. 주위적 청구를 일부 인용한 경우에도 예비적 청구에 대해서는 판단할 필요가 없다.[3] 다만, 원고가 주위적 청구의 일부를 특정하여 그 부분이 인용될 것을 해제조건으로 하여 그 부분에 대해서만 예비적 청구를 하였다는 등의 특별한 사정이 있다면 그렇지 않다.

주위적 청구를 배척하고 예비적 청구를 인용하는 때에는 판결주문에 주위적 청구기각과 예비적 청구인용의 뜻을 다 같이 표시해야 한다.[4] 예비적 병합에서는 주위적 청구와 예비적 청구가 하나의 소송절차에 불가분적으로 결합되어 있으므로 변론의 분리나 일부판결이 허용되지 않는다. 판례는 예비적 청구만을 분리하여 심리하거나 일부판결을 할 수 없으며, 피고로서도 예비적 청구에 대해서만 인낙을 할 수 없고 설령 인낙을 한 취지가 조서에 기재되었더라도 그 인낙의 효력이 발생하지 않는다고 한다.[5]

#### 2) 판단의 누락

예비적 병합에서 주위적 청구를 먼저 판단하지 않고 예비적 청구만을 인용하거나 주위적 청구만을 배척하고 예비적 청구에 대하여 판단하지 않는 등의 일부판결을 하는 것은 허용되지 않는다. 그럼에도 주위적 청구만을 배척하고 예비적 청구를 판단하지 않았다면, 주위적·예비적으로 병합된 여러 개의 청구는 불가분적으로

1) 대법원 2006. 4. 27. 선고 2006다7587 판결.
2) 대법원 1993. 3. 23. 선고 92다51204 판결.
3) 대법원 2000. 4. 7. 선고 99다53742 판결.
4) 대법원 1974. 5. 28. 선고 73다1942 판결.
5) 대법원 1995. 7. 25. 선고 94다62017 판결.

결합되어 있으므로 판단하지 않은 청구 부분은 판단의 누락이 되는 데 그치고 재판의 누락이 되는 것은 아니다. 따라서 원고가 상소하면 누락된 예비적 청구를 포함한 청구 전부가 상소심으로 이심된다.[1]

#### 3) 상소심의 판단

예비적 병합에서 주위적 청구를 인용한 판결에 대하여 피고가 상소한 경우에는 판단하지 않은 예비적 청구를 포함한 청구 전부가 상소심으로 이심되고, 또한 상소심의 심판대상이 된다.[2] 주위적 청구가 배척되면 예비적 청구에 대하여 심판해야 하기 때문이다.

그러나 주위적 청구를 기각하고 예비적 청구를 인용한 판결에 대하여 피고만이 상소한 경우에는 불복하지 않은 주위적 청구도 상소심에 이심은 되지만, 상소심의 심판범위는 피고의 불복신청의 범위에 한정되므로 예비적 청구만이 상소심의 심판대상이 되고 원고의 부대상소가 없는 한 주위적 청구는 상소심의 심판대상이 되지 않는다.[3] 이 경우 피고의 상소가 이유 있는 때에는 상소심은 예비적 청구에 대해서만 취소해야 하고, 심판대상이 아닌 주위적 청구 부분은 예비적 청구에 대한 취소판결의 선고와 동시에 확정된다.[4] 심판대상은 아니지만 상소심으로 이심된 주위적 청구에 대하여 피고가 인낙을 할 수 있으며, 인낙을 하면 더 이상 심판할 필요 없이 사건은 그대로 종결된다.[5] 만일 항소심에서 심판대상이 아닌 주위적 청구에 대하여 배척하는 취지의 판결을 한 경우 이에 대하여 원고가 상고하더라도 주위적 청구 부분이 상고심의 심판대상이 되는 것이 아니므로 이에 대한 상고는 상고의 이익이 없어 부적법하다.[6]

1) 대법원 2000. 11. 16. 선고 98다22253 전원합의체 판결.
2) 대법원 2000. 11. 16. 선고 98다22253 전원합의체 판결.
3) 대법원 1995. 2. 10. 선고 94다31624 판결.
4) 대법원 2001. 12. 24. 선고 2001다62213 판결.
5) 대법원 1992. 6. 9. 선고 92다12032 판결.
6) 대법원 2002. 12. 26. 선고 2002므852 판결.

### 4) 부진정예비적 병합

부진정예비적 병합의 경우에도 진정예비적 병합에서와 마찬가지로 법원은 당사자가 청구한 심판의 순서에 구속되어 판단해야 한다. 부진정예비적 병합의 유형에는 여러 개의 청구가 상호 의존관계에 있는 경우(상호의존형)와 논리적으로 양립가능한 관계에 있는 경우(양립가능형)가 있다. 각각 전자는 단순병합, 후자는 선택적 병합에 의해야 함에도 예비적으로 병합한 경우이다. 상호의존형은 주위적 청구가 인용될 것을 조건으로 예비적 청구에 대한 판단을 구하는 형태의 병합이므로 주위적 청구를 인용하면 예비적 청구도 판단해야 하나, 주위적 청구를 배척하면 예비적 청구에 대하여 판단할 필요가 없다. 그러나 양립가능형은 주위적 청구가 배척될 경우 예비적 청구에 대한 판단을 구하는 형태의 병합이므로 주위적 청구를 인용하면 예비적 청구를 판단할 필요가 없지만, 주위적 청구를 배척하면 예비적 청구에 대하여 판단해야 한다.

부진정예비적 병합에서도 상호의존형이든 양립가능형이든 여러 개의 청구가 하나의 소송절차에 불가분적으로 결합되어 있기 때문에 진정예비적 병합에서와 마찬가지로 변론의 분리나 일부판결이 허용되지 않는다. 그리하여 상호의존형에서 주위적 청구를 인용하면서 예비적 청구에 대하여 판단하지 않은 경우 피고만이 상소하면 그 예비적 청구부분도 재판의 누락이 됨이 없이 이심되어 상소심의 심판대상이 된다. 또한 양립가능형에서 주위적 청구를 기각하고 예비적 청구만을 인용한 경우에 피고만이 상소하면 두 청구 모두 상소심의 심판대상이 된다. 이 경우 진정예비적 병합에서는 예비적 청구만이 상소심의 심판대상이 되나, 상소심의 심판범위는 병합청구의 성질을 기준으로 정해야 하고 양립가능형은 성질상 선택적 병합관계에 있는 여러 개의 청구를 당사자가 주위적·예비적으로 병합한 경우이므로 주위적 청구와 예비적 청구 모두 상소심의 심판대상이 된다.[1)]

---

1) 대법원 2014. 5. 29. 선고 2013다96868 판결.

# 제 2 절 청구의 변경

## Ⅰ. 의의

청구의 변경은 법원과 당사자의 동일성을 유지하면서 청구, 즉 소송물을 변경하는 것을 말한다(제262조). 소의 요소에는 법원, 당사자, 청구 세 가지가 있고, 법원의 변경이나 당사자의 변경도 광의의 소의 변경에 해당하지만, 청구의 변경은 법원과 당사자의 동일성을 유지한 채 소송물을 변경함으로써 소의 변경을 초래하는 것을 말한다.

### 1. 청구취지의 변경

청구취지의 변경은 원칙적으로 청구의 변경이 된다. 소송의 종류를 달리하는 경우 비록 청구원인이 동일하더라도 청구의 변경이 된다. 예를 들어, 소유권에 기한 건물명도청구를 그 건물에 대한 소유권확인청구로, 지분이전등기청구를 공유물분할청구로 바꾸는 경우 등이다. 또한 심판의 대상이나 내용을 바꾸는 경우도 청구의 변경이 된다. 예를 들어, 대지인도청구를 그 대지상의 가건물의 철거청구로, A건물의 명도청구를 B건물의 명도청구로, 건물명도청구를 건물철거청구로 바꾸는 경우 등이다.

청구를 확장하는 것은 그것이 질적 확장이든 양적 확장이든 청구의 변경에 해당한다. 예를 들어, 장래 이행의 소를 현재 이행의 소로, 동시이행의 소를 무조건이행의 소로 변경하는 경우(질적 확장), 동일한 금전채권 중 일부만 청구하였다가 나머지 부분까지 청구하는 경우(양적 확장) 등이다. 그러나 청구를 감축하는 것은 그것이 질적 감축이든 양적 감축이든 청구의 변경으로 보지 않으며 소의 일부 취하로 본다.[1] 따라서 피고가 본안에 대해 변론한 뒤에는 피고의 동의를 얻지 않으면

1) 대법원 1983. 8. 23. 선고 83다카450 판결.

청구의 감축은 효력이 없다. 피고의 동의 또는 동의 거절이 반드시 명시적이어야 하는 것은 아니며 묵시적으로 하여도 무방하다.[1] 청구감축의 예로는 독립채무자로서의 지급청구를 연대채무자로의 지급청구로, 무조건의 이행청구를 동시이행청구로, 현재의 이행청구를 장래의 이행청구로 바꾸는 경우(질적 감축)와 금전청구의 경우에 양적으로 일부 줄이는 경우(양적 감축) 등이 있다.

## 2. 청구원인의 변경

청구취지는 변경하지 않고 청구원인의 실체법상의 권리만을 변경하는 경우 청구의 변경에 해당하는지 논란이 있다. 예를 들어, 손해배상청구를 하면서 처음에는 청구원인으로 불법행위를 주장하다가 계약불이행으로 변경하는 경우, 불법경작을 원인으로 한 손해배상청구를 부당이득반환청구로 변경하는 경우, 어음금청구에서 원인관계상 채권에 기한 청구로 변경하거나 이혼청구를 부정행위에서 이혼을 계속하기 어려운 중대사유로 변경하는 경우 등이다. 이 경우 실체법상 권리마다 소송물이 별개라는 구소송물이론에서는 청구의 변경으로 보지만, 실체법상 권리는 소송물을 이유 있게 하는 법률적 관점 내지 공격방어방법에 불과하다는 신소송물이론에서는 단순한 공격방어방법의 변경에 그치는 것으로 본다.

판례는 이혼소송에서 이혼사유를 변경[2]하거나 어음금청구를 동일한 금액의 원인관계상 채권에 기한 청구로 변경[3]하는 것, 소유권이전등기청구소송에서 그 등기원인을 매매에서 취득시효로 변경[4]하는 것은 청구의 변경에 해당하지만, 소유권이전등기말소청구소송에서 그 등기원인무효사유를 다른 사유로 변경[5]하거나 채권자취소소송에서 피보전채권을 추가 또는 교환하는 것은 공격방어방법의 변경에 불과하고 청구의 변경은 아니라고 한다.[6]

---

1) 대법원 1993. 9. 14. 선고 93누9460 판결.
2) 대법원 1963. 1. 31. 선고 62다812 판결.
3) 대법원 1976. 11. 23. 선고 76다1391 판결.
4) 대법원 1991. 1. 15. 선고 88다카19002 판결; 1992. 3. 27. 선고 91다40696 판결.
5) 대법원 1999. 9. 17. 선고 97다54024 판결.
6) 대법원 2003. 5. 27. 선고 2001다13532 판결.

## Ⅱ. 청구변경의 형태

### 1. 교환적 변경

교환적 변경은 구(舊)청구에 갈음하여 신(新)청구를 제기하는 경우이다. 판례는 교환적 변경의 법적 성질을 신청구의 추가적 병합과 구청구 취하의 결합 형태로 보고 있다. 다수설은 피고가 구청구에 대하여 변론을 했거나 준비서면을 제출한 후에는 피고가 청구의 변경에 동의해야 구청구에 대한 취하의 효력이 생기며, 피고가 동의하지 않은 경우에는 구청구에 대한 취하의 효력이 생기지 않기 때문에 청구의 변경은 구청구와 함께 신청구가 계속되는 추가적 변경의 형태가 된다고 한다. 그러나 판례는 교환적 변경에서는 변경 전후에 청구기초의 동일성이 유지되므로 구청구의 취하에 피고의 동의가 없어도 취하의 효력이 생기는 것으로 보고 있다.[1)]

### 2. 추가적 변경

구청구를 그대로 유지하면서 다시 별개의 청구를 추가하는 경우이다. 단순병합, 선택적 병합 또는 예비적 병합의 형태로 추가적 변경이 이루어진다. 이는 청구의 후발적 병합에 해당하므로 청구의 병합요건(제253조)을 갖추어야 한다,

### 3. 변경 형태가 불분명한 경우

청구의 변경이 교환적인지 추가적인지는 당사자의 의사에 의하여 판단해야 한다. 따라서 원고가 구청구를 취하한다는 분명한 의사 없이 새로운 청구를 하는 등 그 변경 형태가 불분명한 경우에는 법원은 그 청구의 변경이 교환적인지 추가적인

---

1) 대법원 1962. 1. 31. 선고 4294민상310 판결.

지 석명할 의무가 있다.[1] 그러나 신청구가 부적법한 경우까지 구청구가 취하되는 교환적 변경으로 볼 수는 없을 것이다. 원고가 소송을 종료시킬 의사로 청구를 변경한 것으로 보기는 어렵기 때문이다.[2]

## Ⅲ. 청구변경의 요건

청구의 변경을 제한 없이 허용하면 피고의 방어권 행사에 지장을 초래하고 특히 항소심에서는 심급의 이익을 박탈할 우려가 있다. 그러나 반대로 청구의 변경을 지나치게 억제하면 별도의 소송을 제기해야 하므로 신속하고 경제적인 분쟁 해결을 도모하기 어렵다. 피고의 방어권을 보호하면서 신속하고 경제적인 분쟁 해결을 도모하기 위하여 일정한 요건 하에 청구의 변경을 허용하고 있다.

### 1. 청구기초의 동일성이 있을 것

청구기초의 동일성이 인정되는 범위 내에서 청구의 변경이 가능하다(제262조 제1항 본문). 청구기초의 동일성이란 신청구와 구청구 사이에 구청구의 재판자료를 신청구의 심리에 계속적으로 이용할 수 있을 정도의 공통성이 있는 경우를 말한다. 신청구와 구청구 사이에 사실자료의 공통성이 있는 경우에는 구청구에 대한 재판자료를 그대로 신청구에도 이용할 수 있으므로 신소를 제기하는 것보다 청구를 변경하는 것이 소송경제에 도움이 되고, 피고의 방어권 행사에 지장을 줄 염려가 없다. 청구기초의 동일성이 인정되는 경우를 구체적으로 유형화하면 다음과 같다.

1) 대법원 2014. 6. 12. 선고 2014다11376 판결.
2) 대법원 1975. 5. 13. 선고 73다1449 판결.

① **청구원인이 동일한데 청구취지만을 변경한 경우:** 청구금액을 확장하는 경우, 소유권행사방해금지청구에서 소유권확인청구로 바꾸는 경우, 같은 지상물의 철거를 구하면서 그 대상만을 달리하는 경우, 소유권에 기한 건물명도청구에서 같은 건물에 대한 소유권확인청구로 바꾸는 경우 등이다.

② **신청구와 구청구 중 일방이 타방의 변형물이거나 부수물인 경우:** 목적물의 인도청구에서 목적물의 멸실을 이유로 손해배상청구를 하는 경우, 소유권이전등기를 청구하다가 등기의무의 이행불능으로 전보배상청구를 하는 경우, 건물명도청구에서 임대료 상당의 손해배상청구를 추가하는 경우 등이다.

③ **신청구와 구청구가 동일한 급부의 이행을 목적으로 하지만 법률적 구성을 달리하는 데 그치는 경우:** 어음금청구에서 원인관계상 채권의 이행청구를 추가하는 경우, 소유권이전등기청구에서 소유권의 취득원인을 대물변제에서 매도담보로 바꾸는 경우, 이혼청구를 부정행위에서 이혼을 계속할 수 없는 중대한 사유 바꾸는 경우 등이다.

④ **동일한 생활사실이나 경제이익에 관한 것인데 분쟁의 해결방법을 달리하는 경우:** 매매에 의한 소유권이전등기청구에서 매매계약해제로 인한 계약금반환청구로 변경하는 경우, 원인무효로 인한 소유권이전등기말소청구에서 명의신탁해지로 인한 소유권이전등기청구로 변경하는 경우, 근저당권설정등기말소청구에서 경락으로 인한 소유권이전등기의 말소청구로 변경하는 경우 등이다.

청구기초의 동일성은 피고의 방어권을 보호하기 위한 사익적(私益的) 요건에 해당한다. 따라서 피고가 동의하거나 이의 없이 응소한 때에는 청구기초의 동일성이 없더라도 청구의 변경이 허용된다. 판례도 청구의 기초에 변경이 있더라도 피고가 이에 대하여 지체 없이 이의를 제기하지 않았다면 소송절차에 관한 이의권의 상실로 하자가 치유되는 것으로 본다.[1)]

**사례 청구의 변경**

A는 B를 상대로 임대차 종료를 원인으로 건물의 명도를 구하는 소송을 제기하였다.

---

1) 대법원 1988. 12. 27. 선고 87다카2851 판결.

그런데 소송계속 중 B의 과실로 계쟁 건물에 화재가 발생하였다. 이 경우 A가 건물에 발생한 화재에 따른 손해배상을 구하는 내용으로 청구를 변경할 수 있는지 설명하시오.

청구기초의 동일성이 인정되는 범위 내에서 청구변경이 가능하다. 청구기초의 동일성이란 구청구의 재판자료를 신청구의 심리에 계속적으로 이용할 수 있을 정도로 신·구청구의 재판자료 사이에 공통성이 있는 경우를 말한다. 건물명도청구와 건물의 멸실을 이유로 한 손해배상청구는 후자가 전자의 변형물이거나 부수물로 볼 수 있으므로 양 청구 사이에 청구기초의 동일성이 인정된다. 따라서 위의 사례에서 A는 건물에 발생한 화재로 인한 손해배상을 구하는 청구변경을 할 수 있다. 다만, 건물이 일부 소실된 경우와 전소된 경우 그 청구변경의 형태가 상이할 수 있다. 건물이 일부 소실된 경우에는 기존의 건물명도청구에 추가하여 소실된 부분에 대한 손해배상청구를 병합하는 추가적 변경의 형태가 되지만, 건물이 전소된 경우에는 건물명도청구는 소의 이익이 없어 부적법하므로 기존의 건물명도청구에 갈음하여 전보배상청구를 하는 교환적 변경의 형태가 될 것이다.

## 2. 소송절차를 현저히 지연시키지 않을 것

청구기초의 동일성이 인정되더라도 소송절차를 현저히 지연시키는 경우에는 청구의 변경이 허용되지 않는다(제262조 단서). 이 요건은 공익적(公益的) 요건이므로 피고의 이의가 없어도 직권조사를 요한다. 청구기초의 동일성이 인정되어도 구청구에 대한 심리가 마쳐지고 신청구에 대해서는 새로운 사실관계의 심리와 새로이 특단의 소송자료의 제출을 필요로 하는 경우에는 청구의 변경보다도 별도의 소에 의하는 것이 타당할 것이다. 판례는 새로운 청구의 심리를 위해 종전의 소송자료를 대부분 이용할 수 있는 경우는 절차 지연에 해당하지 않지만,[1] 2회에 걸쳐 상고심으로부터 파기환송된 후 항소심 변론종결시에 비로소 청구의 변경을 하는 것은 소송절차를 현저히 지연시키는 경우라고 한다.[2]

---

1) 대법원 1998. 4. 28. 선고 97다44416 판결.
2) 대법원 1964. 12. 29. 선고 64다1025 판결.

## 3. 사실심의 변론종결 전일 것

청구의 변경은 사실심 변론종결시(무변론판결의 경우에는 판결선고시)까지 할 수 있다(제262조 본문). 항소심에서도 상대방의 동의 없이 청구변경을 할 수 있다. 판례는 항소심에서 청구를 변경하더라도 청구의 기초에 변경이 없어 피고의 방어권 행사나 심급의 이익을 해할 염려가 없으므로 상대방의 동의를 필요로 하지 않는다고 한다.[1] 사실심 변론종결 후에는 청구의 변경이 허용되지 않으며 법원이 변론을 재개할 필요도 없다.

항소심에서 청구를 교환적으로 변경한 경우 기존의 청구는 취하되므로 기존 청구에 대한 소송은 실효된다. 따라서 가집행선고 있는 승소판결 이후 항소심에서 교환적 변경이 있으면 그 가집행선고는 실효되고, 교환적 변경이 있은 후에 항소를 취하하더라도 그 항소취하는 대상이 없어 아무런 효력이 발생하지 않는다.[2] 또한 항소심에서 교환적 변경을 한 후에 청구의 변경으로 기존의 청구를 다시 청구하는 것은 본안에 관한 종국판결선고 후에 소를 취하하고 다시 제소하는 것이 되므로 재소금지의 원칙에 저촉되어 부적법하다.

항소심에서 청구변경이 있는 경우에 항소심은 변경된 새로운 청구에 대하여 사실상 제1심으로 재판하게 된다. 따라서 항소심에서 기존의 청구와 새로운 청구를 모두 배척할 경우에 판결주문에 "항소를 기각한다."라고만 표시해서는 안 되고, 그와 함께 "원고의 청구를 기각한다."라고 표시해야 한다. 만일, 판결주문에 "항소를 기각한다."라고만 표시하였다면, 새로운 청구 부분에 대해서는 판단하지 않은 것이 되는데, 이 경우 기존의 청구와 새로운 청구의 병합형태가 단순병합이라면 새로운 청구 부분에 대하여 재판을 누락한 것이 되고 원고가 상고하더라도 새로운 청구 부분은 여전히 항소심에 계속 중이라고 할 것이므로 추가판결로 보정해야 하지만,[3] 병합형태가 선택적 또는 예비적 병합인 경우에는 재판의 누락은 아니며 원고가 상고하면 판단이 누락된 새로운 청구 부분을 포함한 청구 전부가 상고심의 심

1) 대법원 1984. 2.14. 선고 83다카514 판결.
2) 대법원 1995. 1. 24. 선고 93다25875 판결.
3) 대법원 2004. 8. 30. 선고 2004다24083 판결.

판대상이 된다. 한편 항소심에서 교환적 변경으로 기존의 청구는 취하되고 새로운 청구만 남은 경우에는 원심판결의 당부에 관하여 판결할 필요가 없고 교환적으로 변경된 새로운 청구에 대해서만 판단해야 한다. 그리하여 항소심에서 원고의 청구를 배척할 경우에는 판결주문에 "원고의 청구를 기각한다."라고만 표시해야 하고, "항소를 기각한다."라는 표시를 해서는 안 된다.[1]

### 4. 청구병합의 일반적 요건을 갖출 것

신청구와 구청구가 동종의 소송절차에 의하여 심리될 수 있는 것이어야 하고, 신청구가 구청구와 다른 법원의 전속관할에 속해서는 안 된다.

## Ⅳ. 청구변경의 절차 및 심판

### 1. 청구변경의 절차

#### (1) 원고의 서면신청

청구의 변경은 원고의 신청에 의해야 하고, 법원이 직권으로 변경할 수 없다. 또한 청구의 변경은 서면에 의해야 한다(제262조 제2항). 청구의 변경은 소송계속 중에 신소를 제기하는 것과 같고, 소의 제기는 서면주의를 원칙으로 하고 있기 때문이다. 다만, 구술제소가 가능한 소액사건에서는 구술에 의한 청구변경이 허용된다(소액사건심판법 제4조). 청구변경신청서라는 제목의 서면으로 해야 하는 것은 아니며, 준비서면의 형식이라도 그 내용이 청구를 변경하는 뜻을 포함하고 있으면 서면에 의한 청구의 변경이 있는 것으로 볼 수 있다.[2]

---

1) 대법원 1997. 6. 10. 선고 96다25449 판결.
2) 대법원 2009. 5. 28. 선고 2008다86232 판결.

민사소송법에서는 청구취지의 변경은 서면으로 해야 한다고 규정하고 있다(제262조 제2항). 그리하여 청구원인의 변경은 구술로도 가능한 것으로 보고 있다. 다만, 판례는 청구취지의 변경을 서면으로 하지 않은 경우에도 이의권의 포기·상실로 그 하자가 치유될 수 있다고 한다.[1] 청구의 확장이나 추가적 변경을 내용으로 하는 신청서에는 인지를 추가로 붙여야 한다. 이때 추가로 붙이는 인지는 소송목적의 값을 비교한 차액에 해당하는 인지가 아니라 확장 이후의 총 소송목적의 값에 의한 인지액과 종전 인지액과의 차액에 해당하는 인지이다(인지차액주의, 민사소송 등 인지법 제5조 제1호).

### (2) 상대방에게 송달

청구변경신청서는 새로운 청구의 소장에 해당하므로 상대방에게 바로 송달해야 한다(제262조 제3항). 청구변경신청서를 상대방에게 송달하거나 변론기일에 이를 교부한 때 신청구에 대해 소송계속의 효력이 발생한다. 청구변경에 의한 시효중단이나 법률상 기간준수의 효과는 청구변경신청서를 법원에 제출하였을 때 발생한다.

## 2. 청구변경의 심판

### (1) 부적법한 경우

청구의 변경이 부적법한 경우에는 법원은 직권으로 또는 상대방의 신청에 의하여 청구의 변경을 허용하지 않는다는 불허결정을 해야 한다(제263조). 불허결정은 중간적 결정으로 하든 종국판결의 이유 속에서 판단하든 법원의 재량이다. 불허결정에 대해서는 독립하여 불복할 수 없고, 종국판결에 대한 상소로써만 다툴 수 있다.

---

1) 대법원 1990. 12. 26. 선고 90다4686 판결.

### (2) 적법한 경우

청구의 변경이 적법한 경우에는 법원은 따로 청구변경을 허가한다는 뜻의 명시적 재판을 할 필요는 없으며, 바로 신청구에 대하여 심리하면 된다. 상대방이 다투는 경우에는 결정으로 청구의 변경이 적법하다는 중간적 재판을 하거나 종국판결 이유 속에서 판단할 수 있다. 청구변경허가결정에 대해서는 불복할 수 없다. 적법한 청구의 변경이 있으면 신청구에 대하여 심판해야 한다. 구청구의 재판자료는 신청구의 재판자료로 된다. 교환적 변경의 경우에는 신청구만이, 추가적 변경의 경우에는 구청구와 함께 신청구가 각각 심판의 대상이 된다.

## 3. 청구변경의 간과

청구의 변경이 적법함에도 이를 간과하여 신청구에 대해서는 판단하지 않고 구청구에 대해서만 판결을 한 경우에 그 처리방법이 문제된다.

### (1) 교환적 변경의 간과

교환적 변경을 간과하고 구청구에 대해서만 판결을 한 경우에는 신청구에 대한 재판을 누락한 채 이미 취하되어 소멸된 구청구에 대하여 판단을 한 것이 된다. 따라서 상소법원은 처분권주의 위반을 이유로 원심판결을 취소하고, 구청구에 대해서는 소송종료선언을 해야 한다. 신청구에 대한 부분은 재판의 누락이 되어 원심법원에 계속되어 있으므로 원심법원이 이에 대하여 추가판결을 해야 한다.

### (2) 추가적 변경의 간과

추가적 변경을 간과하여 구청구에 대해서만 판결을 한 경우에는 구청구와 신청구의 병합형태에 따라 달리 판단해야 한다. 그 병합형태가 단순병합인 경우에는 신청구에 대해서는 재판의 누락이 되어 원심법원에 계속 중에 있으므로 원심법원이 이에 대하여 추가판결을 해야 하고, 추가판결에 대하여 상소가 제기되면 상소법원은 이심된 신청구에 대하여 판단을 하면 된다. 그런데 선택적 또는 예비적 병합인 경우에는 판단의 누락이 되어 청구의 전부가 상소심에 이심되고 상소심의 심판대상이 되므로 신청구에 대한 판단누락은 원심판결의 파기사유가 된다.[1] 이 경우 누락된 신청구에 대해서는 원심법원에서 추가판결을 통하여 문제를 시정해야 한다는 견해[2]가 있으나, 판단누락에 해당하므로 상소법원이 원심판결을 파기하고 자판을 하든지 환송해야 할 것이다.

## 제 3 절 반소

### Ⅰ. 의의

반소라 함은 소송계속 중에 피고가 그 소송절차를 이용하여 원고에 대하여 제기하는 소를 말한다(제269조). 본소의 능동적 주체와 수동적 주체가 반소에서는 역으로 바뀌므로 본소원고는 반소피고로, 본소피고는 반소원고로 불리게 된다. 반소는 피고가 자기의 신청에 대하여 판결을 구하는 소송행위로서 독립된 소이고 본소를 기각시키기 위한 방어방법이 아니다. 예를 들어, 매매로 인한 물건의 인도를 구하는 본소에서 피고가 그 매매사실은 인정하나 물건의 인도의무는 원고의 매매대금의 지급의무와 동시이행관계에 있다는 취지의 항변을 제출하였다면, 이는 피고가 본소에 대한 방어방법을 제출한 것일 뿐이고 적극적으로 매매대금의 지급을 청구하는 것이 아니므로 반소에 해당하지 않는다. 이 경우 피고가 자기의 반대채권인 매매대금의 지급을 구하려면 위의 항변으로는 안 되고 매매대금의 지급을 구하는 반소를 제기해야 한다.

1) 대법원 1989. 9. 12. 선고 88다카16270 판결.
2) 한충수, 676면.

반소에는 본소의 방어방법 이상의 적극적 내용이 포함되어 있어야 한다. 본소청구의 기각이나 감축을 구하는 데 그친다면 반소청구로서의 이익이 없다. 예를 들어, 채무의 이행을 구하는 소송에 대하여 채무의 부존재확인을 구하는 반소는 부적법하다.[1] 그러나 채무의 부존재확인을 구하는 본소에 대하여 피고가 그 채무의 이행을 구하는 반소를 제기하는 것은 적법하다. 이 경우 피고가 이러한 내용의 반소를 제기했다고 본소의 확인의 이익이 소멸되어 본소가 부적법해지는 것도 아니다.[2]

반소는 본소피고가 본소원고를 상대로 제기한 소이다. 보조참가인이 본소원고를 상대로 또는 본소피고가 보조참가인을 상대로 한 반소제기는 부적법하다.[3] 다만, 독립당사자참가(제79조)나 참가승계(제81조)의 경우에는 당사자의 지위에서 소송에 참가하는 것이므로 참가소송의 상대방 당사자가 되는 원고나 피고는 참가인을 상대로 반소를 제기할 수 있다.[4] 판례는 원고 이외에 제3자를 추가하여 반소피고로 하는 반소는 허용되지 않지만, 반소가 필수적 공동소송이 되는 경우에는 필수적 공동소송인의 추가요건(제68조)을 갖추면 허용될 수 있다고 한다.[5] 또한 반소를 제기할지 여부는 피고의 선택에 맡겨져 있다. 따라서 미국에서와 같은 강제반소(compulsory counterclaim)[6]는 인정되지 않는다.

---

1) 대법원 2007. 4. 13. 선고 2005다40709,40716 판결.
2) 대법원 2010. 7. 15. 선고 2010다2428,2435 판결.
3) 미국에서는 본소의 피고가 공동피고를 상대로 소를 제기할 수 있으며(횡소, crossclaim), 원고의 청구에 대하여 피고에게 책임을 부담하는 제3자를 피고가 상대방으로 하여 본소에 끌어들일 수 있다(제3당사자 소송, third party practice). 독일의 경우에는 피고가 제3자를 반소피고로 추가하거나 제3자가 피고와 함께 반소원고가 되어 원고를 상대로 반소를 제기할 수 있다(Dritt Widerklage).
4) 대법원 1969. 5. 13. 선고 68다656,657,658 판결.
5) 대법원 2015. 5. 29. 선고 2014다235042,235059,235066 판결.
6) 미국에서는 본소의 대상인 거래 또는 사건을 청구원인으로 하는 피고의 청구는 반드시 반소에 의해야 하고, 별소의 제기가 허용되지 않는다.

## Ⅱ. 반소의 형태

### 1. 단순반소

단순반소는 본소청구가 인용되든 기각되든 상관없이 반소청구에 대하여 심판을 구하는 경우이다. 예를 들어, 원고의 소유권에 기한 건물명도청구에 대하여 피고가 동일한 건물에 대한 소유권이전등기말소청구의 반소를 제기하는 경우 등이다.

### 2. 예비적 반소

예비적 반소는 본소청구가 인용되거나 배척되는 때를 대비하여 조건부로 반소청구에 대하여 심판을 구하는 경우이다. 예를 들어, 매매로 인한 소유권이전등기를 구하는 본소청구에 대하여 피고가 본소청구가 인용될 때를 대비하여 매매대금의 지급을 반소로 구하는 경우, 건물명도의 본소청구에 대하여 피고가 본소청구가 인용될 때를 대비하여 건물에 지출한 비용의 상환을 반소로 구하는 경우, 대여금의 지급을 구하는 본소청구에 대하여 피고가 계약의 무효를 주장하며 청구기각판결을 구하고 본소청구가 기각될 때를 대비하여 이미 지급한 금액의 반환을 구하는 반소를 제기하는 경우 등이다.

소송에는 조건을 붙일 수 없지만 조건부 반소는 심리 과정에서 조건의 성취가 명확해지므로 절차의 불안정을 초래할 염려가 없어 허용된다. 예비적 반소 중에는 본소청구가 배척될 때를 대비한 경우보다는 본소청구가 인용될 때를 대비한 경우가 훨씬 더 많다. 이 경우 본소청구가 각하되거나 취하되면 반소청구는 본소와 운명을 같이 하여 소멸하고, 본소청구가 기각되는 경우에는 반소청구에 대해 아무런 판단을 하지 않는다.

### 3. 재반소

반소에 대한 재(再)반소도 반소로서의 요건을 충족하면 허용된다. 예를 들어, 유치권부존재확인을 구하는 본소에 대하여 피고가 점유권에 기한 건물의 인도를 구하는 반소를 제기한 경우에 원고가 반소청구가 인용되어 건물이 인도될 때를 대비하여 조건부로 소유권에 기한 건물의 인도를 구하는 재반소를 제기할 수 있다. 판례는 원고가 본소의 이혼청구에 병합하여 재산분할청구를 하였는데, 피고가 반소로서 이혼청구를 한 경우 원고의 재산분할청구 중에는 본소의 이혼청구가 받아들여지지 않고 피고의 반소청구에 의하여 이혼이 명해지는 때에도 재산을 분할해 달라는 취지의 청구가 포함된 것으로 봄이 상당하고, 이때 원고의 재산분할청구는 피고의 반소청구에 대한 재반소로서의 실질을 갖는다고 한다.[1)]

## Ⅲ. 반소의 요건

### 1. 상호관련성이 있을 것

반소청구는 본소청구나 본소의 방어방법과 상호관련성이 있어야 한다. 여기의 상호관련성이란 반소청구가 본소의 소송물 또는 본소의 항변사유와 그 대상이나 발생원인에 있어서 법률상·사실상 공통성이 있는 것을 말한다. 이는 청구변경에 있어서 청구기초의 동일성에 대응하는 요건인데, 본소청구뿐만 아니라 본소의 방어방법과 상호관련성이 있는 경우까지 포함한다는 점에서 청구기초의 동일성이 인정되는 범위보다 넓다고 할 수 있다.

#### (1) 본소청구와 상호관련성

본소청구와 상호관련성이 인정되는 경우는 다음과 같다.

---

1) 대법원 2001. 6. 15. 선고 2001므626,633 판결.

① **반소청구가 본소청구와 동일한 법률관계의 형성을 목적으로 하는 경우**: 원고가 이혼을 청구함에 대하여 피고도 반소로써 이혼청구를 하는 경우 등이다.
② **반소청구가 본소청구의 청구원인과 법률상·사실상 공통성이 있는 경우**: 원고가 매매를 원인으로 소유권이전등기를 청구함에 대하여 피고가 매매대금의 지급을 구하는 반소를 제기하는 경우, 원고가 매매계약의 무효확인을 청구함에 대하여 피고가 반소로써 동일한 매매계약의 유효를 주장하며 매수한 목적물의 인도를 구하는 경우 등이다.
③ **반소청구가 본소청구와 대상이나 발생원인에 있어서 주된 부분이 공통되는 경우**: 대상의 공통성이 인정되는 예로는 원고가 건물소유권의 확인을 청구하였는데 피고가 반소로써 동일한 건물에 대한 임차권의 확인을 구하는 경우, 원고가 건물에 관한 피고 명의의 소유권이전등기말소를 청구함에 대해 피고가 본소가 인용될 때를 대비하여 건물부지의 소유권에 기하여 그 건물의 철거를 구하는 예비적 반소를 제기하는 경우 등이 있고, 발생원인의 공통성이 인정되는 예로는 원고가 교통사고로 인한 손해배상을 청구하였는데 피고가 동일한 사고를 원인으로 손해배상을 청구하는 반소를 제기하는 경우 등이 있다.

### (2) 본소의 방어방법과 상호관련성

본소의 방어방법과 상호관련성이 인정되는 경우에도 반소가 가능하다. 본소의 방어방법과 상호관련성이 있다는 것은 반소청구가 본소의 항변사유와 대상이나 발생원인에 있어서 사실상·법률상 공통성이 있는 경우를 말한다. 예를 들어, 원고의 가등기에 기한 소유권이전등기절차의 이행을 구하는 본소에 대하여 피고가 방어방법으로 가등기담보채무의 변제항변을 하면서 이에 의한 담보채무의 소멸을 원인으로 가등기말소를 구하는 반소를 제기한 경우, 원고가 토지소유권에 기하여 건물철거 및 토지인도를 구하는 본소를 제기한 데 대하여 피고가 방어방법으로 그 토지에 관한 임차권을 주장하면서 그 임차권존재확인의 반소를 제기한 경우, 원고의 대여금청구에 대하여 피고가 반대채권으로 본소 채권과 대등액에서 상계한다는 항변을 하면서 그 상계초과채권의 이행을 반소로써 청구하는 경우 등이다. 그런데 본소의 방어방법과 상호관련성이 있는 반소는 그 방어방법이 반소제기 당시에 현실적으로 제출되어야 하고, 또 법률상 허용되어야 한다. 실체법상 허용되지 않는 항변에 기한 반소,[1] 실기한 공격방어방법으로 각하된 항변에 기한 반소 등은 부적법하다.

### (3) 사익적 요건

상호관련성이라는 반소요건은 반소피고, 즉 원고의 방어권을 보호하기 위한 사익적(私益的) 요건에 해당한다. 따라서 원고가 동의하거나 이의 없이 응소한 때에는 상호관련성이 없더라도 반소가 허용된다. 판례도 반소요건으로서의 상호관련성은 소송절차에 관한 이의권의 포기·상실의 대상이 되는 것으로 본다.[2]

**사례 반소**

A는 B를 상대로 매매를 원인으로 한 소유권이전등기를 구하는 소송을 제기하였다. 이에 대하여 B는 청구기각을 구하며 예비적으로 A를 상대로 매매대금의 지급을 구하는 내용의 반소를 제기하고자 한다. 이러한 내용의 반소제기가 허용되는지, 만일 허용된다면 A의 청구가 배척되는 경우 법원은 B의 청구에 대해 어떻게 심판해야 하는지 설명하시오.

반소청구는 본소청구나 본소의 방어방법과 상호관련성이 있어야 한다. 여기의 상호관련성이란 반소청구가 본소의 소송물 또는 본소의 항변사유와 그 대상이나 발생원인에 있어서 법률상·사실상 공통성이 있는 것을 말한다. 매매로 인한 소유권이전등기를 구하는 본소청구와 매매대금의 지급을 구하는 반소청구는 그 청구원인 사이에 공통성이 있으므로 상호관련성이 인정된다. 따라서 B는 매매대금의 지급을 구하는 반소를 제기할 수 있다. 이 경우 반소의 형태는 본소청구가 인용될 때를 대비하여 조건부로 반소청구에 대하여 심판을 구하는 예비적 반소에 해당한다. 따라서 A의 본소청구가 각하되거나 취하되면 B의 반소청구는 본소와 운명을 같이 하여 소멸하고, A의 본소청구가 기각되는 경우에는 B의 반소청구에 대하여 판단할 필요가 없다.

---

1) 불법행위채권, 압류금지채권, 지급금지채권 등을 수동채권으로 하는 상계는 법률상 금지된다(민법 제496조 내지 제498조, 근로기준법 제21조). 이러한 상계금지채권에 대한 상계항변에 바탕을 둔 반소는 부적법하다.

2) 대법원 1968. 11. 26. 선고 68다1886,1887 판결.

## 2. 본소절차를 현저히 지연시키지 않을 것

반소청구가 상호관련성이 있더라도 반소청구의 심리를 위하여 본소절차가 지연되어 별도의 소송에 의하는 것이 오히려 적절한 경우에는 반소가 허용되지 않는다. 이는 공익적(公益的) 요건이므로 법원의 직권조사사항이다.

## 3. 본소가 사실심에 계속 중이고 변론종결 전일 것

### (1) 본소가 계속 중일 것

반소를 제기하려면 본소가 사실심에 계속되어 있어야 한다. 그러나 본소의 소송계속은 반소제기의 요건에 그치고 그 존속요건은 아니다. 따라서 반소가 적법하게 제기된 후에는 본소가 취하되거나 각하되더라도 반소의 소송계속에는 영향이 없다.

본소가 취하된 경우에는 피고는 원고의 응소 후라도 그의 동의 없이 반소를 취하할 수 있다(제271조). 원고가 반소의 제기를 유발한 본소를 스스로 취하하였음에도 그로 인하여 유발된 반소만의 유지를 피고에게 강요하는 것은 불공평하므로 원고가 본소를 취하한 경우 피고는 원고의 동의 없이 반소를 취하할 수 있다. 그러나 본소가 원고의 의사와 관계없이 부적법 각하되어 종료된 경우까지 그렇게 해석할 수는 없으며, 이 경우에는 원고의 동의가 있어야 반소취하의 효력이 생긴다.[1]

한편 본소청구가 인용될 때를 대비한 예비적 반소의 경우에는 본소가 각하 또는 취하되면 반소도 당연히 소멸하므로 피고가 반소를 취하한다든지 법원이 반소를 각하하는 등의 조치가 필요 없다. 판례는 피고가 항소를 하면서 항소심에서 반소를 제기한 경우 이는 항소가 이유 있을 때를 대비한 예비적 반소의 성질을 가지므로 항소가 부적법 각하되면 반소도 소멸하므로 별도로 반소를 배척하는 판결을

---

1) 대법원 1984. 7. 10. 선고 84다카298 판결.

하는 것은 위법하다고 한다.[1] 또 피고가 항소하면서 제1심판결의 가집행선고에 따라 지급한 물건이나 금전의 반환 등을 구하는 가지급물반환신청을 한 경우 가지급물반환신청은 소송 중의 소의 일종으로서 그 성질이 항소가 이유 있어 가집행선고가 붙은 제1심판결이 변경될 때를 대비한 예비적 반소라 할 것이므로 항소가 기각되면 가지급물반환신청에 대하여 별도의 판단을 하지 않아도 적법하다고 한다.[2]

### (2) 본소가 사실심에 계속 중일 것

반소는 사실심인 항소심의 변론종결시까지 제기할 수 있다. 다만, 항소심에서 반소를 제기함에는 원고의 심급의 이익을 해칠 우려가 없거나 원고의 동의를 얻어야 가능하다(제412조 제1항). 원고가 이의 없이 반소의 본안에 대하여 변론을 한 때에는 반소제기에 동의한 것으로 본다(동조 제2항). 항소심에서 반소를 제기하는 경우 청구변경에서와는 달리 이러한 제한을 둔 이유는 반소제기의 요건인 상호관련성의 인정 범위가 청구변경의 요건인 청구기초 동일성의 인정 범위보다 넓어 원고의 심급의 이익을 해칠 우려가 있기 때문이다.

항소심에서 반소제기가 허용되는 원고의 심급의 이익을 해칠 우려가 없는 경우란 반소청구의 기초를 이루는 실질적인 쟁점이 제1심에서 본소의 청구원인 또는 방어방법과 관련하여 충분히 심리된 경우를 말한다.[3] 예를 들어, 중간확인의 반소, 본소와 청구원인을 같이하는 반소, 항소심에서 추가된 예비적 반소 등이 여기에 해당한다. 이 경우에는 원고의 동의 없이 반소제기가 가능하다.

### (3) 본소의 변론종결 전일 것

변론종결 후에 제기한 반소는 부적법하다. 반소의 제기가 있다고 법원이 변론을 재개해야 하는 것은 아니다.

---

1) 대법원 2003. 6. 13. 선고 2003다16962,16979 판결.
2) 대법원 2005. 1. 13. 선고 2004다19647 판결.
3) 대법원 2005. 11. 24. 선고 2005다20064,20071 판결.

### 4. 청구병합의 일반적 요건을 갖출 것

반소는 본소 계속 중에 그 소송절차에서 새로운 소송을 제기하는 것이므로 반소는 본소와 동종의 소송절차에 의할 것이 요구되고, 또한 반소가 다른 법원의 전속관할에 속하지 않아야 한다. 지방법원 단독판사는 본소 심리 중에 피고가 합의부 관할에 속하는 청구를 반소로 제기한 경우에는 본소와 반소를 모두 합의부로 이송해야 한다(제269조 제2항). 다만, 원고가 관할위반의 항변 없이 반소에 대하여 변론하면 변론관할이 생기므로 이송할 필요가 없다.

## Ⅳ. 반소의 절차와 심판

### 1. 반소의 제기

반소는 독립한 소이므로 반소를 제기함에는 본소의 소장에 준하는 반소장을 제출해야 한다. 다만, 소액사건에서는 구술제소가 허용되므로 구술에 의한 반소의 제기가 가능하다. 반소장에는 소장의 필요적 기재사항과 마찬가지로 반소청구의 취지와 원인을 기재해야 하며, 적극적 당사자를 '반소원고'로, 소극적 당사자를 '반소피고'로 표시한다. 반소장에는 소장에 붙이는 것과 같은 금액의 인지를 붙이는 것이 원칙이지만, 예외적으로 본소와 반소의 목적이 동일한 때에는 반소의 인지액에서 본소의 인지액을 공제한 차액의 인지를 붙이면 된다(인지차액주의, 민사소송 등 인지법 제4조 제2항).[1]

---

1) 반소는 독립한 사건이므로 별개의 사건번호와 사건명을 부여하되, 본소기록의 표지 해당란에 사건번호와 사건명을 병기한다.

## 2. 반소요건 등의 조사

반소요건은 원칙적으로 직권조사사항이지만, 상호관련성만은 공익적 요구에 기인한 것이 아니므로 소송절차에 관한 이의권의 포기·상실의 대상이 된다. 반소요건에 흠결이 있는 부적법한 반소에 대하여 법원은 판결로써 각하해야 한다. 반소제기에 의한 시효중단 또는 법률상 기간준수의 효과는 소제기의 경우와 마찬가지로 반소장을 제출한 때이고, 반소제기에 의한 소송계속의 효과는 반소장이 상대방에 송달된 때이다. 반소요건을 갖추어도 소송요건의 흠결이 있는 경우에는 보정이 이루어지지 않으면 판결로 반소를 각하해야 한다.

## 3. 본안심판

본소와 반소는 병합심리를 하고, 1개의 전부판결을 하는 것이 원칙이다. 다만, 절차의 번잡·지연의 우려 등 특별한 사정이 있는 경우에는 변론의 분리, 일부판결을 할 수 있다(제141조, 제200조 제2항). 1개의 전부판결을 하는 경우에도 본소와 반소의 판결주문은 따로 내어야 하나, 소송비용은 본소비용과 반소비용을 분리하지 않고 전부에 대하여 판단해야 한다. 판례는 본소청구가 인용될 것을 조건으로 한 예비적 반소에 대하여 본소청구를 배척한 이상 예비적 반소는 심판대상이 될 수 없으므로 예비적 반소에 대해서는 별도로 판단을 할 필요가 없으며 설사 각하하는 판단을 하더라도 그 효력이 없다고 하면서, 본소청구를 배척하는 제1심 판결에 대하여 원고만이 항소한 경우 본소청구와 반소청구는 불가분적으로 결합되어 있으므로 반소청구도 항소심의 심판대상이 되고, 따라서 항소심에서 원고의 항소를 받아들여 본소청구를 인용하는 때에는 반소청구에 대하여 판단을 해야 한다고 한다.[1)]

---

1) 대법원 2006. 6. 29. 선고 2006다19061,19078 판결.

**사례** **청구의 변경과 반소**

A와 B는 토지를 각각 2분의 1씩 지분으로 취득하여 공유로 소유권이전등기를 마치고 토지 전체를 A가 점유하여 사용하고 있다. 그 후 B는 A로부터 지분을 증여받는 내용의 계약서를 첨부하여 자기 앞으로 지분이전등기를 경료하였다. 이에 A는 위 증여계약서가 위조된 것이라고 주장하며 지분이전등기의 말소를 구하는 소를 제기하여 제1심에서 승소하였고, B가 불복하여 항소심이 진행되고 있다.

① A는 항소심에서 위 계약서의 진정성립이 인정될 경우를 대비하여 위 계약서의 내용은 증여가 아니라 명의신탁이므로 명의신탁해지를 이유로 하는 지분이전등기의 말소를 구하는 청구를 예비적으로 추가하고자 한다. 이러한 청구를 추가하는 것이 가능한지 그리고 법원이 제1심 판결을 취소하고 명의신탁해지를 이유로 하는 지분이전등기말소를 명하는 판결을 할 수 있는지 설명하시오.

판례는 등기원인무효를 이유로 한 소유권이전등기말소청구와 명의신탁해지를 이유로 한 소유권이전등기말소청구는 별개의 소송물이라고 한다. 따라서 판례에 의하면, 지분증여계약서의 위조를 이유로 한 지분이전등기말소청구와 명의신탁해지를 이유로 한 지분이전등기말소청구는 별개의 청구가 된다. 그러므로 A가 지분증여계약서의 위조를 이유로 한 지분이전등기말소청구에 명의신탁해지를 이유로 한 지분이전등기말소청구를 예비적으로 추가하기 위해서는 청구변경의 요건을 갖추어야 한다. 청구변경은 청구기초의 동일성이 유지되는 범위 내에서 가능하다. 여기서 청구기초의 동일성이란 구청구의 재판자료를 신청구의 심리에 계속적으로 이용할 수 있을 정도의 공통성이 있는 경우를 말한다. 위 사례에서 신·구청구는 지분이전등기의 말소라는 동일한 급부의 이행을 목적으로 하면서 법률적 구성만을 달리하는데 불과하므로 청구기초의 동일성이 인정된다. 문제는 항소심에서 청구변경을 함에는 상대방의 동의가 필요한지 여부이다. 판례는 항소심에서 청구를 변경하더라도 청구기초의 동일성이 유지되므로 피고의 방어권 행사나 심급의 이익을 해할 염려가 없어 상대방의 동의를 요하지 않는다고 한다. 따라서 판례에 의하면, A는 항소심에서 B의 동의가 없더라도 명의신탁해지를 이유로 한 지분이전등기말소청구를 예비적으로 추가하는 청구변경을 할 수 있다. 이 경우 청구변경의 형태는 추가적 변경에 해당하고, 그 병합의 형태는 예비적 병합이다.

한편 청구의 예비적 병합에서 법원은 당사자가 청구한 심판의 순서에 구속된다. 법원은 주위적 청구를 인용할 때에는 예비적 청구를 판단할 필요가 없으나, 주위적 청구를 기각·각하하는 때에는 예비적 청구의 당부를 판단해야 한다. 항소심에서 청구변경이 있는 경우에 항소심은 추가된 새로운 청구에 대하여 사실상 제1심으로 재판하게 된다. 위 사례에서 A가 명의신탁해지를 이유로 한 지분이전등기말소청구를 추가한 것은 일종의 부대항소에 해당하고, 항소심의 심판대상이 된다. 따라서 만일 항소심에서 지분증여계약서의 위조를 이유로 한 지분이전등기말소청구가 이유 없고 명의신탁해지를 이유로 한 지분이전등기말소청구가 이유 있다고 판단하였다면, 항소법원은 제1심판결을 취소한 다음 지분증여계약서의 위조를 이유로 한 지분이전등기말소청구를 기각하고 명의신탁해지를 이유로 한 지분이전등기말소청구를 인용하는 판결을 해야 할 것이다.

② 항소심에서 B가 소유권에 기한 토지의 인도를 구하는 반소를 제기하였다면, 이 반소에 A의 동의가 필요한지 그리고 만일 반소제기 후 A가 자기의 본소를 취하하였다면, 이 취하는 반소에 어떤 영향을 미치는지 설명하시오.

반소청구는 본소청구와 상호관련성이 있어야 한다. 원고가 지분이전등기의 말소를 구하는 본소를 제기한 데 대하여 피고가 동일한 토지에 대하여 소유권에 기한 인도를 구하는 반소를 제기한 경우는 반소청구와 본소청구가 대상에 있어서 공통성이 있으므로 상호관련성이 인정된다. 문제는 항소심에서 B가 반소를 제기함에 A의 동의가 필요한지 여부이다. 민사소송법은 청구변경에서와는 달리 항소심에서 반소를 제기하는 경우에는 상대방의 심급의 이익을 해할 우려가 없는 경우 또는 상대방의 동의를 얻은 경우에만 가능하도록 하는 규정을 두고 있다(제412조 제1항). 그런데 B가 제기한 소유권에 기한 토지의 인도를 구하는 반소는 이미 제1심에서 충분히 심리한 쟁점인 소유권의 존부와 관련된 반소이므로 원고의 심급의 이익을 해할 우려가 없어 B는 A의 동의 없이 반소를 제기할 수 있다.

한편 반소를 제기하려면 본소가 사실심에 계속되어 있어야 한다. 그러나 본소의 소송계속은 반소제기의 요건이고 그 존속요건은 아니므로 반소가 적법하게 제기된 후에는 본소가 취하되거나 각하되더라도 반소의 소송계속에는 영향이 없다. 또한 B가 제기한 반소는 A의 본소가 인용되거나 기각될 경우를 대비한 예비적 반소가 아니라 단순반소이다. 따라서 B가 반소를 제기한 후에 A가 자기의 본소를 취하하였더라도 B의 반소에는 아무런 영향을 미치지 못한다.

# 제4절 중간확인의 소

## Ⅰ. 의의

중간확인의 소란 소송계속 중에 다툼이 있는 선결적 법률관계의 존부에 대하여 기판력 있는 판단을 받기 위해 본소 법원에 제기하는 소를 말한다(제264조 제1항). 예를 들어, 소유권에 기한 건물명도소송에서 선결적 법률관계인 소유권의 존부가 다투어질 때 원고가 소유권확인의 소를 병합하여 제기하는 경우 등이 여기에 해당한다. 선결적 법률관계는 판결이유 중에서 판단되기 때문에 기판력이 생기지 않으므로 이에 대한 기판력 있는 판단을 받기 위하여 기왕의 소송절차를 이용해서 제기하는 소가 중간확인의 소이다. 중간확인의 소를 원고가 제기하는 경우에는 청구의 추가적 변경에 해당하고, 피고가 제기하는 경우에는 반소에 해당한다.

## Ⅱ. 요건

### 1. 다툼이 있는 선결적 법률관계의 확인을 구할 것

#### (1) 다툼이 있는 현재의 법률관계

중간확인의 소는 법률관계의 확인을 구하는 것이어야 하므로 사실관계나 증서의 진정 여부(제250조)는 그 대상이 아니다. 현재의 법률관계이어야 하고, 과거의 법률관계는 그 대상이 될 수 없다.[1] 또한 당사자 사이에 다툼이 있는 법률관계이어야 한다. 비록 현재에는 다툼이 없어도 장래 다툴 가능성이 있으면 허용된다.

---

1) 대법원 1988. 4. 25. 선고 87다카1280 판결.

### (2) 선결적 관계

본소청구의 전부 또는 일부와 선결적 관계에 있어야 한다. 선결적 관계는 중간확인소송의 판결선고시까지 현실적으로 존재해야 한다. 따라서 본소청구가 취하 또는 각하되는 경우, 중간확인의 소의 대상인 선결적 법률관계에 대한 판단까지 하지 않아도 본소청구가 기각될 경우에는 현실적으로 선결적 관계에 있지 않아 중간확인의 소는 부적법하다. 판례는 재심소송에서 중간확인의 소를 제기하는 것은 재심청구가 인용될 것을 전제로 재심 대상 소송의 본안청구에 대하여 선결관계에 있는 법률관계의 존부확인을 구하는 것이므로 재심사유가 인정되지 않아서 재심청구를 기각하는 경우에는 선결적 법률관계의 존부에 관하여 심리할 필요 없이 중간확인의 소를 각하해야 할 것이라고 한다.[1)]

## 2. 사실심의 변론종결 전일 것

중간확인의 소는 사실심 변론종결시까지 제기할 수 있고, 항소심에서도 상대방의 동의를 요하지 않는다.[2)] 제1심에서 쟁점이 되어 이미 충분한 심리가 이루어진 선결적 법률관계를 그 대상으로 하므로 상대방의 심급의 이익을 해할 우려가 없기 때문이다.

## 3. 청구병합의 일반적 요건을 갖출 것

중간확인의 소가 본소와 동종의 소송절차에 의하여 심리될 수 있는 것이어야 하고, 본소와 다른 법원의 전속관할에 속해서는 안 된다.

---

1) 대법원 2008. 11. 27. 선고 2007다69834 판결.
2) 대법원 1973. 9. 12. 선고 72다1436 판결.

## Ⅲ. 절차와 심판

### 1. 중간확인의 소의 제기

중간확인의 소는 소송 중의 소이므로 소장에 준하는 서면을 제출해야 하고(제264조 제2항), 그 서면은 상대방에게 송달되어야 한다(제3항). 서면을 제출한 때 시효중단과 법률상 기간준수의 효력이 발생하고, 서면이 상대방에게 송달된 때에 소송계속의 효과가 발생한다(제265조). 피고가 중간확인의 소를 제기하는 경우에는 반소의 제기에 준하므로 그 소송대리인이 제기하려면 소송대리인에게 특별한 권한 수여가 있어야 하나(제90조 제2항 제1호), 원고가 제기하는 경우에는 청구의 추가적 변경에 해당하여 본소청구의 대리권에 당연히 포함되고 특별한 권한 수여가 필요 없다.

### 2. 심판

중간확인의 소는 단순한 공격방어방법이 아니라 독립된 소이므로 이에 대한 판단은 판결이유에 기재할 것이 아니라 종국판결의 주문에 기재해야 한다.[1] 중간확인의 소에 대한 심판은 소의 추가적 변경 또는 반소의 경우에 준한다. 따라서 병합요건을 조사하여 그 흠결이 있으면 독립의 소로 취급될 수 없는 한 부적법 각하해야 한다. 그러나 병합요건을 갖추었다면 본소 청구와 병합심리하고, 1개의 전부판결에 의하여 동시에 재판해야 한다.

---

1) 대법원 2008. 11. 27. 선고 2007다69834 판결.

# 제 2 장 다수당사자소송

## 제 1 절 공동소송

### Ⅰ. 공동소송의 의의

#### 1. 개념

공동소송이란 하나의 소송절차에 원고 또는 피고가 여러 사람인 소송 형태를 말한다. 공동소송을 소의 주관적 병합이라고도 한다. 공동소송은 다수 당사자 사이의 관련 분쟁을 동일한 절차에서 동시에 심판함으로써 분쟁의 통일적 해결과 소송경제를 도모할 수 있다는 이점이 있으나, 소송관계가 번잡해지고 그로 인하여 소송이 지연될 수 있다는 문제점이 있다.

#### 2. 종류

공동소송은 공동소송인 사이에 '합일확정(合一確定)'이 요구되는 필수적 공동소송과 그렇지 않은 통상공동소송으로 구분된다. 여기서 합일확정이란 소송행위의 효력 유무와 소송절차의 진행을 모든 공동소송인에 대하여 획일적으로 처리해야 한다는 의미이다. 필수적 공동소송에서 공동소송인 사이에 합일확정이 요구되는 이유는 공동소송인들 사이에 재판결과가 동일하게 나와야 하기 때문이다. 통상공동소송에서는 각 공동소송인별로 재판결과가 다르게 나와도 무방하지만,

필수적 공동소송에서는 재판결과가 다르게 나오는 것이 허용되지 않는다. 그리하여 필수적 공동소송에서는 모든 공동소송인에 대하여 재판결과가 동일하게 나오도록 하기 위하여 합일확정, 즉 소송자료의 통일과 소송진행의 통일이 요구되는 것이다.

필수적 공동소송은 다시 고유필수적 공동소송과 유사필수적 공동소송으로 구분된다. 고유필수적 공동소송이란 전원이 공동으로 제소하거나 제소당하지 않으면 당사자적격을 잃는 공동소송을 말하고, 유사필수적 공동소송이란 개별적으로 제소하거나 제소당하여도 당사자적격을 잃는 것은 아니지만, 일단 공동으로 제소하거나 제소당한 이상 공동소송인 사이에 합일확정이 요구되어 승패를 일률적으로 해야 하는 공동소송을 말한다.

## 3. 요건

### (1) 주관적 요건(제65조)

공동소송인으로 될 사람들 사이에는 다음과 같이 ① 권리의무가 공통될 것, ② 권리의무의 발생원인이 공통될 것, ③ 권리의무가 동종(同種)이고 발생원인이 동종일 것 중 어느 하나의 관련성이 있어야 한다.

① **권리의무가 공통될 것:** 공동소송인이 될 사람들 사이에 소송의 목적이 되는 권리의무가 공통되는 관계에 있어야 한다. 권리를 공통으로 하는 경우로는 여러 사람의 합유자 또는 공유자를 상대로 합유물 또는 공유물에 관한 소송을 제기하는 경우, 여러 사람을 상대로 동일한 소유권의 확인을 구하는 경우 등이 있고, 의무를 공통으로 하는 경우로는 여러 사람의 불가분채무자나 연대채무자를 상대로 채무의 이행을 구하는 경우, 보증인과 주채무자를 상대로 채무의 이행을 구하는 경우 등이 있다.

② **권리의무의 발생원인이 공통될 것:** 공동소송인이 될 사람들 사이에 소송의 목적이 되는 권리의무의 발생원인이 공통되는 관계에 있어야 한다. 동일한 사고에 의한 여러 피해자의 손해배상청구, 토지소유자가 건물의 소유자에 대해 그 철거를 구하

고 그 입주자에 대해 퇴거를 구하는 경우 등이 여기에 해당한다.

③ **권리의무가 동종이고 발생원인이 동종일 것:** 공동소송인이 될 사람들 사이에 소송의 목적이 되는 권리의무가 동종이고 그 발생원인이 동종인 관계에 있어야 한다. 여러 통의 어음의 발행인에 대한 각 별개의 어음금을 청구하는 경우, 같은 종류의 매매계약에 기하여 여러 사람의 매수인에게 대금지급을 청구하는 경우 등이 여기에 해당한다.

권리의무를 공통으로 하거나 권리의무의 발생원인이 공통되는 공동소송의 경우에는 관련재판적이 준용되고(제25조 제2항), 선정당사자를 세울 수 있다. 그러나 권리의무가 동종이고 그 발생원인이 동종인 공동소송의 경우에는 관련재판적이 준용되지 않고, 발생원인이 동종인 것만으로는 공동의 이해관계가 인정되지 않아 선정당사자를 세우기 어려울 수 있다.

### (2) 객관적 요건

공동소송에서는 고유필수적 공동소송의 경우를 제외하고 최소한 공동소송인의 수만큼의 청구의 병합이 따르므로 청구의 병합요건을 갖추어야 한다. 따라서 공동소송인의 각 청구는 동종의 소송절차에서 심판되어야 하고, 또한 각 청구에 대하여 수소법원에 관할권이 있어야 한다.

권리의무가 공통되거나 권리의무의 발생원인이 공통되는 공동소송의 경우에는 관련재판적이 인정되므로 관할권이 문제되지 않으나(제25조 제2항), 권리의무가 동종이고 그 발생원인이 동종인 공동소송의 경우에는 관련재판적이 인정되지 않아 공통의 관할권을 찾기 어려워 공동소송으로 제소하기 어려울 수 있다.

## Ⅱ. 통상공동소송의 심판

### 1. 공동소송인 독립의 원칙(제66조)

#### (1) 의의

통상공동소송은 공동소송인별로 각각 별개의 소송이 병합된 것에 불과하고, 공동소송인별로 소송결과가 다르게 나와도 아무런 상관이 없다. 따라서 통상공동소송에서는 각 공동소송인은 다른 공동소송인에 의한 제한이나 간섭을 받지 않고 각자 독립하여 소송을 수행할 권능을 가지며, 상호 간에 연합관계나 협력관계가 없다. 이를 공동소송인 독립의 원칙이라고 한다(제66조).

#### (2) 내용

##### 1) 소송요건의 개별처리

소송요건의 존부는 각 공동소송인별로 개별적으로 심사하고 처리해야 한다. 소송요건을 심사한 결과 흠결이 있는 공동소송인에 한하여 소를 각하한다.

##### 2) 소송자료의 불통일

공동소송인 중 1인의 소송행위는 원칙적으로 다른 공동소송인에게 영향을 미치지 않는다. 각 공동소송인은 각자 청구의 포기·인낙, 소송상화해, 소 또는 상소의 취하, 상소 등의 소송행위를 할 수 있으며, 이에 의하여 다른 공동소송인에게 그 효력이 미치지 않는다. 공동소송인 중 1인이 자백한 경우에도 다른 공동소송인에 대해서는 아무런 효력이 생기지 않으므로 상대방의 주장사실을 다투는 다른 공동소송인에 대해서는 그 사실을 증거에 의하여 확정해야 한다.[1]

##### 3) 소송진행의 불통일

공동소송인 1인에 관한 사항은 다른 공동소송인에게 영향이 없다. 1인의 공동소송인에 대하여 생긴 소송절차의 중단·중지의 사유는 그 사람의 소송관계에 대

---

1) 대법원 1968. 5. 14. 선고 67다2787 판결.

해서만 절차를 정지하게 하고, 기일의 해태도 다른 공동소송인에게 그 효과가 미치지 않는다. 기일을 해태한 공동소송인만이 자백간주(제150조)나 소취하(제268조) 등의 불이익을 입게 된다.

#### 4) 당사자 지위의 독립

각 공동소송인은 자신의 소송관계에서만 당사자이다. 각 공동소송인은 다른 공동소송인의 대리인이나 보조참가인이 될 수 있고, 또한 그에게 소송고지를 할 수도 있다(제84조).

#### 5) 재판의 불통일

공동소송인별로 변론을 분리할 수 있고 일부판결을 할 수 있다. 판결 결과가 공동소송인 사이에 다르게 나와도 상관없다.

### (3) 사실상 소송절차 진행의 통일

통상공동소송에서 각 공동소송인은 독립의 지위를 갖지만, 같은 절차에서 병합심리되는 이상 각 공동소송인에 대하여 기일을 공통으로 지정하고 변론, 증거조사, 판결도 같이 하는 것이 원칙이다. 그리하여 사실상 소송절차의 진행도 같이 하고, 재판의 통일도 어느 정도 기대할 수 있다.

## 2. 공동소송인 독립원칙의 수정

### (1) 증거공통의 원칙

통상공동소송에서는 각 공동소송인은 독립의 지위를 갖지만, 같은 절차에서 병합심리되는 이상 변론의 전체 취지 및 증거조사의 결과 얻은 법관의 심증(제202조)은 각 공동소송인에 대하여 공통되어야 한다. 따라서 1인의 공동소송인이 제출한 증거는 다른 공동소송인과 공통 혹은 관련된 계쟁사실에 대해서는 그 원용이 없어도 이를 사실인정의 자료로 할 수 있다. 이를 공동소송인 사이의 증거공통의 원칙이라고 한다.

그러나 공동소송인 사이에 이해가 상반되는 경우에는 다른 공동소송인의 방어권 보장을 위하여 명시적인 원용이 없으면 증거공통의 원칙이 적용되지 않는다. 공동소송인 중 한 사람이 자백한 경우 자백한 공동소송인에 대해서는 자백한 대로 사실확정을 해야 하지만, 이를 다투는 다른 공동소송인에 대해서는 자백의 효력이 미치지 않으며 증거에 의하여 사실을 확정해야 한다. 다만, 어느 한 공동소송인의 자백이 다른 공동소송인에 대해서 변론의 전체 취지로 영향을 미칠 수 있다.

### (2) 주장공통의 원칙

공동소송인 중 1인의 주장사실이 다른 공동소송인에게도 유리한 경우에 다른 공동소송인의 원용이 없어도 그에 대하여 효력이 미치는지 논란이 있다. 이를 긍정하는 견해가 있다. 예를 들어, 채권자가 주채무자와 보증채무자를 공동피고로 제소하였는데, 주채무자는 변제 등 이유있는 항변을 하였으나 보증채무자는 그러한 항변의 원용조차 하지 않는 경우에 법원은 주채무자에 대해서는 주채무의 소멸을 이유로 청구기각, 보증채무자에 대해서는 주채무의 존재를 전제로 원고청구인용을 해야 한다는 것은 역사적 사실은 하나밖에 있을 수 없다는 논리의 거역으로 재판불신의 요인이 될 수 있으므로 긍정함이 타당하다고 한다.[1]

판례는 변론주의를 취하고 있는 소송제도 아래에서 공동소송인들 상호 간의 공격방어방법의 차이에 따라 모순된 결론이 발생하는 것은 부득이한 일로서 통상공동소송에서 주장공통의 원칙이 인정될 수 없다고 한다.[2] 생각건대, 증거자료와 소송자료는 구분되어야 하고, 증거자료에 관해서는 법관의 자유심증주의에 의하여 공동소송인 독립의 원칙이 수정될 수도 있을 것이나, 주장책임을 확대하는 정도까지 공동소송인 독립의 원칙을 수정하는 것은 소송자료의 제출에 관한 민사소송의 기본원칙인 변론주의에 반한다고 할 것이므로 부정함이 옳다고 본다. 주장공통의 원칙을 부인함에 따라 공동소송인들 상호 간에 모순된 재판결과가 발생할 위험성은 법원이 석명권 등 소송지휘권을 적절히 행사하여 방지해야 할 것이다.

1) 이시윤, 727면.
2) 대법원 1994. 5. 10. 선고 93다47196 판결.

**사례** **공동소송인 독립의 원칙**

갑은 A, B, C가 공동으로 자신에게 상해를 입혔다고 주장하면서 이들을 공동피고로 하여 손해배상을 청구하는 소송을 제기하였다. 피고 중 A와 B는 답변서를 제출하고 기일에 출석하였으나, C는 답변서도 체출하지 않은 채 기일에 불출석하였다. 변론에서 A와 B는 갑이 주장하고 있는 신체상해는 자신들의 불법행위에 의해서가 아니라 스스로 넘어져 다친 것이라고 주장하고, 이를 증명하기 위하여 A는 목격자 D를 증인으로 신청하였다. D는 갑의 부상은 피고들과 말다툼을 한 후 귀가하던 중에 스스로 넘어져 다친 것이라고 진술하였다. 법원이 D의 증언을 진실한 것으로 확신하는 경우 A, B, C에 대한 갑의 청구를 어떻게 판단해야 할지 설명하시오.

갑과 A, B, C 간의 공동소송은 통상공동소송이다. 통상공동소송에는 공동소송인 독립의 원칙이 적용된다. 따라서 통상공동소송에서는 공동소송인 1인의 소송행위는 원칙적으로 다른 공동소송인에게 영향을 미치지 않는다. 위 사례에서 A와 B는 기일에 출석하여 갑의 청구를 다투면서, 갑의 신체상해는 다른 원인에 기인한 것이라고 주장하고 있다. 그러나 C는 기일에 불출석하였고, 아무런 주장도 하지 않고 있다. A와 B의 주장은 C에게도 유리한 것이고, 이러한 경우에 A와 B의 주장이 C에게도 효력이 미치는지 논란이 있으나, 변론주의 원칙에 비추어 주장책임의 원칙을 이와 같이 확대할 수는 없다. C는 답변서를 제출하지 않은 채 변론기일에 불출석하였는데, 이러한 기일해태의 효과는 불출석한 C에게만 미치므로 C에 대해서만 무변론판결을 하거나 자백간주의 효과가 생긴다.

그런데 통상공동소송에서 각 공동소송인은 독립의 지위를 갖지만, 같은 절차에서 병합심리되는 이상 변론전체의 취지 및 증거조사의 결과 얻은 심증은 각 공동소송인에 대해 공통되어야 하기 때문에 1인의 공동소송인이 제출한 증거는 다른 공동소송인과 공통 혹은 관련된 계쟁사실에 대해서는 그 원용이 없어도 이를 사실인정의 자료로 할 수 있다. 따라서 A가 신청한 증인 D에 대한 증인신문결과는 B의 원용이 없어도 B의 주장을 입증하는 사실인정의 자료로 할 수 있다.

그 결과 법원이 D의 증언을 진실한 것으로 확신하는 경우 A와 B에 대해서는 갑의 청구를 기각하고, C에 대해서는 무변론이나 의제자백으로 갑의 청구를 인용하는 판결을 하게 될 것이다. 그러나 이는 역사적 사실은 하나밖에 있을 수 없다는 논리의 거역으로 재판불신의 요인이 될 수 있다. 따라서 이 경우 법원은 소송지휘권을 적극적으로 행사하여 C로 하여금 기일에 출석하여 주장을 하도록 함으로써 사회통념상 납득할 수 있는 재판결과가 도출되도록 해야 할 것이다.

## Ⅲ. 필수적 공동소송의 성립

### 1. 고유필수적 공동소송

고유필수적 공동소송은 실체법상 하나의 권리 또는 법률관계를 여러 사람이 공동으로 관리처분해야 할 경우, 즉 실체법상 관리처분권이 여러 사람에게 공동으로 귀속되는 경우에 성립한다. 그리하여 고유필수적 공동소송을 실체법상 이유에 의한 필수적 공동소송이라고 한다.

#### (1) 공유관계

공유자는 지분을 자유로이 처분할 수 있고, 공유물 전부를 지분의 비율로 사용·수익할 수 있다(민법 제263조). 그러나 공유자는 다른 공유자의 동의 없이 공유물을 처분하거나 변경하지 못한다(동법 제264조). 다만, 보존행위는 각자 할 수 있다(동법 제265조). 따라서 공유지분을 처분하거나 지분의 비율로 공유물을 사용·수익하는 것, 공유물에 대한 보존행위는 공유자 각자가 할 수 있으므로 이에 관한 소송은 고유필수적 공동소송이 아니다. 그러나 공유물 전체를 처분하거나 변경하는 것은 공유자 전원이 함께 해야 하므로 이에 관한 소송은 고유필수적 공동소송에 해당한다.

판례는 공유물이 방해당하거나 그 점유를 빼앗긴 경우에 각 공유자는 보존행위로서 소유권이전등기말소청구소송 또는 공유물인도청구소송을 각자 제기할 수 있으며 불법점유로 인한 손해배상청구소송을 각 지분의 한도에서 단독으로 제기할 수 있다고 한다.[1] 또한 제3자가 공유자를 상대로 제기하는 소유권확인소송, 공유등기말소청구소송, 소유권이전등기청구소송 또는 공유물인도청구소송 등은 공유자 전원을 피고로 해야 하는 필수적 공동소송으로 볼 것은 아니며, 각 공유자에 대하여 그 지분권의 한도 내에서 등기나 인도를 구하는 것으로 볼 것이라고 한다.[2]

---

1) 대법원 1994. 3. 22. 선고 93다9392,9408 전원합의체 판결; 2005. 9. 29. 선고 2003다40651 판결; 2015. 4. 9. 선고 2012다2408 판결.

2) 대법원 1991. 4. 12. 선고 90다9872 판결; 1994. 12. 27. 선고 93다32880, 93다32897 판결.

그러나 판례는 공유물 전체에 대하여 소유권확인을 구하는 경우에는 공유자 전원이 함께 해야 하는 필수적 공동소송이라고 한다. 예를 들어, 공동상속인이 상속지분에 관한 지분권확인을 구하는 것은 통상공동소송이나,[1] 공동상속인이 어떤 재산이 상속재산임의 확인을 구하는 소송은 다른 공동소송인들 전원을 공동피고로 해야 한다고 한다.[2] 또한 공유물분할청구의 소는 분할을 청구하는 공유자가 다른 모든 공유자를 공동피고로 해야 하고,[3] 인접하는 토지가 공유인 경우의 경계확정의 소는 공유자 전원을 공동피고 또는 공동원고로 해야 한다고 한다.[4]

### (2) 합유관계

합유는 조합의 재산소유형태로서 공유에 비하여 단체주의적 성격이 강한 공동소유형태이다. 합유자는 전원의 동의 없이 그 지분을 처분하지 못하고(민법 제273조 제1항), 합유물을 처분 또는 변경함에는 합유자 전원의 동의가 있어야 한다(동법 제272조 전단). 따라서 합유물에 관한 소송은 원칙적으로 합유자 전원이 함께 당사자가 되어야 하는 고유필수적 공동소송이다. 그리하여 조합원의 합유로 등기된 부동산에 관한 소유권이전등기청구소송,[5] 조합재산에 속하는 채권의 이행을 구하는 소송은 고유필수적 공동소송이다.[6]

그러나 합유물에 관한 보존행위는 각자 할 수 있으므로(동법 제272조 단서) 보존행위에 관한 소송은 고유필수적 공동소송이 아니다. 또한 조합채권자는 각 조합원의 지분의 비율에 따라 또는 그 채권발생 당시에 조합원의 손실부담의 비율을 알지 못한 때에는 균분하여 각 조합원에게 그 권리를 행사할 수 있으므로(동법 제712조) 조합채권자가 각 조합원의 개인적 책임에 기하여 조합채무의 이행을 구하는 소송도 고유필수적 공동소송이 아니다.[7]

---

1) 대법원 2010. 2. 25. 선고 2008다96963,96970 판결; 1965. 5. 18. 선고 65다279 판결.
2) 대법원 2007. 8. 24. 선고 2006다40980 판결.
3) 대법원 2003. 12. 12. 선고 2003다44615, 44622 판결.
4) 대법원 2001. 6. 26. 선고 2000다24207 판결.
5) 대법원 1983. 10. 25. 선고 83다카850 판결.
6) 대법원 2012. 11. 29. 선고 2012다44471 판결; 1997. 8. 26. 선고 97다4401 판결.
7) 대법원 1992. 11. 27. 선고 92다30405 판결; 1985. 11. 12. 선고 85다카1499 판결.

판례는 공동이행방식의 공동수급체의 공사대금채권에 관한 소송,[1] 공동광업권[2]이나 공유지식재산권[3] 또는 공동명의의 허가권·면허권 등에 관한 소송,[4] 여러 사람의 유언집행자에 대하여 유증의무의 이행을 구하는 소송,[5] 여러 사람의 수탁자에 의한 신탁재산(신탁법 제50조 제1항)에 관한 소송,[6] 회생절차상 여러 사람의

---

1) 공동이행방식의 공동수급체는 기본적으로 민법상 조합의 성질을 갖는 것이므로 공동수급체가 공사를 시행함으로 인하여 도급인에 대하여 가지는 공사대금채권은 원칙적으로 공동수급체 구성원에게 합유적으로 귀속하는 것이어서 구성원 중 1인이 임의로 도급인에 대하여 출자지분비율에 따른 급부를 청구할 수 없고, 구성원 중 1인에 대한 채권으로써 그 구성원 개인을 집행채무자로 하여 공동수급체의 도급인에 대한 공사대금채권에 대하여 강제집행을 할 수 없다. 그러나 공동이행방식의 공동수급체와 도급인이 공사도급계약에서 발생한 채권과 관련하여 공동수급체가 아닌 개별 구성원으로 하여금 지분비율에 따라 직접 도급인에 대하여 권리를 취득하게 하는 약정을 한 경우에는 공사대금채권은 공동수급체 구성원 전원에게 합유적으로 귀속하는 조합채권이 아니라 각 지분비율에 따라 구성원 각자에게 구분하여 귀속되는 채권이라고 할 것이다. 기성대가 등을 공동수급체 구성원 각자에게 구분하여 직접 지급하는 내용의 공동도급계약운용요령이 포함된 공동수급협정서가 제출되어 체결된 공동도급계약의 경우 공동수급체 구성원 각자가 직접 도급인에 대하여 권리를 취득하게 하는 묵시적 약정이 있는 것으로 볼 수 있다(대법원 2012. 5. 17. 선고 2009다105406 전원합의체 판결).

2) 광업법에서 광업권을 공유하는 사람들 사이에는 조합계약을 한 것으로 본다고 규정하고 있으므로 공동광업권에 관한 소송은 합일확정을 요하는 필수적 공동소송이다(대법원 1995. 5. 23. 선고 94다23500 판결).

3) 특허법의 규정에 의하면 특허의 공유관계는 민법에 규정된 합유에 준하는 것이라 할 것이므로 특허권이 공유인 때에는 그 특허권에 관한 심판사건에서 공유자 전원이 심판의 청구인 또는 피청구인이 되어야 하는 필수적 공동소송관계에 있다(대법원 1987. 12. 8. 선고 87후111 판결). 그러나 상표권의 공유자가 그 상표권의 효력에 관한 심판에서 패소한 경우에 제기할 심결취소소송은 공유자 전원이 공동으로 제기해야만 하는 고유필수적 공동소송이라고 할 수 없으므로 공유자의 1인이 단독으로 그 심결의 취소를 구할 수 있다(대법원 2004. 12. 9. 선고 2002후567 판결).

4) 공유수면매립법에 의하여 수인이 공동명의로 매립면허를 받았을 경우에 그 매립권은 그 공동명의인들의 합유(또는 총유) 관계에 있다고 보는 것이 타당하므로 이러한 합유(또는 총유)에 속하는 매립권을 소송목적물로 하여 소를 제기하는 본안소송에서는 그 면허명의자 전원을 필요적 공동소송인으로 해야 한다(대법원 1969. 11. 25. 선고 65다1352 판결); 주류공동제조면허의 경우 공동면허명의자의 상호관계는 민법상의 조합으로서 합유적 관계에 있고, 합유재산에 관한 소송은 고유필요적 공동소송에 해당한다(대법원 1993. 7. 13. 선고 93다12060 판결).

5) 상속인이 유언집행자가 되는 경우를 포함하여 유언집행자가 수인인 경우에는 유언집행자를 지정하거나 지정위탁한 유언자나 유언집행자를 선임한 법원에 의한 임무의 분장이 있었다는 등의 특별한 사정이 없는 한 유증목적물에 대한 관리처분권은 유언의 본지에 따른 유언의 집행이라는 공동의 임무를 가진 수인의 유언집행자에게 합유적으로 귀속되고 그 관리처분권 행사는 과반수의 찬성으로써 합일하여 결정해야 하므로 유언집행자가 수인인 경우 유언집행자에게 유증의무의 이행을 구하는 소송은 유언집행자 전원을 피고로 하는 고유필수적 공동소송으로 봄이 상당하다(대법원 2011. 6. 24. 선고 2009다8345 판결).

6) 수탁자가 여럿인 경우 신탁재산은 수탁자들의 합유로 한다(신탁법 제50조 제1항).

관리인 또는 파산절차상 여러 사람의 파산관재인이 하는 소송,[1] 동일한 선정자단에서 선출된 여러 사람의 선정당사자가 수행하는 소송, 증권관련집단소송에서 여러 사람의 대표당사자가 수행하는 소송(증권관련 집단소송법 제20조)[2] 등은 합유관계에 기한 소송으로서 모두 고유필수적 공동소송이라고 한다.

한편 판례는 은행에 동업자들이 동업자금을 공동명의로 예금한 경우에는 공동명의 예금채권자들이 예금채권을 준합유하는 관계에 있으므로 은행에 대한 예금반환청구소송은 필수적 공동소송에 해당하지만, 동업 이외의 특정 목적을 위하여 공동명의로 예금을 하고 그 목적이 달성되기 전에는 공동명의 예금채권자들이 자기의 예금에 대해서도 혼자 인출할 수 없도록 은행에 대하여 그 권리를 함께 행사하기로 한 경우[3]에는 예금에 관한 관리처분권이 공동명의 예금채권자 전원에게 공동으로 귀속된다고 볼 수 없으므로 은행에 대한 예금반환청구소송은 필수적 공동소송이 아니라고 한다.[4] 후자의 경우 예금채권이 분량적으로 분할되어 각 공동명의 예금채권자들에게 귀속되므로 은행은 공동명의 예금채권자들 중 1인에 대한 대출금채권을 자동채권으로 하여 그의 지분에 상응하는 예금반환채권에 대하여 상계할 수 있고,[5] 공동명의 예금채권자들 중 1인에 대한 채권자는 그 1인의 지분에 상응하는 예금채권에 대하여 압류 및 추심명령 등을 얻어 집행할 수 있다고 한다.[6] 다만, 은행에 대한 지급청구만은 공동반환의 특약에 의하여 공동명의 예금채권자 전

1) 파산선고가 있으면 파산재단에 속하는 재산의 관리처분권은 파산자로부터 이탈하여 파산관재인에게 전속하게 되고 파산재단에 관한 소송에서는 파산관재인이 원고 또는 피고가 되므로 파산관재인이 여럿인 경우에는 법원의 허가를 얻어 직무를 분장하였다는 등의 특별한 사정이 없는 한 그 여럿의 파산관재인 전원이 파산재단의 관리처분권을 갖고 있기 때문에 파산관재인 전원이 소송당사자가 되어야 하므로 그 소송은 필수적 공동소송에 해당한다(대법원 2008. 4. 24. 선고 2006다14363 판결).

2) 증권관련집단소송에서 대표당사자가 둘 이상인 경우에는 필수적 공동소송에 관한 특칙인 제67조 제1항 및 제2항이 준용된다(증권관련 집단소송법 제20조).

3) 분양사업의 시행사와 시공사인 건설회사가 공사도급계약을 체결하고 분양수입금의 수령과 공사대금의 지급을 위하여 공동명의로 예금계좌를 개설하였다면, 그 계좌의 개설·운용의 목적이 공동명의자의 어느 일방이 임의로 예금을 인출할 수 없도록 방지·감시하고자 함에 있다고 할 것이고 시행사와 시공사가 공동으로 분양사업을 경영할 것을 약정하였다거나 예금을 준합유하는 관계에 있다고 볼 수 없다(대법원 2004. 10. 14. 선고 2002다55908 판결; 2008. 10. 9. 선고 2005다72430 판결).

4) 대법원 1994. 4. 26. 선고 93다31825 판결; 2008. 10. 9. 선고 2005다72430 판결.

5) 대법원 2004. 10. 14. 선고 2002다55908 판결.

6) 대법원 2005. 9. 9. 선고 2003다7319 판결.

원이 공동으로 해야 한다고 한다.[1)]

### (3) 총유관계

총유는 법인 아닌 사단의 재산소유형태로서 관리처분권이 구성원 전원에게 귀속되며, 지분권이라는 관념이 존재하지 않는다. 총유물의 관리 및 처분은 사원총회의 결의에 의하고(민법 제276조 제1항), 각 사원은 정관 기타의 규약에 따라 총유물을 사용·수익할 수 있다(동조 제2항). 따라서 총유재산에 관하여 구성원 전원이 나서서 소송을 하는 경우에 그 공동소송형태는 고유필수적 공동소송이다. 그리하여 총유재산에 관한 소송은 구성원 전원이 고유필수적 공동소송인이 되어 소송을 하든지 아니면 사원총회의 결의를 거쳐 법인 아닌 사단의 이름으로 소송을 해야 한다. 또한 보존행위도 공유나 합유에서와는 달리 구성원 각자가 할 수 있다는 규정을 두고 있지 않으므로 법인 아닌 사단의 이름으로 하든지 아니면 그 구성원 전원이 나서서 소송을 해야 한다. 그리하여 법인 아닌 사단의 구성원은 비록 그가 대표자라고 하더라도 나아가 사원총회의 결의를 거쳤다고 하더라도 소송의 당사자가 될 수 없으며, 총유재산의 보존행위를 위한 소송에서도 마찬가지이다.[2)]

### (4) 가사소송, 회사관계소송

제3자가 제기하는 혼인무효·취소의 소(가사소송법 제24조 제2항)는 부부를, 제3자가 제기하는 친생자관계존부확인의 소(동법 제28조 및 제24조 제2항)는 부모와 자녀를 각각 공동피고로 해야 하는 고유필수적 공동소송이다. 아버지를 정하는 소(동법 제27조 제2항 및 제3항)도 권리관계의 당사자들을 모두 공동피고로 해야 하는 고유필수적 공동소송에 속한다.

---

1) 자신의 지분에 해당하는 예금의 반환을 구하는 공동명의자는 다른 공동명의자의 동의를 얻어 단독으로 은행에 예금의 반환을 청구할 수 있고, 만일 다른 공동명의자가 동의하지 않는 때에는 다른 공동명의자들을 상대로 예금인출의 동의를 구하는 소송을 제기해야 한다. 공동명의자와 은행을 공동피고로 하여 공동명의자에게는 예금인출의 동의를 구하고 은행에 대해서는 예금반환을 구하는 소를 병합하여 제기할 수도 있다(김홍엽, 909면 및 910면).

2) 대법원 2005. 9. 15. 선고 2004다44971 판결.

소액주주에 의한 이사해임의 소(상법 제385조 제2항)는 회사와 이사 사이의 위임관계의 해소를 구하는 형성소송이므로 회사와 이사 모두를 피고로 해야 하는 고유필수적 공동소송이고, 소액주주에 의한 청산인해임의 소(동법 제539조 제2항)의 경우에도 마찬가지로 회사와 청산인을 모두 피고로 해야 하는 고유필수적 공동소송이다.[1] 다만, 위 소송을 본안소송으로 하는 가처분에서는 이사 또는 청산인 개인만이 피신청인적격이 있고 회사는 피신청인적격이 없다.

**사례 고유필수적 공동소송**

A와 B는 공동으로 음식점을 경영하기 위하여 C 소유의 부동산을 매수하기로 하는 내용의 부동산매매계약을 C와 체결하였다. A와 B는 계약금과 중도금을 모두 지급한 후 매도일에 잔금 전액을 준비하여 C를 찾아갔으나, C는 잔금의 수령을 거부하며 차일피일 매도일을 늦추고 있다. 이에 A와 B는 C를 상대로 위 부동산에 대한 소유권이전등기를 청구하는 소송을 제기하고자 한다.

① C를 상대로 제기하는 소유권이전등기를 청구하는 소송은 반드시 A와 B가 공동소송인이 되어 제기해야 하는지 아니면 A와 B가 음식점을 공동으로 경영하기 위하여 구성한 조합의 이름으로 제기할 수 있는지 설명하시오.

A와 B는 음식점을 공동으로 경영하는 내용의 조합계약을 체결하였다. 따라서 음식점을 공동으로 경영하기 위한 부동산을 C로부터 매매하는 계약에 따른 소유권이전등기청구권은 조합재산에 속하는 채권이고, 이러한 권리를 행사하는 소송은 고유필수적 공동소송에 해당한다. 따라서 반드시 A와 B가 공동원고가 되어 C를 상대로 소유권이전등기를 구하는 소송을 제기해야 한다.

A와 B가 구성한 조합이 당사자가 되어 위 소송을 제기할 수 있는지는 조합의 당사자능력과 관련된 문제이다. 조합의 당사자능력을 인정한다면 그 조합의 이름으로 소송을 제기할 수 있으나, 판례는 민법상 조합에 대하여 당사자능력을 부인하고 있다. 조합은 공동의 사업을 위한 계약적 구속관계에 불과하고 조합원의 채무는 조합원이 분담하도록 되어 있는데(민법 제712조), 조합에 대한 판결로 그 구성원인 조합원에 대한 분담책임을

---

1) 대법원 1976. 2. 11. 자 75마533 결정. 구분소유자가 제기하는 집합건물의 관리인해임의 소도 관리단과 관리인을 모두 공동피고로 해야 하는 고유필수적 공동소송이다(대법원 2011. 6. 24. 선고 2011다1323 판결).

묻기 어렵다는 점에서 조합의 당사자능력을 부인함이 타당하다. 따라서 A와 B가 구성한 조합의 이름으로 소송을 제기할 수는 없다.

② A는 혼자서 C를 상대로 소유권이전등기청구소송을 제기하였다. 이 경우 A가 제기한 위 소송이 적법한지, 만일 부적법하다면 그 흠은 어떻게 보정해야 하는지 설명하시오.

A와 B는 고유필수적 공동소송의 관계에 있다. 고유필수적공동소송에서는 공동소송인으로 될 사람 전원이 당사자가 되어 소송을 제기해야 하고, 그중 1인이라도 누락되었을 경우에는 당사자적격이 흠결되어 부적법한 소송이 된다. A가 혼자서 C를 상대로 소유권이전등기청구소송을 제기한 경우 이는 부적법한 소송이다. 그러나 소송공동의 요건은 변론종결시까지 갖추면 되므로 위 소송의 변론종결시까지 누락된 B를 상대로 별소를 제기하여 변론을 병합하거나 B가 스스로 공동소송참가를 하여 보정할 수 있고, 또는 A의 신청으로 B를 필수적 공동소송인으로 추가하여 보정할 수도 있다.

## 2. 유사필수적 공동소송

유사필수적 공동소송은 소송법상 판결의 효력이 제3자에게 확장될 경우에 인정되는 공동소송이다. 만일 이러한 경우에 합일확정이 안 되는 통상공동소송이 된다면, 공동소송인 중 한 사람이 승소하였음에도 그와 다르게 패소한 다른 공동소송인이 받은 판결의 효력으로 인하여 이긴 것이기도 하고 진 것이기도 한 모순된 결과가 생길 우려가 있다. 그리하여 유사필수적 공동소송을 소송법상 이유에 의한 필수적 공동소송이라고 한다.

유사필수적 공동소송은 판결의 효력이 제3자에게 미치는 경우에 성립한다. 판결의 형성력이 제3자에게 미치는 경우가 일반적이나, 기판력이 미치는 경우에도 유사필수적 공동소송이 성립할 수 있다. 판결의 형성력이 미쳐 유사필수적 공동소송이 되는 경우로는 여러 사람이 제기하는 회사설립무효·취소소송(상법 제184조), 회사합병무효소송(동법 제236조), 주주총회결의취소소송(동법 제376조), 혼인무효 또는 취소소송(가사소송법 제23조, 민법 제817조 및 제818조) 등이 있고, 판결의 기판력이 미쳐 유사필수적 공동소송이 되는 경우로는 여러 사람의 채권자가 제기하는 채권자대위소송, 여러 사람의 압류채권자가 제기하는 추심소송,[1] 여러 사람의 주주가 제기하는 주주대표소송 등이 있다.

그런데 다수설은 여러 사람의 채권자가 제기하는 채권자대위소송, 여러 사람의 압류채권자가 제기하는 추심소송, 여러 사람의 주주가 제기하는 주주대표소송 등은 판결의 반사효가 제3자에게 미쳐 유사필수적 공동소송이 되는 경우라고 한다.[2] 이는 판결의 반사적 효력이 인정됨을 전제로 한 주장이다. 그러나 이미 언급한 바와 같이 판결의 반사적 효력은 실체법에서 작용하는 효력에 불과하고 소송법상 판결의 효력으로 볼 것은 아니다. 채권자대위소송에서 판결의 기판력은 같은 채무자의 다른 채권자가 제기한 동일한 소송물에 대한 채권자대위소송에도 미치고,[3] 추심소송이나 주주대표소송에서도 그 판결의 기판력은 다른 압류채권자나 다른 주주가 제기한 동일한 소송물에 대한 추심소송이나 주주대표소송에도 미친다. 따라서 이 경우 기판력이 미쳐 유사필수적 공동소송이 된다고 이해하면 충분하고, 불분명한 반사적 효력의 개념을 사용하여 유사필수적 공동소송의 성립을 의제할 필요는 없다고 본다.

## Ⅳ. 필수적 공동소송의 심판

필수적 공동소송에서는 합일확정의 필요상 각 공동소송인에 대한 관계에서 소송자료의 통일과 소송진행의 통일이 요구된다.

---

1) 추심소송에서 집행력 있는 정본을 가진 모든 채권자는 원고 쪽에 참가할 권리가 있으며(민사집행법 제249조 제2항), 추심소송의 판결은 원고 쪽에 공동소송인으로 참가하도록 명령을 받은 채권자에 대하여 미친다(동조 제3항 및 제4항).

2) 이시윤, 748면.

3) 대법원 2008. 7. 24. 선고 2008다25510 판결; 1994. 8. 12. 선고 93다52808 판결.

## 1. 소송요건의 조사

### (1) 개별조사

필수적 공동소송에서도 소송요건은 각 공동소송인별로 개별적으로 조사해야 한다. 개별적으로 조사한 결과 고유필수적 공동소송에서 공동소송인 1인에 관하여 소송요건의 흠결이 있고 그 흠결을 보정할 수 없는 경우에는 전체 소송이 부적법해진다.[1] 그러나 유사필수적 공동소송에서는 소송요건이 흠결된 해당 공동소송인의 소송만을 각하하는 데 그치고, 나머지 공동소송인의 소송에는 아무런 영향이 없다.

### (2) 누락된 공동소송인의 보정

고유필수적 공동소송에서는 공동소송인으로 될 사람 모두가 원고 또는 피고가 되어야 하고, 그중 1인이라도 누락되면 그 소송은 당사자적격의 흠결로 부적법 각하된다. 그러나 필수적 공동소송의 요건은 사실심 변론종결시까지 갖추면 된다. 따라서 ① 누락된 사람에 대하여 별도의 소송을 제기하여 법원이 변론을 병합하는 방법(제141조), ② 원고의 신청에 의하여 필수적 공동소송인으로 추가하는 방법(제68조), ③ 누락된 사람이 스스로 공동소송참가를 하는 방법(제83조)에 의하여 그 흠결을 보정할 수 있다.

필수적 공동소송인의 추가는 제1심 변론종결시까지 가능하고, 원고의 신청에 따른 법원의 결정이 있어야 하며, 원고를 추가하려면 추가될 사람의 동의가 있어야 한다(제68조). 공동소송참가의 경우에는 참가시기의 제한이 없으며 사실심 변론종결시까지 가능한 것으로 보고 있다. 필수적 공동소송인의 추가와 공동소송참가는 고유필수적 공동소송은 물론이고 유사필수적 공동소송의 경우에도 할 수 있다.

---

1) 대법원 2012. 6. 14. 선고 2010다105310 판결.

## 2. 소송자료의 통일

### (1) 공동소송인의 소송행위

필수적 공동소송인이 한 소송행위는 모든 공동소송인에 대하여 그 효력이 생기거나 아니면 생기지 않는다. 민사소송법에서는 공동소송인 전원에게 이익이 되는 행위와 불리한 행위를 구분하여 소송행위의 효과를 획일적으로 규율하고 있다. 공동소송인에게 이익이 되는 행위는 공동소송인 가운데 한 사람만 하더라도 전원에 대하여 그 효력이 생긴다(제67조 제1항). 예를 들어, 공동소송인 가운데 한 사람이 상대방의 주장사실을 다투거나 증거를 제출하면 이러한 소송행위는 이익이 되는 소송행위이기 때문에 전원에 대하여 효력이 있고, 피고측 공동소송인 가운데 한 사람이 본안에 관하여 다투었으면 소취하에 공동소송인 전원의 동의를 얻어야 하며, 공동소송인 가운데 한 사람이 기일에 출석하여 변론을 한 경우에는 다른 공동소송인이 기일에 불출석하더라도 자백간주나 소취하간주의 효과가 발생하지 않는다.

그러나 불리한 소송행위는 공동소송인 전원이 함께하지 않으면 효력이 없다(제67조 제1항 반대해석). 따라서 자백, 소의 취하, 청구의 포기·인낙 또는 재판상의 화해 등 불리한 소송행위는 전원이 함께하지 않으면 그 효력이 생기지 않는다. 다만, 유사필수적 공동소송에서는 소극적으로 소송계속의 효과를 소멸시키는 소의 취하는 공동소송인 전원이 함께할 필요는 없으며 공동소송인 중 일부만이 소를 취하할 수 있다.[1)]

### (2) 상대방의 소송행위

상대방의 소송행위는 이익·불이익을 불문하고 공동소송인 1인에 대해서만 하여도 공동소송인 전원에 대하여 효력이 발생한다(제67조 제2항). 따라서 공동소송인 가운데 한 사람이라도 기일에 출석하였으면 상대방은 그 사람에 대하여 준비서면에 기재하지 않은 사실을 주장할 수 있고, 상대방이 공동원고의 1인에 대하여 그 청구를 인낙하거나 자백을 하면 공동원고 모두에게 청구의 인낙 또는 자백의 효력

1) 대법원 2013. 3. 28. 선고 2011두13729 판결.

이 발생한다.

## 3. 소송진행의 통일

### (1) 절차의 진행

변론 및 증거조사는 같은 기일에 행하고, 변론의 분리는 허용되지 않는다. 공동소송인 1인에게 소송절차의 중단 또는 중지의 원인이 발생하면 다른 공동소송인 모두에 대하여 중단·중지의 효과가 생겨 모든 소송절차의 진행이 정지된다(제67조 제3항). 또한 공동소송인 전원에 대하여 하나의 전부판결을 해야 하고, 공동소송인 일부에 대한 일부판결이나 추가판결은 허용되지 않는다.[1)]

### (2) 상소

상소기간은 각 공동소송인에 대하여 판결정본이 송달된 때로부터 개별적으로 진행되나, 공동소송인 전원에 대하여 상소기간이 만료되기까지는 판결이 확정되지 않는다. 공동소송인 중 한 사람이 상소를 하면 전원에 대하여 판결의 확정이 차단되고 소송 전부가 상소심으로 이심된다. 상소심판결의 효력은 상소를 하지 않은 공동소송인에게 미치므로 상소심으로서는 공동소송인 전원에 대하여 심리·판단해야 한다.[2)] 필수적 공동소송의 경우 합일확정이 요구되어 불이익변경금지의 원칙이 적용되지 않으며, 따라서 패소하고도 상소를 제기하지 않은 공동소송인의 판결 부분이 상소인의 불복 범위 내에서 유리하게 변경될 수 있다.

상소를 제기하지 않은 공동소송인은 상소인은 아니며 합일확정의 요구 때문에 소송관계가 상소심으로 이심되는 단순한 상소심당사자로서의 지위를 갖는다. 상소하지 않은 공동소송인은 '상소인(항소인 또는 상고인)'으로 표시하지 않고 단순히 '원고' 또는 '피고'라고만 표시하고, 상소인지와 패소한 경우의 상소비용도 실제 상소

---

1) 대법원 2010. 4. 29. 선고 2008다50691 판결.

2) 대법원 2003. 12. 12. 선고 2003다44615 판결.

한 공동소송인만이 부담한다.[1] 상소심의 심판 범위도 실제 상소를 한 공동소송인의 불복 범위에 한정되며, 상소하지 않은 공동소송인은 피상소인이 아니므로 부대상소를 할 수도 없다. 또한 상소하지 않은 공동소송인이 제한능력자라고 하더라도 그 법정대리인이 상소심에서 소송행위를 함에는 후견감독인으로부터 특별한 권한을 부여받을 필요가 없다(제69조 및 제56조 제1항).

## V. 예비적·선택적 공동소송

### 1. 의의

공동소송인 사이의 각 청구가 법률상 양립할 수 없는 관계에 있는 경우 공동소송인 사이에 순위를 정하여 먼저 주위적 공동소송인의 청구를 인용해 줄 것을 신청하면서 이것이 배척될 때를 대비하여 예비적 공동소송인의 청구를 인용해 달라고 하거나 순위를 정하지 않고 여러 공동소송인 중 한 사람의 청구를 선택하여 인용해 달라고 할 수 있는데, 전자를 예비적 공동소송, 후자를 선택적 공동소송이라고 한다.

예비적 공동소송의 예로는 공작물의 설치·보존의 하자로 인하여 손해를 입은 사람이 점유자를 주위적 피고로 손해배상을 청구하고, 그것이 인용되지 않을 때를 대비하여 소유자를 예비적 피고로 손해배상을 청구하는 경우(민법 제758조), 대리행위의 거래상대방이 본인을 주위적 피고로 계약의 이행을 구하고, 대리권이 없다는 이유로 인용되지 않을 때를 대비하여 무권대리인을 예비적 피고로 손해배상을 청구하는 경우(민법 제135조) 등이 있다. 위의 예에서 공동소송인 사이에 순위를 정하지 않고 선택적으로 인용해 줄 것을 청구하게 되면 선택적 공동소송이 된다.

1) 대법원 1995.1.12. 선고 94다33002 판결; 1993. 4. 23. 선고 92누17297 판결.

## 2. 인정 여부

종전에는 예비적·선택적 공동소송의 인정 여부에 대하여 이를 부정하는 견해와 긍정하는 견해로 학설이 나뉘어 있었고, 판례는 예비적으로 병합된 당사자에 대한 소송이 원고의 승소를 해제조건으로 하는 조건부 소송이 되어 부적법하다는 입장이었다. 학설 가운데 긍정설은 하나의 절차에서 분쟁의 1회적 해결을 도모함으로써 소송경제적이고 재판의 모순·저촉을 방지할 수 있다는 점을 근거로 제시하였고, 이에 대하여 부정설은 경우에 따라 예비적 피고는 아무런 판단도 받지 못한 채 소송이 종료되고 뒤에 다시 소송을 제기당할 위험이 있는 등 예비적 피고의 지위가 불안정하고, 공동소송인 독립의 원칙으로 인하여 재판의 통일이 보장되지 않는다고 비판하였다.

그러나 이후 민사소송법을 개정하여 예비적·선택적 공동소송을 허용하는 명문의 규정을 두었다. 즉, 공동소송인 가운데 일부의 청구 또는 일부에 대한 청구가 다른 공동소송인의 청구 또는 다른 공동소송인에 대한 청구와 법률상 양립할 수 없는 경우 예비적·선택적 공동소송이 허용되고, 이에 대해서는 필수적 공동소송의 심판에 관한 규정을 준용하도록 하였다(제70조 제1항). 또한 종전에 논의되었던 예비적 공동소송은 주위적 당사자의 청구가 인용되는 것을 해제조건으로 하여 예비적 당사자의 청구에 대한 판결을 구하는 것이었으나, 예비적·선택적 공동소송인 모두의 청구에 대하여 판결을 하도록 규정함으로써(동조 제2항) 예비적 공동소송인이라 하여도 소송계속이 의존관계에 있지 않도록 하였다. 이처럼 필수적 공동소송의 심판에 관한 규정을 준용하고 예비적·선택적 공동소송인 모두의 청구에 대하여 판결을 하도록 한 것은 종래 부정설에서 지적한 공동소송인 독립의 원칙으로 인한 재판의 불통일, 예비적 피고의 지위 불안정이라는 비판을 극복하기 위한 것이다.

## 3. 유형

예비적·선택적 공동소송의 유형으로 수동형과 능동형, 원시형과 후발형이 있다. 수동형은 피고측이 수동적으로 공동소송인이 되는 유형이고, 능동형은 원고측이 능동적으로 공동소송인이 되는 유형이다(제70조 제1항). 원시형은 소송 제기 당초부터 예비적·선택적 공동소송으로 제기된 유형이고, 후발형은 소송계속 중에 공동소송인이 추가되어 예비적·선택적 공동소송이 된 유형이다. 후발형의 경우 필수적 공동소송인의 추가에 관한 규정이 준용되므로 제1심 변론종결시까지 추가할 수 있으며, 원고를 추가하는 경우에는 추가되는 원고의 동의가 있어야 한다(제70조 제1항 및 제68조). 예비적 당사자를 추가할 수도 있고 주위적 당사자를 추가할 수도 있다.

## 4. 요건

### (1) 법률상 양립할 수 없는 경우일 것

#### 1) 의의

공동소송인의 각 청구는 서로 법률상 양립할 수 없는 것이어야 한다(제70조 제1항). 법률상 양립할 수 없는 경우란 어느 한 청구가 인용되면 다른 청구는 배척되는 관계에 있는 경우를 말하고, 청구가 모두 인용될 수 있는 경우라면 여기에 해당하지 않는다. 판례는 법률상 양립할 수 없는 경우란 동일한 사실관계에 대한 법률적인 평가를 달리하여 두 청구 중 어느 한 청구에 대한 법률효과가 인정되면 다른 청구에 대한 법률효과가 부정됨으로써 두 청구가 모두 인용될 수는 없는 관계에 있는 경우나 당사자들 사이의 사실관계 여하에 의하여 또는 청구원인을 구성하는 택일적 사실인정에 의하여 어느 일방의 법률효과를 긍정하거나 부정하고 이로써 다른 일방의 법률효과를 부정하거나 긍정하는 반대의 결과가 되는 경우로서 공동소송인들의 각 청구 사이에서 일방의 청구에 대한 판단이유가 다른 일방의 청구에 대한 판단이유에 영향을 주어 각 청구에 대한 판단과정이 필연적으로 상호 결합되어 있는 관계를 말한다고 한다.[1]

예비적·선택적 공동소송은 공동소송인들 사이의 다툼을 하나의 소송절차에서

---

1) 대법원 2008. 3. 27. 선고 2005다49430 판결; 2007. 6. 26.자 2007마515 결정; 2011. 9. 29. 선고 2009다7076 판결.

일거에 모순 없이 해결하고자 하는 소송형태이므로 공동소송인들의 각 청구에 대하여 한꺼번에 합일확정할 필요가 있는 경우에 한하여 허용된다. 따라서 공동소송인 사이에 법률효과가 달리 인정되는 것만으로는 부족하고 공동소송인의 각 청구 상호 간에 필연적인 결합관계가 있을 것이 요구된다. 즉, 공동소송인 일방의 법률효과를 긍정하거나 부정하면 그로 인하여 필연적으로 다른 일방의 법률효과를 부정하거나 긍정하는 결과가 되는 경우이어야 한다. 이러한 점에서 판례가 공동소송인의 각 청구 상호 간에 필연적인 결합관계를 요구하고 있는 것은 타당하다고 본다.

법률상 양립할 수 없는 경우에 해당하는 사례로는 공작물의 설치·보존의 하자를 이유로 점유자를 주위적 피고로 하고 소유자를 예비적 피고로 하여 손해배상을 청구하는 경우, 대리행위의 상대방이 본인을 주위적 피고로 계약이행을 구하고 무권대리인을 예비적 피고로 손해배상을 청구하는 경우, 채권양수인이 주위적 원고가 되고 채권양도의 효력이 없을 것에 대비하여 채권양도인이 예비적 원고가 되어 채무자를 상대로 채무의 이행을 구하는 경우 등이 있다. 그러나 어떤 물건에 대한 직접점유자와 간접점유자의 점유사용으로 인한 부당이득반환의무는 일방의 채무가 변제 등으로 소멸하면 다른 일방의 채무도 소멸하는 부진정연대채무의 관계에 있으므로 이들을 공동피고로 한 각 청구는 법률상 양립할 수 없는 경우에 해당하지 않으며,[1] 또한 「집합건물의 소유 및 관리에 관한 법률」에 의한 구분소유자들의 건설회사에 대한 하자보수에 갈음하는 손해배상청구권과 주택법령에 의한 입주자대표회의의 건설회사에 대한 하자보수이행청구권 및 건설공제조합에 대한 하자보수보증금지급청구권은 인정 근거와 권리관계의 당사자 및 책임 내용 등이 서로 다른 별개의 청구이고 상호 배척관계에 있지 않으므로 법률상 양립할 수 없는 관계에 있다고 할 수 없다.[2]

---

1) 대법원 2012. 9. 27. 선고 2011다76747 판결.

2) 집합건물법에 의한 하자보수에 갈음하는 손해배상청구권은 구분소유자에게 그 전유부분의 지분비율에 따라 분할 귀속되는 것이므로 입주자대표회의에는 권리가 없고, 주택법령에 의하여 입주자대표회의가 가지는 권리는 건설회사에 대하여 하자보수의 이행을 청구할 수 있는 권리일 뿐이며 그에 갈음한 손해배상을 청구할 권리는 인정되지 않는다. 또한 입주자대표회의가 주택법령에 근거하여 건설공제조합에 대하여 가지는 하자보수보증금청구권은 건설회사의 하자보수의무를 주채무로 한 보증채무의 성격을 가지는 것일 뿐 집합건물법에 의한 구분소유자들의 손해배상청구권과는 무관한 것이다. 따라서 원심이 입주자대표회의의 건설공제조합에 대한 청구와 구분소유자들의 건설회사에 대

### 2) 사실상 양립할 수 없는 경우

사실상 양립할 수 없는 경우란 택일적인 사실인정에 의하여 공동소송인 사이에서 어느 일방의 법률효과를 긍정하거나 부정하고 이로써 다른 일방의 법률효과를 부정하거나 긍정하는 반대의 결과가 되는 경우를 말한다. 사실상 양립할 수 없는 경우에도 예비적·선택적 공동소송을 허용하면 법률상 양립할 수 없는 경우라고 규정한 민사소송법 제70조 제1항에 반한다거나 이를 허용하는 것은 법률문제와 사실문제를 혼동한 것으로 투망식 소송을 조장하는 것이라는 이유로 부정하는 견해가 있다.[1] 그러나 사실인정의 결과에 따라 공동소송인 사이에서 법률효과가 상반되는 경우를 법률상 양립할 수 없는 경우에서 제외할 이유가 없다.[2] 청구의 당부에 관한 판단에 있어서 그 판단을 달리하게 되는 원인이 된다면, 그것이 법률의 규정으로 인한 것이든 사실관계의 인정에 의한 것이든 상관없이 법률상 양립할 수 없는 경우에 해당한다고 할 것이다.

판례도 사실관계 여하에 의하여 또는 택일적 사실인정에 의하여 어느 일방의 법률효과를 긍정하거나 부정하면 이로써 다른 일방의 법률효과를 부정하거나 긍정하는 반대의 결과가 되는 경우에는 법률상 양립할 수 없는 경우에 해당한다고 한다.[3] 예를 들어, 주위적 피고인 보험회사에 대하여 보험금의 공탁이 무효임을 전제로 보험금의 지급을 구하고 예비적 피고에 대하여 공탁이 유효임을 전제로 공탁금 출급청구에 대한 승낙의 의사표시와 통지를 구하는 경우,[4] 주의적 청구로 카드회사가 차량대금을 자동차판매회사에 지급하였음을 전제로 자동차판매회사를 상대로 차량미인도로 인한 채무불이행책임을 묻고 예비적 청구로 카드회사가 차량대금을 지급하지 않았음을 전제로 카드회사를 상대로 이미 납입한 할부금의 반환을 구

---

한 청구를 병렬적으로 인용한 것을 잘못이라 할 수 없고, 향후 그 중 어느 한 권리를 행사하여 하자보수에 갈음한 보수비용 상당이 지급되면 그 금원이 지급된 하자와 관련된 한도 내에서 다른 권리도 소멸하는 관계에 있지만, 이는 의무이행단계에서의 조정에 관한 문제일 뿐 의무의 존부를 선언하는 판결 단계에서 상호 배척관계로 볼 것은 아니므로 원심이 위 각 청구를 함께 인용한 것이 중복지급을 명한 것이라고 할 수 없다(대법원 2012. 9. 13. 선고 2009다23160 판결).

1) 이시윤, 757면.

2) 김홍엽, 925면.

3) 대법원 2008. 3. 27. 선고 2005다49430 판결; 2007. 6. 26. 자 2007마515 결정.

4) 대법원 2011. 2. 24. 선고 2009다43355 판결.

하는 경우,[1] 주위적 청구로 매도인으로부터 부동산소유권을 이전받은 사람을 상대로 매도인을 대위하여 통정허위표시로 등기원인무효임을 이유로 소유권이전등기의 말소를 구하고 예비적 청구로 통정허위표시의 주장이 배척된다면 매도인의 매수인인 원고에 대한 소유권이전등기의무가 이행불능이 되었음을 이유로 매도인을 상대로 전보배상청구를 하는 경우[2] 등이 여기에 해당한다.

### 3) 소송법상 양립할 수 없는 경우

소송법상 양립할 수 없는 경우란 공동소송인 사이에서 당사자적격이나 확인의 이익 등 소송요건의 구비 여부가 택일적으로 인용되는 경우를 말한다. 예를 들어, A와 B 가운데 누가 피고적격을 갖는지 불분명한 경우에 A를 주위적 피고로 하고, A에게 피고적격이 없어 부적법할 경우를 대비하여 B를 예비적 피고로 하여 소송을 제기하는 경우 등이 여기에 해당한다. 판례는 소송법상 양립할 수 없는 경우에도 실체법상 양립할 수 없는 경우와 마찬가지로 법률상 양립할 수 없는 경우에 해당한다고 한다.[3] 그리하여 누가 피고적격을 가지는지에 관한 법률적 평가에 따라 어느 한 쪽에 대한 청구는 부적법하고 다른 쪽의 청구만이 적법하게 될 수 있는 경우에도 예비적·선택적 공동소송이 가능하다고 한다.[4]

생각건대, 법률상 양립할 수 없는 경우에 해당하려면 공동소송인 사이에 법률효과가 상반되는 것만으로는 부족하고, 나아가 각 청구 상호 간에 필연적인 결합관계가 인정되어야 한다. 그런데 당사자적격이나 확인의 이익 등 소송요건은 법원의 직권조사사항이다. 따라서 당사자적격 등 소송요건은 법원이 각각의 청구에 대하여 개별적으로 직권조사하여 판단할 문제이고, 공동소송인 중 일방의 당사자적격 등 소송요건이 부인된다고 하여 필연적으로 다른 일방에게 당사자적격 등 소송

---

1) 대법원 2008. 7. 10. 선고 2006다57872 판결.

2) 대법원 2008. 3. 27. 선고 2005다49430 판결.

3) 대법원 2008. 3. 27. 선고 2005다49430 판결; 2007. 6. 26. 자 2007마515 결정; 2011. 9. 29. 선고 2009다7076 판결.

4) 아파트입주자대표회의의 구성원인 동(棟)대표의 지위에 있지 않다는 확인을 구하는 소송에서 해당 동대표 A와 아파트입주자대표회의를 공동피고로 한 경우에 A와 아파트입주대표회의 가운데 누가 피고적격을 가지는지에 따라 어느 일방에 대한 청구는 부적법하고 다른 일방에 대한 청구는 적법하게 될 수 있으므로 이들 각 청구는 법률상 양립할 수 없는 경우에 해당한다(대법원 2007. 6. 26. 자 2007마515 결정).

요건이 인정되는 관계에 있지 않다. 한마디로 필연적인 결합관계를 인정하기 어렵다. 누가 당사자적격을 갖는지 또는 확인이 이익이 있는지 알기 어렵다고 당사자적격이 있음직한 사람이나 확인의 이익이 인정될 만한 청구를 모두 병합하여 제기하는 소송을 허용한다면, 이는 투망식 소송을 허용하는 것으로서 예비적·선택적 공동소송제도의 남용이라고 하지 않을 수 없다. 따라서 공동소송인 사이에서 택일적인 소송요건의 인용을 요구하는 경우는 법률상 양립할 수 없는 경우에서 제외함이 옳다고 본다. 판례가 공동소송인의 각 청구 상호 간에 필연적인 결합관계를 요구하면서도 소송요건의 택일적인 인용이 문제되는 경우를 법률상 양립할 수 없는 경우에 해당한다고 판시한 것은 논리적 일관성이 결여된 것으로 보인다.

#### 4) 공동소송인의 청구 중 일부에 대한 예비적·선택적 공동소송

공동소송인의 청구 전부에 대하여 법률상 양립할 수 없는 관계에 있어야 하는 것은 아니며, 공동소송인의 청구 중 일부에 대해서만 법률상 양립할 수 없는 관계에 있더라도 예비적·선택적 공동소송이 허용된다. 예를 들어, 주위적 피고에 대한 주위적·예비적 청구 중 주위적 청구 부분이 인용되지 않을 경우 그와 법률상 양립할 수 없는 관계에 있는 예비적 피고에 대한 청구를 인용해 달라는 형태의 예비적 공동소송도 가능하다.[1)]

공동소송인의 청구 중 일부에 대해서만 예비적·선택적 공동소송이 성립하는 경우에도 청구 전부에 대하여 예비적·선택적 공동소송이 성립하는 경우와 마찬가지로 심판해야 한다. 따라서 법률상 양립할 수 있는 청구 부분이더라도 변론을 분리하거나 일부판결을 하는 것은 허용되지 않는다. 그러나 법률상 양립할 수 없는 관계가 해소된 경우, 예를 들어 위의 사례에서 주위적 피고에 대한 주위적 청구를 배척하는 경우 주위적 피고에 대한 예비적 청구와 예비적 피고에 대한 청구가 서로 법률상 양립할 수 있는 관계에 있으면 양 청구를 병합하여 통상의 공동소송으로 보아 심리·판단할 수 있다.[2)]

---

1) 대법원 2014. 3. 27. 선고 2009다104960,104977 판결.

2) 대법원 2009. 3. 26. 선고 2006다47677 판결.

### (2) 제1심 변론종결시까지 공동소송인을 추가할 것

처음부터 예비적·선택적 공동소송으로 소를 제기할 수 있지만, 소송계속 중에 공동소송인을 추가하여 예비적·선택적 공동소송으로 할 수도 있다. 공동소송인을 추가하는 경우 필수적 공동소송인의 추가에 관한 제68조가 준용된다(제70조 제1항). 따라서 제1심 변론종결시까지 원고의 신청에 의하여 공동소송인을 추가할 수 있다(제68조 제1항). 예비적 당사자를 추가할 수도 있고 주위적 당사자를 추가할 수도 있다.

그런데 판례는 항소심에서 주위적 공동소송인을 추가하여 예비적 공동소송이 되는 것을 허용하고 있다.[1] 학설 가운데 이를 긍정하는 견해가 있다. 이 견해에서는 변론의 병합에 의하는 경우에는 심급의 이익을 해칠 염려가 없고 판결의 모순·저촉을 막을 수 있다는 점을 근거로 들거나 당사자들이 동의하면 가능하다고 한다.[2] 그러나 예비적·선택적 공동소송의 추가에 관하여 필수적 공동소송인의 추가에 관한 제68조가 준용되는데(제70조 제1항), 동조 제1항에서 공동소송인의 추가를 제1심 변론종결시까지로 제한하고 있다는 점에서 부정함이 옳다고 본다.

## 5. 심판

### (1) 필수적 공동소송 규정의 준용

예비적·선택적 공동소송에는 필수적 공동소송의 심판에 관한 규정이 준용된다(제70조 제1항 본문 및 제67조 내지 제69조). 그리하여 소송자료의 통일과 소송진행의 통일이 요구된다. 다만, 필수적 공동소송에서와는 달리 공동소송인은 각자 청구의 포기·인낙, 화해 및 소의 취하를 할 수 있다(동항 단서). 이처럼 예비적·선택적 공동소송에는 필수적 공동소송의 심판에 관한 규정이 준용되지만, 양자는 공동소송인 상호 간의 관계, 합일확정이 요구되는 이유에 있어서 다음과 같은 차이가 있다.

---

1) 대법원 2008. 4. 10. 선고 2007다36308 판결.

2) 강현중, "예비적·선택적 공동소송", 『민사소송』, 제5권(2002), 92면 및 93면.

첫째, 필수적 공동소송은 실체법상 관리처분권이 공동소송인에게 공동으로 귀속되거나 공동소송인 상호 간에 판결의 효력이 확장되는 경우에 인정되므로 필수적 공동소송에서는 공동소송인 사이에 승패를 일률적으로 해야 할 필요성이 있고, 그리하여 필수적 공동소송인은 동일한 공동운명체로서 '상호 협력 내지 연합'하는 관계에 놓이게 된다. 그러나 예비적·선택적 공동소송에서는 법률상 양립할 수 없는 청구를 소송의 목적으로 하므로 공동소송인 상호 간에 승패를 달리하는 것이 전제되어 있으며, 따라서 예비적·선택적 공동소송인은 '상호 대립 내지 견제'하는 관계에 놓여 있다.

둘째, 필수적 공동소송과 예비적·선택적 공동소송은 모두 합일확정이 요구되는 공동소송이지만, 그 요구되는 이유가 상이하다. 필수적 공동소송에서 합일확정이 요구되는 이유는 공동소송인 사이의 승패를 일률적으로 해야 한다는 필요성 때문이다. 즉, 필수적 공동소송인 사이의 '재판결과의 동일' 때문이라고 할 수 있다. 그러나 예비적·선택적 공동소송에서 필수적 공동소송의 심판에 관한 규정이 준용되는 이유는 이를 통상의 공동소송으로 취급하여 공동소송인 독립의 원칙을 적용하면 절차가 분리될 수 있고, 실체법상 모순된 재판결과가 나올 수 있기 때문이다. 즉, 예비적·선택적 공동소송에서의 합일확정이 요구되는 이유는 공동소송인 사이의 모순 없는 재판, 즉 '재판의 통일' 때문이라고 할 수 있다.

이처럼 예비적·선택적 공동소송에서는 공동소송인 상호 간에 대립 내지 견제하는 관계에 있고, 합일확정이 요구되는 이유가 재판의 통일이라는 점에서 필수적 공동소송의 경우와는 구별된다. 따라서 필수적 공동소송의 심판에 관한 규정을 준용함에 있어서 이러한 차이점이 고려되어야 할 것이다.

### (2) 소송요건의 조사

예비적·선택적 공동소송은 본질적으로 통상공동소송에 불과하므로 소송요건은 각 공동소송인별로 독립하여 조사해야 한다. 예비적·선택적 공동소송의 요건을 갖추지 못한 경우, 예를 들어 공동소송인의 각 청구가 법률상 양립할 수 있는 경우에는 소를 각하할 것이 아니라 통상공동소송으로 취급해야 할 것이다. 판례도 주위적 피고에 대한 청구와 예비적 피고에 대한 청구가 서로 법률상 양립할 수 있는 관계에 있으면 양 청구를 병합하여 통상공동소송으로 보아 심리·판단할 수 있다고 한다.[1] 만일, 공동소송의 요건을 갖추지 못하였다면 단독의 소로 취급해야 할 것이다.

### (3) 소송자료의 통일

#### 1) 원칙

예비적·선택적 공동소송에는 필수적 공동소송에서의 소송자료의 통일에 관한 규정이 준용된다(제70조 제1항 본문). 그리하여 공동소송인 가운데 한 사람의 소송행위는 다른 사람의 이익을 위해서만 효력이 있고, 불리한 소송행위는 모두 함께 하지 않으면 효력이 없다(제67조 제1항). 그러나 상대방의 공동소송인 1인에 대한 소송행위는 유리·불리를 불문하고 공동소송인 모두에게 그 효력이 있다(동조 제2항).

그런데 앞서 언급하였듯이 필수적 공동소송에서는 공동소송인 사이에 승패를 일률적으로 해야 하는 상호 협력 내지 연합의 관계에 있으나, 예비적·선택적 공동소송에서는 공동소송인 사이에 승패를 달리하는 상호 대립 내지 견제하는 관계에 있다. 이러한 점에서 예비적·선택적 공동소송에 대하여 필수적 공동소송의 규정을 그대로 준용할 수는 없으며, 예비적·선택적 공동소송의 특성을 고려하여 소송자료 통일의 문제를 달리 생각할 필요가 있다. 따라서 예비적·선택적 공동소송인 사이에서도 마치 필수적 공동소송인처럼 어떤 협력관계를 인정할 수 있는 경우, 즉 예비적·선택적 공동소송에서 공동소송인들 사이에 공통의 이해관계가 인정되는 경우에 한하여 소송자료의 통일이 요구된다고 해석함이 타당하다. 예를 들어, 공작물의 설치·보존에 하자가 없다는 사실은 공작물의 점유자와 소유자 모두에게 유리한 사실이므로 공작물의 설치에 하자가 있다는 사실을 소유자가 다투면 점유자도 다툰 것으로 된다. 그러나 공동소송인 사이에 이해가 상반되는 경우, 예를 들어 본인에게 계약의 이행을 구하고 무권대리인에게 손해배상을 구하는 경우의 대리권 존재와 같이 공동소송인 일방에게 유리하면 다른 일방에게 불리한 사실은 각 공동소송인별로 개별적으로 판단해야 할 것이다.

---

1) 대법원 2009. 3. 26. 선고 2006다47677 판결.

2) 소송종료행위

민사소송법에서는 예비적·선택적 공동소송에 대하여 필수적 공동소송의 심판에 관한 규정을 준용하면서도 공동소송인 각자가 청구의 포기·인낙, 화해 및 소의 취하를 할 수 있도록 규정하고 있다(제70조 제1항 단서). 예비적·선택적 공동소송은 본질적으로 통상공동소송이므로 청구의 포기·인낙, 화해 및 소의 취하를 필수적 공동소송에서와 같이 공동소송인 전원이 함께하도록 한다면 각 공동소송인의 소송물에 대한 처분의 자유를 지나치게 제한한다는 점에서 각자 할 수 있게 한 것이라고 한다.[1)]

1) 청구의 포기·인낙, 화해, 소의 취하

예비적·선택적 공동소송에서 소를 취하하거나 청구를 포기하는 경우 그 공동소송인의 소송관계는 소멸하므로 법원은 나머지 공동소송인에 대하여 심리·판단하면 된다. 예비적 공동소송에서 주위적 공동소송인의 청구를 인낙하거나 주위적 공동소송인과 화해를 한 경우에는 예비적 공동소송인의 청구는 심리를 계속할 필요 없이 청구기각판결을 해야 하고, 예비적 공동소송인의 청구를 인낙하거나 예비적 공동소송인과 화해를 한 경우에는 주위적 공동소송인의 청구에 대한 심리를 계속하여 주위적 공동소송인의 청구가 이유 없으면 청구기각판결을 하고 이유 있으면 청구인용판결을 해야 한다. 그런데 이 경우 주위적 공동소송인의 청구에 대한 인용판결을 한 때 예비적 공동소송인의 청구인낙이나 화해의 효력이 문제된다. 이에 대하여 민사소송법 제70조 제1항 단서를 근거로 예비적 공동소송인의 청구인낙이나 화해의 효력을 긍정함이 타당하고, 그 결과 주위적 공동소송인 및 예비적 공동소송인에 대하여 이중의 집행권원을 얻는 것은 부득이한 것이라는 견해가 있다.[2)] 이 견해에서는 이중집행의 경우 청구이의의 소로써 구제받을 수 있다고 한다.

1) 그러나 제70조 제1항 본문에서 필수적 공동소송의 심판에 관한 규정을 준용하면서 동항 단서에서 청구의 포기·인낙, 화해를 각자 할 수 있도록 한 것은 모순된 입법이라고 하지 않을 수 없다. 청구의 포기·인낙, 화해를 각자 따로 하는 경우 공동소송인 사이의 재판이 분리될 수 있고, 그렇게 되면 필수적 공동소송의 심판에 관한 규정을 준용한 취지가 몰각될 위험이 있기 때문이다. 예비적·선택적 공동소송은 공동소송이 강제되는 것은 아니어서 유사필수적 공동소송의 법리가 적용되므로 소의 취하는 각자 할 수 있지만, 청구의 포기·인낙, 화해를 각자 할 수 있다는 규정은 삭제함이 옳다고 생각된다.

예비적·선택적 공동소송은 그 성질이 통상공동소송임에도 불구하고 재판의 통일을 위하여 합일확정이 요구되고 있으며, 그로 인하여 당사자의 처분권이 제한되고 있다. 민사소송법에서 공동소송인 각자가 청구의 인낙이나 화해를 할 수 있다는 규정을 두고 있더라도 이는 절대적인 것이 아니며 합일확정의 요구로 인하여 당사자의 처분행위에는 일정한 제한이 따를 수밖에 없다. 비록 예비적 공동소송인의 청구인낙이나 예비적 공동소송인과의 화해가 이루어졌다고 하더라도 주위적 공동소송인의 청구가 인용되는 때에는 재판결과가 서로 모순·저촉되고, 이는 예비적·선택적 공동소송에서 합일확정을 요구한 입법취지에 정면으로 반하는 것이 된다. 이때에는 당사자의 처분의 자유가 제한되지 않을 수 없다.

또한 예비적 공동소송에서는 주위적 공동소송인의 청구에 대하여 먼저 판단해야 하고, 주위적 공동소송인의 청구가 인용될 때에는 예비적 공동소송인의 청구는 기각되어야 한다. 여기서 먼저 판단한다는 것은 단순히 시간적으로 앞서 판단해야 한다는 의미를 갖는 데 그치는 것이 아니라 판단의 효력에서도 주위적 공동소송인의 청구에 대한 판단이 예비적 공동소송인의 청구에 대한 판단에 우선한다는 의미를 갖는다. 따라서 예비적 공동소송인의 청구인낙이나 화해가 있었다고 하더라도 주위적 공동소송인의 청구에 대한 인용판결이 내려져 양자가 상호 모순·저촉되는 경우에는 예비적 공동소송인의 청구인낙이나 화해의 효력은 상실된다고 보아야 한다. 따라서 주위적 공동소송인의 청구가 인용될 때에는 예비적 공동소송인의 청구인낙이나 화해의 효력을 부인하고 예비적 공동소송인에 대한 청구를 기각해야 할 것이다. 법원은 적절한 소송지휘를 통하여 주위적 공동소송인에 대한 청구를 판단한 이후에 예비적 공동소송인의 청구에 대한 인낙이나 화해가 이루어지도록 할 필요가 있다.

#### 2) 조정을 갈음하는 결정 또는 화해권고결정

법원의 조정을 갈음하는 결정 또는 화해권고결정에 대하여 공동소송인 중 일부가 이의신청을 하지 않은 경우에 이의신청을 한 공동소송인의 청구와 이의신청을 하지 않은 공동소송인의 청구가 분리되어 확정되는지 논란이 있다. 이에 대하여

---

2) 김홍엽, 935면.

학설로는 공동소송인 각자 청구의 포기·인낙, 화해 및 소의 취하를 할 수 있다는 제70조 제1항 단서의 규정에 따라 분리되어 확정된다는 견해,[1] 제70조 제1항 단서는 당사자의 의사에 의한 소송물의 처분을 규정하고 있는데, 조정을 갈음하는 결정이나 화해권고결정은 당사자의 처분이 아닌 재판의 성질을 갖고 있으므로 제70조 제1항 본문에 따라 공동소송인 중 일부만 이의신청을 하더라도 그 결정은 확정되지 않는다는 견해,[2] 분리되어 확정되는 것이 원칙이나 당사자들 사이의 형평 및 예비적·선택적 공동소송제도의 목적 등에 비추어 타당하지 않은 경우에는 예외적으로 분리확정이 허용되지 않는다는 견해[3]가 주장되고 있다.

판례는 예비적·선택적 공동소송에서 공동소송인은 각자 청구의 포기·인낙, 화해 및 소의 취하를 할 수 있고 조정을 갈음하는 결정 등이 확정된 경우에는 재판상 화해와 동일한 효력이 있으므로 분리되어 확정될 수 있다고 할 것이지만, 조정을 갈음하는 결정 등에서 분리확정을 불허하고 있거나 그 결정에서 정한 사항이 공동소송인들에게 공통되는 법률관계를 형성함을 전제로 하여 이해관계를 조절하는 경우 등과 같이 분리확정을 허용하면 형평에 반하고 이해관계가 상반된 공동소송인 사이에서 소송진행의 통일을 목적으로 하는 제70조 제1항 본문의 입법취지에 반하는 결과가 초래되는 경우에는 분리확정이 허용되지 않는다고 한다.[4] 예를 들어, 예비적 피고의 원고에 대한 금원 지급 의무를 인정하고 이를 전제로 주위적 피고의 채무가 존재하지 않음을 확인하는 내용의 조정을 갈음하는 결정[5] 또는 예비적 피고의 원고에 대한 금원 지급 의무를 인정하고 이를 전제로 원고의 주위적 피고에 대한 청구를 포기하는 내용의 화해권고결정[6]에 대하여 예비적 피고만 이의신청을 한 경우 분리확정이 허용되지 않는다고 한다. 이는 예비적 공동소송에서 일부 공동소송인만이 이의신청을 한 후 그 공동소송인 전원이 분리확정에 대하여 이의가

---

1) 오시영, "예비적·선택적 공동소송과 독립당사자참가소송에 있어서 당사자처분주의와 불이익변경금지원칙배제의 타당성 검토", 『민사소송』, 제16권 제1호(2012. 5), 310면.

2) 한충수, 710면.

3) 이시윤, 759면 및 760면

4) 대법원 2022. 4. 14. 선고 2020다224975 판결; 2015. 3. 20. 선고 2014다75202 판결; 2008. 7. 10. 선고 2006다57872 판결.

5) 대법원 2008. 7. 10. 선고 2006다57872 판결.

6) 대법원 2022. 4. 14. 선고 2020다224975 판결; 2015. 3. 20. 선고 2014다75202 판결.

없다는 취지로 진술하였더라도 마찬가지라고 한다.[1)]

조정을 갈음하는 결정이나 화해권고결정은 당사자의 이의신청이 없는 경우에 한하여 재판상 화해와 동일한 효력을 갖는다. 이처럼 조정을 갈음하는 결정이나 화해권고결정도 당사자의 이의신청권이라는 당사자의 처분행위에 근거한 것이므로 이를 제70조 제1항 단서의 적용대상에서 제외할 것은 아니다.[2)] 따라서 조정을 갈음하는 결정이나 화해권고결정에 대하여 공동소송인 중 일부와 그 상대방이 이의신청을 하지 않은 경우에는 제70조 제1항 단서에 의하여 이의신청을 하지 않은 공동소송인과 상대방 사이에서만 분리되어 확정된다고 보아야 할 것이다. 그러나 조정을 갈음하는 결정 등에서 정한 사항이 공동소송인 사이의 권리의무를 상호 연관하여 일방에게 유리하게 다른 일방에게 불리하게 법률관계를 형성하는 내용인 경우, 예를 들어 주위적 또는 예비적 피고의 일방에 대하여 지급의무를 인정하고 이를 전제로 다른 일방에 대한 청구를 포기하거나 채무가 존재하지 않음을 확인하는 내용인 경우에는 분리확정을 허용하면 형평에 반하고 재판결과의 모순·저촉이 초래되어 합일확정을 요구하는 취지에 반할 우려가 있으므로 이 경우에는 분리확정이 허용되지 않는다고 할 것이다.

### (4) 소송진행의 통일

필수적 공동소송에서 소송진행의 통일에 관한 규정은 예비적·선택적 공동소송에도 그대로 준용된다(제70조 제1항 본문). 예비적·선택적 공동소송에서 필수적 공동소송의 심판에 관한 규정을 준용하는 이유가 재판의 통일을 기하기 위한 것이기 때문이다. 그리하여 변론·증거조사·판결은 같은 기일에 함께해야 하며, 변론의 분리나 일부판결을 할 수 없다. 공동소송인 가운데 한 사람에 대하여 소송절차의 중단·중지사유가 발생하면 공동소송인 모두에 대하여 소송절차가 정지된다(제67조 제3항).

---

1) 대법원 2022. 4. 14. 선고 2020다224975 판결.
2) 김홍엽, 936면.

상소기간도 공동소송인 모두에게 만료되어야 판결이 확정되며, 공동소송인 중 한 사람이 상소를 제기하면 전원에 대하여 판결확정이 차단되고 상소심으로 이심되는 효력이 생긴다. 상소를 제기하지 않은 공동소송인은 상소심에서 상소인도 피상소인도 아닌 단순한 상소심당사자로서의 지위를 갖는다. 공동소송인 중 일부가 상소를 제기한 경우 다른 공동소송인에 대한 청구 부분도 상소심의 심판대상이 된다.[1] 이 경우 합일확정의 요구 때문에 불이익변경금지의 원칙이 적용되지 않는다.[2] 예를 들어, 예비적 공동소송에서 주위적 피고에 대한 청구가 기각되고 예비적 피고에 대한 청구가 인용되자 예비적 피고만이 항소한 경우에 주위적 피고에 대한 청구도 상소심의 심판대상이 되고, 주위적 피고에 대한 패소 부분이 상소하지 않은 원고에게 유리하게 변경될 수도 있다. 즉, 예비적 피고의 항소가 이유 있는 경우 원심판결을 취소한 후 예비적 피고에 대하여 청구기각판결을 하고 주위적 피고에 대한 청구가 이유 있으면 청구인용판결을 할 수 있다.

### (5) 본안재판의 통일

예비적·선택적 공동소송인에 대한 판결은 하나의 전부판결로 해야 하며, 모든 공동소송인에 관한 청구에 대하여 판결을 해야 한다(제70조 제2항). 따라서 예비적 공동소송에서는 주위적 공동소송인에 대한 청구가 이유 있는 경우 주위적 공동소송인에 대한 인용판결과 함께 예비적 공동소송인에 대한 기각판결을 해야 한다. 그리고 선택적 공동소송에서는 특정 공동소송인에 대한 청구에 대하여 인용판결을 함과 동시에 나머지 공동소송인에 대하여 기각판결을 해야 한다.

모든 공동소송인의 청구에 대하여 판결을 해야 하고, 그중 일부 공동소송인에 대해서만 판결을 하거나 남겨진 공동소송인을 위하여 추가판결을 하는 것은 허용되지 않는다.[3] 일부 공동소송인의 청구에 대해서만 판결을 하는 경우 이는 일부판결이 아닌 흠결이 있는 전부판결에 해당하여 상소로써 이를 다투어야 하고, 그 판

1) 대법원 2015. 3. 20. 선고 2014다75202 판결; 2014. 3. 27. 선고 2009다104960,104977 판결; 2011. 2. 24. 선고 2009다43355 판결.

2) 대법원 2009. 4. 9. 선고 2008다88207 판결.

3) 대법원 2014. 3. 27. 선고 2009다104960,104977 판결; 2011. 2. 24. 선고 2009다43355 판결.

결에서 누락된 공동소송인은 이러한 판단누락을 시정하기 위하여 상소를 제기할 이익이 있다.[1)]

## Ⅵ. 추가적 공동소송

추가적 공동소송이란 소송계속 중에 제3자가 당사자로 추가되어 공동소송이 되는 경우이다. 여기에는 제3자가 스스로 소송에 가입하여 공동소송이 되는 경우와 종래의 당사자가 제3자에 대한 소를 추가적으로 병합하여 제기하는 경우가 있다. 현행법에서 명문으로 추가적 공동소송을 인정한 예로는 필수적 공동소송인의 추가(제68조), 예비적·선택적 공동소송인의 추가(제70조 제1항 본문 및 제68조), 참가승계(제81조), 인수승계(제82조), 공동소송참가(제83조) 등이 있다.

법률이 명문으로 인정하는 경우 외에도 추가적 공동소송을 허용할 수 있는지 논란이 있다. 다수설은 추가적 공동소송을 허용하는 것이 별소의 제기와 변론의 병합이라는 간접적이고 우회적인 방법에 의하는 것보다 소송경제적이고 관련 분쟁의 1회적 해결을 도모할 수 있다는 점에서 긍정하고 있다. 그러나 판례는 법률에 명문의 규정 없이 소송계속 중 당사자를 추가하는 것은 허용될 수 없다고 하여 부정하는 입장이다.[2)]

생각건대, 민사소송법에서는 남소를 방지하고 소송절차의 안정성과 명확성을 확보하기 위하여 일정한 요건을 정해서 추가적 공동소송을 허용하고 있다. 만일 법률의 규정이 없음에도 불구하고 해석에 의하여 추가적 공동소송을 허용하게 되면 그 허용 요건의 불명확성으로 인하여 소송절차의 혼란이 가중될 뿐만 아니라 소송절차를 복잡하게 하고 심리의 지연 등을 초래하여 오히려 소송경제에 반할 우려가 있다. 법률에 명문의 규정이 있는 경우에 한하여 추가적 공동소송을 인정함이 타당하다.

---

1) 대법원 2008. 3. 27. 선고 2005다49430 판결.

2) 필수적 공동소송이 아닌 사건에서 소송 도중에 피고를 추가하는 것은 그 경위가 어떻든 간에 허용될 수 없다(대법원 1993. 9. 28. 선고 93다32095 판결).

## 제 2 절 소송참가

제3자가 소송에 참가하는 유형에는 당사자로 참가하는 경우와 당사자 일방의 승소보조자로 참가하는 경우가 있다. 전자를 당사자참가, 후자를 보조참가라고 한다. 당사자참가에는 계속 중인 소송의 원고·피고와는 독립된 당사자로서 참가하는 독립당사자참가와 원고 또는 피고의 공동소송인으로 참가하는 공동소송참가가 있고, 보조참가에는 판결의 효력을 받는 제3자가 당사자 일방의 보조자로서 참가하는 공동소송적 보조참가와 소송결과에 이해관계가 있는 제3자가 보조자로서 참가하는 보조참가가 있다. 당사자참가는 소송제기의 실질을 갖고 있으므로 상고심에서는 할 수 없다. 이하에서는 이해의 편의를 위하여 먼저 보조참가와 독립당사자참가에 대하여 살펴보고, 그다음 공동소송참가, 공동소송적 보조참가의 순으로 살펴보기로 한다.

### Ⅰ. 보조참가

#### 1. 의의

보조참가란 다른 사람 사이의 소송계속 중에 그 소송결과에 관하여 이해관계가 있는 제3자가 당사자 일방의 승소를 보조하기 위하여 소송에 참가하는 것을 말한다(제71조). 보조참가하는 제3자를 보조참가인, 보조받는 당사자를 피참가인이라고 한다. 보조참가인은 자기의 이름으로 판결을 구하는 사람이 아니며 단지 일방 당사자의 승소를 위하여 소송을 수행하는 사람이라는 점에서 소송당사자와 구별된다.

## 2. 참가요건

### (1) 다른 사람 사이에 소송이 계속 중일 것

보조참가는 다른 사람 사이의 소송에 한하여 허용된다. 일방 당사자가 자기 소송의 상대방을 위하여 보조참가할 수는 없지만, 자기의 공동소송인이나 그 공동소송인의 상대방을 위하여 보조참가하는 것은 가능하다.[1)] 법정대리인은 소송수행상 당사자에 준하기 때문에 당사자 본인의 소송에 보조참가할 수 없다. 소송계속 중이면 상고심에서도 보조참가를 할 수 있으나, 새로운 사실의 주장이나 증거의 제출이 허용되지 않는다(제76조 제1항 단서). 판결확정 후에도 재심의 소의 제기와 동시에 보조참가를 할 수 있다(제72조 제3항).

여기의 소송에는 판결절차뿐만 아니라 독촉절차와 같이 이의신청에 의하여 판결절차로 이행되는 절차를 포함한다. 따라서 독촉절차에서도 보조참가를 할 수 있다. 결정절차의 경우에는 대립당사자구조를 갖는 결정절차, 예를 들어 가압류·가처분결정에 대한 이의신청절차나 취소신청절차(민사집행법 제283조, 제286조 및 제288조) 등에서는 보조참가가 허용되나, 대립당사자구조가 아닌 결정절차, 예를 들어 경매에서의 매각허가결정에 대한 즉시항고절차(민사집행법 제129조 및 제130조) 등에서는 보조참가가 허용되지 않는다. 판례도 대립당사자구조를 갖지 못하는 결정절차에서는 보조참가를 할 수 없다고 한다.[2)]

### (2) 소송의 결과에 대하여 이해관계가 있을 것(참가의 이유)

#### 1) 판결주문에 대한 법률상 이해관계

보조참가는 소송결과에 대하여 이해관계가 있을 때 허용된다(제71조 본문). 소송의 결과는 판결주문에 표시되므로 소송결과에 대하여 이해관계가 있다는 것은 판결주문에서 판단되는 소송물인 권리관계의 존부에 대하여 이해관계가 있는 것을 말한다. 단지 판결이유 중의 법률상 또는 사실상의 판단에 대하여 이해관계가 있

---

1) 대법원 1999. 7. 9. 선고 99다12796 판결.
2) 대법원 1994. 1. 20. 자 93마1701 결정; 1973. 11. 15. 자 73마849 결정.

는 것만으로는 참가가 허용되지 않는다. 또한 여기의 이해관계는 법률상 이해관계에 한정된다. 그리하여 피참가인이 패소하면 자기가 친족으로서 도의상 부양의무를 부담하게 될 우려가 있다든지, 당사자인 회사가 패소하여 재산이 감소하면 주주인 자신의 이익배당이 적어진다는 등의 사실상·경제상의 이해관계만으로는 보조참가가 허용되지 않는다.

그렇다면 소송결과에 대한 이해관계란 판결주문에서 판단한 소송물인 권리관계의 존부로 인하여 참가인이 피참가인에게 의무를 부담하거나 참가인의 권리 또는 법률상 지위가 침해될 우려가 있는 경우를 말한다고 할 수 있다. 예를 들어, 공동불법행위의 피해자가 공동불법행위자 중의 하나인 A를 상대로 제기한 손해배상청구소송에서 A가 패소할 경우 A는 다른 공동불법행위자 B에 대하여 구상권을 행사할 수 있고 B는 구상의무를 부담하게 되므로 B는 위 소송에서 A의 승소를 보조하기 위하여 보조참가를 할 수 있다.[1] 그러나 동일한 사고로 인한 여러 피해자 중의 하나인 A가 가해자를 상대로 제기한 손해배상청구소송에서 A가 패소하더라도 그로 인하여 다른 피해자 B가 A에게 어떤 의무를 부담하거나 B의 권리가 침해되는 것은 아니므로 B는 위 소송에 보조참가를 할 수 없다. 이 경우 비록 판결이유에서 판단한 것과 동일한 이유로 B가 패소 당할 우려가 있다고 하더라도 이는 판결이유 중의 판단에 대하여 사실상 이해관계를 갖는데 불과하다.

판례도 다른 대학에 합격한 사람이 등록포기를 하면서 학교법인에 대하여 이미 납부한 등록금의 반환을 구하는 소송에서 반환청구가 인용되면 그 파급효로 다른 학교법인의 등록금제도 운영에 차질이 생길 우려가 있는 경우,[2] 피고가 다른 지역으로 이주함에 따라 묘지사용권을 상실하였음을 이유로 분묘의 이전을 구하는 소송에서 원고의 청구가 인용되면 피고와 마찬가지로 다른 지역으로 이주하는 사람이 그 영향을 받게 되는 경우,[3] 사찰이 도지사를 상대로 사찰등록처분의 무효확인을 구하는 소송에서 사찰재산을 처분하기 위하여 소속 종단의 승인을 받아야 하는 관계는 종단과 사찰 사이의 계약에 의하여 결정되는 것이어서 도지사의 사찰등록

1) 대법원 1999. 7. 9. 선고 99다12796 판결.

2) 대법원 1997. 12. 26. 선고 96다51714 판결.

3) 대법원 2007. 6. 28. 선고 2007다16885 판결.

처분과 아무런 관련이 없는 경우[1] 등은 소송결과에 대한 법률상 이해관계로 볼 수 없다고 하고, 어업권의 명의신탁은 수산업법에 의하여 무효이므로 어업권의 명의신탁관계는 보조참가의 요건인 법률상 이해관계에 해당하지 않는다고 한다.[2]

### 2) 구체적 유형

소송의 결과에 대하여 이해관계가 인정되는 경우를 구체적으로 유형화하면 다음과 같다.

#### (가) 피참가인이 패소하면 참가인이 피참가인으로부터 손해배상청구 또는 구상청구를 당할 우려가 있는 경우

예를 들어, 보증채무자에 대한 채권자의 소송에서 주채무자, 연대채무자의 1인과 채권자 사이의 소송에서 다른 연대채무자, 공동불법행위자 1인과 피해자 사이의 소송에서 다른 공동불법행위자,[3] 가해자인 피보험자를 상대로 한 손해배상청구소송에서 보험자, 매수인이 하자담보책임을 청구 당한 소송에서 당초의 매도인, 소유권에 기한 소유권이전등기의 말소를 구하는 소송에서 피고에게 해당 부동산을 매도한 매도인, 소유권에 기한 방해배제청구로서 건축주명의변경절차의 이행을 구하는 소송에서 원고가 패소할 경우 매매계약이 해제되는 것을 조건으로 해당 건물을 매수한 사람[4] 등이 여기에 해당한다.

#### (나) 피참가인이 패소하면 참가인의 권리 또는 법률상 지위가 침해될 우려가 있는 경우

예를 들어, 동일한 부동산에 대하여 매수인이라 주장하는 사람이 매도인을 상대로 소유권이전등기청구소송을 제기한 경우에 아직 등기를 마치지 못한 다른 매수인, 2순위 낙찰예정자가 발주자를 상대로 제기한 낙찰자지위확인소송에서 1순위 낙찰예정자, 종전 학교법인 이사장의 교육부를 상대로 한 임원취임승인취소처분의 취소소송에서 학교법인[5] 등이 여기에 해당한다.

---

1) 대법원 1982. 2. 23. 선고 81누42 판결.
2) 대법원 2000. 9. 8. 선고 99다26924 판결.
3) 대법원 1999. 7. 9. 선고 99다12796 판결.
4) 대법원 2007. 4. 26. 선고 2005다19156 판결.

### (3) 소송절차를 현저하게 지연시키지 않을 것

참가이유가 인정되더라도 소송절차를 현저히 지연시키는 경우에는 보조참가가 허용되지 않는다(제71조 단서). 보조참가제도를 남용하여 소송을 지연시키는 것을 방지하기 위한 것이다. 이는 공익적 요건으로 직권조사사항이다.

## 3. 참가절차

### (1) 참가신청

참가신청은 서면 또는 말로 참가의 취지와 이유를 명시하여 현재 소송이 계속된 법원에 해야 한다(제72조 제1항). 참가신청은 참가인으로서 할 수 있는 소송행위, 예를 들어 상소 또는 재심의 제기, 지급명령에 대한 이의신청 등의 소송행위와 동시에 할 수 있다(동조 제3항). 서면으로 참가를 신청한 경우에는 법원은 그 서면을 양쪽 당사자에게 송달해야 한다(동조 제2항). 참가신청이 있으면 허가결정이 없더라도 불허결정이 확정되기 전까지는 보조참가인에게도 별도로 기일통지나 소송서류의 송달 등을 해야 한다.

### (2) 참가허가 여부에 대한 재판

당사자는 참가의 방식이나 참가이유의 유무에 대하여 이의신청을 할 수 있다. 이의신청은 피참가인의 상대방뿐만 아니라 피참가인 자신도 할 수 있다. 이의신청이 있으면 참가인은 참가이유, 즉 소송의 결과에 대한 이해관계를 소명해야 한다(제73조 제1항 전단). 당사자가 참가에 대하여 이의신청 없이 변론(준비)기일에 진술한 때에는 이의신청권을 상실한다(제74조). 그러나 법원은 당사자의 이의신청이 없더라도 필요한 경우에는 직권으로 참가의 이유를 소명하도록 명할 수 있다(제73조 제2항 전단).

---

5) 대법원 2001. 1. 19. 선고 99두9674 판결.

당사자의 이의신청이 있는 경우에는 법원은 참가허부의 결정을 해야 한다(제73조 제1항). 법원이 직권으로 소명을 명한 경우에도 참가이유가 인정되지 않으면 참가불허결정을 해야 한다(동조 제2항). 참가의 허부결정에 대해서는 당사자 또는 참가인이 즉시항고를 할 수 있다(동조 제3항). 참가불허결정이 있어도 확정될 때까지는 참가인으로 할 수 있는 소송행위를 할 수 있다(제75조 제1항). 불허결정이 확정되면 참가인이 한 소송행위는 효력을 잃지만, 피참가인이 원용하면 그 소송행위는 효력을 가진다(동조 제2항).

### (3) 참가신청의 취하

참가인은 어느 때나 신청을 취하할 수 있다. 그러나 신청이 취하되어도 참가적 효력을 면하지 못한다. 참가인이 한 소송행위는 취하에 불구하고 그 효력을 상실하지 않으며 당사자의 원용이 없어도 판결자료로 할 수 있다.[1]

## 4. 참가인의 지위

### (1) 보조참가인의 종속성

보조참가인은 피참가인의 승소를 위한 보조자일 뿐이고 당사자가 아니다. 따라서 참가인은 피참가인과의 관계에서 그 지위가 종속적이다. 참가인은 소송비용의 재판을 제외하고 자기의 이름으로 판결을 받지 않으며, 제3자로서 증인 또는 감정인이 될 수 있다. 피참가인에게 사망이나 소송능력의 상실 등 소송절차의 중단사유가 생기면 참가인에 대한 관계에서도 소송절차가 중단되지만, 참가인에게 사망 등 중단사유가 생겨도 본소송절차가 중단되지는 않는다.[2]

보조참가인에게는 독립된 상소기간이 인정되지 않으며 피참가인의 상소기간 내에 상소를 제기할 수 있을 뿐이다. 따라서 보조참가인에게 판결정본이 송달된 때로부터 기산하여 상소기간 내이더라도 피참가인의 상소기간을 도과하였다면 보조

---

1) 김홍엽, 965면; 이시윤, 791면.

2) 대법원 1995. 8. 25. 선고 94다27373 판결.

참가인의 상소는 위법하다.[1] 상소이유서의 제출도 마찬가지이다. 피참가인이 귀책 사유 없이 상소기간을 준수하지 못한 경우에 보조참가인이 추후보완상소를 제기할 수 있다.[2] 보조참가인이 상소를 제기하여도 보조참가인은 상소행위의 수행자에 불과하며 피참가인만이 상소심의 당사자가 된다.

### (2) 보조참가인의 독립성

보조참가인은 피참가인의 대리인이 아니며 자기의 이익을 보호하기 위하여 독자적인 권한으로 소송에 참여하는 사람이다. 따라서 참가인에게 당사자에 준하는 절차보장이 이루어져야 한다. 참가인에게 별도로 기일통지, 소송서류의 송달 등을 해야 하고, 참가인에게 기일통지를 하지 않고 변론의 기회를 부여하지 않은 채 이루어진 기일의 진행은 적법한 것으로 볼 수 없다. 다만, 참가인이 변론기일에 출석하여 아무런 이의를 제기하지 않았다면 절차 진행의 하자가 치유된 것으로 볼 수 있다.[3]

보조참가인은 피참가인의 승소를 위하여 필요한 일체의 소송행위를 자기의 이름으로 할 수 있다. 참가인이 한 소송행위는 피참가인 자신이 행한 것과 같은 효과가 생긴다. 피참가인이 기일에 불출석하여도 참가인이 출석하면 피참가인을 위하여 기일을 지킨 것이 된다. 피참가인이 이미 항소를 제기한 경우에도 참가인은 이와 별도로 항소를 제기할 수 있다. 예를 들어, 피참가인의 항소가 각하된 경우 등에는 보조참가인의 항소 제기가 실익이 있기 때문이다. 참가인이 지출한 소송비용은 상대방과의 사이에 따로 부담에 관한 재판을 받는다(제103조).

### (3) 보조참가인이 할 수 없는 행위

보조참가인은 피참가인의 보조자에 불과하므로 다음과 같은 행위를 할 수 없으며, 그럼에도 불구하고 행위를 하면 무효가 된다.

---

1) 대법원 2007. 9. 6. 선고 2007다41966 판결.
2) 대법원 1981. 9. 22. 선고 81다334 판결.
3) 대법원 2007. 2. 22. 선고 2006다75641 판결.

### 1) 참가 당시 소송의 진행 정도에 따라 피참가인도 할 수 없는 행위

참가 당시 소송의 진행 정도에 따라 피참가인도 할 수 없는 행위는 보조참가인도 할 수 없다(제76조 제1항 단서). 예를 들어, 이의권을 포기·상실한 후의 이의제기, 피참가인이 본안에 관한 변론을 하여 변론관할이 생긴 뒤에 관할위반의 항변 제출, 상고심에 참가한 경우에 새로운 사실의 주장이나 새로운 증거의 제출, 피참가인의 상소기간이나 상고이유서제출기간이 경과한 후의 상소 제기[1]나 상고이유서 제출 등은 불허된다.

### 2) 피참가인의 소송행위와 어긋나는 행위

보조참가인은 피참가인의 소송행위와 어긋나는 행위를 할 수 없다(제76조 제2항). 예를 들어, 피참가인의 자백을 참가인이 부인하거나, 피참가인이 상소권을 포기하거나 상소를 취하한 뒤 참가인이 제기하는 상소는 무효로 된다. 그러나 피참가인의 명백하고 적극적인 의사에 반하지만 않으면 참가인의 행위는 효력이 있다. 예를 들어, 피참가인이 명백히 다투지 않아 자백한 것으로 간주되는 사실에 대하여 참가인이 다툴 수 있으며,[2] 피참가인이 패소 부분 가운데 일부는 상소하고 일부는 상소하고 있지 않을 때 참가인이 패소 부분 전부에 대하여 상소하는 것은 허용된다.[3]

### 3) 피참가인에게 불이익한 소송행위

보조참가인은 피참가인을 승소시키기 위하여 참가하는 사람이므로 피참가인에게 불이익한 소송행위를 할 수 없다. 예를 들어, 청구의 포기·인낙, 이의권의 포기, 상소권의 포기, 피참가인이 제기한 상소의 취하, 자백 등을 할 수 없다. 다만, 증거공통의 원칙에 따라 보조참가인이 신청한 증거에 기하여 피참가인에게 불이익한 사실이 인정될 수 있다.[4]

---

1) 대법원 2007. 9. 6. 선고 2007다41966 판결.
2) 대법원 2007. 11. 29. 선고 2007다53310 판결.
3) 대법원 2002. 8. 13. 선고 2002다20278 판결.
4) 대법원 1994. 4. 29. 선고 94다3629 판결.

#### 4) 소송물을 처분하거나 변경하는 행위

보조참가인은 기존의 소송을 전제로 피참가인을 승소시키기 위하여 참가하는 사람이므로 소의 취하, 청구의 변경, 반소나 중간확인의 소의 제기 등 소송물을 처분하거나 변경하는 행위를 할 수 없다. 판례는 보조참가인은 소의 변경과 같이 기존의 소송형태를 변경시키는 행위는 할 수 없으므로 새로운 재심사유를 주장하여 재심청구를 추가할 수 없다고 한다.[1]

#### 5) 사법상 권리의 행사

보조참가인은 법률의 규정이 있는 경우[2]를 제외하고는 피참가인이 가진 사법상 권리를 행사할 수 없다. 따라서 참가인은 피참가인의 채권을 가지고 상계할 수 없으며 취소권, 해지·해제권 등을 행사할 수 없다.

## 5. 판결의 참가인에 대한 효력(참가적 효력)

### (1) 의의

민사소송법에서는 "재판은 참가인에게도 그 효력이 미친다."라고 규정하고 있는데(제77조), 여기의 효력은 기판력과는 다른 특수한 효력, 즉 참가적 효력을 의미한다. 참가적 효력이란 피참가인이 패소한 경우에 보조참가인과 피참가인 사이의 소송에서 그 판결의 내용이 부당하다고 주장할 수 없는 구속력을 말한다(참가적 효력설). 판례도 참가적 효력이란 보조참가인이 피참가인을 보조하여 공동으로 소송을 수행하였으나 피참가인이 그 소송에서 패소한 경우에 형평의 원칙상 보조참가인이 피참가인에게 그 패소판결이 부당하다고 주장할 수 없는 구속력을 의미하고

---

1) 대법원 1992. 10. 9. 선고 92므266 판결.

2) 예를 들어, 채권자는 자기의 채권을 보전하기 위하여 채무자의 권리를 행사할 수 있고(민법 제404조 제1항), 연대채무자는 상계할 채권이 있는 다른 연대채무자가 상계하지 않은 때에는 그 채무자의 부담부분에 한하여 상계할 수 있으며(동법 418조 제2항), 보증인은 주채무자의 채권에 의한 상계로 채권자에게 대항할 수 있다(동법 제434조).

판결의 기판력과는 구별되는 것이라고 한다.[1]

### (2) 범위

#### 1) 주관적 범위

참가적 효력은 피참가인과 보조참가인 사이에만 미치고, 보조참가인과 상대방 사이에는 미치지 않는다. 예를 들어, 채권자와 보증채무자 사이의 보증금청구소송에서 주채무자가 피고인 보증채무자측에 참가하였으나 피고 패소로 종결된 경우 주채무자가 뒤에 보증채무자로부터 구상금청구소송을 제기당한 때 주채무자는 보증채무자에 대한 관계에서 주채무의 존재를 다시 다툴 수 없다. 그러나 채권자로부터 다시 주채무금청구소송을 제기당한 때에는 주채무자는 앞서 보조참가한 소송의 판결이 부당하다고 주장하여 주채무의 존재를 다시 다툴 수 있다.

#### 2) 객관적 범위

참가적 효력은 판결주문에서의 소송물에 대한 판단뿐만 아니라 판결이유 가운데 패소이유가 되었던 중요한 사실인정이나 선결적 법률관계에 대한 판단에도 미친다. 예를 들어, A가 B를 상대로 제기한 소유권이전등기말소 및 건물명도를 구하는 소송에서 B에게 해당 건물을 매도한 C가 B의 승소를 보조하기 위하여 소송에 참가하였으나, 건물의 소유권은 A에게 있으며 C는 소유권자가 아니라는 이유로 패소한 경우 이후 B가 C를 상대로 매도인의 하자담보책임을 묻는 손해배상청구소송을 제기한 때 C가 건물소유권자가 아닌데 이를 B에게 매각하였다는 전소 판결이유 중의 판단에 구속을 받게 된다. 따라서 B가 C를 상대로 제기한 위의 소송에서 C는 자신이 건물소유권자라는 주장을 하지 못한다.

그러나 참가적 효력은 전소 판결 결론의 기초가 된 사실상 및 법률상 판단으로서 보조참가인이 피참가인과 공동의 이익으로 주장하거나 다툴 수 있었던 사항에 한하여 미친다. 보조참가인과 피참가인의 이해관계가 상반되는 사항[2]이나 판결의 결론에 영향을 미칠 수 없는 부가적 또는 보충적 판단이나 방론[3] 등에게는 미치지 않는다.

---

1) 대법원 1988. 12. 13. 선고 86다카2289 판결.
2) 대법원 2007. 12. 27. 선고 2006다60229 판결.

### (3) 참가적 효력의 배제

참가적 효력이란 보조참가인이 피참가인을 보조하여 공동으로 소송을 수행했으나 피참가인이 패소한 경우에 형평의 원칙상 부담하는 불이익이므로 보조참가인에게 그 책임을 물을 수 없는 경우에는 참가적 효력이 배제되어야 한다. 그리하여 ① 보조참가인이 참가 당시 소송의 진행 정도에 따라 필요한 행위를 유효하게 할 수 없었거나 피참가인의 행위와 어긋나게 되어 효력을 잃은 경우(제77조 제1호), ② 피참가인이 보조참가인의 소송행위를 방해한 경우(동조 2호), ③ 피참가인이 보조참가인이 할 수 없는 소송행위를 고의나 과실로 하지 않은 경우(동조 3호)에는 보조참가인에게 참가적 효력이 미치지 않는다. 판례는 참가적 효력은 전소 확정판결의 결론의 기초가 된 사실상·법률상의 판단으로서 보조참가인이 피참가인과 공동이익으로 주장하거나 다툴 수 있었던 사항에 한하여 미치기 때문에 보조참가인이 참가한 후 소송이 확정판결이 아닌 화해권고결정에 의하여 종료된 경우에는 확정판결에서와 같은 법원의 사실상·법률상의 판단이 이루어졌다고 할 수 없으므로 참가적 효력이 인정되지 않는다고 한다.[1]

**참조 참가적 효력과 기판력의 비교**

참가적 효력과 기판력은 다음과 같은 차이가 있다.

① 기판력은 승패에 불구하고 생기는 효력이고 직권조사사항이나, 참가적 효력은 피참가인이 패소한 경우에만 문제되고 주장을 기다려 고려해야 하는 항변사항이다.

② 기판력은 원칙적으로 소송당사자 사이에 미치는 것임에 대하여, 참가적 효력은 당사자인 피참가인과 제3자인 보조참가인 사이에 미친다.

③ 기판력은 판결의 주문, 즉 판결의 결론 부분인 소송물에 대한 판단에 미치는 데 대하여, 참가적 효력은 판결이유 속에서 판단한 사실인정·법률판단에도 미친다.

④ 기판력은 당사자 사이의 주관적 책임과 관계없이 생기는 효력이나, 참가적 효력은 패소에 대하여 피참가인의 단독책임으로 돌릴 사정이 있을 때에는 예외적으로 배제된다.

---

3) 대법원 1997. 9. 5. 선고 95다42133 판결.

1) 대법원 2015. 5. 28. 선고 2012다78184 판결.

**사례 보조참가**

A가 고속도로를 운행하던 중 그 옆 차로에서 B가 과속으로 차를 운행하다가 고속도로상에 방치되어 있던 강철판을 보지 못하고 바퀴로 튕겨 강철판이 A의 차에 날아들어 A가 상해를 입었다.

① A는 B를 상대로 손해배상을 청구하는 소송을 제기하였다. B는 자동차보험을 들어 둔 보험회사 C에게 소송이 제기된 사실을 알렸고, C는 B의 승소를 위해 소송에 참가하였다. 제1심에서 A가 승소하였고 판결정본이 B에게 2. 1. 송달되었으나 C에게는 2. 20. 송달되었다. C는 2. 21. 항소를 제기하였다. C의 항소가 적법한지 설명하시오.

가해 차량의 운전자인 B가 패소하는 경우 B는 자신이 체결한 보험계약에 따라 보험회사 C에게 보험금지급을 청구할 수 있고 C는 보험금지급의무를 부담한다. 따라서 C는 B의 승소를 위해 소송에 보조참가할 수 있다. 참가인은 피참가인에 대하여 종된 지위에 있다. 따라서 참가인은 독립된 상소기간이 인정되지 않으며 피참가인의 상소기간 내에 한하여 항소를 제기할 수 있다. B의 항소기간은 2. 15.까지이고, C는 2. 21. 항소하였다. C의 항소는 B에 대한 항소기간이 도과된 이후에 이루어진 것으로 부적법하다.

② 위 사례에서 A가 처음부터 C와 고속도로에 대한 유지·관리의 책임이 있는 D(한국도로공사)를 공동피고로 하여 손해배상을 청구하는 소송을 제기하였다고 가정하고, 항소심에서 A는 피고 C에 대해서는 일부 승소하였으나, 피고 D에 대해서는 도로에 대한 관리상의 잘못을 인정할 수 없다는 이유로 전부 패소하였다. 그런데 C는 자기의 판결에 대해서는 불복하지 않고, A를 위하여 공동피고인 D에 대하여 보조참가신청과 함께 상고를 제기하였다. C의 보조참가신청은 적법한지 설명하시오.

공동불법행위자는 피해자에 대하여 연대하여 그 손해를 배상할 책임이 있으므로(민법 제760조 제1항) 불법행위로 인한 손해배상책임을 지는 사람은 피해자가 다른 공동불법행위자를 상대로 제기한 손해배상청구소송의 결과에 대하여 법률상의 이해관계를 갖고 있다. 피해자인 A가 D에 대한 소송에서 승소하면, C는 공동불법행위자인 D에게 그 부담부분에 대하여 구상권을 행사할 수 있으므로 C는 A의 승소를 위하여 보조참가할 이유가 있다(대법원 1999. 7. 9. 선고 99다12796 판결). 한편 보조참가는 타인 간의 소송에 한하여 허용된다. 일방 당사자가 자기 소송의 상대방을 위하여 보조참가할 수는 없지만, 자기의 공동소송인이나 그 공동소송인의 상대방을 위하여 보조참가하는 것은 가능하다. 또한 보조참가는 당사자가 아니라 승소보조자로서 참가하는 것으로 상고심에서도 허용된다. 다만, 사실상의 주장이나 증거의 제출이 허용되지 않을 뿐이다. 따라서 C는 공동피고인 D의 상대방인 A를 위하여 보조참가를 할 수 있고, 상고심에서도 보조참가가 허용되므로 A가 상고를 하지 않는 경우 C는 보조참가신청과 동시에 상고를 제기할 수 있다.

# Ⅱ. 독립당사자참가

## 1. 의의

독립당사자참가는 다른 사람 사이의 소송계속 중에 제3자가 소송목적의 전부나 일부가 자기의 권리라고 주장하거나 소송결과에 따라 권리가 침해된다고 주장하면서 당사자 쌍방이나 일방을 상대방으로 하여 독립된 당사자로서 소송에 참가하는 것을 말한다(제79조). 예를 들어, 토지에 대한 소유권확인을 구하는 원고의 본소청구에 대하여 제3자가 해당 토지의 소유권자는 자신이라고 주장하면서 원고에 대해서는 소유권확인을 구하고 피고에 대해서는 피고 명의의 소유권보존등기말소 및 참가인의 소유권확인을 구하며 소송에 참가하는 경우,[1] 제3자가 이미 피고 명의의 지분에 대해 공정증서에 기한 집행권원을 통해 강제집행에 착수하였음에도 원고가 피고 명의의 지분이전등기의 말소를 구하는 소송을 제기하자 제3자가 원고의 본소청구는 자신의 권리를 침해하기 위한 것이라고 주장하며 원고에 대해서는 지분의 부존재확인을 구하고 피고에 대해서는 금전의 지급을 구하며 소송에 참가하는 경우[2] 등이 여기에 해당한다.

독립당사자참가소송의 소송구조에 관하여 동일한 권리관계를 둘러싼 3개의 소송, 즉 원·피고, 원고·참가인, 피고·참가인 사이에 각각 1개씩 3개의 소송관계가

1) 대법원 1998. 7. 10. 선고 98다5708,5715 판결.
2) 대법원 1996. 3. 8. 선고 95다22795,22801 판결.

성립된다는 견해(3개 소송병합설), 제3자가 당사자로 참가함으로써 종전의 원·피고와 참가인 3자 사이에 각각 독립된 지위에서 대립하는 3면의 1개의 소송관계가 성립된다는 견해(3면 소송설) 등이 있다. 판례는 원·피고와 참가인 사이의 3면의 소송관계가 성립한다고 하여 3면 소송설을 취하고 있다.[1] 3개 소송병합설에서는 본소 또는 참가신청의 취하나 각하의 경우 2개 소송으로 전환된다는 점과 편면적 참가가 허용된다는 점을 그 근거로 들고 있으나, 독립당사자참가소송에 대해서는 필수적 공동소송의 심판에 관한 규정이 준용되고 있는데, 이는 1개의 3면 소송관계가 성립함을 전제로 한 것이라는 점에서 3면 소송설이 타당하다고 본다.

## 2. 참가요건

### (1) 다른 사람 사이에 소송이 계속 중일 것

다른 사람 사이에 소송이 계속 중이어야 한다. 보조참가인도 제3자이므로 독립당사자참가를 할 수 있다. 다만, 독립당사자참가를 하게 되면 보조참가는 종료된다. 통상공동소송인은 자신의 소송관계에서만 당사자이므로 다른 공동소송인과 그 상대방과의 소송에 독립당사자참가를 할 수 있다. 여기의 소송에는 판결절차뿐만 아니라 독촉절차와 같이 이의신청에 의하여 판결절차로 이행되는 절차를 포함한다. 항소심에서도 독립당사자참가를 할 수 있으나, 독립당사자참가는 소송제기의 실질을 가지고 있으므로 상고심에서는 할 수 없다.[2]

### (2) 소송목적의 전부나 일부가 자기의 권리라고 주장하거나 소송결과에 따라 권리가 침해된다고 주장할 것(참가의 이유)

#### 1) 권리주장참가

제3자가 소송목적의 전부나 일부가 자기의 권리라고 주장하는 경우이다(제79조 제1항 전단). 제3자가 원고의 본소청구와 양립할 수 없는 권리를 주장해야 한다. 따

---

1) 대법원 1995. 6. 16. 선고 95다5905 판결; 1980. 7. 22. 선고 80다362 판결.
2) 대법원 1994. 2. 22. 선고 93다43682 판결; 1977. 7. 12. 선고 76다2251 판결.

라서 본소청구와 참가인의 청구가 양립할 수 없는 물권적 청구권일 경우 권리주장참가를 할 수 있지만, 채권적 청구권은 양립할 수 있으므로 권리주장참가를 할 수 없는 것이 원칙이다. 그러나 본소청구와 참가인의 청구가 채권적 청구권일지라도 어느 일방의 청구권이 인정되면 다른 일방의 청구권이 인정될 수 없는 경우에는 각 청구가 서로 양립할 수 없는 관계에 있으므로 권리주장참가를 할 수 있다. 예를 들어, 원고가 피고 명의로 된 부동산의 실질적인 소유자라고 주장하며 명의신탁해지로 인한 소유권이전등기를 구하는 본소청구를 한 데 대하여 참가인이 자신이 실질적인 소유자로서 피고에게 명의신탁을 해 둔 것이라고 주장하며 피고에 대하여 명의신탁해지로 인한 소유권이전등기를 구하고 원고에 대하여 소유권확인을 구하는 경우,[1] 원고가 자주점유를 전제로 취득시효완성을 원인으로 한 소유권이전등기를 구하는 본소청구를 한 데 대하여 참가인이 피고에 대하여 자주점유를 전제로 취득시효완성을 원인으로 한 소유권이전등기를 구하고 원고에 대하여 원고의 점유가 관리위탁계약에 의한 것으로 타주점유임을 전제로 관리위탁계약의 해제를 이유로 한 토지의 인도를 구하는 경우,[2] 원고가 중도금반환채권에 대한 전부명령을 받은 채권자로서 피고를 상대로 전부금채권의 이행을 구하는 본소청구를 한 데 대하여 참가인이 이미 위 중도금반환채권을 양도받았다고 주장하며 피고에 대하여 양수금채권의 이행을 구하고 원고에 대하여 위 중도금반환채권이 참가인에게 있다는 확인을 구하는 경우[3] 등이 여기에 해당한다.

그러나 원고의 매매계약에 기한 소유권이전등기청구와 참가인의 취득시효완성을 이유로 한 소유권이전등기청구는 서로 양립할 수 있으므로 부적법하고,[4] 원고의 예탁금반환청구에 대하여 참가인이 예탁금반환채권이 자신에게 양도되었으나 대항요건이 갖추어지지 않았음을 이유로 원고에 대해서는 채권양도에 따른 양도통지절차의 이행을 구하고 피고에 대해서는 예탁금의 반환을 구하는 경우에 참가인이 채권양도를 받았으나 대항요건을 갖추지 못하였다면 원고의 권리와 참가인의 권리는 서로 양립할 수 있으므로 참가는 부적법하다.[5] 또한 부동산이중매매에 있어서 원

1) 대법원 1995. 6. 16. 선고 95다5905,5912 판결.
2) 대법원 1996. 6. 28. 선고 94다50595,50601 판결.
3) 대법원 1991. 12. 24. 선고 91다21145,21152 판결.
4) 대법원 1982. 12. 14. 선고 80다1872,1873 판결.

고의 매매계약에 기한 소유권이전등기청구와 참가인의 매매계약에 기한 소유권이전등기청구도 양립할 수 있는 관계에 있으므로 참가는 부적법하다.[1] 다만, 원고와 참가인의 소유권이전등기청구가 하나의 계약에 기초한 경우, 예를 들어 원고가 매매계약에 기하여 소유권이전등기를 구하는 데 대하여 참가인이 해당 매매계약상의 진정한 매수인은 자신이라고 주장하며 원고에 대해서는 매수인으로서의 권리의무가 참가인에게 있다는 확인을 구하고 피고에 대해서는 원고가 주장하는 것과 동일한 매매계약에 기한 소유권이전등기를 구하는 경우에는 어느 일방의 이전등기청구권이 인정되면 다른 일방의 이전등기청구권은 부인될 수밖에 없어 원고의 권리와 참가인의 권리가 양립할 수 없는 관계에 있으므로 이러한 독립당사자참가는 적법하다.[2]

본소청구와 참가인의 청구가 주장 자체에서 양립하지 않는 관계에 있으면 참가가 허용되고, 본안심리의 결과 양 청구가 실제로 양립된다고 하여도 참가가 부적법해지는 것은 아니다.[3] 예를 들어, 원고의 소유권에 기한 건물명도소송에서 참가인이 자신의 소유임을 주장하며 독립당사자참가를 한 경우 주장 자체에 의하여 원고의 권리와 참가인의 권리가 양립할 수 없는 관계에 있으므로 비록 본안에서 참가인의 소유권이 인정되지 않는다고 하더라도 참가인의 청구가 이유 없는 것일 뿐이고 참가신청이 부적법한 것은 아니므로 이를 각하해서는 안 된다.[4]

### 2) 사해방지참가

제3자가 소송결과에 따라 권리가 침해된다고 주장하는 경우이다(제79조 제1항). 여기의 권리침해의 의미를 원고와 피고가 해당 소송을 통하여 참가인을 해하려는 의사, 즉 사해의사를 갖고 있다고 객관적으로 판정할 수 있는 경우로 이해하는 것이 다수설이다(사해의사설). 그러나 판례는 원고와 피고가 소송을 통하여 제3자를 해하려는 의사가 있다고 객관적으로 인정되고(사해의사), 그 소송의 결과 제3자의 권리 또는 법률상의 지위가 침해될 우려가 있다고 인정되는 경우(권리침해의 우려)

---

5) 대법원 1992. 8. 18. 선고 90다9452,9469(참가) 판결.
1) 대법원 2005. 10. 17. 자 2005마814 결정.
2) 대법원 1988. 3. 8. 선고 86다148(본소),149(반소),150(참가) 판결.
3) 대법원 2007. 6. 15. 선고 2006다80322,80339 판결.
4) 대법원 1992. 12. 8. 선고 92다26772,26789 판결.

에 사해방지참가가 허용된다고 한다.[1] 사해의사가 인정되면 권리침해의 우려가 추정된다고 하여 판례의 입장과 사해의사설이 크게 차이가 없다는 견해가 있으나,[2] 판례는 사해의사와 권리침해의 우려를 명백히 별개의 요건으로 보고 있다.[3]

권리주장참가는 원고와 참가인이 서로 자신의 권리라고 주장하는 경우에 그 권리가 누구에게 귀속되는지 합일확정이 요구되어 원고와 피고 및 참가인 사이에 하나의 판결로써 서로 모순 없이 일거에 해결하기 위하여 참가하는 것이지만, 사해방지참가는 소송의 결과로 참가인의 권리가 침해될 우려가 있는 경우에 그러한 판결을 방지하기 위하여 참가하는 것이다. 따라서 원고의 청구와 참가인의 청구가 논리상 양립할 수 있는 관계에 있더라도 사해방지참가를 할 수 있다.[4] 그러나 참가인의 청구가 그대로 받아들여져도 원고와 피고 사이의 법률관계에 아무런 영향을 미치지 못한다면, 그러한 참가신청은 사해방지참가의 목적을 달성할 수 없으므로 부적법하다. 판례는 원고가 대물변제약정에 기하여 피고 소유 건물에 대한 소유권이전등기를 구하는 본소청구를 한 데 대하여 참가인이 위 약정이 사해행위에 해당한다는 이유로 원고에 대하여 사해행위취소를 구하며 독립당사자가참가신청을 한 경우 사해행위취소판결의 효력은 채권자와 수익자 또는 전득자 사이에만 미치므로 수익자 또는 전득자가 채권자에 대하여 사해행위취소로 인한 원상회복의무를 부담할 뿐이고 채무자와의 사이에서 그 취소로 인한 법률관계가 형성되는 것은 아니어서 독립당사자참가인의 청구가 그대로 받아들여진다고 하더라도 원고와 피고(즉, 수익자와 채무자) 사이의 법률관계에는 아무런 영향이 없으므로 그러한 참가신청은 사해방지참가의 목적을 달성할 수 없어 부적법하다고 한다.[5]

### (3) 참가취지에서 본소 당사자에게 청구를 할 것

참가인은 참가신청의 참가취지에서 당사자 쌍방 또는 일방을 상대방으로 하여

---

1) 대법원 2017. 4. 26. 선고 2014다221777,221784 판결; 2013. 11. 28. 선고 2011다74192,74208 판결; 2009. 10. 15. 선고 2009다42130,42147,42154,42161 판결 등.

2) 이시윤, 811면.

3) 김홍엽, 996면.

4) 대법원 1996. 3. 8. 선고 95다22795,22801 판결.

5) 대법원 2014. 6. 12. 선고 2012다47548,47555 판결.

청구를 제기해야 한다(제79조 제1항). 종전에는 당사자 쌍방에 대하여 각각 청구를 제기하는 쌍면참가만을 허용하였으나, 독립당사자참가의 활성화를 도모하기 위하여 현행법에서는 당사자 일방에 대해서만 청구하는 편면참가를 허용하고 있다. 그리하여 종전에는 당사자 일방에 대하여 청구하지 않는 경우는 물론이고 당사자 일방에 대하여 청구기각을 구할 뿐 독립된 청구를 하지 않는 경우[1] 또는 당사자 일방에 대한 청구가 소의 이익이 없는 경우[2] 등도 모두 부적법한 참가신청으로 보았으나, 현행법에 의하면 모두 적법한 참가신청이 된다.

### (4) 청구병합의 요건을 갖출 것

참가신청은 본소청구에 참가인의 청구를 병합하는 것이므로 청구병합의 요건을 갖추어야 한다. 따라서 참가인의 청구가 본소청구와 동종의 소송절차에 의하여 심판될 청구이어야 하고, 참가인의 청구가 본소청구와 다른 법원의 전속관할에 속해서는 안 된다.

### (5) 소송요건을 갖출 것

참가신청은 소송제기의 실질을 갖고 있으므로 당사자능력, 중복제소금지 등 일반 소송요건을 구비해야 한다. 이미 본소 당사자를 상대로 소송을 제기하여 계속 중임에도 별개의 소송에서 그와 동일한 청구로 독립당사자참가를 한 경우는 중복제소에 해당하여 부적법하다.[3]

## 3. 참가절차

참가신청은 참가의 취지와 이유를 밝혀 참가하고자 하는 소송이 계속된 법원에 제기해야 한다(제79조 제2항 및 제72조 제1항). 참가신청은 소송제기의 실질을 갖고

---

1) 대법원 1992. 8. 18. 선고 92다18399,18405(당사자참가),18412(병합) 판결.
2) 대법원 1994. 11. 25. 선고 94다12517,12524 판결; 1991. 5. 28. 선고 91다6832,6849(참가) 판결.
3) 김홍엽, 997면; 이시윤, 813면.

있으므로 소액사건의 경우를 제외하고는 반드시 서면에 의해야 하고, 소장에 준하는 인지를 붙여야 한다(민사소송 등 인지법 제6조 제1항). 참가신청에 대하여 본소의 당사자는 이의신청권이 없다. 이의신청권을 인정하는 법적 근거가 없을 뿐만 아니라[1] 소송제기의 실질을 갖는 참가신청에 대하여 종전 당사자의 이의신청권을 인정하는 것도 적당하지 않기 때문이다.[2]

참가신청은 참가인으로서 할 수 있는 소송행위와 동시에 할 수 있다(제79조 제2항 및 제72조 제2항). 그리하여 당사자가 상소하지 않을 때에는 참가인이 상소 제기와 동시에 참가신청을 할 수 있다.[3] 참가신청은 소송제기의 실질을 갖고 있으므로 시효중단 및 기간준수의 효력이 있다. 참가에 의하여 종전 당사자는 참가인에 대한 관계에서 피고의 지위에 서게 되므로 종전 당사자는 참가인을 상대로 반소를 제기할 수 있다.[4] 판례는 독립당사자참가신청을 하면서 예비적으로 보조참가를 신청하는 것은 독립당사자참가와 보조참가의 제도 취지에 비추어 허용될 수 없다고 한다.[5]

중첩적 참가가 허용되는지 논란이 있다. 하나의 권리관계를 둘러싼 여러 사람의 분쟁을 통일적으로 해결하고자 하는 독립당사자참가의 취지에 비추어 제1참가인은 물론 제2참가인까지 끌어들여 하나의 소송에서 4자 사이의 분쟁을 일거에 모순 없이 해결하려는 4면 소송을 막을 이유가 없다고 하여 긍정하는 견해가 있다.[6] 그러나 판례는 권리참가가 복수인 경우 권리참가자 상호 간에는 아무런 소송관계도 성립하지 않으므로 참가인 상호 간의 청구는 부적법한 것으로 각하되어야 한다고 하여 부정하고 있다.[7]

---

1) 독립당사자참가신청에 대해서는 보조참가신청의 방식에 관한 규정을 준용하고 있지만(제79조 제2항 및 제72조), 당사자의 이의신청에 관한 규정(제73조)은 준용하고 있지 않다.
2) 한충수, 730면.
3) 대법원 1978. 11. 28. 선고 77다1515 판결.
4) 대법원 1969. 5. 13. 선고 68다656,657,658 판결.
5) 대법원 1994. 12. 27. 선고 92다22473,22480 판결.
6) 이시윤, 814면.
7) 대법원 1963. 10. 22. 선고 62다29 판결; 1958. 11. 20. 선고 4290민상308 판결.

## 4. 참가소송의 심판

### (1) 참가요건 및 소송요건의 조사

참가신청이 있으면 참가요건을 직권으로 조사해야 하고, 참가요건의 흠결이 있으면 부적법 각하해야 한다. 또 참가인의 청구가 소송요건을 갖추었는지도 직권조사하여 흠결이 있으면 부적법 각하해야 한다. 참가요건의 흠결이 있더라도 소송요건을 갖추고 있는 경우에는 참가신청을 본소에 병합시켜 통상의 공동소송으로 심리해야 한다는 견해[1]가 있으나, 판례는 독립당사자참가의 요건을 갖추지 못한 경우 통상의 공동소송 또는 보조참가로의 전환을 허용하고 있지 않다.[2]

### (2) 본안심판

#### 1) 합일확정의 필요

독립당사자참가소송은 본소 당사자와 참가인 사이의 분쟁을 모순 없이 한꺼번에 해결하고자 하는 소송이다. 따라서 본소 당사자와 참가인 사이의 합일확정이 요구된다. 이를 위하여 민사소송법은 필수적 공동소송의 심판에 관한 제67조를 준용하여 소송자료의 통일과 소송진행의 통일을 도모하고 있다(제79조 제2항). 독립당사자참가소송은 그 참가가 강제되는 것은 아니며 일단 참가를 한 이상 합일확정이 요구되는 것이므로 필수적 공동소송 가운데 유사필수적 공동소송의 법리가 준용된다.

그러나 필수적 공동소송과 독립당사자참가소송에서 합일확정의 의미는 차이가 있다. 필수적 공동소송에서는 공동소송인 상호 간에 협력 내지 연합하는 관계에 있고, 여기서 합일확정이 요구되는 이유는 공동소송인 사이에 재판결과가 동일하게 나와야 하기 때문이지만, 독립당사자참가소송의 경우 본소 당사자와 참가인은 상호 대립 내지 견제하는 관계에 있으며, 여기서 합일확정이 요구되는 이유는 본소 당사자와 참가인 사이의 모순 없는 재판, 즉 재판의 통일 때문이다. 따라서 독립당사자참가소송에서 합일확정의 의미는 예비적·선택적 공동소송의 경우와 유

---

1) 강현중, 605면.

2) 대법원 1993. 3. 12. 선고 92다48789,48796 판결; 1976. 12. 28. 선고 76다797 판결.

사하다고 할 수 있다. 그러나 예비적·선택적 공동소송에서와는 달리 청구의 포기·인낙, 화해 등 소송종료행위를 각자 할 수는 없으며, 본소 당사자와 참가인이 함께해야 효력이 발생한다. 다만, 유사필수적 공동소송에서와 마찬가지로 원고는 본소를 단독으로 취하할 수 있고, 참가인도 참가신청을 단독으로 취하할 수 있다.

### 2) 소송자료의 통일

독립당사자참가소송에서 원고, 피고, 참가인은 상호 대립 내지 견제하는 관계에 있으므로 세 당사자 모두에게 이익이 되는 행위라는 것은 생각하기 어렵다. 따라서 독립당사자참가소송에서 소송자료의 통일이란 불리한 소송행위는 원고, 피고, 참가인 3인이 함께 해야 효력이 발생하고, 그중 일부만이 한 불리한 소송행위는 효력이 발생하지 않는다는 의미를 갖는데 그친다.[1] 그리하여 어느 한 당사자가 한 자백[2]이나 청구의 포기·인낙 또는 상소취하는 효력이 없으며, 어느 한 당사자를 배제하고 두 당사자 사이에서만 이루어진 화해[3]도 효력이 발생하지 않는다. 다만, 원고는 본소를 단독으로 취하할 수 있고 참가인은 참가신청을 단독으로 취하할 수 있다.[4] 판례는 참가인이 화해권고결정에 대하여 이의신청을 한 경우에는 화해권고결정은 참가인뿐만 아니라 원고와 피고 사이에서도 효력이 발생하지 않으며, 화해권고결정에 대하여 원고와 피고, 참가인 모두가 이의신청을 하지 않는 경우에만 재판상 화해로서 효력이 발생한다고 한다.[5]

### 3) 소송진행의 통일

변론·증거조사·판결은 같은 기일에 함께해야 하며, 변론의 분리나 일부판결을 할 수 없다. 원고, 피고, 참가인 3인 가운데 1인에게 소송절차의 중단 또는 중지의 원인이 발생하면 전원에 대하여 중단·중지의 효과가 생겨 전체 소송절차의 진행이 정지된다. 또한 원고와 피고, 참가인에 대하여 하나의 전부판결로서 동시에 재판해야 한다. 당사자의 일부에 대해서만 판결을 하는 것은 허용되지 않는다. 잘못하여 일

---

1) 한충수, 768면.
2) 대법원 2009. 1. 30. 선고 2007다9030 판결.
3) 대법원 2005. 5. 26. 선고 2004다25901 판결.
4) 대법원 1981. 12. 8. 선고 80다577 판결.
5) 대법원 2005. 5. 26. 선고 2004다25901 판결.

부판결을 한 경우에는 남겨진 당사자를 위한 추가판결을 할 수는 없으며, 이는 흠결이 있는 전부판결이 되어 판결 전체가 위법하게 되고 상소심의 심판대상이 된다.[1)]

### 4) 판결에 대한 상소

독립당사자참가가 적법하다고 인정되어 원고와 피고, 참가인 사이의 소송에 대하여 본안판결을 한 경우에는 세 당사자 중 어느 일방이 상소를 하면 전원에 대하여 판결의 확정이 차단되고 소송 전부가 상소심으로 이심된다(이심설).[2)] 그러나 참가신청이 부적법 각하된 경우에는 원고 또는 피고가 상소하더라도 참가신청에 대한 부적법 각하 부분은 본소청구 부분과 분리하여 확정된다. 예를 들어, 독립당사자참가신청을 부적법 각하하고 원고의 청구를 기각한 판결에 대하여 원고만이 항소한 경우에 피고에 대한 본소청구 부분만 상소심으로 이심되고 참가신청에 대한 각하 부분은 분리되어 확정된다.[3)] 다만, 참가신청을 부적법 각하한 부분에 대하여 참가인이 상소한 경우에는 참가신청 부분은 물론이고 본소청구 부분까지 판결의 확정이 차단되고 상소심으로 이심된다.

상소심의 심판대상은 실제 상소를 제기한 사람의 불복범위에 한정하되, 원고와 피고, 참가인 사이의 합일확정의 필요성을 고려하여 그 심판범위를 판단해야 한다.[4)] 원고와 피고, 참가인 중 어느 일방이 상소한 경우 상소심에서 심리·판단하여 결론을 내림에 있어서 세 당사자 사이에 결론의 합일확정을 위하여 필요한 한도 내에서 다른 당사자의 청구도 상소심의 심판대상이 되고 불이익변경금지의 원칙이 적용되지 않는다. 따라서 이러한 경우에는 패소하고도 상소 또는 부대상소를 제기하지 않은 당사자의 판결 부분이 상소심에서 불리하게 변경될 수 있다.[5)] 다만, 참가인만이 상소한 경우에는 참가신청이 적법한 때에 한하여 불이익변경금지의 원칙이 적용되지 않는다. 예를 들어, 원고의 피고에 대한 청구를 인용하고 참가신청을 

---

1) 대법원 1991. 3. 22. 선고 90다19329,19336 판결.
2) 대법원 2014. 11. 13. 선고 2009다71312,71329,71336,71343 판결; 2007. 10. 26. 선고 2006다86573,86580 판결.
3) 대법원 1992. 5. 26. 선고 91다4669,4676 판결.
4) 대법원 2014. 11. 13. 선고 2009다71312,71329,71336,71343 판결; 2007. 10. 26. 선고 2006다86573,86580 판결.
5) 대법원 2007. 10. 26. 선고 2006다86573,86580 판결.

부적법하다고 각하한 판결에 대하여 참가인만이 항소를 한 경우에 항소심에서 원고의 피고에 대한 청구인용 부분을 원고에게 불리하게 변경할 수 있는 것은 참가인의 참가신청이 적법하고 나아가 합일확정의 요구에 따라 필요한 경우에 한하고, 참가신청이 부적법하다는 이유로 참가인의 항소를 기각하면서 피고가 항소하지도 않은 본소청구 부분을 취소하고 원고의 피고에 대한 청구를 기각하는 것은 부적법하다.[1)]

독립당사자참가소송에서 상소를 하지 않거나 당하지 않은 당사자는 상소인이나 피상소인이 아니며, 합일확정의 요구 때문에 소송관계가 상소심으로 이심되는 단순한 상소심당사자로서의 지위를 갖는데 그친다. 그리하여 상소를 하지 않거나 당하지 않은 당사자는 '상소인(항소인 또는 상고인)' 또는 '피상소인(피항소인 또는 피상고인)'으로 표시하지 않고 단순히 '원고', '피고' 또는 '독립당사자참가인'이라고만 표시하며, 상소인지와 패소한 경우의 상소비용도 실제 상소한 당사자만이 부담한다. 또한 상소를 하지 않은 당사자는 상소취하를 할 수 없으며, 피상소인이 아니므로 부대상소를 할 수도 없다.[2)]

## 5. 독립당사자참가소송의 소멸

### (1) 본소의 취하 또는 각하

원고는 단독으로 본소를 취하할 수 있고, 법원은 본소가 부적법하면 각하할 수 있다. 원고가 피고와 참가인이 본안에 관하여 준비서면을 제출하거나 변론준비기일에서 진술하거나 변론을 한 이후에 본소를 취하하는 경우에는 피고와 참가인의 동의를 얻어야 한다. 본소가 취하 또는 각하된 경우에 3면 소송관계는 소멸하고, 참가인의 원·피고에 대한 소가 독립의 소로서 소송요건을 갖춘 이상 그 소송계속은 적법하며, 참가인의 원·피고 쌍방에 대한 공동소송으로 남게 된다. 이 경우 참가신청이 참가의 요건을 갖추지 못하였더라도 본소가 소멸하여 3면 소송관계가 해소된 이상 참가요건의 구비 여부를 더 이상 판단할 필요가 없다.[3)] 편면참가에서는

1) 대법원 2007. 12. 14. 선고 2007다37776,37783 판결.
2) 김홍엽, 1002면; 이시윤, 818면.

참가인과 원고 또는 참가인과 피고 사이의 단일소송으로 남게 된다.

### (2) 참가신청의 취하 또는 각하

참가인은 소의 취하에 준하여 원·피고가 참가신청의 본안에 관하여 준비서면을 제출하거나 변론한 이후에는 양쪽 모두의 동의를 얻어 참가신청을 취하할 수 있다.[1] 참가신청이 취하 또는 각하된 경우 원고와 피고 사이의 본소만이 남게 된다. 다만, 참가인이 쌍면참가를 하였다가 원고 또는 피고 중 어느 일방에 대해서만 참가신청을 취하하면 편면참가의 형태로 남게 된다. 참가신청이 취하 또는 각하되어 원고와 피고 사이의 본소로 환원된 경우 참가인이 제출한 증거방법은 본소의 당사자가 원용하지 않는 한 증거판단을 할 필요가 없다.[2] 그러나 이미 법원이 참가인이 제출한 증거방법에 대하여 증거조사를 실시하였다면 법원이 얻은 증거자료의 효력에는 아무런 영향이 없다.[3]

### (3) 소송탈퇴

#### 1) 의의

참가로 인하여 더 이상 소송을 계속할 필요가 없는 경우 원고나 피고는 상대방 당사자의 승낙을 얻어 소송에서 탈퇴할 수 있다(제80조 본문). 소송탈퇴를 하려면 상대방 당사자의 승낙을 얻어야 하지만 참가인의 승낙을 얻을 필요는 없다. 또한 소송탈퇴는 원고 또는 피고만이 할 수 있고, 참가인은 참가신청을 취하할 수 있을 뿐이다. 따라서 설령 참가인이 소송탈퇴서를 제출하였더라도 이는 참가신청을 취하한 것으로 보아야 할 것이다.[4] 소송탈퇴는 참가신청이 적법한 경우에만 허용되며, 상소심에서도 할 수 있다. 소송탈퇴는 서면에 의하는 것이 원칙이나, 변론(준비)기일에는 구술로 할 수 있다. 그러나 소의 취하에서와 같은 동의간주는 인정되

---

3) 대법원 2007. 2. 8. 선고 2006다62188(참가) 판결; 1991. 1. 25. 선고 90다4723 판결.

1) 대법원 1981. 12. 8. 선고 80다577 판결.

2) 대법원 1966. 3. 29. 선고 66다222,223 판결; 1962. 5. 24. 선고 4294민상251,252 판결.

3) 대법원 1971. 3. 31. 선고 71다309,310 판결.

4) 대법원 2010. 9. 30. 선고 2009다71121 판결.

지 않으므로 명시적인 승낙이 없으면 소송탈퇴의 효력이 발생하지 않는다.[1]

### 2) 소송탈퇴 후의 소송관계

소송탈퇴 후의 소송관계에 관하여 소송탈퇴는 종전 당사자 일방이 자기의 상대방과 참가인 사이의 소송결과에 승복할 것을 조건으로 소송에서 물러나는 것이라는 견해(조건부 청구의 포기·인낙설)와 소송탈퇴는 소송수행권만 잔존 당사자에게 맡겨 소송담당을 하도록 하는 것일 뿐이고 탈퇴자의 소송관계가 종료되는 것은 아니라는 견해(소송담당설)가 주장되고 있다. 판례는 참가승계의 경우 소송탈퇴에 의하여 피승계인에 대한 소송관계가 소멸하므로 법원은 피승계인의 청구에 관하여 심리·판단할 수 없다고 하여 조건부 청구의 포기·인낙설의 입장이다.[2]

조건부 청구의 포기·인낙설에 의하면 소송탈퇴는 탈퇴자가 잔존 당사자와 참가인 사이의 소송결과에 전면적으로 승복할 것을 조건으로 청구를 포기 또는 인낙하는 것이라고 한다. 원고 탈퇴의 경우에는 조건부 청구의 포기, 피고 탈퇴의 경우에는 조건부 청구의 인낙이 된다고 한다. 그리하여 소송탈퇴에 의하여 잔존 당사자와 참가인 사이의 소송만이 남게 되고, 본소 당사자 사이의 소송 및 탈퇴자와 참가인 사이의 소송은 종료된다고 한다. 예를 들어, 원고가 피고에 대하여 소유권에 기한 동산인도청구를 한 데 대하여 참가인이 원고에 대해서는 소유권확인을 구하고 피고에 대해서는 소유권에 기한 동산인도청구를 구하며 참가를 한 경우 피고가 누구든 승소하는 사람에게 동산을 인도하겠다는 생각으로 탈퇴를 하였다면 참가인의 원고에 대한 소유권확인청구만 남게 되고 이때 참가인이 원고에 대하여 승소하면 탈퇴한 피고에 대하여 참가인의 원고에 대한 청구를 인낙한 효력이 발생한다고 한다.

한편 소송담당설에서는 소송탈퇴는 탈퇴자가 자기의 청구 또는 자기에 대한 청구에 관하여 참가인과 잔존 당사자 사이의 소송의 판결에 맡기는 것이고, 이는 탈퇴자가 참가인과 잔존 당사자에게 소송수행권을 부여하는 일종의 임의적 소송담당에 해당한다고 한다. 생각건대, 조건부 청구의 포기·인낙설에 의하면 탈퇴자는 청구를 포기 또는 인낙함으로써 패소한 것이 되는데, 오히려 탈퇴자에게 유리하게

---

1) 실무상 판결서에 본소의 사건번호와 사건명을 함께 기재하고, 탈퇴당사자를 괄호하여 '탈퇴'라고 표시한다. 예를 들어, 원고가 탈퇴한 경우에는 '원고(탈퇴)'라고 표시한다.

2) 대법원 2014. 10. 27. 선고 2013다67105,67112 판결.

된 경우, 예를 들어 원고탈퇴에서 소송의 목적인 권리가 원고에게 귀속된다는 이유로 참가인이 패소하거나 피고탈퇴에서 원고와 참가인 모두 권리자가 아니라는 이유로 참가인의 청구가 기각된 경우 등에는 조건부 청구의 포기·인낙으로 설명하기 어렵다는 문제가 있다. 무리하게 청구의 포기·인낙으로 의제하기보다는 소송담당의 효과로서 판결의 효력이 탈퇴자에게 미친다고 이해함이 옳다고 본다.

#### 3) 탈퇴자에 대한 판결의 효력

소송탈퇴의 경우 탈퇴한 당사자에 대해서도 판결의 효력이 미친다(제80조 단서). 여기의 판결의 효력에는 기판력과 집행력이 모두 포함된다. 집행력이 탈퇴자에게 미치는 경우 판결주문에서의 탈퇴자에 대한 의무이행선언이 집행권원이 된다. 예를 들어, 원고가 피고에 대하여 소유권에 기한 건물명도청구를 한 데 대하여 참가인이 원고에 대해서는 소유권확인을 구하고 피고에 대해서는 소유권에 기한 건물명도를 구하며 참가를 한 경우 피고가 소송탈퇴를 하였다면 참가인의 원고에 대한 소유권확인청구만이 남게 되고, 원고와 참가인 사이의 판결의 효력은 피고에게 미치게 된다. 이 경우 참가인이 원고에 대하여 승소판결을 받은 경우 판결주문에는 소유권확인뿐만 아니라 피고의 건물명도의무 역시 기재되어야 하고,[1] 건물명도의무의 선고가 집행권원이 된다. 만일 이러한 선고를 빠뜨린 경우에는 판결경정(제211조 제1항)의 대상이 된다.[2]

## Ⅲ. 공동소송참가

### 1. 의의

공동소송참가란 계속 중인 소송의 일방 당사자와 합일확정의 관계에 있는 제3자가 그 당사자의 공동소송인으로 소송에 참가하는 것을 말한다(제83조 제1항). 즉,

---

1) 예를 들어, 「1. 별지목록 기재 건물이 당사자참가인의 소유임을 확인한다. 2. 피고(탈퇴)는 당사자참가인에게 제1항 기재 건물을 명도하라. 3. 소송비용은 원고의 부담으로 한다.」라고 기재한다.

2) 김홍엽, 1008면; 한충수, 739면.

공동소송참가는 계속 중인 소송의 당사자 일방과 필수적 공동소송의 관계에 있는 제3자가 그 소송에 공동소송인으로 참가하는 것이다.[1] 예를 들어, 주주가 회사를 상대로 주주총회결의취소를 구하는 소송을 제기하였는데, 그 소송계속 중에 그 판결의 효력을 받는 다른 주주가 그 소송에 참가하는 경우 등이다. 공동소송참가는 별도의 소송에 의하는 것보다 현재 계속 중인 소송에서 공동소송인이 되어 소송을 수행함으로써 소송경제를 도모하고 소송참가인을 보호하기 위한 제도이다. 공동소송참가는 법률이 인정한 추가적 공동소송의 한 형태이다.

## 2. 참가요건

### (1) 다른 사람 사이에 소송이 계속 중일 것

다른 사람 사이에 소송이 계속 중이어야 한다. 소송계속 중이라면 항소심에서도 참가할 수 있다.[2] 그러나 공동소송참가는 소송제기의 실질을 가지고 있으므로 상고심에서는 참가할 수 없다.[3]

### (2) 당사자로서 소송을 제기할 수 있을 것

공동소송참가를 하려는 제3자는 당사자로서 소송을 제기할 수 있어야 한다. 공동소송참가는 소송제기의 실질을 갖고 있기 때문이다. 따라서 제3자가 당사자적격이 없거나 제소기간을 도과한 경우에는 공동소송참가를 할 수 없고 공동소송적 보조참가를 할 수 있을 뿐이다. 예를 들어, 주주가 회사를 상대로 제기한 주주총회결의취소소송에 그 판결의 효력을 받는 다른 주주는 공동소송참가를 할 수 있으나, 제소기간이 도과한 때에는 공동소송적 보조참가를 할 수 있을 뿐이다.[4] 판례는 주

1) 대법원 1986. 7. 22. 선고 85다620 판결.
2) 대법원 2002. 3. 15. 선고 2000다9086 판결.
3) 대법원 1961. 5. 4. 선고 4292민상853 판결.
4) 주주총회결의의 취소의 소는 주주·이사 또는 감사가 결의의 날로부터 2월 내에 제기할 수 있다(상법 제376조 제1항).

주의 대표소송에서 회사가 원고 측에 공동소송참가를 할 수 있고,[1] 사실심 변론종결시까지 원고 주주들이 주주요건을 구비하지 못하여 소각하판결을 해야 할 경우에도 그 각하판결이 선고되기 이전에 회사가 공동소송참가를 하였다면 그 참가는 적법하다고 한다.[2]

### (3) 합일확정의 관계가 있을 것

참가인이 계속 중인 소송의 당사자 일방과 합일확정의 관계가 있어야 한다. 즉, 참가인과 당사자 일방이 필수적 공동소송의 관계에 있을 것이 요구된다. 판결의 효력을 받는 제3자가 유사필수적 공동소송인으로 참가하는 것이 일반적이지만, 고유필수적 공동소송인이 될 관계가 있는 경우에도 공동소송참가를 할 수 있다.

판례는 채권자대위소송이 계속되는 중에 다른 채권자가 동일한 채무자를 대위하여 채권자대위권을 행사하면서 공동소송참가신청을 하는 경우 양 청구의 소송물이 동일하다면 소송의 목적이 합일적으로 확정되어야 하는 관계가 있으므로 적법하다고 한다.[3] 그러나 이사회결의무효확인소송에서는 판결의 효력이 소송당사자에게만 미치고 대세적 효력이 없으므로 제3자는 공동소송참가를 할 수 없다고 한다.[4]

## 3. 참가절차

### (1) 참가신청

참가신청은 참가의 취지와 이유를 밝혀 참가하고자 하는 소송이 계속된 법원에 하여야 한다(제83조 제2항 및 제72조 제1항). 참가신청은 소송제기의 실질을 갖고 있으므로 시효중단 및 기간준수의 효력이 있고, 참가신청서에는 소장에 준하는 금액

---

1) 대법원 2002. 3. 15. 선고 2000다9086 판결.
2) 대법원 2002. 3. 15. 선고 2000다9086 판결.
3) 대법원 2015. 7. 23. 선고 2013다30301,30325 판결.
4) 대법원 2001. 7. 13. 선고 2001다13013 판결.

의 인지를 붙여야 한다(민사소송 등 인지법 제6조 제1항). 참가신청은 참가인으로서 할 수 있는 소송행위와 동시에 할 수 있다(제72조 제2항).

### (2) 참가신청의 재판

참가신청은 소송제기의 실질을 갖고 있으므로 종전 당사자는 이에 대한 이의신청권이 없다. 법원은 직권으로 참가요건을 조사하여 그 흠결이 있으면 판결로 각하해야 한다. 참가가 적법하면 피참가인과 참가인은 필수적 공동소송인이 된다. 따라서 필수적 공동소송의 심판에 관한 규정이 적용된다.

## Ⅳ. 공동소송적 보조참가

### 1. 의의

공동소송적 보조참가란 판결의 효력을 받는 제3자가 당사자적격이 없거나 제소기간이 도과하여 공동소송인으로 참가하지 못하고 보조참가하는 경우를 말한다(제78조). 판결의 효력이 제3자에게 미치는 경우에도 그 제3자에게 당사자적격이 없거나 제소기간이 도과한 경우에는 공동소송참가를 할 수 없으므로 보조참가만이 가능하다. 공동소송적 보조참가는 유사필수적 공동소송의 관계에 있는 제3자가 공동소송참가를 할 수 없는 경우에 이루어지고, 고유필수적 공동소송의 관계에 있는 제3자가 공동소송적 보조참가를 하는 것은 생각하기 어렵다. 고유필수적 공동소송의 관계에 있으나 누락된 제3자가 당사자로서 소송에 참가하지 못한다면 그 소송 전부가 당사자적격의 흠결로 부적법 각하되어야 하기 때문이다.

공동소송적 보조참가에서는 판결의 효력이 참가인에게 미치므로 참가인의 소송절차권을 보장하기 위해서는 통상의 보조참가에서와는 달리 필수적 공동소송에 준하는 소송수행권을 참가인에게 부여할 필요가 있다. 공동소송적 보조참가인지, 공동소송참가인지 또는 통상의 보조참가인지는 당사자의 신청에 구속됨이 없이 법원이 법령의 해석에 의하여 결정해야 한다. 판례는 장래의 구상권자에 불과하고 판결의 효력을 받지 않는 사람이 제기한 공동소송참가신청은 부적법하여 각하해야 하고, 이러한 참가는 공동소송적 보조참가가 아니라 통상의 보조참가에 해당한다고 한다.[1)]

## 2. 참가요건

공동소송적 보조참가는 판결의 효력이 당사자 이외에 참가인에게도 미치는 경우에 성립한다. 판결의 효력이 제3자에게 미치는 경우로는 제3자의 소송담당과 회사관계소송이나 가사소송 등 판결의 대세효가 인정되는 소송 등이 있다.

### (1) 제3자의 소송담당

제3자의 소송담당에서 제3자가 제기한 소송에 소송수행권이 없는 본래의 권리의무의 귀속주체가 참가하면 공동소송적 보조참가가 된다. 제3자의 소송담당에는 본래의 권리의무의 귀속주체에 갈음하여 제3자만이 소송수행권을 갖는 경우(갈음형)와 본래의 권리의무의 귀속주체와 함께 제3자가 소송수행권을 갖는 경우(병행형)가 있다. 이 중 갈음형의 경우, 예를 들어 파산관재인, 회생절차의 관리인, 추심명령을 받은 압류채권자, 유언집행자 등이 제기한 소송에 권리의무의 귀속주체인 파산채무자, 회생채무자, 추심명령의 채무자, 상속인 등은 당사자적격이 없어 공동소송참가를 할 수 없으므로 공동소송적 보조참가를 하게 된다.

한편 병행형의 경우, 예를 들어 주주대표소송의 주주, 채권질의 질권자, 채권자대위소송의 채권자, 선정당사자 등이 제기한 소송에 권리의무의 귀속주체인 회사, 채권자, 채무자, 선정자 등이 공동소송참가를 하면, 이는 중복제소에 해당하여 허용되지 않으므로 공동소송적 보조참가만이 가능하다는 견해가 있다. 그러나 판결의 효력을 받는 사람이 별도의 소송을 제기하지 않고 피참가인이 제기한 소송에 참가하는 경우에는 피참가인과 참가인은 필수적 공동소송인이 되어 합일확정이 요구되므로 심판의 중복으로 인한 소송경제에 반한다거나 판결의 모순·저촉이라는 문제가 생기지 않는다는 점에서 중복제소에 해당하지 않는다고 할 것이다. 따라서

1) 대법원 2012. 6. 28. 선고 2011다63758 판결.

병행형의 경우에는 공동소송참가가 허용되는 것으로 이해함이 타당하다. 판례도 주주의 대표소송에 회사가 참가하는 것은 중복제소가 아니며 이는 공동소송참가에 해당하고,[1] 채권자대위소송 계속 중에 다른 채권자가 동일한 채무자를 대위하여 채권자대위권을 행사하면서 공동소송참가를 할 수 있다고 한다.[2]

#### (2) 회사관계소송 등

회사관계소송, 가사소송 등 판결의 대세효가 인정되는 소송에서 당사자적격이 없는 제3자가 참가하거나 제소기간이 도과한 후에 참가하는 경우는 공동소송적 보조참가에 해당한다. 예를 들어, 주주총회결의의 취소를 구하는 소송에서 제소기간이 도과한 후에 다른 주주는 소송을 제기할 수 없으므로 공동소송적 보조참가만이 가능하다.

### 3. 참가소송의 심판

#### (1) 필수적 공동소송인에 준하는 지위

공동소송적 보조참가에서는 판결의 효력이 참가인에게 미치므로 참가인의 소송절차권을 보장하기 위하여 필수적 공동소송에 준하는 소송수행권을 참가인에게 부여할 필요가 있다. 그리하여 공동소송적 보조참가에 대해서는 필수적 공동소송인의 심판에 관한 제67조 및 제69조가 준용되고 있다(제78조). 그 결과 공동소송적 보조참가인과 피참가인은 필수적 공동소송인, 그중에서 유사필수적 공동소송인에 준하는 소송상 지위를 갖는다.

참가인과 피참가인 가운데 1인의 소송행위는 전원의 이익을 위해서만 효력을 가진다(제67조 제1항). 참가인이 한 유리한 소송행위는 피참가인의 행위에 어긋나더라도 효력이 있다. 그러나 불리한 것은 피참가인이라도 참가인의 동의를 얻지 않으면 할 수 없다. 참가인이 상소를 한 경우에 피참가인이 상소취하나 상소포기를

1) 대법원 2002. 3. 15. 선고 2000다9086 판결.
2) 대법원 2015. 7. 23. 선고 2013다30301,30325 판결.

하더라도 상소는 효력이 있다. 피참가인의 소송행위는 모두의 이익을 위해서만 효력을 발생하고 참가인에게 불이익이 되는 것은 효력이 없기 때문이다.[1] 그러나 피참가인이 소를 취하함에 참가인의 동의를 얻지 않더라도 유효하다. 유사필수적 공동소송에서 소를 취하하는데 다른 공동소송인의 동의가 필요 없고, 또한 소취하는 소송이 처음부터 제기되지 않은 것이 되는 데 그치므로 재판의 효력과는 직접적인 관련이 없는 소송행위이기 때문이다.[2] 그런데 재심의 소를 취하하는 경우에는 참가인의 동의를 얻어야 효력이 있다. 재심의 소를 취하하면 통상의 소를 취하하는 것과는 달리 확정된 종국판결에 대한 불복의 기회를 상실하게 되어 더 이상 확정판결의 효력을 배제할 수 없게 되므로 이는 재판의 효력과 직접적인 관련이 있는 소송행위로서 확정판결의 효력이 미치는 참가인에 대하여 불리한 행위이기 때문이다.[3]

참가인과 피참가인 가운데 1인에게 소송절차의 중단 또는 중지의 원인이 발생하면 모두에 대하여 중단·중지의 효과가 생겨 모든 소송절차의 진행이 정지된다(동조 제3항). 변론의 분리나 일부판결을 할 수 없다. 상소기간은 참가인과 피참가인에 대하여 개별적으로 진행되고, 참가인과 피참가인 모두에 대하여 상소기간이 만료되기까지는 판결이 확정되지 않는다. 참가인과 피참가인 중 1인이 상소하면 모두에 대하여 판결의 확정이 차단되고 전 소송이 상소심으로 이심된다.

### (2) 보조참가인의 지위

판결의 효력이 참가인에게 미친다는 점에서 참가인은 필수적 공동소송인에 준하여 취급되지만, 참가인은 본질적으로 당사자가 아니라 보조참가인의 지위를 갖는 데 그친다. 따라서 참가인은 참가 당시 소송의 진행 정도에 따라 피참가인이 할 수 없는 행위를 할 수 없으며(제76조 제1항 단서), 소의 취하나 청구의 포기·인낙, 화해 등의 처분행위를 할 수 없다. 판례는 공동소송적 보조참가인도 통상의 보조참가인과 마찬가지로 참가할 때의 소송의 진행 정도에 따라 피참가인이 할 수 없는 행위를 할 수 없으므로 피참가인이 재심기간이 도과하여 판단누락을 이유로 재

1) 대법원 2017. 10. 12. 선고 2015두36836 판결.
2) 대법원 2013. 3. 28. 선고 2011두13729 판결.
3) 대법원 2015. 10. 29. 선고 2014다13044 판결.

심의 소를 제기할 수 없는 이상 공동소송적 보조참가인도 판단누락을 재심사유로 하여 재심의 소를 제기할 수 없다고 한다.[1]

## Ⅴ. 소송고지

### 1. 의의

소송고지란 소송계속 중에 당사자가 소송에 참가할 이해관계가 있는 제3자에 대하여 일정한 방식에 좇아서 소송계속의 사실을 통지하는 것을 말한다. 고지를 하는 사람을 고지자, 고지를 받는 제3자를 피고지자라고 한다. 소송고지는 제3자에게 소송계속의 사실을 알려 소송에 참가할 기회를 주는 동시에 피고지자에게 참가적 효력 등을 미치게 하려는데 그 목적이 있다.

### 2. 소송고지의 요건

#### (1) 소송계속 중일 것

소송고지는 소송계속 중에 할 수 있다(제84조 제1항). 소송고지는 피고지자에게 소송참가의 기회를 주기 위한 것이므로 소송이 계속 중이면 상고심에서도 소송고지가 가능하다.

#### (2) 고지자

계속 중인 소송의 당사자가 소송고지를 하는 것이 일반적이지만, 보조참가인이나 이들로부터 고지를 받은 사람도 소송고지를 할 수 있다. 소송고지를 할지는 고지자의 자유이나, 예외적으로 법률의 규정에 의하여 소송고지가 의무인 경우도 있

1) 위의 판결.

다. 예를 들어, 채권자대위권행사의 통지의무(민법 제405조 제1항),[1] 재판상 대위의 고지(비송사건절차법 제49조 제1항),[2] 추심의 소에서 채무자에 대한 고지(민사집행법 제238조),[3] 주주대표소송에서 회사에 대한 고지(상법 제404조 제2항),[4] 회사관계소송에서 공고의무(상법 제187조)[5] 등이 그것이다. 판례는 추심의 소에서 채무자에 대한 소송고지는 추심의 소제기의 필요적 요건이 아니고 법원의 직권조사사항도 아니라고 한다.[6]

### (3) 피고지자

소송고지를 받을 사람은 당사자 이외에 그 소송에 참가할 이해관계가 있는 제3자이다. 보조참가, 공동소송적 보조참가, 당사자참가, 소송승계의 이익 있는 제3자가 그 대상이 된다. 그러나 소송고지는 피고지자에게 참가적 효력을 미치게 하려는데 그 목적이 있으므로 보조참가의 이익이 있는 제3자가 주된 대상이 된다.

## 3. 소송고지의 절차

### (1) 소송고지서의 제출

소송고지는 서면으로 해야 하고, 고지서는 소송이 계속되어 있는 법원에 제출

---

1) 채권자가 채권자대위권을 행사한 때에는 채무자에게 통지해야 한다(민법 제405조 제1항).

2) 법원이 재판상 대위의 신청을 허가한 경우 직권으로 채무자에게 고지해야 하고(비송사건절차법 제49조 제1항), 채무자가 그 고지를 받은 후에는 그 권리를 처분할 수 없다(동조 제2항).

3) 채권자가 추심명령에 따라 제3채무자를 상대로 소를 제기할 때에는 일반규정에 의한 관할법원에 제기하고 채무자에게 그 소를 고지해야 한다. 다만, 채무자가 외국에 있거나 있는 곳이 분명하지 않은 때에는 고지할 필요가 없다(민사집행법 제238조).

4) 주주대표소송을 제기한 주주는 소를 제기한 후 지체없이 회사에 대하여 그 소송의 고지를 해야 한다(상법 제404조 제2항).

5) 회사설립의 무효 또는 취소의 소(제187조, 제287조의6, 제328조 제2항, 제562조 제2항), 합병무효의 소(제240조, 제530조 제1항, 제530조의11 제1항, 제603조), 주주총회결의취소 및 부존재확인의 소(제380조), 주주총회부당결의의 취소 또는 변경의 소(제381조), 신주발행무효의 소(제430조) 등이 제기된 때에는 회사는 지체 없이 공고해야 한다.

6) 대법원 1976. 9. 28. 선고 76다1145,1146 판결.

해야 한다(제85조 제1항). 소송고지서에는 고지이유와 소송의 진행 정도를 적어야 한다(제85조 제1항). 고지서의 제출을 받은 법원은 고지서의 방식을 준수했는지 여부를 조사하고, 방식에 맞지 않을 때에는 보정을 시켜서 송달해야 한다. 보정에 응하지 않을 경우에는 각하할 수 있고, 이 각하결정에 대해서는 항고로서 불복할 수 있다(제439조). 그러나 고지서 방식에 흠결이 있는 경우에도 피고지자가 고지자의 소송에 참가한 후 또는 고지자와의 차후 소송에서 지체 없이 이의를 진술하지 않으면 이의권의 상실로 그 흠결이 치유된다(제151조).

#### (2) 소송고지서의 송달

법원은 고지서를 피고지자뿐만 아니라 상대방 당사자에게도 송달해야 한다(제85조 제2항). 소송고지의 효력은 소송고지서를 법원에 제출한 때가 아니라 피고지자에게 송달된 때에 발생한다.[1] 소송고지서는 상대방 당사자에게도 송달해야 하지만, 상대방에게 송달하지 않더라도 소송고지의 효력에는 영향이 없다. 고지비용은 소송비용에 산입하지 않는다.

### 4. 소송고지의 효과

#### (1) 소송법상 효과

##### 1) 피고지자의 지위

피고지자가 소송고지를 받은 경우에도 참가할 것인지 아닌지는 피고지자의 자유이다. 피고지자가 참가신청을 한 경우에 고지자는 참가에 대하여 이의를 진술할 수 없으나, 상대방은 이의를 진술할 수 있다. 그러나 피고지자가 고지를 받고도 소송에 참가하지 않으면 당사자가 아님은 물론 보조참가인도 아니기 때문에 변론기일을 통지하거나 판결문에 피고지자의 이름을 표시할 필요가 없다.

1) 대법원 1975. 4. 22. 선고 74다1519 판결.

### 2) 참가적 효력

소송고지를 받은 사람이 보조참가를 한 경우는 물론이고 참가를 하지 않더라도 참가할 수 있었을 때 참가한 것과 마찬가지로 참가적 효력을 받는다. 즉, 피고지자는 참가하지 않더라도 참가적 효력을 면할 수 없다. 그러나 그때까지 또는 그 이후에 참가적 효력의 배제사유가 발생한 경우에는 참가적 효력을 받지 않는다. 즉, 참가할 수 있었을 때 참가하였더라도 이미 피고지자가 소송행위를 할 수 없는 경우, 피고지자가 참가하였더라도 할 수 없는 행위를 고지자가 고의나 과실로 하지 않는 경우 또는 고지자가 피고지자의 참가를 방해한 경우 등에는 판결의 참가적 효력이 피고지자에게 미치지 않는다.[1] 피고지자가 양쪽 당사자로부터 이중으로 소송고지를 받은 경우에는 패소한 당사자와의 사이에 참가적 효력이 발생한다. 참가적 효력은 피고지자가 고지자와 공동이익으로 주장하거나 다툴 수 있었던 사항에 한하여 발생하고, 고지자와 피고지자 사이에 이해가 대립하는 사항에 대해서는 참가적 효력이 발생하지 않는다.[2]

### (2) 실체법상 효과

소송고지에는 시효중단의 효력이 인정되지 않는다. 다만, 법률의 규정이 있거나 민법상 최고(민법 제174조)로서 시효중단의 효력이 인정될 수 있다. 예를 들어, 어음법과 수표법에서는 소송고지에 의하여 어음 또는 수표상의 상환청구권의 소멸시효가 중단됨을 규정하고 있고(어음법 제80조, 수표법 제64조), 소송고지서에 고지자가 피고지자에 대하여 채무의 이행을 청구하는 의사가 표시되어 있으면 민법상 최고로서 시효중단의 효력이 인정된다.[3]

소송고지가 민법상 최고에 해당하는 경우 시효중단의 효력이 발생하는 시기는 소송고지서가 피고지자에게 송달된 때가 아니라 고지자가 소송고지서를 법원에 제출한 때이다. 소송고지에 의한 최고는 법원의 송달에 의하여 이루어지므로 소송고

---

1) 대법원 1991. 6. 25. 선고 88다카6358 판결.
2) 대법원 1986. 2. 25. 선고 85다카2091 판결.
3) 대법원 2009. 7. 9. 선고 2009다14340 판결.

지서의 송달이 우연한 사정으로 지체되어 소송고지서의 송달 전에 시효가 완성된다면 고지자가 예상하지 못한 불이익을 입을 수 있기 때문이다.[1] 소송고지에 의한 최고의 경우 해당 소송이 계속 중인 동안은 최고에 의하여 권리를 행사하고 있는 상태가 지속되는 것으로 보아 민법 제174조[2]에 규정된 6월의 기간은 해당 소송이 종료된 때부터 기산한다.[3] 즉, 고지자가 소송고지서를 법원에 제출한 때에 피고지자를 상대로 한 채권 등에 대한 시효중단의 효력이 발생하고, 고지자가 해당 소송이 종료된 때로부터 6개월 이내에 피고지자를 상대로 소송 등 재판상 청구를 하면 시효중단의 효력이 그대로 유지된다.

## 제 3 절 당사자의 변경

### Ⅰ. 임의적 당사자변경

#### 1. 의의

임의적 당사자변경이란 소송계속 중 당사자의 의사에 의하여 종전의 원고나 피고에 갈음하거나 추가하여 제3자를 당사자로 가입시키는 것을 말한다. 임의적 당사자변경은 당사자의 동일성을 해한다는 점에서 당사자의 동일성을 유지한 채 그 표시만을 정정하는 당사자표시정정과 구별되고, 당사자적격의 승계가 없다는 점에서 소송승계와 구별된다.

임의적 당사자변경에는 종전의 당사자에 갈음하여 제3자를 당사자로 가입시키는 교환적 당사자변경과 종전의 당사자에 제3자를 당사자로 추가하는 추가적 당

1) 대법원 2015. 5. 14. 선고 2014다16494 판결.
2) 최고는 6월 내에 재판상의 청구, 파산절차참가, 화해를 위한 소환, 임의출석, 압류 또는 가압류, 가처분을 하지 아니하면 시효중단의 효력이 없다(민법 제174조).
3) 대법원 2009. 7. 9. 선고 2009다14340 판결.

사자변경이 있다. 민사소송법에서는 교환적 당사자변경으로 피고의 경정(제260조)을, 추가적 당사자변경으로 필수적 공동소송인의 추가(제68조)를 각각 규정하고 있다.

## 2. 허용 여부

법률상 명문의 규정이 없는 경우에도 임의적 당사자변경이 허용되는지 논란이 있다. 판례는 당사자표시정정은 폭넓게 허용하면서도 당사자변경은 법률에 규정된 경우를 제외하고 원칙적으로 불허하고 있다. 그리하여 원고의 표시를 개인에서 단체로 정정[1]하거나 고유필수적 공동소송이 아닌 사건에서 소송 도중에 당사자를 추가[2]하는 것은 법이 허용하지 않는 당사자변경에 해당하여 부적법하다고 하고, 당사자의 주장과 전혀 다른 단체의 실체를 인정하여 당사자능력을 인정하는 것도 당사자를 변경하는 결과가 되어 허용될 수 없다고 한다.[3]

그러나 통설은 임의적 당사자변경을 불허하면 별도의 소를 제기해야 하는 불편이 따르고, 이를 허용함으로써 소송 진행 중에 밝혀진 상황에 맞추어 탄력적으로 대응할 필요가 있다는 이유로 임의적 당사자변경을 허용하자고 한다. 임의적 당사자변경을 허용하는 경우 그 법적 성질은 새로 가입하는 신당사자에게는 신소의 제기이고 구당사자에게는 구소의 취하라는 두 개의 소송행위가 복합되어 있는 것으로 본다(신소제기구소취하설, 복합설).[4] 생각건대, 법률에 명문의 규정이 없음에도 당사자변경을 허용하게 되면 소송절차의 혼란을 초래하고 상대방의 방어권행사에도 지장을 줄 우려가 있다. 따라서 법률에 명문의 규정을 둔 경우를 제외하고 원칙적으로 임의적 당사자변경은 허용되지 않는다고 이해함이 옳다고 본다. 이하에서 법률이 명문으로 허용하고 있는 임의적 당사자변경에 대하여 살펴보기로 한다.

---

1) 대법원 2008. 6. 12. 선고 2008다11276 판결; 2003. 3. 11. 선고 2002두8459 판결.
2) 대법원 2009. 5. 28. 선고 2007후1510 판결.
3) 대법원 1997. 12. 9. 선고 94다41249 판결.
4) 이시윤, 826면.

## 3. 피고의 경정

### (1) 의의

피고의 경정이란 원고가 피고를 잘못 지정한 것이 분명한 경우에 원고의 신청에 따라 제3자로 피고를 변경하는 것을 말한다(제260조 제1항 본문). 법률이 허용하는 당사자변경의 하나로서 교환적 당사자변경에 해당한다. 피고만을 변경하는 것이므로 피고변경 전후의 소송물은 동일해야 한다.

### (2) 경정의 요건

#### 1) 피고를 잘못 지정한 것이 분명한 경우

피고를 잘못 지정한 것이 분명한 경우라고 함은 청구취지나 청구원인의 기재 내용 자체로 보아 원고가 법률적 평가를 그르치는 등의 이유로 피고의 지정이 잘못된 것이 명백하거나 법인격의 유무에 관하여 착오를 일으킨 것이 명백한 경우 등을 말한다.[1] 판례는 피고로 되어야 할 사람이 누구인지 증거조사를 거쳐 인정할 수 있는 경우는 피고를 잘못 지정한 것이 분명한 경우에 해당하지 않는다고 한다.[2] 이에 대하여 판례와 같이 좁게 해석하면 원고는 소를 취하하고 다시 소를 제기할 수밖에 없어 시간과 비용을 낭비할 우려가 있으므로 이 경우에도 피고의 경정을 허용함이 타당하다는 견해가 있다.[3] 판례는 피고의 지정이 잘못된 경우 법원은 석명권을 행사하여 피고를 경정하도록 해야 하고, 이러한 조치를 취하지 않은 채 피고의 지정이 잘못되었다는 이유로 부적법 각하하는 것은 위법하다고 한다.[4] 물론 석명에 응할 기회를 주었음에도 피고경정을 하지 않은 경우에는 피고적격이 없음을 이유로 부적법 각하하는 것은 적법하다.[5]

---

1) 대법원 1997. 10. 17. 자 97마1632 결정.
2) 대법원 1997. 10. 17. 자 97마1632 결정.
3) 이시윤, 829면.
4) 대법원 1985. 11. 12. 선고 85누621 판결.
5) 대법원 2009. 7. 9. 선고 2007두16608 판결.

#### 2) 피고의 동의

피고가 본안에 관하여 준비서면을 제출하거나 변론준비기일에서 진술하거나 변론을 한 뒤에는 그의 동의를 받아야 한다(제260조 제1항 단서). 피고가 경정신청서를 송달받은 날부터 2주 이내에 이의를 제기하지 않으면 동의를 한 것으로 본다(동조 제4항).

#### 3) 제1심 변론종결 전일 것

피고의 경정은 제1심 변론종결시까지 가능하다(제260조 제1항 본문). 항소심에서는 피고의 경정을 할 수 없다. 이는 새로 가입되는 피고의 심급의 이익을 보호하기 위한 것이다. 다만, 가사소송에서는 사실심의 변론종결시까지 피고의 경정이 가능하다(가사소송법 제15조 제1항).

### (3) 경정절차

#### 1) 경정신청

피고의 경정은 원고가 서면으로 법원에 신청해야 한다(제260조 제1항 본문 및 제2항). 피고나 제3자의 신청권은 인정되지 않는다. 경정신청은 제1심 변론종결시까지 해야 한다. 종전 피고에게 소장부본이 송달되기 전이라면 경정신청서를 송달할 필요가 없으나, 소장부본이 송달되고 난 이후에는 신청서를 그 피고에게 송달해야 한다(동조 제3항).

#### 2) 경정허부의 결정

원고의 경정신청에 대하여 법원은 결정으로 그 허가 여부를 재판한다(제260조 제1항 본문). 경정허부결정은 피고에게 송달해야 하나, 소장부본이 송달되지 않은 경우에는 송달할 필요가 없다(제261조 제1항). 경정허가결정을 한 때에는 그 결정정본과 소장부본을 새로운 피고에게 송달해야 한다(동조 제2항). 경정허가결정에 대해서는 원칙적으로 불복이 허용되지 않으며, 종전 피고가 자신이 경정에 동의하지 않았다는 사유로만 즉시항고를 할 수 있다(제261조 제3항). 경정기각결정에 대해서는 신청인인 원고가 통상항고를 제기할 수 있다.[1)]

### (4) 경정의 효과

신청을 허가하는 결정이 있으면 종전의 피고에 대한 소는 취하된 것으로 본다(제261조 제4항). 피고의 경정도 새로운 피고에게는 소의 제기이므로 이에 의한 시효중단이나 기간준수의 효과는 경정신청서를 법원에 제출한 때에 발생한다. 다만, 소송승계와 가사소송에서 피고를 경정한 경우에는 당초 소송 제기시에 소급하여 그 효력이 발생한다(제81조, 제82조 제3항, 가사소송법 제15조 제2항).

종전 피고가 한 소송수행의 결과는 새로운 당사자에게는 효력이 없다. 그러나 새로운 피고가 종전 피고의 소송수행의 결과를 원용한 때에는 새로운 당사자의 재판자료로 할 수 있다. 다만, 새로운 피고가 경정에 동의한 경우 또는 새로운 피고가 종전부터 사실상 소송수행에 관여해 왔고 종전 피고에 의한 소송수행이 새로운 피고에 의한 소송수행과 동일시 할 수 있는 경우에는 원용이 없어도 그 소송수행의 결과가 그대로 새로운 당사자에게 미친다고 할 것이다.[1]

## 4. 필수적 공동소송인의 추가

### (1) 의의

필수적 공동소송인의 추가란 필수적 공동소송인 중 일부가 누락된 경우에 원고의 신청에 따라 원고 또는 피고를 추가하는 것을 말한다(제68조 제1항). 예비적·선택적 공동소송인 중 일부가 누락된 경우에도 필수적 공동소송인의 추가에 관한 제68조가 준용된다(제70조). 필수적 공동소송인의 추가는 법률이 허용하는 당사자변경의 하나로서 추가적 당사자변경에 해당한다.

---

1) 대법원 1997. 3. 3. 자 97으1 결정.

1) 김홍엽, 1023면; 이시윤, 830면.

### (2) 추가의 요건

#### 1) 필수적 공동소송인 중 일부가 누락되었을 것

필수적 공동소송인 중 일부가 누락된 경우이어야 한다(제68조 제1항). 판례는 고유필수적 공동소송에서만 당사자의 추가가 허용되고, 유사필수적 공동소송에서는 당사자의 추가가 허용되지 않는다고 한다.[1] 그러나 민사소송법에서 고유필수적 공동소송에 한정하여 규정하고 있지 않으며, 유사필수적 공동소송에서도 당사자의 추가를 인정할 실익이 있다는 점에서 고유필수적 공동소송뿐만 아니라 유사필수적 공동소송에서도 당사자의 추가를 인정함이 타당하다. 예비적·선택적 공동소송에 대하여도 필수적 공동소송인의 추가를 규정한 제68조가 준용되고 있으므로 예비적·선택적 공동소송에서도 당사자의 추가가 허용된다(제70조).

#### 2) 원고의 동의

원고이든 피고이든 추가가 허용되지만, 원고를 추가하는 경우에는 추가될 사람의 동의를 얻어야 한다(제68조 제1항 단서). 이는 추가되는 새로운 원고의 절차보장을 위한 것이다.

#### 3) 제1심 변론종결 전일 것

필수적 공동소송인의 추가는 제1심 변론종결시까지 할 수 있다(제68조 제1항 본문). 항소심에서는 추가를 할 수 없다. 이는 새로 가입되는 당사자의 심급의 이익을 보호하기 위한 것이다.

#### 4) 공동소송의 요건을 갖출 것

추가된 새로운 당사자는 종전의 당사자와 공동소송인이 되므로 공동소송의 요건을 갖추어야 한다.

---

1) 대법원 2009. 5. 28. 선고 2007후1510 판결.

### (3) 추가절차

#### 1) 추가신청

공동소송인의 추가는 원고가 서면으로 법원에 신청해야 한다(제68조 제1항 본문). 피고 또는 제3자의 신청권은 인정되지 않는다. 공동소송인의 추가는 소송제기의 실질이 있으므로 추가신청은 서면으로 해야 한다(민사소송규칙 제14조). 추가신청은 제1심 변론종결시까지 해야 한다(제68조 제1항 본문). 가사소송에서는 사실심 변론종결시까지 할 수 있다(가사소송법 제15조 제1항).

#### 2) 추가 허부의 결정

원고의 추가신청에 대하여 법원은 결정으로 그 허가 여부를 재판한다(제68조 제1항 본문). 허가결정을 한 때에는 허가결정의 정본을 당사자 모두에게 송달해야 하고, 추가될 당사자에게는 소장부본도 송달해야 한다(동조 제2항). 허가결정에 대해서는 불복할 수 없다. 다만, 추가될 원고의 동의가 없었다는 것을 사유로 하는 경우에 한하여 즉시항고를 할 수 있을 뿐이다(동조 제4항). 그러나 기각하는 결정에 대해서는 이러한 제한 없이 즉시항고를 할 수 있다(동조 제6항).

### (4) 추가의 효과

공동소송인이 추가된 경우에는 처음 소가 제기된 때에 추가된 당사자와의 사이에 소가 제기된 것으로 본다(제68조 제3항). 따라서 시효중단이나 기간준수의 효과는 처음 제소시에 소급한다. 필수적 공동소송인을 추가하는 것이므로 종전 공동소송인의 소송수행의 결과는 유리한 소송행위인 범위 내에서 새로운 당사자에게도 효력이 미친다.

## Ⅱ. 소송승계

### 1. 의의

소송승계란 소송계속 중에 소송의 목적인 권리의무의 변동으로 제3자가 종전 당사자의 지위를 승계하는 것을 말한다. 당사자적격이 승계된다는 점에서 당사자 적격의 혼동·누락의 경우에 허용되는 임의적 당사자변경과 구별된다. 변론종결후의 승계인이 기판력을 인수한다면, 변론종결전의 승계인은 소송을 인수하는 것이라고 할 수 있다는 점에서 소송승계는 생성 중인 기판력의 확장이라고 할 수 있다.

소송승계가 있는 경우 새로운 당사자는 종전 당사자의 소송상 지위를 이익·불이익을 불문하고 그대로 승계한다. 그리하여 종전의 변론이나 증거조사, 종전 소제기에 의한 시효중단·기간준수의 효과가 새로운 당사자에게 미치고, 자백에 반하는 주장이나 실기한 공격방어방법의 제출 등 종전 당사자가 할 수 없는 행위는 새로운 당사자도 할 수 없다. 다만, 소송비용은 소송물의 양도에 의한 특정승계에서는 특별한 사정이 없는 한 승계되지 않는다.

소송승계에는 당사자의 사망 등 실체법상 포괄승계원인이 발생한 경우 법률상 당연히 당사자적격이 승계되는 당연승계(포괄승계)와 소송물의 양도 등 특정승계원인이 발생한 경우 승계인 또는 당사자의 신청에 의하여 당사자적격이 승계되는 소송물의 양도에 의한 승계(특정승계)가 있다. 후자는 다시 참가승계와 인수승계로 나누어진다.

### 2. 당연승계

#### (1) 승계원인

당사자의 사망 등 실체법상 포괄승계원인이 발생한 때에 당연승계가 이루어진다. 소송능력의 상실이나 법정대리권의 소멸은 소송절차의 중단사유는 되지만(제

235조), 당사자적격이 승계되는 것은 아니므로 당연승계의 원인이 되지는 않는다. 당연승계의 원인은 다음과 같다.

#### 1) 당사자의 사망

당사자가 사망한 때에 소송절차가 중단되고, 상속인, 상속재산관리인,[1] 포괄적 수증자[2] 등이 소송절차를 승계한다(제233조 제1항). 그러나 상속을 포기한 경우(동조 제2항), 소송목적인 권리의무가 일신전속적인 경우에는 소송이 종료된다. 상속인이 여럿 있는 경우 반드시 공동상속인 전원이 공동으로 수계해야 하는 것은 아니며, 수계하지 않은 상속인에 대한 소송은 중단된 상태 그대로 피상속인이 사망한 당시의 심급법원에 계속되어 있다고 할 것이다.[3]

#### 2) 법인의 합병으로 인한 소멸

당사자인 법인이 합병에 의하여 소멸한 때에 소송절차는 중단되고, 합병에 의하여 설립된 법인 또는 합병한 뒤의 존속법인이 소송절차를 승계한다(제234조).

#### 3) 신탁재산에 관한 소송의 당사자인 수탁자의 임무종료

신탁으로 말미암은 수탁자의 위탁임무가 끝난 때에 소송절차는 중단되고, 새로운 수탁자가 소송절차를 승계한다(제236조).

#### 4) 소송담당자의 자격상실 및 선정당사자 전원의 자격상실

일정한 자격에 의하여 자기 이름으로 타인을 위하여 소송당사자가 된 사람이 그 자격을 잃거나 사망한 때에는 소송절차가 중단되고, 같은 자격을 가진 사람이 소송절차를 승계한다(제237조 제1항). 선정당사자 전원이 자격을 상실하거나 사망한 때에도 소송절차는 중단되며, 선정자 전원 또는 새로운 선정당사자가 소송절차를 승계한다(동조 제2항).

---

1) 대법원 2002. 10. 25. 선고 2000다21802 판결.
2) 대법원 2010. 12. 23. 선고 2007다22859 판결.
3) 대법원 1993. 2. 12. 선고 92다29801 판결.

#### 5) 파산재단에 관한 소송 중의 파산선고 및 파산절차의 해지

당사자가 파산선고를 받은 때에 파산재단에 관한 소송절차는 중단되고, 파산관재인이 소송절차를 승계한다(제239조, 채무자 회생 및 파산에 관한 법률 제347조 제1항). 이후에 파산절차가 해지되면 소송절차는 중단되고, 파산자가 소송절차를 승계한다(제240조).

#### 6) 회생절차개시결정 및 회생절차의 종료

회생절차개시결정이 있는 때에도 채무자의 재산에 관한 소송절차는 중단되고, 이 중 회생채권 또는 회생담보권과 관계없는 것은 회생절차관리인이 승계한다(채무자 회생 및 파산에 관한 법률 제59조 제1항 및 제2항). 이후에 회생절차가 종료하면 소송절차는 중단되고, 채무자가 소송절차를 승계한다(동조 제4항).

### (2) 소송상 취급

당연승계의 원인이 발생하면 소송절차가 중단되고, 승계인이 수계절차를 밟아 소송절차를 속행한다. 수계신청은 승계인 자신이나 상대방이 한다(제241조). 소송절차의 수계신청은 법원이 직권으로 조사하여 이유가 없다고 인정한 때에는 결정으로 기각해야 하고(제243조 제1항), 이유 있으면 명시적인 결정 없이 승계인의 소송 관여를 허용할 것이다.

소송수계신청이 이유 있다고 하여 소송절차를 진행하였으나 그 후에 신청인적격이 없음이 판명된 경우에는 당사자적격이 흠결된 부적법한 소이므로 판결로 각하해야 한다는 견해가 있다(소각하설). 그러나 신청인적격이 없는 사람을 소송절차에서 배척하면 충분하므로 번잡하게 판결에 의할 것은 아니며 수계허가결정을 하였다면 수계허가결정을 취소하고 수계신청을 기각하면 된다고 할 것이다(신청기각설).[1] 그런데 나아가 종국판결까지 선고되었고 상소심에서 그 부적법함이 밝혀진 경우에는 정당한 승계인에 대한 소송은 원심법원에 중단된 채 남아 있으므로 상소법원은 원심판결을 파기 또는 취소하고 (수계허가결정을 한 경우에는 수계

---

1) 대법원 1981. 3. 10. 선고 80다1895 판결.

허가결정을 취소하고) 수계신청을 기각한 다음에 소송이 중단된 원심법원으로 사건을 환송해야 한다.[1]

당연승계가 있어도 종전 당사자에게 소송대리인이 있는 경우에는 소송절차는 중단되지 않는다(제238조). 다만, 파산선고 또는 파산절차 해지의 경우에는 파산자와 파산관재인 사이의 이해대립이 심하기 때문에 소송대리인이 있더라도 소송절차가 중단된다(제238조). 소송대리인이 있어 소송절차가 중단되지 않는 경우 소송대리인의 소송대리권은 소멸하지 않으며 수계절차를 밟지 않아도 법률상 당연히 새로운 당사자의 소송대리인이 된다.[2] 이 경우에도 승계인이 소송절차를 수계할 수 있음은 물론이다.[3] 소송대리인은 법률상 당연히 새로운 당사자의 소송대리인이 되므로 종전 당사자의 이름으로 판결을 한 경우에도 그 판결의 효력은 새로운 당사자에게 미친다.[4] 설령 새로운 당사자를 잘못 표시하였더라도 그 표시가 망인의 상속인, 상속승계인, 소송수계인 등 망인의 상속인임을 나타내는 문구로 되어 있으면 잘못 표시된 당사자가 아니라 정당한 상속인에게 판결의 효력이 미친다.[5] 판결 전에 승계인과 승계사실이 판명된 경우에는 따로 수계절차를 밟을 필요 없이 판결문에 승계인을 당사자로 표시해야 한다.[6]

## 3. 소송물의 양도에 의한 승계

### (1) 의의

#### 1) 소송물의 양도

소송물의 양도란 소송계속 중에 소송의 목적인 권리의무에 관한 당사자적격이 특정적으로 제3자에게 이전되는 것을 말한다. 양도에는 매매·증여 등의 임의처분

1) 대법원 2002. 10. 25. 선고 2000다21802 판결.
2) 대법원 2011. 4. 28. 선고 2010다103048 판결.
3) 대법원 1972. 10. 31. 선고 72다1271,1272 판결.
4) 대법원 2011. 4. 28. 선고 2010다103048 판결.
5) 대법원 1992. 11. 5. 자 91마342 결정.
6) 대법원 1970. 9. 17. 선고 70다1415 판결.

은 물론이고 금융위원회의 계약이전의 결정(금융산업의 구조개선에 관한 법률 제14조 제2항) 등 행정처분, 경매에 의한 취득(민사집행법 제135조, 제268조)이나 전부명령(민사집행법 제229조 제3항) 또는 변제자의 법정대위(민법 제481조) 등에 의한 법률상 이전을 포함하고, 소송물인 권리의무의 전부를 양도받은 경우는 물론 일부를 양도받은 경우를 포함한다. 또한 소송물인 권리의무 자체가 양도된 경우뿐만 아니라 소송물인 권리의무의 목적인 물건, 즉 계쟁물이 양도된 경우를 포함한다.[1]

소송물의 양도는 특정승계원인에 의하여 종전 당사자는 당사자적격을 잃고 새로운 당사자가 당사자적격을 취득하는 당사자적격의 이전이므로 소송물의 양도에 의한 소송송계인은 이른바 변론종결전의 승계인으로서 변론종결후의 승계인에 준하여 취급된다. 따라서 변론종결후의 승계인에서와 마찬가지로 물권적 청구권에 기한 소송계속 중에 계쟁물을 취득한 사람은 여기의 승계인에 포함되지만, 채권적 청구권에 기한 소송계속 중에 계쟁물을 취득한 사람은 여기의 승계인에 포함되지 않는다.[2]

소송물의 특정승계로 인하여 당사자적격이 이전되는 교환적 승계 이외에 당사자적격이 추가되는 추가적 승계도 인정할 수 있는지 논란이 있다. 예를 들어, 건물철거소송 중에 피고가 그 건물을 제3자에게 임차한 경우, 채무의 이행을 구하는 소송계속 중에 중첩적 채무인수가 있는 경우 등이다. 이 경우에는 당사자의 추가와 함께 청구취지 및 청구원인을 새로 추가하는 청구변경이 뒤따르게 된다. 관련 분쟁의 1회적 해결을 위하여 추가적 승계도 허용하자는 견해가 있다.[3] 그러나 추가적 승계를 허용하는 것은 소송의 목적인 권리의무를 승계한 경우에 한하여 소송승계를 허용하고 있는 민사소송법의 명문의 규정에 반하고 소송승계의 범위가 지나치게 확대되어 심리의 번잡을 초래할 우려가 있다는 점에서 부정함이 옳다고 본다.[4] 판례도 소송승계는 제3자가 소송계속 중 소송의 목적인 권리의무를 승계한

---

1) 소송의 목적물인 권리관계의 승계라 함은 소송물인 권리관계의 양도뿐만 아니라 당사자적격 이전의 원인이 되는 실체법상의 권리이전을 널리 포함하는 것이므로 신주발행무효의 소 계속 중 그 원고적격의 근거가 되는 주식이 양도된 경우에 그 양수인은 제소기간 등의 요건이 충족된다면 새로운 주주의 지위에서 신소를 제기할 수 있을 뿐만 아니라 양도인이 이미 제기한 기존의 위 소송을 적법하게 승계할 수도 있다(대법원 2003. 2. 26. 선고 2000다42786 판결).

2) 대법원 1983. 3. 22. 자 80마283 결정.

3) 강현중, 623면; 이시윤, 839면.

경우에만 허용되고 소송의 목적인 권리의무와 별개의 권리의무의 이행을 구하기 위한 경우에는 허용될 수 없다고 하여 교환적 승계만을 인정하고 추가적 승계는 인정하고 있지 않다.[1]

#### 2) 입법례

소송계속 중 소송물이 양도된 경우의 입법례로는 당사자항정주의와 소송승계주의가 있다. 당사자항정주의는 소송물의 양도가 있더라도 당사자를 바꾸지 않은 채 종전 당사자가 그대로 승계인을 위하여 소송수행권을 가지며 그 판결의 효력을 승계인에게 미치게 하는 입장이고, 소송승계주의는 소송의 목적인 실체법상 권리의무의 변동을 소송에 반영시켜 승계인을 새로운 당사자로 하여 종전 당사자의 소송상 지위를 승계시키는 입장이다.

우리나라는 소송승계주의를 취하고 있다(제81조, 제82조). 소송승계주의에 의하는 경우에는 당사자적격의 변동이 있음에도 상대방이 이를 알지 못하여 소송승계절차를 밟지 못해서 힘들게 얻은 판결이 무용지물이 될 위험성이 있다. 이를 방지하기 위해서는 미리 가처분이나 가압류를 해 둠으로써 피고적격을 고정시켜 둘 필요가 있다. 또한 민사소송법은 당사자가 변론종결시까지 승계사실을 진술하지 않으면 변론종결후의 승계인으로 추정(제218조 제2항)함으로써 승계사실을 상대방에게 알리도록 강제하고 있다.

### (2) 참가승계

#### 1) 의의

참가승계란 소송계속 중에 소송의 목적인 권리의무의 전부나 일부를 승계한 사람이 스스로 소송에 참가하여 새로운 당사자가 되고 소송을 승계하는 것을 말한다(제81조). 주로 권리승계인이 그 대상이 되지만, 의무승계인도 참가승계를 할 수 있다. 승계인은 독립당사자참가의 규정에 따라 새로운 당사자로서 소송에 참가하게 된다(제81조). 따라서 독립당사자참가에서와 같이 쌍면 또는 편면참가의 방식을 취

---

4) 김홍엽, 1033면.

1) 대법원 1971. 7. 6. 자 71다726 결정; 1983. 3. 22. 자 80마283 결정.

할 수 있지만, 피승계인과 다툼이 없는 경우가 일반적이므로 대부분 편면참가의 방식에 의하게 된다.[1]

### 2) 참가신청

소송의 목적인 권리의무를 승계한 사람이 소송참가를 신청해야 한다. 권리승계인의 참가신청은 소의 제기에 해당한다. 참가신청에 대하여 피신청인이 신청인의 승계주장사실을 다투는 경우에는 참가신청서에 소장에 준하는 인지를 붙여야 한다(민사소송 등 인지법 제6조 제2항).

승계인에 해당하는지는 본소청구와 참가인의 신청이유에 의하여 판단한다. 참가요건은 소송요건에 해당하므로 참가요건에 흠결이 있는 경우에는 판결로 각하해야 한다.[2] 예를 들어, 소송의 목적인 권리의무가 소송 제기 전에 이전된 경우에는 소송계속 중에 이전된 것이 아니어서 신청 자체로 부적법하므로 각하해야 한다.[3] 참가신청을 각하하는 판결은 본소에 대한 판결과 함께해야 하는 것은 아니며 본소와 분리하여 할 수도 있다.[4]

참가승계신청은 소송 제기의 성질을 가지므로 상고심에서는 허용되지 않는다.[5] 참가요건에 흠결이 없는 경우 본안에 대하여 심리·판단을 한다. 승계인의 청구 또는 승계인에 대한 청구의 당부에 대한 심리결과 승계사실이 인정되지 않으면 승계인의 청구 또는 승계인에 대한 청구를 기각하는 판결을 한다.

참가승계에서 그 참가방식은 독립당사자참가와 같지만(제81조), 종전 당사자와 승계인 사이에 이해가 대립되는 관계가 아니므로 소송의 구조는 독립당사자참가와 근본적인 차이가 있다. 그리하여 참가인의 참가취지를 참가신청서에 표시하지 않더라도 무방하고, 종전 당사자의 소송대리인이 참가인의 소송행위를 대리하여도 쌍방대리금지에 저촉되지 않는다.[6] 그러나 예외적으로 종전 당사자와 승계인 사이에 승계사실에 대한 다툼이 있는 경우에는 종전 당사자와 승계인, 상대방 당사자

1) 한충수, 757면.
2) 대법원 2007. 8. 23. 자 2006마1171 결정.
3) 대법원 1983. 9. 27. 선고 83다카1027 판결.
4) 대법원 2012. 4. 26. 선고 2011다85789 판결.
5) 대법원 2001. 3. 9. 선고 98다51169 판결.
6) 대법원 1969. 12. 9. 선고 69다1578 판결.

의 3면 대립관계가 성립하므로 승계인은 종전 당사자에 대해서도 일정한 청구를 해야 하고, 종전 당사자의 소송대리인이 참가인의 대리인을 겸할 수 없다.

#### 3) 효과

적법한 참가승계가 있는 경우 참가의 시기와 관계없이 소송이 법원에 처음 제기된 때에 소급하여 시효중단이나 기간준수의 효력이 발생한다(제81조). 종전 당사자의 지위는 참가승계인에게 승계되고, 종전 당사자가 참가시까지 한 소송행위의 효력은 참가승계인에게 미친다.[1]

### (3) 인수승계

#### 1) 의의

인수승계란 소송계속 중에 소송목적인 권리의무가 양도된 경우에 종전 당사자의 신청에 의하여 승계인을 소송에 강제로 끌어들여 소송을 승계하게 하는 것을 말한다(제82조 제1항). 인수승계는 주로 의무승계인이 그 대상이 되지만, 권리승계인에 대해서도 인수승계가 가능하다.

#### 2) 인수신청

소송의 당사자가 소송인수를 신청해야 한다(제82조 제1항). 여기의 당사자는 피승계인인 종전 당사자와 상대방 당사자를 모두 포함한다. 인수신청은 상고심에서는 허용되지 않는다. 사실심 변론종결후의 승계인은 판결의 효력이 미치므로 굳이 소송승계를 인정할 실익이 없다.

인수신청이 있는 때에는 법원은 신청인과 승계인을 심문하고 결정으로 그 허가여부를 재판한다(제82조 제2항). 신청각하결정에 대해서는 신청인이 항고할 수 있으나(제439조),[2] 인수결정은 승계인의 적격을 인정하여 당사자로 취급하는 취지의 중간적 재판이므로 승계인이 독립하여 불복할 수 없으며 본안에 대한 판결과 함께 상소할 수 있을 뿐이다.[3]

---

1) 대법원 2013. 7. 25. 선고 2011다56187 판결.
2) 대법원 1995. 6. 30. 선고 95다12927 판결.

인수신청의 이유로서 주장하는 사실관계 자체에서 승계적격의 흠결이 명백하지 않는 한 결정으로 그 신청을 인용해야 하고, 승계인에 해당하는지 여부는 승계인의 청구 또는 승계인에 대한 청구의 당부와 관련하여 판단할 사항이다. 따라서 심리결과 승계사실이 인정되지 않으면 승계인의 청구 또는 승계인에 대한 청구를 기각하는 판결을 해야 하고, 인수신청을 각하해서는 안 된다.[1]

#### 3) 효과

인수승계를 한 경우 인수의 시기와 관계없이 소송이 법원에 처음 제기된 때에 소급하여 시효중단이나 기간준수의 효력이 발생한다(제82조 제3항 및 제81조). 종전 당사자의 지위는 인수승계인에게 승계되고, 종전 당사자가 인수시까지 한 소송행위의 효력은 유리·불리를 불문하고 인수승계인에게 미친다.

### (4) 피승계인의 소송탈퇴

피승계인인 종전 당사자는 상대방의 승낙을 얻어 소송탈퇴를 할 수 있다(제81조, 제82조 제3항). 이러한 소송탈퇴는 참가승계 또는 인수승계가 적법한 경우에만 허용된다. 참가승계나 인수승계가 부적법한 경우에는 피승계인의 소송탈퇴는 허용되지 않으며 피승계인과 상대방 사이의 소송관계가 유효하게 존속한다. 따라서 소송승계가 부적법함에 불구하고 법원이 이를 간과하여 피승계인의 소송탈퇴를 전제로 승계인과 상대방 사이의 소송에 대해서만 판결을 하였는데 상소심에서 소송승계가 부적법하다고 밝혀진 경우에는 피승계인과 상대방 사이의 소송은 여전히 탈퇴 당시의 심급에 계속되어 있으므로 상소법원은 탈퇴한 피승계인의 청구에 관하여 심리·판단할 수 없다.[2]

소송탈퇴로 피승계인과 상대방 사이의 소송관계는 종료된다. 그러나 판결의 효력은 탈퇴한 피승계인에게 미친다(제81조, 제82조 제3항, 제80조). 피승계인이 승계사실을 다투거나 권리의무의 일부 승계가 있는 경우에는 피승계인이 소송탈퇴를 할

---

3) 대법원 1981. 10. 29. 자 81마357 결정.

1) 대법원 2005. 10. 27. 선고 2003다66691 판결.

2) 대법원 2012. 4. 26. 선고 2011다85789 판결.

이유가 없고, 상대방이 소송탈퇴에 대해 승낙하지 않은 경우에는 소송탈퇴가 불가능하다. 이 경우에는 피승계인은 당사자적격을 잃지 않으며, 새로운 당사자와 통상공동소송의 관계에 있게 된다. 다만, 피승계인이 승계사실을 다투는 경우에는 독립당사자참가의 소송형태가 되므로 독립당사자참가에 관한 제79조의 규정에 따라 재판해야 할 것이다.[1]

판례는 조건부 청구의 포기·인낙설의 입장에서 피승계인이 소송탈퇴를 하면 피승계인의 청구는 소멸하고 승계인의 상대방에 대한 청구만 남게 된다고 한다.[2] 따라서 항소심에서 피승계인의 소송탈퇴가 있는 경우에 승계인의 청구만이 항소심의 심판대상이 되므로 항소법원은 제1심판결을 변경하여 승계인의 청구에 대하여 판단을 해야 한다. 예를 들어, 제1심판결에 대하여 피고가 항소하였고, 항소심 계속 중에 원고측에 승계사유가 발생하여 승계인이 참가승계를 하자 원고가 소송탈퇴를 한 경우 항소의 대상인 피승계인의 청구는 소멸하고 승계인의 청구만이 심판대상이 되므로 피고의 항소가 이유 없다면 항소법원은 승계인의 청구에 대하여 새로이 판결을 해야 하고 단순히 피고의 항소를 기각하는 판결을 하여서는 안 된다.[3]

## 제 4 절 선정당사자

### Ⅰ. 의의

선정당사자란 공동의 이해관계를 가진 여러 사람이 공동소송인이 되어 소송을 해야 할 경우에 이들 가운데 모두를 위하여 소송의 당사자로 선정된 사람을 말한다. 선정당사자를 선정한 사람을 선정자라고 한다(제53조 제1항). 선정당사자제도는

1) 한충수, 760면.
2) 대법원 2014. 10. 27. 선고 2013다67105,67112 판결.
3) 대법원 2004. 1. 27. 선고 2000다63639 판결.

여러 사람이 공동소송인이 되어 소송을 수행해야 할 경우에 소송의 번잡을 피하고 간이·신속하게 소송을 진행하기 위한 수단으로 인정된 것이다. 선정당사자는 선정자의 대리인이 아니며 소송의 당사자이다. 선정당사자는 선정자 모두의 소송수행권을 신탁받은 임의적 소송담당의 하나이다.

## Ⅱ. 요건

### 1. 공동소송인으로 될 여러 사람이 있을 것

여러 사람이 공동소송인이 되어 소송을 해야 할 경우이어야 한다. 여러 사람이 법인 아닌 사단을 구성하고 있는 경우에는 그 사단의 이름으로 당사자가 될 수 있으므로 굳이 선정당사자제도를 이용할 필요가 없다. 그러나 법인 아닌 사단의 구성원 전원이 공동소송인으로서 소송을 수행하는 경우에는 선정당사자제도를 이용할 수도 있다. 민법상 조합과 같이 그 자체에 당사자능력이 인정되지 않는 경우에는 선정당사자제도를 활용할 여지가 크다.

### 2. 공동의 이해관계를 가질 것

여러 사람 사이에 공동의 이해관계가 있어야 한다. 여기서 공동의 이해관계란 여러 사람 사이에 주요한 공격방어방법을 공통으로 하는 경우를 의미한다. 여러 사람이 필수적 공동소송인이 되는 경우 또는 여러 사람이 제65조 전단의 권리의무가 공통되거나 권리의무의 발생원인이 공통되어 공동소송이 되는 경우에는 공동의 이해관계가 인정되어 선정당사자를 선정할 수 있다는 데 달리 이견이 없다.

문제는 여러 사람이 제65조 후단의 권리의무가 동종이며 그 발생원인이 동종인 관계에 있어 공동소송인이 되는 경우에도 공동의 이해관계를 인정할 수 있는지 여부이다. 이 경우에는 공동의 이해관계가 인정되지 않으므로 선정당사자를 허용할 수 없다는 견해가 있으나, 주요한 공격방어방법을 공통으로 하는 때에는 공동의 이해관계가 인정되므로 선정당사자를 허용함이 타당하다. 판례도 여러 사람이 제65조 후단의 관계에 있는 것만으로는 공동의 이해관계를 인정할 수 없으므로 선정당사자를 허용할 것은 아니지만,[1] 나아가 주요한 공격방어방법을 공통으로 하는 경우에는 공동의 이해관계를 인정할 수 있다고 한다. 그리하여 여러 사람의 임차인들이 동일한 사람을 상대로 임차보증금의 반환을 구하는 사안에서 여기의 쟁점은 피고가 임대인으로서 계약당사자인지 여부에 있으므로 주요한 공격방어방법을 공통으로 하는 경우에 해당한다고 하여 선정당사자의 선정을 허용하였다.[2]

### 3. 공동의 이해관계 있는 사람 중에서 선정할 것

선정당사자는 공동의 이해관계 있는 여러 사람 가운데 선정되어야 한다. 공동의 이해관계가 없는 사람을 선정당사자로 선정하게 되면 소송신탁금지의 원칙 및 변호사대리의 원칙을 잠탈할 우려가 있기 때문이다. 판례는 선정당사자 자신도 공동의 이해관계를 가진 사람으로서 선정행위를 하였다면, 선정당사자인 동시에 선정자이므로 선정자로 표기하는 것이 위법하다고 볼 수 없다고 한다.[3]

## Ⅲ. 선정의 방법

선정당사자의 선정은 선정자가 자신의 소송수행권을 수여하는 것으로 대리권수여에 유사한 단독소송행위이다. 따라서 선정행위를 함에는 소송능력이 필요하다. 또한 선정에 조건을 붙여서는 안 된다. 그러나 심급을 한정하여 선정할 수 있으며, 선정할 당시 심급을 한정하는 등의 약정이 없다면 선정의 효력은 소송이 종료될

1) 대법원 2007. 7. 12. 선고 2005다10470 판결; 1997. 7. 25. 선고 97다362 판결.
2) 대법원 1999. 8. 24. 선고 99다15474 판결.
3) 대법원 2011. 9. 8. 선고 2011다17090 판결.

때까지 계속된다.[1)]

선정의 시기는 소송계속의 전후를 불문하나 소송계속 후에 선정하면 선정자는 당연히 소송에서 탈퇴하고(제53조 제2항), 선정당사자가 그 지위를 승계한다. 선정은 각 선정자가 개별적으로 해야 하고 다수결로 정하는 것이 아니다. 따라서 전원이 공동으로 같은 사람을 선정할 필요가 없다. 선정당사자를 선정한 경우 대리인과 마찬가지로 서면으로 그 자격을 증명해야 하고(제58조), 그 서면을 소송기록에 첨부해야 한다.

## Ⅳ. 선정의 효과

### 1. 선정당사자의 지위

선정당사자는 선정자의 대리인이 아니고 당사자이다. 선정당사자는 선정자로부터 소송수행을 위한 포괄적인 수권을 받은 당사자로서 선정자 모두를 위한 일체의 소송행위를 할 수 있고, 소송수행에 필요한 모든 사법상의 행위를 할 수 있다.[2)] 소의 취하, 화해, 청구의 포기·인낙, 상소의 제기 등 소송대리인의 특별수권사항(제90조 제2항)에 속하는 행위에 대해서도 선정당사자는 선정자의 개별적인 동의 없이 할 수 있다. 다만, 변호사보수약정은 소송위임에 필수적으로 수반되어야 하는 것은 아니므로 선정당사자가 선정자로부터 별도의 수권 없이 변호사보수에 관한 약정을 하였다면 선정자들이 이를 추인하는 등의 특별한 사정이 없는 한 선정자에 대하여 효력이 없다.[3)]

선정당사자가 선정자와의 사이에 권한행사에 관한 내부적인 제한계약을 하였다고 하더라도 그러한 제한으로 법원이나 상대방에게 대항할 수 없다. 판례는 가처분신청에서 이루어진 선정행위의 효력은 그에 기한 제소명령신청에도 미치지만,

1) 대법원 2003. 11. 14. 선고 2003다34038 판결.
2) 대법원 2013. 1. 18. 자 2010그133 결정; 2003. 5. 30. 선고 2001다10748 판결.
3) 대법원 2010. 5. 13. 선고 2009다105246 판결.

가처분결정취소신청에는 미치지 않는다고 한다.[1] 동일한 선정자단에 여러 사람의 선정당사자가 선정된 경우에 그 여러 사람의 선정당사자는 선정자들의 소송수행권을 합유하는 관계에 있으므로 그들 사이의 소송관계는 필수적 공동소송이 된다. 그러나 별개의 선정자단에서 각각 선정된 여러 사람의 선정당사자는 원래의 소송이 필수적 공동소송이 아닌 한 통상공동소송의 관계에 있다.

## 2. 선정자의 지위

소송계속 후에 선정을 하면 선정자는 당연히 소송에서 탈퇴하고 당사자로서의 지위를 상실한다. 따라서 증인이 될 수도 있다. 그러나 선정자가 소송수행권, 즉 당사자적격을 상실하는 것은 아니다(적격유지설). 다만, 선정당사자가 소송계속 중인데 선정자가 동일한 소송을 제기하면 중복제소에 해당하여 배척된다. 그런데 판례는 선정당사자가 선정되면 선정자는 소송수행권을 상실한다고 한다(적격상실설).[2]

선정당사자가 받은 판결은 선정자에 대해서도 그 효력이 미친다(제218조 제3항). 선정당사자가 받은 이행판결의 효력은 선정자에게도 미치므로 승계집행문을 받아 강제집행을 할 수 있다. 판결문에는 선정당사자만 표시하고, 판결문 뒤에 선정자목록을 별도로 첨부한다. 선정자는 당사자가 아니므로 선정자의 이름으로 판결해서는 안 되고, 선정자에게 판결정본을 송달하거나 교부할 수 없다. 다만, 승계집행문부여신청이 있는 경우에는 선정자에게 판결정본을 교부해야 한다(민사집행법 제31조).

## 3. 선정당사자의 자격상실

선정당사자의 자격은 선정당사자의 사망이나 선정의 취소에 의하여 상실된다. 또한 선정당사자 본인에 대한 부분의 소가 취하되거나 판결이 확정되는 등의 사유로 공동의 이해관계가 소멸하여도 자격을 상실한다.[3] 그러나 선정자의 사망, 선정

1) 대법원 2001. 4. 10. 선고 99다49170 판결.
2) 대법원 2013. 1. 18. 자 2010그133 결정.

자의 공동의 이해관계 소멸 등은 선정당사자의 자격에 영향이 없다. 선정자는 어느 때나 선정행위를 취소할 수 있다. 취소와 동시에 새로 선정당사자를 선정하면 선정당사자의 변경이 있게 된다.

선정당사자의 자격상실이나 변경은 대리권소멸의 경우처럼 상대방에게 통지해야 하고, 통지하지 않으면 그 효력이 발생하지 않는다. 그러나 자격상실이나 변경 사실이 법원에 알려진 경우에는 종전의 선정당사자는 소의 취하, 화해, 청구의 포기·인낙, 소송탈퇴 등의 소송행위를 하지 못한다(제63조 제2항). 여러 사람의 선정당사자 중 일부가 사망하거나 그 자격을 상실한 경우에도 소송절차가 중단되지 않으며 남은 선정당사자가 소송을 속행한다(제54조). 그러나 선정당사자 전원이 자격을 상실한 경우에는 선정자 전원 또는 새로운 선정당사자가 소송을 수계할 때까지 소송절차가 중단된다(제237조 제2항). 다만, 소송대리인이 있으면 중단되지 않는다(제238조).

## Ⅴ. 선정당사자의 자격 흠결

선정당사자의 자격 유무는 당사자적격에 관한 것으로서 법원의 직권조사사항이다. 선정행위에 하자가 있거나 서면에 의한 자격증명이 없는 경우에는 법원은 기간을 정하여 보정을 명해야 하고, 만일 보정하는 것이 지연됨으로써 손해가 생길 염려가 있는 경우에는 법원은 보정하기 전이더라도 선정당사자로 하여금 일시적으로 소송행위를 하게 할 수 있다(제61조 및 제59조). 선정행위에 하자가 있거나 자격증명이 없는 선정당사자가 한 소송행위일지라도 후에 선정자나 적법한 선정당사자가 이를 추인하거나 자격증명을 한 경우에는 소송행위를 한 때 소급하여 유효하게 된다(제61조 및 제60조).

선정당사자의 자격이 없음을 간과하고 본안판결을 한 경우에 당사자적격의 흠결과 같이 상소로써 취소할 수 있으나 재심사유는 되지 않는다. 그 판결은 확정되

---

3) 대법원 2006. 9. 28. 선고 2006다28775 판결.

더라도 선정자에게 효력이 미치지 않는다는 점에서 무효라고 할 것이다.[1] 그런데 판례는 공동의 이해관계가 없는 사람이 선정당사자로 선정되었음에도 법원이 이를 간과하고 그를 당사자로 한 판결을 선고하여 확정된 경우 선정자가 스스로 그러한 선정당사자를 선정하였다면 선정자로서 실질적인 소송행위를 할 기회 또는 적법하게 소송에 관여할 기회를 박탈당한 것은 아니므로 대리권 흠결의 재심사유에 해당하지 않으며 그러한 판결은 유효하다고 한다.[2]

## 제 5 절 집단소송

### Ⅰ. 의의

집단소송이란 기업이나 국가 등에 의하여 여러 사람이 피해를 입었을 경우 피해자 중 1인 또는 일부가 다른 피해자를 대표하여 가해자를 상대로 소송을 제기하고 판결의 효력이 소송당사자뿐만 아니라 피해자 전원에게 미치도록 하는 제도이다. 집단소송은 소액 다수의 피해에 대한 효율적인 소송방식이 될 수 있다. 소액 다수의 피해의 경우 사회적 해악이 큼에도 불구하고 소송가액이 크지 않아 소송에 드는 시간이나 노력, 비용 등의 측면에서 개별적인 피해자의 적극적인 소송제기를 기대하기 힘든 상황이다. 소액 다수의 피해자를 대표하여 소송을 제기하고, 그 판결의 효력을 미치게 한다면 효율적인 권리구제수단으로 기능할 수 있을 것이다.

1) 김홍엽, 951면; 이시윤, 770면.
2) 대법원 2007. 7. 12. 선고 2005다10470 판결.

## Ⅱ. 외국의 입법례

### 1. 대표당사자소송(class action)

미국의 대표당사자소송은 다수의 소비자나 투자자들이 원인이나 쟁점을 공통으로 하는 소액의 손해배상청구권을 갖고 있는 경우에 그 피해자집단(class) 중에서 대표자가 나서서 피해자집단에 속하는 총원을 위하여 일괄적으로 소를 제기하고 일거에 전체의 권리를 실현시키는 소송형태이다. 대표당사자소송의 허용 여부는 법원이 결정하고, 피해자집단의 구성원(class member)이 제외신청(opt out)을 하지 않으면 판결의 승패를 불문하고 구성원 전원에게 판결의 효력이 미친다. 대표당사자소송에는 대표자가 피해자집단 구성원의 권리를 그 소송에서 일괄 청구하여 배상받아 구성원에게 분배하는 방식과 공통의 쟁점에 대하여 피해자집단 구성원 전원에게 효력이 미치는 판결을 받는 데 그치고 이를 바탕으로 구성원 각자가 배상금액을 주장·증명하여 각자 배상을 청구하는 방식이 있다.

### 2. 단체소송(Verbandsklage)

독일의 단체소송은 미국의 대표당사자소송과 같이 대표당사자 개인이 나서는 것이 아니라 단체가 나서서 소송을 하는 것이다. 독일의 「금지소송법(UKlaG, Gesetz über Unterlassungsklagen bei Verbraucherrechts und anderen Verstößen)」, 「부정경쟁방지법(UWG, Gesetz Gegen Den Unlauteren Wettbewerb)」 등에서 소비자 보호 관련 규정의 위반행위나 부정경쟁행위 등에 대하여 소비자보호단체 또는 영업이익증진단체가 나서서 그 이름으로 소송을 하도록 하고 있다. 무효인 약관의 사용금지소송, 소비자의 집단적 이익(Kollektivinteressen)을 침해하는 소비자 보호 관련 규정의 위반행위에 대한 금지소송, 부정경쟁행위에 대한 금지소송의 제기를 허용하고 있다.

# Ⅲ. 우리나라 집단소송

## 1. 증권관련 집단소송

### (1) 의의

증권관련 집단소송이란 증권의 매매 또는 그 밖의 거래과정에서 여러 사람에게 피해가 발생한 경우 그중의 1인 또는 여러 사람이 대표당사자가 되어 수행하는 손해배상청구소송을 말한다(증권관련 집단소송법 제2조 제1호). 증권관련 집단소송에서는 제외신청을 하지 않은 피해자에게 판결의 효력이 일괄적으로 미친다. 소액투자자들의 집단적 피해에 대한 효율적인 권리구제를 통하여 기업경영의 투명성을 제고하려는데 그 입법취지가 있다.

### (2) 증권관련 집단소송의 요건

#### 1) 적용범위

증권의 매매 또는 그 밖의 거래과정에서 다수인에게 피해가 발생한 경우 그에 대한 손해배상청구소송으로서 다음의 손해배상청구에 한정하여 제기할 수 있다(제2조 제1호 및 제3조).

① 주권상장법인이 발행한 증권의 매매 또는 그 밖의 거래에 있어서 증권신고서와 투자설명서 중 중요사항에 관하여 거짓의 기재 또는 표시가 있거나 중요사항이 기재 또는 표시되지 않음으로써 증권의 취득자가 손해를 입은 경우
② 사업보고서 및 그 첨부서류(회계감사인의 감사보고서는 제외) 중 중요사항에 관하여 거짓의 기재 또는 표시가 있거나 중요사항이 기재 또는 표시되지 않음으로써 사업보고서 제출대상법인이 발행한 증권의 취득자 또는 처분자가 손해를 입은 경우
③ 미공개 주요정보의 이용, 시세조정행위, 부정거래행위로 인하여 손해를 입은 경우
④ 회계감사인이 중요한 사항에 관하여 감사보고서에 적지 않거나 거짓으로 적음으로써 선의의 투자자가 회계감사인의 감사보고서를 신뢰하여 손해를 입은 경우

### 2) 소송허가의 요건

증권관련 집단소송 사건은 다음의 요건을 갖추어야 한다(제12조 제1항).

① 구성원[1]이 50인 이상이고, 청구의 원인이 된 행위 당시를 기준으로 그 구성원이 보유하고 있는 증권의 합계가 피고 회사의 발행증권 총수의 1만분의 1 이상일 것[2]
② 법률상 또는 사실상의 중요한 쟁점이 모든 구성원에게 공통될 것
③ 증권관련 집단소송이 총원의 권리실현이나 이익보호에 적합하고 효율적인 수단일 것
④ 소송허가신청서의 기재사항 및 첨부서류에 하자가 없을 것

### 3) 대표당사자 및 소송대리인의 선임

법원은 결정으로 대표당사자를 선임한다(제21조 제1항). 대표당사자란 총원을 위하여 증권관련 집단소송 절차를 수행하는 1인 또는 수인의 구성원을 말한다(제2조 제4호). 또한 변호사를 소송대리인으로 선임해야 한다(제5조 제1항). 그러나 최근 3년간 3건 이상의 증권관련 집단소송에 대표당사자 또는 대표당사자의 소송대리인으로 관여했던 사람은 대표당사자 또는 소송대리인이 될 수 없는 것이 원칙이다(동조 제3항).

## (3) 소송허가의 절차

대표당사자가 되기 위하여 증권관련 집단소송을 제기하는 사람은 소장과 소송허가신청서를 법원에 제출해야 한다(제7조 제1항). 증권관련 집단소송은 피고의 보통재판적 소재지를 관할하는 지방법원 본원 합의부의 전속관할로 한다(제4조). 법원은 소장 및 소송허가신청서가 접수되면 증권관련 집단소송이 제기되었다는 사실

1) 증권의 매매 또는 그 밖의 거래과정에서 다수인에게 피해가 발생한 경우 그 손해의 보전에 관하여 공통의 이해관계를 가지는 피해자 전원을 총원이라고 하는데(증권관련 집단소송법 제2조 제2호), 구성원이란 총원을 구성하는 각각의 피해자를 말한다(동조 제3호).

2) 이 요건은 증권관련 집단소송의 제기 당시에 충족되면 족하고 제기된 이후에 이 요건을 충족하지 못하더라도 제소의 효력에는 영향이 없다(증권관련 집단소송법 제12조 제2항).

등을 공고하고, 소를 제기하는 사람과 신청서를 제출한 구성원 중에서 총원의 이익을 대표하기에 가장 적합한 사람을 결정으로 대표당사자로 선임한다(제10조 제1항 내지 제4항).

법원은 결정으로 증권관련 집단소송을 허가한다(제15조 제1항). 증권관련 집단소송의 불허가결정에 대하여 대표당사자는 즉시항고할 수 있다(제17조 제1항). 불허가결정이 확정된 때에는 증권관련 집단소송이 제기되지 않은 것으로 본다(동조 제2항). 법원은 소송허가결정이 확정되면 지체 없이 대표당사자와 그 법정대리인, 원고 소송대리인, 피고의 인적 사항, 총원의 범위, 제외신고의 기간과 방법 등을 구성원에게 고지해야 하고(제18조 제1항 및 제2항), 그 고지 내용을 전국을 보급지역으로 하는 일간신문에 게재해야 한다(동조 제3항).

### (4) 소송절차의 특례

증권관련 집단소송절차에서는 일반적인 민사소송절차와는 구별되는 다음과 같은 특례가 인정되고 있다(제4조, 제5조, 제30조 내지 제37조).

① **전속관할**: 증권관련 집단소송은 피고의 보통재판적 소재지 지방법원 본원 합의부의 전속관할이다.

② **변호사강제주의**: 증권관련 집단소송의 원고와 피고는 변호사를 소송대리인으로 선임해야 한다.

③ **처분권의 제한**: 증권관련 집단소송의 경우 소의 제기, 소의 취하, 소송상 화해, 청구의 포기, 상소의 취하 또는 상소권의 포기는 법원의 허가를 받지 않으면 그 효력이 없다.

④ **소취하간주의 적용배제**: 증권관련 집단소송에서는 소취하간주에 관한 민사소송법 제268조가 적용되지 않는다.

⑤ **직권증거조사**: 법원은 필요하다고 인정할 때에는 직권으로 증거조사를 할 수 있고(제30조), 소송과 관련 있는 문서를 가지고 있는 사람에게 그 문서의 제출을 명하거나 송부를 촉탁할 수 있으며(제32조), 구성원과 대표당사자를 신문할 수 있다.

⑥ **증거보전의 특례**: 법원은 증거보전의 필요성이 없는 경우에도 필요하다고 인정할 때에는 당사자의 신청에 의하여 증거조사를 할 수 있다.

⑦ **손해배상산정의 특례:** 법원은 증거조사를 통하여도 정확한 손해액을 산정하기 곤란한 경우에는 여러 사정을 고려하여 표본적·평균적·통계적 방법 또는 그 밖의 합리적인 방법으로 손해액을 정할 수 있다.

⑧ **판결에 관한 특례:** 법원은 금전지급의 판결을 선고할 때에는 여러 사정을 고려하여 지급의 유예, 분할지급 또는 그 밖의 적절한 방법에 의한 지급을 허락할 수 있고, 확정판결은 제외신고를 하지 않은 구성원에 대하여도 그 효력이 미친다.

### (5) 소송의 심판

대표당사자는 피해집단의 구성원, 즉 총원의 대리인이 아니라 소송당사자이다. 따라서 소송에 관한 일체의 소송행위를 할 수 있음이 원칙이다. 다만, 소송의 제기, 소의 취하 등 소송종료행위는 법원의 허가를 얻어야 한다. 대표당사자가 여러 사람인 경우에는 총원의 소송수행권을 합유하는 관계이므로 고유필수적 공동소송이 된다.

피해집단의 구성원은 당사자는 아니지만 제3자의 소송담당에서의 권리귀속주체에 해당한다. 제외신고기간 내에 서면으로 법원에 제외신고를 하지 않은 구성원은 확정판결의 기판력을 받는다. 대표당사자는 승소판결을 받은 경우 패소한 법인이 임의이행하지 않으면 지체 없이 강제집행에 의하여 그 권리를 실행해야 한다. 분배절차에는 민사집행법과 다른 특례가 인정되고 있다. 분배법원은 집행법원이 아니라 제1심 수소법원의 전속관할이다(제39조). 권리실행으로 얻은 금전은 모든 구성원이 아니라 권리신고기간 내에 권리신고를 하여 권리확인을 받은 구성원에게만 분배된다(제49조).

## 2. 소비자단체소송

### (1) 의의

소비자단체소송이란 사업자가 소비자기본법 제20조에서 정한 소비자의 권익관련기준을 위반하여 소비자의 생명·신체 또는 재산에 대한 권익을 직접적으로 침해하고 그 침해가 계속되는 경우 법정된 소비자단체가 법원에 소비자권익침해행위의 금지·중지를 구하는 소송을 말한다(소비자기본법 제70조). 법정된 단체가 일정한 행위의 부작위를 구하는 소송이라는 점에서 대표당사자 개인이 손해배상을 구하는 증권관련집단소송과 구별된다.

### (2) 원고적격

소비자단체소송을 제기할 원고적격이 인정되는 단체는 다음과 같다(제70조).

① 공정거래위원회에 등록한 소비자단체로서 정회원수가 1천명 이상이고, 정관에 따라 상시적으로 소비자의 권익증진을 주된 목적으로 하는 단체이며, 등록 후 3년이 경과한 단체
② 대한상공회의소, 중소기업협동조합중앙회 및 전국 단위의 경제단체
③ 법률상 또는 사실상 동일한 침해를 입은 50인 이상의 소비자로부터 단체소송의 제기를 요청받은 「비영리민간단체 지원법」 소정의 비영리민간단체로서, 단체의 상시 구성원수가 5천명 이상이고, 중앙행정기관에 등록되어 있으며, 정관에 소비자의 권익증진을 단체의 목적으로 명시한 후 최근 3년 이상 이를 위한 활동실적이 있는 단체

### (3) 절차와 심판

소비자단체소송의 절차와 심판은 다음과 같다(제71조 내지 제75조).

① **전속관할**: 단체소송은 피고의 주된 사무소 또는 영업소가 있는 곳, 주된 사무소나 영업소가 없는 경우에는 주된 업무담당자의 주소가 있는 곳의 지방법원 본원 합의부의 전속관할이다. 외국사업자의 경우에는 대한민국에 있는 주된 사무소·영업소 또는 업무담당자의 주소에 의한다.
② **변호사강제주의**: 단체소송의 원고는 변호사를 소송대리인으로 선임해야 한다.
③ **소송허가**: 단체소송을 제기하고자 하는 단체는 소장과 함께 (원고 및 그 소송대리인, 피고, 금지·중지를 구하는 사업자의 소비자권익 침해행위의 범위 등을 기재한) 소송허가신청서를 법원에 제출하여 법원의 허가를 받아야 한다. 법원은 다수 소비

자의 권익보호 및 피해예방을 위한 공익상의 필요가 있고, 소제기단체가 사업자에게 소비자권익 침해행위를 금지·중지할 것을 서면으로 요청한 후 14일이 경과하였으며, 소송허가신청서의 기재사항에 흠결이 없는 경우에 결정으로 단체소송을 허가한다.

④ **청구기각판결의 대세효:** 원고의 청구를 기각하는 판결이 확정된 경우 이와 동일한 사안에 관하여 다른 단체가 단체소송을 제기할 수 없다. 다만, 판결이 확정된 후 그 사안과 관련하여 국가 또는 지방자치단체가 설립한 기관에 의하여 새로운 연구결과나 증거가 나타난 경우, 기각판결이 원고의 고의로 인한 것임이 밝혀진 경우에는 예외로 한다.

## 3. 개인정보 단체소송

### (1) 의의

개인정보 단체소송이란 개인정보처리자가 개인정보보호법 제49조에 따른 집단분쟁조정을 거부하거나 집단분쟁조정의 결과를 수락하지 않는 경우에는 법정된 단체가 법원에 개인정보에 관한 권리침해행위의 금지·중지를 구하는 소송을 말한다(개인정보보호법 제51조). 법정된 단체가 일정한 행위의 부작위를 구하는 소송이라는 점에서 소비자단체소송과 유사하고 증권관련집단소송과 구별된다.

### (2) 원고적격

개인정보 단체소송을 제기할 원고적격이 인정되는 단체는 다음과 같다(제51조).

① 공정거래위원회에 등록한 소비자단체로서 정회원수가 1천명 이상이고, 정관에 따라 상시적으로 소비자의 권익증진을 주된 목적으로 하는 단체이며, 등록 후 3년이 경과한 단체

② 법률상 또는 사실상 동일한 침해를 입은 100인 이상의 정보주체로부터 단체소송의

제기를 요청받은 「비영리민간단체 지원법」 소정의 비영리민간단체로서, 단체의 상시 구성원수가 5천명 이상이고, 중앙행정기관에 등록되어 있으며, 정관에 개인정보 보호를 단체의 목적으로 명시한 후 최근 3년 이상 이를 위한 활동실적이 있는 단체

### (3) 절차와 심판

개인정보 단체소송의 절차와 심판은 다음과 같다(제52조 내지 제56조).

① **전속관할**: 단체소송은 피고의 주된 사무소 또는 영업소가 있는 곳, 주된 사무소나 영업소가 없는 경우에는 주된 업무담당자의 주소가 있는 곳의 지방법원 본원 합의부의 전속관할이다. 외국사업자의 경우에는 대한민국에 있는 주된 사무소·영업소 또는 업무담당자의 주소에 의한다.

② **변호사강제주의**: 단체소송의 원고는 변호사를 소송대리인으로 선임해야 한다.

③ **소송허가**: 단체소송을 제기하고자 하는 단체는 소장과 함께 (원고 및 그 소송대리인, 피고, 정보주체의 침해된 권리의 내용 등을 기재한) 소송허가신청서를 법원에 제출하여 법원의 허가를 받아야 한다. 법원은 개인정보처리자가 분쟁조정위원회의 조정을 거부하거나 조정결과를 수락하지 않았고, 소송허가신청서의 기재사항에 흠결이 없는 경우에 결정으로 단체소송을 허가한다.

④ **청구기각판결의 대세효**: 원고의 청구를 기각하는 판결이 확정된 경우 이와 동일한 사안에 관하여 다른 단체가 단체소송을 제기할 수 없다. 다만, 판결이 확정된 후 그 사안과 관련하여 국가·지방자치단체 또는 국가·지방자치단체가 설립한 기관에 의하여 새로운 연구결과나 증거가 나타난 경우, 기각판결이 원고의 고의로 인한 것임이 밝혀진 경우에는 예외로 한다.

민·사·소·송·법

제 5 편

# 상소와 재심, 특별절차

# 제5편 상소와 재심, 특별절차

## 제1절 상소

### Ⅰ. 개관

#### 1. 의의

##### (1) 상소의 개념 및 종류

상소란 재판의 확정 전에 상급법원에 대하여 원심재판의 취소·변경을 구하는 불복신청을 말한다. 상소에는 항소, 상고, 항고의 세 가지가 있다. 이 중에서 항소와 상고는 판결에 대한 불복신청이고, 항고는 결정·명령에 대한 불복신청이다. 항소는 제1심판결에 대한 불복신청이고, 상고는 항소심판결에 대하여 상고심에 하는 불복신청이다.

항고에는 통상항고, 즉시항고, 재항고가 있다. 통상항고는 항고제기의 기간에 제한이 없고, 항고의 이익이 있는 한 언제나 제기할 수 있다. 그러나 즉시항고는 1주일의 불변기간 내에 제기할 것이 요구되고, 그 제기에 의하여 집행정지의 효력이 생긴다. 통상항고가 원칙이며, 즉시항고는 법률에 즉시항고를 할 수 있다는 명문의 규정이 있는 경우에 한하여 예외적으로 허용된다. 재항고는 항고법원의 결정·명령, 고등법원 또는 항소법원의 결정·명령에 대하여 대법원에 하는 항고이다.

### (2) 불복신청방법의 선택

당사자는 상소를 할 때 원재판의 종류에 맞는 불복신청방법을 선택해야 한다. 그 선택을 잘못한 상소는 부적법하다. 다만, 판례는 불복신청서의 표제와 관계없이 신청취지를 선해(善解)하여 가급적 적법한 것으로 취급하고 있다. 예를 들어, 통상항고를 해야 함에도 특별항고장이라는 제목의 서면을 제출한 경우 통상항고를 제기한 것으로 보고 있고,[1] 즉시항고를 해야 함에도 재항고장이라는 제목의 서면을 제출한 경우에도 즉시항고를 한 것으로 보고 있다.[2] 또한 추완항소라는 취지의 문언을 기재하지 않았더라도 증거에 의하여 추완사유가 인정된다면 추완항소로 볼 것이라고 한다.[3]

그런데 형식에 어긋난 재판을 한 경우, 즉 판결로 재판해야 할 것을 결정으로 하였다거나 반대로 결정으로 할 것을 판결로 한 경우 당사자는 어떠한 불복신청방법을 선택해야 하는지 의문이 있다. 이 경우 법원의 잘못으로 당사자에게 소송상 불이익을 주는 것은 부당하므로 재판의 현재 형식에 따른 상소이든 재판의 본래 해야 할 형식에 따른 상소이든 어느 것을 선택하여도 적법한 상소로 보아야 할 것이다(선택설). 민사소송법에서도 "결정이나 명령으로 재판할 수 없는 사항에 대하여 결정 또는 명령을 한 때에는 항고할 수 있다."라고 규정하여 선택설을 따르고 있다(제440조). 다만, 선택설을 취하더라도 불복할 수 없는 재판을 불복할 수 있는 재판의 형식으로 하였다고 하여 불복이 허용될 수는 없다.

### (3) 상소심의 구조

상소심의 구조는 복심(覆審)과 사후심(事後審)으로 구분되고, 그 중간형태로서 속심(續審)이 있다. 복심은 원심(原審)과 별도로 재판자료를 수집하여 이를 기초로 다시 한번 재판을 반복하는 구조이고, 사후심은 원심에서 제출된 재판자료만을 기초로 원심판결의 당부를 재심사하는 구조를 말한다. 그 절충적인 형태인 속심은

---

1) 대법원 1997. 3. 3. 자 97으1 결정.
2) 대법원 1995. 1. 20. 자 94마1961 전원합의체 결정.
3) 대법원 1980. 10. 14. 선고 80다1795 판결.

원심에서 수집한 재판자료뿐만 아니라 새로운 재판자료를 보태어 심리를 속행하고, 원심판결의 당부를 재심사하는 구조이다.

항소심은 사실심으로 제1심 재판자료를 기초로 다시 새로이 수집한 자료를 보태어 제1심판결의 당부를 판단한다. 이처럼 항소심은 제1심 재판자료에 다시 새로운 자료를 보태어 사건의 심리를 한다는 점에서 복심적인 성격을 갖고 있고, 제1심판결의 당부를 심사한다는 점에서는 사후심적 성격을 갖고 있다. 그리하여 항소심은 복심과 사후심의 절충적인 형태인 속심적 구조라고 할 수 있다. 그러나 상고심은 법률심으로 원심에서 제출된 재판자료만을 기초로 하고 새로운 사실의 주장이나 증거를 제출할 수 없으며, 원심판결의 당부를 법률적인 측면에서만 심판한다. 따라서 상고심은 순수한 사후심적 구조라고 할 수 있다.

## 2. 상소요건

상소가 적법한 것으로 취급되어 본안심판을 받기 위한 요건을 상소요건이라고 한다. 그리하여 상소요건을 갖춘 적법한 상소에 대해서만 본안심리를 한다. 상소요건에는 적극적 요건으로 상소의 대상적격, 방식에 맞는 상소제기, 상소기간의 준수, 상소의 이익 등이 있고, 소극적 요건으로는 상소권의 포기나 불상소의 합의가 없을 것 등이 있다.

### (1) 상소의 대상적격

#### 1) 종국재판

상소의 대상은 종국재판이어야 한다. 중간적 재판[1]이나 소송비용재판,[2] 가집행선고[3]는 독립하여 상소의 대상이 되지 못하고 종국재판과 함께 상소심에서 재판을 받을 수 있을 뿐이다(제391조). 판례는 항소심의 환송판결도 사건에 대한 심판을 마

1) 대법원 1981. 10. 29. 자 81마357 결정.
2) 대법원 1998. 11. 10. 선고 98다42141 판결.
3) 대법원 1981. 10. 24. 선고 80다2846 판결.

치고 그 심급을 이탈시키는 판결이라는 점에서 중간판결이 아니라 종국판결에 해당하므로 상고의 대상이 된다고 한다.[1]

항소의 대상은 제1심의 종국판결이고, 상고의 대상은 항소법원의 종국판결이다. 그러나 제1심의 종국판결이라고 하더라도 당사자 사이에 비약상고의 합의가 있는 경우에는 항소가 아니라 상고의 대상이 된다(제422조 제2항). 비약상고의 합의는 상고할 권리를 유보하고 항소하지 않기로 하는 합의로서 불항소합의라고도 한다(제390조 제1항 단서). 사건의 사실관계에 대해서는 다툼이 없고 법률문제에 대하여 신속하게 상고심의 판단을 받고자 하는 경우에 이용된다. 비약상고의 합의는 제1심 종국판결 선고 후에만 할 수 있고(제390조 제1항 단서), 일정한 법률관계로 말미암은 소에 관하여 서면으로 해야 한다(동조 제2항 및 제29조 제2항).

### 2) 무효인 재판

무효인 재판은 상소의 대상이 될 수 없는 것이 원칙이다. 그러나 무효인 재판으로 생긴 외관으로 인하여 집행을 당할 염려가 있는 경우에는 이를 제거하기 위한 상소는 예외적으로 허용된다. 판례도 소송 제기 이전에 당사자가 이미 사망한 사실을 간과하고 한 판결은 무효이므로 이에 대한 상소나 재심은 부적법하다고 하면서,[2] 다만 이미 사망한 사람을 채무자로 하여 무효인 처분금지가처분결정이더라도 가처분결정에 의하여 생긴 외관을 제거하기 위하여 이에 대한 이의신청으로서 그 취소를 구할 수 있다고 한다.[3]

### 3) 재판의 성립

판결은 선고된 후에야 상소의 대상이 된다. 따라서 선고 전의 판결은 상소의 대상이 되지 못한다. 그러나 판결선고 후에는 송달 전이더라도 상소할 수 있다.[4] 그런데 결정·명령은 원본이 법원사무관 등에게 교부되었을 때 성립하고, 이렇게 결정·명령이 성립하면 그것이 고지되어 효력이 발생하기 전이라도 항고의 대상이

1) 대법원 1981. 9. 8. 선고 80다3271 전원합의체 판결.
2) 대법원 2000. 10. 27. 선고 2000다33775 판결; 1994. 12. 9. 선고 94다16564 판결.
3) 대법원 2002. 4. 26. 선고 2000다30578 판결.
4) 대법원 1997. 5. 30. 선고 97다10345 판결.

된다.[1)]

#### 4) 다른 불복방법이 있는 경우

상소가 아닌 다른 불복방법이 있을 경우에는 상소의 대상이 되지 않는다. 예를 들어, 판결 경정의 대상이 되는 판결서의 표현상 오류, 추가판결의 대상이 되는 재판의 누락 부분 등에 대해서는 상소가 허용되지 않는다.

### (2) 방식에 맞는 상소제기

상소제기가 방식에 맞아야 한다. 상소장이라는 서면에 의해야 하고, 상소심에 맞는 인지대를 납부해야 하며, 상소장을 원심법원에 제출해야 한다(제397조 제1항, 제425조). 상소장에는 당사자와 법정대리인, 원심재판의 표시, 원심재판에 대한 상소의 취지 등이 기재되어야 한다(제397조 제2항, 제425조).

상소장에 불복신청의 범위나 상소이유를 기재하지 않아도 무방하다. 다만, 상소장에 상소이유를 적지 않은 경우에는 일정 기간 내에 상소이유서를 제출해야 하고, 그렇지 않으면 항소에서는 항소각하결정(제402조의2 및 제402조의3), 상고에서는 상고기각판결을 받게 된다(제427조, 제429조).

### (3) 상소기간의 준수

상소기간을 준수해야 한다. 상소기간은 항소와 상고는 판결서가 송달된 날로부터 2주 이내이다(제396조, 제425조). 즉시항고와 특별항고는 재판의 고지가 있은 날로부터 1주 이내에 제기해야 하고(제444조, 제449조 제2항), 통상항고는 재판의 취소를 구할 이익이 있는 한 언제라도 제기할 수 있다.

### (4) 상소권의 포기가 없을 것

상소권자가 상소권을 포기하지 않아야 한다. 상소권의 포기는 상소권자가 불리

---

1) 대법원 2014. 10. 8. 자 2014마667 전원합의체 결정.

한 판결에 대하여 상소할 권리를 포기하는 단독행위로서 상소권을 포기함에는 상대방의 동의를 요하지 않는다(제394조, 제425조).[1] 상소권의 포기는 상소를 하기 이전에는 원심법원에, 상소를 한 후에는 소송기록이 있는 법원에 서면으로 해야 한다(제395조 제1항). 상소를 한 후의 상소권의 포기는 상소취하의 효력도 가진다(동조 제3항). 상소권의 포기는 상소요건으로 법원의 직권조사사항이므로 상소권을 포기한 당사자가 상소를 제기하면 법원은 당사자의 주장이 없더라도 직권으로 상소를 각하해야 한다.[2]

판결의 효력이 제3자에게 미치는 대세효가 있는 소송에서는 상소권의 포기가 허용되지 않는다. 제3자의 공동소송참가의 기회를 박탈하기 때문이다. 필수적 공동소송, 독립당사자참가, 예비적·선택적 공동소송에서는 합일확정이 요구되어 어느 한 사람의 또는 어느 한 사람에 대한 포기가 허용되지 않는다. 증권관련 집단소송에서 상소권의 포기에는 법원의 허가를 필요로 한다(증권관련 집단소송법 제38조).

상소권은 판결의 선고에 의하여 구체적으로 발생하는 것이므로 판결선고 전에 포기할 수는 없다. 그러나 판결선고 전에 소송 외에서 당사자 사이에 상소권포기계약을 맺을 수 있다. 상소권포기계약이 있음에도 상소가 제기된 경우에는 피상소인이 상소권포기계약의 존재를 주장·증명하면 법원은 상소를 부적법 각하해야 한다. 상소권의 포기 여부는 법원의 직권조사사항이지만, 상소권포기계약의 존재는 항변사항이다. 상소권포기계약을 하였더라도 상소권포기서를 법원에 제출하기 전에 포기계약을 해제하기로 합의하고 상소를 제기하였다면 그 상소는 적법하다.[3]

### (5) 불상소의 합의가 없을 것

당사자 사이에 불상소의 합의가 없어야 한다. 불상소의 합의는 상소를 하지 않기로 하는 소송법상 합의이다. 불상소의 합의는 제1심에 한정하여 사건을 끝내려는 쌍방 당사자의 합의로서, 상고할 권리는 유보하되 항소만 하지 않기로 하는 불항소의 합의, 즉 비약상고의 합의(제390조 제1항 단서)와는 구별된다.[4] 불상소의 합

---

1) 대법원 1987. 6. 23. 선고 86다카2728 판결.
2) 대법원 1969. 3. 8. 자 68마1622 결정.
3) 대법원 1987. 6. 23. 선고 86다카2728 판결.

의는 구체적인 일정한 법률관계에 기인한 소송에 관하여 서면으로 해야 한다(제390조 제2항 및 제29조 제2항).[1] 서면의 문언상 당사자 쌍방이 상소를 하지 않는다는 취지가 명확히 표시되어야 하고, 표시된 문언의 내용이 불분명하여 당사자의 의사를 알기 어렵다면 불상소합의의 존재를 부인해야 할 것이다.[2] 당사자 일방만이 상소를 하지 않기로 하는 합의는 공평에 어긋나므로 불상소의 합의로서 효력이 없고, 경우에 따라 상소권포기계약에 해당할 수 있다.[3]

불상소의 합의는 판결선고 전이라도 할 수 있고, 오히려 그것이 일반적이다. 불상소의 합의가 판결선고 전에 있으면 소송은 판결선고와 동시에 확정되고, 판결선고 후에 있으면 그 합의의 성립과 동시에 판결이 확정된다. 따라서 당사자 쌍방이 판결선고 전에 미리 불상소의 합의를 하였다면, 판결은 선고와 동시에 확정되어 소송이 종료되므로 판결선고 후에는 당사자의 합의에 의하더라도 앞선 불상소의 합의를 해제하고 소송계속을 부활시킬 수 없다.[4] 판례는 불상소합의의 존부는 상소요건으로서 법원의 직권조사사항이라고 한다.[5]

### (6) 상소의 이익

상소의 이익은 재판에 대하여 상소를 제기할 수 있는 이익을 말한다. 상소의 이익은 소의 이익의 특수한 형태로서 무익한 상소권의 행사를 억제하기 위한 개념이다.

#### 1) 상소이익의 인정 범위

상소인은 자기에게 불이익한 재판에 대하여 상소를 제기할 수 있다. 어느 범위

---

4) 그런데 판례는 불상소합의라고 할 것을 불항소합의라고 하는 등 불상소합의와 불항소합의를 엄밀히 구별하지 않은 채 뒤섞어 사용하곤 한다(대법원 1987. 6. 23. 선고 86다카2728 판결 등 참조).

1) 제390조 제2항에서 불항소합의에 대하여 제29조 제2항의 규정을 준용하고 있으나, 불상소합의에 대해서는 이를 준용하는 명문의 규정을 두고 있지 않다. 그러나 불상소합의는 불항소합의에 비하여 당사자의 소송상 권리를 훨씬 더 제한하는 것이라는 점에서 불상소합의에 대하여도 제29조 제2항이 준용된다고 해석함이 타당하다.

2) 대법원 2007. 11. 29. 선고 2007다52317 판결.

3) 대법원 1987. 6. 23. 선고 86다카2728 판결.

4) 대법원 1987. 6. 23. 선고 86다카2728 판결.

5) 대법원 1980. 1. 29. 선고 79다2066 판결.

에서 상소의 이익을 인정할 것인지 견해의 대립이 있다.

(가) 형식적 불복설

당사자의 신청과 그 신청에 대한 판결의 주문을 형식적으로 비교하여 판결주문이 당사자의 신청보다 양적으로나 질적으로 불리한 경우에는 상소의 이익을 인정하는 견해이다. 소장의 청구취지(원고의 경우) 또는 답변서의 청구취지에 대한 답변(피고의 경우)을 판결주문과 형식적으로 비교한다. 그리하여 전부승소한 사람은 상소의 이익이 없다고 한다.

(나) 실질적 불복설

상소심에서 원심보다 실체법상 유리한 판결을 받을 가능성이 있으면 상소의 이익을 인정하는 견해이다. 그리하여 전부승소한 사람도 유리한 판결을 구하기 위하여 상소를 제기할 수 있다고 한다.

(다) 신실질적 불복설

원판결이 그대로 확정되면 판결의 효력에 의하여 불이익을 입게 되는 경우에는 상소의 이익을 인정하자는 견해이다. 여기서 판결의 효력은 기판력은 물론 반사적 효력, 쟁점효 등 판결의 부수적 효력까지 포함한 의미라고 한다. 그리하여 전부승소한 사람도 불이익한 판결의 효력을 배제하기 위하여 상소를 제기할 수 있다고 한다.

(라) 판례

당사자는 자기에게 불이익한 재판에 대하여 상소를 제기할 수 있고, 재판이 상소인에게 불이익한 것인지는 재판의 주문을 표준으로 하여 판단해야 한다고 하면서 전부승소한 사람은 상소가 허용되지 않는 것이 원칙이라고 하여 형식적 불복설에 의하고 있다.[1)]

(마) 결론

실질적 불복설에 의하면 상소를 인정하는 범위가 지나치게 넓어질 우려가 있

1) 대법원 1998. 11. 10. 선고 98두11915 판결; 1997. 10. 24. 선고 96다12276 판결.

고, 그 인정 범위도 불분명하여 받아들이기 어렵다. 한편 신실질적 불복설은 판결이유에서 판단한 쟁점에 대해서도 기판력을 인정해야 한다는 쟁점효이론에 기초한 견해인데, 우리 법제상 판결의 반사적 효력이나 쟁점효를 인정하기 어렵다는 점에서 이 견해도 받아들이기 곤란하다. 상소이익의 인정 범위가 명확하다는 점에서 형식적 불복설이 타당하다고 본다. 따라서 전부 승소한 당사자는 상소의 이익이 인정되지 않는다. 다만, 판결의 기판력에 의하여 별소의 제기가 어려운 경우에는 전부 승소한 당사자이더라도 상소의 이익이 인정되어야 할 것이다.

#### 2) 구체적인 경우

##### (가) 판결이유 중의 판단에 불만이 있는 경우

상소의 이익 여부는 판결주문에 의하여 판단해야 하므로 승소한 당사자는 판결이유 중의 판단에 불만이 있어도 상소의 이익이 인정되지 않는다. 기판력은 주문의 판단에 대해서만 생기기 때문에 어떠한 이유로 승소하여도 승소의 법률효과에는 차이가 없기 때문이다. 그러나 상계항변은 판결이유 중에서 판단하지만 기판력이 인정되고, 피고가 상계항변에 의하여 전부 승소하였더라도 원고의 소구채권의 부존재를 이유로 승소한 것보다는 결과적으로 불이익이 되기 때문에 상소의 이익이 인정된다.

##### (나) 기판력을 차단할 필요가 있는 경우

전부승소한 당사자는 상소의 이익이 없다. 따라서 전부승소한 원고가 청구의 변경 또는 청구취지의 확장을 위하여 상소하거나 전부승소한 피고가 반소를 제기하기 위하여 상소하는 것은 허용되지 않는다. 그러나 예외적으로 전부승소한 당사자라도 기판력에 의하여 별도의 소송을 제기할 수 없는 경우에는 상소의 이익을 인정할 필요가 있다. 예를 들어, 가분채권 중 일부의 이행을 청구하는 소송에서 일부청구임을 명시하지 않은 경우에는 그 확정판결의 기판력이 나머지 부분에도 미쳐 별도의 소제기가 허용되지 않으므로 전부승소한 당사자라도 나머지 부분에 대한 청구를 확장하기 위한 항소의 이익을 인정해야 할 것이다.[1]

---

1) 대법원 2010. 11. 11. 선고 2010두14534 판결.

### 3) 원·피고 모두 상소의 이익이 인정되는 경우

청구를 일부 인용하고 일부 기각한 판결에 대해서는 원·피고 모두 상소할 수 있다. 예비적 병합청구에서 주위적 청구가 기각되고 예비적 청구가 인용된 경우 원고는 주위적 청구가 기각된 데 대하여, 피고는 예비적 청구가 인용된 데 대하여 각각 상소의 이익이 있다. 소각하판결은 원고에게 불이익이 될 뿐만 아니라 피고가 청구기각의 신청을 한 때에는 본안판결을 받지 못한 점에서 피고에게도 불이익이 되므로 원·피고 모두 상소할 수 있다.

## 3. 상소의 효력

### (1) 확정차단의 효력

상소를 제기하면 원심판결의 확정이 차단된다. 이행판결의 경우 판결이 확정되지 않으므로 집행력이 발생하지 않는다. 따라서 가집행선고가 붙지 않는 한 상소제기가 있으면 집행할 수 없다. 그러나 항고에는 확정차단의 효력이 없으므로 항고가 제기되어도 집행정지의 효력이 없다. 따라서 항고대상인 결정·명령에 대한 집행을 저지하기 위해서는 항고에 대한 결정에 있을 때까지 결정·명령의 집행정지를 신청해야 한다(제448조). 다만, 즉시항고는 법률에 다른 규정이 없는 한 집행정지의 효력이 인정된다.

### (2) 이심의 효력

소송사건은 원심법원을 떠나 상소심으로 이전되어 계속된다. 원심에서 재판한 부분에 한하여 이심의 효력이 발생한다. 따라서 원심에서 재판의 누락이 있는 경우에는 그 누락된 부분은 원심에 그대로 계속되고(제212조 제1항), 상소하여도 이심의 효력이 생기지 않는다.

### (3) 상소불가분의 원칙

상소 제기에 의한 확정차단의 효력과 이심의 효력은 원칙적으로 상소인의 불복신청의 범위와 관계없이 원판결 전부에 대하여 불가분적으로 발생한다. 따라서 판결의 일부에 대하여 상소하더라도 판결의 전부에 대하여 확정차단 및 이심의 효력이 발생한다. 그러나 예외적으로 청구의 일부에 대하여 불상소합의가 있거나 항소권과 부대항소권을 포기한 경우에는 그 부분만 가분적으로 확정되고, 통상공동소송에서 공동소송인 중 일부의 또는 일부에 대한 상소의 경우에는 공동소송인독립의 원칙에 따라 상소하지 않은 다른 공동소송인의 또는 그에 대한 청구는 그대로 확정된다.

확정차단 및 이심의 효력은 원판결 전부에 대하여 생기지만, 상소심의 심판범위는 원판결 중 불복신청한 범위에 국한된다. 따라서 확정차단 및 이심의 범위와 상소심의 심판범위가 일치하지 않을 수 있다. 일부 상소한 경우 상소불가분의 원칙에 의하여 상소의 효력은 원판결 전부에 미치므로 항소인은 항소심 변론종결시까지 어느 때나 항소취지를 확장하여 불복신청의 범위를 넓힐 수 있고, 피항소인도 부대항소를 제기하여 불복신청의 대상이 되지 않은 부분을 항소심의 심판범위로 할 수 있다. 상고의 경우에는 상고이유서제출기간 내에 상고취지의 확장과 부대상고가 가능하다.[1]

### (4) 상소의 추후보완

상소인이 책임질 수 없는 사유로 말미암아 상소기간을 지킬 수 없었던 경우에는 그 사유가 없어진 날부터 2주 이내에 상소를 제기할 수 있다(제173조 제1항). 다만, 그 사유가 없어질 당시 외국에 있던 당사자에 대해서는 이 기간을 30일로 한다(동항 단서). 이를 상소의 추후보완, 상소의 추완 또는 추완상소라고 한다.

---

1) 상고이유서제출기간 내에 부대상고가 가능한 것으로 보는 것이 확립된 판례이다(대법원 2007. 4. 12. 선고 2006다10439 판결; 2004. 9. 24. 선고 2004다7286 판결 등). 상고취지의 확장에 관해서는 아직 판례가 없으나, 상고취지의 확장은 상고인에 의하여 상고심의 심판범위를 확장하는 것이고 부대상고는 피상고인에 의하여 상고심의 심판범위가 확장되는 것이므로 양자를 달리 보아야 할 이유가 없다는 점에서 상고취지를 확장할 수 있는 기한도 부대상고의 경우와 마찬가지로 상고이유서제출기간 내로 해석함이 타당하다.

소장부본과 판결정본 등이 공시송달의 방법에 의하여 송달된 경우에는 피고가 소송을 회피하거나 곤란하게 할 목적으로 의도적으로 송달을 받지 않거나 당사자가 스스로 신고한 주소로 송달이 되지 않아 공시송달이 되는 등의 특별한 사정이 없는 한 상소의 추완이 허용된다.[1] 소장부본의 송달부터 판결정본의 송달에 이르기까지 공시송달로 소송이 진행된 경우에는 피고가 소송이 제기된 사실은 물론 판결이 선고된 사실 자체를 알기 어렵기 때문이다. 또한 당사자의 귀책사유 없이 법원[2] 또는 송달실시기관[3]의 잘못으로 공시송달로 재판이 이루어져 판결정본이 공시송달된 경우에도 마찬가지로 상소의 추완이 허용된다.

그러나 소송의 진행 도중 통상의 방법으로 소송서류를 송달할 수 없게 되어 공시송달의 방법으로 송달한 경우에는 처음부터 소장부본을 공시송달의 방법으로 송달한 경우와 달라서 당사자에게 소송의 진행 상황을 조사할 의무가 있으므로 당사자가 이러한 소송의 진행 상황을 조사하지 않아 상소기간을 지키지 못하였다면 이는 당사자의 귀책사유로 인한 것이므로 상소의 추완이 허용되지 않는다.[4] 또한 소송당사자가 자신의 주소가 변경되었음에도 이를 법원에 신고하지 않아 공시송달에 이른 경우[5]에도 당사자의 귀책사유로 말미암은 것이므로 상소의 추완이 허용되지 않는다.

추완상소의 기산점인 사유가 없어진 날이란 당사자나 소송대리인이 단순히 판결이 있었던 사실을 안 때가 아니고 나아가 그 판결이 공시송달의 방법으로 송달된 사실을 안 때를 말한다. 통상적인 경우에는 당사자나 소송대리인이 그 사건기록을 열람하거나 새로이 판결정본을 영수한 때에 그 판결이 공시송달의 방법으로 송달된 사실을 알게 된 것으로 볼 수 있다.[6] 그러나 판결정본을 영수하여도 공시송달의 방법으로 판결이 송달된 사실을 알 수 없는 경우, 예를 들어 피고의 주소가

---

1) 대법원 2021. 8. 19. 선고 2021다228745 판결; 2015. 6. 11. 선고 2015다8964 판결; 2010. 10. 28. 선고 2010므2082 판결; 2006. 2. 24. 선고 2004다8005 판결 등.
2) 대법원 2007. 12. 14. 선고 2007다54009 판결.
3) 대법원 2003. 6. 10. 선고 2002다67628 판결.
4) 대법원 2012. 10. 11. 선고 2012다44730 판결.
5) 대법원 1987. 2. 24. 선고 86누509 판결.
6) 대법원 2015. 6. 11. 선고 2015다8964 판결; 2013. 1. 10. 선고 2010다75044,75051 판결; 2012. 12. 13. 선고 2012다75000 판결; 대법원 2006. 2. 24. 선고 2004다8005 판결.

아닌 장소에 소장부본이 송달되어 의제자백으로 판결이 선고되고 판결정본이 공시송달된 경우에는 판결문에 공시송달로 진행된 사건임을 알 수 있는 기재가 없으므로 판결정본의 영수만으로는 공시송달의 방법으로 판결이 송달된 사실을 알았다고 보기 어렵다.[1)]

추완상소를 제기하면 판결의 확정이 차단되는지 논란이 있다. 판례도 긍정하는 입장[2)]과 부정하는 입장[3)]으로 나뉘고 있다. 판결은 상소기간이 도과하면 형식적으로 확정되고 집행력 등 효력이 발생하므로 추완상소의 제기만으로 판결의 집행력 등 효력이 당연히 배제되는 것은 아니라고 할 것이다. 그리하여 민사소송법에서도 추완상소를 한 경우 당사자로 하여금 불복사유가 이유 있음을 소명하여 강제집행의 정지 또는 취소를 신청하도록 하고 있다(제500조). 당사자가 강제집행의 정지 또는 취소를 신청한 경우 법원은 신청이 이유 있는 때에는 담보를 제공하게 하거나 담보를 제공함이 없이 강제집행의 일시 정지 또는 취소를 명할 수 있다(제500조 제1항).[4)] 이 재판은 변론 없이 할 수 있으며, 이에 대해서는 불복할 수 없다(동조 제3항).

## Ⅱ. 항소

### 1. 항소의 제기

#### (1) 항소장의 제출

항소의 제기를 위해서는 항소기간 내에 항소장을 제1심법원에 제출해야 한다(제397조 제1항). 원심법원 이외의 법원에 항소장이 제출된 경우에도 항소 제기의 효력은 있고 관할위반에 의한 이송규정에 따라 원심법원으로 이송해야 한다는 것

1) 대법원 2008. 2. 28. 선고 2007다41560 판결.
2) 대법원 1998. 3. 4. 자 97마962 결정; 1979. 9. 25. 선고 79다505 판결.
3) 대법원 1978. 9. 12. 선고 76다2400 판결.
4) 담보 없이 하는 강제집행의 정지는 그 집행으로 말미암아 보상할 수 없는 손해가 생기는 것을 소명한 때에만 할 수 있다(제500조 제2항).

이 다수설이지만, 판례는 항소장을 원심법원으로 송부하여 원심법원에 접수된 때에 적법한 항소가 제기된 것으로 보고 있다.[1] 구술이나 전화에 의한 항소 제기는 허용되지 않으나 전자접수에 의하여 항소를 제기할 수 있다.

항소장에는 당사자와 법정대리인, 제1심판결의 표시와 그 판결에 대하여 불복한다는 뜻의 항소의 취지를 반드시 기재해야 한다(제397조 제2항). 그러나 항소장에 불복의 범위와 항소이유를 반드시 기재할 필요는 없으며, 그 기재가 있으면 준비서면의 구실을 하게 된다(제398조). 항소장의 인지액은 소장의 1.5배이고(민사소송 등 인지법 제3조), 상소로써 불복하는 범위의 소송물가액을 기준으로 한다(민사소송 등 인지규칙 제25조).

### (2) 재판장의 항소장 심사

#### 1) 원심재판장에 의한 심사

항소장이 원심법원에 제출되면 원심재판장은 필요적 기재사항의 기재 여부, 인지의 납부 여부를 심사하여 그 흠결이 있으면 상당한 기간을 정하여 보정을 명하고(제399조 제1항), 항소인이 그 기간 내에 보정하지 않으면 명령으로 항소장을 각하해야 한다. 항소기간이 도과된 것이 분명하거나 항소권포기 등으로 제1심판결이 확정된 후 항소장이 제출되었음이 분명한 경우에도 마찬가지이다(동조 제2항).[2] 원심재판장의 항소장각하명령에 대해서는 즉시항를 할 수 있다(동조 제3항). 이 경우의 항고는 성질상 최초의 항고이므로 항고법원은 제2심법원이다.[3]

#### 2) 항소기록의 송부

항소장이 각하되지 않은 때에는 원심법원의 법원사무관 등은 항소장이 제출된 날부터 2주 이내에 항소기록에 항소장을 붙여 항소법원으로 보내야 하고(제400조 제1항), 원심재판장이 흠을 보정하도록 명한 때에는 그 흠이 보정된 날부터 1주 이내에 항소기록을 보내야 한다(동조 제2항). 원심법원으로부터 항소기록을 송부받은

---

1) 대법원 1981. 10. 13. 선고 81누230 판결; 2010. 12. 9. 선고 2007다42907 판결.
2) 대법원 2006. 5. 2. 자 2005마933 결정.
3) 대법원 1995. 5. 15. 자 94마1059 결정.

항소법원의 법원사무관 등은 즉시 당사자에게 항소기록 접수통지를 해야 한다(동조 제3항).

### 3) 항소심재판장의 재심사

항소장이 항소기록과 함께 항소법원으로 송부되면 항소심재판장이 항소장을 다시 심사한다. 항소장에 필요적 기재사항이 흠결되었거나 소정의 인지를 붙이지 않았음에도 원심재판장이 보정명령을 하지 않은 경우 또는 항소장부본을 송달할 수 없는 경우에는 항소심재판장은 항소인에게 상당한 기간을 정하여 그 흠결을 보정하도록 명해야 한다(제402조 제1항). 항소인이 기간 내에 보정을 하지 않거나 항소기간을 도과한 것이 분명한 경우에는 항소심재판장은 명령으로 항소장을 각하해야 한다(동조 제2항).[1] 항소장각하명령에 대해서는 즉시항고를 할 수 있다(동조 제3항). 항소장에 대한 항소심재판장의 심사 후 항소법원은 항소장부본을 피항소인에게 송달해야 한다(제401조).

## (3) 항소이유서의 제출

항소장에 항소이유를 적지 않은 때에는 항소인은 항소기록 접수통지를 받은 날부터 40일 이내에 항소이유서를 항소법원에 제출해야 한다(제402조의2 제1항). 항소법원은 항소인의 신청에 따른 결정으로 항소이유서 제출기간을 1회에 한하여 1개월 연장할 수 있다(동조 제2항). 항소인이 항소이유서 제출기간(제출기간이 연장된 경우에는 그 연장된 기간) 내에 항소이유서를 제출하지 않는 때에는 항소법원은 결정으로 항소를 각하해야 한다. 다만, 직권으로 조사해야 할 사유가 있는 때에는 그렇지 않다(제402조의3 제1항). 이러한 항소각하결정에 대해서는 즉시항고를 할 수 있다(동조 제3항).

---

1) 대법원 2011. 11. 11. 자 2011마1760 결정.

## 2. 부대항소

### (1) 의의

부대항소란 피항소인이 항소심절차에서 자기에게 유리하게 항소심의 심판범위를 확장하는 신청을 말한다. 예를 들어, 원고 일부승소 판결이 있었고 원고만이 자기 패소 부분에 대하여 항소한 경우에 피고는 항소기간이 도과하거나 항소권을 포기하는 등으로 항소를 할 수 없게 되더라도 원고가 제기한 항소에 부대하여 자기 패소 부분에 대하여 유리하게 원심판결의 변경을 구하는 신청을 할 수 있고, 또는 제1심에서 전부 승소한 피항소인도 항소심에서 청구취지를 확장하거나 반소를 제기하여 자기에게 유리하게 항소심의 심판범위를 확장할 수 있는데, 이것이 부대항소이다.

### (2) 성질

부대항소는 단순히 항소기각을 구하는 방어적 신청이 아닌 원심판결 이상으로 자기에게 유리한 판결을 구하는 공격적 신청이라고 할 수 있다. 부대항소는 공격적 신청 내지 특수한 공격방법이고 항소가 아니므로 항소기간이 도과한 이후에도 가능하고 항소의 이익을 요구하지 않는다. 부대항소는 상대방의 항소에 편승한 것뿐이고, 이에 의하여 항소심절차가 개시되는 것은 아니다.

### (3) 요건

#### 1) 피항소인이 항소인을 상대로 제기할 것

주된 항소가 적법하게 계속되어 있어야 하고, 주된 항소의 피항소인이 항소인을 상대로 제기해야 한다. 당사자 쌍방이 모두 항소를 제기한 경우에는 부대항소를 제기할 수 없다. 통상공동소송에서 피항소인이 아닌 다른 공동소송인이 부대항소를 제기하거나 항소인이 아닌 다른 공동소송인을 상대방으로 하여 부대항소를 제기하는 것은 허용되지 않는다. 통상공동소송은 공동소송인별로 각각 별개의 소송이 병합된 것에 불과하고, 공동소송인독립의 원칙에 따라 다른 공동소송인에 대한 판결은 분리되어 확정되었기 때문이다.

### 2) 변론종결시까지 할 것

부대항소는 항소심 변론종결시까지 제기해야 한다(제403조). 피항소인에게 항소장부본이 송달되기 전이라도 부대항소를 제기할 수 있고, 부대항소를 취하하더라도 변론종결시까지 다시 부대항소를 제기할 수 있다. 피항소인은 항소권의 포기나 항소기간의 도과로 항소권이 소멸된 경우에도 부대항소를 제기할 수 있다(제403조). 물론 부대항소권까지 포기한 경우에는 그렇지 않다.

### 3) 부대항소의 범위

피항소인이 부대항소를 할 수 있는 범위는 항소인이 항소로 불복을 제기한 범위에 의하여 제한되지 않는다. 따라서 제1심에서 전부 승소한 피항소인도 청구취지의 확장 또는 반소의 제기를 위하여 부대항소를 할 수 있다. 예를 들어, 제1심에서 원고의 구상금 청구가 전부 인용되었는데, 피고가 지연손해금 부분에 대해서만 항소를 제기하고 원금 부분에 대하여 항소를 제기하지 않았더라도 항소심에서 원고는 부대항소로 청구취지를 확장할 수 있다.[1]

## (4) 방식

부대항소장에는 항소장에 준하는 인지를 붙여야 한다. 부대항소장을 제출하지 않고 대신에 청구취지확장신청서나 반소장을 제출한 경우에도 상대방에게 불리하게 되는 한도에서 부대항소를 한 것으로 본다. 판례도 제1심에서 전부승소한 원고가 항소심에서 청구취지를 확장하였다면, 부대항소의 취지가 명시되어 있지 않더라도 피고에게 불리하게 되는 한도에서 부대항소를 한 것으로 볼 수 있다고 한다.[2] 부대항소가 되는 청구취지의 확장에는 청구금액을 증액하는 양적 확장은 물론이고 상환이행청구를 단순이행청구로 변경하는 질적 확장도 포함된다.[3]

---

1) 대법원 2003. 9. 26. 선고 2001다68914 판결; 1999. 11. 26. 선고 99므1596,1602 판결.
2) 대법원 1995. 6. 30. 선고 94다58261 판결; 1980. 7. 22. 선고 80다982 판결.
3) 대법원 1979. 8. 31. 선고 79다892 판결.

### (5) 효과

부대항소에 의하여 항소심의 심판범위가 확대되고, 그 범위에서 항소인에 대한 불이익변경금지원칙이 적용되지 않는다. 한편 부대항소는 상대방의 항소에 의존하는 것이므로 주된 항소의 취하 또는 부적법 각하에 의하여 효력을 잃는다(제404조 본문).[1] 그러나 독립하여 항소할 수 있는 기간 내에 제기한 부대항소는 독립된 항소로 보기 때문에 항소의 취하·각하에 의하여 영향을 받지 않는다(동조 단서). 이를 독립부대항소라고 한다. 독립부대항소는 독립된 항소로서의 요건을 갖추어야 하므로 항소의 이익이 있어야 하고, 항소권을 포기한 경우 등이 아니어야 한다.

피항소인이 항소심에서 청구를 변경하거나 반소를 제기한 경우 그에 의하여 항소인에게 불리하게 되는 한도에서 부대항소를 한 것으로 볼 수 있다.[2] 그러나 항소심에서 청구의 교환적 변경이 있으면 제1심판결은 교환적 변경에 의한 소취하로 소멸하므로 항소인이 항소를 취하하더라도 항소취하는 그 대상이 없어 아무런 효력이 발생하지 않는다.[3] 따라서 피항소인이 항소심에서 청구의 교환적 변경을 한 경우 종전 청구는 소취하로 소멸하였으므로 항소취하로 부대항소가 소멸하는 문제는 발생하지 않으며 항소심에서는 교환적으로 변경된 새로운 청구를 심판대상으로 하여 소송을 계속해야 한다. 한편 피항소인이 청구의 추가적 변경 또는 반소의 제기에 의하여 새로운 청구에 대한 심판을 구한 경우에도 이러한 청구는 항소의 대상이 아니었으므로 항소취하를 하더라도 영향을 받지 않는다. 따라서 피항소인이 항소심에서 청구의 추가적 변경 또는 반소로 제기한 새로운 청구에 대해서는 항소의 취하가 있더라도 관계없이 항소심은 이러한 청구를 심판대상으로 하여 소송을 계속해야 한다.

**사례 부대항소**

A는 B에 대하여 건물의 명도를 구하는 소송을 제기하였다. 제1심은 A의 청구를 인용하는 판결을 하였고, 이에 B가 불복하여 항소를 제기하였다.

---

1) 대법원 1995. 3. 10. 선고 94다51543 판결.
2) 대법원 2000. 2. 25. 선고 97다30066 판결.
3) 대법원 1995. 1. 24. 선고 93다25875 판결.

① 항소심에서 A는 건물명도시까지의 임대료 상당의 부당이득반환을 청구하기 위한 부대항소를 제기하고자 한다. 이러한 부대항소의 제기가 적법한지 설명하시오.

건물명도시까지의 임대료 상당의 부당이득반환청구는 건물명도청구의 부수물에 해당하므로 청구변경의 요건인 청구기초의 동일성이 인정된다. 항소심에서 청구를 변경하더라도 청구기초의 변경이 없어 피고의 방어권 행사나 심급의 이익을 해할 염려가 없으므로 상대방의 동의를 필요로 하지 않는다(대법원 1984. 2.14. 선고 83다카514 판결). 따라서 A는 항소심에서 B의 동의가 없더라도 건물명도시까지의 임대료 상당의 부당이득반환청구를 추가하는 청구의 변경을 할 수 있다.

부대항소는 공격적 신청 내지 특수한 구제방법이고 항소가 아니므로 항소기간이 도과한 후에도 가능하고, 항소의 이익이 요구되지 않으므로 제1심에서 전부승소한 피항소인이 청구의 변경 또는 반소 제기를 위해 부대항소를 할 수 있다. 따라서 전부승소한 A도 항소심에서 건물명도시까지의 임대료 상당의 부당이득반환을 추가로 청구하기 위한 부대항소를 제기할 수 있다.

② 만일 B가 항소를 취하하였다면 A가 제기한 부대항소는 어떻게 되는지 설명하시오.

부대항소는 상대방의 항소에 의존하는 은혜적인 것이기 때문에 주된 항소의 취하에 의하여 효력을 잃는다. 그러나 피항소인이 청구의 추가적 변경에 의하여 새로운 청구에 대한 심판을 구하는 경우 이러한 청구는 당초 항소의 대상이 아니었으므로 항소가 취하되더라도 영향을 받지 않는다. 따라서 B가 항소를 취하하더라도 A가 항소심에서 새로이 추가한 임대료 상당의 부당이득반환청구는 영향을 받지 않으며, 항소심은 이를 심판대상으로 하여 소송을 계속해야 한다.

## 3. 항소심의 심판

### (1) 항소심의 심리

#### 1) 항소요건의 직권조사

항소법원은 항소요건의 존부에 관하여 직권조사를 해야 한다. 조사결과 항소요건을 흠결한 부적법한 항소로서 흠결을 보정할 수 없는 경우에는 변론 없이 판결로 항소를 각하할 수 있다(제413조). 예를 들어, 불항소합의를 하였음에도 제기한 항소, 전부 승소한 판결에 대한 항소, 소송계속 전에 이미 사망한 사람을 당사자로 한 판결에 대한 상소[1] 등에 대해서는 변론 없이 판결로 항소를 각하할 수 있다. 그러나 항소요건의 흠결을 보정할 수 있는 경우에는 상당한 기간을 정하여 보정을 명해야 하고, 항소인이 그 기간 내에 보정을 하지 않으면 항소를 각하해야 할 것이다.

#### 2) 본안의 심리

##### (가) 항소심 변론의 범위

항소가 적법하면 항소가 이유 있는지 본안심리를 한다. 항소심의 심판대상으로서 변론의 범위는 항소인이 제1심판결의 변경을 청구하는 한도, 즉 불복신청의 범위 내이고(제407조 제1항), 항소심은 그 불복의 한도 내에서 판결을 한다(제415조 본문). 항소인은 항소의 이익이 있는 한 항소심 변론종결시까지 항소취지의 확장을 통하여 불복의 범위를 넓힐 수 있고, 피항소인도 부대항소에 의하여 항소심의 심판범위를 넓힐 수 있다.

##### (나) 변론의 갱신

당사자는 제1심의 재판자료를 항소심에 상정할 필요가 있다. 이를 위하여 불복신청을 하는데 필요한 범위 내에서 제1심 변론의 결과를 진술해야 한다(제407조 제2항). 이처럼 항소가 제기되면 변론을 갱신해야 한다. 제1심 변론결과의 진술은 당사자가 사실상·법률상 주장, 정리된 쟁점 및 증거조사의 요지 등을 진술하거나 법원이 당사자에게 해당 사항을 확인하는 방식으로 할 수 있다(민사소송규칙 제127조의2).

변론의 갱신은 출석한 당사자의 일방만이 하여도 되지만,[2] 변론결과의 일부만을 분리하여 진술할 수 없다. 판례는 당사자나 대리인이 항소심 변론기일에 출석하여 소송관계를 표명하고 증거조사결과에 대하여 진술하였다면, 제1심에서 이루어진 모든 공격방어방법과 증거조사의 결과를 원용한 것이 되고, 그럼으로써 비록

---

1) 대법원 2000. 10. 27. 선고 2000다33775 판결; 1971. 2. 9. 선고 69다1741 판결.

2) 항소심에서 당사자 일방이 적법한 소환을 받고도 출석하지 않은 때에는 출석하지 않은 당사자가 소장, 답변서 기타 준비서면 또는 변론조서에 기재된 사항을 진술한 것으로 간주하고 출석한 상대방에게 변론을 명하여 이를 기초로 판결할 수 있다(대법원 1951. 4. 17. 선고 4282민상114 판결; 1960. 6. 3. 선고 4292민상805 판결).

제1심에서 적법한 소송대리인이 아닌 사람이 소송행위를 하는 등 하자가 있었더라도 그러한 하자는 모두 치유되었다고 볼 것이라고 한다.[1)]

(다) 변론갱신권

항소심에서 당사자는 변론종결시까지 종전의 주장을 보충·정정하고 새로운 공격방어방법을 제출할 수 있다(제408조). 이를 당사자의 변론갱신권이라고 한다. 항소심은 속심적 구조를 취하고 있으므로 당사자는 항소심에서 새로운 공격방어방법을 제출할 수 있는 변론갱신권을 갖는다. 그러나 당사자의 변론갱신권을 아무런 제한 없이 인정하게 되면 제1심에서 충분한 변론이 이루어지지 않고 심리의 중점이 항소심으로 옮겨지는 결과가 초래되어 소송이 지연되고 실체적 진실의 발견을 곤란하게 할 우려가 있다. 따라서 당사자의 변론갱신권에 대해서는 합리적인 제한이 필요하다. 입법론적으로는 항소이유를 법률문제 및 제한된 범위의 사실오인 문제로 한정하고 항소심의 심판대상을 항소이유서 기재사항으로 한정하자는 견해가 주장되고 있으나, 현행법상 채택되어 있지 않다. 적시제출주의(제146조), 재정기간제도(제147조), 실기한 공격방어방법의 각하(제149조)는 항소심에도 적용되고, 제1심의 변론준비절차는 항소심에서도 그 효력을 가지므로 변론준비기일에 제출하지 않은 공격방어방법에 대해서는 항소심의 변론에서도 제출할 수 없는 실권효가 미친다(제410조 및 제258조). 이러한 규정에 의하여 당사자의 변론갱신권이 제한될 수 있다.

### (2) 항소심의 재판

#### 1) 항소장각하

항소장의 방식 위반(제397조), 항소기간의 도과, 항소장 송달불능의 경우에는 재판장의 명령으로 항소장을 각하한다. 항소장의 방식 위반과 항소기간의 도과를 이유로 한 항소장각하는 원심재판장도 할 수 있다. 다만, 항소장부본이 송달된 후에는 판결로 항소를 각하해야 한다. 따라서 항소장부본은 송달되었으나 이후 변론기

---

1) 대법원 1987. 12. 22. 선고 87다카1458 판결; 1980. 7. 22. 선고 79다2148 판결.

일소환장이 송달불능이 된 경우에는 비록 주소보정명령에 따르지 않았다고 하더라도 명령으로 항소장을 각하할 수는 없다.[1] 판례는 항소장이 송달되지 않았더라도 소송기록에 있는 피항소인의 다른 주소로 송달을 시도해 보지 않은 채 곧바로 주소보정을 명하고 이에 응하지 않았다고 항소장을 각하하는 것은 잘못이라고 한다.[2]

#### 2) 항소각하

##### (가) 항소요건의 흠결

항소요건에 흠결이 있어 항소가 부적법한 경우 항소법원은 판결로써 항소를 각하해야 한다. 항소요건에는 적극적 요건으로 항소의 대상적격, 방식에 맞는 항소제기, 항소기간의 준수, 항소의 이익 등이 있고, 소극적 요건으로 항소권의 포기나 불항소합의 등이 없을 것 등이 있다. 항소장의 방식 위반, 항소기간의 도과, 항소장 송달불능의 경우에는 재판장은 명령으로 항소장을 각하할 수 있지만, 항소장부본이 피항소인에게 송달된 뒤에는 법원이 판결로 항소를 각하해야 한다. 항소요건의 흠결을 보정할 수 있는 경우에는 상당한 기간을 정하여 보정을 명해야 하고, 항소인이 그 기간 내에 보정을 하지 않으면 항소를 각하해야 할 것이다. 그러나 흠결을 보정할 수 없는 경우에는 변론 없이 판결로 항소를 각하할 수 있다(제413조).

##### (나) 항소이유서 부제출

항소장에 항소이유를 적지 않은 때에는 항소인은 항소기록 접수통지를 받은 날부터 40일 이내에 항소이유서를 항소법원에 제출해야 한다(제402조의2 제1항). 그때까지 항소이유서를 제출하지 않으면 항소법원은 결정으로 항소를 각하해야 한다. 다만, 직권으로 조사해야 할 사유가 있는 때에는 그렇지 않다(제402조의3 제1항). 이러한 항소각하결정에 대해서는 즉시항고를 할 수 있다(동조 제2항).

#### 3) 항소기각

항소가 이유 없는 경우, 즉 제1심판결이 정당한 경우에는 항소기각판결을 한다

---

1) 대법원 1995. 5. 3. 자 95마337 결정.
2) 대법원 2014. 4. 16. 자 2014마4026 결정.

(제414조 제1항). 항소이유대로 제1심판결의 이유가 정당하지 않더라도 다른 이유에 의하여 항소심의 결론이 제1심판결의 주문과 일치하는 경우에도 판결이유 중의 판단에는 기판력이 생기지 않으므로 항소기각판결을 한다(제414조 제2항). 예를 들어, 대여금청구사건에서 제1심이 금전소비대차사실이 인정되지 않는다고 하여 원고의 청구를 기각하였으나, 항소심에서는 금전소비대차사실은 인정되지만 소멸시효의 항변이 이유 있어 청구를 기각할 경우라면, 판결이유는 다르나 원고의 청구를 배척함에는 제1심판결과 결론이 같으므로 항소기각을 해야 한다.

그러나 상계항변에 의하여 승소한 피고가 항소를 한 경우에 항소법원에서 상계에 의할 필요 없이 변제의 항변 등 다른 이유로 원고의 청구를 기각할 수 있다고 판단하는 경우 원판결을 취소하고 청구기각판결을 선고해야 한다. 상계의 항변에 관한 판결이유 중의 판단에는 기판력이 생기므로 결론은 같은 청구기각이지만 기판력의 객관적 범위가 달라지기 때문이다. 즉, 형식적으로는 판결주문이 일치하지만, 기판력이 미치는 범위가 달라지므로 항소기각판결을 해서는 안 되고, 원심판결을 취소하고 청구기각판결을 해야 한다.

#### 4) 항소인용

항소가 이유 있는 경우, 즉 제1심판결이 정당하지 않거나 제1심판결의 절차가 법률에 어긋난 경우에는 항소법원은 제1심판결을 취소해야 한다(제416조, 제417조). 제1심판결이 실체법적인 사유로 부당한 경우뿐만 아니라 절차법적으로 어긋난 경우에도 취소사유가 된다. 판결의 절차가 법률에 어긋난 경우란 판결의 성립과정에 흠결이 명백하여 그 존립 자체에 의문이 있는 경우를 말한다.[1] 예를 들어, 변론에 관여하지 않은 법관이 서명날인한 판결,[2] 변론기일소환장의 송달이 부적법하고 당사자 일방이 출석하지도 않은 상태에서 변론기일을 진행하였으며 판결선고기일소환장도 송달하지 않고 이루어진 판결[3] 등이 여기에 해당한다.

항소가 이유 있는 경우 항소법원은 판결로써 제1심판결을 취소한 후 스스로 제1심에 갈음하여 종국적 해결의 재판을 하거나 원판결 법원으로 환송(還送) 또는 이

1) 이시윤, 882면.
2) 대법원 1971. 3. 23. 선고 71다177 판결.
3) 대법원 2004. 10. 15. 선고 2004다11988 판결.

송(移送)한다. 항소심은 사실심이므로 스스로 종국적 해결의 재판, 즉 자판(自判)을 하는 것이 원칙이다. 그러나 취소할 제1심판결이 소각하판결인 경우에는 제1심에서 본안심리가 행해지지 않았기 때문에 심급의 이익을 보장하기 위하여 사건을 제1심법원으로 환송해야 한다(제418조 본문). 이를 필수적 환송이라고 한다. 다만, 제1심에서 본안판결을 할 수 있을 정도로 심리가 된 경우 또는 당사자의 동의가 있는 경우에는 항소법원이 스스로 본안판결을 할 수 있다(동조 단서).[1)]

항소법원이 재량에 의하여 임의로 사건을 제1심법원으로 환송하는 임의적 환송은 현행법상 인정되고 있지 않다. 환송받은 제1심법원이 다시 심판할 경우 항소법원이 취소의 이유로 한 법률상 및 사실상의 판단에 기속된다(법원조직법 제8조). 이 기속력은 상고법원의 환송판결의 기속력(제436조 제2항)과 그 법적 성질 및 효과가 동일하다. 한편 전속관할위반을 이유로 원심판결을 취소하는 경우에는 원심법원으로 환송하는 것이 아니라 직접 관할권 있는 제1심법원으로 사건을 이송해야 한다(제419조). 당사자는 항소심에서 제1심법원의 임의관할위반을 주장하지 못하므로 임의관할위반은 제1심판결의 취소사유가 아니다(제411조).

## 4. 불이익변경금지의 원칙

### (1) 의의

항소심은 당사자로부터 불복신청된 범위 내에서 심판해야 한다. 이는 처분권주의에 따른 당연한 결과이다. 그리하여 상대방으로부터 항소나 부대항소가 없는 한 항소인에게 불복신청한 범위를 넘어서 제1심판결보다 더 불리하게 변경할 수 없다(불이익변경금지). 불이익변경금지의 원칙에 따라 항소인에게 불리하게 변경할 수 없는 경우에는 항소기각판결을 해야 한다. 따라서 항소인은 아무리 불리해도 항소기각판결을 받는 데 그친다. 예를 들어, 원고가 1억원의 손해배상을 청구하여 7천만원이 인용되었는데, 원고만이 항소한 경우 항소심의 심판범위는 원고가 불복한

---

1) 대법원 2013. 8. 23. 선고 2013다28971 판결.

패소 부분 3천만원에 한정되므로 항소법원이 손해배상으로 5천만원만 인정되는 것으로 판단하여도 항소기각을 할 수 있을 뿐이고, 불복하지 않은 원고의 승소 부분인 7천만원까지 취소하고 5천만원을 인용하는 판결을 할 수 없다.

한편 항소인이 불복신청한 범위를 넘어서 제1심판결보다 유리하게 변경할 수도 없다(이익변경금지). 예를 들어, 원고가 소유권이전등기말소청구와 금전지급청구 모두 패소하였는데, 그중 소유권이전등기말소청구에 대해서만 항소한 경우에 불복하지 않은 금전지급청구까지 심판대상으로 하여 이유 있다고 원고에게 유리하게 판단하는 것은 허용되지 않는다.[1] 불이익변경금지의 원칙은 이익변경의 금지까지 포함하는 의미이다. 결국 항소인이 불복하지 않은 부분에 대해서는 불이익으로든 이익으로든 변경할 수 없다.

### (2) 불이익변경 여부의 판단기준

불이익하게 변경된 것인지는 기판력의 범위를 기준으로 판단한다. 따라서 제1심판결 주문의 불리한 변경이 문제되는 것이지 판결이유의 변경은 항소인에게 불이익한 변경이 되어도 상관없다. 그러나 피고의 상계항변은 예외이다. 상계항변은 판결이유에서 판단하지만 기판력이 인정되기 때문이다. 피고의 상계항변을 인정하여 원고청구기각의 판결을 하였는데, 원고만이 항소한 경우에 그 불복범위는 상계항변으로 주장한 반대채권의 존부에 한정되고 소구채권의 존부는 항소심의 심판대상이 아니다. 따라서 항소심에서 원고 주장의 소구채권이 부존재하는 것으로 판단되어도 반대채권이 존재한다면, 제1심판결과 동일한 이유를 달아 항소기각판결을 해야 하는 것이고 제1심판결을 취소하고 원고청구기각판결을 하거나 소구채권의 부존재를 이유로 항소기각판결을 하는 것은 불이익변경금지원칙에 반하여 허용되지 않는다. 만일 반대채권이 존재하지 않는다면, 소구채권의 존부를 떠나서 제1심판결을 취소하고 원고청구인용판결을 해야 한다.

한편 위의 사례에서 피고만이 항소한 경우에는 원고 주장의 소구채권의 존부만이 항소심의 심판대상이 되므로 소구채권이 존재하지 않는다면 반대채권의 존부를

1) 대법원 1994. 12. 23. 선고 94다44644 판결; 2014. 12. 24. 선고 2012다116864 판결.

떠나 제1심판결을 취소하고 원고청구기각판결을 해야 한다. 이 경우 피고가 상계항변으로 주장한 반대채권이 존재하지 않는다고 하여 피고의 상계항변을 배척하면서 항소기각판결을 하는 것은 불이익변경금지원칙에 위배되어 허용되지 않는다.

공동소송에서는 불이익변경 여부를 공동소송인별로 개별적으로 판단해야 한다.[1] 공동소송은 공동소송인별로 각각 별개의 소송이 병합된 것에 불과하기 때문이다. 원금채권과 지연손해금채권은 별개의 소송물이므로 양자를 합산한 전체 금액을 기준으로 불이익변경 여부를 판단할 것이 아니라 각각 따로 비교하여 판단해야 한다. 따라서 원금과 지연손해금의 지급을 명한 제1심판결에 대하여 피고만이 항소하였는데, 항소심 심리 결과 지연손해금은 제1심보다 줄고 원금이 늘어난 경우 지연손해금은 줄어든 만큼 항소인용을 하고 원금 부분은 항소기각을 해야 한다.[2] 동시이행판결에 대하여 원고만이 항소한 경우 원고가 반대급부를 제공하지 않으면 판결에 따른 집행을 할 수 없으므로 비록 반대급부의 존부 및 수액에 관하여 기판력이 생기지 않더라도 반대급부의 내용이 원고에게 불리하게 변경된 경우에는 불이익변경금지의 원칙에 반하게 된다.[3] 판례는 소각하판결에 대하여 원고만이 항소한 경우에 항소심에서 소는 적법하나 본안의 이유가 없어 청구기각할 사안이라고 판단되더라도 청구기각판결을 하는 것은 항소인에게 불리하므로 항소기각을 해야 한다고 한다.[4]

### (3) 예외

#### 1) 직권조사사항

불이익변경금지의 원칙은 처분권주의에 근거하여 인정되는 것이므로 직권조사사항인 소송요건의 흠결이나 판결절차의 위반 등의 경우에는 이 원칙이 적용되지 않는다.[5] 따라서 제1심에서 일부패소한 당사자가 항소한 경우에도 항소심

---

1) 대법원 2005. 8. 19. 선고 2004다8197 판결.
2) 대법원 2005. 4. 29. 선고 2004다40160 판결.
3) 대법원 2005. 8. 19. 선고 2004다8197 판결.
4) 대법원 2001. 9. 7. 선고 99다50392 판결.
5) 이시윤, 887면.

에서 소송요건이 흠결되었거나 전속관할위반이라고 판단되는 때에는 그 전부를 취소하고 소를 각하하거나 관할법원으로 이송해야 한다. 또한 법원이 직권으로 할 수 있는 소송비용의 재판이나 가집행선고에도 이 원칙이 적용되지 않는다. 예를 들어, 가집행선고가 붙지 않은 제1심판결에 대하여 피고만이 항소한 경우에 항소심에서 항소를 기각하면서 가집행선고를 붙여도 불이익변경금지의 원칙에 반하지 않는다.[1]

### 2) 형식적 형성소송

처분권주의가 제한되는 형식적 형성소송, 예를 들어, 토지경계확정소송이나 공유물분할청구소송에서도 이 원칙이 적용되지 않는다. 그리하여 항소법원은 제1심판결이 정한 경계선이나 분할방법이 정당하지 않다고 판단하는 경우에는 달리 정할 수 있으며, 그것이 항소인에게 불리하여도 무방하다.

### 3) 합일확정이 요청되는 공동소송

합일확정이 요청되는 필수적 공동소송이나 예비적·선택적 공동소송 또는 독립당사자참가소송에서도 이 원칙이 적용되지 않으며, 항소하지 않은 당사자에게도 항소의 효력이 미치고 제1심판결보다 불리하거나 유리하게 판결이 날 수 있다.

### 4) 항소심에서 상계항변이 인정된 경우

항소심에서 피고의 상계항변이 이유 있다고 인정된 경우에도 예외이다(제415조 단서). 예를 들어, 피고의 변제항변을 일부 인정하여 일부 패소판결을 받은 원고만이 항소한 경우에 항소심에서 피고의 변제항변은 전부 이유 없지만 상계항변이 이유 있는 것으로 인정된다면, 제1심의 원고승소 부분마저 취소되어 원고의 청구가 전부 기각될 수 있다.

---

1) 대법원 1998. 11. 10. 선고 98다42141 판결; 1991. 11. 8. 선고 90다17804 판결.

**사례 상계와 불이익변경의 금지**

A는 B를 상대로 대여금 5천만원의 지급을 구하는 소를 제기하였다. 이에 대하여 B는 변제항변을 하면서 예비적으로 A에 대하여 매매대금으로 5천만원을 받을 채권이 있다고 주장하며 상계항변을 하였다.

① 제1심에서 B의 상계항변이 인정되어 A의 청구가 전부 기각된 경우에 B가 불복하여 항소할 수 있는지 설명하시오.

전부승소한 당사자는 상소의 이익이 없다. 그러나 상계항변에 의하여 전부 승소한 피고는 원고의 소구채권의 부존재를 이유로 승소한 것보다 결과적으로 불이익이 되기 때문에 상소의 이익이 인정된다. 따라서 B는 상계항변이 인정되어 전부 승소한 제1심판결에 대하여 소구채권의 부존재를 이유로 항소할 수 있다.

② 만일 제1심에서 B가 상계항변으로 주장한 매매대금 5천만원 중 3천만원만 인정하여 A의 청구금액 중에서 2천만원을 인용하는 판결을 하였다고 가정하고, 이에 대하여 B는 불복하지 않고 A만 항소를 하였다. 항소심에서 심리한 결과 A 주장의 대여금채권이 부존재하는 것으로 인정된다면, 항소법원은 어떻게 판단을 해야 하는지 설명하시오.

피고의 상계항변을 인정하여 원고의 청구를 기각하는 판결을 하였는데, 원고만이 항소한 경우에 그 불복범위는 반대채권의 존부에 한정되고 소구채권의 존부는 항소심의 심판대상이 아니다. 따라서 항소심에서 A의 대여금채권이 부존재하는 것으로 판단되어도 B의 매매대금채권이 존재한다면, 제1심판결을 취소하고 A의 청구를 기각하는 판결을 하는 것은 불이익변경금지원칙에 반하여 허용되지 않으며 제1심판결과 동일한 이유를 달아 항소기각판결을 해야 한다. 만일 B의 매매대금채권이 부존재한다면 A의 대여금채권의 존부를 떠나서 제1심판결을 취소하고 A의 청구를 인용하는 판결을 해야 한다.

## 5. 항소의 취하

### (1) 의의

항소의 취하는 항소인이 항소의 신청을 철회하는 소송행위이다. 항소를 취하하면 항소를 제기하지 않았던 것과 같은 상태로 된다. 이 점에서 소제기 자체의 효과를 소멸시키는 원고의 소취하와 구별된다. 항소심 변론종결 전까지 항소를 취하하면 항소인은 항소장에 붙인 인지액의 2분의 1에 해당하는 금액을 환급받을 수 있다(민사소송 등 인지법 제14조 제1항 제2호).

### (2) 요건

#### 1) 허용시기

항소의 취하는 항소심의 종국판결선고 전까지 할 수 있다(제393조 제1항). 소의 취하가 종국판결선고 후에도 확정될 때까지 가능한 것과 구별된다. 항소심의 종국판결이 상고심에서 파기되어 사건이 다시 항소심으로 환송된 경우에도 종전의 종국판결은 효력을 잃고 종국판결이 없었던 것과 같은 상태로 돌아가므로 새로운 종국판결이 있기까지 항소인은 항소를 취하할 수 있다.[1]

#### 2) 허용범위

항소의 일부 취하는 허용되지 않는다. 항소의 제기는 항소불가분의 원칙에 따라 청구 전부에 미치기 때문이다. 통상공동소송에서는 공동소송인독립의 원칙에 따라 공동소송인 가운데 일부의 또는 일부에 대한 항소를 취하할 수 있다. 그러나 필수적 공동소송에서는 합일확정이 요구되어 공동소송인 전원의 또는 전원에 대한 항소를 취하해야 한다. 보조참가인은 피참가인이 제기한 항소를 취하할 수 없지만, 보조참가인 자신이 제기한 항소에 대해서는 피참가인의 동의가 있으면 취하할 수 있다. 독립당사자참가에서 패소한 두 당사자가 항소하였다가 그중 1인이 항소를 취하하여도 취하의 효력이 발생하지 않으나, 패소당사자 중 1인만 항소하였다가 취하한 경우에는 항소가 소급하여 소멸한다.[2] 항소의 취하는 직권탐지주의에 의하는 절차에서도 허용된다.

#### 3) 상대방의 동의 여부

항소의 취하에는 어느 때나 상대방의 동의가 필요 없다.[3] 항소가 취하되면 원

---

1) 대법원 1995. 3. 10. 선고 94다51543 판결.
2) 김홍엽, 1060면; 이시윤, 869면.

심판결이 확정되므로 상대방인 피항소인에게 불리할 것이 없기 때문이다. 그러나 증권관련 집단소송에서 항소를 취하하려면 법원의 허가를 필요로 한다(증권관련 집단소송법 제38조 제1항, 제35조).

### (3) 방식

항소의 취하는 서면으로 해야 한다. 다만, 변론(준비)기일에 구술로 할 수 있다(제393조 제2항 및 제266조 제3항). 항소의 취하는 항소법원에 해야 하나, 소송기록이 원심법원에 있을 때에는 원심법원에 해야 한다(민사소송규칙 제126조). 항소장이 송달된 후에는 항소취하의 서면을 상대방에게 송달해야 하고(제393조 제2항 및 제266조 제4항), 기일에 구술로 항소를 취하한 경우 상대방이 기일에 출석하지 않은 때에는 그 기일의 조서등본을 송달해야 한다(제393조 제2항 및 제266조 제5항). 서면에 의하여 항소를 취하할 경우 항소취하의 효력이 발생하는 것은 항소취하의 서면이 항소법원에 제출된 때이고 항소취하의 서면이 상대방에게 송달된 때가 아니다.[1]

### (4) 효과

항소취하에 의하여 항소는 소급적으로 그 효력을 잃고 항소심절차는 종료된다. 원판결을 소급적으로 소멸시키는 소의 취하와 달리 항소의 취하는 원판결에 영향을 미치지 않으며 그에 의하여 원판결은 확정된다. 항소를 취하한 후에도 항소기간이 남아있는 경우에는 상대방은 물론 항소인도 다시 항소를 제기할 수 있다. 이 점에서 다시 항소를 제기할 수 없는 항소권의 포기와 구별된다. 다만, 항소심에서 청구의 교환적 변경이 있는 경우에는 제1심판결의 대상인 구청구가 취하되어 소멸하므로 그 후에 항소를 취하하여도 항소취하는 그 대상이 없어 아무런 효력이 발생하지 않는다.[2] 2회에 걸쳐 항소심 변론기일에 당사자 쌍방이 불출석하고 1월 내

---

3) 대법원 1971. 10. 22. 선고 71다1965 판결.

1) 적법한 항소취하서가 항소법원에 제출되면 그때 취하의 효력이 발생하여 항소의 효과는 소급하여 소멸한다. 제393조 제2항에서 제266조 제4항을 준용하여 항소취하서를 상대방에게 송달하도록 한 취지는 항소취하를 상대방에게 알려주라는 뜻이지 그 통지를 항소취하의 요건 내지 효력에 관한 규정이라고 볼 수 없다(대법원 1980. 8. 26. 선고 80다76 판결).

에 기일지정신청이 없거나 그 신청에 의하여 정해진 기일에 출석하지 않은 때에는 항소가 취하된 것으로 간주한다(제268조 제4항).

# Ⅲ. 상고

## 1. 상고의 제기

### (1) 상고장의 제출

상고를 제기하기 위해서는 상고기간 내에 상고장을 항소법원에 제출해야 한다. 상고장이 제출되면 원심재판장이 필요적 기재사항의 기재 여부, 인지의 납부 여부를 심사하여 그 흠결이 있으면 상당한 기간을 정하여 보정을 명하고(제425조 및 제399조 제1항), 상고인이 그 기간 내에 보정하지 않으면 명령으로 상고장을 각하해야 한다. 상고기간을 도과한 것이 분명한 경우에도 명령으로 상고장을 각하한다(제425조 및 제399조 제2항). 원심재판장의 상고장각하명령에 대해서는 즉시항고를 할 수 있다(제425조 및 제399조 제3항).

상고장이 소송기록과 함께 상고법원에 송부되면, 상고법원의 법원사무관 등은 당사자에게 소송기록접수의 통지를 하고(제426조), 상고심재판장은 상고장을 다시 심사한다. 상고장에 필요적 기재사항이 흠결되었거나 소정의 인지를 붙이지 않았음에도 원심재판장이 보정명령을 하지 않은 경우 또는 상고장 부본을 송달할 수 없는 경우에는 상고심재판장은 상고인에게 상당한 기간을 정하여 그 흠결을 보정하도록 명해야 한다(제425조 및 제402조 제1항). 상고인이 기간 내에 보정을 하지 않거나 상고기간을 도과한 것이 분명한 경우에는 상고심재판장은 명령으로 상고장을 각하한다(제425조 및 제402조 제2항). 상고심재판장의 상고장각하명령에 대해서는 즉시항고를 할 수 없다. 상고장에 대한 상고심재판장의 심사 후 상고법원은 상고장부본을 피상고인에게 송달해야 한다(제425조 및 제401조).

---

2) 대법원 1995. 1. 24. 선고 93다25875 판결.

### (2) 상고이유서의 제출

상고인이 상고장에 상고이유를 기재하지 않은 때에는 소송기록의 접수통지를 받은 날로부터 20일 이내에 상고법원에 상고이유서를 제출해야 한다(제427조). 제출기간 내에 상고이유서를 제출하지 않은 때에는 상고법원은 변론 없이 상고를 기각해야 한다. 다만, 직권조사사항이 있는 경우에는 상고이유서를 제출하지 않았다고 상고기각을 할 수 없다(제429조). 상고이유서 제출기간은 법정기간이지만 불변기간이 아니다. 따라서 당사자가 책임질 수 없는 사유로 제출기간을 준수하지 못하였다고 하더라도 추후보완이 허용되지 않는다.[1] 다만, 상고이유서 제출기간을 늘리는 것은 가능하다. 당사자가 책임질 수 없는 사유로 인하여 상고이유서 제출기간을 도과하여 상고기각판결이 확정된 경우에는 재심의 소를 제기하여 구제받을 수 있다. 판례는 우편집배원의 배달착오로 상고인이 소송기록접수통지서를 송달받지 못하여 상고이유서 제출기간 내에 상고이유서를 제출하지 못한 경우에는 대리권의 흠결이 있는 때에 준하여 재심의 소를 제기할 수 있다고 한다.[2]

상고법원의 판단대상이 되는 상고이유는 상고이유서 제출기간 내에 제출된 것에 한하고, 기간 경과 후에 제출된 것은 이미 제출한 상고이유서를 보충하는 한도 내에서만 판단의 대상이 된다. 그러나 직권조사사항 또는 기간 경과 후에 새로운 상고이유가 생긴 경우에는 그 후에도 추가 제출할 수 있다.[3] 상고이유를 기재함에는 원심판결의 어떤 점이 법령에 어떻게 위반되었는지 구체적이고도 명시적인 이유를 적시해야 하고, 원심판결이 대법원의 판례와 상반됨을 주장하는 때에는 그 판례를 구체적으로 명시해야 한다. 상고이유서에 구체적이고도 명시적인 이유의 기재가 없는 때에는 상고이유서를 제출하지 않은 것으로 취급한다.[4] 또한 상고이유는 상고장에 기재하거나 상고이유서라는 독립된 서면으로 해야 하고, 하급심에서 제출한 소장, 준비서면, 항소이유서 등 다른 서면의 기내내용을 단순히 원용하는 것은 허용되지 않는다.[5]

---

1) 대법원 1981. 1. 28. 자 81사2 결정.
2) 대법원 1998. 12. 11. 선고 97재다445 판결.
3) 대법원 2006. 12. 8. 선고 2005재다20 판결; 1998. 3. 27. 선고 97다55126 판결.
4) 대법원 2011. 4. 14. 선고 2008다14633 판결; 1998. 3. 27. 선고 97다55126 판결.

### (3) 부대상고

피상고인은 상고에 부대하여 원판결을 자기에게 유리하게 변경할 것을 신청할 수 있다. 이를 부대상고라고 한다. 법률심인 상고심에서는 청구의 변경이나 반소가 허용되지 않으므로 부대항소와 달리 전부승소한 사람은 부대상고를 할 수 없다. 판례는 부대상고를 제기할 수 있는 기한은 항소심의 변론종결시에 해당하는 상고이유서 제출기간이 만료하는 때까지이고, 그 제출기간 내에 부대상고이유서를 제출해야 한다고 한다.[1] 상고이유서 제출기간을 경과한 후 제기한 부대상고는 부적법하므로 각하해야 하고,[2] 제출기간 내에 부대상고를 제기하였으나 부대상고이유서를 제출하지 않은 경우에는 부대상고를 기각해야 한다.[3]

## 2. 상고이유

### (1) 일반적 상고이유

상고심은 법률심이므로 법령위반만이 상고이유가 되고, 사실인정의 과오는 상고이유가 되지 않는다. 법령위반의 법령에는 헌법, 법률, 명령, 규칙은 물론이고, 국내법적인 효력을 갖는 조약이나 협정, 판결의 준거가 된 외국법이나 관습법 등도 포함된다. 경험법칙도 법령과 마찬가지로 사실판단의 대전제가 되므로 여기에 포함된다.[4]

#### 1) 법령위반의 원인

법령위반은 위반의 원인을 기준으로 법령해석의 과오와 법령적용의 과오로 구분할 수 있다. 전자는 법령의 내용이나 효력을 잘못 이해한 경우를 말하고, 후자는 법령의 해석에는 잘못이 없으나 구체적인 사건에 법령을 잘못 적용한 경우를 말한

5) 대법원 2008. 1. 24. 선고 2007두23187 판결; 1991. 10. 11. 선고 91다22278 판결.

1) 대법원 2007. 4. 12. 선고 2006다10439 판결; 2004. 9. 24. 선고 2004다7286 판결.

2) 대법원 2010. 11. 11. 선고 2010두14534 판결.

3) 대법원 2006. 10. 13. 선고 2006다39720 판결.

4) 대법원 1971. 11. 15. 선고 71다2070 판결.

다. 법령적용의 과오(법률문제)와 사실인정의 과오(사실문제)는 그 구별이 쉽지 않다. 구체적 사실의 존부는 사실문제이지만, 사실에 대한 평가적 판단, 예를 들어 과실, 선량한 풍속, 정당한 사유, 신의칙 위반 등 불확정개념의 법률요건에 해당하는지에 대한 판단은 법률문제이다. 증거가치의 평가는 사실문제이나, 사실추정의 법리 또는 논리법칙·경험법칙의 위반 여부는 법률문제이다.[1] 법률행위와 관련하여 의사표시의 존부 및 내용의 인정 자체는 사실문제이나, 그에 기하여 어떠한 법률효과를 인정할 것인가는 법률문제이다.[2]

### 2) 법령위반의 형태

법령위반은 형태를 기준으로 판단상 과오와 절차상 과오로 구분할 수 있다. 전자는 법률판단이 부당하여 청구의 당부 판단에 잘못을 초래한 경우를 말하고, 후자는 절차법규를 위반한 경우를 말한다. 법령의 올바른 적용은 법원의 직책이므로 법원은 당사자 주장의 상고이유에 구속됨이 없이 법률판단의 과오 유무를 직권으로 조사해야 한다(제434조). 따라서 상고이유로 한 법령위반이 있어도 원심판결이 다른 이유로 결론에 있어서 정당한지를 심사해야 하고, 상고이유로 주장한 법령위반 이외의 다른 법령위반 여부도 심사하여 상고인이 주장한 것과 다른 판단상의 과오를 이유로 원심판결을 파기할 수 있다.[3]

절차법규 가운데 훈시규정을 위반한 경우는 상고이유가 되지 않으며, 임의규정 위반의 경우에 당사자가 이의권을 포기·상실하였으면 절차상 과오에 해당하지 않는다. 절차상 과오는 판결에 잠재적으로 존재하여 발견하기 쉽지 않으므로 직권조사사항에 대해서는 당사자가 상고이유로 주장하지 않은 사항에 대해서도 당연히 조사해야 하지만(제434조), 직권조사사항이 아닌 경우에는 당사자가 상고이유로 주장한 사항에 한하여 조사한다(제431조). 판례는 심리미진도 상고이유가 된다고 하는데,[4] 이것은 법령의 해석·적용 이전의 단계에서 필요한 심리를 다하고 변론을

---

1) 증거의 취사와 사실의 인정은 사실심의 전권에 속하는 것으로서 이것이 자유심증주의의 한계를 벗어나지 않는 한 적법한 상고이유로 삼을 수 없다(대법원 2006. 6. 29. 선고 2005다11602 판결; 2005. 7. 15. 선고 2003다61689 판결).

2) 대법원 2011. 1. 13. 선고 2010다69940 판결.

3) 이시윤, 896면.

4) 유류분액 및 그 침해액을 산정하기 위해서는 유류분 산정의 기초가 되는 전 재산의 가액에 대한 심

종결해야 함에도 그렇지 않은 절차법규의 위반을 의미한다.[1]

#### 3) 판결에 영향

법령위반이 판결에 영향을 미쳤어야 한다. 따라서 법령위반이 있더라도 판결에 영향을 미치지 않았다면 상고이유가 되지 않는다. 법령위반이 없었다면 원심판결의 결론인 주문이 달라질 가능성이 있어야 상고이유가 된다. 판례는 당사자의 주장에 대한 판단누락의 위법이 있더라도 그 주장이 배척될 것이 명백한 경우에는 판결의 결과에 영향이 없다고 할 것이므로 상고이유로 삼을 수 없다고 한다.[2]

### (2) 절대적 상고이유

원심판결의 결론에 영향을 미쳤는지 여부와 관계없이 상고이유가 되는 경우이다. 제424조에 열거된 절차상의 과오가 여기에 해당한다. 다만, 절대적 상고이유(제424조 제6호 사유는 제외)라고 하더라도 원심판결에 영향을 미치지 않은 경우에는 심리불속행으로 인한 상고기각판결을 면할 수 없다(상고심절차에 관한 특례법 제4조 제1항 제6호 및 제3항).

#### 1) 법률에 따라 판결법원을 구성하지 않은 때(제1호)

판결법원의 구성이 법원조직법이나 민사소송법에 위반된 경우이다. 예를 들어, 판사 2인만으로 합의부를 구성한 경우(법원조직법 제7조 제1항, 제3항 및 제5항), 기본이 되는 변론에 관여하지 않은 법관이 판결에 관여한 경우(제204조 제1항), 법관이 변경되었음에도 변론의 갱신절차를 거치지 않은 경우(동조 제2항) 등이다.

#### 2) 법률에 따라 판결에 관여할 수 없는 판사가 판결에 관여한 때(제2호)

예를 들어, 제척이나 기피된 법관이 판결에 관여한 경우(제41조, 제43조), 원심판

---

리가 전제되어야 하는데, 유류분반환청구소송에서 당사자가 새로운 증여재산을 추가하여 청구취지를 확장하자마자 그 가액에 대한 입증기회도 부여하지 않은 채 바로 변론을 종결한 원심은 심리미진의 위법이 있다(대법원 2002. 4. 26. 선고 2000다8878 판결).

1) 김홍엽, 1079면; 이시윤, 896면 및 897면.

2) 대법원 2006. 6. 29. 선고 2005다11602 판결; 2002. 12. 26. 선고 2002다56116 판결.

결에 관여한 법관이 파기환송심의 판결에 관여한 경우(제436조 제3항) 등이다. 판결에 관여한 경우란 변론과 판결의 합의에 관여한 경우를 말하고, 판결선고에만 관여한 경우는 여기에 포함되지 않는다. 판결에 관여한 것 이외의 직무수행은 통상적인 절차 위반에 불과하다.[1)]

### 3) 전속관할에 관한 규정에 어긋난 때(제3호)

전속관할을 위반한 경우에만 상고이유가 되고, 임의관할위반은 상고이유가 되지 않는다.

### 4) 대리권 또는 대리인의 소송행위에 대한 특별한 권한의 수여에 흠이 있는 때(제4호)

대리인이 대리권 없이 소송행위를 대리한 경우 또는 대리권이 있더라도 특별한 권한이 필요함에도 그러한 권한 없이 한 경우에는 상고이유가 된다. 나아가 당사자가 변론에서 공격방어방법을 제출할 기회를 부당하게 박탈당한 경우에는 대리권의 흠결에 준하여 상고이유가 된다. 예를 들어, 성명모용자에 의하여 소송절차가 진행되고 판결이 선고된 경우,[2)] 당사자의 사망 등으로 소송절차가 중단되었음에도 이를 간과하고 변론을 진행하여 판결이 선고된 경우,[3)] 소장부본부터 공시송달의 방법으로 송달되어 피고가 귀책사유 없이 소송이 제기된 사실조차 모르고 있었고 피고의 출석 없이 변론기일이 진행되어 판결이 선고된 경우[4)] 등이다. 다만, 대리권의 흠결을 추인한 경우에는 상고이유가 되지 않는다(제424조 제2항).

### 5) 변론을 공개하는 규정에 어긋난 때(제5호)

헌법 제109조와 법원조직법 제57조의 규정에 위반하여 변론을 공개하지 않는 경우에는 상고이유가 된다. 판례는 수소법원 외에서 수명법관에 의하여 비공개리에 증인을 신문하거나 현장검증 및 기록검증을 하더라도 공개 규정에 위반되는 것은 아니라고 한다.[5)]

---

1) 이시윤, 898면.
2) 대법원 1964. 11. 17. 선고 64다328 판결.
3) 대법원 1995. 5. 23. 선고 94다28444 전원합의체 판결.
4) 대법원 2012. 4. 13. 선고 2011다102172 판결; 2011. 4. 28. 선고 2010다98948 판결.
5) 대법원 1971. 6. 30. 선고 71다1027 판결.

### 6) 판결의 이유를 밝히지 않거나 이유에 모순이 있는 때(제6호)

#### (가) 판결이유를 명시하지 않은 경우

판결이유를 명시하지 않은 경우란 판결에 이유를 전혀 기재하지 않거나 이유의 일부를 빠뜨린 경우 또는 이유를 기재하였으나 이유의 어느 부분이 명확하지 않아 법원이 어떻게 사실을 인정하고 법규를 해석·적용하여 주문에 이르렀는지 불명확한 경우를 말한다.[1] 판결에 영향을 미치는 중요사항에 대한 판단누락(제451조 제1항 제9호)이 포함된다. 판결에 이유를 기재하도록 한 취지는 법원이 증거에 의하여 사실을 인정하고 여기에 법규를 적용하여 법적 결론을 도출하는 판단과정이 합리적이고 객관적으로 이루어졌음을 검증하기 위한 것이므로 판결의 이유는 그와 같은 과정이 합리적이고 객관적이라는 것을 밝힐 수 있도록 그 결론에 이르게 된 과정에 필요한 판단을 빠짐없이 기재해야 한다. 따라서 그와 같은 이유의 기재가 누락되거나 불명확한 경우에는 절대적 상고이유가 된다.[2]

그러나 판결의 이유에는 주문이 정당하다는 것을 인정할 수 있을 정도로 당사자의 주장, 그 밖의 공격방어방법에 관한 판단을 표시하면 되고, 당사자의 모든 주장이나 공격방어방법에 관하여 판단할 필요는 없다. 또한 당사자의 주장이나 항변에 대한 판단이 반드시 명시적으로만 해야 하는 것은 아니며, 묵시적 방법이나 간접적인 방법으로도 할 수 있다.[3] 따라서 원심판결에 당사자가 상고이유로 주장한 사항에 대한 구체적·직접적인 판단이 표시되어 있지 않더라도 판결이유의 전반적인 취지에 비추어 그 주장을 인용하거나 배척하였음을 알 수 있는 정도라면 이유를 명시하지 않았다고 할 수 없다.[4]

#### (나) 판결이유에 모순이 있는 경우

판결이유에 모순이 있는 경우란 판결이유의 문맥에 모순이 있어 일관성이 없고, 이유로서 체제를 갖추지 못한 것을 말한다. 예를 들어, 과실 유무 및 그 정도를

---

1) 대법원 2007. 7. 27. 선고 2007다18478 판결.
2) 대법원 2007. 7. 27. 선고 2007다18478 판결; 2005. 1. 28. 선고 2004다38624 판결.
3) 대법원 2006. 5. 26. 선고 2004다62597 판결; 1995. 3. 3. 선고 92다55770 판결.
4) 대법원 2015. 5. 14. 선고 2013다69989,69996 판결.

제1심판결의 이유를 그대로 인용한다고 하면서 제1심보다 원고의 과실 정도를 무겁게 다루어 과실상계를 한 경우,[1] 판결이유에서는 각자 지급할 의무가 있다고 판시하면서 판결주문에서는 각 지급하라고 명한 경우,[2] 동일한 세목에 대하여 판결이유 본문에서 설시한 세액과 판결에 첨부된 별지 세액산출근거표에 기재된 세액이 다르게 설시된 경우[3] 등이 여기에 해당한다.

### (3) 재심사유

당사자는 재심사유도 상소에 의하여 주장할 수 있다(제451조 제1항 단서). 따라서 재심사유는 비록 절대적 상고이유에 포함되어 있지 않아도 법령위반으로 상고이유가 된다.[4] 그러나 재심사유는 해당 사건에 대한 것이어야 하고, 관련된 다른 사건에 재심사유가 존재한다는 점을 들어 상고이유로 삼을 수는 없다.[5] 재심사유 가운데 법률에 따라 판결법원을 구성하지 않은 때, 법률상 그 재판에 관여할 수 없는 법원이 관여한 때, 대리권에 흠이 있는 때(제451조 제1항 제1호 내지 제3호)는 절대적 상고이유와 중복되므로 그 밖의 재심사유(제454조 제4호 이하)가 상고이유가 된다. 재심사유에 해당하는 사실은 직권조사사항이므로 상고심에서도 사실조사를 할 수 있다(제434조, 제432조). 형사상 또는 행정상 처벌받을 행위를 이유로 하는 재심사유(제451조 제1항 제4호 내지 제7호)의 경우에는 처벌받을 행위에 대하여 유죄의 판결이나 과태료부과의 재판이 확정된 때 또는 증거 부족 이외의 이유로 유죄의 확정판결이나 과태료부과의 확정재판을 할 수 없을 때에만 재심의 소를 제기할 수 있으므로(제451조 제2항) 상고이유로 삼기 위해서도 마찬가지로 유죄확정판결 등이 요구된다고 할 것이다.[6]

---

1) 대법원 1974. 6. 11. 선고 73다1753 판결; 1980. 7. 8. 선고 80다597 판결.
2) 대법원 1984. 6. 26. 선고 84다카88, 89 판결.
3) 대법원 1989. 1. 17. 선고 88누674 판결.
4) 대법원 1962. 8. 2. 선고 62다204 판결.
5) 대법원 2001. 1. 16. 선고 2000다41349 판결.
6) 김홍엽, 1081면; 이시윤, 901면.

## 3. 상고심의 심리

### (1) 상고이유서 및 답변서의 제출

상고법원은 상고이유서를 제출받은 경우 지체 없이 그 부본이나 등본을 피상고인에게 송달해야 한다(제428조 제1항). 피상고인은 송달받은 날부터 10일 이내에 답변서를 제출할 수 있다(동조 제2항). 상고이유서와 달리 답변서의 제출이 강제되지 않는다. 그러나 답변서 제출기간 내에 답변서의 제출이 없음에도 상고를 인용하여 원심판결을 파기하는 것은 피상고인의 절차권을 침해할 우려가 있으므로 허용되지 않는다고 할 것이다.[1)]

### (2) 심리의 범위

#### 1) 심리속행사유의 심사

상고법원은 먼저 상고이유가 「상고심절차에 관한 특례법」 소정의 심리속행사유를 포함하고 있는지 직권으로 조사한다. 위 특례법에서는 심리속행사유로 6가지를 규정하고 있다. 원심판결이 헌법에 위반되거나 헌법을 부당하게 해석한 경우(제1호), 원심판결이 명령·규칙 또는 처분의 법률위반 여부에 대하여 부당하게 판단한 경우(제2호), 원심판결이 대법원 판례와 상반되게 해석한 경우(제3호), 대법원 판례가 없거나 대법원 판례를 변경할 필요가 있는 경우(제4호), 중대한 법령위반에 관한 사항이 있는 경우(제5호), 이유불명시·이유모순을 제외한 절대적 상고이유가 있는 경우(제6호)이다(동법 제4조 제1항). 가압류 및 가처분에 관한 결정의 경우에는 위의 심리속행사유 중 제1호 내지 제3호의 사유에 해당하는 경우에만 심리속행이 가능하다(동조 제2항).

상고이유에 위의 심리속행사유가 포함되어 있지 않다고 판단되면, 상고법원은 본안심리를 속행하지 않고 상고기각판결을 해야 한다(동법 제4조 제1항). 상고이유에 위의 심리속행사유가 포함되어 있어도 그 주장 자체로 보아 이유 없는 경우 또

---

1) 김홍엽, 1089면; 이시윤, 910면.

는 원심판결과 관련이 없거나 원심판결에 영향을 미치지 않은 경우에도 심리를 속행하지 않고 상고기각판결을 해야 한다(동조 제3항). 그러나 상고이유에 위의 심리속행사유가 포함되어 있다고 판단되면, 상고법원은 상고이유에 관하여 심리를 속행한다. 상고법원은 상고이유로서 주장한 사항에 한하여 그리고 불복신청한 한도내에서 원심판결의 정당 여부를 심리한다(제431조). 다만, 직권조사사항은 예외이다(제434조).

2) 법적 당부의 심사

상고심은 법률심으로 원심판결의 당부를 법률적인 측면에서만 심사한다. 원심판결이 적법하게 확정한 사실은 상고법원을 기속한다(제432조). 따라서 상고심에서는 새로이 소송자료를 수집하거나 사실확정을 할 수 없다. 당사자도 상고심에서는 새로운 사실을 주장하거나 새로운 증거를 제출하여 원심의 사실인정을 다툴 수 없다. 다만, 예외적으로 직권조사사항인 소송요건이나 상소요건의 존부, 재심사유, 원심의 소송절차위반 여부 등을 판단함에는 새로운 사실을 참작할 수 있고, 필요한 증거조사를 할 수 있으며, 당사자도 이에 관한 새로운 주장을 하거나 새로운 증거를 제출할 수 있다. 또한 상고심에서는 새로운 청구를 할 수 없다. 새로이 사실조사를 해야 하기 때문이다. 따라서 상고심에서는 청구의 변경이나 반소의 제기 등이 허용되지 않는다. 판례는 가집행선고로 인한 가지급물의 반환신청은 신청이유로서 주장하는 사실관계에 대하여 당사자 사이에 다툼이 없어 사실심리를 요하지 않는 경우에 한하여 상고심에서도 허용된다고 한다.[1]

### (3) 심리의 방법

상고법원은 상고장, 상고이유서, 답변서 그 밖의 소송기록에 의하여 변론 없이 서면심리만으로 판결할 수 있다(제430조 제1항). 상고심의 변론은 임의적이다. 다만, 상고법원이 소송관계를 분명하게 하기 위하여 필요하다고 인정하는 경우에는 특정한 사항에 관하여 변론을 열어 참고인의 진술을 들을 수 있다(제430조 제2항). 상고

1) 대법원 1980. 11. 11. 선고 80다2055 판결.

법원에서는 변론을 열더라도 임의적 변론이므로 기일해태의 효과가 생기지 않는다.

## 4. 상고심의 재판

### (1) 상고장각하명령

상고장의 방식 위반, 상고기간의 도과, 상고장 송달불능의 경우에는 재판장은 명령으로 상고장을 각하할 수 있다(제425조, 제399조, 제402조 제1항 및 제2항). 원심재판장의 상고장각하명령에 대해서는 즉시항고를 할 수 있으나(제425조 및 제399조 제3항), 상고심재판장의 상고장각하명령에 대해서는 즉시항고를 할 수 없다.

### (2) 상고각하

상고요건에 흠결이 있어 상고가 부적법한 경우에는 상고법원은 판결로서 상고를 각하해야 한다(제425조 및 제413조).

### (3) 상고기각

#### 1) 원심판결이 정당한 경우

상고가 이유 없는 경우, 즉 원심판결이 정당한 경우에는 상고기각판결을 한다(제425조 및 제414조 제1항). 또한 상고이유대로 원심판결의 이유가 정당하지 않더라도 다른 이유에 의하여 원심판결의 결론이 정당하다고 인정되는 경우에도 상고기각을 해야 한다(제425조 및 제414조 제2항).

#### 2) 심리속행사유의 부존재

상고이유에 심리속행사유가 포함되지 않은 경우에는 상고법원은 상고이유에 대한 본안심리를 속행하지 않고 상고기각판결을 해야 한다(상고심절차에 관한 특례법 제4조 제1항). 심리불속행기각에 관한 규정은 민사소송, 가사소송 및 행정소송의 상고사건과 재항고 및 특별항고사건에 적용된다(동법 제2조 및 제7조).[1] 그러나 소액사건에 대한 상고사건과 재항고 및 특별항고사건에는 적용되지 않는다. 소액사건심판법에서는 위 특례법보다 더 엄격하게 상고이유를 제한하고 있으므로 위 특례법을 적용할 필요가 없기 때문이다.

심리불속행기각판결은 내용상으로는 소송판결이나, 형식상으로는 기각의 본안판결에 해당한다. 원심법원으로부터 상고기록을 받은 날로부터 4개월 이내에 기각판결 원본이 법원사무관 등에게 교부되지 않으면 심리불속행기각판결을 할 수 없다(동조 제2항). 따라서 심리속행사유 존부의 조사기간은 원심법원으로부터 상고기록을 송부받은 날로부터 4개월 이내이다(동법 제6조 제2항). 위 기간 내에 심리불속행기각판결이 없으면 심리불속행절차는 끝나고 통상의 상고심절차에 따라 심리가 속행된다.

심리불속행기각을 함에는 판결이유의 기재를 생략할 수 있고(동법 제5조 제1항), 판결의 선고가 불필요하며 판결정본이 상고인에게 송달되면 효력이 발생한다(동조 제2항). 심리불속행기각판결을 하는 경우 그 판결원본을 법원사무관 등에게 교부하고, 법원사무관 등은 즉시 받은 날짜를 덧붙여 적고 도장을 찍은 후 당사자에게 송달해야 한다(동조 제3항). 따라서 심리불속행기각판결의 성립시기는 판결원본을 법원사무관 등에게 교부한 때이고, 이때가 심리속행 여부 심사의 기준시가 된다. 심리불속행기각은 대법관 3명 이상으로 구성된 부(部)에서 재판하는 경우에만 할 수 있고, 대법원 전원합의체에서 심판하는 경우에는 할 수 없다(동법 제6조 제1항). 심리불속행기각판결을 받은 경우에 상고인은 상고장에 붙인 인지액의 2분의 1에 해당하는 금액의 환급을 청구할 수 있다(민사소송 등 인지법 제14조 제1항 제6호).

#### 3) 상고이유서 부제출

상고장에 상고이유서를 기재하지 않은 경우 상고인은 상고기록접수통지서의 송달을 받은 날로부터 20일 이내에 상고이유서를 제출하여야 하고, 그때까지 제출하지 않은 때에는 변론 없이 판결로 상고를 기각해야 한다(제429조). 상고이유서에서 여러 개의 청구 중 하나의 청구에 대해서만 원심판결의 내용을 다투는 기재가 있고 다른 청구에 대해서는 아무런 이유가 명시되어 있지 않다면, 그 부분만 상고이

---

1) 민사소송에서 전체 상고사건 중 심리불속행기각판결을 받은 사건의 비율이 2021년 72.7퍼센트, 2022년 69.3퍼센트, 2023년 70.5퍼센트에 이르고 있다.

유서의 제출이 없는 것으로 기각해야 한다. 예를 들어, 원심의 손해배상판결에 대한 상고이유서에서 재산상 손해에 관하여 원심의 과실상계를 탓하는 내용만 기재되어 있고 위자료에 관해서는 아무런 이유가 명시되어 있지 않다면, 위자료부분에 대해서는 상고이유서를 제출하지 않은 것이 되어 이를 기각해야 한다.[1)]

상고이유서 부제출로 인한 상고기각판결의 경우에도 판결이유를 기재하지 않을 수 있고(상고심절차에 관한 특례법 제5조 제1항), 판결의 선고가 불필요하며 판결정본이 상고인에게 송달되면 효력이 발생한다(동조 제2항). 상고이유서 부제출로 인하여 기각판결을 받은 경우에 상고인은 상고장에 붙인 인지액의 2분의 1에 해당하는 금액의 환급을 청구할 수 있다(민사소송 등 인지법 제14조 제1항 제7호).

### (4) 상고인용

#### 1) 환송, 이송, 자판

상고법원은 상고가 이유 있다고 인정하는 때에는 원심판결을 파기한다(제436조). 파기사유는 상고이유가 있거나 직권조사사항에 관하여 조사한 결과 원심판결이 부당한 경우이다. 비약상고에 대해서는 원심판결의 사실확정이 법률에 어긋난다는 것을 이유로 그 판결을 파기하지 못한다(제433조). 상고법원이 원심판결을 파기하면 새로운 사실심리가 필요한 경우가 많으므로 사건을 환송하는 것이 원칙이다. 항소인용의 경우에 자판이 원칙인 항소심과 구별된다. 전속관할위반이 있는 경우에는 관할권 있는 법원으로 이송해야 한다.

그러나 상고법원이 자판을 해야 하는 경우도 있다(제437조). 첫째, 확정된 사실에 대하여 법령적용이 잘못되어 판결을 파기하는 경우에 사건이 그 사실을 바탕으로 재판하기 충분한 때(제1호)이다. 이때에는 새로운 사실조사를 요하지 않고 법령적용의 당부만을 판단하면 되므로 환송하는 것은 불필요한 재판의 반복을 초래하여 소송경제에 반한다는 점에서 상고법원에서 자판하도록 한 것이다. 둘째, 사건이 법원의 권한에 속하지 않아 판결을 파기하는 때(제2호)이다. 민사재판권이 흠결되었으나 그 보정이 불가능한 경우 등이 여기에 해당한다.

---

1) 대법원 1980. 7. 8. 선고 80다597 판결.

### 2) 환송 후의 심리절차

환송판결이 선고되면 사건은 환송받은 법원에 당연히 계속된다. 따라서 환송받은 법원은 다시 변론을 열어서 심판해야 한다(제436조 제2항 본문). 환송 후의 항소심의 변론은 환송 전의 항소심의 속행에 지나지 않는다. 그에 따라 당사자는 새로운 사실과 증거를 제출할 수 있음은 물론 소의 변경, 부대항소의 제기뿐만 아니라 청구의 확장 등 그 심급에서 허용되는 모든 소송행위를 할 수 있고, 이러한 이유로 환송 전의 판결보다 상고인에게 불리한 결과가 생길 수도 있다.[1] 환송 후의 항소심은 새로 재판부를 구성해야 하므로 변론의 갱신절차를 밟아야 한다(제436조 제3항, 제204조 제2항). 판례는 환송 전 항소심의 소송대리권이 환송에 의하여 당연히 부활한다고 한다.[2]

환송 후 환송심의 심판대상인 청구는 원심판결 중 파기되어 환송된 부분만이다. 예를 들어, 원고의 청구 중 일부만 인용한 판결에 대하여 피고만이 그 패소 부분을 상고하여 파기환송된 경우라면 원심판결 중 원고패소 부분은 확정되어 환송 후 심판대상에서 제외된다.[3] 즉, 원심판결 중 상고로 불복하지 않은 부분, 상고이유가 없어 기각된 부분, 파기 자판한 부분 등은 환송 후 환송심의 심판대상에서 제외된다. 환송 전의 원심판결에 관여한 판사는 환송 후의 재판에 관여할 수 없다(제436조 제3항). 만일 원심판결이 여러 차례 파기되어 환송되었다면, 원심판결에 관여한 판사란 바로 직전에 파기된 원심판결에 관여한 판사만을 말한다.[4]

### 3) 환송판결의 기속력

#### (가) 의의

환송을 받은 법원이 다시 심판을 하는 경우 상고법원이 파기이유로 한 법률상 및 사실상의 판단에 기속된다(제436조 제2항). 이를 환송판결의 기속력이라고 한다. 환송판결의 기속력은 법령의 해석·적용의 통일성을 기하고 심급제도를 유지하기

---

1) 대법원 2014. 6. 12. 선고 2014다11376 판결; 2013. 2. 28. 선고 2011다31706 판결.
2) 대법원 1984. 6. 14. 선고 84다카744 판결.
3) 대법원 2013. 2. 28. 선고 2011다31706 판결.
4) 대법원 1973. 11. 27. 선고 73다763 판결.

위하여 원심법원을 구속하는 특수한 효력이다. 판례도 법원조직법 제8조 및 민사소송법 제436조 제2항에 의하여 인정되는 특수한 효력으로 보고 있다.[1)]

(나) 범위

환송판결의 기속력은 객관적으로는 판결이유 중의 판단에도 미치지만, 해당 사건에 한정되고 다른 사건에는 미치지 않는다. 또한 환송판결의 기속력은 주관적으로는 환송을 받은 법원 및 그 하급심법원, 다시 상고된 경우의 상고법원에도 미친다.[2)] 다만, 법령의 해석·적용에 관한 의견을 스스로 변경할 수 있는 대법원 전원합의체에 대해서는 미치지 않는다.[3)] 대법원 전원합의체는 종전 환송판결의 법률상 판단을 변경할 필요가 있다고 인정하는 때에는 그에 기속되지 않고 이를 변경할 수 있다.

(다) 내용

기속력은 파기이유로 한 법률상 및 사실상 판단에 생긴다. 여기서 법률상 판단이란 법령의 해석·적용상의 견해를 말하는데, 구체적 사실에 대한 법률적 평가도 포함한다.[4)] 파기이유로 한 법률상 판단에는 명시적으로 설시한 법률상 판단은 물론이고 명시적으로 설시하지 않았더라도 그와 논리적·필연적인 관계에 있는 법률상 판단도 포함된다.[5)] 그러나 파기이유로 하지 않은 부분에서 부수적으로 지적한 사항에는 기속력이 미치지 않는다.[6)]

상고법원은 사실심이 아니므로 사실상 판단이란 직권조사사항, 절차위반, 재심사유에 관한 사실상의 판단에 국한되고, 본안에 관한 사실판단은 여기에 포함되지 않는다.[7)] 따라서 환송받은 법원은 새로운 증거에 의하여 본안에 관한 새로운 사실을 인정할 수 있다.[8)] 새로운 주장이나 증거에 의하여 사실관계가 변동되거나 판례

---

1) 대법원 1995. 2. 14. 선고 93재다27,34(반소) 전원합의체 판결.
2) 대법원 1995. 8. 22. 선고 94다43078 판결.
3) 대법원 2001. 3. 15. 선고 98두15597 전원합의체 판결.
4) 대법원 1983. 6. 14. 선고 82누480 판결.
5) 대법원 2012. 3. 29. 선고 2011다106136 판결; 1991. 10. 25. 선고 90누7890 판결.
6) 대법원 1997. 4. 25. 선고 97다904 판결.
7) 대법원 2008. 2. 28. 선고 2005다11954 판결.
8) 대법원 2008. 2. 28. 선고 2005다11954 판결.

또는 법령이 변경된 경우에는 기속력이 미치지 않는다.

## Ⅳ. 항고

### 1. 의의

항고란 판결 이외의 재판인 결정·명령에 대한 독립의 간이한 상소이다. 소송절차에 부수적이며 파생적인 사항에 대한 재판까지 모두 종국판결과 함께 항소 또는 상고에 의하게 한다면 상소심의 소송절차가 번잡해지고 본래의 소송사건의 해결이 지연될 우려가 있으므로 이러한 사항에 대해서는 항고라는 별도의 간이·신속한 불복방법에 의하도록 한 것이다. 더욱이 판결에 이르지 않고 결정·명령으로 완결되는 사건, 당사자가 아닌 제3자에 대한 재판 등에 대해서는 항소 또는 상고에 의할 여지가 없다는 점도 항고제도를 마련한 이유라 할 것이다.[1] 또한 항고는 간이·신속한 결정절차에 의하고 원심법원이 원심결정을 변경할 기회를 갖는다는 점에서 판결에 대한 상소와 차이가 있다.

항고는 상급법원에 대한 불복신청이다. 이러한 점에서 같은 심급에 대한 불복신청인 이의신청과는 구별된다. 이의신청으로 불복하는 경우로는 수명법관·수탁판사의 재판에 대한 이의신청(제441조), 변론의 지휘에 대한 이의신청(제138조), 화해권고결정·지급명령·조정을 갈음하는 결정·이행권고결정 등에 대한 이의신청(제226조, 제469조, 민사조정법 제34조, 소액사건심판법 제5조의4), 가압류·가처분결정에 대한 이의신청(민사집행법 제283조 및 제301조) 등이 있다.

항고에는 통상항고와 즉시항고가 있다. 통상항고는 항고 제기 기간의 제한이 없고 항고의 이익이 있는 한 언제나 제기할 수 있다. 그러나 즉시항고는 신속한 해결의 필요상 1주일의 불변기간 내에 제기할 것이 요구된다(제444조). 즉시항고는 법률에 별도의 규정이 없는 한 집행정지의 효력이 인정된다(제447조). 통상항고가

---

1) 이시윤, 918면.

원칙이며, 즉시항고는 법률에 즉시항고를 할 수 있다는 명문의 규정이 있는 경우에 예외적으로 허용된다.

## 2. 적용범위

### (1) 항고로서 불복할 수 있는 결정·명령

#### 1) 소송절차에 관한 신청을 기각한 결정·명령

소송절차에 관한 신청을 기각한 결정이나 명령에 대하여 항고할 수 있다(제439조). 소송절차에 관한 신청이란 본안에 관한 것이 아닌 절차의 개시·진행 등에 관한 신청을 말한다. 예를 들어, 소송인수신청(제82조), 수계신청(제234조), 공시송달신청(제194조), 피고경정신청(제260조), 증거보전신청(제375조) 등을 기각한 결정·명령 등이 여기에 해당한다.

그러나 소송절차에 대한 신청이 있더라도 당사자에게 신청권이 없고 법원이 직권으로 재판할 사항에 대해서는 항고할 수 없다. 이 경우 당사자의 신청은 법원의 직권발동을 촉구하는 의미를 갖는데 불과하므로 법원은 당사자의 신청에 대하여 재판을 할 필요가 없고, 설사 법원이 신청을 기각하는 재판을 하였다고 하더라도 불복할 수 없다. 예를 들어, 관할위반을 이유로 하는 이송신청,[1] 변론재개의 신청, 변론의 분리 또는 병합의 신청, 기일지정신청, 변론기일의 변경신청 등이 여기에 해당된다. 다만, 기일지정신청 가운데 소송종료의 효력을 다투며 하는 기일지정신청과 당사자 쌍방이 2회 불출석한 후에 소의 취하간주를 막기 위하여 하는 기일지정신청의 경우에는 당사자의 신청권이 인정되므로 법원은 당사자의 신청에 대하여 재판을 할 의무가 있고 신청을 기각하는 재판에 대하여 당사자는 불복할 수 있다. 또한 당사자들이 합의하여 첫 변론(준비)기일에 대한 변경신청을 하는 경우에는 법원은 이러한 기일변경신청에 대하여 재판할 의무가 있고(제165조 제2항), 신청을 기각하는 재판에 대하여 당사자는 불복할 수 있다.

---

1) 대법원 1996. 1. 12. 자 95그59 결정; 1993. 12. 6. 자 93마524 전원합의체 결정.

신청을 인용한 결정·명령에 대해서는 항고할 수 없음이 원칙이다. 그러나 법률에서 그 재판에 의하여 불이익을 받는 상대방이나 이해관계인을 보호하기 위하여 즉시항고를 인정하는 경우가 있다. 중간적 재판에 대해서도 독립하여 항고할 수 없으며 종국재판과 함께 상소할 수 있을 뿐이다. 예를 들어, 청구취지변경불허결정에 대하여 종국판결과 함께 상소할 수 있을 뿐이고, 인지보정명령에 대하여 독립하여 상소할 수는 없으며 보정에 응하지 않았다는 이유로 하는 소장각하명령에 대하여 상소할 수 있을 뿐이다.

### 2) 형식에 어긋나는 결정·명령

결정이나 명령으로 재판할 수 없는 사항에 대하여 결정 또는 명령을 한 때에는 항고할 수 있다(제440조).

### 3) 집행절차에 관한 집행법원의 재판

민사집행법상 집행절차에 관한 집행법원의 재판에 대해서는 특별한 규정이 있는 경우에 한하여 즉시항고를 할 수 있다(민사집행법 제15조 제1항). 민사집행법은 재산관계명시신청기각결정(제62조 제2항 및 제8항), 채무불이행자명부등재결정(제71조), 재산조회거부에 대한 과태료결정(제75조 제3항), 매각허가여부결정(제129조), 압류명령·추심명령·전부명령(제229조 제3항) 등의 경우 즉시항고를 할 수 있도록 규정하고 있다. 여기의 즉시항고에는 집행정지의 효력이 없다. 다만, 항고법원(재판기록이 원심법원에 있으면 원심법원)은 즉시항고에 대한 결정이 있을 때까지 집행정지를 명할 수 있다(동법 제15조 제6항).

### 4) 보전처분에 대한 이의 및 취소

가압류·가처분의 이의신청 및 취소신청에 대하여 결정으로 재판하고(민사집행법 제286조 제3항, 제287조 제3항, 제288조 제3항, 제301조), 이러한 결정에 대해서는 즉시항고를 할 수 있다(동법 제286조 제7항, 제287조 제5항, 제288조 제3항, 제301조, 제307조 제2항).

### (2) 항고할 수 없는 결정·명령

#### 1) 불복할 수 없는 결정·명령

명문상 또는 해석상 불복할 수 없는 결정·명령에 대해서는 항고할 수 없다. 다만, 후술하는 특별항고의 대상이 될 수 있다.

#### 2) 항고 이외의 불복신청방법이 인정된 결정·명령

예를 들어, 변론의 지휘에 관한 재판장의 명령 또는 합의부원의 조치에 대한 이의신청(제138조), 화해권고결정·지급명령·조정을 갈음하는 결정·이행권고결정에 대한 이의신청(제226조, 제469조, 민사조정법 제34조, 소액사건심판법 제5조의4), 가압류·가처분결정에 대한 이의신청(민사집행법 제283조 및 제301조) 등 별도의 불복신청방법이 마련된 경우에는 항고에 의할 수 없다. 또한 수명법관이나 수탁판사의 재판에 대해서도 항고할 수 없고 수소법원에 이의신청을 제기하는 방법으로 불복해야 한다(제441조 제1항). 그러나 이의신청에 대한 수소법원의 재판에 대해서는 항고를 할 수 있다(동조 제2항).

#### 3) 대법원의 결정·명령

최종심인 대법원의 결정·명령에 대해서는 항고는 물론이고 재항고, 특별항고도 허용되지 않는다.[1)]

#### 4) 항고권이 실효되거나 즉시항고기간이 도과한 경우

항고권이 실효되거나 즉시항고기간이 도과한 경우, 항고권을 포기한 경우에는 항고를 할 수 없다.

## 3. 항고절차

### (1) 당사자

원재판에 의하여 불이익을 받는 당사자 또는 제3자는 항고를 제기할 수 있다.

---

1) 대법원 1987. 9. 15. 선고 87그30 판결.

항고는 편면적 불복절차이고, 두 당사자의 대립구조가 아니다. 따라서 항고장에 피항고인을 표시하거나 항고장을 상대방에 송달해야 하는 것은 아니다.[1]

### (2) 항고의 제기

항고의 제기는 원심법원에 항고장이라는 서면의 제출로 한다(제445조). 항고기간은 통상항고는 제한이 없고, 즉시항고는 원재판이 고지된 날로부터 1주일 내이다(제444조 제1항). 이 기간은 불변기간이다(동조 제2항). 항소에서와 마찬가지로 항고장에 항고이유를 적지 않은 때에는 소송기록접수통지를 받고 40일 이내에 항고이유서를 항고법원에 제출해야 한다(제443조 제1항 및 제402조의2). 그러나 민사집행법상 집행절차에 관한 집행법원의 재판에 대한 즉시항고의 경우에는 항고장을 제출한 날부터 10일 이내에 항고이유서를 원심법원에 제출해야 한다(동법 제15조 제3항). 항고이유서 제출기간은 불변기간이 아니며,[2] 제출기간 내에 항고이유서를 제출하지 않으면 결정으로 항고 또는 즉시항고를 각하하여야 한다(제402조의3, 민사집행법 제15조 제5항). 항고심의 결정이 있을 때까지 항고를 취하할 수 있다(제443조 제1항 및 제393조 제1항). 판례는 즉시항고를 해야 할 것을 재항고장이라는 제목의 서면을 제출하였다고 하더라도 즉시항고를 한 것으로 보아 항고법원으로 사건을 이송해야 한다고 한다.[3]

### (3) 항고제기의 효력

#### 1) 원심법원의 경정

항고의 경우 원심법원은 자신이 한 재판을 경정할 수 있는 권한이 있다. 항고가 제기되면 원재판에 대한 기속력이 배제되어 원심법원은 스스로 항고의 당부를 심사할 수 있으며, 항고에 정당한 이유가 있다고 인정하는 때에는 그 재판을 경정해야 한다(제446조).[4] 원심법원의 경정은 판결의 경정에서와는 달리 단순한 표시상의

1) 대법원 1966. 8. 12. 자 65마473 결정.
2) 대법원 2024. 6. 27. 자 2024마5813 결정.
3) 대법원 1995. 1. 20. 자 94마1961 전원합의체 결정.

잘못을 경정하는데 그치지 않고, 원재판을 취소하거나 변경하는 것을 포함한다.

항고가 적법한 경우에 한하여 경정이 허용되고 부적법한 항고에 대해서는 경정을 할 수 없다.[1] 원심법원은 경정 여부를 판단하기 위하여 필요하다면 변론을 열거나 당사자를 심문하고 새로운 사실이나 증거를 조사할 수 있다. 그러나 특별항고의 경우에는 통상의 절차에 의하여 불복할 수 없는 결정·명령에 대하여 특별히 대법원에 위헌·위법의 심사권을 부여한 그 인정취지에 비추어 원심법원의 경정을 허용할 수 없으며, 원심법원은 기록을 그대로 상고법원에 송부해야 한다.[2]

재판을 경정하면 당초 항고의 목적이 달성되어 항고절차는 당연히 종료된다. 경정결정에 대해서는 즉시항고가 허용된다(제211조 제3항). 이는 최초의 항고이며 재항고가 아니다. 만일 항고법원이 경정결정을 취소하면 경정결정이 없는 상태로 환원되어 당초의 항고가 그대로 존속한다.[3]

#### 2) 이심의 효력

항고제기에 의하여 사건은 항고심으로 이심된다.

#### 3) 집행정지의 효력

결정·명령은 곧바로 집행력을 갖는다. 항고를 제기하여도 집행력이 정지되지 않는다. 그러나 즉시항고가 제기되면 일단 발생한 집행력이 정지된다(제447조). 다만, 예외적으로 제척 또는 기피신청의 각하결정에 대한 즉시항고(제47조 제3항), 필수적 공동소송인의 추가를 허가하는 결정에 대한 즉시항고(제68조 제5항), 증인에 대한 과태료·감치결정에 대한 즉시항고(제311조 제8항 단서), 민사집행법상 집행절차에 관한 집행법원의 재판에 대한 즉시항고(민사집행법 제15조 제6항 본문)에는 집행정지의 효력이 없다. 통상항고에서는 항고법원 또는 원심법원이 항고에 대한 결정이 있을 때까지 원심재판의 집행정지를 명할 수 있다(제448조).

---

4) 거듭하여 다시 고려한다는 의미에서 재도의 고안(再度의 考案)이라고도 한다.

1) 대법원 1967. 3. 22. 자 67마141 결정.

2) 대법원 2001. 2. 28. 자 2001그4 결정.

3) 대법원 1967. 3. 22. 자 67마141 결정.

### (4) 항고심의 심판

항고심의 심판절차에는 성질에 반하지 않는 한 항소심에 관한 규정이 준용된다(제443조 제1항). 따라서 항고법원의 심판범위는 항고인이 불복신청한 범위 내로 한정되고(제443조 제1항 및 제407조), 항고인은 항고심재판이 있기까지 불복신청의 범위를 확장할 수 있으며 부대항고가 허용된다.

항고심은 속심제로서 제1심법원의 자료와 항고심의 새로운 자료를 바탕으로 제1심의 결정·명령의 당부를 재심사한다. 따라서 당사자는 항고심에서 심문을 연 때에는 심문종결시까지, 그렇지 않은 때에는 결정고지시까지 새로운 사실이나 증거를 제출할 수 있다. 항고절차는 결정으로 완결할 사건이므로 변론을 열 것인지는 항고법원의 재량이다(제134조 제1항 단서). 변론을 열지 않고 서면심리를 하는 경우에도 당사자, 이해관계인 그 밖의 참고인을 심문할 수 있다(제134조 제2항).

항고의 재판은 결정으로 한다. 항고심의 재판은 항고각하, 항고기각, 원재판취소 중 어느 하나이다. 원재판을 취소하는 때에는 특별한 규정이 없는 한 사건을 환송하지 않고 자판(自判), 즉 직접 신청에 대한 결정을 하는 것이 원칙이다.[1]

## 4. 재항고

### (1) 의의

재항고는 최초의 항고에 대한 항고법원의 결정과 고등법원 또는 항소법원의 결정·명령에 대하여 법률심인 대법원에 하는 항고를 말한다. 재판에 영향을 미친 헌법·법률·명령 또는 규칙의 위반을 이유로 하는 때에 한하여 인정된다(제442조, 민사집행규칙 제14조의2 제1항). 절대적 상고이유(제424조)도 재항고이유가 된다.

### (2) 적용범위

재항고는 항고법원의 결정과 고등법원 또는 항소법원의 결정·명령을 그 대상

1) 대법원 2008. 4. 14. 자 2008마277 결정.

으로 한다. 항고법원의 결정은 고등법원 또는 지방법원 항소부가 항고심(제2심)으로서 한 결정을 말하고, 고등법원 또는 항소법원의 결정·명령은 고등법원 또는 지방법원 항소부가 제1심으로 한 결정·명령을 말한다. 그러나 대법원은 최종심이므로 대법원의 결정·명령에 대해서는 항고는 물론 재항고, 특별항고도 허용되지 않는다.

항고법원의 결정에 대한 재항고 여부는 항고법원의 결정내용에 따른다. 항고를 부적법 각하한 결정은 재항고할 수 있다(제439조). 항고기각의 결정도 원재판을 유지하는 것이므로 재항고할 수 있다. 다만, 항고기각결정에 대해서는 항고인만이 재항고할 수 있으며, 항고인 이외의 제3자는 이해관계가 있더라도 재항고할 수 없다.[1] 항고를 인용한 결정에 대해서는 그 내용이 항고에 적합한 경우에 한하여 재항고할 수 있다. 예를 들어, 법관에 대한 기피신청이 기각 또는 각하되자 즉시항고를 하였고, 항고법원이 기피신청을 인용하는 결정을 한 경우에 이에 대해서는 불복할 수 없으므로(제47조 제1항) 재항고가 허용되지 않는다. 항고인용결정에 대하여 재항고가 허용되는 경우에는 항고인뿐만 아니라 이해관계 있는 제3자도 재항고를 할 수 있다.[2]

재항고가 통상항고인지 즉시항고인지 여부도 항고법원의 결정내용에 따른다. 즉시항고를 기각 또는 각하한 경우에는 원재판이 유지되므로 이에 대한 재항고는 즉시항고이다. 그런데 항고심이 원재판을 변경한 경우에는 그 내용이 즉시항고에 의할 것이면 즉시항고, 그렇지 않으면 통상항고이다. 예를 들어, 담보취소신청을 기각하는 결정은 통상항고의 대상이 되고 담보취소결정은 즉시항고의 대상이 되는데(제125조 제4항), 담보취소결정에 대하여 즉시항고를 하였고 이에 대하여 항고법원이 항고를 인용하고 담보취소신청을 기각하는 결정을 한 경우 이에 대한 재항고는 통상항고가 된다. 재항고가 즉시항고인 경우에는 재항고기간의 제한이 있다. 즉, 재판을 고지받은 날부터 1주일 이내에 재항고를 제기해야 한다(제444조 제1항).

---

1) 대법원 1992. 4. 21. 자 92마103 결정; 1985. 4. 2. 자 85마123 결정.

2) 항고법원이 항고를 기각한 경우 항고인만이 재항고를 할 수 있고 다른 사람은 그 결정에 이해관계가 있다 할지라도 재항고를 할 수 없는 것이지만, 항고법원이 항고를 인용하여 원결정을 취소하고 다시 상당한 결정을 하거나 원심법원으로 환송하는 결정을 하였을 때에는 그 새로운 결정에 따라 손해를 볼 이해관계인은 재항고를 할 수 있다(대법원 2002. 12. 24. 자 2001마1047 전원합의체 결정).

### (3) 절차

재항고에 대해서는 상고에 관한 규정이 준용된다(제443조 제2항). 따라서 재항고장을 원심법원에 제출해야 하고(제425조, 제397조), 재항고장에 재항고이유를 적지 않은 때에는 소송기록접수의 통지를 받고 20일 이내에 재항고이유서를 제출해야 한다(제427조, 제429조). 그러나 민사집행법상 집행절차에 관한 재항고에서는 재항고장을 제출한 날부터 10일 이내에 재항고이유서를 원심법원에 제출해야 한다(민사집행규칙 제14조의2 제2항 및 민사집행법 제15조 제3항). 재항고이유는 재항고장 또는 재항고이유서에 직접 기재하는 방법으로 제출해야 하고, 다른 서면의 기재내용을 원용할 수 없다.[1] 재항고심은 법률심이므로 새로운 증거를 참작할 수 없고, 자유심증주의의 한계를 벗어나지 않는 한 원심의 사실인정과 달리 판단할 수 없다.[2]

「상고심절차에 관한 특례법」은 재항고사건에도 준용된다(동법 제7조). 따라서 재항고이유에 원심재판이 헌법에 위반되거나 헌법을 부당하게 해석한 경우(제1호), 원심재판이 명령·규칙 또는 처분의 법률위반 여부에 대하여 부당하게 판단한 경우(제2호), 원심재판이 대법원 판례와 상반되게 해석한 경우(제3호) 등 세 가지 심리속행사유를 포함하고 있는 경우에만 심리속행이 가능하고(동법 제4조 제2항), 그렇지 않으면 본안심리를 속행하지 않고 재항고기각판결을 해야 한다(동법 제3조 제1항). 재항고이유에 위의 심리속행사유가 포함되어 있어도 그 주장 자체로 이유 없거나 원심판결과 관련이 없고 영향을 미치지 않은 경우에도 심리를 속행하지 않고 재항고기각판결을 해야 한다(동조 제3항).

---

1) 대법원 1999. 4. 15. 자 99마926 결정; 1987. 8. 29. 자 87마689 결정.
2) 대법원 2010. 4. 30. 자 2010마66 결정.

## 5. 특별항고

### (1) 의의

특별항고란 불복할 수 없는 결정·명령에 대하여 재판에 영향을 미친 헌법위반이 있거나 재판의 전제가 된 명령·규칙·처분의 헌법·법률의 위반 여부에 대한 판단이 부당하다는 것을 이유로 대법원에 바로 제기하는 항고이다(제449조 제1항). 이것은 재판확정 후의 비상불복방법이고 통상의 불복방법으로서의 상소가 아니다.[1] 따라서 특별항고에는 재판의 확정을 차단하는 효과가 없다.

### (2) 대상

특별항고의 대상은 불복할 수 없는 결정·명령이다. 명문으로 불복할 수 없는 결정·명령뿐만 아니라 해석상 불복할 수 없는 결정·명령도 그 대상이 될 수 있다. 전자의 예로는 관할지정결정(제28조 제2항), 법관·감정인에 대한 제척·기피결정(제47조 제1항, 제337조 제3항), 특별대리인의 소송종료행위 불허가결정(제62조의2 제2항), 지급명령신청각하결정(제465조 제2항) 등이 있고, 후자의 예로는 판결경정신청 또는 화해조서의 경정신청에 대한 기각결정,[2] 개인회생절차에서 면책취소신청에 대한 기각결정[3] 등이 있다.

최종심인 대법원의 결정·명령은 특별항고의 대상이 되지 않는다.[4] 판례는 관할위반을 이유로 한 이송신청은 법원의 직권발동을 촉구하는 의미밖에 없으므로 이에 대한 기각결정은 항고, 재항고는 물론이고 특별항고의 대상도 되지 않는다고 하고,[5] 위헌심판제청신청에 대한 기각결정은 중간적 재판의 성질을 갖는 것으로 특별항고의 대상이 되지 않는다고 한다.[6]

---

1) 대법원 1989. 11. 6. 자 89그19 결정.
2) 대법원 1995. 7. 12. 자 95마531 결정; 1984. 3. 27. 자 84그15 결정.
3) 대법원 2016. 4. 18. 자 2015마2115 결정.
4) 대법원 1984. 2. 7. 자 84그6 결정.
5) 대법원 1993. 12. 6. 자 93마524 전원합의체 결정; 1996. 1. 12. 자 95그59 결정.
6) 대법원 2015. 1. 6. 자 2014그247 결정.

### (3) 항고이유

특별항고이유는 재판에 영향을 미친 헌법위반이 있거나 재판의 전제가 된 명령·규칙·처분의 헌법 또는 법률의 위반 여부에 대한 판단이 부당한 경우이어야 한다(제449조 제1항). 결정이나 명령이 법률에 위반된다거나 대법원 판례에 반한다는 것만으로는 특별항고이유가 되지 못한다.[1] 판례는 재판에 영향을 미친 헌법위반이 있는 경우란 결정이나 명령의 절차에 있어서 헌법 제27조 등에서 규정하고 있는 적법한 절차에 따라 공정한 재판을 받을 권리가 침해된 경우를 말하는데, 판결경정신청을 기각한 결정에 있어서 신청인이 그 재판에 필요한 자료를 제출할 기회를 전혀 부여받지 못한 상태에서 그러한 결정이 있었다든가 또는 판결과 그 소송의 전 과정에 나타난 자료 및 판결선고 후에 제출된 자료에 의하여 판결에 오류가 있음이 분명하여 판결이 경정되어야 하는 사안임이 명백함에도 법원이 이를 간과함으로써 기각결정을 한 경우 등이 여기에 해당한다고 한다.[2]

### (4) 절차

재판이 고지된 날부터 1주의 불변기간 내에 특별항고를 제기해야 한다(제449조 제2항 및 제3항). 특별항고기간을 도과한 것이 분명한 때에는 재판장은 명령으로 항고장을 각하해야 하고, 이 명령에 대해서는 즉시항고를 할 수 있다(제450조, 제425조, 제399조 제2항 및 제3항, 제402조 제2항 및 제3항).[3] 특별항고의 제기는 원재판의 집행을 정지시키지 못한다. 그러나 원심법원 또는 대법원은 특별항고에 대한 결정이 있을 때까지 집행정지를 명할 수 있다(제450조, 제448조).

특별항고의 경우에는 원심법원의 경정(제446조)이 허용될 수 없다.[4] 판례는 특별항고에 의해야 할 것을 통상항고로 제기한 경우 항고장을 접수한 법원은 특별항

---

1) 대법원 2008. 1. 24. 자 2007그18 결정.
2) 대법원 2013. 6. 10. 자 2013그52 결정.
3) 특별항고인은 특별항고제기기간을 넘긴 것이 분명하다는 이유로 특별항고를 각하한 집행법원의 재판에 대하여 불복이 있다면 즉시항고를 제기할 수 있고, 재항고나 특별항고를 제기할 수는 없다(대법원 2010. 6. 7. 자 2010그37 결정).
4) 대법원 2001. 2. 28. 자 2001그4 결정.

고로 보아 대법원에 기록송부를 해야 하고,[1] 반대로 통상항고에 의해야 할 것을 대법원에 특별항고한 경우에는 통상항고의 관할법원으로 사건을 이송해야 한다고 한다.[2] 특별항고에는 상고에 관한 규정이 준용되고(제450조), 「상고심절차에 관한 특례법」도 특별항고사건에 준용된다(동법 제7조). 그러나 위 특례법 소정의 심리속행사유보다 특별항고이유의 인정범위가 훨씬 협소하여 특별항고에 대하여 위 특례법이 준용될 여지는 거의 없다.

## 제 2 절 재심

### Ⅰ. 의의

재심은 확정된 종국판결에 재심사유에 해당하는 중대한 흠결이 있는 경우에 그 판결의 취소와 이미 종결된 사건의 재심판을 구하는 비상(非常)의 불복신청방법이다. 재심은 법적 안정성과 구체적 정의의 상반되는 요청을 조화시키기 위해 마련된 제도이다. 판결이 확정된 후에 판결의 내용을 임의로 부인한다면 법적 안정성을 해치게 되고, 그렇다고 판결에 중대한 하자가 있음에도 불구하고 더 이상 다툴 수 없다면 구체적 정의에 반하게 된다. 그리하여 일정한 재심사유가 있는 경우에 한하여 재심기간 내에 재심이라는 소송방식을 통하여 확정판결의 효력을 다툴 수 있는 길을 마련한 것이다.

재심의 소의 소송물은 확정판결의 취소요구와 구소송의 소송물 두 가지로 구성된다. 재심의 소는 확정판결의 취소에 중점을 두고 있다는 점에서 그 법적 성질은 형성소송에 해당한다. 판례는 재심의 소는 확정판결의 취소와 본안사건에 관하여 확정판결에 갈음한 판결을 구하는 복합적 목적을 가진 것으로서 재심의 허부와 재

1) 대법원 2016. 4. 18. 자 2015마2115 결정; 2011. 2. 21. 자 2010마1689 결정.
2) 대법원 1997. 3. 3. 자 97으1 결정.

심이 허용됨을 전제로 한 본안심판의 두 단계로 구성된다고 한다.[1] 판례는 구소송물이론의 입장에서 개개의 재심사유마다 소송물이 별개이므로 재심기간의 준수 여부도 각 재심사유마다 그 주장된 시기를 표준으로 하여 판단해야 하고,[2] 재심소송 계속 중에 새로운 재심사유를 추가하는 것은 청구의 변경에 해당한다고 한다.[3]

## Ⅱ. 적법요건

### 1. 재심당사자

재심의 소는 확정판결을 취소하고 그 기판력의 배제를 구하는 것이므로 확정판결의 기판력에 의하여 불이익을 받는 사람이 재심원고, 이익을 받는 사람이 재심피고이다. 확정판결에 표시된 당사자뿐만 아니라 변론종결후의 승계인(제218조 제1항), 제3자의 소송담당에 있어서 권리귀속주체(제218조 제3항)도 당사자적격을 갖는다.[4] 또한 판결의 효력이 제3자에게 확장되는 경우에 판결의 취소에 대하여 고유의 이익을 갖는 제3자도 당사자적격을 가진다. 이 경우 제3자는 독립당사자가참가의 방식에 의하여 본소 당사자를 공동피고로 하여 재심의 소를 제기해야 한다. 가사소송에 있어서 상대방이 될 사람이 사망한 경우에는 검사(가사소송법 제24조 제3항)가 승계인으로 당사자적격을 가진다. 판례는 채무자와 제3채무자 사이의 소송이 계속된 이후의 소송수행과 관련한 개개의 소송상 행위는 그 권리의 행사를 소송당사자인 채무자의 의사에 맡기는 것이 타당하므로 상소의 제기와 마찬가지로 확정판결에 불복하여 재심판을 구하는 재심의 소 제기는 채권자대위권의 목적이 될 수 없다고 한다.[5]

필수적 공동소송의 확정판결에 대하여 공동소송인 가운데 한 사람이 재심의 소

---

1) 대법원 1994. 12. 27. 선고 92다22473 판결.
2) 대법원 1982. 12. 28. 선고 82무2 판결.
3) 대법원 1992. 10. 9. 선고 92므266 판결.
4) 대법원 1987. 12. 8. 선고 87재다24 판결.
5) 대법원 2012. 12. 27. 선고 2012다75239 판결.

를 제기하면 다른 공동소송인도 당연히 재심당사자가 되고, 상대방으로부터 재심의 소가 제기된 때에는 공동소송인 모두가 재심피고가 된다(제67조 제1항 및 제2항). 재심 전 소송의 보조참가인도 보조참가신청과 함께 재심의 소를 제기할 수 있다(제72조 제3항). 다만, 보조참가인은 청구의 변경과 같은 기존의 소송형태를 변경시키는 행위를 할 수 없으므로 새로운 재심사유를 주장하여 재심청구를 추가할 수 없다.[1] 판례는 제3자가 다른 사람 사이의 재심소송에 독립당사자참가를 하였다면, 이 경우 제3자는 재심사유 있음이 인정되어 본안사건이 부활되기 전에는 참가이유를 주장할 여지가 없으므로 제3자는 재심대상판결에 재심사유가 있음이 인정되어 본안소송이 부활되는 단계를 위하여 당사자참가를 한 것으로 볼 수 있다고 한다.[2]

## 2. 재심의 대상적격

재심의 소는 확정된 종국판결에 대해서만 허용된다. 미확정판결은 재심의 소의 대상이 되지 못한다. 미확정판결에 대한 재심의 소가 제기된 뒤에 그 판결이 확정되어도 재심의 소가 적법한 것으로 되지 않는다.[3] 중간판결도 독립하여 재심의 소의 대상이 되지 않으나, 재심사유가 있고 그 판결이 종국판결의 기본이 되는 경우에는 그 재심사유를 이유로 종국판결에 대하여 재심의 소를 제기할 수 있다. 나아가 판결의 기본이 되는 재판에 재심사유가 있는 경우에는 그 재판에 대하여 독립된 불복방법이 있더라도 그 재심사유를 이유로 종국판결에 대하여 재심의 소를 제기할 수 있다(제452조). 예를 들어, 종국판결에 앞서 이루어진 소송절차상의 결정·명령에 대하여 항고나 즉시항고로 불복할 수 있는 경우에도 그 결정·명령에 재심사유가 있다면 이를 이유로 종국판결에 대하여 재심의 소를 제기할 수 있다. 이 경우 판결의 기본이 되는 결정·명령 등에 재심사유가 있는 것으로 충분하고 종국판결 자체에는 재심사유가 존재할 필요는 없다.

1) 대법원 1992. 10. 9. 선고 92므266 판결.
2) 대법원 1994. 12. 27. 선고 92다22473 판결.
3) 대법원 1980. 7. 8. 선고 80다1132 판결.

판례는 대법원의 환송판결은 해당 심급을 종료시킨다는 의미에서 종국판결이라고 할 수 있지만 종국적 판단을 유보한 재판의 성질상 기판력이나 형성력, 집행력이 생기지 않아 실질적으로 확정된 종국판결이라고 할 수 없어 재심의 소의 대상이 되지 않는다고 한다.[1] 중재판정은 별도로 중재판정취소의 소가 인정되므로 재심의 소의 대상이 되지 않으며(중재법 제35조, 제36조), 소송비용재판이나 가집행선고에 대해서는 독립하여 재심의 소를 제기할 수 없다. 외국판결도 재심의 소의 대상이 아니다. 확정판결과 동일한 효력이 있는 청구의 포기·인낙조서, 재판상화해조서, 확정된 화해권고결정이나 조정을 갈음하는 결정은 후술하는 준재심의 소의 대상이 된다(제461조).

## 3. 재심기간

재심사유 중 대리권 흠결과 기판력의 저촉을 제외하고(제457조), 나머지 재심사유에 대해서는 제소기간이 정해져 있다(제456조). 재심기간의 적용이 배제되는 대리권의 흠결이란 대리권이 전혀 없는 경우만을 말하고, 대리권은 있지만 소송행위를 함에 필요한 특별수권의 흠결이 있는 경우에는 여기에 해당하지 않는다.[2] 예를 들어, 법인 아닌 사단의 대표자가 사원총회의 결의 없이 총유물의 처분에 관한 소송행위를 한 경우,[3] 소송대리인이 소송의 목적이 된 부동산에 관해서만 화해할 권한을 부여받았음에도 그 권한의 범위를 넘어 소송물 이외의 권리관계를 포함시켜 화해한 경우[4] 등에는 재심기간이 적용된다.

### (1) 재심사유를 안 날로부터 30일

재심은 당사자가 판결확정 후 재심사유를 안 날로부터 30일 내에 제기해야 한

1) 대법원 1995. 2. 14. 선고 93재다27,34(반소) 전원합의체 판결.
2) 대법원 1994. 6. 24. 선고 94다4967 판결.
3) 대법원 1999. 10. 22. 선고 98다46600 판결.
4) 대법원 1993. 10. 12. 선고 93다32354 판결.

다(제456조 제1항). 이 기간은 불변기간이다. 따라서 추후보완이 가능하다. 각 재심사유마다 이를 안 때부터 별개로 재심기간이 진행된다.[1] 판결법원 구성의 위법(제451조 제1항 제1호)이나 판단누락(동항 제9호)은 당사자에게 판결정본이 송달된 때부터 기산한다. 소송대리인이 있는 경우에는 특별한 사정이 없는 한 대리인이 판결정본을 송달받은 때에 당사자도 재심사유를 알았다고 할 것이므로 그때부터 기산한다.[2] 형사상 처벌받을 행위를 재심사유로 하는 경우(동항 제4호 내지 제7호)에는 유죄판결 등이 확정된 때에만 재심의 소를 제기할 수 있으므로(동조 제2항) 유죄판결 등이 확정되었음을 알았을 때부터 기산한다.[3] 다만, 증거부족 이외의 이유로 유죄확정판결을 할 수 없는 경우, 예를 들어 공소시효의 완성을 이유로 불기소처분을 받은 경우 등에는 그러한 사실을 알았을 때부터 기산한다.[4]

### (2) 판결확정일 등으로부터 5년

당사자가 재심사유의 존재를 알지 못한 경우에도 판결이 확정되어 5년이 경과하면 재심의 소를 제기할 수 없다(제456조 제3항).[5] 이 기간은 제척기간으로서 불변기간이 아니므로 추후보완이 인정되지 않는다. 5년의 기간은 재심사유가 판결확정 후에 생긴 때에는 그 사유가 발생한 때부터 기산한다(동조 제4항). 가벌적 행위에 대한 유죄확정판결 또는 공소시효의 완성·사면·피의자의 사망 등 유죄확정판결을 할 수 없는 사실, 판결의 기초가 된 재판 또는 행정처분의 변경 등의 재심사유가 재심대상판결의 확정 전에 생긴 때에는 그 판결확정일로부터, 확정 후에 생긴 때에는 그 사유가 발생한 때로부터 기산한다.[6]

---

1) 대법원 1982. 12. 28. 선고 82무2 판결.

2) 대법원 2000. 9. 8. 선고 2000재다49 판결; 1991. 3. 12. 선고 90다18470 판결.

3) 대법원 1996. 5. 31. 선고 95다33993 판결; 1994. 12. 9. 선고 94다38960 판결.

4) 대법원 2006. 10. 12. 선고 2005다72508 판결; 1994. 1. 28. 선고 93다29051 판결. 당사자가 검사의 공소권이 없다는 불기소처분에 불복하여 검찰청법상의 항고절차나 형사소송법상의 재정신청절차를 거친 경우에는 항고나 재정신청에 대한 결정이 있었던 것을 안 날 즉, 그 결정의 통지를 받은 날에 재심사유를 알았다고 볼 것이다(대법원 1997. 4. 11. 선고 97다6599 판결).

5) 대법원 1996. 5. 31. 선고 95다33993 판결.

6) 대법원 1988. 12. 13. 선고 87다카2341 판결.

# Ⅲ. 재심사유

## 1. 의의

재심의 소는 제451조에 한정적으로 열거된 재심사유가 있는 경우에 한하여 허용된다. 재심의 소에 있어서 재심사유는 소의 적법요건이므로 이에 대한 주장이 없거나 주장된 사유가 재심사유에 해당하지 않는 경우에는 재심의 소를 부적법 각하해야 한다.[1] 그러나 재심사유를 적법하게 주장하였으나 그 존재가 인정되지 않는 경우에는 재심청구를 기각해야 한다.

## 2. 보충성

재심사유는 재심 전 소송에서 상소로써 주장할 수 없었던 경우에 한하여 보충적으로 허용된다(제451조 제1항 단서). 따라서 당사자가 재심사유를 상소로써 주장하였으나 기각된 경우 또는 이를 알고도 상소심에서 주장하지 않은 경우에는 같은 사유로 재심의 소를 제기할 수 없다. 이것은 재심사유가 당연히 상고이유가 됨을 전제로 한 것이다. 상소심에서 주장하지 않은 경우에는 상소 자체를 제기하지 않은 경우,[2] 상고이유서 제출기간을 도과하여 상고가 기각된 경우[3] 등을 포함한다. 이를 재심의 소의 보충성이라고 한다. 재심의 소의 보충성은 소의 적법요건이므로 보충성이 흠결된 경우에는 재심의 소를 부적법 각하해야 한다.[4]

재심사유와 추완상소사유가 동시에 존재하는 경우 추완상소기간 내에 상소를 제기하지 않았다면 제451조 제1항 단서 '이를 알고도 주장하지 않은 때'에 해당하여 재심의 소를 제기할 수 없는지 논의가 있다. 추완상소와 재심은 독립된 별개의 제도이므로 당사자는 양자 중 어느 하나를 선택하여 각각의 기간 내에 제기할 수

---

1) 대법원 1996. 10. 25. 선고 96다31307 판결.
2) 대법원 2011. 12. 22. 선고 2011다73540 판결.
3) 김홍엽, 1115면.
4) 대법원 1980. 11. 11. 선고 80다2126 판결.

있다고 할 것이고, 따라서 비록 추완상소기간 내에 상소를 제기하지 않았더라도 재심기간이 경과하지 않았다면 재심청구를 할 수 있다고 할 것이다.[1] 상고이유를 제한하고 있는 소액사건에서는 재심사유가 상고이유가 될 수 없으므로(소액사건심판법 제3조) 재심의 소의 보충성이 요구되지 않는다.[2]

## 3. 개별적 재심사유

민사소송법에서는 재심사유 11가지를 제한적으로 열거하고 있다(제451조 제1항). 민사소송법에서 열거한 재심사유를 살펴보면 다음과 같다.

### (1) 절대적 상고이유

법률에 따라 판결법원을 구성하지 않은 때(제1호), 법률상 그 재판에 관여할 수 없는 법관이 관여한 때(제2호), 법정대리권·소송대리권 또는 대리인이 소송행위를 하는 데에 필요한 권한의 수여에 흠결이 있는 때(제3호)는 절대적 상고이유도 되고 재심사유도 된다. 이는 절대적 상고이유와 같으므로 판결결과에 영향을 미쳤는지 여부를 불문한다. 그러나 나머지 제4호 내지 제10호의 사유는 판결주문에 영향을 미칠 가능성이 있어야 한다.

판례는 피고의 참칭대표자에게 소장부본 및 변론기일소환장 등 소송서류가 송달되도록 하여 자백간주에 의한 승소판결을 받은 경우,[3] 우편집배원이 착오로 소송기록접수통지서를 상고인 아닌 사람에게 배달함으로써 상고이유서 부제출로 인한 상고기각판결을 받은 경우[4]에도 대리권 흠결에 준하여 재심사유에 해당한다고 한다. 그러나 대리권의 흠결이 있더라도 추인이 있는 때에는 소송행위가 소급하여 유효해지므로 재심사유가 되지 않는다(제451조 제1항 제3호 단서). 판례는 항소심에

---

1) 대법원 2011. 12. 22. 선고 2011다73540 판결.
2) 김홍엽, 1114면; 이시윤, 939면.
3) 대법원 1999. 2. 26. 선고 98다47290 판결.
4) 대법원 1998. 12. 11. 선고 97재다445 판결.

서 당사자 본인이 변론기일에 출석하여 소송관계를 표명하고 증거조사의 결과를 진술하였다면 제1심 소송절차에서 소송대리권 흠결의 하자도 모두 치유되었다고 볼 것이라고 한다.[1] 대리권의 흠결을 재심사유로 한 취지는 당사자를 보호하는 데 있으므로 그 상대방이 이를 재심사유로 하기 위해서는 그러한 사유를 주장함으로써 이익을 받을 수 있는 경우, 즉 대리권 흠결 이외의 사유로도 종전 판결이 상대방에게 이익으로 변경될 수 있는 경우에 한한다.[2]

#### (2) 형사상 또는 행정상 처벌받을 행위

##### 1) 제4호 내지 제7호

(가) 재판에 관여한 법관이 그 사건에 관하여 직무에 관한 죄를 범한 때(제4호)

법관이 담당사건과 관련하여 수뢰죄나 공문서위조죄 등을 범한 경우를 말한다.

(나) 형사상 처벌받을 다른 사람의 행위로 인하여 공격방어방법의 제출을 방해받은 때(제5호)

여기의 형사상 처벌받을 행위는 형법을 비롯한 특별형법을 포함하여 형사법상 범죄행위를 한 경우를 말하고, 경범죄처벌법 위반행위나 질서벌은 여기에 포함되지 않는다.[3] 공격방어방법에는 판결에 영향을 주는 주장, 부인, 항변뿐만 아니라 증거방법도 포함된다. 따라서 소송의 승패에 중요한 영향을 미치는 문서를 절취하거나 손괴하는 경우, 중요한 증인을 체포 또는 감금함으로써 출석할 수 없게 하는 경우 등도 여기에 포함된다.[4] 판례는 재심대상사건의 공격방어방법이 담긴 합의서를 소송계속 중 제3자가 반환을 거부하였다면 그것은 공격방어방법의 제출을 방해한 것에 해당하고, 그로 인하여 횡령의 유죄확정판결을 받았다면 그러한 문서의 반환거부도 여기의 재심사유에 해당한다고 한다.[5]

---

1) 대법원 1980. 7. 22. 선고 79다2148 판결.
2) 대법원 2000. 12. 22. 선고 2000재다513 판결.
3) 김홍엽, 1120면, 이시윤, 942면.
4) 이시윤, 943면.
5) 대법원 1985. 1. 29. 선고 84다카1430 판결.

형사상 처벌받을 다른 사람의 행위로 인하여 자백 또는 공격방어방법의 제출이 방해된 사실과 불리한 판결 사이에 인과관계가 있어야 한다. 판례는 국유 토지에 대한 소유권이전등기청구소송에서 해당 토지를 관리하는 담당 공무원이 원고로부터 뇌물을 받고 해당 소송을 담당하는 국가소송수행자에게 해당 토지가 원고에게 환매될 것이라고 설명하면서 허위의 환매심의의결서 등을 교부하여 국가소송수행자가 이를 믿고 위 소송의 변론기일에 원고의 청구를 인낙한 경우 담당 공무원의 범죄행위가 소송수행자가 청구의 인낙을 하게 된 직접적인 원인이 되었다고 할 것이므로 여기의 재심사유에 해당한다고 한다.[1]

형사상 처벌받을 다른 사람의 행위로 인하여 해당 소송절차에서 공격방어방법의 제출이 직접 방해받았어야 한다. 해당 소송절차와 관계없이 다른 사람의 범죄행위로 어떤 사실이 조작되었다든가[2] 또는 다른 소송절차에서 공격방어방법의 제출이 방해되어 사실을 잘못 인정함으로써 그 결과 법원이 사실인정을 그르친 경우는 여기에 해당하지 않는다.[3] 또한 공격방어방법의 제출이 형사상 처벌받을 다른 사람의 행위로 인하여 이루어졌다고 하더라도 다른 사람의 범죄행위가 그 소송행위를 하는데 착오를 일으키게 한 정도에 불과할 뿐 소송행위에 부합하는 의사가 존재할 때에도 여기의 재심사유에 해당하지 않는다.[4] 예를 들어, 문맹자를 속여서 항소취하서에 날인하도록 하여 항소취하서를 제출한 경우에는 항소취하에 부합하는 의사가 존재하지 않으므로 여기의 재심사유에 해당하지만, 항소취하를 함에 있어서 동기의 착오를 일으킨데 불과한 경우에는 여기의 재심사유에 해당하지 않는다.[5]

#### (다) 판결의 증거가 된 문서, 그 밖의 물건이 위조되거나 변조된 것인 때(제6호)

판결의 증거가 된 문서가 위조 또는 변조된 것인 때란 위조 또는 변조된 문서가 판결주문을 유지하는 근거가 되는 사실인정의 증거로 채택된 경우를 말한다. 비록 문서가 위조 또는 변조되었다고 하여도 그것이 법관의 심증에 영향을 주었을

1) 대법원 1995. 4. 28. 선고 95다3077 판결.
2) 대법원 1982. 10. 12. 선고 82다카664 판결.
3) 대법원 1993. 11. 9. 선고 93다39553 판결.
4) 대법원 1984. 5. 29. 선고 82다카963 판결.
5) 대법원 1963. 11. 21. 선고 63다441 판결.

지라도 사실인정의 직접적 또는 간접적인 증거로 채택되지 않았다면 여기의 재심사유에 해당하지 않는다.[1)]

문서에는 공문서, 사문서를 모두 포함하고, 그 밖의 물건에는 공인(公印), 사인(私印)은 물론 경계표 등도 포함한다. 위조·변조에는 형사상 처벌되는 공정증서원본부실기재나 허위공문서작성 등이 포함되지만,[2)] 형사상 처벌되지 않는 사문서의 무형위조[3)]는 포함되지 않는다.[4)] 공인 또는 사인의 경우에는 부정사용된 경우도 여기에 포함되고(형법 제238조, 제239조), 경계표의 경우에는 손괴하거나 이동하는 행위를 의미한다(형법 제370조).[5)]

(라) 증인 등의 거짓 진술이 판결의 증거가 된 때(제7호)

증인·감정인·통역인 또는 당사자신문에서의 당사자나 법정대리인의 거짓 진술이 판결의 증거가 된 때에도 재심사유가 된다. 여기의 증인 등의 거짓 진술 등이 판결의 증거로 된 때란 증인 등의 거짓 진술이 판결주문에 영향을 미치는 사실인정의 자료로서 증거로 채택되어 판결서에 구체적으로 기재되어 있는 경우를 말한다. 따라서 법관의 심증에 영향을 주었을 것이라고 추측되는 자료가 된다고 하여도 그것이 증거로 채택되어 사실인정의 자료가 되지 않았다면 재심사유가 될 수 없다.[6)] 예를 들어, 증인 등의 거짓 진술이 판결이유에 가정적 또는 부가적으로 인용되는데 그치거나 쟁점인 사실의 인정에 관계가 없는 경우 또는 그 진술을 제외하여도 쟁점인 사실을 인정할 수 있는 경우에는 재심사유가 되지 않는다.[7)]

그러나 판결주문에 영향을 미친다는 것은 그 거짓 진술이 없었다면 판결주문이 달라질 수도 있었을 것이라는 개연성이 있는 경우를 말하고 변경의 확실성을 요구하는 것은 아니며, 사실인정의 자료가 되었다고 함은 그 거짓 진술이 직접적인 증거가 된 경우만을 가리키는 것은 아니며 대비증거로 사용되어 간접적으로 영향을

---

1) 대법원 1997. 9. 26. 선고 96다50506 판결.
2) 대법원 1982. 9. 28. 선고 81다557 판결.
3) 무형위조란 문서를 작성할 권한이 있는 사람이 허위 내용의 문서를 작성하는 것을 말한다.
4) 대법원 1995. 3. 10. 선고 94다30829,30836,30843 판결.
5) 한충수, 841면 및 842면.
6) 대법원 2001. 5. 8. 선고 2001다11581 판결.
7) 대법원 1997. 12. 26. 선고 97다42922 판결; 1983. 12. 27. 선고 82다146 판결.

준 경우를 포함한다.[1] 한편 증인 등의 거짓 진술은 재심대상이 된 소송사건에서 이루어진 경우에만 재심사유가 되고, 다른 사건에서 거짓 진술을 하고 그 진술이 기재된 조서가 재심대상판결에 서증으로 제출된 경우는 여기의 재심사유에 해당하지 않는다.[2]

### 2) 유죄의 확정판결

제4호 내지 제7호의 처벌받을 행위에 대해서는 유죄의 판결이나 과태료부과의 재판이 확정된 때 또는 증거부족 이외의 이유로 유죄의 확정판결이나 과태료부과의 확정재판을 할 수 없을 때에만 재심의 소를 제기할 수 있다(제451조 제2항). 여기서 '증거부족 이외의 이유로 유죄의 확정판결이나 과태료부과의 확정재판을 할 수 없을 때'라고 함은 범인의 사망, 사면, 공소시효의 완성, 심신상실 등의 사유가 없었다면 유죄판결을 받을 수 있었던 경우를 말한다.[3] 그리하여 범죄혐의 없음의 불기소처분,[4] 소재불명으로 인한 기소중지결정[5] 등은 여기에 포함되지 않는다. 증거부족 이외의 이유만 없었다면 유죄확정판결을 받을 수 있었던 사실은 재심원고가 증명해야 한다. 예를 들어, 공소시효의 완성으로 불기소처분을 받은 사실뿐만 아니라 공소시효가 완성되지 않았으면 유죄의 확정판결을 받을 수 있었던 사실도 재심원고가 증명해야 한다.[6]

가벌적 행위와 유죄확정판결 등이 합체되어 재심사유가 된다는 견해(합체설)가 있으나, 가벌적 행위만이 재심사유이고 유죄확정판결 등은 재심의 소의 남용을 방지하기 위한 소의 적법요건으로 이해함이 타당하다(적법요건설). 유죄확정판결 등이 없는 때에 합체설에 의하면 재심의 소를 기각하게 되나, 적법요건설에 의하면 부적법 각하해야 한다. 판례는 유죄확정판결 등이 없는 때에는 재심의 소를 각하해야 한다고 하여 적법요건설에 의하고 있다.[7] 다만, 유죄의 확정판결 등을 기다리

---

1) 대법원 2001. 6. 15. 선고 2000두2952 판결.
2) 대법원 1992. 6. 12. 선고 91다33179,33186 판결.
3) 대법원 2006. 10. 12. 선고 2005다72508 판결.
4) 대법원 1999. 5. 25. 선고 99두2475 판결; 1985. 11. 26. 선고 85다418 판결.
5) 대법원 1989. 10. 24. 선고 88다카29658 판결.
6) 대법원 1990. 8. 14. 선고 89다카6812 판결; 1982. 9. 14. 선고 82다16 판결.
7) 대법원 1989. 10. 24. 선고 88다카29658 판결.

지 않고 재심의 소가 제기되었어도 변론종결시까지 유죄의 확정판결 등이 있으면 그 재심의 소는 적법하다.[1)]

### (3) 판결의 기초가 된 재판 또는 행정처분의 변경(제8호)

판결의 기초가 된 재판 또는 행정처분이 다른 재판이나 행정처분에 따라 바뀐 때에도 재심사유가 된다. 재판 또는 행정처분이 판결의 기초가 되었다고 함은 재판 또는 행정처분이 재심대상판결에 법률적으로 구속력을 미치는 경우뿐만 아니라 재판이나 행정처분의 내용이 재심대상판결에서 사실인정의 자료가 된 경우를 포함한다. 여기서 사실인정의 자료가 되었다는 것은 재판 또는 행정처분이 재심대상판결의 사실인정에 있어서 증거자료로 채택되었고, 그 재판 또는 행정처분의 변경이 재심대상판결의 사실인정에 영향을 미칠 가능성이 있는 경우를 말한다.[2)] 예를 들어, 유죄의 형사판결이 재심대상판결의 사실인정에 있어서 증거로 채택되었는데 그 뒤 형사판결이 변경 또는 무죄로 확정되거나,[3)] 제권판결을 이유로 어음금청구를 기각하였는데 그 뒤 제권판결이 취소된 경우[4)] 등이 여기에 해당한다.

여기의 재판에는 민사재판, 형사재판, 가사심판, 가압류·가처분결정,[5)] 비송재판이 모두 포함된다. 행정처분의 변경은 재판에 의하든 다른 행정처분에 의하든 무방하나 그 변경은 판결이 확정된 후에 있어야 하고,[6)] 행정처분이 확정적이고 소급적으로 변경되어야 한다.[7)] 따라서 행정처분이 취소되고 그 취소의 효력이 소급

1) 대법원 1983. 12. 27. 선고 82다146 판결.
2) 대법원 1994. 11. 25. 선고 94다33897 판결.
3) 대법원 1980. 1. 15. 선고 79누35 판결.
4) 대법원 1991. 11. 12. 선고 91다25727 판결.
5) 대법원 1962. 8. 2. 선고 62다204 판결.
6) 판결의 기초가 된 행정처분이 확정판결 이전에 이미 취소되었음에도 당사자가 그 사정을 알지 못하여 소송에서 주장하지 못한 경우에는 여기에 해당하지 않는다(대법원 1981. 1. 27. 선고 80다1210,1211 판결).
7) 대법원 1972. 12. 12. 선고 72다1045 판결. 검사의 불기소처분이 재심대상판결에 법률적으로 구속력을 미치는 것이 아님은 의문의 여지가 없고, 일단 불기소처분을 한 후에도 공소시효가 완성되기까지 언제라도 공소를 제기할 수 있는 것이므로 일단 불기소처분되었다가 후에 공소가 제기되었다고 하여 종전의 불기소처분이 소급적으로 변경된 것으로 보기 어렵고, 나아가 그 기소된 형사사건이 유죄로 확정되었다고 하여도 마찬가지이다(대법원 1998. 3. 27. 선고 97다50855 판결).

하여 발생하는 경우이어야 하고 행정처분이 당연무효인 경우는 여기에 해당하지 않으며,[1] 판결의 기초가 된 행정처분의 적법 여부에 관한 판례가 변경된 경우도 여기에 해당하지 않는다.[2] 재심대상판결에서 사실인정의 자료가 된 재판 또는 행정처분이 변경되었다는 사정은 사실심판결에 대한 재심사유는 될지언정 상고심판결에 대한 재심사유는 되지 않는다.[3]

### (4) 판결에 영향을 미칠 중요사항의 판단누락(제9호)

판단누락이란 당사자가 제출한 공격방어방법으로서 판결주문에 영향이 있는 것에 대하여 판결이유 중에서 판단을 표시하지 않은 것을 말한다. 직권조사사항인지 여부를 불문하고 판결주문에 영향을 미치는 사항으로서 당사자가 주장하거나 법원의 직권조사를 촉구하였음에도 판단을 하지 않으면 판단누락에 해당한다. 그러나 당사자가 변론에서 주장하지 않거나 그 직권조사를 촉구하지 않은 사항에 대해서는 판단을 빠뜨려도 판단누락이 아니다.[4] 또한 판단을 한 이상 그 판단내용이 잘못되었거나 판단에 이르는 이유를 소상하게 설시하지 않았거나 주장을 배척하는 근거를 일일이 개별적으로 설시하지 않았다고 하여도 판단누락은 아니다.[5] 재판누락은 추가판결의 대상이지 재심사유는 되지 않는다. 판례는 상고이유서를 제출기간 내에 제출하였음에도 제출기간을 도과하였다는 이유로 상고를 기각한 경우에는 판결에 영향을 미칠 중요한 사항에 관하여 판단을 누락한 것이므로 여기의 재심사유에 해당한다고 한다.[6]

### (5) 전에 선고한 확정판결에의 저촉(제10호)

재심을 제기할 판결이 전에 선고한 확정판결과 저촉되는 때란 전에 선고한 확정판결의 효력이 재심대상판결의 당사자에게 미치는 경우로서 양 판결이 서로 저

---

1) 대법원 1977. 9. 28. 선고 77다1116 판결.
2) 대법원 1987. 12. 8. 선고 87다카2088 판결.
3) 대법원 2007. 11. 15. 자 2007재마26 결정.
4) 대법원 2004. 9. 13. 자 2004마660 결정.
5) 대법원 1991. 12. 27. 선고 91다6528 판결.
6) 대법원 1998. 3. 13. 선고 98재다53 판결.

촉되는 경우를 말한다.[1] 확정판결이 서로 저촉되는 경우에 어느 것이 먼저 제소되었는지를 불문하고 나중에 확정된 판결이 재심의 대상이 된다. 동일한 당사자 사이에 같은 내용의 사건에 관하여 저촉되는 확정판결일 것을 요하므로 당사자를 달리하면 서로 저촉되어도 재심사유에 해당하지 않는다.[2]

### (6) 허위주소로 소송 제기(제11호)

상대방의 주소를 알고 있음에도 모른다고 하거나 주소를 거짓으로 하여 소를 제기한 경우이다. 허위주소로 소를 제기하여 판결을 편취한 경우를 대비한 재심사유이다. 그러나 판례는 자백간주에 의한 판결편취의 경우에는 여기의 재심사유에 해당하지 않는다고 한다. 즉, 자백간주에 의한 판결편취의 경우에는 진정한 피고가 판결정본 기타 소송서류를 받은 사실이 없으므로 항소기간이 진행되지 않아 진정한 피고는 지금이라도 항소를 제기할 수 있다고 하고, 아직 판결이 확정되지 않았으므로 재심청구는 허용되지 않는다고 한다.[3] 그러나 공시송달에 의한 판결편취의 경우에는 피고의 주소가 허위라고 하여도 공시송달에 의하는 경우 그 송달은 유효하므로 판결이 확정되었다고 할 것이고, 진정한 피고는 재심에 의하여 구제받을 수 있는데, 이때 재심사유가 제451조 제1항 제11호가 된다고 한다.[4] 그리하여 판례는 여기의 재심사유는 공시송달의 방법에 의하여 상대방에게 판결정본을 송달한 경우를 말하는 것이고, 공시송달의 방법으로 송달한 것이 아닌 경우까지 포함한 것은 아니라고 한다.

---

1) 대법원 2001. 3. 9. 선고 2000재다353 판결.
2) 대법원 1994. 8. 26. 선고 94재다383 판결.
3) 대법원 1994. 1. 11. 선고 92다47632 판결; 대법원 1999. 2. 26. 선고 98다47290 판결.
4) 대법원 1980. 7. 8. 선고 79다1528 판결; 1978. 5. 9. 선고 75다634 전원합의체 판결.

## Ⅳ. 재심절차

### 1. 재심대상판결

제1심판결이 확정된 경우에는 제1심판결이 재심의 소의 대상이 됨은 의문의 여지가 없다. 문제는 제1심판결에 불복하여 상소함으로써 항소심판결 또는 상고심판결이 선고되어 확정된 경우이다. 이 경우에는 상소심판결과 원심판결 가운데 어느 것이 재심의 소의 대상이 되는지 논란이 있다.

항소심에서 본안판결을 하였을 때에는 제1심판결에 대하여 재심의 소를 제기하지 못한다(제451조 제3항). 여기서 항소심의 본안판결이란 항소기각판결을 말한다. 항소인용판결의 경우에는 제1심판결이 취소되어 항소심판결만 남게 되므로 제1심판결이 재심의 소의 대상이 될 여지가 없기 때문이다. 따라서 항소심에서 항소인용이든 항소기각이든 본안판결을 한 경우에는 항소심판결만이 재심의 소의 대상이 된다.

문제는 항소각하판결을 한 경우이다. 항소심에서 항소가 부적법하다는 이유로 항소각하판결을 한 경우에는 항소심에서 제1심판결의 당부에 관하여 심리가 이루어지지 않았다고 할 것이므로 원칙적으로 제1심판결이 재심의 소의 대상이 된다고 보아야 한다. 다만, 항소심판결에도 재심사유가 있는 경우에는 항소심판결도 재심의 소의 대상이 될 수 있다. 따라서 항소심에서 항소각하판결을 한 경우에는 원칙적으로 제1심판결이 재심의 소의 대상이 되지만, 항소각하판결에도 독자적인 재심사유가 있는 경우에는 제1심판결과 항소각하판결이 각각 재심의 소의 대상이 된다.

상고심에서 상고인용판결을 한 경우에는 원심판결이 취소되어 소멸되었으므로 상고심판결이 재심의 소의 대상이 된다. 다만, 서증의 위조·변조(제451조 제1항 제6호) 또는 허위진술(동항 제7호) 등 사실인정에 관한 것을 재심사유로 하는 경우에는 상고심판결이 아니라 원심판결을 재심의 소의 대상으로 해야 한다.[1] 상고심에서

1) 대법원 2000. 4. 11. 선고 99재다746 판결.

상고각하판결을 한 경우에는 항소심에서와 마찬가지로 원칙적으로 원심판결이 재심의 소의 대상이 되고, 다만 상고심판결에도 독자적인 재심사유가 있는 경우에는 상고심판결도 그 대상이 될 수 있다. 한편 상고심에서 상고기각판결을 한 경우에는 항소심에서와는 달리 별도의 규정(제451조 제3항)이 없으므로 해석에 의할 수밖에 없는데, 원심의 사실인정은 상고심의 심판대상이 되지 않으므로 원칙적으로 원심판결이 재심의 소의 대상이 되고, 상고심판결에도 재심사유가 있는 경우에는 원심판결과 상고심판결이 각각 재심의 소의 대상이 된다고 할 것이다.

## 2. 재심관할법원

재심의 소는 취소대상인 판결을 한 법원의 전속관할에 속한다(제453조 제1항). 다만, 심급을 달리하는 법원이 같은 사건에 대하여 내린 판결에 대한 재심의 소는 상급법원이 관할한다(제453조 제2항 본문). 예를 들어, 항소심에서 항소각하판결을 하였고 제1심판결과 항소심판결에 각각 재심사유가 있는 경우에 제1심법원과 항소법원에 각각 재심의 소를 제기하여 함께 심리하게 되면 재판이 모순·저촉될 우려가 있고 소송경제를 해칠 수 있으므로 상급법원인 항소법원에서 이를 병합하여 심리해야 할 것이다. 다만, 같은 사건에 대하여 심급을 달리하는 법원이 항소법원과 상고법원인 경우에는 항소법원에 대한 재심의 소까지 상고법원에서 심리해야 하는 것은 아니다(제453조 제2항 단서). 이 경우에는 항소법원과 상고법원이 각각 재심의 소를 관할한다.

## 3. 재심의 소의 제기

재심의 소의 제기도 소장의 제출에 의하고, 소액사건에서는 구술로도 가능하다. 재심의 소장에는 재심의 대상인 판결의 표시, 재심을 구하는 취지 및 재심사유를 기재해야 한다. 인지는 심급에 따라 소장, 항소장, 상고장의 그것과 동일하다. 재심소장의 제출에 의하여 그 재심사유에 대한 기간준수의 효력이 생긴다(제455조 및

제265조). 재심의 소는 확정판결의 취소를 구하는 것을 목적으로 하므로 전부승소한 당사자는 재심의 소를 제기할 이익이 없다.[1] 재심소송절차에는 그 성질에 반하지 않는 범위 내에서 각 심급의 소송절차에 관한 규정이 준용된다(제455조). 재심피고는 자기의 재심사유에 기하여 반소를 제기할 수 있고, 부대상소에 준하여 원판결을 자기에게 유리하게 변경할 것을 구하는 부대재심을 제기할 수도 있다.

재심청구에 재심원고가 승소할 경우를 대비한 원상회복 등 관련 청구를 병합할 수 있는지 논란이 있다. 판례는 재심청구에 관련 청구를 병합할 수 없으며 별도의 소로 청구해야 한다는 입장이다.[2] 재심의 소는 확정판결의 기판력을 배제하기 위하여 인정된 비상의 불복절차로서 일반 민사소송절차와는 그 성질을 달리하고 있으며, 재심관할법원이 항소심인 경우 관련 청구의 병합을 허용하면 심급의 이익이 침해될 우려가 있다는 이유로 부정하는 견해가 있으나, 관련 청구를 병합하여 제기함이 소송경제적이고, 관련 청구는 재심청구와 청구원인을 같이 하는 청구로서 재심 전 소송에서 이미 그 실질적 쟁점에 대하여 충분한 심리가 이루어져 심급의 이익을 해칠 우려가 없다는 점에서 긍정함이 타당할 것이다.

## 4. 재심의 소의 심판

재심소장의 방식준수를 재판장이 심사한 뒤에 소의 적법 여부, 재심사유의 존부, 본래 사건에 대한 본안심판의 단계로 심리한다. 그런데 법원은 소의 적법 여부와 재심사유의 존부에 관한 심판을 본안에 관한 심판과 분리하여 먼저 시행할 수 있다(제454조 제1항). 이 경우에 재심의 소가 적법하고 재심사유가 있다고 인정하면 그러한 취지의 중간판결을 한 후에 본안에 관하여 심판하고(동조 제2항), 만일 인정되지 않으면 재심의 소를 각하하거나 기각하여 절차를 종결하게 된다.

1) 대법원 1993. 4. 27. 선고 92다24608 판결.
2) 대법원 1971. 3. 31. 선고 71다8 판결.

### (1) 소의 적법 여부

법원은 먼저 일반 소송요건과 함께 재심의 소의 적법요건을 심리해야 한다. 이 요건은 법원의 직권조사사항이다. 재심의 소의 적법요건에 흠결이 있는 경우 그 흠결을 보정하지 않거나 보정할 수 없을 때에는 판결로 재심의 소를 각하한다(제455조 및 제219조, 제413조).

재심원고가 주장하는 재심사유가 법정의 재심사유에 해당하지 않는 경우,[1] 재심사유 가운데 가벌적 행위를 주장하면서 유죄확정판결 등의 사유를 주장·증명하지 못한 경우,[2] 재심사유는 존재하나 재심사유에 해당하는 사유를 당사자가 상소에 의하여 주장하였거나 이를 알고도 주장하지 않은 경우[3]에는 재심의 소는 부적법하여 각하해야 한다.

### (2) 재심사유의 존부

재심의 소가 적법하면 그다음 재심사유의 존부를 조사해야 한다. 그 증명책임은 재심원고에게 있다. 재심사유의 존부에 관한 자료의 수집은 직권탐지주의에 의한다. 재심의 소는 구체적 정의를 위하여 법적 안정성을 희생시키면서 확정판결의 취소를 허용하는 비상수단으로서 분쟁해결의 실효성과 정의실현과의 조화를 도모해야 하는 것이므로 재심사유의 존부에 관하여 당사자의 처분권을 인정할 수 없고, 법원은 직권으로 재심사유 존부에 관한 자료를 탐지하여 판단할 필요가 있다. 따라서 재심사유에 대해서는 자백이나 자백간주가 허용되지 않는다.[4] 또한 재심의 소에 관해서는 청구의 포기·인낙이나 화해, 조정이 허용되지 않는다.[5] 이 점에서 재심에 대한 본안심판의 경우와 차이가 있다.

법원은 재심원고가 주장하는 재심사유에 관해서만 조사하여 판단한다. 심리한

---

1) 대법원 1996. 10. 25. 선고 96다31307 판결; 1987. 12. 8. 선고 87재다24 판결; 1982. 9. 14. 선고 82사14 판결.
2) 대법원 1989. 10. 24. 선고 88다카29658 판결; 1983. 12. 27. 선고 82다146 판결.
3) 대법원 1980. 11. 11. 선고 80다2126 판결.
4) 대법원 1992. 7. 24. 선고 91다45691 판결.
5) 재심대상판결 및 제1심판결을 취소한다는 조정은 원고와 소외인이 자유롭게 처분할 수 있는 권리에 관한 것이 아니어서 당연무효라 할 것이다(대법원 2012. 9. 13. 선고 2010다97846 판결).

결과 재심사유가 없는 것으로 인정되면 종국판결로 재심청구를 기각해야 한다.[1] 재심사유가 인정되면 본안에 대한 심리에 들어가야 할 것이나, 당사자 사이에 다툼이 있으면 중간판결 또는 종국판결의 이유에서 판단한다.

### (3) 본안에 관한 심판

재심사유가 인정되면 본안에 대한 심리를 한다. 원판결에 의하여 완결된 재심 전 소송에 대하여 다시 심판한다. 처음부터 다시 심리하는 것이 아니라 재심 전 소송의 변론종결 전의 상태로 돌아가서 심리하는 것이다.[2] 본안에 대한 변론은 재심 전 소송의 변론의 속행으로 그것과 일체를 이룬다. 변론의 갱신절차를 밟아야 하며, 재심법원이 사실심이면 앞선 소송의 변론종결 후에 발생한 새로운 공격방어방법이라도 당연히 제출할 수 있다.[3]

본안의 변론과 재판은 재심청구이유의 범위 내에서 한다(제459조 제1항). 즉, 원판결에 대한 불복신청의 범위 내에서 본안의 변론과 재판을 해야 한다.[4] 재심피고에 의하여 부대재심이 제기되지 않는 한 재심원고에 대하여 원래의 확정판결보다 불이익한 판결을 할 수 없다(불이익변경의 금지).[5]

원판결이 부당하다고 인정되면 불복신청의 한도 내에서 이를 취소하고, 이에 갈음하는 판결을 한다. 재심판결은 원판결을 소급적으로 취소하는 형성판결이다. 원판결이 정당하다고 인정하면 재심사유가 있더라도 재심청구를 기각해야 한다. 비록 원판결이 부당하지만 원판결의 변론종결 이후에 발생한 새로운 사유 때문에 원판결의 결론이 정당한 경우에도 재심청구를 기각해야 한다(제460조).[6] 판례는 재심사유가 인정됨에도 재심대상판결의 변론종결 후에 발생한 사유를 이유로 재심청

---

1) 대법원 2000. 8. 18. 선고 2000재다87 판결.
2) 서증의 번호도 재심 전 소송의 서증의 번호에 연속하여 매기고(민사소송규칙 제140조 제1항), 재심사건에 대하여 상소가 제기된 때에는 상소기록에 재심 전 소송기록을 붙여 상소법원에 보내야 한다(동조 제2항).
3) 대법원 2001. 6. 15. 선고 2000두2952 판결.
4) 대법원 1965. 1. 19. 선고 64다1260 판결.
5) 대법원 2003. 7. 22. 선고 2001다76298 판결.
6) 대법원 1991. 12. 24. 선고 91므528 판결.

구를 기각하는 경우에 그 기판력의 표준시는 재심대상판결의 변론종결시가 아니라 재심판결의 변론종결시라고 한다.[1] 재심의 소에 대한 종국판결에 대해서는 어느 심급의 재심인가에 따라 다시 항소나 상고가 인정된다.

## Ⅴ. 준재심

### 1. 의의

준재심이란 확정판결과 같은 효력을 가지는 조서와 즉시항고로 불복을 신청할 수 있는 것으로 확정된 결정·명령에 재심사유가 있을 때에 재심의 소에 준하여 재심을 제기하는 것을 말한다(제461조). 준재심은 조서에 대한 준재심의 소와 결정·명령에 대한 준재심신청으로 구분된다.

### 2. 준재심의 소

화해조서, 청구의 포기·인낙조서, 조정조서에 재심사유가 있을 때에는 준재심의 소를 제기해야 한다. 화해조서에는 소송상 화해조서뿐만 아니라 제소전화해조서도 포함한다. 화해권고결정, 조정을 갈음하는 결정도 재판상 화해와 동일한 효력이 있으므로 준재심의 소를 유추해야 한다(제231조, 민사조정법 제34조 제4항).

확정된 지급명령이나 이행권고결정은 확정판결과 동일한 효력이 있지만(제474조, 소액사건심판법 제5조의7 제1항), 집행력만 인정되고 기판력은 인정되지 않는다.[2] 따라서 확정된 지급명령이나 이행권고결정에 비록 재심사유에 해당하는 하자가 있더라도 준재심의 소를 제기할 수 없고, 청구이의의 소를 제기하거나 강제집행이 완료된 경우에는 부당이득의 반환을 구하는 등의 별소를 제기하여 다투어야 한

1) 대법원 2003. 5. 13. 선고 2002다64148 판결.
2) 대법원 2009. 5. 14. 선고 2006다34190 판결.

다.[1] 지급명령이나 이행권고결정에 대한 청구이의의 소에서는 결정 이전에 생긴 사유도 이의사유로 주장할 수 있다(민사집행법 제58조 제3항, 소액사건심판법 제5조의8 제3항).[2]

재심사유는 판결에서 생길 수 있는 하자를 예상하여 규정한 것으로 준재심의 소에 전면적으로 준용될 수 없다. 제451조 각호의 사유 가운데 법률상 그 재판에 관여할 수 없는 법관이 관여한 때(제2호), 대리권의 흠결이 있는 때(제3호), 형사상 처벌받을 다른 사람의 행위로 판결에 영향을 미칠 공격방어방법의 제출이 방해받은 때(제5호) 등 일부 사유만 준용되는데 그친다. 조서에 대한 준재심은 소의 방식으로 제기해야 하고, 판결절차에 의하여 심판해야 한다. 준재심에서는 결과가 정당한 경우의 재심기각을 규정한 제460조가 준용되지 않는다. 따라서 재심법원은 재심사유가 인정되면 반드시 조서를 취소해야 한다.[3] 조서가 취소되면 소송상 화해, 청구의 포기·인낙에 의하여 종료되었던 소송이 부활하므로 이에 대하여 스스로 재판해야 한다. 그러나 제소전화해조서를 취소할 때에는 부활될 소송이 없으므로 취소 이외에 다른 판단조치를 요하지 않는다.[4] 다만, 대리권의 흠결을 이유로 하는 경우에는 제소전화해신청을 각하할 것을 요한다.

## 3. 준재심의 신청

즉시항고로 불복할 수 있는 결정·명령이 확정된 경우에 재심사유가 있으면 준재심을 제기할 수 있는데, 소가 아니라 신청의 방식에 의해야 한다. 즉시항고로 불복할 수 있는 결정·명령 가운데 준재심의 대상이 되는 것은 종국적 재판의 성질을 갖는 소장각하명령, 상소장각하명령, 소송비용액확정결정, 과태료결정, 매각허가결정, 추심명령·전부명령 등이다. 그러나 민사소송법이 즉시항고로 불복할 수 있는 결정·명령을 준재심의 대상으로 하고 있는 것은 대표적인 사례를 든 것에 불과하

1) 대법원 2009. 5. 14. 선고 2006다34190 판결.
2) 대법원 2009. 7. 9. 선고 2006다73966 판결; 2004. 5. 14. 선고 2004다11346 판결.
3) 대법원 1998. 10. 9. 선고 96다44051 판결.
4) 대법원 1996. 3. 22. 선고 95다14275 판결.

고, 종국적 재판의 성질을 가진 결정·명령 또는 종국적 재판과 관계없이 독립하여 확정되는 결정·명령이라면 독립하여 준재심신청의 대상이 될 수 있다.[1] 그러나 경매개시결정은 종국적 재판의 성질을 갖거나 독립하여 확정되는 결정에 해당하지 않으므로 준재심신청의 대상이 되지 않는다.[2]

## 제 3 절 특별절차

### Ⅰ. 소액사건심판절차

#### 1. 소액사건의 범위

소액사건심판절차에 의하는 소액사건이란 소가 3천만원 이하의 금전, 그 밖에 대체물이나 유가증권의 일정한 수량의 지급을 청구하는 사건을 말한다(소액사건심판규칙 제1조의2). 부동산 등 특정물에 관한 청구는 비록 소송목적의 값이 3천만원 이하라고 하여도 제외된다.[3] 소액사건심판법은 민사소송법의 특례법으로써 상고제한에 관한 규정을 제외하고는 소액사건의 제1심절차에만 적용된다. 소액사건은 지방법원 관할구역 내에서는 지법단독판사가 관할하지만, 시·군법원 관할구역 내의 사건은 시·군법원판사의 사물관할에 속한다(법원조직법 제34조 제1항 제1호).

소액사건심판법의 적용대상인 소액사건에 해당하는지는 제소 당시를 기준으로 정해지므로 소액사건으로 심판되던 중 다른 소액사건과의 변론의 병합으로 그 소가의 합산액이 3천만원을 초과하더라도 소액사건에 해당한다.[4] 그러나 청구취지의

---

1) 대법원 2004. 9. 13. 자 2004마660 결정.
2) 대법원 2004. 9. 13. 자 2004마660 결정.
3) 주택임대차보호법(제13조)과 상가건물임대차보호법(제18조)에서는 임차인이 임대인을 상대로 제기한 보증금반환청구소송에 관해서는 소액사건심판법 제6조(소장의 송달), 제7조(기일지정 등), 제10조(증거조사에 관한 특칙) 및 제11조의2(판결에 관한 특례)를 준용하도록 규정하고 있다.
4) 대법원 1986. 5. 27. 선고 86다137,138(병합) 판결.

확장으로 소가가 3천만원을 초과한 경우 또는 반소, 중간확인의 소, 당사자참가나 변론의 병합으로 소액사건이 아닌 사건과 병합심리하게 된 경우에는 소액사건에서 제외되고(소액사건심판규칙 제1조의2), 사물관할에 따라 일반 단독사건으로 재배당하거나 합의부로 이송해야 한다.

## 2. 이행권고결정

법원은 소가 제기된 경우에 결정으로 소장부본을 첨부하여 피고에게 청구취지대로 이행할 것을 권고할 수 있다(소액사건심판법 제5조의3 제1항 본문). 그러나 독촉절차 또는 조정절차에서 소송절차로 이행된 경우, 청구취지나 청구원인이 불명한 경우, 그 밖에 이행권고를 하기에 적절하지 않다고 인정되는 경우에는 이행권고를 하지 않을 수 있다(동항 단서).

법원사무관 등은 이행권고결정서의 등본을 피고에게 송달해야 한다(제5조의3 제3항 본문). 다만, 결정서등본을 우편송달이나 공시송달의 방법으로 송달할 수 없다(동항 단서). 통상의 송달방법에 의하였으나 송달불능이 된 때에는 지체 없이 변론기일을 지정하여 변론절차에 들어가야 한다(동조 제4항). 피고는 결정서등본을 송달받은 날로부터 2주일 이내에 서면으로 이의신청을 할 수 있다(제5조의4 제1항). 이 기간은 불변기간이다(제5조의4 제2항). 피고가 부득이한 사유로 이 기간 내에 이의신청을 할 수 없었던 경우에는 그 사유가 없어진 후 2주일 이내에 이의신청을 추후보완할 수 있다(제5조의6 제1항 본문). 이의신청을 한 피고는 제1심판결이 선고되기 전까지 이의신청을 취하할 수 있다(제5조의4 제4항).

피고가 등본을 송달받은 날부터 2주일 이내에 서면으로 이의신청을 한 때에는 원고가 주장한 사실을 다툰 것으로 간주되고(제5조의4 제5항), 법원은 지체 없이 변론기일을 지정해야 한다(제3항). 그러나 피고가 위 기간 내에 이의신청을 하지 않은 때, 이의신청각하결정이 확정된 때, 이의신청이 취하된 때에는 이행권고결정은 확정되고, 확정판결과 동일한 효력을 갖는다(제5조의7 제1항). 이때 법원사무관 등은 결정서정본을 원고에게 송달해야 한다(동조 제2항).

확정된 이행권고결정은 집행력만 인정되고 기판력은 인정되지 않는다.[1] 피고는 청구이의의 소를 제기함에 있어서 이행권고결정 이전의 발생사유를 가지고 이의사유로 할 수 있다(제5조의8 제3항, 민사집행법 제44조 제2항). 확정된 이행권고결정은 집행권원이 되고, 강제집행은 집행문을 부여받을 필요 없이 이행권고결정서정본에 의한다(제5조의8 제1항 본문). 다만, 이행권고결정의 집행에 조건이 붙은 경우, 당사자의 승계인을 위하여 또는 승계인에 대하여 강제집행을 하는 경우에는 조건성취집행문, 승계집행문을 받아야 한다(동항 단서).

## 3. 절차상의 특칙

### (1) 소송제기의 특칙

소액사건에 관한 소는 구술로써 제기할 수 있다(소액사건심판법 제4조 제1항). 이 경우 법원사무관 등은 제소조서를 작성하고 이에 기명날인해야 한다(제3항). 소장부본이나 제소조서등본은 지체 없이 피고에게 송달해야 한다. 다만, 피고에게 이행권고결정서의 등본이 송달된 때에는 소장부본이나 제소조서등본이 송달된 것으로 본다(제6조).

### (2) 소송대리에 관한 특칙

당사자의 배우자, 직계혈족, 형제자매는 변호사가 아니더라도 법원의 허가 없이 소송대리인이 될 수 있다(제8조 제1항).

### (3) 기일지정 등

판사는 되도록 1회의 변론기일로 심리를 종결하도록 해야 한다(제7조 제2항). 이를 위하여 소장부본 등을 지체 없이 송달하고(제6조), 피고의 답변서제출을 기다리지 않고 바로 변론기일을 지정할 수 있으며(제7조 제1항), 변론기일 이전이라도 당사자로 하여금 증거신청을 하는 등 필요한 조치를 취할 수 있다(제7조 제3항). 판사

---

1) 대법원 2009. 5. 14. 선고 2006다34190 판결.

는 필요한 경우 근무시간외 또는 공휴일에도 개정할 수 있다(제7조의2).

### (4) 심리절차상의 특칙

법원은 소장, 준비서면 기타 소송기록에 의하여 청구가 이유 없음이 명백한 때에는 변론 없이 청구를 기각할 수 있다(제9조 제1항). 또한 판사의 경질이 있는 경우라도 변론의 갱신 없이 판결할 수 있다(제2항).

### (5) 증거조사에 관한 특칙

판사는 직권증거조사를 할 수 있다. 그러나 그 증거조사의 결과에 대해서는 당사자의 의견을 들어야 한다(제10조 제1항). 증인은 판사가 신문한다. 당사자는 판사에게 고하고 신문할 수 있다(동조 제2항). 이처럼 증인신문에 있어서 교호신문제가 적용되지 않으며 판사가 주신문을 하고 당사자가 보충신문을 하는 직권신문제에 의하고 있다. 증인신문사항의 제출이 필요 없다. 판사는 상당하다고 인정한 때에는 증인 또는 감정인의 신문에 갈음하여 서면을 제출하게 할 수 있다(동조 제3항).

### (6) 판결에 관한 특칙

변론종결 후 즉시 판결을 선고할 수 있고(제11조의2 제1항), 판결이유의 기재를 생략할 수 있다(제3항).

### (7) 상고 및 재항고의 제한

소액사건에 대한 지방법원 본원 합의부의 제2심판결이나 결정·명령에 대해서는 ① 법률·명령·규칙 또는 처분의 헌법위반 여부와 명령·규칙 또는 처분의 법률위반 여부에 대한 판단이 부당한 경우, ② 대법원의 판례에 상반되는 판단을 한 경우에 한하여 대법원에 상고 또는 재항고를 할 수 있다(제3조). 판례는 대법원의 판례에 상반되는 판단을 한 경우란 구체적인 해당 사건에 적용될 법령의 해석에 관하여 대법원이 내린 판단과 상반되는 해석을 한 경우를 말하고, 단순한 법리오해나 채증법칙위반 내지 심리미진과 같은 법령위반사유는 여기에 해당하지 않는다고 한다. 다만, 구체적 사건에 적용할 법령의 해석에 관한 대법원판례가 아직 없는 상황에서 같은 법령의 해석이 쟁점으로 되어 있는 다수의 소액사건들이 하급심에 계속되어 있을 뿐 아니라 재판부에 따라 엇갈리는 판단을 하는 사례가 있는 경우에는 법령해석의 통일이라는 대법원의 본질적 기능을 수행하는 차원에서 상고이유나 재항고이유로 삼을 수 있다고 한다.[1)]

## Ⅱ. 독촉절차

### 1. 의의

독촉절차란 금전, 그 밖에 대체물(代替物)이나 유가증권의 일정한 수량의 지급을 목적으로 하는 청구에 대하여 보통의 소송절차에 의함이 없이 채권자의 신청에 의하여 간이·신속하게 집행권원을 얻게 하는 절차이다(제462조). 채권자의 신청으로 법원에서 서면심리를 거쳐 채무자에 대하여 지급명령을 발하고, 채무자가 일정기간 내에 이의신청을 하지 않으면 그 명령에 확정판결과 동일한 효력을 부여한다(제474조). 채권자는 독촉절차를 이용할 수도 있고, 곧바로 이행의 소를 제기할 수도 있다. 지급명령에 대하여 기간 내에 채무자의 이의신청이 있으면 지급명령을 신청한 때에 소가 제기된 것으로 간주되고 정식의 소송절차로 이행된다.

### 2. 지급명령의 신청

#### (1) 적용의 요건

첫째, 금전, 그 밖에 대체물이나 유가증권의 일정한 수량의 지급을 목적으로 하

1) 대법원 2004. 8. 20. 선고 2003다1878 판결.

는 청구이어야 한다(제462조 본문). 채무자의 이의신청기간의 경과 전까지 이행기가 도래하여 즉시 그 지급을 구할 수 있는 것이어야 한다. 반대급부와 상환하여 이행을 구하는 것은 허용되나, 즉시 집행할 수 없는 조건부·기한부 청구는 허용되지 않는다.

둘째, 지급명령을 국내에서 공시송달에 의하지 않고 송달할 수 있는 경우이어야 한다(제462조 단서). 지급명령이 송달불능이 되면 주소보정을 명할 수 있으나, 보정명령을 받은 채권자는 보정 대신에 소제기신청을 하여 소송절차로 이행할 수 있다(제466조 제1항). 지급명령을 공시송달에 의하지 않고는 송달할 수 없거나 외국으로 송달해야 할 때에는 법원은 직권에 의한 결정으로 사건을 소송절차에 부칠 수 있다(동조 제2항). 다만, 금융기관이 업무상 취득하여 행사하는 대여금, 구상금, 보증금 및 그 양수금 채권에 대한 지급명령은 공시송달에 의하는 경우에도 가능하다(소송촉진 등에 관한 특례법 제20조의2 제1항).

### (2) 관할 법원

관할 법원은 채무자의 보통재판적 또는 특별재판적 소재지 지방법원이다(제463조). 지급명령은 청구의 가액에 불문하고 지방법원 단독판사 또는 시·군법원판사, 사법보좌관의 직분관할에 속한다.

### (3) 신청

지급명령의 신청에는 소에 관한 규정이 준용된다(제464조). 따라서 신청은 원칙적으로 서면으로 해야 하고, 청구의 취지와 원인을 기재해야 한다. 그러나 권리의 존재나 관할에 관한 소명자료를 첨부할 필요는 없다. 신청서에는 소장의 10분의 1에 해당하는 인지를 붙여야 한다(민사소송 등 인지법 제7조 제2항). 지급명령의 신청에도 시효중단의 효력이 발생한다.

### (4) 결정

지급명령의 신청에 대하여 채무자를 심문하지 않고 결정으로 지급명령을 한다

(제467조). 관할위반, 신청요건의 흠결, 신청의 취지에 의하여 청구가 이유 없음이 명백한 때에는 신청을 각하하고(제465조), 그 이외에는 청구가 이유 있는지 여부를 심리하지 않고 지급명령을 발한다. 신청을 각하하는 결정에 대해서는 불복할 수 없다(제465조 제2항). 각하결정은 기판력이 없으므로 새로 소를 제기하거나 다시 지급명령을 신청할 수 있다.

### (5) 효력

채무자가 지급명령을 송달받고 2주일 이내에 이의신청을 한 경우 지급명령은 효력을 상실하고(제470조 제1항), 지급명령을 신청한 때에 소가 제기된 것으로 간주된다(제472조 제2항). 이의신청기간은 불변기간(제470조 제2항)이므로 책임질 수 없는 사유로 이의신청기간을 도과한 경우에는 추후보완신청이 가능하다. 판례는 이의신청으로 인하여 소송으로 이행되는 경우에 지급명령에 의한 시효중단의 효과는 소송으로 이행된 때가 아니라 지급명령을 신청한 때에 발생한다고 한다.[1]

소송절차로 이행되는 경우에 채권자는 인지액의 10분의 9를 추가로 납부해야 한다(제473조 제1항). 법원은 채권자가 추가 납부하도록 상당한 기간을 정하여 보정을 명해야 하는데, 채권자가 그 기간 내에 보정하지 않으면 지급명령신청서의 각하결정을 해야 하고(동조 제2항), 인지보정이 이루어지면 법원사무관 등은 바로 소송기록을 관할 법원으로 보내야 한다(동조 제3항). 법원의 인지보정명령에 대하여 채권자는 인지를 보정하는 대신 조정으로의 이행을 신청할 수 있고(민사조정법 제5조의2 제1항), 이 경우 지급명령을 신청한 때에 조정이 신청된 것으로 본다(동조 제3항).

그러나 이의신청기간 내에 이의신청이 없거나, 이의신청을 취하하거나, 이의신청에 대한 각하결정이 확정된 때에는 지급명령은 확정판결과 동일한 효력이 있다(제474조). 이의신청은 인지보정명령에 따라 보정할 때까지 취하할 수 있다. 따라서 인지보정이 이루어져 소송기록이 관할 법원으로 송부된 후에는 이의신청을 취하할 수 없다.[2] 지방법원 단독판사 또는 사법보좌관은 이의신청이 적법한지 여부, 즉 신

---

1) 대법원 2015. 2. 12. 선고 2014다228440 판결.
2) 대법원 1977. 7. 12. 선고 76다2146,2147 판결.

청인의 소송능력이나 대리권의 유무, 기간준수 여부 등을 조사하여 부적법하다고 인정되면 결정으로 각하해야 하고(제471조 제1항), 이에 대해서는 즉시항고를 할 수 있다(동조 제2항). 이의신청이 적법할 경우에는 아무런 재판을 요하지 않는다.

확정된 지급명령은 확정판결과 동일한 효력이 있고 집행권원이 된다(민사집행법 제56조 제3호). 확정된 지급명령에 의하여 강제집행을 함에는 집행문을 부여받을 필요가 없다. 다만, 지급명령의 집행에 조건이 붙은 경우 또는 당사자의 승계인을 위하거나 승계인에 대하여 강제집행을 하는 경우에는 조건성취집행문 또는 승계집행문을 받아야 한다(동법 제58조 제1항). 그러나 지급명령은 확정되어도 집행력이 생길 뿐이고 기판력이 인정되지는 않는다. 확정된 지급명령에 대한 청구이의의 소에서는 지급명령 발령 이후에 그 청구권의 소멸이나 청구권의 행사를 저지하는 사유뿐만 아니라 그 발령 이전에 생긴 청구권의 불성립이나 무효 등의 사유도 그 이의사유가 될 수 있다(동조 제3항).[1)]

## Ⅲ. 배상명령

제1심 또는 제2심의 형사소송절차에서 폭행죄, 상해죄나 재산죄(사기·공갈·횡령·배임·손괴의 죄), 강간과 추행의 죄 등으로 유죄판결을 선고할 경우에 법원은 직권으로 또는 피해자나 그 상속인의 신청에 의하여 피고사건의 범죄행위로 인하여 발생한 직접적인 물적 피해, 치료비손해 및 위자료의 배상을 명할 수 있다(소송촉진 등에 관한 특례법 제25조 제1항). 배상신청은 민사소송에서의 소의 제기와 동일한 효력이 있다(제26조 제8항). 따라서 시효중단이나 기간준수의 효력이 발생한다. 그러나 배상신청에 의해서는 소송계속의 효과가 발생하지 않으므로 나중에 민사소송으로 배상청구를 하더라도 중복제소에 해당하지 않는다.

배상명령은 유죄판결의 선고와 동시에 해야 하고(제31조 제1항), 일정액의 금전지급을 명하는 방식으로 배상의 대상과 금액을 유죄판결의 주문에 표시해야 한다

1) 대법원 2009. 7. 9. 선고 2006다73966 판결; 2004. 5. 14. 선고 2004다11346 판결.

(동조 제2항). 유죄판결에 대한 상소가 제기된 경우에는 배상명령은 피고사건과 함께 상소심으로 이심된다(제33조 제1항). 상소심에서 원심의 유죄판결을 파기할 때에는 원심의 배상명령을 취소해야 하고(동조 제2항), 원심판결을 유지하는 경우에도 원심의 배상명령을 취소하거나 변경할 수 있다(동조 제4항). 피고인은 유죄판결에 대하여 상소를 제기하지 않고 배상명령에 대해서만 상소제기기간에 형사소송법에 따른 즉시항고를 할 수 있다(동조 제5항).

확정된 배상명령은 기판력은 없지만 집행력이 있다(제34조 제1항). 배상명령이 확정된 경우 피해자는 그 인용된 금액의 범위에서 민사소송 등 다른 절차에 의하여 손해배상을 청구할 수 없다(동조 제2항). 피고인과 피해자가 민사상 다툼에 관하여 합의한 경우에 피고인과 피해자는 그 피고사건이 계속 중인 제1심 또는 제2심 법원에 합의 사실을 공판조서에 기재하여 줄 것을 공동으로 신청할 수 있고(제36조 제1항), 합의가 공판조서에 기재된 때에는 재판상 화해와 같은 효력이 생긴다(동조 제5항).

## Ⅳ. 소송구조

### 1. 의의

소송구조는 소송비용을 지출할 자금능력이 부족한 사람을 위하여 소송비용의 납입을 미루어 주는 제도이다. 경제적 약자에게 재판을 받을 권리를 실질적으로 보장하기 위하여 마련된 것이다. 소송구조는 본안사건뿐만 아니라 강제집행사건도 그 대상으로 할 수 있지만, 비송사건은 소송구조의 대상이 될 수 없다.[1)]

1) 대법원 2009. 9. 10. 자 2009스89 결정.

## 2. 요건

소송구조를 받으려면 소송비용을 지출할 자금능력이 부족한 사람이 패소할 것이 분명한 경우가 아니어야 한다(제128조 제1항).

첫째, 소송비용을 지출할 자금능력이 부족한 사람이어야 한다. 소송비용에는 인지대, 송달료, 감정비용이나 증인여비와 같은 증거조사비용 등의 재판비용뿐만 아니라 변호사 및 집행관의 보수 등이 포함된다. 여기의 변호사보수는 소송구조를 받은 사람을 위하여 소송을 수행한 변호사의 보수를 말하고, 그 상대방의 변호사보수는 여기에 포함되지 않는다.[1] 자금능력이 부족한 사람이란 소송비용을 부담하게 되면 통상적인 경제생활을 유지하기 어려운 사람을 말한다. 「국민기초생활 보장법」에 따른 수급자 등은 일응 여기에 해당하는 사람으로 볼 수 있으나, 무자력자나 극빈자에 한정되지 않는다. 자연인뿐만 아니라 법인 등 단체도 소송구조를 받을 수 있다.

둘째, 패소할 것이 분명한 경우가 아니어야 한다. 패소의 가능성이 있더라도 그것이 분명하지 않는 한 소송구조를 받을 수 있다. 신청인이 승소가능성을 적극적으로 주장하거나 소명해야 하는 것은 아니며, 법원이 구조신청 당시까지 나타난 자료를 기초로 판단하여 패소할 것이 명백한 경우가 아니라면 이 요건은 구비된 것으로 볼 수 있다.[2]

## 3. 구조의 절차

소송구조에 대한 재판은 직권으로 또는 당사자의 신청에 따라 소송기록을 보관하고 있는 법원이 결정으로 한다(제128조 제1항 및 제4항). 신청인은 구조의 사유를 소명해야 한다(제128조 제3항). 구조신청은 서면으로 해야 하고(민사소송규칙 제24조 제1항), 신청서에는 신청인과 동거 가족의 자금능력을 적은 서면을 첨부해야 한다

1) 대법원 2017. 4. 7. 선고 2016다251994 판결.

2) 제1심에서 패소한 당사자가 항소심에서 소송구조를 신청하는 경우에도 신청인이 적극적으로 항소심에서 승소할 가능성을 진술하고 소명해야 하는 것은 아니다(대법원 2001. 6. 9. 자 2001마1044 결정).

(동조 제2항).

소송구조의 재판에 대하여 즉시항고를 할 수 있다. 다만, 상대방은 소송비용의 담보를 면제하는 소송구조결정에 대해서만 즉시항고를 할 수 있고, 그 이외의 소송구조결정에 대해서는 불복할 수 없다(제133조). 소송구조를 받은 사람이 소송비용을 납입할 자금능력이 있음이 판명되거나 자금능력이 있게 된 때에는 법원은 직권으로 또는 이해관계인의 신청에 따라 언제든지 구조결정을 취소하고, 납입을 미루어 둔 소송비용을 지급하도록 명할 수 있다(제131조).

## 4. 구조의 효과

### (1) 구조의 범위

소송구조를 받으면 재판비용의 납입유예, 변호사 및 집행관의 보수와 체당금의 지급유예, 소송비용의 담보면제, 대법원규칙이 정하는 그 밖의 비용의 유예 내지 면제를 한다(제129조 제1항). 법원은 상당한 이유가 있는 경우 인지대나 변호사보수의 납입유예 등 일부에 대해서만 소송구조를 할 수도 있다(동조 제1항 단서). 지급이 유예된 소송비용은 국고에서 대납한다(민사소송규칙 제25조).

소송구조는 일신전속적 성질을 가지므로 이를 받은 사람에게만 그 효력이 미치고, 승계인에게는 미치지 않는다(제130조 제1항). 따라서 법원은 소송승계인에게 미루어 둔 소송비용의 납입을 명할 수 있다(동조 제2항).

### (2) 소송비용부담의 재판

소송구조는 소송비용의 지급을 유예하는 것뿐이고 면제해 주는 것이 아니다. 소송구조를 받은 사람이 종국판결로 소송비용부담의 재판을 받은 경우에는 납입을 미루어 둔 소송비용을 지급해야 하고, 만일 소송구조를 받은 사람이 무자력이면 국고의 부담으로 돌아간다. 그러나 상대방이 소송비용부담의 재판을 받은 경우에는 국가는 상대방으로부터 납입을 미루어 둔 소송비용을 직접 지급받을 수 있다(제132조제1항).

[민사소송절차 흐름도]

|  |  |
|---|---|
| 보전처분 | • 분쟁의 사전 방지 – 계약서 작성, 제소전화해 등<br>• 소제기 여부 – 승소가능성 및 판결의 실효성 판단<br>• 보전처분 – 가압류, 가처분<br>• 지급명령 |
| ⬇ | |
| 소송 제기 | • 소장접수<br>• 소장심사<br>• 소장부본 송달<br>• 피고의 답변서 제출의무 – 무변론판결 |
| ⬇ | |
| 변론준비절차 | • 임의적인 절차(원칙은 변론기일지정, 다만, 필요한 경우)<br>• 당사자의 주장 및 증거 정리 – 실권효<br>• 준비서면의 제출 및 증거신청<br>• 화해 및 조정의 권고<br>• 변론준비기일 – 비공개, 당사자불출석(진술·자백·소취하 간주) |
| ⬇ | |
| 변론절차 | • 준비서면 제출 및 증거신청<br>• 화해 및 조정의 권고<br>• 변론기일 – 당사자불출석(진술·자백·소취하 간주)<br>• 증거조사기일 – 증인신문, 감정, 현장검증<br>• 변론종결 |
| ⬇ | |
| 판결선고 | • 본안판결선고 후 소취하 – 재소(再訴)금지<br>• 판결정본 송달 후 2주일 이내 항소 제기<br>• 항소장은 제1심법원에 제출 |
| ⬇ | |
| 항소심 | • 지방법원 본원 항소부 또는 고등법원 관할<br>• 사실심 – 계속심<br>• 항소심 변론종결시까지 – 청구변경, 반소 등 가능 |
| ⬇ | |
| 상고심 | • 대법원 관할<br>• 법률심 |

[소장 견본]

# 소 장

원 고 김 갑 동
　　대전 서구 둔산동 ○○아파트 제○동 제△△호

피 고 이 을 동
　　서울 강남구 논현동 ○○

대여금 청구의 소

## 청 구 취 지

1. 피고는 원고에게 500,000,000원 및 이에 대한 2015. 10. 2.부터 이 사건 소장부본 송달일까지 연 5푼, 그 다음날부터 완제일까지 연 1할 5푼의 각 비율에 의한 금원을 지급하라.
2. 소송비용은 피고의 부담으로 한다.
3. 제1항은 가집행할 수 있다.

라는 판결을 구합니다.

## 청 구 원 인

1. 피고는 2014. 10. 1. 원고로부터 5억원을 2015. 10. 1.갚기로 하고 차용하였습니다(갑제1호증 차용증서).
2. 그런데 피고는 위 변제기한이 초과한 현재까지 위 대여금을 전혀 지급해 주지 않고 있습니다(갑제2호증 내용증명우편). 이에 원고는 피고로부터 위 대여금을 지급받고자 이 사건 소를 제기하기에 이른 것입니다.

## 입 증 방 법

1. 갑제1호증　　　　차용증서
1. 갑제2호증　　　　내용증명우편

## 첨 부 서 류

1. 위 입증방법　　　　각 1통
1. 납부서

2016. 3. 1.
원고 김 갑 동

대전지방법원　　　　귀중

[답변서 견본]

# 답 변 서

사 건 2016가합 ○○○ 대여금
원 고 김갑동
피 고 이을동

위 사건에 관하여 피고는 다음과 같이 답변합니다.

다 음

## 청구취지에 대한 답변

1. 원고의 청구를 기각한다.
2. 소송비용은 원고의 부담으로 한다.

라는 판결을 구합니다.

## 청구원인에 대한 답변

피고는 원고로부터 돈을 차용한 사실이 없습니다. 따라서 대여금의 지급을 구하는 원고의 이 사건 청구는 없습니다. … (이하 생략) …

## 첨 부 서 류

1. 을제1호증 매매계약서

2016. 4. 1.
피고 이 을 동

대전지방법원 제○민사부 귀중

[준비서면 견본]

# 준 비 서 면

사 건 2016가합 ○○○ 대여금
원 고 김갑동
피 고 이을동

위 사건에 관하여 원고는 다음과 같이 변론을 준비합니다.

다 음

피고는 원고로부터 금전을 대여한 사실이 없다고 주장하나, 이는 전혀 근거 없는 주장입니다.
… (이하 생략) …

2016. 5. 1.
원고 김 갑 동

대전지방법원 제○민사부 귀중

[증인신청서 견본]

## 증 인 신 청

사 건　2016가합○○○　보증채무금
원 고　주식회사 ○○
피 고　○○○○조합

위 사건에 관하여 피고 소송대리인은 주장사실을 입증하기 위하여 다음과 같이 증인을 신청합니다.

다　　　음

1. 증인의 표시
   성명 : ○○○
   주소 : 대전 서구 ○○동 ○○○의 ○　○○○건축사사무소
   전화 : 042) ○○○－○○○○, 011－○○○－○○○○

2. 증인신문사항 : 별지기재와 같음.

2016.　6.　.
위 피고 소송대리인
변호사　○ ○ ○

대전지방법원　제○민사부　귀중

## 증인 ○○○에 대한 신문사항

1. 증인은 ○○○○신축공사(이하 '이 사건 신축공사'라고 함)의 감리 업무를 수행하였지요.

2. 이 사건 신축공사의 기성금은 ○○건설로부터 기성부분의 통지를 받고 증인과 발주기관 감독이 기성부분을 검사하여 인정한 기성고비율에 따라 지급하지요.

3. (을제5호증의 9 공사기성부분내역서, 을제5호증의 13 건축공사집계표 및 을제11호증 공사일보를 각 제시하며)
   가. 4회 기성내역서(을제5호증의 9)를 보면, 동 내역서 작성일자가 2005. 11. 14.로 기재되어 있습니다. 그렇다면 '4회 기성부분'이란 2005. 11. 14.까지 시공된 기성부분을 말하나요.

… (이하 생략) …

[소취하서 견본]

# 소 취 하 서

사 건　2004가합 ○○○○ 공사대금
원 고　○○○
피 고　○○○

위 사건에 관하여 원피고간에 원만히 합의가 이루어졌으므로 원고는 이 사건 소를 전부 취하합니다.

2005.　1.　.
원고 소송대리인
변호사 ○ ○ ○

위 취하에 동의함.
피고 소송대리인
변호사 ○ ○ ○

○○지방법원　　제○민사부　　귀중

[판결문 견본]

대전지방법원

판 결

사 건 2016가합 ○○○ 대여금

원 고 김 갑 동
주 소

피 고 이 을 동
주 소

변론종결 2016. 9. 22.

판결선고 2016. 10. 19.

주 문

1. 원고의 청구를 기각한다.
2. 소송비용은 원고의 부담으로 한다.

청 구 취 지

피고는 원고에게 500,000,000원 및 이에 대한 2015. 10. 2.부터 이 사건 소장부본 송달일까지 연 5푼, 그 다음날부터 완제일까지 연 1할 5푼의 각 비율에 의한 금원을 지급하라.

이 유

… (생략) …

판사 ○ ○ ○ ________

[항소장 견본]

# 항 소 장

사　　　　건　○○지방법원 2007가합 ○○○ 대여금

원 고(항 소 인)　김 갑 동
　　　　　　　　주　소

피 고(피항소인)　이 을 동
　　　　　　　　주　소

대여금 청구 항소사건

위 당사자간 대전지방법원 2007가합 ○○○ 대여금 청구사건에 관하여 원고는 위 법원에서 2007. 11. 19. 선고한 아래 판결에 대하여 전부 불복이므로 이에 항소를 제기합니다(원고는 위 판결문을 2007. 11. 26. 송달받았습니다).

## 원판결 주문의 표시

1. 원고의 청구를 기각한다.
2. 소송비용은 원고의 부담으로 한다.

## 불복정도 및 항소범위

원고는 원판결에 전부 불복하고 다음과 같이 항소를 제기합니다.

## 항 소 취 지

1. 원판결을 취소한다.
2. 피고는 원고에게 50,000,000원 및 이에 대한 2005. 3. 2.부터 이 사건 소장부본 송달일까지 연 5푼, 그 다음날부터 완제일까지 연 2할의 각 비율에 의한 금원을 지급하라.
3. 소송비용은 제1, 2심 모두 피고의 부담으로 한다.
4. 제1항은 가집행할 수 있다.

라는 판결을 구합니다.

## 항 소 이 유

추후 제출하겠습니다.

## 첨 부 서 류

1. 항소장 부본　　　　　1부
1. 위임장
1. 납부서

2007.　12.　3.
원고　김 갑 동

○○지방법원　　　　　귀중

[지급명령신청서 견본]

# 지 급 명 령 신 청

채 권 자　김 갑 동
　　　　대전 서구 둔산동 ○○아파트 제○동 제△△호

채 무 자　이 을 동
　　　　서울 강남구 논현동 ○○

청구금액
금5,000,000원(대여금)

## 청 구 취 지

채무자는 채권자에게 5,000,000원 및 이에 대한 지급명령 송달일 다음날부터 완제일까지 연 5푼의 비율에 의한 금원 및 다음의 독촉절차 비용을 지급하라.
독촉절차 비용 33,700원
내역 :　2,500원(인지대)
　　　31,200원(송달료)

## 청 구 원 인

## 첨 부 서 류

1. 지급각서　　1통
1. 납부서

2020.　3.　1.
채권자 김 갑 동

대전지방법원　　귀중

# 찾아보기

ㅅ

ㅇ

## 저자 약력


전현철

고려대학교 법학과 및 동대학원 졸업(법학 박사)
변호사
한남대학교 사회과학대학 법학부 교수



제2판

민사소송법

초판발행 2019년 3월 10일
제2판발행 2026년 1월 10일

지은이 전현철
펴낸이 안종만 · 안상준

편 집 우석진
기획/마케팅 정연환
표지디자인 BEN STORY
제 작 고철민 · 김원표

펴낸곳 (주) 박영사
서울특별시 금천구 가산디지털2로 53, 210호(가산동, 한라시그마밸리)
등록 1959. 3. 11. 제300-1959-1호(倫)
전 화 02)733-6771
f a x 02)736-4818
e-mail pys@pybook.co.kr
homepage www.pybook.co.kr
ISBN 979-11-303-4963-3 93360





정 가 40,000원